Konsalik

Ein Mann wie ein Erdbeben
Die Drohung

Zwei dramatische Romane

WILHELM HEYNE VERLAG
MÜNCHEN

HEYNE TIPP DES MONATS
Nr. 23/181

Taschenbuchausgabe 05/2001
Copyright © dieser Ausgabe 2001 by
Wilhelm Heyne Verlag GmbH & Co. KG, München
Printed in Germany 2001
Quellennachweis: s. Anhang
http://www.heyne.de
Umschlagillustration: Picture Press/Corbis/
Richard Nowitz
Umschlaggestaltung: Nele Schütz Design, München
Druck und Bindung: Elsnerdruck, Berlin

ISBN: 3-453-18858-6

Ein Mann wie ein Erdbeben

1

Robert Barreis, zuerst von seiner Mutter und später von allen, die ihn liebten und haßten, küßten und verfluchten, bewunderten und fürchteten, zärtlich Bob genannt, war mit vier Jahren ein außergewöhnlich hübsches, ja geradezu schönes Kind. Blonde Locken rieselten seidenglänzend bis auf seine Schultern; große, blaue, runde Augen spiegelten den tiefen See klarster kindlicher Unschuld. Tante Ellen, bei der er am liebsten auf dem Schoß saß, fand dafür die richtigen Worte. »Wie ein Engel!« rief sie und küßte Bob auf die Augen. »Mein Gott, wie ein Engel!« Daß seine kleinen Händchen sich an ihren Brüsten festklammerten, betrachtete sie als natürlichen Spieltrieb.

Mit sechs Jahren stach Bob vier Hühnerküken die Augen aus. Er weilte damals zu Besuch auf dem Landgut seines Onkels Hermann und benutzte für die Blendung der kleinen Hühner einen rostigen Draht. Onkel Hermann ermahnte ihn, schilderte ihm die Leiden der Küken, und Bob weinte.

Sein achtes Lebensjahr stand im Schatten des Todes seines Vaters. Hans Barreis, Fabrikant und Herr über dreitausend Arbeiter und Angestellte, Schützenkönig von Vredenhausen, Gründer des Reitervereins, Mäzen der Fußballmannschaft, aktives Mitglied der Sangestafel ›Polyhymnia 99‹ und Aufsichtsratsmitglied von siebzehn Aktiengesellschaften, wurde auf dem Hof seiner Fabrik überfahren. Ganz ordinär: Ein Lastwagen setzte zurück, und Hans Barreis geriet unter das linke Zwillingsrad, weil er im toten Winkel des Rückspiegels stand. Bob weinte nicht am Grab, aber man nahm seine merkwürdig glimmenden Augen für echte Trauer. »Der Schmerz versteinert den armen Jungen«, flüsterte Tante Ellen ergriffen. »Seht nur, wie tapfer er sich hält!« Am Abend des Tages, der Bob zum Halbwaisen machte, warf er auf dem breiten Flur in der ersten Etage der Barreis-Villa ein breites, scharfes Küchenmesser nach dem Hausmädchen Tilla Budde. Das Hausmädchen schwieg verschüchtert, denn Bob sagte: »Wenn du das Mama erzählst ... ich weiß, daß du mit Papa im Bett gelegen hast, als Mama verreist war.«

Als Bob das zehnte Lebensjahr erreicht hatte, erkor er die Blicke durch Schlüssellöcher zu seinem Sport. Am meisten zog ihn das Schlüsselloch des Gesindebadezimmers an. Hier hockte er fast jeden Morgen und — wenn er sich unbemerkt wegschleichen konnte — auch des Abends, wenn sich das neue Hausmädchen Margot Haberle wusch, badete oder anderes tat, denn in gerader Blickrichtung von seinem Beobachtungsposten fiel sein Blick auf das Toilettenbecken.

Margot Haberle überraschte ihn einmal bei seinen Studien oder vielmehr: Bob ließ sich von ihr überraschen. Sie zog ihn einfach ins Badezimmer, schloß es ab und kicherte mit einem Glucksen in der Stimme, das Bob später noch hundertfach hören sollte: »Der junge Herr fängt ja früh an. Na, na, was soll das denn?« Bob gab keine Antwort und ertastete die neue, vor ihm ausgebreitete Welt. Es war ein Erlebnis, das ihn formte.

Mit zwölf Jahren lief er Schlittschuh auf einem halbzugefrorenen Teich, brach ein und wäre kläglich ertrunken, wenn ihn nicht Hellmut Hansen, sein Klassenkamerad, unter Einsatz seines Lebens in letzter Minute gerettet hätte. Onkel Theodor Haferkamp, der Bruder von Bobs Mutter und neuer Leiter der Barreis-Werke nach dem Tod des Firmenchefs, belobigte Hellmut Hansen, schenkte ihm eine Uhr aus Golddoublé und zehn Mark in bar. Von da an war Hellmut der einzige Junge aus ›niedrigem Stand‹, der mit Bob spielen durfte. »Schade, daß sein Vater nur Dreher ist«, sagte Theo Haferkamp, nachdem er sich um die Familie des kleinen Lebensretters gekümmert hatte. »Wir werden ein gutes Werk tun und Hellmut eine anständige Ausbildung verschaffen. Ohne ihn hätten wir schließlich unseren Bob nicht mehr.«

An seinem fünfzehnten Geburtstag, der mit einer großen Party gefeiert wurde, schlich Bob dem Hausmädchen Erna Zyschke in den Weinkeller nach, überfiel sie von hinten, drückte sie auf einen Kistenstapel, würgte sie, bis sich ihr Gesicht schrecklich verzerrte, verspürte eine angenehme Hitzewelle seinen Körper überfluten und vergewaltigte Erna zwischen leeren Rotweinflaschen. »Ich bringe dich wirklich um, wenn du einen Ton davon erzählst!« zischte er hinterher und legte seine Hände um Ernas Hals: »Außerdem würde es niemand glauben!«

In der riesigen Halle der Villa und im Speiseraum dröhnte um diese Stunde Tanzmusik aus Stereoboxen.

Bob wurde sechzehn Jahre und Opfer einer Angina. Die ganze Familie war krank, in den Barreis-Werken wütete die Grippewelle und legte den Betrieb fast still. Onkel Haferkamp lag mit Fieber im Bett, Bobs Mutter Mathilde, Hellmut Hansen, das ganze Hauspersonal. Nur Tante Ellen war einsatzbereit, sie hatte sich rechtzeitig impfen lassen. Sie kam aus Bremen herüber und übernahm den Haushalt. Mit 37 Jahren sah sie blendend aus, eine erblühte, vollbusige, schlankhüftige, blankäugige Schönheit in den neuesten Modellkleidern, ein fröhliches, sonniges Gemüt, dem nur eine Trübung widerfahren war: ein Ehemann, der sich mehr um seine Erfindungen kümmerte als um das glatthäutige Geschöpf, das in durchsichtigen Nachtgewändern vergeblich eheliches Interesse zu erwecken suchte.

Tante Ellen pflegte rührend und unermüdlich die Kranken der Barreis-Villa. Am vierten Abend — Bob hatte eine Schwitzkur hinter sich und wechselte den Schlafanzug — betrat Tante Ellen das Zimmer ihres Neffen und glaubte ihren Augen nicht zu trauen. Bob stand nackt vor ihr, ein erwachsener Junge, groß, schlank, mit Muskeln, wo sie hingehörten, breiten Schultern und schmalen Hüften und um den Mund ein Lächeln, das Tante Ellen seit langem bei ihrem Mann vermißte. »Aber Bobby . . .«, sagte Tante Ellen gepreßt, und wieder war dieses Glucksen in der Stimme, das Bob wie ein Startschuß vorkam. »Bobby . . . leg dich hin, du erkältest dich ja . . . Mein lieber Junge . . .«

Tante Ellen blieb vier Wochen bei ihrer Schwester Mathilde. Während andere bei der Krankenpflege ermüden, wurde Tante Ellen immer jünger. Nach vier Wochen riß sie sich von ihrer Pflege los, als sei es ein Abschied in einen anderen Kontinent. In ihr Tagebuch schrieb sie: ›Ich bin einem Naturphänomen begegnet.‹

Bob wurde achtzehn Jahre, durfte den Führerschein machen und wünschte sich zum Geburtstag nachträglich einen Sportwagen, einen Spitfire. Mit diesem englischen Flitzer raste er zur Schule und bespritzte die Studienräte an Regentagen mit Dreck. An Sonnentagen parkte er die kleine Autorakete in einsamen Waldschneisen, wo er auf den Liegesitzen oder neben dem Wagen auf einer Kamelhaardecke, 100 % reines Kaschmir, Importqualität, seine ›Wochenmädchen‹, wie er sie nannte, liebte. Denn länger als eine Woche reichte sein Interesse nie. Am Ende des Schuljahres, das mit dem Abitur ausklang, hatte Bob elf Primanerinnen des Lyzeums von Vredenhausen, neun Handelsschülerinnen, vier Fabrikmädchen der Barreis-Werke, neun verheirateten Frauen und einer in Ausbildung befindlichen Sozialfürsorgerin gezeigt, wie gut gefedert sein Wagen war und was bei Bob ›Gas geben‹ und ›sich in die Kurve legen‹ hieß.

Das Abitur machte er mittelmäßig. Als einzigen Sohn und Erben der Barreis-Millionen ließ das Lehrerkollegium ihn durchrutschen und drückte beide Augen zu. Irgendwie war jede Familie in Vredenhausen mit den Barreis-Werken verquickt . . . mit nunmehr fünftausend Arbeitern und Angestellten spielten die Barreis-Werke die Rolle der Mutterbrust für Vredenhausen. Nur in einem Fach brachte Bob eine glatte Eins, ein leuchtendes ›Sehr gut‹ im Zeugnis nach Hause: in Religion. Selbst Onkel Haferkamp rätselte herum, wie das möglich sei. »Er ist eben ein guter Junge!« sagte Mathilde Barreis. Mütterlicher Stolz treibt Blüten, die in keinem Biologiebuch stehen. »Theo, unterlaß bitte jegliche sarkastische Bemerkung. Bobs tiefer Glaube ist etwas Edles, Schönes, Reines.«

Ab seinem zwanzigsten Lebensjahr beschäftigte sich Bob Barreis ausschließlich mit Autos und Mädchen. Während sein Jugendfreund und Lebensretter Hellmut Hansen auf Kosten Onkel Haferkamps die Ingenieurschule besuchte, verschliß Bob einen Wagen nach dem anderen und war gefürchtet bei den Vätern heranwachsender Töchter. Er fuhr Rallyes, brachte Silberpokale und Lorbeerkränze mit bunten Schleifen nach Hause und verunglückte viermal bei diesen Autorennen. »Wenn er sich endlich mal den Hals bricht, lasse ich auf meine Kosten die Glocken läuten!« sagte nach einem wieder glimpflich abgelaufenen Unfall der Werkmeister Karl Hubalitz. Seine Tochter Eva gehörte zu den Mädchen, die seit ihrer Bekanntschaft mit Bob ihre Kindheit abgestreift hatten wie eine zu eng gewordene Haut. »Aber soviel Glück haben wir nicht!«

Still und unauffällig zog in dieser folgerichtigen Entwicklung des Bob Barreis ein Mensch mit, der ihm vom fünften Lebensjahr an nicht von der Seite wich: das Kindermädchen Renate Peters.

Geduldig, denn sie war arm, Vollwaise und vom Waisenhaus an die Barreis-Familie vermittelt worden, ertrug sie die Jahre neben Bob, versuchte, mit Güte und mit Ermahnungen wenigstens etwas in diesem zum Wildwuchs neigenden Leben zu steuern, und erkannte, wie kläglich sie versagte. Bob schlug sie zum erstenmal, als er neun war. Mit zehn spickte er Renates Bett mit Heftzwecken, mit elf versteckte er sich zehn Stunden lang nach einem gemeinsamen Spaziergang, bis Onkel Haferkamp die Polizei rief und Renate Peters verhören ließ. An Bobs fünfzehntem Geburtstag sagte Mathilde Barreis: »Liebe Renate, Bob ist nun ein großer Junge, der kein Kindermädchen mehr braucht. Ich danke Ihnen für alles, was Sie getan haben. Wenn Sie bei uns bleiben wollen . . . ich vertraue Ihnen gern die Führung des Haushalts an.«

Renate Peters blieb. Sie wurde jetzt ›Wirtschafterin‹ genannt und erhielt fünfzig Mark mehr als früher — zwar immer noch 450 Mark unter Tarif, aber darüber sprach niemand. Sie durfte eine kleine Wohnung unterm Dach der Villa beziehen: Wohnzimmer, Kochnische, Bad, kleine Diele. Ein Balkon, von dem man einen romantischen Blick auf die vielen Hügel hatte, die über Vredenhausen hinausragten. »Rechnet man die Wohnung dazu, hat sie ihr volles Gehalt!« stellte Onkel Haferkamp fest. »Außerdem gehört sie ja fast zur Familie.«

Ob das eine Auszeichnung war, wird sich noch herausstellen.

Bob Barreis verschonte Renate Peters bei seinen sexuellen Streifzügen. Sie war nicht häßlich. Eine bäuerliche Venus vielleicht, drall und gesund, kulleräugig und rotbäckig, ein Paradiesapfel und garantiert eine Jungfrau, die selbst dem starken Willen des Hans Barreis, Bobs Vater, widerstanden hatte. Für Bob war Renate geschlechtslos . . . seit er vernünftig denken konnte, war sie um ihn. Sie hatte ihn gebadet und abfrottiert, ihm die Haare gekämmt und ihn ins Bett gebracht, ihm vor dem Einschlafen Märchen erzählt oder aus Karl May vorgelesen. Sie war ein Gegenstand geworden wie Kissen, Stuhl, Tisch, Bild, Fenster, Teppich, Lampe, Bett.

Aber mit sechzehn schlug Bob Renate in wildem Zorn, als sie

ihn im Park der Villa mit einem Mädchen überraschte. Das Mädchen weinte und trocknete sich die Tränen mit ihrem zerrissenen Schlüpfer ab. Mit den Fäusten trieb Bob, den Kopf gesenkt wie ein Stier, Renate vor sich her und schrie sie an: »Kümmere dich nicht um mich! Verdammt! Ich bin kein Kind mehr! Hau ab, sag' ich! Immer erziehn alle an mir herum! Immer bin ich noch der gute, liebe Junge! Laßt mich doch in Ruhe, verflucht! Laßt mich leben, wie ich will! Hat noch keiner bemerkt, daß ich nicht nur auf dem Kopf Haare habe?!«

Von diesem Tag an blühte eine Haßliebe zwischen Bob und Renate Peters. Er wußte, daß sie vieles sah, was andere in ihrer Blindheit verpaßten, und er nutzte es aus, sie damit zu quälen. »Heute habe ich zwei Mädchen gebumst!« sagte er etwa. »Hintereinander. Jede durfte bei der anderen zugucken! Renatchen, sie flatterten mit den Gliederchen wie geköpfte Hühner!«

Dreimal verriet Renate ihn bei Mathilde Barreis. Aber es war eine sinnlose Auflehnung. »Dummes Gerede!« sagte Mathilde Barreis. »Das ist die Mißgunst der kleinen Leute! Mein Sohn weiß, was er tut!«

Bob wußte es wirklich.

Mit vierundzwanzig Jahren gehörte er zur kleinen Schicht der internationalen Playboys, tummelte sich auf den Rennplätzen, fuhr Bob in St. Moritz und Wasserski in St. Tropez, tanzte im ›Palace‹ im Schatten Rubirosas und Gunter Sachs' und litt unsäglich darunter, nicht ihr Format zu besitzen. Seine Mädchen waren hübsch, langbeinig, wildmähnig, spitzbusig und dumm — aber immer eine Klasse tiefer als die Mädchen seiner großen Vorbilder. Er machte die Probe aufs Exempel, schob in St. Moritz seine Neuentdeckung, die weizenblonde Silvia Pucker, dreimal Gunter Sachs unter die berühmte Nase . . . der Star des Jet-Sets beachtete sie gar nicht. Bob Barreis blieb noch eine Nacht mit Silvia zusammen und jagte sie dann aus seinem gemieteten Chalet nachts in den Schnee hinaus. Ihre Kleider warf er aus dem Fenster.

»Ihr hochnäsigen Fatzken!« schrie Bob und hieb mit den Fäusten gegen die Hüttenwand. »Ich werde euch zeigen, mich anzuerkennen! Schlange werdet ihr stehen, um mir die Hand zu drücken! Wartet nur ab, bis ich die ›Rallye Europe‹ gewonnen habe. Mit der ölverschmierten Hand werde ich euch in die Fresse schlagen, und ihr werdet jubeln dabei!« In einer Aufwallung unbändigen Zorns riß er das Fenster auf und brüllte in die kalte, blauschimmernde Winternacht hinaus.

»Bob Barreis kommt! Wartet es ab! Bob Barreis kommt wie ein Erdbeben! Ich verspreche es euch!«

Im Tal schimmerten die Lichter von St. Moritz. Eine glitzernde Burg, in der die Ritter ohne Fehl und Tadel und die Jungfrauen mit den Keuschheitsgürteln fehlten.

Am 9. März begann die ›Rallye Europe‹. Ziel: Monte Carlo.

Bob Barreis war vierundzwanzig Jahre alt, fuhr einen Maserati mit 240 PS, Neupreis 53 000 DM, trug die Rallyenummer 11 und war zu dieser Sternfahrt in Hamburg gestartet. Neben ihm saß als zweiter Fahrer sein Freund Lutz Adams, Medizinstudent und Automechaniker. Blond, kräftig, ein Paket aus Muskeln und Sehnen. Bauernsohn aus Vredenhausen.

Es war eine klirrend kalte Nacht, als sie mit heulendem Motor durch die Berge jagten. Die Straße war glatt, ein Eisparkett, auf dem man besser eine Pirouette drehen konnte als eine Kurve.

Bob Barreis saß hinter dem Steuer, die Schultern hochgezogen, den Mund verkrampft, die Finger in den knöcheloffenen Handschuhen um das Lenkrad gepreßt. Die vereisten Felswände flogen vorbei wie Schatten.

Ich komme, dachte er. Ich gewinne. Ich schleudere mich in die oberen Hundert hinein. Paßt auf . . . Bob Barreis kommt!

»Das kann gar nicht stimmen! Das muß ein Irrtum sein!« sagte Bob und riß den Maserati um eine Felsnase herum. Die Spikesreifen knirschten und krallten sich in das spiegelnde Eis der Straßendecke. Trotzdem schlitterte der Wagen, brach hinten aus, drehte sich einmal um die eigene Achse und rutschte auf den Felsen zu. Die sechs Halogenscheinwerfer rissen die glitzernde, zerklüftete Steinwand aus der Nacht. Lutz Adams zog den Kopf ein und knurrte. Wer mit Bob fuhr, kannte keine Angst. Der Maserati kreischte, drehte sich kurz vor der Wand zur anderen Seite und raste in der richtigen Fahrtrichtung weiter.

»Fahr nicht wie ein Verrückter!« war alles, was Adams dazu

sagte. Er beugte sich über das Streckenbuch und las mit ruhiger Stimme weiter. »Kurve links, Kurve rechts, zweiter Gang, Steigung hundert Meter, Kurve links, in Mitte anschneiden . . . in Mitte bleiben . . . Schalten in dritten Gang . . .« Der schmale Lichtkegel der Taschenlampe wischte kurz über das Gesicht Bobs. Es war verkniffen und wie mit Phosphor angestrichen.

»Es muß ein Irrtum sein!« sagte er wieder.

»Die Zeitkontrolle irrt sich nicht, Bob.« Adams starrte auf das unter ihm wegrasende Eisband der Bergstraße. »Wir sind Vierter in der Gesamtwertung.«

»Unmöglich!«

»Der Reifenwechsel bei Grenoble. Da hängt die verlorene Zeit drin.« Lutz Adams blätterte in den Notizen und Kilometerangaben des Fahrtbuches. »Bis Monte Carlo ist das nicht mehr aufzuholen. Mensch, Bob . . . Vierter in dieser mörderischen Tour . . . das ist doch ein Erfolg.«

»Ich muß Erster sein! Gerade jetzt und hier!« Bob Barreis kniff die Augen zusammen, als Adams ihn wieder mit der Taschenlampe anleuchtete. »Laß den Blödsinn, Lutz!«

»Ich wollte nur sehen, wie einer aussieht, der an Wunder glaubt.«

Der Wagen heulte durch die Nacht, eine kleine Kiste aus Blech, in der 240 Pferdestärken die Räder zu einem rasenden Kreisel trieben. Sechs zitternde, gleißende Finger rissen der Nacht das Kleid vom Leib, entzauberten die Landschaft und verwandelten sie gleichzeitig in ein Gespenst.

»Es gibt keine Wunder!« schrie Bob und hieb auf das Lenkrad.

»Aha!« Adams ließ die Taschenlampe wieder über seine Fahrnotizen gleiten. Er zuckte zusammen, als Bob Barreis sich nach vorn warf.

»Aber es gibt mich!«

»Du kannst bis Monte Carlo keinen Verlust von neununddreißig Minuten mehr aufholen.«

»Wer sagt das? Ich werde es beweisen!« Bob verringerte das Tempo und schielte zu Adams hinüber. »Wo sind wir?«

»Bei Kilometer 145.«

»Auf halber Höhe geht eine kleine Straße seitlich in die Felsen und schneidet etwa vierzig Kilometer ab. Sie mündet kurz vor dem Ende der Felsenstrecke wieder auf die Nationalstraße.«

Lutz Adams lehnte sich zurück. Mit der Taschenlampe beleuchtete er seine Fußspitzen. »Da kann doch kein Wagen fahren«, sagte er. »Keine feste Decke. Nur geeignet zum Abschleppen von Bäumen. Überhaupt, was soll das! Die Strecke ist vorgeschrieben. Als ob du zum erstenmal eine Rallye fährst! Du wirst doch disqualifiziert . . .«

»Es wird keiner merken.«

»Ich zum Beispiel.« Adams stieß Bob Barreis in die Seite. »Bob, ich mache das nicht mit. Wir sind Vierter, und dabei bleibt es.«

»Wir werden Sieger sein.«

»Durch Betrug?«

»Was ist Betrug?« Bob sah Lutz Adams schnell an, ehe er wieder auf die unter ihm wegrasende Straße starrte. »Wie lange kennen wir uns, Lutz?«

»Fünf Jahre.«

»Fünf lange Jahre, sieh an. Fünf Jahre lang habe ich gedacht, du seist ein Freund. Ein Scheißkerl bist du!«

»Bob!« Lutz Adams knipste die Taschenlampe aus. Nur der schwache Schimmer der Instrumentenbeleuchtung und der Widerschein der sechs Halogenlampen erhellten das Innere der heulenden Blechrakete. »Halt an und laß mich weiterfahren. Du bist nervlich überreizt. Eine Streß-Situation, wie der Mediziner sagt.«

»Bleib mir vom Leib mit deiner Scheißmedizin!« Bob Barreis trat mit der vollen Sohle auf das Gaspedal. Die Finger trommelten auf dem Lenkrad mit den Stahlholmen. »Wenn ich abbiege und dann in Monte Carlo als Sieger ankomme . . . du würdest mich in die Pfanne hauen, was? Du würdest überall erzählen: Er hat den Weg abgekürzt! Er ist ein Betrüger! Bob Barreis ist ein Lump! So ein schäbiger Freund würdest du sein, was? Nun sag schon die Wahrheit!«

»Es wird nicht soweit kommen. Wir bleiben auf der vorgeschriebenen Straße.« Lutz Adams drehte sich im Sitzen zu Bob. Er ist wie von Sinnen, dachte er. Wenn ihn ein Nervenarzt so sähe, er würde ihm sofort eine Megaphen-Injektion geben und ihn ruhigstellen. Was ist nur in der letzten Zeit mit Bob los? Sein Blick gefällt mir nicht mehr. Er flackert, sieht an den Menschen vorbei, verirrt sich irgendwo, wohin ihm keiner folgen kann. »Halt an«, sagte er eindringlich und legte die Hand auf Bobs Arm. »Bob, sei kein gestochenes Nashorn . . . laß mich weiterfahren.«

»Keinen Meter mehr! Mich wundert, daß du an deiner Ehrlichkeit noch nicht erstickt bist! Wie kannst du noch atmen, wo alles um dich herum vor Lüge stinkt. Eine Kloake von Lüge! Hast du's noch nicht gerochen? Du solltest mal zum Nasendoktor gehen. Deine Schleimhäute stimmen nicht mehr!« Bob lachte laut. Es war ein Lachen, das plötzlich eine erschreckende Erkenntnis schuf. Lutz Adams spürte, wie sich auf seiner Haut die feinen Härchen sträubten.

Mein Gott, er ist verrückt, dachte er. Keiner hat es gemerkt. Wir hielten ihn alle für schwierig, exaltiert, ein bißchen überdreht, statt Hirn einen Kasten Geldscheine im Kopf. Goldköpfchen, bei dem es im Kasten klingelt, wenn er nickt. Aber sonst normal. Und plötzlich bricht es aus, ist da wie eine Lawine, die alles mitreißt.

»Halt an!« schrie Adams und griff mit beiden Händen zu.

»Loslassen!« Bobs Stimme kreischte. »Laß los!«

Der Maserati schleuderte wieder, Adams klammerte sich an den Haltegriffen fest und zog die Beine an und den Kopf zwischen die Schultern. Noch einmal gelang es Bob, den Wagen abzufangen und in die Fahrtrichtung zu drücken. Mit kurzen Gasstößen und einem Wirbel von Lenkradausschlägen brachte er die kreischenden 240 Pferde wieder unter Kontrolle.

Adams preßte die flachen Hände gegen die Stirn. Kalter Schweiß tropfte über seine Finger, als habe er den Kopf in Wasser getaucht. Fahren kann er, dachte Adams. Und Mut, verdammten Mut hat er auch. Wenn er in seinem Wagen sitzt und das Gaspedal runterdrückt, vergißt er, daß er sterblich ist wie andere. Dann ist er ein Gigant von Selbstbewußtsein. Ein Zwerg, der sich in einem Vergrößerungsspiegel betrachtet. Ein Wurm, der auf dem Rücken eines Elefanten reitet.

»Noch einmal, und wir kleben wie Rotz am Felsen«, sagte Bob, starr auf die Straße blickend. »In sieben Minuten haben wir die Abzweigung erreicht.«

»Ich steige vorher aus.«

»Bitte.« Bob blickte ihn grinsend an. »Bei 120 auf vereister Straße ist das noch keinem gelungen. Verflucht, bleib sitzen! Faß mich nicht wieder an! Bevor wir abbiegen, bleibt zu klären, wie du dich in Monte Carlo benehmen wirst, wenn wir als Sieger einfahren.«

»Ich werde die Wahrheit sagen.«

»Brav, mein Säulenheiliger. Die Wahrheit ist aber auch, daß der Konkurs der Molkerei deines Vaters durch gefälschte Bilanzen ein stiller Erfolg wurde.« Bob Barreis nickte mehrmals, um diesen Worten Nachdruck zu geben. »Leugne es nicht . . . ich kenne die fatalen Unterlagen.«

»Mir ist nichts davon bekannt.« Lutz Adams schloß die Augen. Unmöglich, durchfuhr es ihn. Das hätte Vater nie getan. Gefälschte Bilanzen, betrügerischer Konkurs? Wenn das wahr ist, fällt alles Fleisch vom Gesicht der Adams.

»Blindheit ist kein Alibi für Unwissenheit. Blinde können hören, riechen, fühlen. Lutz, ich schlage einen Handel vor. Wir fahren die Abkürzung und stellen uns unter den Siegerkranz in Monte Carlo . . . und du kannst einen weißen Schlips tragen, auf dem nicht in roter Farbe steht: Mein Vater ist ein Lump!«

»Du bist ein Schwein! Ein ganz dreckiges Schwein!« Lutz Adams warf das Streckenbuch nach hinten auf den Notsitz. Zwischen Ersatzteilen und Werkzeugkisten fiel es auf den Boden. »Ich schwöre dir . . . das ist die letzte Fahrt mit dir! In Monte Carlo kenne ich dich nicht mehr!«

»Abgemacht!« Bob Barreis lachte wieder, als erzähle man sich die deftigsten Witze. »Ich bin fünf Jahre mit einem Waschlappen herumgefahren! Es wird Zeit, daß ich ihn auswringe.«

»Du bist verrückt! Du bist tatsächlich verrückt!«

»Nenn's, wie du willst. Ich *muß* dieses Rennen gewinnen.«

»Und warum, verdammt noch mal? Wegen dieses lausigen Pokals, der nachher im Schrank verstaubt?«

»Nein, es geht um mehr!« Bob beugte sich vor. Die Felsen schoben sich zusammen wie Backen einer Riesenzange. »Aber das verstehst du nicht. Du wirst das nie verstehen! Du bist immer Lutz Adams gewesen. Der brave Sohn. Der Pennäler. Der Abiturient. Der Medizinstudent. Später der Arzt. Der Chefarzt. Ein Mensch aus eigener Kraft. Verflucht, laß mich in Ruhe! Ich gewinne die Rallye! Verstehst du?!«

Adams nickte schweigend. Er legte den Arm auf die Lehne von Bobs Sitz. Als er dessen Schulter berührte, zuckte Barreis nach vorn, als habe ihn ein Feuerstrahl in den Rücken getroffen.

»Langsam begreife ich«, sagte Adams mit der begütigenden Stimme eines Psychiaters, der einem Schizophrenen bestätigt, daß er Heinrich der Vogeler sei, und damit dessen Vertrauen gewinnt. »Komplexe, mein Lieber. Gerade darum sollten wir ehrlich als Vierter durchs Ziel gehen.«

»Du Narr!« Bob nahm das Gas weg. Die Abzweigung tauchte in den sechs Leuchtfingern der Halogenscheinwerfer auf. Sie zitterten zur Seite, ergriffen die schmale Straße, holten den steinigen Belag aus der frostklirrenden Nacht. Der Maserati gehorchte dem Steuer, die Räder mit den stählernen Spikes knirschten im Eis . . . der Wagen bog ab. Lutz Adams ballte die Fäuste. Er wollte Bob ins Steuer greifen, aber im gleichen Augenblick gab dieser Gas. Heulend tanzten die 240 Pferde über die vereisten Steine bergan.

Ein Weg, wie für Esel in die Felsen gehauen. Ein elender Pfad. Eine Teufelspiste in die Hölle. Aber vierzig Kilometer kürzer als die Staatsstraße.

»Hier kann doch kein Auto fahren!« schrie Adams und klammerte sich am Armaturenbrett fest. »Wir brechen uns den Hals! Bob, noch können wir zurück!«

Der Wagen schlitterte über die glatten Steine, mahlte sich mit den Spikes durch das Eis. Ein paarmal drehten die Räder durch, es war, als hebe sich der Maserati vom Boden ab und schwebe. Schneewolken und vereister Schotter donnerten gegen das Bodenblech und hüllten sie ein wie in einen Explosionspilz. Bob Barreis aber fuhr weiter. Über das Steuer gebeugt, in die tanzenden Lichtpfeile seiner sechs Scheinwerfer starrend, ließ er den Wagen hochklettern und kurbelte sich durch die eng zusammenrückenden Felswände. Als der Pfad etwas breiter wurde, gab er wieder Vollgas. Lutz Adams wischte sich mit zitternden Händen über das schweißnasse Gesicht.

Er bringt uns um, dachte er. Sein Ehrgeiz ist das Gift, das seinen

Verstand auffrißt. Worte verlieren jetzt allen Sinn ... man muß handeln. Und zwar sofort, ehe wir uns den Hals brechen.

Mit einem Schwung warf sich Adams auf Bob, als dieser in einer engen Kurve das Gas wegnehmen mußte und sogar bremste. Der Angriff erfolgte so plötzlich, daß Bob nur mit den Ellbogen zurückstoßen konnte, aber als er sah, wie Adams nach dem Zündschlüssel griff und ihn herumdrehen und aus dem Schloß reißen wollte, gab er wieder Gas und riß das Steuer herum. Der Maserati begann einen Höllentanz, riß sich aus der Herrschaft der Menschen und kreischte über das Eis.

»Festhalten!« brüllte Bob mit fremder, heller Stimme. »Festhalten!«

Die Felsen.

Nackte Wände, über die das Eis wie glitzernde Gardinen hing.

In den sechs Scheinwerfern blühte der Tod wie ein Zaubergarten auf.

Ein erstarrter Wasserfall. Eiszapfen wie ein hochgezogenes Gittertor.

Der Weg ist offen. Freie Fahrt in die Hölle!

Noch bevor der Wagen gegen die Felswand prallte, drückte Bob den Türhebel hinunter, zog den Kopf tief in die Schultern, krümmte sich zusammen wie ein Turmspringer, der einen Salto dreht, und ließ sich dann hinausfallen. Der Aufprall war hart, aber weniger schmerzvoll, als er sich gedacht hatte. Wie ein Ball rollte er über die vereiste Straße, die Steine hämmerten in seinen Körper wie ein Fleischklopfer. Dann schlug er gegen die Wand, er hatte das Gefühl, als breche er mitten durch und das Rückgrat löse sich aus ihm. Er begann zu husten, krümmte sich und dachte mit merkwürdig wachen Sinnen: Ich kotze mir das Skelett aus dem Leib. O verdammt, der ganze Brustkorb will mir durch die Kehle. —

Nur Bruchteile von Sekunden dauerte das. Hinter sich hörte Bob ein kreischendes Krachen, Blech jammerte auf, die sechs Finger der Halogenscheinwerfer erloschen. Dafür brach ein Zischen und Brausen in die plötzlich stille Nacht ein, ein schauerliches, hohles Prasseln, aus dem sich, wie ein langsam aufsteigender Springbrunnenstrahl, eine Flamme entwickelte.

Bob streckte sich, wälzte sich auf den Bauch und starrte auf seinen brennenden Wagen. Ein bizarrer Haufen Blech klebte an der gegenüberliegenden Felswand, und aus ihm züngelten die Feuerarme gegen die Lanzenspitzen der Eiszapfen.

»Lutz...«, stammelte Bob. »Lutz, du Vollidiot.« Er versuchte sich aufzurichten, aber sein Rücken schien zerbrochen zu sein. Er begann zu kriechen, und das gelang. Wie ein Wurm schlängelte er sich über den Weg, mit weiten, entsetzten Augen, richtete sich dann auf den Knien auf, drückte sich hoch und taumelte zu dem brennenden Wrack.

Lutz Adams hing zwischen Sitz und Lenksäule wie ein Stück Eisen in den Backen eines Schraubstocks. Er war bei voller Besinnung, warf den Kopf mit lautem Schnaufen nach hinten und versuchte, sich durch ruckartige Bewegungen aus der Umklammerung zu lösen. Als er Bob Barreis zum Wagen schwanken sah, begann er zu brüllen.

»Hier, Bob! Hier! Ich bin eingeklemmt! Reiß den Sitz zurück. Ich bekomme die Arme nicht hoch. Nur den Sitz weg! Mach schnell... es wird verdammt heiß!«

Bob Barreis blieb stehen, vier Meter von dem Wagen entfernt, und blickte Lutz Adams starr an. Seine Brust hob und senkte sich mit pfeifendem Atem. Er preßte die Hände gegen seine Schenkel und rührte sich nicht. Vom Heck aus griffen die Flammen auf die Polster über. Das brennende Benzin lief durch jede Ritze des aufgespaltenen Blechs.

»Bob!« brüllte Adams und zerrte an seiner tödlichen Umklammerung. »Hilf mir doch! Hol den Feuerlöscher. Er ist neben mir... du kannst doch an ihn ran! Den Feuerlöscher, Bob —«

Barreis rührte sich nicht. Über sein Gesicht lief ein Zucken. Eine fremde, angenehme Wärme durchrieselte ihn, das gleiche, immer wiederkehrende Glücksgefühl, wenn er ein Mädchen unter sich gezwungen hatte und ihr Stöhnen und dumpfes Schreien in ihm die Sinne aufpeitschten, als hiebe man ihm mit Dornenreisern über die nackte Haut. Er brauchte das, um in den Höhepunkt hineinzuflammen wie ein zischendes Feuerwerk. Er biß in die Körper unter sich wie eine wütende Schlange, und wenn das keuchende Schreien der Mißhandelten ihn einhüllte wie eine wärmende Wolke, dachte er an Tante Ellen. Sie hatte ihn gelehrt, daß Schmerz

Lust erzeugt. Sie hatte Stücke aus seinem Fleisch gerissen. Kannibalin der Leidenschaft. Megäre der Sinne. Und damals war etwas in ihm erweckt worden, dem er in nüchternem Zustand fremd und schaudernd gegenüberstand, aber dem er sich völlig unterwarf, entblößt von allem Willen, wenn der Rausch ihn in rosa Nebeln wegtrug.

Den Kopf vorgestreckt, die Hände zu Fäusten geballt, stand Bob Barreis vor dem brennenden Wagen und starrte auf Lutz Adams. Ich muß ihm helfen, durchfuhr es ihn. Ich muß ihm . . . Aber da war die andere, stärkere Kraft, diese Klammer seiner tobenden Sinne, und sie befahl: Bleib stehen! Sieh zu, wie ein Mensch verbrennt. Hast du das schon erlebt? Eine lebende Fackel? Weißt du, wie ein Mensch brennt? Gibt es eine blaue Flamme, wie bei Spiritus, oder eine gelbrote, wie bei trockenem Buchenholz? Qualmt ein Mensch? Es muß riechen wie ein Spanferkel am Spieß. Und wann hört sein Schreien auf? Lähmt ihn vorher das Entsetzen? Oder brüllt er, bis die Flammen aus seinem Mund schlagen wie bei einem Feuerfresser?

»Warum kommst du nicht?« schrie Lutz Adams. Er sah Bob Barreis im flackernden Licht des Feuers stehen, etwas geduckt, wie zum Sprung bereit . . . aber er sprang nicht, er rührte sich nicht vom Fleck, er schien wie ein bizarres Stück Fels, das der Aufprall des Wagens von der Wand gerissen und auf die Straße geschleudert hatte.

»Den Schaumlöscher, Bob! Hol den Schaumlöscher! Ich verbrenne ja! Ich verbrenne! Bob! Ich *verbrenne* —«

Adams' Schrei erstickte. Dunkle Rauchwolken hüllten ihn ein. Fettiger Qualm, beizend und die Lungen zerstörend. Die Polster brannten, das Blech bog sich in der Glut, der Lack zersprang in den Flammen. Über den zerfetzten Wagenboden lief das brennende Benzin, erreichte die Beine Adams' und setzte die Schuhe in Brand. Er strampelte, aber die Flammen waren nicht mehr zu löschen. Das Benzin durchtränkte seine Socken, das Feuer kroch an ihm empor.

Der Blick, der Bob Barreis traf, schnitt ihn mittendurch. Die mörderische Hitze prallte gegen ihn wie eine Wand, aber er wich nicht zurück. Übergossen von Schweiß hielt er aus, starrte auf den brennenden Freund und hörte seine Schreie wie durch Watte.

Ein Mensch brennt wie Holz, dachte er. Die Flamme ist bläulichschmutzig. Vielleicht ist es das Benzin, das die schöne blaue Flamme stört?

Er blickte gelassen in die aufgerissenen Augen des Brennenden und wischte sich mit dem Unterarm über das heiße Gesicht.

Hexenverbrennungen im Mittelalter.

Witwenverbrennungen in Indien. Die Asche streuen sie in die Flüsse.

Die Azteken verbrannten die Herzen ihrer Feinde.

Bei einem Kaufhausbrand kamen 65 Menschen ums Leben.

Ein Altersheim brannte ab. 19 tote Greise.

Der Luxusdampfer ›Moro Castle‹ brannte aus. Die Zahl der Toten weiß man bis heute noch nicht genau.

Ein Flugzeug stürzt brennend ab. 49 Tote.

Im Bett verbrennt der Buchhalter Franz Hemlock. Opfer einer Zigarette, über deren Genuß Franz Hemlock einschlief.

Auf einer Seitenstraße in den Seealpen verbrennt in seinem Maserati-Sportwagen der Rallyefahrer Lutz Adams. Medizinstudent aus Vredenhausen. Er war nicht mehr zu retten. Die Flammen waren schneller. Auslaufendes Benzin . . . wer kann dagegen an?

Bob Barreis starrte auf den in hellen Flammen stehenden Adams. Er lebte noch, wahrhaftig . . . seine Augen bewegten sich noch, suchten nach Bob Barreis, hofften noch immer. Der Schaumlöscher, nur einen halben Meter neben ihm. Die Polster. Wenn man sie wegrückt, kann man ihn herausziehen aus dem Schraubstock der Lenksäule. Noch ist es möglich . . . jetzt . . . jetzt sofort . . . Verbrennungen zweiten und dritten Grades, man kann sie heilen! Hauttransplantationen. Künstliche Beatmung. Kreislaufstützen. Man hat schon Menschen gerettet, deren Haut zu drei Fünfteln verbrannt war.

Hilf, Bob! Hilf!

Bob Barreis wich zurück. Die Hitze drückte ihn einfach weg. Er sah Adams' Kopf aus einem Kragen von Flammen wachsen. Und dann hörte er ihn, zum letztenmal, die Stimme, die das Prasseln des Feuers übertönte.

»Du Schwein! Du Schwein! Du sollst verrecken wie ich! Bob! Bob! *Bob!*«

Barreis wandte sich um und rannte davon. Er warf sich gegen die vereisten Felsen und genoß die Kühle. Mit beiden Händen schaufelte er den verharschten Schnee über seinen Kopf, badete in der Kälte und schwamm in einem Lustgefühl, das ihm die Tränen aus den Augen preßte.

Eine halbe Stunde später fielen die Flammen kraftlos zusammen. Zwischen den Ruinen der Sitzstangen und der ausgeglühten Lenksäule hing ein formloser, schwarzer, verkrümmter Klumpen. Nur der Schädel war erschreckend weiß. Die Zahnreihen bleckten, als lache der zusammengeschrumpfte Torso.

Mit staksigen Beinen trat Bob Barreis an das Wrack, riß den unversehrten Schaumlöscher aus der verbogenen Halterung, schlug den Sprühkopf an einer Felsenecke auf und spritzte den Schaum über die trägen Flammen. Sie erloschen sofort. Den Rest des Löschers goß Bob über die Leiche. Sie sah aus, als schwimme sie in einem Schaumbad.

Mit zusammengebissenen Zähnen preßte Barreis seine Handflächen gegen das heiße Blech. Der Schmerz ließ ihn taumeln, aber er drückte sie auf die glühende Karosserie, bis seine Haut kleben blieb und er mit einem dumpfen Aufschrei die Hände abriß. Aus seinen Handflächen wölbte sich das rohe Fleisch auf.

Ohne einen Blick zurück schwankte er den Bergweg hinunter. Die Nacht überfiel ihn jetzt mit der geballten Feindseligkeit ihres Frostes. Der wärmende Vorhang seiner unerklärlichen Lust war zerrissen. Durch die Fetzen seiner Seele wehte der Eiswind. Bob Barreis begann zu laufen, stolperte über die Steine, glitt auf dem Eis aus und fiel hin, brüllte unverständliche Laute und hetzte weiter. Jetzt lief das Grauen mit ihm, die Schuld, die ihn würgte wie eine Stahlschlinge, die Angst, eine widerliche Leere, das Entsetzen vor sich selbst.

»Lutz!« schrie er die Eiswände an, die wie drohende Fäuste seinen Weg säumten. »Lutz! Ich konnte dir nicht helfen! Es war zu heiß. Die Flammen, Lutz! Ich bin nicht rangekommen! Du hast doch gesehen, daß ich nicht rankonnte?! Lutz!«

Eine Stunde später las ihn der Rallyewagen Nummer 51, ein

schwedisches Team, auf der Staatsstraße auf. Bob Barreis lag am Straßenrand, die verbrannten Handflächen in den Schnee gewühlt. Er weinte und war nicht zu beruhigen.

Von Briançon, einem kleinen Städtchen nördlich der Unfallstelle, raste die Feuerwehr heran. Ihr Sirenengeheul flog ihr weit voraus durch die stille, kalte Nacht.

Bob Barreis schwankte zu dem schwedischen Wagen und verkroch sich auf den Hintersitz zwischen die Spezial-Reservereifen.

Die Feuerwehr? Wer hatte sie angerufen? Woher wußte man in Briançon, daß ein Wagen ausgebrannt war? Die Rallyefahrer auf der Strecke jedenfalls wurden von dem Unfall überrascht.

Bob Barreis umwickelte seine Hände mit den Brandbinden aus der Autoapotheke der Schweden. Sein verwirrter Geist sammelte sich wieder und begann nüchtern zu arbeiten.

Die Feuerwehr von Briançon!

Gab es dort oben in den Felsen einen Augenzeugen?

Die amtliche Untersuchung der Unfallkommission, der sich die Polizei von Nizza und Grenoble anschloß, kam zu einem eindeutigen Ergebnis. Das Verhör, dem sich Bob unterzog, und die Feststellungen der Experten am Unfallort setzten sich zu einem klaren Bild zusammen. Kommissar Pierre Laval, ein im Dienst auf der Straße ergrauter Beamter, dessen größter Fall vor zehn Jahren die gewaltsame Schwängerung einer Bürgermeisterstochter gewesen war, führte die Verhandlung mit der Höflichkeit der Franzosen und der Achtung vor dem Geld, das jetzt um ihn versammelt war. Wenn ich von jeder Million, die hier herumsteht, nur einen Franc bekomme, dachte er, habe ich ein Jahresgehalt zusammen.

Bob Barreis, blaß, aber von einer erstaunlichen Energie durchdrungen, machte mit fester Stimme seine Aussagen. Sie saßen in einem kleinen Omnibus der Polizei von Nizza und waren bis zu dem ausgebrannten Wrack gefahren. Den verkohlten Körper hatte ein Bestattungsunternehmen bereits abtransportiert und in der Leichenhalle von Nizza aufgebahrt. Die Kosten übernahm Bob. Er drückte dem Vertreter des Sarggeschäfts ein Bündel Francnoten in die Hand und sagte mit erstickter Stimme:

»Suchen Sie Ihren schönsten Sarg aus. Und regeln Sie die Überführung nach Vredenhausen. Chartern Sie ein Flugzeug, und bringen Sie meinen Freund nach Deutschland. Kosten spielen keine Rolle.«

Nun saßen Kommissar Laval, Bob Barreis, die Schweden, die ihn gefunden hatten, der Gerichtsmediziner, zwei Unfallexperten und ein Mitglied der Rallyeleitung in dem kleinen Polizeibus und sahen schaudernd hinaus auf das ausgeglühte, zusammengeschmolzene, formlose Auto. Bob Barreis schilderte noch einmal den Hergang.

»Lutz wollte den Weg abkürzen. Er hatte diese verdammte Nebenstraße ausgemacht und sich ausgerechnet, daß wir damit vierzig Kilometer abkürzen könnten. Natürlich war das Betrug, aber Lutz war so erregt, daß mit ihm nicht mehr vernünftig zu reden war. Der Zeitverlust, die Aussicht, nur Vierter zu werden, machten ihn glatt verrückt. Ich habe alles versucht, ihn umzustimmen, habe auf ihn eingeredet wie auf ein krankes Pferd . . . umsonst. Als er dann in die Nebenstraße wirklich einbog, habe ich sogar versucht, den Schlüssel aus der Zündung zu ziehen. Das war lebensgefährlich bei dem Tempo, das er draufhatte. Er hat mich gegen die Stirn geschlagen und auf den Sitz zurückgeworfen. Wie ein Irrer ist er den schmalen, vereisten Weg hinauf . . . Ja, und dann ist's passiert. Es ging so schnell . . . ich weiß nicht, wie es geschah . . . Ich wurde plötzlich aus dem Wagen geschleudert, weil die Tür aufsprang. Und dann brannte auch schon der ganze verbeulte Blechhaufen.«

Bob Barreis wischte sich mit zitternden Händen über die Augen. Die Anwesenden hatten Mitleid mit ihm. Der Rallyedirektor schnaufte ergriffen durch die Nase. Kommissar Laval starrte trübsinnig auf das Wrack. Dünner Neuschnee hatte aus ihm eine fantastische Plastik gemacht.

»Der Wagen brannte sofort?« fragte er.

»Wie nach einer Explosion.«

»Aber er ist nicht explodiert.«

»Ich sagte ›wie‹, Herr Kommissar.«

»Und Sie haben Ihren Freund nicht mehr herauszerren können?«

»Nein. Er war so eingeklemmt, daß alles Ziehen und Reißen nichts half. Als dann die Flammen zu hoch wurden . . .« Bob hob seine dick verbundenen Hände. Sie waren Aussage genug. Niemand kann verlangen, daß man sich aus Freundschaft selbst verbrennt. Die Grenze der Hilfsbereitschaft ist die menschliche Ohnmacht.

»Ich konnte noch den Schaumlöscher herausreißen«, sagte Bob leise und schloß die Augen. Einer der Schweden stützte ihn. Kommissar Laval kaute an der Unterlippe. »Aber so ein Schaumlöscher ist auch nur ein Notbehelf, wenn das ganze Benzin brennend herumfließt. Ich habe fast alles über Lutz gespritzt, aber ich glaube, er war schon tot . . .«

»Und dann sind Sie zurück zur Straße gelaufen?«

»Ja. Aber ich weiß nicht mehr, wie ich sie erreicht habe. Mir fehlt einfach ein Stück Erinnerung.«

»Typische Schockwirkung.« Der Gerichtsmediziner legte die Hand auf Bobs Arm. »Wenn Sie das Verhör zu sehr anstrengt, Monsieur —«

»Nein, danke. Ich stehe es durch.« Bob lächelte gequält. »Diese Nacht! Diese furchtbare Nacht. Ich werde sie nie vergessen können. Als ich Lutz in Flammen stehen sah . . .« Er preßte die bandagierten Hände vor die Augen und schluchzte.

Kommissar Laval brach das Verhör ab und schrieb in das Protokoll: ›Der Mitfahrer und Unfallbeteiligte Bob Barreis, vierundzwanzig Jahre alt, Beruf Fabrikant, steht noch unter dem Eindruck des Geschehens. Seinen Aussagen wird von seiten der Polizei kein Zweifel gegenübergestellt. Die Rekonstruktion des Unfallhergangs ist hiermit abgeschlossen.‹

Auch die französischen Beamten haben eine besondere Sprache, wie alle Beamten auf dieser Welt. Es muß am Büroklima liegen.

An diesem Abend — aus den Bergen wurde das Wrack abgeschleppt und zur Verschrottung freigegeben, es gab ja keine Unklarheiten mehr — war Bob Barreis Mittelpunkt des großen Rallye-Balls in Monte Carlo. Der tragische Tod von Lutz Adams wurde erwähnt, die zweitausend Gäste in Frack und glitzernden Abendroben erhoben sich und senkten für eine Minute stumm den Kopf . . . dann blies eine Kapelle einen Tusch, und der Sieger der ›Rallye Europe‹, der Spanier Juan Hanel, eröffnete die große Festpolonaise.

Es war kein Schweigegedächtnismarsch, sondern der Auftakt zu einer rauschenden Ballnacht. Bob Barreis tanzte bis zum frühen Morgen. Über die umwickelten Hände hatte er weite, weiße Lederhandschuhe gezogen, die ein Handschuhmacher im Akkord noch anfertigen mußte.

Zum erstenmal saß er unter der Creme des Jet-Sets. Sein Traum wurde Wahrheit: Er tanzte mit Pia Cocconi, einer schwarzmähnigen Schönheit, von der man wußte, daß sie die Geliebte des Prinzen Orlanda war. Pia Cocconi folgte ihm auf sein Hotelzimmer und lachte dunkel, als er mit seinen bandagierten Händen sie auszuziehen begann.

Wieder dieses Glucksen in der Stimme. Diese kehlige Gurren. Der Lockton der Wildheit.

»Du bist der Held des Tages, Liebling«, sagte Pia Cocconi, als sie auf Bob lag und ihre Beine ihn umklammerten.

»Ich werde ein Held in tausend Nächten sein«, antwortete Bob. Der Blick seiner großen, blauen Augen verdunkelte sich.

»Erzähl mir noch einmal, wie du versucht hast, deinen Freund zu retten. Brannte er richtig?« Ihr schlanker Leib zitterte vor Gier, ein Wetterleuchten zuckte in den Winkeln der aufgerissenen, blutrot leuchtenden Lippen. Sie bog sich unter seinen zugreifenden Händen, aus ihrer glatten Haut schienen zirpende Töne zu rieseln.

»Ja, er brannte richtig!« knirschte Bob Barreis. »Verdammt, er brannte!«

Er riß sie zu sich hinunter und biß sie in die Schulter.

Zwei Tiere stürzten sich aufeinander.

Das Telegramm aus Monte Carlo löste in Vredenhausen Verwirrung und große Aktivität aus.

»Der arme Junge«, jammerte Mathilde Barreis und blickte sich hilflos um. Ihr Bruder, Onkel Theodor Haferkamp, der treue Paladin der Familie, der für Bob die Werke leitete, das Vermögen vermehrte und einen ständig zu putzenden Schutzschild über das Haupt der Familie hielt, hatte lange überlegt, wie er es Mathilde beibringen sollte. Das Telegramm war an ihn gerichtet gewesen; es war knapp und gerade in seiner Kürze voller Sprengkraft.

›Im Gebirge verunglückt. Totalschaden. Lutz Adams tot. Selbst leicht verletzt. Überführung eingeleitet. Ordne bitte alles zu Hause. Gruß Bob.‹

Theo Haferkamp, dem Totalschäden an Bobs Autos nichts Neues waren, erregte nur der kurze Passus: Lutz Adams tot. Was sich dahinter verbarg, ahnte er bloß. Aber was jetzt auf ihn zukam, hier in Vredenhausen, das wußte er genau.

Bevor er Mathilde unterrichtete, fuhr er hinaus nach Vredenhausen-Land und suchte den Bauern Adams auf. Bob war nur leicht verletzt ... das mitzuteilen, hat Zeit, dachte Haferkamp. Aber Lutz ist auf der Strecke geblieben, und er war der einzige Sohn des alten Adams. Zeit seines Lebens hatte er geschuftet, um dem Jungen eine anständige Ausbildung zu geben. Als Lutz das Abitur bestand, zusammen mit Bob und Hellmut Hansen, gab es keinen stolzeren Vater als Adams.

»Wir haben es geschafft«, sagte er überall. »Mit Mistfahren und Schweinefüttern! Mit Eiersortieren und Rübenschnitzeln. Und jetzt wird der Lutz Arzt! Ich kriege auch das Studium hin, und wenn ich ab sofort nur noch Quark esse!«

Theo Haferkamp klingelte, aber im Haus rührte sich nichts, obgleich drinnen Licht brannte. Er klingelte noch dreimal, und als er keine Antwort bekam, drückte er gegen die Tür. Sie war unverschlossen. Haferkamp betrat einen dunklen Flur, tappte dem Lichtschein zu, der unter einer Tür hervorschimmerte, hörte leise ein Radio spielen — ›Da geh' ich ins Maxim, dort bin ich sehr intim ...‹ Operette, Lustige Witwe — und stieß die Tür auf.

Ernst Adams saß unter dem Radio, hatte die Hände gefaltet und starrte aus leeren Augen Haferkamp entgegen. Er erhob sich nicht, er rührte sich nicht ... das Gesicht war schlaff und wächsern. Ein Kopf ohne Gedanken. Ein zerstörtes Ich.

Haferkamp blickte auf das Radio und drehte den Hut zwischen den Händen.

»In den Nachrichten, was?« sagte er leise. »Sie haben es gebracht? Ich habe erst vor einer halben Stunde das Telegramm bekommen. Ich bin sofort zu Ihnen —« Er schwieg, schluckte die letzten Worte hinunter. Die Operettenmusik zerhackte ihn förmlich.

26

».. . Lu-lu, Frou-frou, Jou-Jou . . .«

»Können wir den Mistkasten nicht abstellen?« fragte er heiser.

Der alte Adams schien die Musik nicht zu hören. Er klemmte die Hände zwischen die Beine, als müsse er sich irgendwie festmauern.

»Er ist verbrannt ... im Auto verbrannt ... lebendig verbrannt . . .«

»Mein Gott, das wußte ich ja noch gar nicht.« Haferkamp setzte sich auf den nächsten Stuhl. Eine Schwäche in den Beinen warf ihn einfach um. »Haben ... haben sie das in den Nachrichten gesagt?«

»Ja. Ihr Neffe hat sich die Hände verbrannt. Nur die Hände — «

Haferkamp lächelte schief. Er war zu keiner anderen Reaktion fähig.

»Ein unverschämtes Glück. Ich weiß noch gar nichts über den Hergang. Nur das Telegramm.« Er schwenkte das Formular durch die Luft und steckte es dann schnell weg. Wie verflucht dumm waren jetzt alle Worte. »Ihr . . . Ihr Sohn wird überführt. Selbstverständlich übernehme ich alle Kosten. Sie brauchen sich um gar nichts zu kümmern.«

»Er war mein ganzer Stolz.« Der alte Adams starrte an Haferkamp vorbei an die Wand. »Nur für ihn habe ich gelebt, gearbeitet, geschuftet. Er wäre ein guter Arzt geworden. Ich weiß es. Er war immer fleißig. Und er haßte Autos. Er hat es mir einmal gesagt. ›Vater‹ — hat er gesagt —, ›wenn ich in einem Auto sitze, komme ich mir wie von der Welt getrennt vor.‹ Vielleicht ist das dumm, vielleicht aber war schon die Ahnung in ihm, wie es einmal kommen würde. Er konnte Autos auseinandernehmen und wieder zusammensetzen, er sezierte sie förmlich, er verstand mehr von diesen Höllendingern als Ihr Neffe Bob, es war eine Haßliebe von ihm ... und schuld daran hat Ihr Neffe!«

Theo Haferkamp zog die Augenbrauen zusammen. Der Schmerz des alten Mannes rührte ihn, aber diese Trauer berechtigte noch lange nicht zu einem unqualifizierten Angriff auf die Familie Barreis. »Erlauben Sie mal«, sagte er milde. Schließlich sprach man mit dem Vater eines Toten. »Mein Neffe Bob war doch nicht der Mentor Ihres Sohnes.«

»Er hatte einen starken Einfluß auf ihn. Das erste Rennen, das sie zusammen fuhren, war für Lutz eine Qual. Er verging in Todesangst. Später machte er jedes Rennen mit, um nicht als Feigling zu gelten. Er zwang sich einen anderen Willen auf, und der kam von Ihrem Neffen.«

»Das ist eine sehr merkwürdige Auslegung einer Freundschaft.« Theo Haferkamp drehte den Hut wieder zwischen seinen Händen. Es ist alles wahr, was er sagt, dachte er. Es stimmt bis zum i-Punkt. Bobs höhnische Überlegenheit zwingt alle, die mit ihm zusammen sind, in die Knie. Mit Bob zu leben, setzt voraus, die Konstitution eines Satans zu haben. Das alles weiß ich, mein lieber Adams ... aber man sagt es mir nicht einfach ins Gesicht. Ich bin Verwalter der Barreis'schen Vermögen und Familienehre — wer Dreck auf sie werfen will, muß erst mich überwinden. Ich bin die Mauer, über die niemand klettern kann. Was dahinter geschieht, ist für die ganze Welt ohne Interesse. Hat ohne Interesse zu sein ... dafür sorge ich.

»Ihr Sohn ist freiwillig mitgefahren«, sagte Haferkamp langsam. Im Unterton seiner Stimme schwang die Warnung: Auch trauernde Väter sollten sich ihre Worte überlegen. »Es war nicht das erste Unglück und wird nicht das letzte dieser Art sein. Immer verunglücken mutige Sportler. Rosemeyer, Graf von Trips, Nuvolari, Ascari ... fast in jedem Jahr einer. Nun hat es Bob und Ihren Sohn getroffen. Wollen Sie Bob dafür verurteilen, daß er überleben konnte? Lieber Herr Adams, ich kann Ihren tiefen Schmerz ermessen. Ich bin gekommen, um Ihnen zu helfen. Ich weiß, Lutz ist durch nichts zu ersetzen. Worte sind jetzt leeres Geschwätz. Trotzdem — Sie sollen wissen, daß ich immer für Sie da bin.«

Theo Haferkamp holte ein dünnes Heft aus der Brusttasche, riß ein bereits ausgefülltes Formular heraus und legte es auf den Tisch. Ein Scheck. Zehntausend Mark. Der alte Adams legte die Faust darauf.

»Soll ich Ihnen danken?« fragte er heiser.

»Nein.«

»Ich verkaufe meinen Sohn nicht. Auch nicht als Leiche —«

»Sie mißverstehen mich wieder.« Haferkamp erhob sich schnell. »Ich wollte damit nur ausdrücken ...«

»Ich weiß, ich weiß, Herr Direktor. Und nun gehen Sie. Bitte, gehen Sie —« Der alte Adams wandte sich um und drehte das Radio lauter. Auf volle Lautstärke, die Töne überschlugen sich schreiend.

Haferkamp zuckte zurück, verzichtete auf weitere Erklärungen und verließ das kleine, armselige Haus. Auf der Rückfahrt nach Vredenhausen überlegte er, wie man Bob aus seiner verwickelten Lage herausholen könnte. Ich werde Hellmut Hansen zu ihm schicken, dachte Haferkamp und freute sich über diesen guten Gedanken. Hellmut wird Bob zurückholen aus dem Wirrwarr, in den er geraten ist. Für solche Missionen ist er unbezahlbar. Bobs private Feuerwehr, hatte Onkel Theo bei sich Hellmut Hansen getauft. Seit jener Rettung aus dem gebrochenen Eis war Hellmut der einzige, der Bob an die Zügel binden konnte. Es war eines der rätselhaften Geheimnisse, mit denen Bob lebte. Für Theo Haferkamp war das Grund genug, Hellmut Hansen wie einen eigenen Sohn zu behandeln und für seine Ausbildung als Diplom-Ingenieur zu sorgen.

Ich werde ihn nach Monte Carlo schicken, dachte Haferkamp noch einmal. Es gibt im Augenblick keinen besseren Gedanken.

Er fuhr zu seiner Landhausvilla zurück und gab telefonisch ein Telegramm nach Aachen auf, wo Hellmut studierte.

›Sofort nach Monte Carlo fliegen. Bob verunglückt. Onkel Theo.‹

Dann machte er sich auf den Weg, Mathilde Barreis zu benachrichtigen.

In der Barreis-Villa, diesem schloßähnlichen Gebäude in einem zwanzigtausend Quadratmeter großen Park, mit Türmchen an den vier Ecken und einem Ruderteich, einem Tennisplatz und einer Schwimmhalle, einer Reitbahn und einem Boccia-Platz, war man Aufregungen wegen Bob gewöhnt. Da sie immer in diesen Mauern blieben und nie nach draußen drangen, wurden die Barreis' allgemein beneidet und als Glückskinder des Schicksals angesehen. Aber nicht nur das. Auch Furcht beschlich die Gemüter, wenn man an die Barreis' dachte. Die Macht der Fabriken lag in fünftausend Betten und war dabei, wenn Kinder gezeugt wurden oder Greise starben. Geburtenhilfe hieß die eine Macht, Sterbehilfe die andere . . . Theo Haferkamp nannte sie »meine besten sozialen Einrichtungen«. Die größte Macht war die Lohntüte. Sie regulierte das tägliche Leben. Sie machte aus einem Arbeitstier erst einen Menschen. Und auf der Lohntüte stand: Barreis-Werke, Vredenhausen.

Der liebe Gott war ein Hausierer gegen Theo Haferkamp.

Die Barreis-Werke garantierten die Butter auf dem Brot und Schinken dazu. Der liebe Gott handelte mit nicht nachweisbaren Versprechungen.

»Ich ahne es«, sagte Haferkamp, nachdem Mathilde Barreis ein paar Tränen abgetrocknet hatte. »Der Junge steckt bis zum Hals in der Scheiße!«

»Du bist ordinär, Theo.« Mathilde Barreis tupfte sich die feuchte Nase. »Er ist schwer verletzt. Mein Gott, vielleicht hat er große Schmerzen. Und keiner ist bei ihm. Mein armer Junge . . .«

»Der arme Junge hatte einen Freund im Wagen, der verbrannt ist. Noch weiß keiner, wie's passiert ist, aber das Telegramm da . . .« Haferkamp wies auf das Formular, das vor Mathilde Barreis auf dem Barocktischchen lag. »So kurz und lakonisch, wo wir alle wissen, wie Bob mit Worten jongliert. Da ist etwas oberfaul!«

»Du magst den Jungen nicht — das ist alles!« Es war ein Vorwurf, den Haferkamp zu seinen täglichen Pflichtübungen zählte. Er sagte deshalb auch immer das gleiche zur Entgegnung.

»Natürlich mag ich ihn nicht. Ich habe sein Vermögen ja auch nur um fünfzig Millionen vermehrt und die Fabrik von dreitausend auf fünftausend Arbeiter erweitert. So etwas macht man nur aus Mißachtung!« Er ging vor dem großen Marmorkamin hin und her, wanderte im Zimmer herum und blieb ab und zu vor einer der hohen Fenstertüren stehen, die hinaus auf die Terrasse und in den Park führten. Ein Springbrunnen, jetzt im Winter abgestellt, zauberte einen Hauch von Versailles und verspielter Eleganz in den sonst nüchternen englischen Rasen. »Ich habe Hellmut nach Monte Carlo beordert.« Haferkamp sagte es so, als berichte er über ein Exportgeschäft.

»Warum?« Mathilde Barreis drückte das tränenfeuchte Taschentuch gegen ihr Kinn. »Warum Hellmut? Du hättest den besten Arzt in Monte Carlo anrufen sollen. Wozu haben die Werke ein Flugzeug? Warum fliegt keiner an die Riviera und holt Bob zurück? Vielleicht muß er in eine Spezialklinik?«

»Blödsinn. Er wird bloß in den nächsten Wochen keinem die Hand drücken können.«

»Er ist amputiert?« schrie Mathilde auf.

»Meinst du, eine Hand wächst in sechs Wochen nach?« Er tippte sich an die Stirn. Die Umgangssprache zwischen Schwester und Bruder ist immer etwas salopp, auch wenn man Barreis heißt und Millionär ist. »Er hat sich die Hände verbrannt . . . und hoffentlich nur in den Flammen!«

»Die Hände! O Gott, seine schönen, gepflegten Hände.« Mathilde sprang auf und stützte sich auf die Marmorverzierung des Kamins. »Er muß sofort zu einem Spezialisten.«

»Er muß erst einmal zurück nach Vredenhausen. Und er muß das Begräbnis von Lutz Adams durchstehen.« Theo Haferkamp schlug mit der Faust an die eichenvertäfelte Wand. »Dann drehe ich ihn durch die Mangel! Keine Sorge — kein Wort wird aus diesen Mauern dringen. Die Familie Barreis ist weiß wie der beste Weißmacher. Aber manchmal kotzt es mich an, Schwesterchen. Manchmal träume ich, ein ganzer Berg fällt auf mich herunter, und auf der Kuppe weht eine Fahne mit dem Namen Barreis. Und während die ganze Welt zugrunde geht — die Fahne weht weiter! Was soll eigentlich aus Bob einmal werden?«

»Ich denke, er soll die Fabrik übernehmen.«

»Mit welchen Kenntnissen? Wir stellen elektronische Relais her. Automaten, Kleinroboter, wenn du willst. Maschinen, die denken. Was aber hat Bob gelernt? Wie man eine Frau auszieht, das beherrscht er. Wie man sie später wieder abwimmelt, das kann er. Zugegeben, das hat er bis zur Perfektion entwickelt. Welch ein Glück, daß er beim besten Willen nicht soviel Geld hinauswerfen kann, wie er Zinsen bekommt. Hier spielt das Schicksal sogar mit. Aber wo stecken sonst seine Fähigkeiten? Im Autofahren? Im Cocktailmischen? Im Skilaufen? Im Protzen mit seiner Potenz? Das ist eine falsche Begabung! Er müßte schon König sein, um allein mit seinem Penis zu regieren!«

»Ich höre deinen ordinären Reden nicht mehr länger zu.«

Mathilde Barreis ging mit hocherhobenem Haupt, eine Personifizierung des Beleidigtseins, zur Tür. Aber bevor sie den Salon verließ, sprach sie über die Schulter noch einmal mit Haferkamp.

»Was hast du also unternommen?«

»Hellmut Hansen fliegt nach Monte Carlo.«

»Und du meinst, das genügt?«

»Vollauf. Ich möchte wetten, daß Bobs verbrannte Hände kein Hindernis sind, Weiber auszuziehen.«

Wie man auch über Onkel Theodor Haferkamp denken mochte — bei seinem Neffen war er nicht mit Blindheit geschlagen. Und niemand wußte, daß er manchmal allein in seiner großen Junggesellen-Villa saß, in die Flammen des offenen Kamins starrte und zu sich sagte:

»Diese verdammte Barreis-Familie. Habe ich das nötig?«

Er hatte es nötig . . . denn er war ein Stück von ihr.

Hellmut Hansen landete in Nizza am frühen Morgen und fuhr sofort mit einem Mietwagen weiter nach Monte Carlo. Die Schönheit des in der Morgensonne träumenden, silbern glänzenden Meeres, die vom Morgenrot überhauchten Kuppen der Küstenberge, die lila Schatten zwischen den Häusern, die blinkenden Kieselfelder am Ufer und die rosa getönten Gischtwolken an den Klippen erreichten nicht sein Bewußtsein. Das Telegramm Onkel Haferkamps war zehn Minuten nach den zweiten Nachrichten in Aachen eingetroffen. Das Fernsehen brachte in der Tagesschau sekundenschnell das Foto des ausgebrannten Maserati. Ein Klumpen nur noch. Unkenntlich.

Nur ein Toter.

Börsentendenz leicht fallend. Industriewerte Verluste um drei Punkte.

Hellmut Hansen hatte geradezu auf das Telegramm gewartet. Er holte gerade Oberhemden und Unterwäsche aus dem Schrank, als es an der Tür schellte und der Telegrammbote den Befehl des Familienoberhaupts aushändigte.

Sofort, hieß es. Sofort — das bedeutete bei den Barreis': Was es kostet, ist uninteressant. Sofort bedeutete soviel wie eine neue Welt schaffen. Herrgott sein. Vom Thron aus Geldsäcken regieren. Das Unmögliche mit Gold einpudern, dann wurde es möglich.

Hellmut Hansen handelte nach diesem Familienrezept aus Vredenhausen. Er rief eine Charterfirma an und bestellte für sofort eine Maschine nach Nizza. Die verbindliche Stimme am Telefon bedauerte. »Wir machen keine Nachtflüge, mein Herr. Außerdem ist die Wetterlage so kritisch, daß wir vor neun Uhr vormittags nicht entscheiden können, ob überhaupt eine unserer Maschinen aufsteigen kann. Der Frost. Und dann über die Alpen. Die Gefahr der Tragflächenvereisung ist zu groß . . .«

»Ich zahle den doppelten Preis«, sagte Hansen laut.

»Auch wenn Sie die Maschine kaufen würden . . . keiner unserer Piloten würde fliegen. Ab neun Uhr morgen früh stehen wir gerne zur Verfügung. Vorausgesetzt, die Wetterlage . . .«

Hansen legte auf und rief in Vredenhausen bei Onkel Haferkamp an. Da sich dort niemand meldete, drehte er die Nummer der Barreis-Villa und hörte kurz darauf die Stimme der Haushälterin Renate Peters.

»Ist Onkel Haferkamp bei euch, Renatchen?« fragte Hellmut Hansen. »Hol ihn bitte ans Telefon.«

»Sofort, Hellmut.« Renates Stimme klang aufgeregt. Eine ungelöste Spannung schwang in den Tönen. »Ist das wahr, das mit Bob? Frau Barreis antwortet nicht, wenn ich sie frage, und Herr Haferkamp schnauzte mich an: ›Paß auf, daß die Milch nicht anbrennt!‹ — Ist Bob verunglückt?«

»Leider ja.«

»Und Lutz ist verbrannt?«

»Ja.«

»Wer hat die Schuld?«

»Um das festzustellen, fliege ich heute nach Nizza.«

»Kann . . . kann Bob denn . . . ich meine . . . wenn Lutz gefahren hat, konnte er doch gar nichts verhindern —«

»Wir wissen es noch nicht. Wir wissen überhaupt nichts als die nackten Tatsachen. Und nun hol' Onkel Haferkamp ans Telefon —«

Nach zehn Minuten waren alle Probleme gelöst. Die Werksmaschine, eine viersitzige Cessna, für Blindflug eingerichtet, startete mit dem Piloten Hubert Meyer eine Stunde später vom fabrikeigenen Flugplatz und landete in Aachen. Ohne Aufenthalt flogen Meyer und Hansen weiter nach München und tankten dort auf für den Alpenflug.

Aber in München war die verrückte Reise zu Ende. Der Flugplatzleiter gab einen neuen Start nicht frei. »Es ist nicht meine Art, Selbstmörder zurückzuhalten«, sagte er und warf Hansen die neuesten Wettermeldungen auf den Tisch. Über München hing ein bleierner Schneehimmel. Das Rollfeld war mit Eis und verharschten Schneeplatten bedeckt. »Von mir aus können Sie sich oben vereisen lassen und als Eiszapfen herunterfallen. Aber ich habe etwas dagegen, wenn solche Idioten von meinem Flugplatz starten. Wenn der Himmel aufreißt . . . von mir aus. Über Südfrankreich ist klares Wetter. Aber bis Genf ist eine durchgehende dicke Suppe. Warum sind Sie nicht überhaupt von Aachen über die Ardennen und die Saône abwärts zur Rhone geflogen?«

»Da ist das Wetter noch ekelhafter.« Hansen trank einen Kognak, der auf dem Tisch stand und den sich der Flugplatzleiter eingegossen hatte.

»Aber bei mir wollten Sie sich durchschmuggeln, was? Nichts da . . . Sie warten ab, bis ich hopp-hopp sage.«

Morgens um fünf riß die Wolkendecke auf und trieb träge nach Westen. Zum Schneien war es zu kalt. »Hauen Sie ab, Mann!« sagte der Flugplatzleiter mit rotumränderten, müden Augen. »Wenn Sie in den Alpen vom Himmel fallen, vergessen Sie nicht, in einen Spiegel zu blicken und sich Idiot zuzurufen, bevor Sie zerschellen!«

Aber der Flug gelang. Hubert Meyer war ein hervorragender Pilot. Ehemaliger Abfangjäger, zehn Abschüsse, Deutsches Kreuz in Gold, wortkarg und einer der wenigen Angestellten der Barreis-Werke, die ein Sondergehalt bezogen. Theo Haferkamp wollte sicher fliegen . . . glücklicher Flug mit glücklichem Piloten.

Sie landeten in Nizza bei strahlender Sonne. Wie nahe liegen die Paradiese —

Hellmut Hansen fragte sich schnell durch, erfuhr, wo Bob Barreis wohnte, und drückte dem Portier hundert Francs in die Hand, was jede Frage sofort verstummen ließ. Dann trug ihn der Lift in die fünfte Etage. Apartment 512. Mit Blick auf das Meer. Vollklimatisiert. Pro Nacht dreihundertfünfzig Francs. Ohne Frühstück und Mehrwertsteuer.

Hellmut Hansen klopfte siebenmal an die Teaktür mit der goldenen Zahl 512, ehe sich etwas rührte. Ein Schlüssel drehte sich im Schloß, dann spähte jemand durch die Türritze nach draußen.

»Bob, mach auf«, sagte Hansen.

»Hellmut!« Barreis riß die Tür auf. Er war nackt, nur um seine Hüften schlang sich ein Frottiertuch. Seine dunkelbraunen Haare hingen ihm verschwitzt über das Gesicht. Früher waren diese Haare silberblond gewesen, ein Engelsköpfchen, wie Tante Ellen ausgerufen hatte. Erst mit zehn Jahren färbten sie sich dunkler ein, mit vierzehn waren sie braun, durchzogen von einem Schimmer von Mahagoni, und so blieben sie auch. Haare wie Glut unter der Asche. »Bist du vom Himmel gefallen?!«

»Im wahrsten Sinne des Wortes. Ich bin mit eurer Cessna hier. Befehl von Onkel Theo.«

»Mein Telegramm.«

»Ja. Und die Berichte im Radio und im Fernsehen.«

»Scheußlich, Hellmut.«

»Scheußlich ist, daß du mich im Flur stehen läßt.«

»Ich bin nicht allein —«

»Dann laß die Kleine aus dem Bett hüpfen und husch-husch wie ein Kätzchen verschwinden.« Hansen drängte sich an Bob vorbei in das Apartment und ließ sich in den nächsten Sessel fallen. Eine halbvolle Flasche Sekt schwamm in dem Eiswasser des Kübels. Hansen zog sie heraus, trocknete sie mit der daneben liegenden Serviette ab und trank ein paar Schlucke des abgestandenen Champagners. Im Nebenraum, dem Schlafzimmer, rumorte jemand. Das Bett knirschte.

»Sie soll sich anziehen!« sagte Hellmut Hansen laut. Er sprach jetzt französisch, und wer das Mädchen nebenan auch war — auf diese grobe Aufforderung gab es nur ein stummes Gehorchen. Bob Barreis verzog sein übernächtigtes Gesicht.

»Es ist keine Mieze«, flüsterte er und beugte sich zu Hansen herunter. »Es ist Pia Cocconi. Die Geliebte des Prinzen Orlanda . . .«

»Seit wann bist du Prinz?«

»Hellmut, laß den Unsinn. Warte unten in der Halle auf mich. In einer halben Stunde . . . ich verspreche es dir.«

Er zog Hansen aus dem Sessel, drängte ihn aus dem Zimmer, knuffte ihn freundschaftlich in den Rücken und warf die Tür zu.

Wie sagte Theo Haferkamp?

Das Verhältnis zwischen Hellmut und Bob ist wie zwischen Hirn und Auge. Sie gehören zusammen.

Hansen setzte sich unten in der Halle in eine Ecke, bestellte sich einen Mokka und blätterte die Morgenzeitungen durch. Fast alle brachten Berichte von dem Unglück in den Seealpen. Den Untersuchungen der Polizei zufolge war der Tote, Lutz Adams, der Schuldige an dem grausigen Unfall. Er hatte den Wagen gelenkt, von ihm stammte die wahnwitzige Idee der Felsenfahrt. Die Fotos zeigten noch einmal den ausgebrannten Maserati. Ein zusammengedrückter Blechhaufen, der später gebrannt hatte.

Hellmut Hansen betrachtete in aller Ruhe diese Bilder. Er war kein Polizist, und er war auch nicht beeindruckt von dem unmittelbaren Erlebnis am Unfallort. Er dachte nüchtern, analytisch, mit einer wissenschaftlichen Akribie.

Wie war es möglich gewesen, daß Adams eingeklemmt starb und Bob Barreis überlebte? Im Augenblick des Aufpralls konnten zwar die Türen aufspringen, der ganze Wagen konnte auseinanderplatzen . . . aber das nutzte den Fahrern wenig. Als das Auto gegen den Felsen schleuderte und um die Hälfte seiner Länge zusammengequetscht wurde, wirkte eine so starke Fliehkraft auf die Insassen ein, daß sie nicht zur Seite getrieben wurden, sondern in der Fahrtrichtung nach vorn! Das ist ein simples Gesetz . . . man lernt es in der Physik bereits in der Quarta.

Wie hatte sich Bob retten können? Nach den logischen Gesetzen mußte sein Kopf an den Felsen kleben.

Hellmut Hansen legte die Zeitungen weg, als er Bob aus dem Lift treten sah. Er war allein, Pia Cocconi mußte schon früher das Hotel verlassen haben oder wartete noch oben im Apartment 512.

Bob Barreis trug einen rosenholzfarbenen Tweedanzug mit weißen Streifen. Eine weiße Krawatte auf dunkelrotem Hemd leuchtete unter seinem Kinn wie eine gefangene Taube. Auf seinem braunen, mahagonischimmernden Haar lag der Glanz der Morgensonne. Er war ein schöner Mann ... nicht interessant, nicht männlich, nicht abenteuerlich, nicht eine Duftwolke der großen, weiten Welt ... nein, er war einfach schön. Weiter nichts. Ein erwachsener Botticelli-Engel. Eine männliche Mona Lisa.

»Was sagt Onkel Theo?« fragte Bob ohne Umschweife und ließ sich neben Hellmut auf das Ledersofa fallen.

»Er macht sich Sorgen.« Hansen musterte seinen Jugendfreund wie ein Heilpraktiker bei der Augendiagnose. »Die Familie ist mal wieder in Stellung gegangen. Alle Visiere sind runter, die Lanzen gefällt. Wer uns angreift, wird eine Festung finden! Bob —« Hellmut Hansen beugte sich zu ihm vor. — »Spiel nicht den dicken Otto. Wenn du ein Problem hast, sag es. Wir werden versuchen, dir wie immer zu helfen.«

Das Lächeln auf Bobs Gesicht gefror. »Ich habe kein Problem«, sagte er steif.

»Lutz Adams.«

»Ich habe alles bei der Polizei ausgesagt. Die Zeitungen sind voll davon.«

»Alles?«

»Ja.«

»Du bist aus dem Wagen geschleudert worden?«

»Natürlich.«

»Entgegen der Fliehkraft?«

»Vielleicht stimmt die Physik bei Rallyes nicht mehr —«

»Bob, rede nicht solchen Quatsch.«

»Was wollt ihr denn noch?« Bob sprang auf. »Ich habe Onkel Theo gebeten, sich um Lutz und den ganzen Kram zu kümmern, aber nicht, mir ein Kindermädchen zu schicken. Ja, verdammt, ich bin entgegen der Fliehkraft aus dem Wagen gefallen, habe versucht, Lutz zu retten, bis mir selbst die Hände brannten —«. Er streckte seine verbundenen Arme vor. Die Brandsalbe roch süßlich, wie Verwesung. »Ich habe alles getan, was man in dieser Situation tun kann. Ich bin kein Übermensch.«

»Gut. Schwamm drüber.« Hansen trank den erkalteten Mokka aus. »Ich soll dich nach Hause fliegen.«

»Danke. Ich werde morgen nach Nizza gebracht und kaufe mir dort einen Wagen. Mit ihm fahre ich nach Vredenhausen.«

»Mit diesen Händen?«

»Es kann vierzehn Tage dauern.«

»Deine Mutter wird kein Verständnis dafür haben.«

»Meine Mutter! Meine Mutter! Bin ich noch ein Säugling?! Deine Mutter sagt, deine Mutter wünscht, deine Mutter weint, deine Mutter klagt, deine Mutter ... Mutter, Butter, Futter, Luther ... verdammt, bleibt mir vom Hals mit meiner Mutter! Ihr kotzt mich alle an. Alle! Auch du! Warum hast du mich damals nicht im Teich ersaufen lassen?! Das arme Jüngelchen, oh, er wird frieren, packt ihn warm ein, das Mützchen tiefer, o Gott, o Gott, das Näslein ist ja rot ... gleich wird er husten ... Einen Doktor, schnell einen Doktor, schnell einen Doktor. Wo ist der Doktor? *Doktor!!* Eia popeia, wie geht es dir, geht es dir gut? Hören Sie nur, Doktor, wie er beim Atmen rasselt. O Gott, o Gott ... er ist mein einziges Kind —« Bob Barreis stampfte mit dem Fuß auf. Sein schönes Gesicht zerfloß und erhielt fratzenhafte Züge. »Ich komme nach Hause, wann *ich* will. Ich fahre mit dem Auto, das *ich* will! Ich werde leben, wie es *mir* paßt! Ist das klar, Hellmut?«

»Vollkommen klar.« Hansen stand auf und hielt Bob eine Zigarettenpackung entgegen. »Rauch erst mal eine. Dann trinken wir einen Kognak und gehen spazieren. Nein, erst frühstücke ich. Ich bin leer wie ein alter Schuhkarton.«

Bob Barreis schielte zu seinem Freund und nickte schweigend. Die Erregung in ihm klang ab. Dafür quoll etwas anderes in ihm auf wie ein Kloß.

Um sieben Uhr früh hatte bei ihm das Telefon geklingelt. Er wälzte sich aus den Armen Pias und vernahm eine rauhe Männerstimme. »Hier ist Gaston Brillier«, sagte der Mann ins Telefon. »Ich bin Bauer und wohne in Ludon. Ich habe gesehen, Monsieur, wie Ihr Wagen verunglückte. Drei Serpentinen über Ihnen war ich, als es passierte. Ich konnte Ihnen nicht helfen. Ich bin ein alter Mann von neunundsechzig Jahren und schlecht auf den Beinen. Aber ich habe gute Augen. Warum haben Sie Ihrem Freund nicht geholfen, Monsieur? Sie waren kein guter Kamerad. Sie standen vor dem Feuer und regten sich nicht. Haben Sie mich nicht rufen hören?«

»Nein.« Bobs Kehle dörrte aus wie in einem Wüstenwind. »Waren Sie es, der die Feuerwehr von Briançon alarmiert hat?«

»Ja. Ich bin ins Dorf zurückgelaufen.« Die rauhe Stimme hüstelte und schnaufte. Er hat Asthma, dachte Bob völlig widersinnig. »Monsieur, was der Rundfunk brachte, war doch eine falsche Darstellung. Sie haben nichts für die Rettung Ihres Kameraden getan —«

Bob Barreis legte schweigend auf. Er warf sich zurück ins Bett, legte die rechte Hand auf Pias Brust und krallte die linke in die Matratze. Der Morgen kroch fahl über den Balkon ins Zimmer. Das Erwachen der Erde. Das Gähnen der Welt. Die kurze Spanne bis zum Durchbruch der Sonne. Die Wolkenränder erröteten.

Gaston Brillier. Bauer aus Ludon.

Es gab einen Augenzeugen.

2

Es war nicht schwer, Gaston Brillier zu finden.

Bob nutzte die Stunde aus, in der Hellmut Hansen frühstückte, um einen Plan vorzubereiten, der ihn von dem lästigen Mitwisser in den Bergen befreien konnte. Er ist ein einfacher Mann, dachte er. Ein Bauer. Lebt da oben in den Felsen und ringt um sein tägliches Brot gegen Wind, Frost, Regen und Sonne, solange er denken kann. Für ihn werden einige tausend Francs der Himmel auf Erden sein. Mit einer Handvoll Geld kann man eine ganze Welt umkonstruieren ... die Menschen wechseln ihre Moral und braten ihr Gewissen in goldenen Pfannen, Scharfäugige greifen zum weißen Blindenstock, Hellhörige bleiben taub, Denkende verwandeln sich zu lallenden Nachäffern. Es ist alles nur eine Frage der Summe. Des Geldes wegen werden Völker vernichtet und Christentum gepredigt, werden Ehrgeizlinge zu Politikern und brave Mütter zu geheimen Nachmittagsdirnen, macht man Geschäfte mit seinen Feinden und verdammt die Kriege, die man finanziert. Wer das Geld hat, kann das Matterhorn vergolden lassen oder die blaue Südsee rot färben, kann auf Hawaii Tannen pflanzen und mit rosa Rauch an den Himmel schreiben: Wozu sind die Beine da — um zu spreizen ... Was ist dagegen ein kleiner, armer, alter Bauer aus Ludon in den französischen Seealpen? Ein paar tausend Francs werden genügen, ihm die letzten Jahre seines Lebens in Rotwein zu baden. Was will man mehr, wenn man Gaston Brillier heißt? Ein Himmel, der immer warm ist, auch wenn es Eisspitzen regnet, ein Faß voll Wein, das nie leer klingt, ein warmes, duftendes weißes Brot, das nie ausgeht, ein Berg von Käse, geflochtene Körbe, triefend von Nässe, gefüllt mit den besten Austern ... verdammt, und das alles für eine halbe Stunde in einer eisigen Märznacht, für ein armseliges Wissen über einen Menschen, der zu feig war, seinen Freund aus dem brennenden Wagen zu retten, und ihn verschmoren ließ. Das alles für einen kleinen Knick in der Moral, für ein Verschlingen der Empörung, ein Herunterschlucken der Ahnung, Zeuge einer großen Schweinerei gewesen zu sein. Wie alt bist du, Gaston? Schon neunundsechzig? Nächstes Jahr siebzig. Ein Greis.

Ein Hutzelmännchen, das der Bergwind ausdörrte. Ein Mensch, der mit jedem Tag sich tiefer ins Grab lebt und eines Tages wirklich in der rohgezimmerten Kiste liegt, ohne jemals richtig gelebt zu haben. Ist das nötig, Gaston? Mon Dieu, was hast du alles verpaßt auf dieser verfluchten Erde! Nicht einmal kugelrund satt bist du in neunundsechzig Jahren gewesen ... doch ja, dreimal, genau dreimal ... bei der eigenen Hochzeit, bei der Totenfeier des Bürgermeisters von Ludon, des buckligen Marcel Poitier, und das drittemal bei der Kindstaufe der kleinen Jeanette, der Tochter des Pächters von ›La Rotonde‹, einem Landsitz, auf dem Gaston Brillier als Nebenerwerb den Garten um das Herrenhaus sauber hielt. Dreimal satt in neunundsechzig Jahren! Ist das ein Leben, he?! Und jetzt braucht man nur die Augen und den Mund zuzukneifen, die Moral zu zerkauen und runterzuschlucken und kann sich wie ein Schwimmer vom Sprungbrett statt ins kalte Wasser in einen See von Geld stürzen.

Bob Barreis war überzeugt, daß Gaston so dachte, wie er sich selbst die Unterredung konstruierte. Während Hellmut Hansen sich in das vorzügliche Frühstück vertiefte, ein Ei aufschlug und Schinkenröllchen auf seinen Toast garnierte, entwickelte Bob eine rege Tätigkeit.

Er mietete einen kleinen Wagen, einen bergwendigen Fiat, fuhr hinauf in sein Apartment und kümmerte sich um Pia Cocconi, die im Badezimmer unter der Brause stand und einen Freudenschrei ausstieß, als sie Bob erblickte.

»Komm zu mir, schnell, schnell!« rief sie. »Wie das auf der Haut prickelt, ich habe das nie so empfunden wie heute morgen. Ich bin verrückt, ich bin wirklich total verrückt ... Ich brauche dich, Liebling ... ich weiß nicht, was ich alles mache, wenn du jetzt nicht kommst.« Sie streckte beide Arme aus und bog die Finger zu Krallen. Der heiße, sprühende Wasserstrahl zerspritzte auf ihrem biegsamen, wie mit heller Bronze übergossenen Körper. »Ich renne so, wie ich bin, auf den Balkon und schreie! Ich laufe die Treppe runter in die Halle! Bob ... ich will dich unter diesen verfluchten heißen Strahlen haben. Bob!«

Sie stieß den Kopf vor. Ihre schwarzen Augen tanzten. Bob Barreis griff an ihr vorbei in die Brausekabine, drehte das Wasser ab

und rieb mit einem Handtuch die Nässe vom Ärmel seines rosenholzfarbenen Anzugs. Pia Cocconi blieb in der Brause stehen. Von
ihrem glatten Körper perlte das Wasser, als glitte es über Lack. Aus
den Poren dampfte die Hitze.

»Soll das ein Nein sein?« fragte sie leise.

»Mein Freund Hellmut Hansen ist gekommen —«, sagte Bob irritiert. Er starrte auf Pias Brüste, die ihm entgegenschwollen, denn
sie preßte beide Hände darunter und schob sie hoch.

»Der unhöfliche Klotz, der einfach ins Zimmer kam? Ein ekelhafter Mensch.«

»Es hörte sich nur so an. Ich weiß, er hat dich beleidigt, aber er
dachte . . .« Bob Barreis legte seine Hände an die Hüften des Mädchens. Ihre glänzende, dampfende Nacktheit erregte ihn wider
Willen.

»Was dachte er. Daß ich eine Hure bin?«

»So ähnlich.«

»Du mußt mich ihm vorstellen. Er wird sich entschuldigen!«

»Er ist mein einziger Freund.« Bobs Hände glitten über Pias Körper hinauf zu den Brüsten. Er spürte, wie sein Blut zu singen begann, aber er zwang sich, an alles andere zu denken, nur nicht an
die Biegsamkeit dieses Körpers, an das Zittern dieser Lippen, das
verwehende Seufzen und den sterbenden Blick der Erfüllung. »Ich
habe sonst keine Freunde, nur Bekannte. Das ist ein großer Unterschied. Ein Freund kann mehr sein als ein Bruder.«

»Auch mehr als eine Geliebte?«

»Manchmal ja.«

»Du bist ein Ekel! Und heute ist er mehr wert als ich?«

»Er ist gekommen, um mich nach Deutschland zu holen.«

Pia Cocconi umfaßte Bob plötzlich und zog ihn an sich. Er verlor
dadurch das Gleichgewicht und taumelte in die Brausekabine.

»Habe ich nicht gesagt, er ist ein Ekel?« rief sie. »Aber ich werde
ihn mir ansehen. So klein bekomme ich ihn, so klein!« Um ein
Maß zu haben, mit dem sie diese Winzigkeit demonstrieren
konnte, umfaßte sie ihre linke Brust und ließ aus den Fingern nur
noch die Brustwarze hervorquellen. Dann lachte sie schrill,
drückte Bob an die nasse Kachelwand und drehte die Brause auf,
ehe er ihr in den Arm fallen konnte. Heiß und mit vollem Strahl

rauschte das Wasser auf beide. Bob wollte um sich schlagen, er dachte an den neuen Anzug, aber dann überwältigte ihn die Verrücktheit Pias, sein ausgeprägter Sinn für das Anomale registrierte ein neues, zuckendes Lustgefühl, das stärker war als seine immer noch bremsende Vernunft und sie schließlich niederknüppelte.

Unter dem heißen Brausestrahl zog Pia ihn aus, bis sie beide nackt, dampfend sich gegenüberstanden und unter dem Vorhang des rauschenden Wassers sich anstarrten. Knurrend wie hungrige Hunde genossen sie ihre Körper, wälzten sich mit verschlungenen Gliedern in dem engen Brausebecken, krochen übereinander wie Rüde und Hündin, waren Hengst und Reiterin, Hammer und Amboß, Stampfer und Mörser. In diesen Augenblicken vollzogen sich die Verwandlungen des Bob Barreis. Die Demütigung des nackten Frauenkörpers, diese aufgespaltene Demut, die Terror und Zärtlichkeit gleichzeitig empfing, dieses Seufzen der Ohnmacht, das verhaltene Schreien unter seinen Händen, dieses Hineinschlagen in das zitternde Fleisch, das Klatschen, das wie göttlicher Beifall klang, diese völlige Hingabe, die im Schmerz Seligkeit empfand, berauschten ihn so, daß alles, was in seine Lenden schoß, zu einem Pfahl wurde, der Festungsmauern einrammte.

Am Ende einer solchen Wildtierstunde lag Bob dann meistens stumm und wie in sich hineinhorchend auf dem Rücken und bewunderte sich mit dem Schauder, den man beim Anblick von Monstern empfindet.

In bin ein Monster, dachte er dann. Ich bin eine Maschine, die man mit Armen, Beinen, Brüsten und Schößen füttern muß, wie andere Maschinen mit Benzin, Öl oder Elektrizität. Wozu tauge ich sonst in diesem Leben? Onkel Theodor verwaltet die Fabrik und vermehrt das Barreis-Vermögen. Meine Mutter möchte mir am liebsten noch den Popo einseifen und frottieren und bekommt Migräne, wenn ich sie anschreie: Ich bin erwachsen! Ich bin ein Mann! Ich könnte dich wie Oedipus seine Mutter schwängern! Wenn du nicht aufhörst, mich noch immer hin und her zu wiegen, werde ich dich vergewaltigen müssen!

Und dann die Freunde. Arschlecker, Kriecher wie Lurche, eine Clique, die bezahlt sein will, damit sie Hurra ruft, ein Hofstaat von

Narren und Schwulen, Penisgläubigen und Unterleibsakrobaten. Hohlköpfe und onanierende Genies, Fantasten und Revolutionäre, Kirchenschänder und Päderasten, Halbirre und Gebirge von Eigenstolz. Himmel, ist das eine Welt!

Was bleibt, sind die Autos. Rasende Blechkästen auf heulenden, rotierenden Gummireifen. Fauchende Ungeheuer, die einen verdaut haben, bevor sie einen gefressen haben. Huren, die das Rückenmark aussaugen mit 180, 190, 200, 210, 240 km Geschwindigkeit. Götter, die sich lenken lassen. Und dann prallt man gegen einen Felsen, und ein so treuer Kerl wie Lutz Adams verbrennt und schreit . . . schreit . . . schreit . . .

Und schließlich die Weiber. Atmende Wunden, die sich nie verbinden lassen, sondern immer wieder aufspalten. Stöhnende Glattheit, süß im Schweiß duftende Fleischblumen, Gliedmaßen voll elektrischer Spannung, Haare, aus deren jeder Locke ein Blitz schießt, Lippen, die eine ganze Welt verschlucken, und die Hölle und das Paradies dazu . . .

Mein Leben! Das ist alles, da hört es schon auf.

Gott, was für ein Mensch bin ich?

Auch jetzt lag Bob Barreis schweigend auf dem Rücken, während sich Pia neben ihm in einem weißen Frottiermantel wälzte und unentwegt redete. Er hörte gar nicht zu, verstand kein Wort, ihre Stimme erreichte ihn wie verschwommene Töne eines weit entfernten Radiogeräts. Auch als sie ihn küßte, »mein Bärchen« nannte und einen Schwall von Zärtlichkeiten über ihn ausgoß, blieb er unbeteiligt und wie außerhalb seiner Haut stehend.

Plötzlich sprang er auf, stieß Pias Hände zurück und ging ins Ankleidezimmer. Zehn Minuten später verließ er das Apartment und wunderte sich nicht, daß auch Pia bereits angezogen war und sich neben ihm hielt.

Am Eingang des Frühstückszimmers blieben sie stehen. Bob nickte zu Hellmut Hansen hin, der in einer deutschen Illustrierten blätterte.

»Das ist er?« fragte Pia leise. Ihr Blick wurde kalt und gefährlich.

»Ja. Der große Blonde da.«

Pia Cocconi warf die langen schwarzen Haare mit einer Kopfbewegung über die Schultern. Warum wiehert sie jetzt nicht, dachte Bob plötzlich. So werfen Wildpferde den Schädel empor, bevor sie hochsteigen und mit den Hufen dem Gegner den Schädel zertrümmern.

»Hast du etwas dagegen, wenn ich mit ihm flirte?« fragte sie.

Bob schielte zur Seite. Pias Lippen waren schmal geworden. Eine tödliche Waffe. Das Messer, das Herzen zerstückeln kann.

»Nein. Aber du wirst es schwer haben.«

»Ist er ein Eunuch?«

»Durchaus nicht.«

»Wirst du eifersüchtig sein?«

»Willst du einen Grund liefern?« Bob beobachtete Hellmut, wie er die Illustrierte weglegte, einen Schluck Tee nahm und nach einer italienischen Tageszeitung griff. »Einen Flirt erlaube ich. Aber du willst mit ihm ins Bett gehen, nicht wahr?«

»Ich will, daß er mir wie eine zahme Taube aus der Hand frißt.«

»Und warum?«

»Er hat mich beleidigt und unser Glück gestört. Es ist gefährlich, mich zu reizen. Ich habe einen starken Willen, und was ich mir in den Kopf gesetzt habe, diese Wünsche erfülle ich mir. Als ich dich gestern abend kennenlernte, wollte ich dich haben.« Sie legte ihre schmale Hand auf seinen Arm, und plötzlich war es ihm, als sei sie aus Eis und verbrenne mit ihrer Kälte durch Anzug und Hemd hindurch seine Haut. »Haben wir uns nicht die schöne Nacht und einen wunderschönen Morgen geschenkt?«

Bob nickte schweigend. Sie wollte mich, durchrann es ihn. Und ich träumte in dem Wahn, mit meiner Persönlichkeit den Prinzen Orlanda geschlagen zu haben. Ich Narr! Ich Hampelmann! Ich stammelnder Bajazzo. Schon wieder eine Niederlage, wo ich mich wie der Sieger fühlte. Wieder bist du ein Nichts, eine Vakuum ausspuckende Null.

Er bezwang sich mit aller in ihm tobenden Gewalt, Pia Cocconi nicht von der Tür des Frühstückszimmers wegzuziehen, in eine Ecke der mit Palmenkübeln ausgeschmückten Halle zu ziehen und ohne weitere Worte, stumm wie ein Roboter, zu erwürgen. Statt dessen lächelte er, maskenhaft, das Grinsen eines Satyrs.

»Du kannst ihn ablenken«, sagte er gepreßt. »Ich brauche Zeit bis zum Mittagessen.« Er blickte schnell auf seine Uhr. In drei Stunden konnte er in Ludon sein, eine halbe Stunde Unterhaltung mit Gaston Brillier, drei Stunden Rückfahrt . . . nein, es würde nicht bis zum Fünfuhrtee gelingen. »Bis zum Tanztee, Liebling.«

»Ich werde mit ihm zum ›Piscine des Terrasses‹ gehen. Einverstanden?«

»Einverstanden.« Bob nickte kurz. Das Schwimmbad des ›Hotel de Paris‹, ein riesiges, rundes Becken, dessen warmes Wasser alle vier Stunden erneuert wurde, war ein Treffpunkt zweibeiniger Millionen. Hier erholte man sich im Wasser und unter den Sonnenschirmen, Eisgetränke schlürfend oder mit lässiger Konversation von den ruhelosen Nächten Monte Carlos, von den Bars und dem Black Jack Club, den Partys in den Felsenvillen und den schwingenden Betten des Marquis de Lolland. Es war eine kleine, in sich abgekapselte Welt für sich, in die Hellmut Hansen bis zum heutigen Tag noch keinen Blick durchs Schlüsselloch geworfen hatte. Pias Gegenwart würde ihm ein Zauberland öffnen, dessen Blütenduft ihn vergiftete.

»Laß ihn in Ruhe«, sagte Bob Barreis noch einmal und schob Pias Hand von seinem Arm.

»Doch eifersüchtig?« Ihr Lächeln war das einer Raubkatze. Selbst die Zähne waren entblößt.

»Nein. Er ist mein einziger Freund — ich habe es dir schon gesagt. Wenn du ihn mit aufs Zimmer nimmst, sind wir geschiedene Leute. Verdreh ihm den Kopf. Mach ihn zum tanzenden Affen. Laß ihn ausbrennen wie unter der Wüstensonne. Aber leg dich nicht hin —«

»Keine Angst, mein Lieber.« Sie küßte ihn schnell aufs Ohr. »Er sieht so bieder aus wie ein Bibelverkäufer. Und ich habe seit zwanzig Jahren keine Bibel mehr in der Hand gehalten —«

Bob trat hinter einen Palmenkübel zurück und beobachtete mit zusammengebissenen Lippen, wie Pia Cocconi langsam und mit ihrem berühmten wiegenden Gang an den Tisch Hellmuts trat und dort stehen blieb. Hansen blickte auf und legte die Zeitung neben sich auf einen Stuhl. Er sagte etwas, und Pia antwortete. Dann setzte sie sich, ihr wie Glöckchen klingendes Lachen schallte bis zu Bob hinaus in die Halle.

Halt dich tapfer, Junge, dachte Barreis und wandte sich ab. Wie ich Hellmut Hansen kenne, wird Pia sich an ihm die schönen, weißen Raubtierzähne ausbeißen. Er gönnte es ihr, schwelgte kurz in einer vorverlegten Schadenfreude und verließ dann schnell das Hotel.

Draußen wartete der gemietete kleine Fiat. Der Portier übergab Bob Papiere und Schlüssel, hielt die Tür des Wagens auf — was er sonst nur bei Karossen ab fünfundzwanzigtausend Mark tat — und wünschte ihm gute Fahrt. Der Spleen der Übersättigten, las man in seinem Blick. Können sich einen Bentley leisten und mieten sich einen Fiat-Toppolino.

Eine Stunde später schraubte sich Bob Barreis in die Berge hinein. Die Rallyekarte lag neben ihm auf dem freien Sitz.

Ludon. Ein Punkt in den Felsen. Ein Dorf wie ein Adlernest. Menschen können tatsächlich auf dem verrücktesten Fleckchen Erde leben. Wo selbst die Füchse weinen, bauen sie ihre Häuser.

Der kleine Fiat keuchte und ratterte in die Höhe. Bob Barreis lehnte sich zurück und pfiff ein fröhliches Lied. Für ihn war das kommende Geschäft schon abgeschlossen. Vergessen und begraben — wie Lutz Adams.

Bis zwanzigtausend Francs werde ich bieten, dachte er. Oder, wenn es ihm besser gefällt, eine Leibrente von monatlich fünfhundert Francs. Das ist eine gute Idee. Monatlich fünfhundert Francs. Und wenn er hundert Jahre alt wird . . . was bedeuten schon lumpige fünfhundert Francs für einen Barreis? Zwei Flaschen Whisky in einer Striptease-Bar weniger! Einen Abend mit gebremstem Schaum. Es hatte schon Nächte gegeben, da klemmte er jeder Tänzerin einen Hundertfrancschein zwischen die Schenkel . . .

Auf einem Bergplateau sah Bob Barreis nach fast dreistündiger Fahrt die Steinhäuser Ludons. Graue Dächer aus Steinplatten, Wände aus Quadern gefügt. Behausungen, in denen die Ewigkeit nistete . . . die Erschaffung der Welt und ihr Untergang.

Und ein Teil dieses Untergangs näherte sich jetzt dem stillen, im sonnenbeglänzten Schnee liegenden Dorf.

Seit vierhundert Jahren beten die Männer und Frauen in der kleinen Kapelle von Ludon um Schutz vor dem Satan. Ein uralter Wunderglaube lebt in ihnen . . . wenn in der ganzen Welt Karneval gefeiert wird, versammeln sich die Leute von Ludon in der Kirche und verbrennen vor dem Altar eine mit schwarzem Teer getränkte Strohpuppe.

Den Teufel.

Bisher hatte es immer geholfen . . . Ludon überlebte alle Katastrophen und Wirrnisse, Kriege und Nöte, Lawinen und Steinschlag, Dürre und aus dem Felsen brechende Sintflut.

Ludon war eine Siedlung Gottes.

Bis der Teufel doch erschien.

In einem kleinen Fiat.

Daran hatte selbst der liebe Gott nicht gedacht . . .

Gaston Brillier stand hinter seiner Hütte in dem niedrigen Schuppen aus zusammengenageltem Krüppelholz und hackte lange Scheite für seinen aus Steinen gemauerten Zentralofen, der das ganze Haus heizte und auf dessen glühender Eisenplatte er kochte, briet und trocknete. Die langen Wintertage, die Schneedecke und der Eiswind, die Ludon in den gleichen Wartestand auf den Frühling versetzten wie ein sibirisches Dorf in den zerklüfteten Tälern der mittleren Bergtaiga, brachten auch für Gaston genug Zeit für die Besinnung auf das Wesentliche. Hier oben hatte sich bis auf die Verlegung der elektrischen Leitung und eines Telefonkabels kaum etwas in den letzten hundert Jahren geändert. Na ja, die Straße hatte eine feste Decke bekommen, was man so fest nennt, denn nach jedem Frost sah sie wie ein Pockennarbengesicht aus; genau vier Autos gab es in Ludon, sie gehörten dem Bürgermeister, dem Pfarrer, dem Tierarzt und dem Gastwirt Jules Bérancour, einem dicken Menschen, der eine unbekannte Krankheit mit sich herumschleppen mußte, denn wie man hier oben in Ludon dick werden konnte, war ein Rätsel. Und noch eine Neuerung hatte Ludon verdaut: eine Polizeistation. Das war ein kleines neues Haus neben der Gastwirtschaft, das einzige Haus übrigens mit einem weißen Außenputz, und in ihm saß der Gendarm Louis Lafette, ein mürrischer Mann von fünfunddreißig Jahren, unverheiratet, gallenkrank und mit dem Schicksal hadernd, das ihn in dieses Bergnest verschlagen hatte. »Einer muß es ja sein!« klagte er immer. »Einer muß das Auge des Staates und der Ordnung darstellen.

Daß es mich getroffen hat, geschah in einer Stunde, wo Gott schlief —« Und weil Gott geschlafen hatte, tat Lafette es ihm gleich ... drei Fünftel seiner Lebenszeit lag er auf dem Sofa und träumte sich weg in wärmere, blühendere Gefilde. Was sollte auch ein Gendarm in Ludon? Hier geschahen keine Gesetzwidrigkeiten, hier war jeder der Bruder des anderen, angewiesen auf ihn wie ein Glied der Kette auf das andere Glied. Und glitt wirklich einer der Bürger von Ludon aus, dann half eine strenge Selbstjustiz und stellte die Ordnung schneller wieder her als jede staatliche Macht.

Bob Barreis hatte sich bis zu Brillier durchgefragt. Das Auftauchen eines fremden Autos war schon eine Sensation — daß man Gaston besuchte, war eine echte Überraschung. Jules Bérancour, der dicke Wirt, rief sofort Lafette, den Polizisten, an.

»Gaston bekommt Besuch«, sagte er atemlos. »Ein Wagen aus Monte Carlo. Ein feiner Monsieur, sage ich dir. Ein Millionär, so sieht er aus. Kommt in die Berge in einem Sommeranzug! Was hältst du davon?«

»Warum soll Gaston keinen Besuch bekommen?« Gendarm Lafette gähnte laut ins Telefon. »Was für ein Wagen ist es?«

»Ein kleiner Fiat.«

»Dann ist er kein Millionär.«

Man sieht, daß in Ludon die Möglichkeit des Tiefstapelns noch nicht bekannt war. Lafette hängte ein und wälzte sich auf die Seite.

Brillier kam aus dem Schuppen, wischte sich die schmutzigen, verharzten Hände an seinen dicken Kordhosen ab und drückte das eckige Kinn mit den eisgrauen Bartstoppeln fest gegen den Hemdkragen. Schweiß stand ihm auf der breiten Stirn. Unter buschigen Augenbrauen blickten kleine, graue Augen auf den Fremden.

»Monsier Brillier?« rief Bob freundlich und stieg aus dem Wagen. Er sprach Französisch wie seine Muttersprache. Es war eines der wenigen Dinge, die Barreis gelernt und auch vollendet hatte. Wer in St. Moritz, Mégève, St. Tropez, Davos oder Cortina nicht mehr sagen kann als non oder oui, bleibt ein Außenseiter der Gesellschaft, auch wenn er auf goldenen Sätteln reitet und seine Stiefel mit Brillanten besetzt. »Ich freue mich, Sie zu sehen, Monsieur.«

Brillier blieb stehen und musterte Mensch und Wagen. Abwehr lag in seinen grauen Augen. »Ich kenne Sie nicht, Monsieur«, sagte er. Seine Stimme war rauh wie der Fels, auf dem er geboren war.

»Sie haben mich heute schon sehr früh angerufen, Gaston. Robert Barreis.«

»Ach so.« Gaston wischte sich mit dem Handrücken den Schweiß von der Stirn. Dabei klemmte er das Beil unter die linke Achsel. »Der Feigling, der seinen Kameraden verbrennen ließ.«

Bob preßte die Lippen aufeinander. Kein Feigling hört es gern, als das angeredet zu werden, was er ist. »Es war ein Unfall«, sagte er zwischen den Zähnen hindurch. »Ein bedauerlicher Unfall. Wenn Sie alles gesehen haben, werden Sie wissen, daß der Wagen plötzlich schleuderte ... aus der Richtung brach, über das Eis schlitterte ... gegen den Felsen ... und das Feuer, so plötzlich, ich war wie benommen von dem Aufprall ... ich bin ja hinausgeschleudert worden ... Sie haben es ja gesehen ...«

»Sie haben die Tür geöffnet und sich hinausfallen lassen, Monsieur.«

Das hat er also auch bemerkt, dachte Bob Barreis. Ich werde mit fünfhundert Francs monatlich nicht auskommen. Doppeltes Wissen treibt die Preise in die Höhe.

»Die Tür sprang plötzlich auf ...«

»Wenn man die Klinke herunterdrückt, immer ...«

»Ich ahnte gar nicht, daß Sie Humor besitzen.« Bob schlug die Arme gegen seinen Körper. Die eisige Luft durchdrang ihn bis auf die Knochen. »Können wir nicht in Ihr Haus gehen, Monsieur?«

»Bitte.« Brillier drehte sich um, ging voraus und stieß die dicke Bohlentür auf. Warme Luft, nach Schweiß und anderen Ausdünstungen stinkend, prallte Bob entgegen. Er unterdrückte seinen empfindlichen Geruchssinn und folgte Gaston ins Haus.

Die Hütte bestand aus einem einzigen großen Raum, in dessen Mitte der Steinofen stand. Durch einen Schrank abgeteilt, war eine Schlafecke in einem Winkel des quadratischen Hauses. Eine hohe, breite Holzbettstelle, die Gastons Großvater nach seiner Rückkehr aus dem Krieg 1871 selbst gehobelt und zusammengenagelt hatte. In diesem Bett waren die Eltern Gastons gestorben, war er geboren worden, hatte er neunundsechzig Jahre allein gelegen. Nein, seien wir genau . . . zwei Monate teilte er dieses breite, harte Lager mit Denise Jounais, einem Bauernmädchen aus Fréjus. Bei einem Markt hatte er sie kennengelernt, und da sie Waise war und sich nach Freiheit sehnte und nach Liebe, folgte sie Gaston nach Ludon, um ihn dort zu heiraten. Aber nach zwei Monaten ›Probe‹ wurde sie trübsinnig in der Einsamkeit unter der Sonne und war eines Morgens spurlos verschwunden. Das war das erste und letzte Mal, daß Gaston den Versuch unternahm, mit einer Frau zu leben. Wenn ihn die Sehnsucht nach einer Umarmung überfiel — und jedes Tier kennt diese Augenblicke, warum nicht auch Gaston? —, begann er mit Hammer und Meißel so lange an den Felsen herumzuschlagen, bis er vor Erschöpfung umsank. Es war seine Art, die brennende Lust zu vertreiben . . . der heilige Franziskus setzte sich zu diesem Kampf mit dem blanken Hinterteil in einen Ameisenhaufen.

Bob Barreis sah sich um, während sich Gaston in einem Eimer mit heißem Wasser die Hände schrubbte. Er nahm Sand dazu, eine knirschende Säuberung, die eine Haut aus Leder voraussetzte. An einer Leine hing Wäsche über der glühenden Ofenplatte. Geflickte Hemden, eine ausgefranste Unterhose, zwei Unterhemden, Wollsocken, steif wie absurde Plastiken. Nässe und Schweiß strömten aus den trockenen Sachen. Bob Barreis setzte sich auf die Holzbank unter das mit Papierstreifen gegen Zugwind verklebte Fenster.

»Monsieur —«, sagte er leichthin. »Wäre es nicht ein schöner Lebensabend, wenn dort hinten ein richtiges weiches Bett stände, über den Dielen ein Teppich läge, ein Radio spielte? Ich kann mir denken, daß Sie gern in einem breiten, bequemen Sessel sitzen, eine gute Zigarre rauchen, immer ein Fäßchen Wein in der Ecke stehen haben und überhaupt so leben, als seien Sie ein Pensionär irgendeiner staatlichen Organisation. Sie könnten in die Stadt fahren, nach Grenoble oder Chambéry, und niemand würde Ihnen nachblicken und sagen: Seht euch diesen Klotz von Bauern an! Er stinkt! Nein! Sie tragen einen eleganten Anzug, klimpern in den

Taschen mit den Francs, und die Portiers reißen vor Ihnen die Türen aus den Angeln.«

Gaston Brillier trocknete seine Hände in einem rauhen Leinentuch ab. »Und warum?« fragte er kurz.

»Weil Sie ein wohlhabender Mann sind. Ein Pensionär. Ein Mensch, frei von allen Sorgen.«

»Mit Ihrem Geld, Monsieur?« Gaston warf das Handtuch zu den anderen Sachen über die Leine.

»Es ist Ihr Geld.« Bob griff in die Brusttasche und legte ein Bündel Banknoten auf den rohen Holztisch. Es waren fünftausend Francs. Die Banderole der Bank war noch darum. Und Gaston konnte lesen. »Nur eine Anzahlung, Gaston«, fuhr Bob schnell fort, als er den Blick des Alten sah. Er deutete ihn falsch, aber das lag in seiner Natur. Wer gewöhnt ist, mit Geld alles zu erkaufen, für den bedeutet Ablehnung nur ein Hinauftreiben der Summe. »Ein Grundstock zum neuen Leben! Darüber hinaus wird Ihnen die Post jeden Monat fünfhundert Francs ins Haus bringen. Ihre einzige Gegenleistung ist, den Empfang zu bestätigen.«

»Und den Mund zu halten, nicht wahr?«

Bob schob das Geldpaket über den Tisch hin und her. Er wich den forschenden Augen Brilliers aus. Die schauerliche Szene in den Felsen war wieder gegenwärtig. Die Flammen, die den zerbeulten Wagen auffraßen, der Körper Lutz Adams', der eingeklemmt hinter dem Steuer hing und auf den das brennende Benzin zukroch, seine Schreie und Flüche und diese Augen, diese schrecklichen Augen, die ihn erst losließen, als die Feuersbrunst sie ausglühten, alles lag zwischen den Geldscheinen und Gaston, der mit dem Rücken am heißen Ofen lehnte.

»Ist es so schwer, etwas zu vergessen, was unwichtig ist?« fragte Bob Barreis heiser.

»Warum ist es Ihnen dann soviel Geld wert, Monsieur?«

Die Frage war ein Schuß in die Zwölf. Bob atmete heftig und mit Herzklopfen. »Ich habe mich einmal im Leben feige benommen, einmal nur, verstehen Sie das? Ich gestehe es . . . ich hatte Angst, verdammte, hündische Angst. Darf ein Mensch keine Angst haben? Sind wir alle nur Helden? Aber man verlangt von mir, daß ich ein Held bin. Ein Rallyefahrer, der ein Feigling ist . . . welch ein

Bild! Welche Karikatur! Ich kann es mir nicht leisten, ein Feigling zu sein!«

»Aber Sie waren es, Monsieur. Und Sie waren noch mehr: ein Mörder.«

»Nein!« Bob Barreis sprang auf. »Es war ein Unfall! Wenn Sie alles richtig gesehen haben . . .«

»Ich habe, Monsieur.« Gaston zeigte mit ausgestrecktem Arm auf das Geldbündel. »Stecken Sie es wieder ein. Kaufen wollen Sie mich, so einfach kaufen wie einen Ochsen, den man später vor den Schädel schlägt, he? Was soll ich mit einem Sessel, einem Bett, einem Teppich, einem Faß Wein und einer Reise nach Grenoble?! Was ich gesehen habe, bleibt hier drin!« Er schlug sich mit der flachen Hand gegen die breite Stirn. »Ich verkaufe mich nicht!«

»Und was wollen Sie mit diesem blöden Wissen anfangen?« schrie Bob plötzlich und ballte die Fäuste.

»Ich weiß es noch nicht, Monsieur. Vielleicht erzähle ich es Louis.«

»Wer ist Louis?«

»Louis Lafette, der Gendarm von Ludon.«

»Was hätten Sie davon, Gaston?« Die Ausweglosigkeit ergriff Bob mit einem Würgegriff. Dieser Brillier ist hart wie die Felsen, auf denen er haust. Aber auch den härtesten Fels kann man aufsprengen. Es wurden schon Berge zerkrümelt und weggeschafft.

»Nichts, Monsieur, gar nichts. Nur ein reines Gewissen. Wissen Sie, was das ist, ein reines Gewissen? Nicht viel, die meisten haben es noch nie besessen, man kann leben ohne etwas, sehr gut leben. Wenn ein Bein fehlt, ist das lästig, ein Arm, der nicht mehr vorhanden ist, behindert, und hat man nur eine Lunge, eine Niere, einen halben Magen, ein Ohr, fünf Finger, ein Loch im Bauch, verkalkte Adern . . . es lebt sich schwer mit solchen abhanden gekommenen Dingen. Nur wenn das Gewissen weg ist, merkt man es nicht. Ich bin da anders, Monsieur. Ich würde das Gewissen vermissen.«

Bob Barreis steckte das Notenbündel ein. Das Geld war jetzt lächerlich geworden. Um so mehr verblüffte ihn die Tatsache, daß ein alter, krummbeiniger, vom Leben abgewandter Mann es fertigbrachte, ihn vernichten zu können. Daß es einen Menschen gab, der auf das Geld spuckte. Daß jemand einen Bob Barreis fertigmachen konnte mit einem so komischen, abstrakten Ding wie das Gewissen.

»Die Polizei wird Ihnen nicht glauben, niemand wir Ihnen glauben, ja überhaupt zuhören! Zwei Kommissionen haben den Unglücksfall untersucht und abgeschlossen, der Tote ist schon auf dem Weg nach Deutschland und wird übermorgen begraben. Der ausgebrannte Wagen liegt bereits in der Schrottpresse. Sie haben keine anderen Beweise, Gaston, als Ihre Augen! Und die wird man für altersblöd halten —« Bob Barreis kam um den Tisch herum. Gaston wußte nicht, was sein Besucher plante ... er griff nach hinten zu dem Beil und schob es nach vorn. Bob lächelte säuerlich. Er ist wie ein Steinzeitmensch, dachte er, der einem Wisent gegenübersteht. »Warum wollen Sie mich verraten, Gaston?«

»Es war im Krieg, Monsieur, ja, genau 1940, in der Champagne. Die Deutschen hatten unsere Linien durchstoßen und jagten uns vor sich her wie die Hasen. Wir liefen um unser Leben. In unserem Rücken schoß die Artillerie, aus der Luft stießen heulend die Stukas herunter. Monsieur, die Hölle war das! Die einen beteten beim Laufen, die anderen weinten und schrien vor Angst. Und dann erwischten sie uns, die Granaten, hauten mitten unter uns hinein und machten Fetzen aus uns. Vor mir lief Pierre, der kleine Pierre aus Briançon, ein Apothekergehilfe, ein Jüngelchen, das noch keinen Bart hatte. Er stolperte über die Leichen und um die Trichter herum, und er weinte wie ein Kind, laut, hell, und wenn die Granaten einschlugen, schrie er: ›Maman! Maman! Hilf mir, hilf mir, Maman ...‹ Da erwischte es ihn, ein Splitter sägte ihm das linke Bein ab, ich blieb stehen, schnürte den Stumpf mit meinem Koppel ab und schrie alle, die an uns vorbeirannten, an: ›Helft mir, Camarades ... Ich kann ihn nicht allein tragen! Nur einer noch, wir nehmen Pierre in die Mitte. Hilfe! Hilfe! Ihr Feiglinge, ihr Verbrecher, ihr Mörder! Bleib doch einer stehen! Nur einer! Pierre verblutet doch! Wir können ihn mitnehmen. Camarades ... nur einen brauche ich von euch ...!‹ Aber sie rannten weiter, feige und nur an das eigene Leben denkend. Sie hieben mir auf die Hände, als ich sie festhalten wollte, traten nach mir, warfen mich um, stießen mich auf den Boden, trampelten über mich und Pierre hinweg. Da habe ich Pierre in einen Trichter gezogen und bin bei ihm geblieben, bis er starb. Dann nahmen mich die Deutschen gefangen. Der Krieg war für mich zu Ende. Aber ich hatte mein Gewissen nicht verloren. Verstehen Sie mich jetzt, Monsieur?«

Bob Barreis schwieg. Es hatte keinen Sinn, dem Alten zu erklären, daß gewisse Spielarten der Moral ein lächerlicher Luxus im Leben sind. Gaston Brillier hatte den Schädel eines Mammuts und ein Gehirn aus Felssteinen. Hier gab es keine weichen Stellen, kein flexibles Material, das man kneten konnte. Jedes weitere Wort war in den Wind gesprochen.

Er drehte sich um und verließ die Steinhütte. Gaston folgte ihm und warf sich einen sackartigen, gefütterten Schäfermantel um die Schultern.

Draußen am Wagen stand der dicke Gastwirt Jules Bérancour und lüftete die Pelzmütze, als Bob näher kam. Über die vom Schnee notdürftig freigelegte Dorfstraße bummelte der Gendarm Lafette heran. Er trug seinen langen Uniformmantel und das vorschriftsmäßige Käppi. Aber unter dem Käppi hatte er einen dicken Wollschal um den Kopf gebunden. Bob blieb stehen und sah sich um. Gaston war dicht hinter ihm.

»Der Polizist?«

»Ja. Louis.«

»Sie werden mich verraten?«

»Ich muß es, Monsieur.«

»Tausend Francs im Monat, Gaston.«

»Und wenn der Teufel mir auch zweihundert Jahre Leben bietet . . .«

»Dann warten Sie bis morgen . . . bitte. Denken Sie noch einmal über alles nach. Ich komme wieder, morgen —«

»Warum, Monsieur? Es ändert sich nichts. Aber ich kann bis morgen warten, natürlich. Auch wenn es keinen Sinn hat. Gute Fahrt, Monsieur.«

»Danke.«

Bob Barreis ging schnell zu seinem Wagen, beachtete den dicken Jules nicht und fuhr davon. Gendarm Lafette beeilte sich, an Brilliers Haus zu kommen, ehe sich Gaston wieder umwandte.

»Was wollte er?« rief Bérancour.

»Ja, was hat er hier zu suchen?« sagte Lafette laut.

Gaston hob die breiten Schultern. »Er wollte ein Rindvieh kaufen.«

Jules lachte laut. »Aber du hast doch gar kein Vieh!«

»Eben. Es wurde kein Geschäft.«

Er drehte sich um und stapfte zu seiner Hütte zurück.

Die Bekanntschaft zwischen Hellmut Hansen und Pia Cocconi, die zumindest von seiten Pias eine Kampfhandlung sein sollte, verwässerte sich schon nach wenigen Minuten zu einem stillen Kompromißfrieden.

Die Offensivansage: »Sie sind also der Freund von Bob?«, mit der sich Pia Cocconi an den Tisch Hellmuts stellte und das bisher geruhsame und genußvolle Frühstück abwürgte, war im Ton so aggressiv, daß Hansen blitzschnell überlegte, wie man auf unauffällige Art wildgewordene Frauen besänftigt. Ihm fiel nichts ein, als freundlich zu lächeln und sich zu erheben.

»Das bin ich«, antwortete er. »Ich nehme an, daß Sie das im Nebenzimmer verborgene Geheimnis Bobs waren, das sich räusperte und mich zum Teufel wünschte.«

»In die siebte Hölle! Sie haben sich unmöglich benommen.« Pia Cocconi lächelte bei diesen Worten. Ein Zauberglanz um ihre Lippen, gefährlich wie die Frucht vom Baum der Erkenntnis. »Sie haben mir zugerufen, ich solle mich wegscheren.«

»Wie konnte ich wissen, daß Bob plötzlich einen solch fabelhaften Geschmack entwickelte?« Hellmut Hansen wartete, bis sich Pia gesetzt hatte, und winkte dann den im Hintergrund wartenden Kellner heran. »Was trinkt man in Monte Carlo um neun Uhr morgens?«

»Individualisten nehmen Tomatensaft mit Wodka. Es kann aber auch Orangensaft mit Pommery sein.«

»Beides.« Hellmut Hansen nickte dem Kellner zu. »Zweimal. Seien wir Superindividualisten.«

Spätestens hier begann in Pia Cocconi die Kriegsstimmung abzubröckeln. Sie begann unbewußt das gefährlichste Spiel, das eine Frau spielen kann: Sie stellte Vergleiche an. Bob Barreis, der in allem schöne Playboy. Der Lustjüngling mit der weichen Stimme, den Samthänden, den strahlenden Augen und dem unkontrollierten Unterleib. Der Nichtstuer, der Genießer, der Sprücherezitator, der Sportsmann, der seine Übungen auf den Skiern, im Motorboot, im Rennwagen, auf dem Einerbob, im Flugzeug absolvierte wie eine sexuelle Handlung. Ein Goldfisch im trüben Wasser. Zwei blitzende Zahnreihen wie ein Barrakuda. Eine Null mit Charme.

Dagegen Hellmut Hansen: ein Mann. Weiter nichts. Bloß ein Mann. Nüchtern und wachsam, überlegen durch seine Zurückhaltung, faszinierend durch seinen Rückzug. Aufreizend durch die gläserne Wand, die er mit jedem Wort anhauchte und putzte. Ein Körper mit Geist, nicht ein Leib voller Phrasen. Eine Hand, die sogar Schwielen hatte.

Pia Cocconi betrachtete ihn mit dem unverhohlenen Interesse einer Schlange, der ein unbekanntes Wesen gegenübersitzt. Frißt es mich oder kann ich es fressen? Wer ist der Stärkere? Wer stürzt sich zuerst auf den andern?

Die Vergleiche verwischten die Porträts von Bob Barreis und dem Prinzen Orlanda und mit ihnen die vielen Bilder, die Pia in ihrem weiten Herzen trug. Ihr Lächeln war echte Freude, als Hellmut Hansen fragte:

»Wo bleibt Bob?«

»Er hat Besorgungen zu machen.«

»Wir hatten abgesprochen, nach dem Frühstück ans Meer zu gehen.«

»Wer hindert Sie daran, daß wir diesen Plan ausführen?«

»Niemand.« Hellmut Hansen hob das Glas mit Tomatensaft und Wodka, prostete Pia zu und leerte es in einem Zug. Pia betrachtete diese Demonstration inneren Brandes mit wachen Augen.

Für Hansen war es sicher, daß Bob sich drückte, daß er auswich und Pia vorgeschickt hatte, um selbst in Ruhe irgendwelche Maßnahmen treffen zu können. Die Scheu vor einer Aussprache ließ ihn sogar Pia Cocconi opfern. Welche Last verbarg er hinter dem Vorhang von Selbstsicherheit und Frechheit? Was trieb ihn dazu, die schönste Ablenkung, die es gegenwärtig gab, als Schutz vor sich herzuschieben? Das Gefühl Hansens, auf einem dünnen Brett über einen Sumpf zu gleiten, verstärkte sich. Es war unbedingt notwendig, daß Bob so schnell wie möglich Monte Carlo verließ.

Onkel Haferkamp in Vredenhausen hatte dafür ein Gespür, auch wenn er mehr als tausend Kilometer entfernt war. Wenn ein Barreis in einen Skandal verwickelt war, stand er nie am Rand als Zuschauer, sondern als Akteur mittendrin!

Es wurde ein kurzweiliger Tag.

Wie mit Bob besprochen, führte Pia ihr Opfer in die ›Piscine des Terrasses‹ und verwirrte Hellmut Hansen mit einem silberweißen Badeanzug, in dem ihr schlanker Körper wie ein Fischleib aussah. Später lagen sie in ihren Liegestühlen eng nebeneinander in der Sonne und hielten sich die Hände.

»Was machen Sie so den ganzen Tag, Hellmut?« fragte sie.

»Ich stehe im Examen. Ingenieur. Maschinenbau.«

»Daher die Hornhaut an den Händen?«

»Maschinenbau ist etwas anderes als einen Frauenrücken streicheln. Ich sitze nicht nur im Hörsaal, ich packe auch in den Werkhallen mit an.«

»Sie haben kräftige, schöne Hände, Hellmut.«

»Mit Hornschwielen.«

»Ein völlig neues Gefühl für eine Frau.« Sie drehte sich im Liegestuhl zu ihm. »Streicheln Sie mich mit diesen Schwielen —«

»Aber Pia —«

»Bitte. Ich will es spüren. Schämen Sie sich?« Ihr Körper dehnte und streckte sich. Eine in Silberschuppen tanzende Aufforderung. »Streicheln Sie mich ... bitte ... meine Schultern, die Schenkel, die Knie ... ich drehe mich so, daß es niemand sieht, wenn Sie meine Brüste streicheln ... Mein Gott, fangen Sie doch endlich an —«

»Sie sind verrückt, Pia.«

»Das bin ich! Wußten Sie das noch nicht?« Sie lachte girrend wie eine Taube. »Wenn Sie die Hand auf meinen Schoß legten, würden Sie merken, wie er zuckt. Starren Sie mich nicht so an! So hat noch keine mit Ihnen gesprochen, nicht wahr? Aber ich schäme mich nicht — sehen Sie mich an, ich schäme mich überhaupt nicht. Ich brauche das zum Leben. Ist das eine Krankheit? Nymphomanie? Was kümmert's mich! Ich fühle mich wohl dabei! Sehen Sie sich die anderen Frauen hier an. Geile Katzen, die sich die Sonne zwischen die Beine brennen lassen, um sich aufzuheizen für den

Abend. Sie sind nicht anders als ich, nur, sie heucheln schamlos. Ich bin ehrlich, ich sage, was ich will. Hellmut, verderben Sie nicht diesen schönen Tag . . .«

Sie lehnte sich zurück, schloß die Augen und öffnete die Schenkel, als seine Hand über ihre Schulter glitt. Die Lippen zogen sich hoch, das weiße Gebiß leuchtete zwischen dem hellen Rot.

»Über die Brüste«, flüsterte sie.

Er beugte sich über sie und küßte heftig ihren Hals.

Nach Monte Carlo zurückgekehrt, führte Bob Barreis ein kurzes Telefongespräch. Er war sofort auf sein Apartment gegangen und hatte sagen lassen, daß er nicht gestört zu werden wünsche.

Die Begegnung mit Gaston Brillier hatte ihn sehr mitgenommen. Das Bewußtsein, daß ein Mensch ihn in der Hand hatte und ihn nach seinem Willen nun vernichten oder wie eine Marionette tanzen lassen konnte — und er mußte tanzen, um der Welt weiterhin das Gesicht eines glanzvollen Helden zu zeigen —, dieses Bewußtsein warf ihn zwischen Unsicherheit und Wut hin und her. Auf der Rückfahrt hatte er es zu spüren bekommen . . . er fuhr unkonzentriert und entging nur durch schnelles Reaktionsvermögen im letzten Augenblick zwei Unfällen. Er schnitt die Kurven und überholte an Stellen, wo zweibahniges Fahren glatter Selbstmord war.

Als müsse er diesen Gaston Brillier von sich spülen, ging er erst einmal unter die Brause und ließ so lange das kalte Wasser über sich sprühen, bis er fror. Dann wickelte er sich in das große Badetuch ein, legte sich ins Bett und begann zu telefonieren.

Überall, wo der Reichtum seine Burgen baut, gibt es Mädchen, die sich als Sklavinnen eignen. Man braucht sie nicht wie in früheren Zeiten in Nubien oder Nordafrika zu rauben oder um sie einen Krieg gegen die Sarazenen zu führen . . . sie kommen von selbst, bieten sich an wie Fisch und Südfrüchte, nennen ihren Preis und lassen sich wie ein lukullisches Gericht zubereiten. Ihr Leben ist wie das einer fleißigen roten Ameise . . . sie wimmeln durch die Welt und schleppen ab, was sie tragen können.

Marietta Lucca, genannt Malu, gehörte zur Kategorie der kleinen, billigen Handlanger, der Vorspeisen auf den gedeckten Tischen, manchmal auch nur zu den Salatblättern der Tischgarnitur. Sie war dementsprechend hungrig, ehrgeizig, wenigstens ein Hauptgang zu werden, träumte von einer eigenen kleinen Wohnung und dem Aufstieg in das Bett eines mittleren Industriellen. Zur ganz großen Karriere fehlten ihr zwei Dinge: Klugheit und Kaltschnäuzigkeit. Aber das sind zwei Eigenschaften, die angeboren sind. Mitgifte des Teufels für seine auserwählten Töchter . . .

»Hallo, Malu«, sagte Bob Barreis, als sich die Mädchenstimme meldete. Sie klang erwartungsvoll wie eine Verkäuferin, die einen Ladenhüter verkaufen kann. »Ein Glück, daß du zu Hause bist. Hier ist Bob.«

»Hallo, Bob.« Die Mädchenstimme vibrierte. »Hast du was für mich? Ist Pia Cocconi wieder weg?«

»Nein, sie ist hier.« Bob Barreis starrte an die Decke. Die Sonne malte Goldkringel wie ein Kopist von van Gogh. »Hast du Zeit?«

»Für dich immer.«

»Schlechtes Geschäft?«

»Ganz mies, Bob. Die Saison hat noch nicht begonnen. Und deine Rallye-Brüder, die bringen ihre Freundinnen mit. In der ganzen Woche nur zwei Einladungen, und die waren noch fad. Zwei Engländer. Die halbe Nacht rauchten sie Pfeife, tranken Tee und erzählten von Pferderennen. Was hast du für mich? 'ne Party mit Hasch? Tanz der sieben Schleier? Oder 'ne tolle Gruppenpyramide?«

»Nichts von alledem. Bist du angezogen?«

»Nein. Aber ich kann . . .«

»Zieh dich an und komm rüber in mein Hotel. Nimm warme Sachen mit. Lange Hose, Pullover, Pelzmantel.«

»Wollen wir ›Schneeschmelzen‹ spielen?«

»Frag nicht soviel . . . komm rüber! In einer halben Stunde fahren wir ab.«

»Und wieviel ist die Sache wert?«

Das Geschäft. Das Banksafe im Schlüpfer. Bob Barreis kannte die Preise.

»Zweitausend Francs im voraus. Wenn's klappt, eine Erfolgsprämie von viertausend.«

»Das muß ein dicker Brocken sein, Bob.« Malus Stimme wurde

etwas unsicher. »Nicht mit Peitsche und so . . . das mache ich nicht mit. Dafür ist Constanza zuständig.«

»Es ist alles normal, Baby!« Bob Barreis lachte tröstend. »Er ist nur neunundsechzig Jahre alt.«

»O Gott, wird er das überleben?«

»Ich hoffe nicht.« Bob legte auf und dehnte sich wohlig. »Ich hoffe nicht . . .« wiederholte er. »So kann man auch Steine aufweichen.«

Gaston Brillier war es nicht gewöhnt, daß jemand bei Dunkelheit an seine Tür klopfte. Wenn die Nacht über Ludon lag, war die Welt versunken. Mensch und Tier schliefen. Vielleicht war dies das Geheimnis, daß in Ludon die Menschen durchschnittlich neunzig Jahre alt wurden und die Totenpredigten des Pfarrers zu den Seltenheiten, ja Feierlichkeiten gehörten.

Im Innern der Steinhütte hörte man Hüsteln und schlurfende Schritte. Das Licht flammte auf und schien durch die Ritzen der plumpen Fensterläden. Fröstelnd und mit deutlicher Angst zog Marietta Lucca ihren Pelzmantel um ihren Körper.

»Du weißt, wie alles zu laufen hat?« flüsterte Bob aus der Dunkelheit. Malu nickte.

»Ja, Bob. Verflucht, ich habe Angst —«

»Es ist keinen Moment gefährlich. Ich bleibe vor der Tür.«

»Und wenn er mich wirklich . . .«

»Ertrage es! Sechstausend Francs, Püppchen —«

»Ein alter, stinkender Bauer . . .«

»Du sollst ihn nicht riechen, sondern ihm den Kopf verdrehen.« Bob Barreis drückte sich gegen die rauhe Steinwand. »Er kommt. Zeig, was du kannst, Malu . . .«

Gaston Brillier öffnete die schwere Tür. Aber bevor er etwas fragen konnte, schlüpfte etwas Schmales in einem Pelz an ihm vorbei in die Hütte und machte erst vor dem riesigen, alten Bett halt. Dort kicherte das fremde Wesen, warf den Pelz ab, und Gaston erkannte, daß es sich um ein Mädchen handelte. Er warf die Tür zu, wischte sich mit beiden Händen über die Augen und tappte wie ein Bär zum zentralen Ofen.

»Mademoiselle«, sagte er. »Nein, so was! Wer sind Sie? Woher kommen Sie? Halt! Was wollen Sie auf meinem Bett? Lassen Sie das sein, Mademoiselle —«

Malu hatte begonnen, sich auszuziehen. Zuerst Hose und Pullover, jetzt Büstenhalter und Strumpfgürtel. Es fehlte nur noch das Höschen, ein schmales Ding aus Nylon, durchsichtig, einen schwarzen Dreieckfleck verratend. Gaston starrte das Mädchen an, die volle, geschwungene Brust, die Linie der Hüften, diese glatte, weißliche Nacktheit, die er zum letztenmal vor neunundreißig Jahren so unverhüllt und in Natur betrachtet hatte.

»Sind Sie verrückt, Mademoiselle?« fragte er rauh. »Nein, so etwas, so etwas! Sind Ihre Kleider naß? Wollen Sie sie trocknen? Ich mache die Leine sofort frei. Nehmen Sie das Bettuch und wickeln Sie sich ein. Hat man so etwas schon gesehen?«

Er tappte auf Malu zu, nicht um sie anzufassen, sondern um ihr zu helfen, das Bettlaken aus den Ritzen der Matratze zu ziehen. Aber einen Meter vor ihr begann sie plötzlich zu schreien, schrill und durchdringend, wie damals die Sirenen im Krieg, als die deutschen Flugzeuge am Himmel erschienen.

»Was haben Sie denn, Mademoiselle?« rief Gaston dröhnend. »Haben Sie Schmerzen?«

Seine Naivität rührte Malu, aber sie schrie weiter, denn für außergeschäftliche Gefühle bekommt man kein Geld. Vor den entsetzten Blicken Gastons zerriß sie ihre Wäsche, ließ sich auf das Bett fallen und strampelte wild mit den Beinen. Wie ein Schild preßten sich ihre beiden Hände auf den Schoß.

Hinter Gaston krachte die Tür gegen die Wand. Er fuhr herum, duckte sich und stieß die Fäuste vor. Bob Barreis stand im Raum. Empörung und Ekel flossen aus seinem Blick.

»Hilfe!« schrie Malu hinter Gaston auf dem Bett. »Bob! Bob! Er hat mir die Kleider vom Leib gerissen und wollte mich ... O Bob ... es war schrecklich ... wie ein Tier war er ...« Dann weinte sie. Es gelang vorzüglich. Ihr nackter Körper wurde von Schluchzen förmlich geschüttelt.

»Sie Schwein!« sagte Bob Barreis gefährlich leise. »Sie elendes Schwein! Man sollte Ihnen den Schädel einschlagen ...«

Gaston Brillier verstand die Welt nicht mehr. Er tappte zum

Ofen, schielte zu dem nackten, fremden Mädchen und dann zu Bob. Dann schüttelte er den Kopf, hilflos und fast kindisch.

»Ich kenne sie gar nicht. Was wollen Sie von mir, Monsieur? Kommt hier rein und zieht sich aus . . .«

»Sie haben meine Braut vergewaltigen wollen!« schrie Bob. »Wo ist Lafette, der Gendarm? Die Polizei muß her! Ein Wüstling, der die Mädchen anfällt wie ein Wolf!«

»Ich kenne sie nicht!« brüllte Gaston plötzlich. In seinem Hirn dämmerte die Erkenntnis auf, daß diese Situation ihm eine Schlinge um den Hals legen konnte. »Ich schwöre es Ihnen, Monsieur —«

»Aufs Bett hat er mich geschleudert. Mit einer unmenschlichen Kraft. Und hier . . . hier . . . hier . . .« Malu hob die zerfetzten Wäschestücke hoch. »Wie ein Tier . . .«

»Man sollte Ihnen das Hirn aus dem Kasten schlagen!« schrie Bob Barreis. Auch er spielte seine Rolle in klassischer Vollkommenheit. »Bleib so, wie du bist, Malu! Ich hole den Gendarm! Nur ein paar Minuten.«

»Monsieur!« schrie Gaston dumpf. »Ich habe nichts getan! Ich schwöre es Ihnen . . .« Er schwankte durchs Zimmer, ließ sich auf die Holzbank sinken und starrte vor sich hin. Malu verkroch sich in dem Riesenbett in die hinterste Ecke.

»Laß mich nicht allein, Bob!« stammelte sie. »Bitte . . . warte eine Minute. Ich will mit . . .«

»Du bleibst! Du bist das Corpus delicti.« Bob hob zehn Finger. Malu sank seufzend zurück und kreuzte die Arme vor die Brüste. Zehntausend Francs. Habe keine Angst, meine Seele. Zehntausend Francs. Zehntausend. Sie können der Beginn einer neuen Karriere sein. Eine kleine Wohnung, neue Kleider. Eine Sprosse höher auf der Treppe ins Paradies. Verschlucke deine Angst, mein Püppchen . . .

Kaum zehn Minuten später war Bob wieder da. Hinter ihm trat Louis Lafette in die Hütte und überblickte sofort die Situation. Gaston saß noch immer auf seiner Bank, ein dumpfer Klotz Fleisch, der sich nur wehren konnte mit dem Satz: »Ich habe nichts getan! Glaubt mir doch!«

»Gaston!« sagte Lafette amtlich. Brillier hob den Schädel. Seine

Augen waren doppelt so groß wie normal. Der ganze Jammer der zusammenbrechenden Welt war in ihnen, aber keiner erkannte das, am wenigsten Lafette. Für ihn war seit fünfzehn Jahren endlich etwas los. Er konnte ein Protokoll aufsetzen, er konnte ein Verhör leiten, er konnte eine Meldung nach Briançon schicken: In Ludon habe ich einen Mann verhaftet, der ein junges, unschuldiges Mädchen vergewaltigen wollte. Und das in Ludon! Und ausgerechnet Gaston Brillier. Es war ein Fall, den sich Lafette auch durch bettelnde Bärenaugen nicht aus der Hand nehmen ließ.

»Du hast also das Mädchen aufs Bett gezogen?« fragte Lafette energisch. Gaston zuckte hoch und warf die Arme über den Kopf.

»Nichts habe ich getan! Nichts! Louis ... du kennst mich doch!«

»Gendarm Lafette, bitte! Ob ich dich kenne oder nicht, spielt keine Rolle. Mademoiselle liegt nackt in deinem Bett. Willst du behaupten, sie sei von allein da hineingesprungen?«

»Genau das, Louis. So war's.«

»Ich bring' ihn um!« knirschte Bob Barreis. »Gendarm, meine Braut ist aus bestem Hause! Unberührt! Bitte, notieren Sie: Unberührt! Und dieser Hund reißt ihr die Kleider ...«

In Gaston zerbrach etwas. Er brüllte auf, stürzte zum Ofen, riß ein Holzscheit aus dem Stapel und schleuderte es gegen Bob. Dicht am Kopf vorbei sauste das Geschoß und krachte gegen die Wand. Hätte es Bobs Kopf getroffen, er wäre zersprungen wie unter einem Hammer.

»Nach Briançon!« schrie Gaston. »Ich will Gerechtigkeit! Ich fahre nach Briançon! Ich habe nichts getan! Gar nichts! Dort werden sie mir glauben!«

Er faßte sich an den Schädel, der so ehrlich war, daß er dieses Schauspiel nicht begreifen konnte, rannte dann los, stieß Lafette und Bob zur Seite und stürmte aus dem Haus.

»Festhalten!« brüllte Bob. Er stieß Lafette an, der ruhig stehenblieb und nur sein verrutschtes Käppi zurechtrückte. »Er entwischt uns. Tun Sie doch etwas! Haben Sie eine Waffe?«

»Ja. Wozu?«

»Verhindern Sie seine Flucht! Er ist ein Wüstling!«

»Er will doch nach Briançon . . .«

»Und das glauben Sie?«

»Ja.«

»Hat er denn ein Auto?«

»Ein altes Motorrad. Hören Sie . . . da ist es!«

Lautes Knattern drang von draußen in die Hütte. Lafette grinste. Malu hatte begonnen, sich wieder anzuziehen. Es fiel Lafette nicht auf, daß sie in ihrer Manteltasche neue Unterwäsche hatte, die man im allgemeinen nicht in dieser Weise mit sich führt.

»Er entkommt uns nicht«, sagte Lafette. »Ich werde sofort beim Kommissar in Briançon anrufen, und wenn er vor dem Revier hält, wird man ihn verhaften.«

»Ich fahre ihm nach!« Bob Barreis faßte Malu an der Hand und zerrte sie aus der Hütte. Gaston fuhr gerade an, ein schwarzer Kloß auf zwei hüpfenden Rädern. »Dort ist er. Ich werde ihn nicht aus den Augen lassen, Gendarm! Ich werde meine Aussagen beim Kommissar machen.«

»Vergessen Sie nicht, mein schnelles Eingreifen zu erwähnen, Monsieur!« rief Lafette und winkte mit beiden Händen.

Bob rannte zu dem kleinen Fiat, stieß Malu hinein und folgte dann Gaston in einem höllischen Tempo.

Es war eine Fahrt, die an die Nacht mit Lutz Adams erinnerte. Eine Straße voller Eisbuckel, die einsame, kalte Nacht, durchschnitten von den Leuchtarmen der Scheinwerfer, in denen jetzt das Motorrad mit Gaston Brillier tanzte.

Serpentinen. Haarnadelkurven. Felsen, mit Eiszapfen behangen.

Gaston fuhr wie ein Irrer. Er legte sich schräg in die Kurven, balancierte an den Rändern der Abgründe und duckte sich wie ein gehetztes Tier, wenn ihn wieder die Scheinwerfer Bobs ergriffen. Und eine Hetze war es auch, eine erbarmungslose Treibjagd, ein Rennen um das Leben. Malu begriff das nicht . . . sie klammerte sich an dem kleinen Haltegriff fest und machte die Augen zu, wenn die Kurven auf sie zuflogen.

»Auto fahren kannst du, verdammt noch mal«, sagte sie einmal. »Aber der Alte fährt auch wie der Teufel!«

Gaston raste im Strahl der Scheinwerfer zu Tal. So rätselhaft für sein Gehirn das nackte Mädchen in seiner Hütte immer noch war, so klar erkannte er jetzt seine Situation.

Das Leben war gerettet, wenn er die Straße nach Briançon erreichte. Er wird mich nicht umfahren, dachte er. Nein, das kann er nicht. Er kann mich auch nicht abdrängen. Das Mädchen ist neben ihm. Das ist mein Schutz, das ist mein Leben ... Gott im Himmel, laß mich leben ...

Bis auf zwei Meter näherte sich Bob dem Motorrad. Gaston lag über dem Lenker, als müsse er die Räder in die Straße drücken mit seinem Gewicht. Noch zehn Minuten, höchstens zehn Minuten, dann bin ich gerettet. Ich werde den Namen Barreis vergessen, das schwöre ich. Ich habe ihn nie gehört! Ich habe nie ein Auto an einer Felswand verbrennen sehen. Nie habe ich einen Menschen schreien gehört. Ich habe in meinem Bett gelegen und geschlafen wie jede Nacht.

Die große Nadelkurve. Eine Bahn aus Eis. Glitzernd im Scheinwerfer wie eine kristallene Schüssel. Daneben der Abgrund. Vierhundert Meter Felsen.

Gaston Brillier gab Gas. Wie ein Geschoß raste er in die Kurve, verfehlte den Bogen und schleuderte hinaus in die Nacht. Ein flimmernder Punkt, so schwebte er sekundenlang durch die Dunkelheit, bis er abwärts stürzte und in der Tiefe versank. Nur sein brüllender Schrei blieb zurück und hing in der kalten Luft wie ein gefrorener Tropfen.

Bob Barreis bremste vorsichtig und fuhr an den Rand der Kurve. Das merkwürdige, unbekannte, den ganzen Körper durchströmende Gefühl nahm ihm wieder den Atem.

Ein Mensch stirbt. Mit einem Schrei.

Er preßte die Beine zusammen und biß sich in die Unterlippe. Neben ihm weinte Malu. Sie war stumm vor Entsetzen.

»Es war ein Unfall«, sagte Bob heiser. »Du hast es selbst gesehen.«

»Ja.« Ihr Arm zitterte wie unter Stromstößen, als sie ihn um ihn legte. »Der arme, alte Mann ...«

»Bist du verrückt, Malu? Was soll das?«

»Ich bin mitschuldig.«

»Nun schlag dir bloß diesen Blödsinn aus dem Kopf! Keiner

konnte wissen, daß er wie ein Irrer durch die Nacht rast.« Bob drehte vorsichtig auf der engen Straße und fuhr wieder den Berg hinauf.

»Wohin willst du denn?« fragte Malu.

»Zurück nach Ludon. Den Unfall melden. Wir sind schließlich die einzigen Zeugen.«

Am Morgen holte man Gaston aus der Schlucht. Er sah nicht entstellt aus, er hatte sich bloß den Hals gebrochen. Die Bauern von Ludon bahrten ihn in der Kirche auf, obgleich er im Alter ein Wüstling geworden war. Aber Gott hatte ihn ja bestraft, im Augenblick seiner größten Schuld und seiner schamlosesten Lüge. So glaubten sie wenigstens, die Bauern von Ludon, und Bob Barreis stiftete sogar einen Sarg, wie man ihn in Ludon seit bestimmt hundert Jahren nicht mehr gesehen hatte. Mit einem kupfernen Christus auf dem gewölbten Deckel.

Aber das sah Bob Barreis nicht mehr. Als Gaston Brillier in den Sarg gelegt wurde, war er auf dem Flug nach Deutschland. Mit ihm reiste der Vorsatz, einige Monate lang Monte Carlo zu meiden und die Freuden des Lebens an anderen Orten aufzuspüren.

Die Cessna der Barreis-Werke surrte ruhig über die Alpen, als Bob sich an Hellmut Hansen wandte und ihm die Zeitung herunterdrückte, in der er gerade las.

Die vergangenen Stunden waren sehr einsilbig gewesen. Als Bob am Morgen nach der dramatischen Nacht im Hotel erschien, saß Hellmut Hansen bereits unten im Frühstücksraum und wartete auf ihn.

»In einer Stunde fliegen wir nach Vredenhausen«, sagte er ohne Einleitung, als Bob zu einer großen Begrüßung ansetzen wollte. »Hubert Meyer wartet auf dem Flugplatz Nizza.«

»Zu Befehl!« Bob Barreis setzte sich. »Bewilligt man mir die Zeit, ein Brötchen zu essen?«

»Red nicht so blöd!«

»Auch eine Tasse Tee?«

»Von mir aus kannst du eine ganze Kanne saufen! Ich wollte dir nur sagen, daß Onkel Theo angerufen hat und mit dem Knöchel gegen das Telefon geschlagen hat. Heute nachmittag ist das Begräbnis von Lutz.«

Bob senkte den Kopf. »Man verlangt doch nicht von mir, daß ich da mitmarschiere?«

»Das wenigste ist, daß du dem Vater die Hand drückst.«

»Lutz hat sich selbst in den Tod gefahren.«

»Mag sein. Das ist kein Grund, ihm die letzte Fahrt zu versauen. Kannst du in einer Stunde fertig sein?«

»Natürlich. Aber vorher muß ich noch einen Sarg bestellen.«

»Einen was?« Hansen blickte seinen Freund ungläubig an.

»Einen Sarg für den Bauern Gaston Brillier. Ich war Zeuge, als er verunglückte.«

»Und das rührt dein Herz so gewaltig, mein Engel?«

Bob sprang auf und ging hinaus. Hansen sah ihm nachdenklich nach. Er hatte keinen blassen Schimmer von dem, was in der vergangenen Nacht geschehen war, wo sich Bob aufgehalten hatte, warum er Pia Cocconi wie eine Schlinge um seinen, Hellmuts Hals geworfen hatte. Von Adams' Tod an lag es wie Dämmerung um Bob Barreis.

Einen Sarg. Wer war Gaston Brillier? Woher kannte Bob ihn? Wieso war er Zeuge dessen Todes? Gerade er?

Es waren Fragen, auf die man in Vredenhausen schneller eine Antwort bekommen würde als hier in Monte Carlo.

Nach zwei Stunden stiegen sie wirklich in die Luft. Hubert Meyer, der Pilot der Barreis-Werke, hatte einen neuen Kurs gemeldet. Über das Rhonetal zurück. Hier schien die Sonne. Wolkenhöhe 3 000 Meter.

Schweigend saßen Hellmut und Bob nebeneinander in der schwingenden Maschine, bis Bob seinem Freund die Zeitung herunterdrückte.

»Verdammt, lies nicht immer. Sag etwas!« knurrte er dabei.

»Zeitungen sind sehr interessant.«

»Das ist was Neues an dir.«

»Sie sind höllisch interessant, wenn man sie liest und die Wahrheit ahnt gegenüber dem, was sie schreiben.«

Bob Barreis atmete tief durch die Nase. »*Was* weißt du?«

»Es gibt keine Situation, die das Gesetz der Fliehkraft aufhebt.«

»Leck mich am Arsch mit deiner Fliehkraft.« Bob lehnte sich in den Polstersitz zurück. Unter ihnen glitten die ersten hohen Alpenspitzen vorbei. Schneeplastiken, von der Sonne vergoldet. Hätte man sie so gemalt, wie sie aussahen, wäre es Kitsch gewesen. Aber wie vieles im menschlichen Leben ist primitive Kunst!

»Genau das ist es!« Hellmut Hansen faltete die Zeitung zusammen. »Mit dem Arsch wärst du an die Felsen gesaust, nicht rückwärts auf die Straße. Außerdem hast du rechts gesessen . . .«

»Wieso?«

»Wenn Lutz gefahren hat.«

»Natürlich.«

»Aber links bist du aus dem Wagen gefallen! Außer der Fliehkraft hat also auch die Schwerkraft ausgesetzt.« Hansen blickte aus dem Fenster, um Bob nicht ansehen zu müssen. »Ohne daß das Dach wegflog, hast du also einen Salto über Lutz hinweg geschlagen und links zur Tür hinaus. Eine reife artistische und physikalische Leistung. Vor allem bei einem so niedrigen Wagen wie einem Maserati . . .«

Bob Barreis schwieg. Er starrte Hansen in den Nacken und knirschte leise mit den Zähnen.

»Bist du mein Freund?« fragte er.

Hansen nickte langsam. »Ja. Würde ich dich sonst zurückholen?«

»Du hast mir einmal das Leben gerettet.«

»Das ist lange her.«

»Und trotzdem bist du schuld, daß ich lebe.«

»So kann man es auch nennen.«

»Was ich bin, ist deine Schuld! Hättest du mich damals ersaufen lassen . . .«

»Hör doch mit dieser Idiotie auf, Bob!«

»Du hast mit Pia geschlafen?«

Hansen zögerte, dann sagte er hart: »Ja.«

»Sie war meine Eroberung.«

»Ich weiß es, Bob. Aber du hast sie mir aufgedrängt. Der Teufel soll wissen, warum!«

»Vielleicht weiß er es wirklich? Wir sind jetzt quitt.«

»Du hattest keine Schulden.«

»Doch, die einzigen, dir gegenüber. Mein Leben! Du hast es mir gegeben . . . nun hast du dir etwas genommen, was mir gehörte. Das ist eine glatte Rechnung. Ich habe es nicht mehr nötig, dich zu bewundern.«

»Wenn du das jemals getan hast, warst du ein Narr.«

»Das ist vorbei. Jetzt stehen wir pari. Und ich schlage dir in die Fresse, wenn du weiter von deiner verfluchten Fliehkraft sprichst, ist das klar?«

»Auf jeden Fall deutlich.« Hellmut Hansen drehte sich zu seinem Freund. Bobs Augen waren kalt und mörderisch. »Wir sollten wirklich einmal miteinander reden. Ganz allein. Vielleicht wird das die zweite Lebensrettung —«

»Wie ein Pfarrer! Tatsächlich, wie ein Pfarrer!« Bob lachte schrill und sprang auf. »Ich gehe zu Meyer ins Cockpit. Mich kotzt dieser Kanzelton an! Ich muß kotzen! K-o-t-z-e-n! Wie ein Heiliger, der Moral onaniert . . .«

Um 14 Uhr, genau wie durch Funk gemeldet, setzte die Cessna auf dem Werkflugplatz zur Landung an. Bob Barreis saß neben dem Piloten auf dem Notsitz und blickte der Erde entgegen. Zwei dunkle Punkte wurden größer und nahmen Formen an.

»Onkel Theodor«, sagte Bob mit giftigem Sarkasmus. »Und Dr. Dorlach, der Anwalt der Familie. Die Gefängnistüren von Vredenhausen stehen offen. Hinein mit dem Delinquenten und Gitter zu! Und ein Schildchen dran. Nicht füttern — er beißt! Meyer, drehen Sie ab, und fliegen Sie weiter nach Hamburg.«

»Das geht nicht. Der Sprit reicht nicht.« Der Pilot ließ die Räder ausfahren, die Landeklappen schwenkten ein. Dann hüpfte die Maschine über die Betonpiste, die Propeller drehten sich langsamer, die Motoren waren auf Erdfahrt gedrosselt. Genau vor Onkel Haferkamp und Dr. Dorlach blieb die Cessna stehen. Bob kletterte als erster aus dem Flugzeug.

»Es wird höchste Zeit, daß du kommst«, sagte Onkel Theodor ohne Umschweife. Wer eine Barreis-Familie regiert, kann sich beschönigende Worte sparen. Es gibt da wenig Schönes. »In einer Stunde ist das Begräbnis. Es droht zu einem Skandal zu werden. Der alte Adams will am Grab seines Sohnes unbedingt eine Rede halten! Hast du eine Ahnung, was er auf der Pfanne hat? Junge, sag es jetzt, sofort, noch haben wir Zeit, eine ganze Stunde. Dr. Dorlach wird es regeln können.«

»Er wird von der Fliehkraft sprechen«, sagte Bob verbittert. »Die lernt man auch auf der Volksschule —«

Er ließ Haferkamp und Dr. Dorlach stehen und ging allein über das Flugfeld. Die Hände in den Taschen, die Schultern hochgezogen, das linke Bein leicht nachziehend. Man bemerkte es jetzt zum erstenmal.

Onkel Theodor setzte seinen Hut auf und sah Dr. Dorlach hilfesuchend an. »Der Junge ist völlig durcheinander«, sagte er konsterniert. »Sagte ich es nicht: Er hat ein Problem! Doktor, wir müssen ihn schützen. Ich habe das dumpfe Gefühl, daß dieses verdammte Autorennen über den Rücken der Barreis läuft.« Dr. Dorlach nickte schwer.

»Und wir haben nur noch eine Stunde Zeit bis zum Begräbnis . . .«

3

Die vergangenen zwei Tage hatten Vredenhausen in zwei Lager gespalten. Wie immer in einer Kleinstadt, in der die Mehrheit der Bevölkerung von einem einzigen großen Werk lebt, schlug man sich die Meinungen um die Ohren wie nasse Handtücher.

Die Lohnabhängigen — ein schönes Wort für eine modifizierte Art der Sklaverei —, also die Arbeiter und Angestellten, die ihre Lohntüten und -streifen jeden Monat mit einem neuen Spruch erhielten, den Theodor Haferkamp auf die Gehaltsabrechnungen drucken ließ, spielten ›tote Fliege‹ und enthielten sich aller Ansichten. Vielleicht trug dazu auch der letzte Monatsspruch auf der Lohntüte bei, der lautete: ›Ein zufriedener Mensch badet in der Sonne, aber meckert nicht über die Hitze.‹ Wer in den Barreis-Werken seine Brötchen verdiente, zog den Kopf in die Schultern und antwortete höchstens: »Na, ja —«, wenn er gefragt wurde: »Nun sei mal ehrlich — was hältst du von diesem Unfall bei dem Autorennen?«

Gedanken machten sich alle, aber nur wenige sprachen sie aus. »Man sollte dem Lümmel den Führerschein entziehen!« hieß es etwa. Oder: »Merkwürdig, daß die Polizei so schnell die Akten schließt!« Und der zweite Arzt von Vredenhausen war so unvorsichtig, zu äußern: »Hat man die Leiche denn mit aller Gründlichkeit obduziert?«

Aber diese Aussprüche waren nur vereinzelt, im kleinsten, vertrauten Kreise, unter besten Freunden. Nur der Arzt sagte es laut am Stammtisch . . . am nächsten Morgen schon rief Rechtsanwalt Dr. Dorlach bei ihm an und fragte maliziös: »Lieber Doktor, für eine Zusammenstellung einer betriebswirtschaftlichen Tabelle benötigen wir einige Angaben. Können Sie uns in den nächsten Tagen sagen, wieviel Krankenscheine der Betriebskrankenkasse unserer Werke Sie haben?«

Der Arzt verstand den Wink. In Vredenhausen zu praktizieren, ohne die Arbeiter der Barreis-Werke zu seinen Patienten zu zählen, war wie das Leben eines Aussätzigen. So schwelten unter der glatten Oberfläche des gutbürgerlichen Vredenhausen Klatsch und Verdacht wie eine schleichende Krankheit, die niemand erkennt.

Nur einer wagte es, sich offen gegen alles zu stellen, was in Vredenhausen Ruhe und Ordnung hieß: der alte Adams, der Vater des toten Lutz. Er hatte nichts zu verlieren, er war kein Abhängiger der Barreis-Werke ... er war der Stein im Weg, über den Onkel Theo immer wieder stolpern mußte und den niemand ausgraben konnte.

Das Geldangebot hatte dem alten Adams gezeigt, daß der Apfel, in den er hineinbeißen sollte, irgendwo eine faule Stelle hatte, die er mitessen sollte ... für ein Schmerzensgeld von zehntausend Mark für den verdorbenen Magen. Die ganze Nacht war der alte Adams aufgeblieben, hatte sich an den Lebensweg seines toten Sohnes erinnert, alte Fotoalben hervorgeholt und mit verschleierten Augen die kleinen Amateurbildchen betrachtet.

Lutz im Körbchen, drei Tage alt. Lutz im Kinderwagen. Die ersten Schritte. Die erste Begegnung mit einem Hund. Lutz an der Nordsee beim Sandburgbauen. Lutz mit der großen Schultüte als Schulanfänger. Lutz als Sieger beim Jugendsportfest. Lutz in der Tanzstunde. Lutz als Torwart.

Bilder ...

Stationen eines kurzen Lebens, von dem jede Stunde in Liebe eingebettet war. In die Liebe des alten Adams. In den Stolz, in das Glück, in die Zukunftshoffnung eines Vaters.

Am Nachmittag des nächsten Tages landete das Transportflugzeug mit dem Sarg in Düsseldorf. Ein Bestattungsunternehmer — die Firma Jakob Himmelreich und Sohn aus Vredenhausen — holte den toten Lutz Adams ab, in einem Zinksarg, den man in den richtigen Eichensarg stellte, weil das schöner und feierlicher aussah. Ernst Adams war mitgefahren und stand abseits, als man den Sarg aus dem Flugzeug hob. Auf der Rückfahrt aber saß er hinten im Leichenwagen, hockte auf einem Holzklotz neben dem Kopfteil des Sarges und sprach leise mit seinem Sohn.

Jakob Himmelreich wollte das erst nicht zulassen, aber als er den stummen Blick des Alten sah, in dem die ganze Kraft eines störrischen Willens lag, zuckte er nur mit den Schultern und ließ Ernst Adams neben seinem toten Sohn Platz nehmen. »Er dreht noch durch«, sagte er leise zu seinem Fahrer, als sie über die Autobahn rumpelten. »Sitzt da und redet auf den Deckel ein. Verdammt, ist schon ein Schock für ihn. Der einzige Sohn. Und bei so einem dämlichen Autorennen, wegen eines so dusseligen Pokals . . .«

Mehr sagte auch Jakob Himmelreich nicht, denn siebzig Prozent seiner Toten hatten früher in den Barreis-Werken gearbeitet. Und im Nebenort Burgfelde gab es den Bestattungsunternehmer Schmitz, die Konkurrenz . . .

»Mein Junge«, sagte der alte Adams und legte die Hände flach auf den Teil des Sarges, unter dem Lutz' Gesicht liegen mußte. »Keiner weiß, wie es passiert ist, und niemand wird es herausbekommen. Nur ich weiß, daß du nicht wie ein Verrückter gefahren bist. Du warst immer vorsichtig, mein Junge. Du hattest Angst vor der Geschwindigkeit, aber du wolltest kein Feigling sein. Er hat dich in den Tod gefahren . . . dieser Barreis-Teufel, dieser Nichtstuer mit dem Stolz eines Königs, dieser Satan im Maßanzug! Du kannst jetzt nichts mehr sagen, aber ich fühle die Wahrheit . . . ich fühle sie, mein Junge . . . und ich werde sie hinausschreien, wenn die Zeit dazu gekommen ist . . .«

Ernst Adams hielt die einsame Totenwache in der Leichenhalle von Vredenhausen. Die beiden Totengräber störten ihn nicht — im Gegenteil, sie holten ihm belegte Brötchen und abends eine große heiße Wurst, stellten ihm zwei Thermosflaschen mit Kaffee neben den Sarg und unterrichteten ihn über alles, was unterdessen in Vredenhausen geschah.

Da war sich zunächst das Ordnungsamt nicht einig, ob es zulässig sei, daß ein Verwandter ersten Grades Nachtwache in der Leichenhalle hielt. Man fand keinerlei Kommentare dazu in den Bestimmungen und resignierte. Dr. Dorlach, der clevere Anwalt der Barreis', hatte versucht, diese stumme Demonstration des Alten, über die bald ganz Vredenhausen flüsterte, zu unterbinden. Aber es gab da keine Handhabe: Ein Vater kann Wache am Sarg seines toten Sohnes halten. »Bei Staatsmännern ist das sogar üblich«, sagte der Bürgermeister gequält. »Warum soll in einer Demokratie nicht auch ein Vater Ehrenwache stehen?«

Um das Begräbnis selbst kümmerte sich Ernst Adams überhaupt

nicht. Theodor Haferkamp organisierte alles . . . er kaufte ein schönes Eigengrab im besten Friedhofsteil, wo hohe Ulmen und Birken wuchsen und eine Parklandschaft bildeten; er bestellte den Pfarrer und den Orgelspieler, die Ehrenabordnungen von Sportverein und Motorclub, den Gesangsverein und die studentische Verbindung. Er ließ die Anzeigen in die Zeitungen rücken und die Trauerbriefe drucken, und da Theodor Haferkamp ein Freund von Sinnsprüchen war, setzte er über die Anzeigen das Motto: ›Der Herr gibt und nimmt . . . wir stehen immer in seiner Gnade.‹

Als die Totengräber dem wachenden Ernst Adams die Zeitung mit dieser Anzeige brachten, lachte er bitter, zerknüllte sie und warf sie unter den Sarg.

Die Anteilnahme Vredenhausens war ungeheuer. Kränze und Blumengebinde stapelten sich vor dem Sarg und verdeckten bald den alten Adams, der am Kopfteil auf einem Schemel saß. Was niemand laut auszusprechen wagte, das sagten die Blumen um so lauter. Theo Haferkamp, der seinen riesigen Kranz selbst zur Friedhofskapelle brachte, unterstützt von Dr. Dorlach, verstand dieses Blütenmeer nur zu gut. Noch einmal versuchte er, in die verhärtete Seele des alten Adams einzudringen. Er wand sich durch die Kränze zu dem sitzenden Alten durch und räusperte sich diskret. Adams sah kurz hoch.

»Wir müssen Schicksalsschläge ertragen lernen«, sagte Haferkamp mit belegter Stimme. »Als vor sieben Jahren meine liebe Frau starb . . .«

»Sie hatte Krebs«, unterbrach ihn Adams. Haferkamp nickte.

»Ein furchtbares Sterben. Aber ich sagte mir: Das Leben muß weitergehen —«

»Lutz hatte keinen Krebs. Er war kerngesund. Er mußte für nichts sterben! Für nichts! Oder nennen Sie Ehrgeiz, wahnsinnigen, verblendeten, blödsinnigen Ehrgeiz eine Tugend?«

»Nicht direkt . . .« wich Haferkamp aus.

»Würden Sie Ihr Leben einsetzen für einen dämlichen Silberpokal?«

»Ich weiß nicht. In meiner Jugend hatte ich den Ehrgeiz, unbezwungene Berggipfel zu erobern! Jeder Mensch strebt nach irgendeiner Ehre, nach einer außergewöhnlichen Leistung, nach etwas Besonderem! Hier war es das Autorennen. Würde man so wie Sie denken, Adams, gäbe es keine Rekorde, keinen Fortschritt, keine Zukunft ... Immer will der Mensch wissen, wo die Grenze seiner Leistung ist ... seit Jahrhunderten, und immer mehr verschiebt sie sich ins Außergewöhnliche. Das ist nun mal so.«

Ernst Adams schwieg. Dann sah er Theo Haferkamp voll an.

»*Wie* ist es passiert?«

»Wir haben die polizeilichen Feststellungen —«

»Sie beziehen sich auf die Aussagen Ihres Neffen.«

»Robert war ja auch der einzige Augenzeuge.«

»Der überlebte ...«

»Mein Gott, wollen Sie ihm das zum Vorwurf machen, Adams? Sollte er sich mitverbrennen lassen, nur aus lauter Freundschaft? Das geht zu weit!«

»Wer hat den Wagen gefahren?«

»Ihr Sohn —«

»— sagt Ihr Neffe.«

»Sie glauben das nicht?«

Ernst Adams schwieg. Er sah auf den Sarg und legte die Hände auf das Kopfteil. Es sah rührend aus, und Haferkamp spürte, wie ehrliche Ergriffenheit in ihm hochstieg. Hätte ich doch nie in diese Familie hineingeheiratet, dachte er bitter. Aber Angela Barreis war damals ein hübsches Mädchen, hatte Geld, war Mitbesitzerin des Familienbetriebes, und ich war nur ein armer Diplom-Ingenieur, der in der Zeit der großen deutschen Arbeitslosigkeit nach dem Ersten Weltkrieg sich die Sohlen ablief, um eine Stellung zu bekommen. Da lernte ich Angela Barreis bei einem Gartenfest kennen; sie trug ein weißes Spitzenkleid und sah so kindlich aus ... und so reich. Die Ehe mit Angela habe ich nie bereut ... aber diese Barreis-Familie habe ich jeden Tag verflucht! Nun bin ich ihr Chef, ihr blankpoliertes Schild, ihr Haudegen, der alles von ihr abzuwenden hat, was Dreck auf den Namen schleudert, auch wenn es der Schmutz der Wahrheit ist. Ein Leben zum Kotzen ... trotz der Millionen, auf denen man sitzt wie eine brütende Henne.

»Adams —«, sagte Haferkamp gepreßt. »Wenn das Begräbnis vorbei ist, sollten wir zwei ganz allein in aller Ruhe über alles sprechen. Ihren Sohn bringt niemand wieder ... weder Trauer noch

Haß! Dieses Kapitel Ihres Lebens ist abgeschlossen. Es ist furchtbar, aber nichts im Leben läßt sich zurückdrehen. Schicksalsschläge sind Endgültigkeiten. Kommen Sie — bleiben Sie die nächsten Stunden bei mir. Ich hatte nie das Glück, Vater eines Jungen zu sein, aber ich bringe das Gefühl dafür auf.«

»Das können Sie nie, Herr Haferkamp.«

»Was wollen Sie, Adams? Rache an Robert? Wofür Rache?«

»Ich will ihn vor aller Welt nach der Wahrheit fragen!«

»Sie wollen also einen Skandal?«

»Ist die Wahrheit ein Skandal?«

»Sie wollen Robert während der Beerdigungsfeier attackieren?«

»Ich werde ihn nur fragen. Darf ein Vater das nicht? Mein Sohn hier —« er klopfte mit der flachen Hand auf den Sarg »— hat viele Fragen für mich hinterlassen. Und jetzt gehen Sie, Herr Haferkamp, bitte . . . ich kann nur noch wenige Stunden mit meinem Jungen zusammen sein. Die will ich ausnützen . . .«

Verwirrt und bis aufs äußerste beunruhigt verließ Haferkamp die Friedhofskapelle. Dr. Dorlach wartete draußen und rauchte ein Zigarillo. Als er das Gesicht Haferkamps sah, nickte er ernst.

»Der Alte will einen Rummel, nicht wahr?«

»Er hat recht, Doktor.«

»Das sagen *Sie*?«

»Ich bin neben Chef der Barreis-Werke auch noch ein Mensch. Man vergißt das nur zu oft!«

»Und was soll nun werden?«

»Wir müssen Robert vom Friedhof fernhalten. Er darf nicht zum Begräbnis erscheinen. Wenn er mit unserer Cessna landet, müssen wir ihn abschleppen und im Haus festhalten. Was dann nach der Beerdigung geschieht, findet wieder unter Ausschluß der Öffentlichkeit statt.« Theo Haferkamp wischte sich mit einem großen weißen Taschentuch über das Gesicht. »Doktor . . . wie denken Sie über diesen Unfall in den Seealpen?«

»Ich bin Anwalt der Barreis-Werke, weiter nichts«, sagte Dr. Dorlach geschmeidig.

Haferkamp nickte böse. »Auch eine Antwort!« brummte er und ging schnell zu seinem wartenden Wagen.

Wer Bob Barreis kannte — und Onkel Theo hätte ihn eigentlich kennen müssen —, der wußte, daß er keinem Streit aus dem Weg ging und sich nicht versteckte, wenn es irgendwo das gab, was er Rummel nannte. Auch das Begräbnis von Lutz Adams war solch ein Rummel, eine Show, die Bob nicht versäumen wollte, auch wenn ihn Onkel Theo, Hellmut Hansen, Dr. Dorlach, die Haushälterin Renate Peters, sein ehemaliges Kindermädchen, und sogar seine Mutter warnten.

»Was wollt ihr eigentlich, verdammt noch mal?« schrie er alle an. »Jeden Tag passieren Tausende Unfälle! Dramatisiert die Sache doch nicht so! Mit dem Alten werde ich schon fertig. Ewig kann keiner leben, auch kein Lutz Adams!«

Haferkamp schluckte die letzte Bemerkung mit bewunderungswürdiger Mißachtung. Statt dessen fragte er:

»Und du hast keinerlei Schuldgefühl?«

»Nicht das geringste!« Bob Barreis trank langsam ein hohes Glas mit Whisky. Er lehnte am Marmorkamin im großen Salon der Barreis-Villa und trug schon seinen schwarzen Anzug für das Begräbnis. »Hätte ich nicht so schnell reagiert, ständen jetzt zwei Särge in der Kapelle.«

Er schielte über den Glasrand zu Hellmut Hansen. Wenn jetzt wieder die dämliche Bemerkung mit der Fliehkraft kommt, werfe ich ihm den Whisky an den Kopf, dachte er. Man kann mir nichts beweisen, gar nichts! Lutz hing im Fahrersitz, als er verbrannte. Also hatte er auch gefahren. Das ist so logisch, wie man naß wird, wenn man ins Wasser springt. Gibt es einen besseren Beweis als ein amtliches Protokoll?

Ganz kurz dachte er auch an den Bauern Gaston Brillier und an Mariette Lucca, genannt Malu, die ihr schauspielerisches Talent so hervorragend eingesetzt hatte. Beim nächsten Besuch in Monte Carlo werde ich sie mit ins Bett nehmen und ihr tausend Francs schenken, dachte er. Ihre Dankbarkeit ist ebenso glühend wie ihre Verschwiegenheit sicher.

Er lächelte verträumt, was seinem schönen Gesicht etwas Engelgleiches verlieh, und trank den Whisky aus.

Die Welt ist kugelrund und schön und in Ordnung. Man muß nur wissen, wie man sie in Ordnung hält . . .

Da keiner in der Familie Bob Barreis vom Gang zum Friedhof abhalten konnte, fuhr man mit drei schwarzen Wagen seufzend zu der Trauerfeierlichkeit. Anteilnahme kann man keinem übelnehmen, und sie stellt auch keine Provokation dar . . . unter diesem logischen Gedanken hatte sich fast ganz Vredenhausen auf dem Friedhof versammelt. Es war die größte Beerdigung seit Jahren, selbst der alte Barreis hatte einen solchen Volksauftrieb nicht gesehen. Der Friedhof war schwarz von Menschen . . . ein Betrachter in einem Flugzeug mußte von oben aus glauben, ein Ameisenheer sei auf der Wanderschaft. Um einem Skandal mit allen Mitteln vorzubeugen, hatte Haferkamp der Stadtverwaltung einen Wink gegeben. Winke aus den Barreis-Werken wurden immer verstanden . . . der Stadtrat, an der Spitze der Bürgermeister, stand vollzählig am Grab, die beiden Totengräber trugen grüne Uniformen, die man sonst nur bei Prozessionen oder beim Tode des Pfarrers aus dem Schrank holte.

Theo Haferkamp blickte zurück zu Dr. Dorlach, der mit ihm im Wagen saß. Neben ihm hockte mit gefalteten Händen Mathilde Barreis. Bob war mit seinem roten Sportwagen bereits eingetroffen und stieg jetzt aus. Hunderte von Augenpaaren gafften ihn an. Er blieb an seinem Auto stehen, lehnte sich dagegen und wartete, bis Onkel Theo ausgestiegen war. Im zweiten Wagen saßen Renate Peters, der Gärtner und zwei Studenten aus der Verbindung. Im dritten fuhren Hellmut Hansen und zwei Vertreter des Automobilclubs heran. Hansen hatte noch einen Umweg zum Bahnhof gemacht . . . er wollte jemanden abholen. Verwundert senkte Bob etwas den Kopf, als er ein junges, langbeiniges, schlankes Mädchen aussteigen sah. Ihre langen blonden Haare wehten im Wind und verdeckten ihr Gesicht wie mit einem Schleier.

Haferkamp lief sofort zu seinem Neffen. Der Sarg stand noch in der Kapelle. Orgelmusik tönte aus den geöffneten Türen. Ein Präludium von Bach. Haferkamp hatte es ausgesucht. Bach ist immer gut und feierlich. Wer Bach gehört hat, kann kein Revolutionär mehr sein.

»Stell dich nicht so provozierend hin!« zischte er Bob an. »Das hier ist keine Party, sondern ein verflucht trauriger Tag! Wenn du schon einen Mistklumpen statt eines Herzens in der Brust hast, dann zieh wenigstens ein Gesicht der Ergriffenheit. Man erwartet es von uns!«

Bob Barreis lächelte mokant. Dann ließ er einen traurigen Vorhang über sein Gesicht fallen und sah plötzlich um Jahre älter aus. Theo Haferkamp starrte seinen Neffen betroffen an.

»Das ist eine Meisterleistung«, stotterte er. »Wenigstens auf dem Gebiet der Täuschung hast du es zu etwas gebracht.«

Bob zuckte mit den Schultern, stieß sich von seinem roten Wagen ab und setzte sich neben Haferkamp in Bewegung, als sie, die wirklichen Herren von Vredenhausen, langsam und gemessen durch eine Masse von stummen Menschen — davon siebzig Prozent Lohnabhängige — zum Grab schritten. Eine schwarze Gasse bildete sich, und unwillkürlich mußte Haferkamp, literarisch gebildet, an die ›Hohle Gasse‹ aus Wilhelm Tell denken.

Wo war der Tell Ernst Adams'? Wo lauerte er auf die Gelegenheit zum Schuß gegen die Gessler-Familie Barreis?

Am Grab begrüßten die Stadträte und der Bürgermeister die Barreis'. Dann schwieg man ergriffen, denn von der Kapelle her nahte der Zug mit dem Sarg.

Der Pfarrer. Die Abordnungen mit den Fahnen. Sechs junge Männer in weißen Sturzhelmen trugen den schweren Eichensarg. Es sah feierlich, ja sogar schön aus. Eine gute Inszenierung.

Dem Sarg folgte allein Ernst Adams.

Niemand ging neben ihm, sogar den Beistand des Pfarrers hatte er abgelehnt. Einsam schritt er hinter seinem toten Sohn her, in seinem alten, abgewetzt glänzenden schwarzen Anzug, barhäuptig, den Blick starr auf den Sarg gerichtet. Die Menschen von Vredenhausen starrten ihn an wie ein Fossil, irgendwo in der Menge weinte eine Frau laut auf, ein Blumenstrauß flog aus der Menge auf den Sarg. Das war Provokation, jeder wußte es, alle schielten zu den Barreis' . . . aber es war eine anonyme Provokation, das Summen einer Fliege, ehe man sie totschlägt.

Am Grab setzten die sechs weißen Sturzhelme den Sarg ab. Der Pfarrer begann seine Predigt. Er sprach von der Liebe Gottes und davon, daß Gott den, den er liebt, früh zu sich nimmt. So betrachtet wären alle alten Menschen keine Lieblinge Gottes . . . weder Rockefeller noch Adenauer, weder Päpste noch Kardinäle. Stirbt aber ein Neunzigjähriger, dann sagt der gleiche Pfarrer am Grab: »Gott schenkte ihm ein langes Leben der Erfüllung und der Gnade!« Man sollte die Kirche einmal auf diese Schizophrenie aufmerksam machen ...

Ernst Adams ließ die Predigt über sich hinwegfließen wie Regen im April. Auch den Gesangsverein von Vredenhausen schluckte er noch, weil er ein Kirchenlied sang. Aber als der Vertreter des Motorclubs ans Grab trat, stellte er sich ihm in den Weg und sagte:

»Schluß jetzt! Ich war der einzige, der meinen Jungen richtig kannte. Und ich weiß, daß er das alles hier nicht gewollt hätte! Am allerwenigsten wollte er sterben, in einem glühenden Blechkasten an einer Felswand, wo er nichts zu suchen hatte!«

Theo Haferkamp brach der Schweiß aus. Er stieß Dr. Dorlach neben sich an.

»Tun Sie etwas«, flüsterte er. »Jetzt geht es los! Geben Sie dem Gesangsverein einen Wink, daß er noch einmal singen soll!«

»Wir können jetzt gar nichts unternehmen«, flüsterte Dr. Dorlach unbewegt zurück. »Erst hinterher. Wir können den alten Adams für unzurechnungsfähig erklären lassen. Aber alles erst hinterher ...«

»Mein Junge mußte sterben«, sagte Adams laut über die Hunderte von Köpfen hinweg, und es war so still auf dem Friedhof, wie es seinem Namen gebührt. »Er verbrannte als Opfer der Rekordsucht eines anderen. Dieser andere war sein Freund. Er bewunderte ihn und hatte Angst vor ihm. Er haßte die schnellen Wagen und fuhr trotzdem alle Rallyes mit. Er suchte nur das Schöne und unterlag der zügellosen Wildheit.«

»Jetzt müssen Sie was tun!« zischte Haferkamp und gab Dr. Dorlach einen Stoß.

»Adams tut es schon für uns! Was er sagt, kann man leicht als Geistesstörung interpretieren.«

Ernst Adams fuhr herum. Jenseits des Sarges, auf der anderen Seite des Grabes, stand Bob Barreis. Elegant, in einem schwarzen Maßanzug mit schwarzen Perlmuttknöpfen. In der silbernen Krawatte stak eine schwarze, große Perle. Der Glanz einer anderen Welt, von der Vredenhausen nur aus den Zeitungen erfuhr, schimmerte über das Grab. Der alte Adams streckte den Arm aus und zeigte auf Bob.

»Dort steht er!« schrie er. »Und ich frage ihn: Kann er bei Gott vor diesem Sarg, an dem Kreuz, das vor dem Grabe steht, schwören, daß mein Junge allein die Schuld trägt? Was ist in dieser Nacht geschehen, Bob Barreis? Hier liegt dein toter Freund. Weißt du noch, wie er verbrannt ist?«

»Das genügt«, sagte Dr. Dorlach fast feierlich. »Ich beantrage nachher die psychiatrische Untersuchung und Sicherstellung des Alten.«

»Aber der Skandal ist da!« sagte Haferkamp heiser vor Wut.

»Er wird nur Ihre Position festigen.« Dr. Dorlach lächelte dünn. »Wer von einem Verrückten attackiert wird, hat immer das Wohlwollen der Mehrheit auf seiner Seite.«

Bob Barreis sah den alten Adams verkniffen an. Weißt du noch, wie er verbrannt ist . . . und wie er das noch wußte. Diese Augen von Lutz, der aufgerissene Mund, der Schrei: Hilf mir doch, hilf mir! Bob! Bob! Ich verbrenne. Zieh mich doch heraus! Bob! — Und dann die Flammen, die ihn auffraßen, die über ihm zusammenschlugen wie gelbe, klatschende Hände.

Bob Barreis sah auf den Sarg. In zehn Minuten wird meine Schuld in die Tiefe gelassen werden, in einer Stunde werden zwei Meter Erde darauf liegen, dachte er. Und mit ihr wird man alles Gefühl zugeschüttet haben, das Gewissen und die Erinnerung.

Er bückte sich, nahm das große Blumengebinde, das neben ihm auf dem Boden lag, und warf es auf den Sarg. Dann drehte er sich stumm ab und verließ das Grab. Die schwarzgekleideten Menschen bildeten wieder eine Gasse, er schritt sie entlang mit hochgehobenem Kopf und dem Blick eines Märtyrers.

»Ein schöner Kerl ist er doch«, sagte eine Frau halblaut, als Bob an ihr vorbeigegangen war. »Mit ihm meint es das Schicksal eben gut . . .«

Ernst Adams starrte auf den Blumenberg, der plötzlich auf dem Sarg seines Sohnes leuchtete. Dann streckte er den Kopf vor und schrie:

»Dort läuft er weg! Wortlos! Aber aus dem Sarg ruft es ihm

nach ... aus dem Sarg ... Seht, wie er rennt! Hat er noch ein Gewissen? Hat er es?«

Er schwankte, seine Stimme überschlug sich. Der Pfarrer und zwei Studenten hielten ihn fest und führten ihn abseits in den Schatten anderer Grabsteine. Getrennt vom Grab durch eine Menschenmauer hörte er, wie man seinen Sohn hinunterließ, wie die ersten Schaufeln Erde auf den Sargdeckel polterten, die Stimme des Pfarrers: »Aus Erde bist du gemacht, zu Erde sollst du werden ...« und dann die Abschiedsworte der Ehrengäste.

Ernst Adams kauerte zwischen den beiden Studenten, die ihn noch immer festhielten, auf der Umfassung eines alten Grabes und weinte. Die Tränen rannen ihm über die Runzeln, und er faltete zitternd die Hände.

»Mein Junge ...« sagte er noch leise. »Mein Junge, mein lieber, lieber Junge ...«

»Mußte das sein?« fragte Theo Haferkamp, als er nach seinem Blumengruß zurück zu seinem Wagen ging. Mathilde Barreis jammerte bereits hinter ihm. »Das arme Kind ... das arme Kind ...« Und sie meinte damit Bob. »Der alte Mann ist ja verrückt.«

»Sehen Sie. Ihre Schwester spricht es in mütterlichem Schmerz aus.« Dr. Dorlach lächelte mokant. »Diese Meinung wird sich bald in Vredenhausen durchsetzen. Man muß *beweisen* können, daß das Recht auf unserer Seite ist.«

»Doktor — Sie hat der Teufel geküßt!«

»Und hat mich zum Anwalt der Barreis' werden lassen, Herr Haferkamp.«

Man verstand sich und verließ mit trauernder Miene den Friedhof.

Auf halbem Weg zur Barreis-Villa stand Bob mit seinem roten Renner und winkte mit beiden Armen, als Hellmut Hansen vor ihm auftauchte. Es schien, daß er gewartet hatte, denn vier Zigarettenkippen lagen neben ihm am linken Vorderrad. Hansen bremste und ließ den Wagen hinter Bobs Sportrakete ausrollen. Er war jetzt allein, bis auf das Mädchen, das er vor dem Begräbnis vom Bahnhof abgeholt hatte und das Bob Barreis aufgefallen war. Während Hellmut ausstieg, blieb sie im Wagen sitzen.

Bob grinste unverschämt, als Hellmut zu ihm trat. »Du mußt dich sauwohl fühlen, alter Schwede, was?« fragte er.

Hellmut Hansen war es gewöhnt, von Bob dumme Bemerkungen zu hören, und dachte nicht weiter darüber nach. Daß Bob hier am Straßenrand wartete, war ihm viel erstaunlicher.

»Warum bist du eigentlich nicht nach Hause gefahren?« fragte er.

»Rate mal!« Bob steckte sich eine neue Zigarette an.

»Onkel Theo?«

»Blödsinn! Seine Moralpredigten lutsche ich wie Halsbonbons.«

»Ärger mit Dorlach?«

»Er ist unser Anwalt, aber kein Kindermädchen.«

»Aha, dann Renate?«

»Das alte Jüngferlein? Hellmut, überleg mal!«

»Auf jeden Fall hast du Manschetten, allein nach Hause zu kommen. Gut, jetzt bin ich hier und gebe dir Rückendeckung.« Er nahm die Zigarette, die ihm Bob hinhielt, und brannte sie an. »Der alte Adams ist nachher noch am zugeschaufelten Grab zusammengebrochen und hat sich in die Erde gekrallt . . .«

»Sehr dramatisch. Muß er irgendwann mal im Fernsehen gesehen haben. So etwas wirkt immer.« Er schielte zu Hansens Auto. Das Mädchen hatte das Gesicht gegen die Scheibe gedrückt und sah zu ihm hin.

»Manchmal hast du Augenblicke, wo man dir in die Fresse schlagen sollte«, sagte Hansen mit belegter Stimme.

»Vor allem dann, wenn man beweisen will, daß man ein starker Held ist.«

»Was soll das heißen?«

»Wer ist die Kleine in deinem Wagen?«

Das Gesicht Hansens verdunkelte sich. So etwas mußte kommen, dachte er. Wie ein Falke eine Maus, so erspäht Bob jedes schöne Mädchen. Hier war es nicht schwierig . . . Hansen hatte sich nicht bemüht, sie zu verstecken.

»Das ist keine Kleine, sondern Eva Kottmann, eine Kommilitonin aus Aachen. Sie studiert Chemie.«

»Du hast nie was von ihr erzählt. Du hast sie glatt unterschlagen. Ein hübsches Girl. Lange Beine, gefüllte Bluse, Kußmündchen . . .«

»Laß diese Sexualbeschreibung bitte bei Eva bleiben! Gerade um sie nicht deiner Abschätzung auszusetzen, habe ich sie nie erwähnt.«

»Oha.« Bob Barreis winkte an Hansen vorbei zum Wagen und lächelte sein berühmtes Sonnenlächeln. »So ist das? Und was soll sie in Vredenhausen?«

»Ich will sie Onkel Theo vorstellen«, sagte Hansen steif.

»Der ist doch übers Alter, mein Junge!«

»Noch solch eine Bemerkung, und ich schlage zu!«

»Ruhe, Ruhe, Hellmut.« Bob Barreis grinste und blies den Rauch seiner Zigarette in Ringen von sich. Er konnte das, hatte es lange geübt und imponierte damit kleinen Mädchen, die einfach alles an ihm bewunderten. »Mit anderen Worten: Eine ernste Sache. Willst du sie heiraten?«

»Später vielleicht. Zunächst soll sie mal wissen, wohin sie kommt.«

»Du grüne Neune! Man kann die Barreis doch nirgendwo vorzeigen . . .«

»Ich verdanke Onkel Theo meine Ausbildung —«

»Und ich dir zweimal mein Leben! Ein zarter Wink, was? Du liebst Eva?«

»Ja.«

»Richtig?«

»Was heißt richtig? Ich will sie heiraten.«

»Also kein Flirt?«

»Nein.«

»Hier, meine Hand.« Bob streckte ihm die Rechte entgegen. Ratlos blickte Hansen auf sie hinunter.

»Was soll das?«

»Schlag ein, alter Freund. Eine Wette. In spätestens — na, sagen wir — vier Monaten, bis zum 31. Juli, ist Eva meine Geliebte und liegt bei mir in Cannes im Bett!«

Es folgte eine Minute, die wie ein Warten auf eine Explosion war. Hansens Gesicht hatte sich verfärbt. Es war fahl geworden und merkwürdig kantig. Die blauen Augen schimmerten grau und kalt. Bob Barreis' maliziöses Lächeln erfror gleichfalls. Plötzlich erkannte er, daß er sein Spiel zur Katastrophe getrieben hatte. Ein Zurück gab es nicht mehr, nur noch den Mut der Verzweiflung.

»Ob heute, morgen, bis zum 31. Juli oder immer«, sagte Hansen leise. »Merke dir eins, Bob: Wenn du die Hand nach Eva ausstreckst, wenn du hirnloses, geiles Schwein dich ihr näherst und sie in dein Bett ziehen solltest . . . ich nehme dir das zurück, was ich dir geschenkt habe: dein Leben! Ist das klar?«

»Völlig klar.« Bobs Grinsen war eine Maske. »Aber du bist kein Sportsmann, Hellmut. Man kann doch wetten . . .«

»Ich schlage dich tot wie einen tollwütigen Fuchs.«

»Und du glaubst, ich habe Angst vor dir?« Bob lachte heiser. »Meine Wette gilt! Bis zum 31. Juli ist Eva meine Geliebte. Und wenn du sie im Urwald versteckst, ich erreiche sie.«

»Und ich dich auch!«

»Angenommen! Mein Leben gegen diese Eva. Ist das ein Angebot? Ich weiß, daß du mich niemals umbringen kannst. Du nicht!«

»In diesem Falle ohne Zögern und mit Gesang!«

»Spielen wir das Spielchen durch! Los, stell mich ihr vor. Sei nicht so unhöflich. Spätestens bei Onkel Theo treffe ich ja doch auf sie. Hast du ihr schon von mir erzählt?«

»Ja.«

»Nichts Gutes, was?«

»Die Wahrheit. Daß du ein Playboy bist.«

»Das war ein Fehler.« Bob stieß sich von seinem roten Sportwagen ab. »Playboys wirken auf Frauen immer wie Sekt. Man will sich an ihnen einen Schwips antrinken! Hellmut, du magst ein Geistesakrobat sein . . . in der Kenntnis der Frauen bist du ein Hilfsschüler. Nun los . . . stell mich ihr vor. Wenn jemand Eva heißt, regt sich in mir der Adam . . .«

Hellmut Hansen ging mit Bob zu seinem Wagen zurück. Eva Kottmann stieg aus und gab Bob Barreis die Hand, als er vor ihr stand. Ihr Lächeln, ihre großen blauen Augen, ihr im Wind wehendes seidiges Haar, ihre erfrischende Natürlichkeit überfielen Bob wie kühlendes Wasser.

»Sie sind Bob Barreis«, sagte Eva, bevor er selbst etwas sagen konnte. »Hellmut hat Sie genau beschrieben. Er nannte Sie seinen besten und einzigen Freund.«

Das war geschickt, das nahm Bob sofort den Wind aus den Segeln. Er lächelte charmant und gab seiner Stimme das samtweiche Timbre, an dem die Frauen klebten wie Bienen am Honig. »Es ist erstaunlich«, sagte er, »wie ein so trockener Wissenschaftler wie Hellmut sich den lichten Frühling einfangen kann. Eva, ich freue mich ehrlich, Sie bald in unserer Familie zu wissen. Und jetzt auf zu Onkel Theodor, dem Oberpriester der Barreis'.«

Eva Kottmann stieg wieder in den Wagen, Bob blinzelte Hansen zu und spitzte die Lippen.

»Zucker!« sagte er leise, als Eva im Wagen saß. »Zucker, mein Lieber!«

»Vergiß nicht: Ich bringe dich um!«

»Ich werde daran denken, wenn ich sie zum erstenmal küsse.«

Er wandte sich ab und schlenderte zu seinem roten Wagen zurück. Hansen blickte ihm mit geballten Fäusten nach. Warum lebt so etwas, und Lutz Adams mußte sterben, dachte er. Wer Gott blind nennt, muß doch irgendwie recht haben . . .

In der Barreis-Villa fand unterdessen in der Bibliothek ein folgenschweres Gespräch statt. Theo Haferkamp und Dr. Dorlach saßen sich bei einem Kognak gegenüber, Mathilde Barreis, Bobs Mutter, stand an dem großen Flügelfenster und weinte lautlos in ihr Taschentuch.

Onkel Theodor war dabei, aufzuräumen.

»Heulen und Zähneklappern hat keinen Sinn mehr«, sagte er laut. Man hörte seiner Stimme an, daß er keinen Widerspruch mehr duldete. »Bobs bisheriges Leben haben wir immer wieder abdecken können. Wir haben drei Mädchen abgefunden, zwei haben wir die Abtreibung in England bezahlt. Wir haben seine Sportwagen finanziert, seine Reisen, seine Hotelrechnungen, sein sinnloses, faules Stromerleben. Seit dem Abitur kostet er nur Geld und arbeitet nur in den Betten! Unser Bankkonto erträgt das, selbstverständlich, soviel kann Bob gar nicht ausgeben, wie wir einnehmen — aber alles hat eine Grenze! Der Tod von Lutz Adams — mein Gott, ich will nicht weiter untersuchen, um nicht einen Infarkt zu bekommen —, dieser Tod und der Skandal auf dem Friedhof sind der Schlußpunkt! Doktor, hören Sie auf mit Ihrer Erklärung, man könnte den alten Adams in die Klapsmühle stecken. Er kommt nicht hinein, *ich* will es nicht! Wenn hier einer verschwindet, dann ist es Bob!«

»Er ist mein Kind!« rief Mathilde vom Fenster.

»Er ist das Kreuz, das wir alle schleppen bis zum Zusammenbruch! Mathilde, wie oft hat er dich geschlagen?«

»Theodor!« schrie Mathilde Barreis entsetzt. Dr. Dorlach stellte klirrend sein Glas auf den Tisch. Haferkamp nickte böse.

»Spiel keine Tragödie, Mathilde! Jawohl, Doktor, er schlägt sie. Der Sohn schlägt seine Mutter. Von viermal weiß ich selbst . . . und wie oft war es wirklich, Mathilde?«

»O diese Gemeinheit! Diese Gemeinheit! Alle haben sich gegen ihn verschworen, nur weil er so schön, so elegant, so wohlerzogen ist . . .« Sie stampfte aus Protest mit dem Fuß auf und rannte dann aus der Bibliothek. Dr. Dorlach wartete, bis die Tür hinter ihr zufiel.

»Er schlägt sie wirklich?« wiederholte er, als könne er das nicht begreifen.

»Ja.« Haferkamp goß noch einen Kognak ein. »Bob ist sehr jähzornig. Ein paarmal wurde es selbst seiner Muter zuviel, und als sie ihn zur Rede stellte, ohrfeigte er sie. Das gleiche hat er mit der Haushälterin Renate Peters gemacht, seinem früheren Kindermädchen. Aber von ihr läßt er sich noch mehr sagen als von seiner Mutter. Am meisten nimmt er Lehren von Hellmut Hansen an. Uns alle verblüfft das maßlos. Wir haben dafür keine Erklärung. Irgendwie muß er ihn bewundern, den armen Jungen, den ich studieren lasse. Und dann wird dieser ganze Minderwertigkeitskomplex so stark, daß Bob etwas Dummes anstellt, etwas Grandioses in seinen Augen . . . Autorennen, Bobfahrten, Kunstflüge, Wellenreiten, obgleich er weiß, daß er auch da nie Meister werden wird. Aber er will bewundert werden, er will der Held sein! Er will ein Quentchen von Hellmut Hansen haben!«

»Dann wäre es besser, Hansen wegzuschicken. Es hören dann die seelischen Reibungen bei Bob auf.«

»Und wer soll die Barreis-Werke einmal leiten? Bob? Der von

den Fabriken nur den Keller Nummer 5 kennt, wo er die Arbeiterin Veronika Murg auf einem Berg von Holzwolle verführt hat? Dann sollte man die Barreis-Werke lieber in die Luft sprengen.«

»Also soll einmal Hellmut Hansen sie übernehmen?«

»Ja. Dafür stecke ich ein Vermögen in seine Ausbildung.«

»Und dann als neuer Onkel Theo weiterhin Bob ernähren?«

»So ähnlich.«

»Herr Haferkamp, Sie züchten da einen Satan heran! Ungewollt, ich weiß. Sie haben nur das Beste für alle vor. Aber immer wird Hansen Vorbild bleiben, und immer wird Bob aus seinen Komplexen neue Untaten gebären. Hier sollten Psychologen sprechen. Geben Sie Bob eine Arbeit, irgendeine, in den Fabriken — lassen Sie ihn beweisen, daß er arbeiten kann.«

»Er kann es — aber er *will* nicht! Zum Beispiel: Bob ist zeichnerisch sehr begabt. Er könnte in der Werbeabteilung Ideen entwickeln. Was macht er? Er fuhr hintereinander mit drei Sekretärinnen in die Wälder und quetschte mit ihnen das Moos. Und was schleudert er mir hinterher ins Gesicht? ›Diesen Malpinsel hat jeder gern!‹ Ein überzeugendes Argument, ich habe sogar gelacht — aber im Hirn wälzte ich Mordgedanken. Bobs Charme läßt Gletscher schmelzen. Aber was hilft das alles? Er muß jetzt für eine gewisse Zeit isoliert werden. Er muß weg aus Vredenhausen.«

»Dann geben Sie ihm genug Geld, und schicken Sie ihn nach Acapulco. Mexiko ist weit genug, und dort trifft er seinesgleichen.«

»Acapulco ist zu weit. Ich muß ihn trotzdem unter den Augen haben.« Haferkamp trank seinen Kognak aus. Seine Hand zitterte, als er das Glas zum Mund führte. »Ich habe gute Freunde. Sie wären bereit, Bob für drei, vier Monate zu nehmen. Freunde ohne erwachsene Töchter! Ich werde ihn mit Geld knapp halten, ich werde ihm sagen, daß ich Schulden nicht bezahle, sondern ihn dafür brummen lasse, ich werde ihn an die Kandare nehmen! Verdammt, ich mache endlich Ernst! Er soll für jedes Bier, das er trinkt, für jeden gekippten Whisky arbeiten. Und er wird sich anstrengen, um sich nicht zu blamieren. Er wird seinen Stolz verteidigen müssen . . .«

»Warten wir es ab«, sagte Dr. Dorlach nachdenklich. »Ein

Mann, der seine Mutter schlägt, trägt seinen Stolz nur wie ein Mäntelchen.«

Kurz darauf trat Bob Barreis in die Bibliothek. Man sah ihm an, daß er bereits informiert war. Wie ein trotziger Junge stellte er sich an die Bücherwand.

»Mama sagt mir, ihr wollt mich in die Verbannung schicken?«

»Es gibt verschiedene bessere Namen dafür.« Theo Haferkamp ließ sich auf keine Diskussion mehr ein. »Du kannst wählen: Essen — Bankhaus Keitell & Co., Duisburg — Westdeutsche Stahlwerke, oder Recklinghausen — Großhandelskontor Ulbricht KG. Wo willst du hin?«

»Essen!« Trotz klang in Bobs Stimme auf. »In Essen kenne ich wenigstens Marion.«

»Wer ist Marion?«

»Marion Cimbal, eine Bardame.«

»Also wirst du nach Recklinghausen gehen.«

»Wenn du willst, daß ich ausreiße und nie mehr wiederkomme . . .«

»Wiederhole diese Freudenbotschaft noch einmal. Soviel Glück gibt's ja gar nicht.«

»Lassen Sie ihn nach Essen gehen.« Dr. Dorlach machte dem Familienduell ein Ende. »Es ist eine reelle Chance.«

»Die Güte trieft von euch wie Honigseim. O Himmel, ich muß kotzen!« Bob Barreis riß die Tür zum Park auf. »Luft! Frische Luft! Ich ersticke im Kalkstaub —«

»Jetzt sollte man ihm einfach und ohne Reue den Schädel einschlagen«, knirschte Theodor Haferkamp. »Aus solchen Situationen heraus hat er seine Mutter geschlagen. — Wie kann ein Mensch nur so sein?«

»Er hat eine kranke Seele, das ist das ganze Geheimnis. Solange er Kind war, hat man ihn verhätschelt, solange er Mann ist, haßt und nützt man ihn aus. Das weiß er ganz genau . . . und er kann nicht dagegen an!« Dr. Dorlach sah Haferkamp ernst an. »Er ist das Produkt seiner Erziehung, ihrer aller leibhaftig gewordener Fehler. Sie müssen damit fertig werden . . .«

Zwei Tage später fuhr Bob Barreis nach Essen in die ›Verbannung‹. Bei Keitell & Co., Bankhaus seit 1820, stellte er sich vor.

Man erwartete ihn bereits, von Haferkamp telefonisch informiert. Die beiden Chefs, Johann Keitell und Eberhard Klotz, Bankiers wie aus dem Bilderbuch britischer Geschichte, erklärten ihm freudig, daß er in der Registratur arbeiten würde. Dort konnte er am wenigsten Schaden anrichten.

Monatsgehalt DM 645,— netto.

Ein Sondergehalt.

Bob Barreis bedankte sich und verließ den imposanten Steinbau mit der Marmorhalle.

645 Mark Gehalt.

In Monte Carlo kam er damit nicht einen Abend aus.

Auch ein Zimmer hatte er bereits in Essen. Onkel Theo hatte an alles gedacht. Ein Zimmer bei der Bergarbeiterswitwe Hedwig Czirnowski. In einem Ziegelhaus in der Bergmannskolonie. Das Zimmer vier mal vier Meter, mit einem Bett, einem Schrank, einem Tisch und drei Stühlen. Und einem Bücherregal, auf dem ein paar Bücher standen. Die Bibel, John Knittel, Ganghofer, der Dr. Schiwago und ein Roman von Konsalik.

Bob Barreis schüttelte sich wie ein Hund voller Flöhe.

Das ist meine neue Welt, dachte er und setzte sich aufs Bett. Und ihr glaubt in Vredenhausen, daß ich so etwas schlucke? Mein liebes Onkelchen, dir werden die Augen aus dem Kopf fallen!

Schon morgen ziehe ich aus, Essen zu erobern.

Wo ein Bob Barreis auftaucht, spucken die Vulkane . . .

Marion Cimbal war Bardame und Tänzerin in der Bar ›Pedros Saloon‹. Sie hieß wirklich Cimbal und hatte nichts zu tun mit Pußta, Cimbalklängen und Zigeunerromantik. Im Gegenteil — sie war ein durchaus cleveres Mädchen, die wußte, was sie wert war, und die genau die Brieftaschen unterschied, die vor ihr an der Theke hockten und ihr in den Ausschnitt glotzten.

Das Auftauchen von Bob Barreis hatte sie bereits am zweiten Tag erfahren. Bob rief sie in der Bar an, aber gekommen war er noch nicht. Erst nach einer Woche besuchte er sie, schön wie immer, in einem grauen Anzug, einem rosa Hemd und einer fröhlichen, bunten Popkrawatte.

In dieser Woche hatte er gearbeitet, unten in den Kellern der

Bank, umgeben von Bündeln alter Akten und Korrespondenz. Eine Ratte, die Staub fraß. Onkel Theodor rief nach dieser Woche bei Keitell & Co. an und erfuhr Erstaunliches. Bankier Keitell sagte:

»Der junge Mann ist fleißig, willig und immer freundlich.«

»Das wirft mich um«, antwortete Haferkamp verblüfft. »Was macht er denn?«

»Er sortiert die unwichtige, zehn Jahre alte Korrespondenz aus und vernichtet sie in der Papierzerkleinerungsmaschine.«

»Eine vorzügliche Arbeit!« Der Sarkasmus Haferkamps troff aus dem Hörer. »Im Zerstören war Bob immer ganz vorne. — Ist er morgens pünktlich?«

»Auf die Minute.«

»Und seine Sauferei?«

»Keinerlei Anzeichen«, sagte Bankier Klotz, der am zweiten Hörer mithören und sprechen konnte. »Er sieht immer frisch und ausgeruht aus.«

»Das will nichts heißen.« Haferkamp lachte böse. »Ob Bob vierundzwanzig Stunden schläft oder vierundzwanzig Stunden Horizontalgymnastik treibt — am Morgen sieht er immer aus wie ein Barockengelchen. Auf jeden Fall arbeitet er!«

»Ja. Und umsichtig, müssen wir sagen.«

Haferkamp legte beunruhigt auf. Bobs Wandlung irritierte ihn. Es braut sich wieder etwas zusammen, dachte er düster. Ich spüre es ... es ist die unheimliche Stille, die vor jedem Taifun auftritt. Die Natur hält den Atem an vor dem kommenden Entsetzen. Nicht anders kann man Bobs Ruhe betrachten. Von einem Tag zum andern wird aus einem Tiger kein Vegetarier.

Haferkamps Ahnungen schienen Form anzunehmen, als Bob nach einer Woche in ›Pedros Saloon‹ auftauchte. Er begrüßte Marion Cimbal wie eine alte Freundin, gab ihr einen Kuß, faßte sie um die Hüften und sagte mit seiner samtweichen Stimme: »Heute abend bin ich genau in der Stimmung, dich zu vernaschen! Was hältst du davon?«

»Gar nichts.« Marion lächelte ihn an, und das war weder abwehrend noch eine Form von Beleidigtsein. »Heute geht es nicht.«

»Warum? Unpäßlich?«

»Blödsinn. Wir haben heute Club-Abend.«

»Was habt ihr?«

»Hier haben sie einen Club gegründet. Jeden Samstag kommt er zusammen im grünen Salon. Lauter tolle Knaben. Typen wie du . . . reiche Väter und voller Langeweile.«

»Das ist aber kein Kompliment.« Bob Barreis setzte sich auf den Barhocker und tippte mit dem Zeigefinger auf eine Flasche Wodka. Marion goß ein Glas voll ein. »Ich arbeite jetzt.«

»Bei welchem Girl?«

»Bei Keitell & Co., Bankhaus seit 1820. Für 645 Mark im Monat.«

»Du?« Marion lachte hell auf. »Das ist ja fast pervers!«

»So betrachte ich es auch. Ab und zu muß man bei Onkel Theodor mit dem Kopf unterm Arm spazierengehen. Im Augenblick wandle ich so herum. Das schließt nicht aus, daß ich mich um dich kümmern könnte.« Er beugte sich vor und küßte Marion schnell auf die kleine Nase. »Cimbalmädchen, soll ich dir was verraten?«

»Eine Lotto-Reihe mit sechs Richtigen?«

»So ähnlich, Süße.« Bobs Gesicht wurde plötzlich ernst und feierlich. »Von all den vielen Mädchen, die ich kenne, warst du eine der wenigen, die ich irgendwie geliebt habe. Guck mich nicht an wie ein Reh . . . es stimmt. Jetzt, wo ich dir wieder gegenübersitze, ist es ganz anders als bei anderen Mädchen. Verstehst du das?«

»Vielleicht. Aber das ist doch Unsinn, Bob . . .« Marion Cimbal putzte Gläser, aber ihre Hände flatterten dabei. »Wer ich bin, weißt du . . . und was du bist, weiß auch jeder. Da gibt es doch nichts als ein bißchen Freude. Es machte uns beiden mehr Spaß miteinander als mit anderen . . . aber das ist auch alles! Und über ein halbes Jahr warst du nicht mehr hier.«

»Ich habe Rallyes gefahren.«

»Ich weiß. Ab und zu standest du in der Zeitung. Auch die Sache mit Lutz Adams. Schrecklich, was?«

»Scheußlich.« Er hielt seine noch verpflasterten Hände hin, und Marion legte ihre zarten Hände hinein, als könnten sie kühlen. »Man muß darüber hinwegkommen. Marion . . . ich habe in diesem halben Jahr oft an dich gedacht.«

»Das ist eine Lüge, Bob.« Aber sie wurde ein wenig rot dabei.

»Stimmt. Oft ist relativ. Die Erinnerung an dich tauchte auf, als Onkel Theo sagte, meine Verbannung hieße Essen. Und plötzlich warst du da ... sah ich dich vor mir ... wie damals in deinem Zimmer, als die Heizung versagte und du mit den Zähnen klappertest, als du dich auszogst ... Und weißt du, was ich da gefühlt habe? Jetzt bist du nicht allein in Essen. Du hast Marion. Ich habe mit keinem einzigen Wort protestiert, als Onkel Theo mich wegschickte —«

»Du sagst das alles, als wäre es die Wahrheit ...«

»Es ist wahr, Marion.« Er sah sie aus seinen teuflisch treuen Augen an, und es war ein Blick, der eiserne Herzen aufsprengen konnte. Marion zog ihre Hände zurück. Ihr Herz schlug schneller und trommelte den Verstand in Grund und Boden.

»Es kommen andere Gäste, Bob. In einer halben Stunde ist das Lokal bumsvoll. Setz dich hinten an den Ecktisch. Wenn ich Zeit habe, komme ich schnell zu dir ...«

»Wann tagt der Club?« Bob kippte seinen Wodka. Seine Frage klang völlig uninteressiert.

»Meistens wird es 23 Uhr.«

»Und was clubt man so den ganzen Abend?«

»Alles. Hasch, Koks und LSD ...«

»Und du machst mit?«

»Ich muß bedienen. Ab und zu rauche ich auch mal eine mit. Man fühlt sich dann viel leichter.«

»Wem sagst du das?« Bob Barreis hielt sein Glas hin, und Marion goß neuen Wodka ein. »Kann man da mitmachen?«

»Bob! Muß das sein?« Marion Cimbal winkte den neuen Gästen zu, die am anderen Ende der langen Bartheke Platz nahmen. Die Bar füllte sich jetzt, die kleine Combo begann ihr Programm herunterzuspielen. Vier Go-go-Girls nahmen ihren Dienst auf und verrenkten sich die Glieder. Der Geschäftsführer, ein dunkelhaariger, langer Mensch von südlichem Typus, ging durch das Lokal und begrüßte die Gäste mit kleinen Verbeugungen. Vor Bob blieb er nachdenklich stehen.

»Wir kennen uns doch, mein Herr«, sagte er vorsichtig.

»Bob Barreis.«

»Natürlich!« Der Geschäftsführer warf einen Blick auf Marion, die für die neuen Bargäste eine Reihe Gläser bereitstellte. »Hat Ihnen Marion von unserem neuen Club erzählt?«

»Sie deutete nur an. Muß ein lahmer Verein sein. Schnupftabakrunde, was?«

»Vielleicht fehlen Sie noch?«

»Wer ist denn alles Mitglied?«

»Die besten Familien. Hallemann, Tschocky, Berndsen, Vordemberg, Hille, Wendeburg . . .«

»Das genügt.« Bob Barreis winkte ab. Tschocky, Berndsen und Wendeburg kannte er, die anderen Namen hallten in der High Society wie Donnerhall. Stahl und Eisen, Hochbau und Export . . . die Väter beherrschten die Ruhr und die Aktienkurse. Ihre Söhne aber gingen hier, im grünen Salon von ›Pedros Saloon‹, auf die Reise in das Wunderland des Satans. »Grüßen Sie Tschocky schön von mir.«

»Ich führe Sie in den Club ein, wenn Sie wollen.«

»Darüber läßt sich reden. Aufnahmebedingungen?«

»Keine Angst.«

»Die habe ich nie gekannt.«

»Dann haben Sie alle Bedingungen schon erfüllt.« Der Geschäftsführer lächelte unverbindlich. »Ich gebe Ihnen rechtzeitig Nachricht, Herr Barreis.«

Bob trank seinen zweiten Wodka und beobachtete die Go-go-Girls bei ihren rhythmischen Verrenkungen. Zwei ältere Knaben kamen bereits in Stimmung und belästigten eine der Kellnerinnen. Der Geschäftsführer eilte zu ihnen, um die Erklärung abzugeben, das hier sei ein seriöses Lokal und keine Nahkampfdiele.

Marion Cimbal legte ihre Hand auf Bobs Schulter und beugte sich zu ihm über die Theke. Er drehte den Kopf nicht zu ihr, sondern betrachtete weiter die tanzenden Girls.

»Was wollte er?« fragte sie leise.

»Wer?«

»Mario, unser zweiter Chef?«

»Er trägt mich Säugling in das Körbchen des Clubs . . .«

»Bob!« Marions Griff verstärkte sich. Es wurde wie ein Festkrallen an seine Schulter. »Tu es nicht. Bitte. Wenn . . . wenn du mich wirklich ein bißchen lieb hast . . . wenn das vorhin nicht alles gelogen war . . . Geh vorher weg. Ich . . . ich geb' dir den Schlüssel zu meiner Wohnung. Ich hab' jetzt ein Apartment, wirklich gemütlich. Ich geb' dir den Schlüssel, und du wartest auf mich. Bitte —«

»Tschocky und Wendeburg sind dabei und Hallemann und Vordemberg.«

»Eben! Kennst du sie?«

»Einige sehr gut. Die anderen reizen mich, sie kennenzulernen.«

»Du kommst wieder in den Strudel hinein, Bob!«

»Ich war nie draußen, Süßes. Ich bin nur an der Oberfläche geschwommen.« Er schob seine Hand nach hinten. »Den Schlüssel, Marion.«

»Hier.« Er spürte, wie er auf seine verpflasterte Hand fiel, schloß die Hand und steckte sie in die Rocktasche. »Du gehst also nicht in den Club, Bob?« Marions Stimme klang voll Hoffnung.

»Ich werde nur kiebitzen. Und dann komm' ich zu dir. Hast du Angst?«

»Ja.«

»Um mich?«

»Auch.« Marion preßte das Gesicht an seine Schulter. »Ich möchte einmal hier raus, Bob. Ich möchte das alles von mir waschen wie Dreck. Mich kotzt das alles an. Nacht für Nacht sich ausstellen wie eine Preiskuh, diese schwitzenden, besoffenen, geilen Männer, dieser Lärm, der Rauch, der Alkoholdunst . . . und immer lächeln, die ganze Nacht lächeln, auch wenn sie dir in die Bluse greifen und unter den Rock langen und mit dir reden wie mit dem letzten Dreck. Ich will einmal hier raus, Bob.«

»Aber du verdienst gut dabei.«

»Das ist das einzige Gute.«

»Wir sprechen über alles nachher . . . bei dir . . .« Bob Barreis blickte interessiert auf die Tür. Fritz Tschocky betrat gerade das Lokal. Der Geschäftsführer rannte auf ihn zu und redete auf ihn ein. Jetzt spricht er von mir, dachte Bob vergnügt, denn er sah, wie Tschocky zu ihm hinschielte. Gott zum Gruße, Fritz. Tu nicht so, als wenn du mich nicht kennst. Vor einem Jahr haben wir in Bredeney vier Mädchen vernascht. Das war eine Schwerstarbeit, mein

Junge. Bei der vierten wärst du bald aus den Latschen gekippt, aber als wir anderen dir applaudierten wie einem Schauspieler, bist du doch noch über die Runden gekommen. Hallo, Tschocky . . .

Bob Barreis stieg von seinem Barhocker, steckte die Hände in die Hosentaschen und kam langsam auf Tschocky zu. Auch Tschocky kam ihm entgegen und lächelte breit.

»Welche Bereicherung für Essen!« sagte er als erster. »Willst du hier ein kleines St. Tropez aufbauen?«

»Vielleicht, Tschock!« Barreis' Engelsgesicht leuchtete. »Mir scheint hier tiefste Provinz zu sein.«

»Du kennst nicht den Club.«

»Deine Schuld.«

»Man kann es nachholen.«

Sie nickten sich zu, drängten sich durch die Tanzenden und verschwanden hinter einer Tür im Hintergrund von ›Pedros Saloon‹.

An der Bar verschüttete Marion Cimbal drei Whiskys, so heftig zitterten ihre Hände.

Sie lagen auf langen, gepolsterten Bänken an den Wänden und warteten auf den Beginn der ›Reise‹. Das Licht war gedämpft, rötlich getönt und von einer fast schmeckbaren Süße. Irgendwo in einer Ecke spielte ein Tonband Musik aus ›Hair‹, aber nicht laut, auch hier wie in Watte gepackt, ein Summen mehr, das in die Hirnwindungen kroch.

Sie waren sieben Männer und drei Mädchen, hatten sich die Jakken ausgezogen und die Mädchen die Kleider, rauchten stumm ihre Zigaretten und lauschten nach innen. Tschocky hatte die kleinen Zuckerstückchen mit dem LSD verteilt . . . aus einer silbernen Dose, fast feierlich, als sei es ein Abendmahl des Teufels und der Zucker die Hostie der Hölle. Bob Barreis lag in der Mitte der langen Bank. Neben sich hielt er Marion umfaßt, die sich an ihn schmiegte und zitterte, als stände sie nackt in einem Kühlhaus. Bob hatte sie vom Dienst an der Bar freigekauft . . . es hatte ihn zweihundert Mark gekostet, den dritten Teil des ›Bewegungsgeldes‹, das ihm Onkel Theodor mitgegeben hatte. Alle Scheckbücher waren kassiert worden, die Eigenkonten wurden gesperrt. Bob Barreis war ein armer Hund geworden.

»Angst?« fragte Bob und drückte Marions Kopf an sich. Sie nickte und umfaßte seinen Nacken.

»Es ist das erste Mal, Bob«, flüsterte sie. »Ich habe nur immer zugeschaut. Wie . . . wie wird es werden?«

»Das weiß man nie. Aber wir werden in einen Zaubergarten kommen . . .«

»Wir werden heute glücklich sein, Freunde«, sagte Tschocky laut. »LSD in Verbindung mit Zucker schafft die schönen Träume. Im Gegensatz zu den Trips, die man mit Hilfe von Löschpapierstreifen macht, in denen man das LSD aufgesogen hat. Warum das so ist, weiß ich nicht. Anscheinend findet in der Verbindung mit Zucker eine chemische Reaktion statt.«

»Halt das Maul, Tschock!« rief Vordemberg aus seiner Ecke. »Verdammt, sei still. Ich . . . ich . . .« Er begann zu zucken, schloß die Augen und grunzte hell wie eine junge Sau.

»Er schwebt —« Tschocky blickte zu Bob hinüber. »Du hast noch nie LSD genommen?«

»Nein. Es war mir zu blöd. Aus einer Welt zu flüchten, die normal so schön ist! Warum? Die Sonne an der Riviera kann einem keine LSD-Reise ersetzen.«

»Aber es ist immer die gleiche Sonne. Die gleiche Welt. Langweilig bis zum Kotzen. Mit LSD aber eroberst du den Himmel.«

»Ich laß mich überraschen.«

Bob Barreis spürte, wie sein Körper langsam alle Schwere verlor, wie der Druck von Marions Kopf an seiner Brust sich verlor, wie die Lampe mit der getönten Birne größer und größer wurde, ins Grandiose wuchs, zu einer leuchtenden Apfelsine, aus der das Licht tropfte wie dicker, süßer Saft.

Verdammt, dachte er. So ist das also. Man schwebt . . . die Dinge wachsen ins Gigantische . . . Er hörte neben sich ein süßes Stimmchen. Marion. Was sie rief, verstand er schon nicht mehr. Er spürte nur, wie sie über seinen Mund wischte, mit einem Tuch, das nach Flieder roch. Dann schüttelte ihn jemand und schrie ihm in die Ohren. Er lächelte und machte mit seinen Armen Schwingbewegungen. Ein Vogel bin ich. Ein Vogel. Oh, dieser Himmel. Violettes Kristall, eine geschliffene Wolke, Unendlichkeit voll Gesang, der wie goldener Schnee auf ihn herunterrieselte.

Bob Barreis lag auf der Polsterbank und zuckte. Aus seinen Lippen tropfte Speichel, die Augen starrten an die Zimmerdecke, und Verzückung verklärte sein Gesicht. Marion Cimbal lag über ihm und trocknete ihm den Mund ab, schrie seinen Namen in seine Ohren und schüttelte ihn.

»Er stirbt!« schrie sie. »Er stirbt! Hilfe! Helft mir doch! Hilfe!«

Sie wollte aufspringen, aber ihre Beine waren wie aus nassen Handtüchern gerollt. Sie fielen zusammen und flatterten dann von ihr weg. Entsetzt sah sie, wie sie sich in der Mitte des Zimmers wieder zusammenfügten und nun allein, abgetrennt vom Körper, grazile Tanzschritte ausführten.

»Hilfe!« schrie sie wieder. »O Mutter! Mutter! Hilf mir . . .«

Dann trug sie der Wahn weit weg, löschte ihren Geist aus, verwandelte die Welt und schuf neue Dimensionen.

Bob Barreis zuckte noch immer, als durchjagten ihn elektrische Stromstöße. Der verklärte Ausdruck seines Gesichts spiegelte sein Erlebnis wider. Ein Paradies öffnete sich ihm . . .

Ein Land aus schillernden Kristallen . . . Bäume aus Glas . . . Gräser aus wiegenden Orchideen . . . Und er war ein Wolf . . . ein Wolf, so groß wie ein Kalb . . . ein herrlicher, goldbestäubter Wolf, in dem die Urkraft der Natur tobte. Und Hasen jagte er . . . Hasen aus Rosenknospen mit Mädchenköpfen und Mädchenbrüsten . . . Sie sprangen vor ihm her . . . über die kristallene Erde . . . die Sonne durchleuchtete sie . . . er sah ihr Herz pulsen . . . einen riesigen Rubin . . . Und er rannte hinter ihnen her, brüllend vor Lust, vor Gier, vor Freude . . . Aber die Hasen mit den Mädchenköpfen und Mädchenbrüsten zerschmolzen zu Wasser, sobald er sie faßte . . . sie lösten sich auf in eine Pfütze, wenn er sich auf sie warf mit einem Schrei der Brunft . . . Nur Wasserpfützen . . . überall Wasserpfützen . . . duftend nach Rosen . . . Da wälzte er sich in diesem Naß, rollte sich durch die Feuchtigkeit der aufgelösten Mädchenhasen . . . und plötzlich schrumpfte er zusammen . . . wurde kleiner, immer kleiner, ein Wolf, so groß nur noch wie eine Hummel, widerlich armselig, in den Pfützen rudernd und das Wasser schluckend, das nach Urin stank . . . O dieser Himmel mit dem Licht, das wie Honig tropft . . . diese Welt aus Kristall mit den durchsichtigen Bergen . . . Aber da kommt ein Vogel . . . ein riesiger Vogel ... die Sonne bedeckt er mit seinen Flügeln, und sie sind aus schwarzen Blüten und kreischen beim Flug wie zerreißendes Autoblech. Der Vogel ... er stößt herunter auf den Wolf, der nur noch so groß ist wie eine Hummel ... der Vogel ... ein Gesicht hat er ... ein Gesicht ... ein rotes Gesicht ... Es ist Hellmut ... Hellmut Hansen ... der Vogel Hansen ...

Bob Barreis rollte von der Bank und wälzte sich schreiend über den Teppich. Er stieß mit Armen und Beinen um sich, kugelte bis zu Marion Cimbal, die starr, als sei sie aus Stein, auf dem Boden lag, rollte über sie und klammerte sich an ihr fest. Sein Gesicht hatte jede Form verloren ... es explodierte in dem Erlebnis der anderen Welt.

Der Vogel stieß herunter auf den kleinen Hummelwolf, der Schnabel klaffte auf ... aber der Wolf wehrte sich ... drehte sich auf den Rücken und schoß einen Strahl Urin auf den Vogel. Da verschwand der Vogel Hansen ... fiel auseinander wie der hölzerne Vogel beim Schützenfest ... regnete aus dem Himmel mit violetten Tropfen und verdunstete auf der kristallenen Erde ... Und plötzlich war der Wolf wieder ein Mensch ... war Bob Barreis, schöner denn je, ein nackter Gott mit Muskeln aus Edelsteinen ... und er ging durch einen Wald aus wiegenden, wogenden, tanzenden Mädchenbeinen ... und das Moos, über das seine Füße glitten, waren die Schöße, wolliges, goldenes Gras, aus dem die Hitze des Sommers dampfte ... Ein unbeschreibliches Glücksgefühl zerriß seine Brust ... er nahm sein Herz heraus, preßte es und ließ das Blut über die moosigen Schöße tropfen —

Marion Cimbal lag steif auf dem Boden, versteinert, mit kaum tastbarem Puls ... eine Statue, die der Sturm umgeweht hatte. Nur ihr Mund zuckte unter stummen Schreien, und in ihren aufgerissenen Augen schwamm ein unerklärbares Staunen.

Ein Baum mit Früchten aus Glas ... ein Baum, orangen wie ein Sonnenuntergang ... und gläserne Menschen, in denen man das Blut fließen sieht und die Organe arbeiten wie in einer Fabrik die Maschinen, pflücken die gläsernen Früchte und verschlingen sie ... Und der Brei fließt durch die Speiseröhre ... in den Magen ... durchbricht die Magenwand ... gleitet in das Becken ... in den Schlauch der Gebärmutter ... und da wird der Brei zu einem Kind . . . und wächst und wächst . . . Kinder mit riesigen Köpfen . . . menschliche Kaulquappen . . . und auf einer Wiese aus goldenen Blättern gebären sie die Kinder, und sie werden, kaum daß sie die Erde berühren, wieder Bäume mit orangenen Stämmen und gläsernen Früchten, und es kommen neue gläserne Menschen und essen sie, und der Brei rutscht durch die Speiseröhre in den Magen und von dort . . . Kreislauf, Kreislauf . . . Und Marion Cimbal ist eine nicht entdeckte, vom Baum gefallene Frucht und rollt sich weiter über die goldene Blätterwiese, und ein violetter Wind nimmt sie hoch, sie schwebt in den Himmel und wird ein Stern, der still und unantastbar über den gläsernen Menschen steht und die Strahlen der Sonne auffängt und sie umwandelt in Blüten, die von dem Stern auf die Erde regnen . . .

Tschocky und Bob Barreis waren die ersten, die nach Stunden aus ihrem LSD-Rausch erwachten. Draußen dämmerte bereits der Morgen, die ersten Straßenbahnen ratterten durch die Stadt. Übelkeit würgte sie, ein pelziger Geschmack trieb ihre Zungen auf. Sie sahen sich an und taumelten zu einem Tisch, auf dem einige Flaschen standen.

»Whisky?« fragte Tschocky.

»Ist mir egal. Nur was Feuchtes . . .«

Sie tranken aus der Flasche und setzten sich dann neben Vordemberg, der noch nicht von seiner Reise zurückgekehrt war. Er hatte sich in die Hosen geschissen, und es stank entsetzlich. Neben ihm kniete Wendeburg und hieb in einem mörderischen Rhythmus mit der Stirn gegen die Polsterung der Bank. Er mußte das schon stundenlang tun, denn die Stirn war dick geschwollen.

»Was machst du in Essen?« fragte Tschocky und lehnte sich an die Wand. Bob Barreis versuchte zu sprechen . . . erst nach vier Ansätzen hörte er selbst seine Stimme.

»Man hat mich verbannt. Ich muß arbeiten.«

»Und das schluckst du so einfach herunter?«

»O nein. Ich suche nur noch nach der richtigen Bombe.«

»Kein Geld?«

»645 Mark im Monat, vom Bankhaus Keitell & Co.«

»Pfui Teufel! Ich leihe dir fünftausend, fürs erste . . .«

»Onkel Theodor wird sie nie zurückzahlen . . .«

»Du wirst sie dir verdienen.«

»Bei Keitell & Co.?«

»Das Leben ist das fadeste, mieseste Ding, das es gibt!« Tschocky reichte Bob die Flasche, sie tranken wieder ein paar Schlucke und fühlten sich wohler. Die Welt wurde wieder klarer, aber auch trauriger. Nach der Welt der leuchtenden Farben, aus der sie kamen, war die Wirklichkeit von einer erwürgenden Eintönigkeit. »Die Weiber sind immer die gleichen, die Autos, die Partys, die Hotels, die Freunde, das Saufen . . . nur der Trip bringt etwas Abwechslung. Kommt man dann zurück . . . du siehst es, Bob. Alles Scheiße. Die ganze Welt ein Scheißhaufen! Man sollte etwas tun . . . etwas Verrücktes, etwas ganz Verrücktes . . . etwas, was außerhalb dieser Langeweile liegt, was den Rahmen dieser Muffelwelt sprengt . . . etwas Neues . . . Ja, das ist es. Neuland auf dieser Welt entdecken . . . Neuland, das den Bürgern vor Entsetzen die Haare in die Höhe treibt . . . Wir müssen etwas geschehen lassen, Bob! Oder wollen wir verhungern an dieser Eintönigkeit?«

»Willst du das Bundeshaus in Bonn sprengen?« Bob Barreis schüttete Whisky in seine Handfläche und rieb sich damit den Nacken und die Stirn ein. Er hatte das Gefühl, sein Kopf platze auseinander. Neben ihm rührte sich Hallemann und kotzte auf den Teppich. Dann legte er seinen Kopf hinein, als sei es ein Daunenkissen. »LSD in die Trinkwasserversorgung von Essen schütten? Ein Modegeschäft aufmachen und statt Puppen Leichen ins Fenster stellen?«

Tschocky sah Bob Barreis verblüfft an und tippte ihm gegen die Brust.

»Das ist eine Idee«, sagte er langsam. »Leichen . . .«

»Du bist verrückt, Tschock!«

»An allen Universitäten herrscht in der Anatomie Mangel an Leichen. Die wenigen, die man in Formalinlösungen aufbewahrt, sind schon so zerschnippelt, daß man kaum noch Studien daran machen kann. Man weicht schon aus auf Plastikmodelle. Jede Anatomie macht einen Luftsprung, wenn man ihr eine frische Leiche anbietet! Hier wäre eine Möglichkeit, etwas Großes zu zun! Zum Wohle der Wissenschaft.«

Bob Barreis starrte Tschocky an. Das merkwürdige warme Gefühl, das er beim Anblick des Todes immer spürte, überflutete ihn auch jetzt bei dem Gedanken, den ihm Tschocky wie einen Ball zuwarf.

»Einen Leichenhandel«, sagte Bob Barreis leise. »Das ist es . . . wir gründen einen Leichenhandel. Wir werden die ersten sein, die Leichen wie Fische und Blumenkohl verkaufen . . .«

Durch die verhängten Fenster kroch der Morgen.

Schweigend gaben sich Tschocky und Bob Barreis die Hand.

Die Firma ›Anatomische Handelsgesellschaft‹ war gegründet.

4

Eine Woche lang blieb es still um Bob Barreis.

Nach der verrückten LSD-Party, die bei Bob einen faden Geschmack wie nach fauligem Wasser zurückließ und an die er sich wie an etwas Absurdes zurückerinnerte, nicht aber wie an etwas Herrliches, Ersehntes, Paradiesisches oder gar Vergöttlichtes, vergrub er sich wieder in den Aktenkeller der Bank, sortierte die alten Briefe aus und ließ sie im Papierwolf zerfetzen. Seine Chefs, die Bankiers Keitell und Klotz, besuchten ihn sogar einmal im Archiv, bestellten ihm Grüße von Onkel Theodor Haferkamp und stellten ihm in Aussicht, daß er am nächsten Monatsersten nach oben, ans Tageslicht, versetzt werden und in der Hauptregistratur hinter der Schalterhalle arbeiten würde.

Bob bedankte sich höflich, ließ Onkel Theo grüßen und zerkleinerte weiter alte Briefe und Akten, Prospekte und Drucksachen. Die Bar ›Pedros Saloon‹ mied er, aber Marion Cimbal holte ihn in dieser Woche dreimal von der Bank ab, sie gingen spazieren, hakten sich unter und klapperten die Schaufenster ab wie ein junges Paar, das noch träumen kann vor den Auslagen der Geschäfte.

Von dem Abend sprachen sie nicht, als sei er nie geschehen. Nur einmal, nach vier Tagen, sagte Marion: »Ich liebe dich, Bob.«

»Das ist ein großes Wort, Marion.«

»Aber es ist die Wahrheit.«

»Was ist Wahrheit?« Bob Barreis legte den Arm um Marion. Sie saßen im Stadtpark, es war bitter kalt, ihre Worte wehten als weiße Wolken vor ihnen her und schienen zu knisternden Kristallen zu werden. »Dieses ganze Leben ist verlogen! Alles ist eine Lüge! Wenn der Pfarrer vom Segen der Armut spricht und dann für die milliardenschwere Kirche den Klingelbeutel herumgehen läßt, wenn die Politiker ihre Wahlreden halten, Freundinnen ihre Kleider bewundern, die Töchter vor ihren Vätern die unberührte Jungfrau spielen, wenn man Kränze an Ehrenmälern niederlegt und Staatsmänner sich die Hände schütteln, wenn man eine Zeitung liest oder den Marktbericht, die Wettervorhersage oder das Horoskop, wenn ein Mensch nur den Mund aufmacht und einen Ton von sich gibt . . . alles ist alles andere als Wahrheit . . .«

»Aber ich liebe dich . . . und das ist keine Lüge.«

»Können wir überhaupt lieben, Marion?« Bob schlug den Pelzkragen seines dicken Mantels hoch. Dann vergrub er die Hände wieder tief in die Taschen. »Überleg einmal ganz genau, ehe du etwas antwortest: Was ist Liebe?«

»Ich weiß es, Bob.«

»Niemand weiß es.«

»Liebe ist nicht das bloße Zusammensein, das Aufeinanderliegen, die Minuten, die uns innerlich zerreißen . . . Ich könnte für dich sterben, Bob.«

»Blödsinn.«

»Es gibt nichts, was ein Mensch tun kann, was ich nicht für dich täte.« Marion legte ihren Kopf an seine Schulter. Ihr Atem wehte wie dünner Nebel über seine Augen. Es war eine Zärtlichkeit in ihr, die sogar Bob Barreis spürte und die ihn sofort irritierte. Das ist wirklich so etwas wie Liebe, dachte er. Liebe aus der Sicht des kleinen Mädchens, des romantischen Träumerchens, des Häschens in der Grube. Und so etwas bei Marion Cimbal, die ihr Geld hinter der Theke verdient, indem sie die Kerle in ihren Ausschnitt blicken läßt und nicht den Whisky serviert, sondern ihre Brustwarzen.

Das ist absurd, durchfuhr es ihn. Das ist fast gespenstisch. Ich sitze hier in klirrender Kälte im Stadtpark von Essen auf einer Bank, friere durch meinen Pelzmantel hindurch und höre mir an, was ein Spatzengehirnchen über Liebe denkt. Aber er zerstörte auch nicht Marions Zauberstunde, sondern hörte ihr schweigend zu, als sie weitererzählte . . . von ihren Eltern, ihrer Kindheit, ihrer schweren Jugend, der Lehrlingszeit in einem Spielwarengeschäft, wo der Chef sie hinter einem Stapel Käthe-Kruse-Puppen vergewaltigen wollte und es nach drei Jahren endlich schaffte im Lagerkeller, auf einem Karton mit Kindertrommeln.

Es war ein kurzes Leben voller Hindernisse, voller alltäglicher Schweinerei, Tage, Wochen, Jahre, angefüllt mit Dreck und Ekel, und inmitten dieses Sumpfes eines normalen Lebens glühte immer wieder und immer noch das Flämmchen der Hoffnung, der

Sehnsucht nach einem Stück Land ohne fauligen Wind, der Ecke, in die man sich verkriechen konnte, um ein froher Mensch zu sein ... und sei es als Zaungast des großen Glücks, als Schnuppernder im Bratenduft, als Onanist beim Anblick der großen Liebe.

Ein Leben ohne Wahrheit auch hier ... nur übertünchte die romantische Hoffnung die schimmeligen Flecke der Seele.

»Gehen wir zu mir?« fragte Marion, als Bob Barreis nach ihrer Lebensgeschichte keine Antwort gab.

»Wir haben es verdammt nötig, uns aufzuwärmen ...« Er sprang von der Bank hoch und zog sie mit. Als er ihre Augen sah, groß, braun, bettelnd um ein liebes Wort wie ein Hund, der nach einem Tritt den Kopf auf die Erde preßt, wurde er unsicher, küßte sie auf die kalten Lippen und flüchtete dann in den Sarkasmus. »Das gäbe einen guten Sexfilm«, sagte er.

»Was?«

»Dein Leben. Entjungferung auf Kindertrommeln ... das ist sogar Kolle nicht eingefallen. Das übertrifft alle Freudschen Sexualpsychosen.«

Sie riß sich von ihm los, trat zwei Schritte zurück und zog den Kopf in den Pelzkragen. »Du sollst nicht so mit mir reden!« Ihre Stimme war scharf und verändert. »Ich arbeite in einem Bums, jawohl ... aber ich bin ein Mensch, und mein Leben ist eine verdammt saure Last, das kann ich dir sagen. Vielleicht ist es mein Unglück, daß ich dich liebe ... ausgerechnet dich, den großen Bob Barreis, den Millionärssohn, den ...«

»Halt den Mund. Verflucht, halt sofort den Mund!« Er griff nach ihr, riß sie zu sich und legte ihr die Hand auf den Mund. Die Pflaster auf seiner Handfläche schabten ihr über das Gesicht. Es roch süßlich nach Salbe. »Du bist ein Körper, weiter nichts. Verstehst du das? Ist das klar? Ein Körper, ein Ding, das man benutzt wie ein Handtuch, eine Zahnbürste, ein Stück Seife, ein Toilettenbecken, einen Schuh. Man braucht ihn zum Leben, er ist ein Gegenstand der Notwendigkeit. Wer Hunger hat, der ißt, wer Durst hat, der trinkt, und wer Lust auf einen Körper hat, der schiebt ihn unter sich. Alles andere ist Blabla, ist die Moral der langen Unterhosen, innen aufgerauht und in der Gesäßhälfte beschissen. Die Moral der Heuchelei, die Eisenplatten vor den Unterleib hält, und dahinter tröpfelt's in die Hose —«

Marion Cimbal befreite sich mit einem Ruck von seiner Hand, die noch immer auf ihrem Mund lag. »Warum redest du so, Bob?« fragte sie. »Du bist gar nicht so. Im Grunde bist du furchtbar einsam und heimatlos . . .«

»O Gott!« Bob Barreis lachte rauh. »Warst du schon einmal die Geliebte meines Freundes Hellmut Hansen? Er spricht genau wie du. Pastorales Geseiere, Tröpfchenmoral wie der Urin eines Prostatikers. Gehen wir . . . ich habe eine verfluchte, mörderische Lust auf deinen Körper.«

»Ich koche dir wohl einen Tee . . . aber du rührst mich nicht an!«

»Du wirst es erleben! Die einzige Wahrheit: Genuß!«

Später hockte er in Marions Apartment auf der Couch und trank wirklich Tee. Sie saß ihm gegenüber im Sessel, mit untergeschlagenen Beinen, und sah ihm zu, wie er die heiße, dampfende Flüssigkeit schlürfte. Sein schönes, ebenmäßiges Gesicht — Neider nannten es weichlich — war noch gerötet von der Kälte.

»Ich liebe dich —« sagte sie leise.

»Ich weiß es.« Er behielt die Teetasse in der Hand, als sei sie eine Waffe. Es war, als verkröche er sich hinter der kleinen Tasse, als baue er mit ihr einen Schutzwall auf. »Aber es hat keinen Sinn, Marion. Du bist ein gutes Mädchen . . . aber das ist irgendwie zuwenig . . .«

Nach einer halben Stunde verließ er sie, ohne sie berührt zu haben. Das wunderte ihn selbst, er wendete seinen Wagen, fuhr in die Stadt zurück, las am Bahnhof eine Hure auf und ekelte sich für fünfzig Mark über zwanzig einsame Minuten hinweg. Dann kehrte er in sein möbliertes Zimmer zurück, setzte sich neben die Witwe Czirnowski auf das Sofa vor das Fernsehgerät und nickte dankbar, als sie fragte:

»Soll ich Ihnen ein Butterbrot machen, Herr Barreis?«

»Ja, bitte —«

»Mit Käse oder Schmierwurst?«

»Mit Käse.«

Ich muß hier raus, dachte er. Ich muß irgend etwas tun. Man

kann eine Ratte nicht einsperren . . . sie frißt und nagt sich durch jede Wand.

Und ich bin eine goldene Ratte . . .

Am Freitag, kurz vor Geschäftsschluß, betrat Tschocky das Bankhaus Keitell & Co. und verlangte nach Herrn Barreis. Der höfliche Angestellte am Schalter kannte keinen Barreis, telefonierte mit dem Personalleiter, erfuhr, daß es wirklich bei Keitell & Co. einen Barreis gab, unten im Archiv, bat den Besucher um Geduld und zeigte auf die vornehmen schwarzen Lederbänke in der Schalterhalle.

»Ein paar Minuten, bitte . . .«

Bob begrüßte Tschocky etwas steif und verzog sich mit ihm in eine stille Ecke der Halle. »Was ist los?« fragte er.

»Du bist nicht mehr bei Pedro aufgekreuzt, Bob.«

»Ich bin zu der Ansicht gekommen, daß LSD kein Ersatz für das Rauschen des Meeres am Kap Ferrat ist. Das ist alles.«

»Schön gesagt.« Tschocky lächelte etwas säuerlich. »Der eine liebte die Tante, der andere die Nichte. Es soll welche geben, die lieben sogar den Onkel. Jeder nach seiner Fasson. Der Club wird auch ohne dich weiterbestehen. Etwas anderes treibt mich in die Halle, hinter deren Glaswänden auch das Geld meines Vaters schlummert.« Tschocky tippte Bob auf die Knie. Sie saßen auf einer der Lederbänke nebeneinander. »Unsere Firma . . .«

»Welche Firma?«

»Die ›Anatomische Handelsgesellschaft‹.«

»Das war doch ein blöder Scherz am Rand der Vernunft —«

»Durchaus nicht. Die Sache läuft.«

Bob Barreis spürte eine heiße Welle unter seiner Kopfhaut. Die verdrängte Erinnerung an den grauenden Morgen tauchte auf. Der mit der Stirn gegen die Couch schlagende Wendeburg. Der nach Fäkalien stinkende Vordemberg mit seinen glasigen Augen und dem aufgerissenen Mund. Hallemann, der sich im eigenen Erbrochenen wälzte und dabei sang. Menschenwracks, deren Hirne durch gläserne Paradiese schwebten.

»Der Leichenhandel läuft?« fragte Bob leise.

»Der Handel noch nicht — aber die Vorarbeiten sind soweit vor-

angetrieben, daß wir das erste Geschäft in Kürze tätigen können.«
Tschocky, der Sohn eines der mächtigsten Männer an Rhein und
Ruhr, holte ein paar Papiere aus seiner Brusttasche. Er entfaltete
sie feierlich wie Diplome. »Die größte Klippe, die bei diesem
Handel zu umschiffen ist, ist die rechtliche Seite. In Deutschland
ist ein offizieller Handel mit Leichen fast unmöglich. Die Universitäten übernehmen nur Tote, die ihren Körper schon zu Lebzeiten
der Anatomie zu Forschungszwecken geschenkt oder auch verkauft haben. Auch Verwandte können einen lieben Verblichenen
nach einem langen Rechtsweg, in den sich einige Verwaltungsstel-
len einschalten, den Universitäten zur Verfügung stellen. Letzte
Rache an Onkel Rudolf. Viele Tote überweist der Staat selbst un-
entgeltlich den Anatomien ... Land- und Stadtstreicher ohne Anhang, Vollwaisen aus psychiatrischen Anstalten und Krüppelhei-
men, eben alle Toten, auf die keiner mehr einen Anspruch erhebt.
Aber die Zahl ist klein. Jeder Mensch schleppt eine ungeahnte
Zahl von Verwandten herum, die nach dem Gesetz immer gefragt
werden müssen: Was soll mit dem teuren Dahingeschiedenen geschehen? Und die meisten antworten: ein gutes Begräbnis. Denn
man ist ja Christ, kennt das Glaubensbekenntnis und das Vaterun-
ser und will sich nicht nachsagen lassen, man habe die Tante
Emma zum Puzzlespiel der Mediziner freigegeben. Daß viele Tote
ausgeschlachtet wie ein altes Auto im Sarg liegen, wissen die wenigsten Hinterbliebenen ...«

»Mensch, red nicht soviel ... komm zur Sache.« Bob Barreis
steckte sich eine Zigarette an. Seine Finger zitterten ein wenig dabei. Tschocky betrachtete ihn aus den Augenwinkeln.

»Nerven?« fragte er.

»Dein Gequatsche macht mich nervös. Was ist mit uns?«

»In Deutschland ist also der Vertrieb von guten Leichen fast unmöglich. Man könnte sie zwar den Verwandten abkaufen und vor
der Beerdigung im Sarg austauschen gegen einen Sandsack ...
aber keine Universität kauft uns die Toten ab ohne amtliche Papiere. Wir müssen also ausweichen nach Italien ...«

»Italien ...« Bob Barreis starrte Tschocky an. »Das ist doch eine
Utopie.«

»Für Nichtkenner der Materie.« Tschocky lächelte zufrieden. Er war stolz auf seine schnelle und gründliche Vorarbeit. Sie war generalstabsmäßig genau, eine Meisterleistung an Präzision. »Du warst schon mal auf Sizilien?«

»Ja. Mehrfach.«

»Auch in der Gegend von Vallelungo?«

»Nie gehört.«

»Das ist ein Berggebiet auf Sizilien, wo die Milchziegen salziges Wasser geben, weil die Euter vor Einsamkeit und Armut weinen . . .«

»Sehr witzig.«

»Sehr fruchtbar für unsere Firma!« Tschocky legte Bob eine Berechnungstabelle auf die Knie. Die makabre Rentabilitätsrechnung der ›Anatomischen Handelsgesellschaft‹. Zahlen, die mit Toten den Gewinn ausrechneten. Eine Vorausbilanz des Grauens.

»Ich habe Erkundigungen eingeholt: Fünfzigtausend Lire sind für diese Ärmsten der Armen ein Vermögen. Fünfzigtausend Lire . . . dafür verkaufen sie jeden Toten. Für fünfzigtausend Lire liefert man uns die Leichen frei Haus. Natürlich darf man nicht fragen, woher sie stammen.«

Bob Barreis sah auf die Liste. Er las nicht — die Zahlenkolonnen tanzten vor seinen Augen wie schwarze Flöhe.

»Das sind nach deutschem Geld ungefähr dreihundert Mark.«

»Und wir verkaufen sie für hunderttausend Lire.«

»Das ist kein Geschäft . . .«

»Man soll und muß das sportlich sehen.« Tschocky faltete die Berechnungen zusammen und steckte sie wieder ein. »Es geht um das Gefühl, etwas zu tun, was vor uns noch keiner getan hat. Bob, das allein ist es doch. Die bürgerliche Welt aus den Angeln heben, diesen Mief wegblasen, und sei es mit Leichengeruch. Er ist noch besser als der Kalkstaub, der die Lungen verstopft.«

Bob erhob sich abrupt. Ein unbestimmbares Gefühl warnte ihn, dieses Geschäft mit Tschocky zu machen. So sehr ihn die ausgefallene Idee reizte, eines Tages vor Onkel Theodor hinzutreten und sagen zu können: »Liebster Onkel, ganz so untüchtig, wie du mich immer hinstellst, bin ich nicht, ich kann auch Geld mit den eigenen Händen verdienen. Hier sind zehntausend Mark . . . der Erlös aus verkauften Toten.« So feig war er doch im Grunde seines Herzens, sich in dieses Abenteuer nicht einzulassen. Natürlich würde es ein Triumph sein, Onkel Theodor blaß werden zu sehen, und die liebe, gute Mama würde in Ohnmacht fallen, und Renate Peters, dieses ewige Mädchen, würde jammern: »Ist das aus meiner Erziehung geworden?« Aber für Bob Barreis war es einfacher, Rennwagen zu fahren, Bobschlitten an Eiswänden entlangzujagen oder mit seinen Wasserskiern glitzernde Furchen durch den Lago Maggiore zu ziehen, als mit einer Leiche im Gepäck durch Italien zu fahren.

»Was ist?« fragte Tschocky, als Bob aufsprang. »Elektrisiert dich unser Plan so stark?«

»Er hat viele Lücken, und dadurch blutet er aus.«

»Nicht *eine* Lücke hat er!« Tschocky war stolz darauf, auch hier bis ins Kleinste alles theoretisch durchgespielt zu haben. »Ich habe den Auftrag für drei Tote. Versprochen habe ich nur einen . . . ich betrachte dieses erste Geschäft als Testfall.«

»Du bist verrückt, Tschock . . .« stotterte Bob.

»Ein Problem ist der Transport. Wir müssen von Sizilien nach Mittelitalien. Aber auch hier habe ich eine patente Lösung gefunden: ein Plastiksack und eine innen als Kühlbox konstruierte Kiste mit der Aufschrift ›Camping International‹.« Tschocky wartete auf ein Lob Bobs, aber als dieses ausblieb, stand auch er von der Lederbank auf. »Wir sollten bald mit dem Handel anfangen«, sagte er etwas beleidigt. Seine Eitelkeit fieberte auf Zustimmung. »Oder willst du bei Keitell & Co. ein Mehlwurm werden?«

Bob Barreis schüttelte schweigend den Kopf. Merkwürdigerweise dachte er plötzlich an Marion Cimbal. An ihre ehrliche Zärtlichkeit, an ihren Begriff von Liebe, an ihre Welt voller Romantik, während sie bis zu den Knien im Schlamm der Zivilisation stand. Er dachte plötzlich an so an seinem Leben unbeteiligte Dinge wie die Napalmverbrennungen vietnamesischer Kinder, die Hungersnöte in Indien, die choraldurchfluteten Kirchen mit den betenden Pfarrern, die für den Frieden in der Welt sammelten, während sich die Welt mit Milliardenkosten immer vollkommener, immer schrecklicher, immer vernichtungswirksamer rüstete; er dachte völlig widersinnig an die Hungerleichen von Biafra, an Kinder, die wie Greise aussahen, und er dachte an den Reiterball des Industriellenclubs, der nach einem Gerücht 150 000 DM gekostet haben sollte und auf dem für Biafra gesammelt wurde. Es kamen 3 427,28 DM zusammen, und die Reiter und Reiterinnen in ihren maßgeschneiderten roten Jagdröcken klatschten auch noch dazu. Er dachte an die kleine griechische Insel, die er einmal mit der Motorjacht seines Freundes Alkibiades Sophastos angesteuert hatte, ein trostloses Eiland unter weißer, brennender Sonne, aber Menschen lebten auf ihr, Menschen wie schwarze Spinnen ... Fischer, die jeden Morgen vom Meer zurückkamen und ihren kärglichen Fang unter sich aufteilten, Frauen in schwarzen Gewändern, die wie Gespenster in den Hütten saßen, und Kinder, die am Rande der Insel standen und das weiße Schiff anstaunten wie ein Märchengebilde. Damals hatte Sophastos, der Sohn eines Reeders aus Patras, ein kleines, zusammengebundenes Netz mit hundert Drachmen unter die Kinder geworfen, und Bob Barreis erlebte, wie ein großer Junge den glücklichen Fänger des Netzes mit einem Stein niederschlug und heulend vor Triumph in das auf die Felsen geklebte Dorf rannte.

Und heute abend gibt es im Schloß der Barreis' gefülltes Rebhuhn, in Bordeaux gedünstet.

»Du stehst da wie ein Nachtwandler!« sagte Tschocky mit Nachdruck. Bob zog die Unterlippe durch die Zähne und steckte die Hände in die Taschen. »Ich habe gedacht, wir fahren Montag in einer Woche nach Sizilien.«

»Haben wir das nötig?«

»Fang nicht schon wieder damit an! Sei ein Sportsfreund, Bob. Oder kannst du seit dem Tod von Adams keine Leichen mehr sehen?«

Bob fuhr herum. Sein Gesicht verzerrte sich, zerfloß förmlich zu einer Fratze. »Noch einmal diesen Namen ... und ich klatsche dich an die Wand wie eine Fliege!«

Tschocky war unwillkürlich zurückgewichen vor diesem wilden Ausbruch. Er fuhr sich über die Haare und wackelte mit dem Kopf.

»Na, na«, sagte er rauh. »Man wird doch wohl noch mal laut denken können. Du hast dich verändert, mein Lieber! Besorgniserregend verändert. Hat dir das noch keiner gesagt? Früher warst du ein Kumpel, der jeden Blödsinn mitmachte. Hast du bei dem . . . dem Bums da in den Alpen einen Schock bekommen? Bob . . . verdammt, du warst doch nie feige, wenn du eine große Schachtel aufmachen konntest —«

Bob Barreis nickte. Ich war nie feige, dachte er. Sie haben nie gemerkt, wie feig ich im Innern bin. Sie haben mich immer als einen Helden gesehen. Ich war der strahlende Sieger — auf den Rennpisten, in den Betten. Ich war ein Tropfen der Sonne. Ich war der große, starke Barreis, und nur zu Hause, in diesem widerlichen alten Gemäuer der Barreis-Villa, schrumpfte ich wieder zusammen zum Kind, war das Söhnchen, das Robertchen, der umhütete, umsorgte, umhätschelte Millionenerbe der Barreis'. Der von allen gestreichelte und im Grunde doch gehaßte Sohn, der nach dem Niederstürzen der schon morschen Mauer Theodor Haferkamp einmal die Barreis-Werke erben würde.

»Wann?« fragte er knapp. Tschocky atmete sichtbar auf.

»Ich hole dich am Sonntagabend ab. Wir übernachten bei mir, und morgens, am Montag, zischen wir ab nach Italien.«

»Einverstanden.« Bob gab Tschocky die Hand. »Wie lange kennst du Marion Cimbal?«

Tschocky starrte Bob verblüfft an. »Was soll denn diese Frage?«

»Wie lange?«

»Etwas über ein Jahr. Seitdem sie in ›Pedros Saloon‹ ist.«

»Hast du mit ihr geschlafen?«

»Nie. Angegriffen habe ich vielleicht vierzigmal. Aber ihre Abwehr war stets siegreich.«

»Und die anderen vom Club?«

»Fehlanzeige. Höchstens Vordemberg . . . aber es kann auch bloß Angeberei sein. Was soll diese Fragerei überhaupt?«

»Von heute ab ist Marion für euch tabu! Auch für die anderen. Sag es ihnen, Tschock. Ich poliere jedem die Visage, der sie noch einmal anfaßt!«

»Du und Marion?« Tschocky versuchte ein Grinsen, wischte es aber schnell wieder von seinen Lippen, als er Bobs Augen bemerkte. »Wie lange?«

»Das geht dich einen Dreck an.« Barreis schielte hinüber zu den glasgeschützten Schaltern der Bank. Eberhard Klotz, der Bankier, stand halb versteckt hinter einem Aktenschrank und sah zu ihnen herüber. Im Glaskasten der Aktien- und Wertpapierabteilung drückte sich Herr Keitell herum, las in längst bekannten Börsenberichten und schielte zu Bob hinüber.

Wie besorgt sie sind, dachte Bob. Wie eine Glucke um ihr Küken. Am Abend wird Onkel Theodor anrufen und fragen: »Wie war der Tag?« Und Mama wird ans Telefon gehen und zu Herrn Keitell sagen: »Trägt der Junge auch einen warmen Anzug? Draußen ist es ja bitter kalt . . .«

Er klopfte Tschocky auf die Schulter, lachte laut, obwohl es dazu gar keinen Anlaß gab, und ging dann langsam zurück zu der Tür, die ihn wieder hinunterführte in den Archiv-Keller, zu den alten Akten und der Papierzerkleinerungsmaschine. Garantierte Vernichtung bis zur Unleserlichkeit.

Vernichtung!

Welch ein Wort. Welche Geilheit in einem einzigen Ausdruck.

V-e-r-n-i-c-h-t-u-n-g.

Bob Barreis stieg pfeifend hinunter in den Keller.

»Kennen Sie den jungen Mann?« fragte der Bankier Klotz den Kassenleiter, als Tschocky die Schalterhalle verließ.

»Der Herr ist der Sohn von Herrn Albin Tschocky.«

»Was Sie nicht sagen.« Klotz verließ schnell die Kasse und ging zum Wertpapierschalter, wo Bankier Keitell so tat, als habe er Unbekanntes entdeckt. Als er seinen Partner kommen sah, verließ er die Glaskabine. »Wissen Sie, wer da mit Herrn Barreis gesprochen hat?« warf sich ihm Klotz sofort entgegen.

»Nein.«

»Der einzige Sohn von Tschocky.«

Keitell und Klotz dachten an das Konto von Albin Tschocky und sahen sich an. Ihre Gedanken waren die gleichen.

»Das beruhigt«, sagte Keitell zufrieden und suchte nach einer Zigarette in seinen Taschen. »Das wird auch Haferkamp beruhigen. Die Familie Tschocky genießt einen hervorragenden Ruf . . .«

Am Freitag erschien Bob Barreis zum letztenmal im Bankhaus Keitell & Co. Er verschwand aber nicht im Archiv, sondern ließ sich bei seinen Chefs melden. Nach einer höflichen Verbeugung, die die Bankiers andeutungsweise erwiderten, legte er einen Zettel auf den breiten Mahagonischreibtisch. Keitell sah sofort, daß es sich um ein ärztliches Formular handelte.

»Ein Attest?« fragte Klotz, bevor Keitell sein Staunen überwunden hatte. »Fühlen Sie sich krank, Herr Barreis?«

»Ich *bin* krank.«

»Fieber?«

»Man braucht nicht immer Fieber zu haben, wenn man krank ist.« Bob Barreis hob wie bedauernd die Schultern. Kann Ihnen nicht mit Temperatur dienen, meine Herren. Auch läuft meine Nase nicht, ich kann Sie nicht anhusten oder mit geschwollenen Mandeln dienen. »Wenn sich jemand das Bein bricht, fiebert er auch nicht.«

»Sie haben das Bein gebrochen?« fragte Keitell und beugte sich über den Tisch, um besser Bobs Beine sehen zu können. Bankier Klotz hatte unterdessen das Attest vom Tisch genommen und gelesen. Schon der Name des Arztes wischte alle Bedenken weg.

Prof. Dr. Schnätz. Wenn Schnätz ein Attest schrieb, war der Kranke wirklich krank. Außerdem war Schnätz der Hausarzt der Familie Tschocky. Ob er wirklich Aktien der Stahlwerke besaß, wußten nur sein Steuerberater und das Finanzamt.

»Das ist ja bedauerlich«, sagte Klotz, ehe Keitell sich wundern konnte, daß ein gebrochenes Bein nicht in Gips lag. »Vier Wochen Schonung ... das ist natürlich erforderlich, ganz wie Professor Schnätz attestiert. Seit wann bemerkten Sie diese Krankheit?«

»Seit dem Unfall«, sagte Bob steif. »Ich bedauere es sehr, ich habe mich wirklich mit Freuden in Ihren Betrieb eingearbeitet. Aber Herr Professor Schnätz meinte —«

»Die Diagnose des Herrn Professors ist klar. Ich wünsche Ihnen eine baldige Genesung.« Bankier Klotz reichte das Attest an Keitell weiter, der seine Lesebrille aus der Brusttasche holte und sie zusammengeklappt vor die Augen hielt. »Sie werden in ein Sanatorium gehen?«

»Ja. Nach Süditalien.«

»Sehr schön. Um diese Jahreszeit noch erträglich.« Bankier Keitell reichte Bob Barreis die Hand. »Auch meine besten Wünsche zur Genesung. Wir werden Ihren Arbeitsplatz natürlich freihalten.«

Nach zehn Minuten war Bob Barreis wieder auf der Straße. Dort wartete Tschocky in einem silbergrauen Sportwagen.

»Alles klar?« rief er durch das heruntergekurbelte Fenster.

»Alles! Sie schlucken es.«

»Logisch! Ein Attest von Schnätz! Steig ein! Wohin jetzt?«

»In irgendeine Kneipe und ein Bier trinken.« Bob Barreis ließ sich neben Tschocky in die tiefen Lederpolster fallen und streckte die Beine aus. In diesen modernen, flachen Sportwagen liegt man mehr als daß man sitzt. »Dann holen wir meine Sachen von der Witwe Czirnowski ab. Ich werde ihr als Entschädigung die Miete für ein halbes Jahr zahlen . . .«

Am Abend des Montags rief Theodor Haferkamp bei Keitell & Co. an und erfuhr, daß sein Neffe krank sei. Erst als Klotz von den vier Wochen Schonung sprach, dämmerte es bei Onkel Theo und wurde dann heller Tag.

»Lesen Sie mir doch bitte einmal das Attest vor«, bat er und lehnte sich in seinem Schreibtischsessel zurück. Bankier Keitell übernahm die Unterrichtung.

»Das Attest ist ausgestellt von Herrn Professor Dr. Schnätz und lautet: Herr Robert Barreis leidet an einer akuten Überempfindlichkeit als Folge eines nervösen Erschöpfungszustandes, verbunden mit konstitutioneller Nervosität. Ich halte eine vierwöchige Schonung für angezeigt. Das ist der Text.«

Theo Haferkamp lachte laut, nachdem Keitell geendet hatte, dann aber wurde er sehr ernst und hieb auf den Tisch. Keitell und Klotz hörten den Aufschlag deutlich im Telefon.

»Wer ist dieser Professor Schnätz?« rief Haferkamp.

»Eine Kapazität, Herr Haferkamp.« Bankier Klotz, selbst Patient von Schnätz, bekam rote Ohrläppchen, als er Haferkamp wieder lachen hörte. »Professor Schnätz genießt internationalen Ruf, und ein Attest von ihm ist über jeden Zweifel erhaben. Wenn Professor Schnätz Ihrem Neffen diese Krankheit bescheinigt, dann —«

»Wo ist Bob jetzt?« unterbrach Haferkamp das Loblied auf Schnätz.

»Unser Interessenbereich endet vor der Banktür«, sagte Keitell steif.

»Hatte Bob Besuch. In der Bank?«

»Ja. Herr Tschocky junior.«

»Von den Stahlwerken?«

»Sehr richtig.«

»Danke, meine Herren!«

Theodor Haferkamp war kein Mann, der lange Selbstbetrachtungen führte. Er handelte, und dafür war er berühmt und berüchtigt. Als einmal vor zwei Jahren seine Arbeiter streikten, marschierte Haferkamp wie die Streikenden mit einem Transparent durch die Fabrikhöfe und Produktionshallen, ganz allein und von keinem behindert. Auf dem Transparent stand: ›1946 wurden wir demontiert . . . 1948 kauften wir aus unserer Tasche neue Maschinen . . . damals brauchten 521 Familien nicht mehr zu hungern . . . Heute sind es einige tausend! Jetzt geht hin und schlagt alles kaputt!‹

Der Streik dauerte zwei Stunden . . . so lange, wie Haferkamp brauchte, um mit seinem Transparent durch die Fabrik zu ziehen.

Auf der nächsten Lohntüte stand der Spruch: ›Eine große Schnauze ist nur gut zum Fressen . . . man kann den Spargel quer reinschieben.‹

Es gab keinen in Vredenhausen, der darob beleidigt war. Nur der Gewerkschaftsvorsitzende, aber der wird ja auch dafür bezahlt . . .

Haferkamp rief in Essen bei der Familie Tschocky an. Ein Butler meldete sich und sprach wie durch eine Nasenklammer.

»Ich möchte Herrn Tschocky junior sprechen«, sagte Haferkamp. Da dieses Telefongespräch nur ein Test war, unterdrückte er den bohrenden Wunsch, den Butler zu ärgern.

»Herr Tschocky ist verreist«, näselte die Stimme aus Essen.

»Wohin?«

»Das zu erklären, übersteigt meine Befugnisse. Wer sind Sie überhaupt?«

Haferkamp legte mit einem Achselzucken auf.

Verreist. Bob und der junge Tschocky. Im Amerika der dreißiger Jahre würde so etwas bedeutet haben, daß die Sicherheit des Staates gefährdet war. Haferkamp läutete Rechtsanwalt Dr. Dorlach an. Es dauerte etwas, bis der Anwalt seinen Hörer abnahm.

»Ich saß in der Badewanne«, sagte Dorlach, als er Haferkamps Stimme erkannte. »Was gibt es? Unter mir wird der Teppich naß.«

»Es wird noch vieles baden gehen, Doktor!« Haferkamps Stimme war sehr besorgt. »Bob ist weg aus Essen. Hat ein Attest einer Kapazität, das ihm nervöse Überempfindlichkeit bescheinigt . . .«

»Wenn ich jetzt nicht im nassen Bademantel frieren würde, könnte ich lachen . . .« sagte Dr. Dorlach.

»Vier Wochen Schonung dazu . . . und weg ist er! Wohin, weiß keiner. Seine Sachen hat er bei Frau Czirnowski abgeholt und die Miete für ein halbes Jahr bezahlt. Ich habe sie gerade angerufen. Mit von der Herrenpartie ist der junge Tschocky. Kennen Sie den?«

»Den Vater.«

»Ein Trottel wie wir alle, die wir uns von der neuen Generation überrollen lassen. Er baut ein Imperium auf, und sein Sohn pinkelt ihm in jede Ecke. Er rackert bis zum Herzinfarkt, und das Früchtchen vom eigenen Stamm — schön formuliert, was, Doktor? — verstopft mit Geldscheinen die geöffneten Schöße! Auf jeden Fall . . . Bob und dieser Tschockylümmel sind auf Achse. Es wird Ihre Aufgabe sein, Doktor, herauszufinden, wohin sie gezogen sind.«

»Es ist bedauerlich.«

»Was?«

»Daß ich noch fünfzehn Jahre bis zur Pensionierung habe. Aber die Familie Barreis schafft es früher, bestimmt. Und wenn ich weiß, wo der junge Herr sich befindet, was dann?«

»Dann schicke ich wieder Hellmut Hansen zu ihm. Ich rufe ihn gleich an.«

»Sie sollten ihm einen roten Wagen schenken.«

»Hellmut? Warum?«

»Als Feuerwehr der Barreis-Familie . . .«

»Baden macht Sie wohl witzig, was?« Haferkamp trommelte mit dem Bleistift auf die Tischplatte. Dr. Dorlach kannte das . . . Haferkamps Gehirn begann zu arbeiten. Obwohl er angeheiratet ist, dachte Dorlach, ist er doch ein vollkommener Barreis. Die ganze Familie ist vollauf damit beschäftigt, sich gegenseitig die Hölle auf Erden zu bauen. »Was, glauben Sie — das ist eine rhetorische Frage —, könnten die beiden unternehmen?«

»Dolce vita an der Riviera, in Süditalien, Griechenland, Nordafrika ... wenn's ganz dick kommt, in Acapulco oder auf den Bahamas.«

»Bob hat kein Geld.«

»Dafür Tschocky um so mehr. Man sagt, daß Tschocky aus einem mütterlichen Erbteil allein und ohne Aufsicht über dreißig Millionen verfügt. Er könnte also als fünfundzwanzigjähriger Mann bereits von den Zinsen leben. Genau wie Bob, wenn er sich einen guten Anwalt nimmt und sein Drittelerbteil von Herrn Barreis einklagt. Der Sperrvertrag des verstorbenen Barreis könnte mit juristischen Kniffen als sittenwidrig hingestellt werden ...«

Haferkamp hörte mit dem Bleistiftklopfen auf. »Hat Bob in dieser Richtung etwas verlauten lassen?«

»Bisher noch nicht. Er hat sich mit dem Problem seiner Erbschaft nicht beschäftigt, solange er Geld genug hatte. Aber ich befürchte, daß die Freundschaft mit Tschocky —«

»Um Himmels willen, Doktor!« Haferkamp sprang auf und riß das Telefon quer über den Tisch. »Wir müssen Bob aufspüren! Jetzt erst recht. Fahren Sie sofort nach Essen und lassen Sie recherchieren. An diesen Tag werden wir noch lange denken. Was haben wir heute eigentlich?«

»Montag, den 5. Mai.« Dr. Dorlach schien wirklich durch Baden lustig zu werden. »Der Mai ist gekommen ... Die Bäume schlagen aus ...«

Haferkamp knallte den Hörer auf die Gabel zurück und starrte an die getäfelte Decke.

Was soll man tun, dachte er. Warum sind wir so hilflos? Warum entgleitet uns die neue Generation? Waren wir immer so unentschlossen? Wir haben die Inflation nach dem Ersten Weltkrieg durchgestanden, die wilden zwanziger Jahre, ja, und dann sind wir Parteigenossen geworden, haben die rechte Hand in den Himmel gestreckt und sind allem nachmarschiert, was uns vorausmarschierte . . . in die Rüstung, in den Zweiten Weltkrieg, nach Polen, Frankreich, Rußland, Afrika, vom Eismeer bis fast an den Nil, wir sind mitgetrottet, bis wirklich alles in Scherben fiel, und dann haben wir in die Hände gespuckt, haben die Trümmer weggeräumt, die Städte aufgebaut, wir haben uns durchgewühlt, bis man plötzlich von einem Wirtschaftswunder sprach, wir wurden fett an Leib und Seele, streckten die Beine und Arme von uns und rülpsten vor Sattheit unseren Nachbarn ins Gesicht. Und was da als unsere Erben heranwuchs, denen zeigten wir mit Stolz unser Werk und verstanden nicht, daß die Jungen sich an die Stirn tippten und uns mitleidig anlächelten. Liegt hier der Fehler? Dieser Stolz einer Generation, die erst alles in Trümmer schlug und dann alles wieder aufbaute? Diese Schizophrenie unseres Zeitalters, das die Menschen mit Napalm verbrennt und dann beklatscht werden will, wenn es den Verbrannten ein Säckchen Reis schenkt? Ist unsere ganze Generation ein einziger großer Fehler?

Haferkamp setzte sich und starrte das Telefon an. Das Erbe der Barreis erdrückte ihn, er spürte es . . . aber am meisten erdrückte ihn der Erbe. Bob Barreis. Der Playboy aus Erziehung und Protest. Der Verjubler aus Prinzip. Und — das ahnte Haferkamp mit schrecklichem Entsetzen — Bob Barreis, der Psychopath. Der hemmungslose Genießer. Der seelisch Kranke, als Produkt der überbesorgten Mutter Mathilde Barreis und des Geldes von Vater Barreis. Ein Mensch aus goldener Retorte.

Und alles in allem: ein gefährlicher Mensch!

Theo Haferkamp rief in Aachen an. Hellmut Hansen war zu Hause auf seiner Studentenbude.

»Komm rüber«, sagte Haferkamp müde und wischte sich über die Augen. »Bob ist verschwunden. Wir alle wissen, was das bedeutet . . .«

Mezzana ist ein elendes Dorf auf dem Hochland südlich von Vallelungo. Am Berghang haben die Menschen, deren verzweifelter Mut, hier zu wohnen, unverständlich erscheint, ihre steingedeckten Häuser in den felsigen Boden gerammt. Über den Dächern schiebt sich kahl wie ein Glatzkopf der große, runde Gipfel des Monte Christo in den bleiernen Himmel. Die Sonne brennt alles

Leben aus dem weißen Gestein, und wer drei Tage auf den Felsen blickt, ist am vierten Tag blind. Und dennoch leben hier seit Jahrhunderten in Mezzana rund einhundertzwanzig Menschen... mal mehr, mal weniger, aber immer über hundert. Die Familien Benaggio, di Lavogno, Cadamena, Laparesi, Duducci, Giovannoni und Feraponte und noch einige andere Familien. Dazu über sechzig Hunde, dreihundert magere Ziegen, ein Heer von Hühnern und ein Pfarrer, Don Emilio, der jeden Abend in seiner kleinen Steinkirche vor dem Altar aus geschnitztem Wurzelholz kniet und seinen Herrgott fragt: »Warum hat die Schöpfung hier, in Mezzana, aufgehört? Herr, auch diese Menschen sind deine Kinder...«

Von der Staatsstraße, die von Palermo nach Syrakus führt und die an Vallelungo vorbeigeht und einen Hauch der Welt durch die heißen Gassen wehen läßt, einer Welt, die hier so fern ist wie das Mondgestein, zweigt ein schmaler, unbefestigter Pfad in die Berge ab.

Tschocky hatte sich eine genaue Autokarte besorgt, auf der dieser Weg als dünner Strich eingezeichnet war. Mit Rotstift hatte er um den Namen Mezzana einen Kreis gezogen. Bob Barreis hatte ungläubig auf diesen roten Kringel geblickt. »Woher willst du wissen, daß gerade in diesem Dorf jemand stirbt, wenn wir ankommen?« hatte er gefragt. Und Tschocky hatte gelacht und geantwortet: »Das wäre zuviel Glück! Ich kenne in Mezzana die Familie Laparesi. Der alte Ettore Laparesi ist ›Bürgermeister‹ dieses Elendshaufens.«

»Und wie kommst gerade du nach Mezzana?«

»Das ist eine lange Geschichte, Bob.« Tschocky saß in einem seiner tiefen Ledersessel, trank Bourbon-Whisky und malte auf den Rand der Karte sehr modern aufgefaßte Skelette. Die Wohnung Tschockys in der elterlichen Villa glich dem Ausstellungsraum eines Pop-Museums. Nichts in diesen vier Zimmern und einem mit Silberfolie ausgeschlagenen Bad erinnerte daran, daß es auf dieser Welt schon anderes gegeben hat als Möbel, Bilder, Bodenbeläge und Lampen aus einem Jahrhundert, das erst noch geboren werden mußte. Auch die Ledersessel hatten die Form einer von allen Seiten zusammengequetschten Schale... wenn man drin saß, war es gemütlich, aufstehen konnte man nur, wenn man sich seitlich über den Teppich abrollte. »Ich habe vor einem Jahr Sizilien bereist, hatte bei Vallelungo einen Unfall, ausgerechnet dort, mußte auf das Ersatzteil eine Woche warten und ritt auf einem Esel durch die Gegend. Was sollte ich anderes tun? Dabei kam ich auch nach Mezzana. Ich werde es nie vergessen. Eine Handvoll Häuser, hingeklebt an die kahlköpfige Schädeldecke eines Felsens. Sie müssen doch braten, diese Menschen, dachte ich. Sie liegen da in einer ewig heißen Pfanne. Warum brutzeln sie nicht wie Würste? Irgendwie faszinierte mich das . . . ich gab für den Bürgermeister Laparesi eine Kanne Wein aus, und dann soffen wir drei Tage und Nächte lang. Seitdem sind wir Freunde.« Tschocky unterbrach seine Skelettmalerei auf dem Kartenrand. »Wenn es irgendwo in der Umgebung von Mezzana eine Leiche gibt . . . Ettore wird sie uns beschaffen!«

Nun bogen Bob Barreis und Tschocky von der Staatsstraße bei Vallelungo ab und hoppelten über den schmalen Felsenweg in die hitzeglühenden Berge hinein. Sie waren seit fünf Tagen unterwegs. Tschocky, der die Buchführung übernommen hatte, trug in eine Art ›Bordbuch‹ alles ein, was sich ereignete. Gewissenhaft notierte er:

5. Mai. Abfahrt von Essen. Ankunft in Como 23.17 Uhr. Hotel Gardenia. Todmüde, trotzdem in der Bar Laura und Violetta kennengelernt. Verlosung: Laura für mich. War sehr schön.

6. Mai. Autostrada del Sole. Bei Rom Anhalterinnen. Zwei Engländerinnen. Mabel und Jane. Im Pinienhain an der Via Appia antica großes Vernaschen. Mabel war fabelhaft. Bob rollte mit Jane auf ein altrömisches Grab und verschaffte der Kleinen eine Prellung am linken Oberschenkel. Setzten sie dann in Ostia ab. Übernachtung in einem Motel. Im Nebenapartment arbeitete ein Pärchen die ganze Nacht. Kein Auge geschlossen. Scheußlich, nur zuhören zu müssen.

7. Mai. Erreichen spät Reggio di Calabria. Kein Fährbetrieb mehr. Übernachten im Hotel Paradiso. Zimmermädchen Lisa aus Emmerich am Rhein glücklich, einen Landsmann

zu treffen. Gute deutsche Bettfeier. Bob blieb ohne. Die Hausdiener und Kellner bewachten ihn wie einen Politiker. Sein Engelsgesicht macht hier die Weiber rein verrückt.

8. Mai. Übersetzen nach Messina. Lernen Rosa und Julia kennen. Heiß wie die sizilianische Sonne. Bleiben in Messina. Wieder Verlosung. Bob gewinnt Rosa. Im Zimmer stellt sich heraus, Rosa ist ein Transvestit. Und das Bob! Ich lach' mich krumm.

9. Mai. Im Einsatzgebiet. Catania liegt hinter uns . . .

Das war die letzte Eintragung. Bis hierher eine fröhliche Buchhaltung des genossenen Lebens. Die nächsten Zeilen würden nüchterner lauten. Geschäftlich. Etwa so: Übernahme der Ware. Rückkehr zum Festland . . .

Tschocky hatte für dieses makabre Abenteuer aus dem Fuhrpark der Familie den starken Kombiwagen genommen, mit dem sonst der alte Tschocky zur Jagd fuhr. Er war grün lackiert, sah unauffällig aus und hatte — wie Tschocky feststellte — Platz für vier ›Anatomische Gegenstände‹.

Tschocky hatte sie nach seinen Plänen von einem kleinen Schreiner in Essen arbeiten lassen. Eine massive Holzkiste mit Schraubdeckel, innen ausgeschlagen mit 200 mm Poresta, das keine Kälte hinaus- und keine Wärme hineinließ. Auf der letzten Station in Messina hatten Bob und Tschocky zehn große Frosterbeutel im Eisschrank steinhart frieren lassen und dann in die Kiste gelegt. Wenn die Kiste nicht geöffnet wurde, konnte die Kälte 24 Stunden in ihr erhalten bleiben.

Langsam fuhren sie nun über den Felspfad. Bob Barreis saß am Steuer, Spezialist für verrückte Straßen. Er gab sich alle Mühe, den Steinbrocken auf dem Weg auszuweichen, aber nicht immer gelang das. Dann machte der Wagen einen Satz, die Federn kreischten, unter den Rädern spritzten die weggeschleuderten Steine in alle Richtungen.

»Das ist die tollste Straße, die ich je gefahren bin!« schrie Bob, als der Wagen wieder einen Satz machte. »Dagegen ist eine Rallye ein Kinderwagenkorso . . .«

»Aber am Ende des Weges liegt Mezzana!« Tschocky öffnete

den Klemmverschluß einer Mineralwasserflasche und schüttete den Inhalt halb über Bobs Kopf. Das lauwarme, sprudelnde Wasser rann ihm über das Gesicht, in den weitgeöffneten Hemdkragen, über die Brust. Die Hitze zwischen den kahlen Felswänden war fast unerträglich. Bob wunderte sich, daß das Blech der Autokarosserie nicht glühte, kein Lack abplatzte und der Gummi nicht von den Rädern schmolz.

Nach einer Stunde sahen sie Mezzana. Einen weißen Steinhaufen unter dem Glatzkopffelsen, den ein Witzbold einmal Monte Christo getauft hatte. Ein paar jämmerliche braungrüne Weiden unterhalb des Dorfes waren die einzigen Farbtupfen in dieser gleißenden Einsamkeit. Sogar ein Bach durchzog das Tal, die einzige Lebensader von Mezzana, flüssige Nahrung, die als greifbares Rätsel aus dem kahlen Berg hervorsickerte, als rinne Speichel aus zusammengekniffenen Lippen. Hier, wo das Wasser seit Jahrhunderten gegen die Glut der Sonne kämpfte, lagen die Gärten, wuchs sogar Wein, gebar der heiße Boden Riesenfrüchte. Eine Oase in der Hölle. Heimat von über hundert Menschen.

Bob Barreis bremste und wischte sich über das staubverklebte Gesicht. Tschocky brannte zwei Zigaretten an und steckte Bob eine zwischen die Lippen. »So etwas hast du noch nicht gesehen, was?« fragte er gemütlich. Bob sog gierig den Rauch ein und stieß ihn mit pfeifendem Atem wieder aus. Dann schüttelte er den Kopf. Die weiße Sonne hatte ihn geschafft. Sein Gaumen war wie Leder, die Haut glänzte von Schweiß.

»Das ist geradezu unglaublich«, sagte er, riß Tschocky die Flasche aus der Hand und goß sich den Rest Mineralwasser über den Nacken. »Wie kann ein Mensch hier leben?«

»Und sie leben sogar glücklich, du wirst es sehen! Sie werden die Lieferanten der ›Anatomischen Handelsgesellschaft‹ werden . . .«

Der Bürgermeister Ettore Laparesi war der erste, der sie begrüßte. Er kam ihnen den steil ansteigenden Weg entgegengelaufen, schwenkte ein Fernglas über seinem Kopf und rief Laute, die sie noch nicht verstehen konnten. Vom Balkon seiner ›Casa Communale‹ aus hatte er den fremden Wagen eine geraume Zeit beobachtet, bis er im Okular seines Fernglases — es war der wert-

vollste Besitz der Familie Lap
bewohner erhob, denn wer w
— den Freund aus Germa
Tschocky erkannte. Ettore h
lief schreiend durch die
kommt!« rief er, »Sochi ko
liener unaussprechbar —
Hang bereits aus, wievie
nen könnte. Damals ha
hatte mit den Lire um si
gar der Pfarrer, Don Er
hatte ihn gesegnet und gesa
tes Fügung war.« Laparesi verstand diesen
che vier große Kerzen und durfte bei der nächsten Bittpro
zwanzig Minuten lang die Muttergottes am Bach, dem Lebens-
quell von Mezzana, entlangtragen.

Am Abend kam der Pfar
Bob und Tschocky hatten
und hatten an die Kind
stolz, es ohne Gege
ler. »Auch das m
»Die Sonne hat
lassen: den S
len, mord
zehntau
Bett
zen

»Amici!« brüllte Ettore, als Bob am Dorfeingang bremste.
»Amici! Willkommen! Willkommen! Laßt euch umarmen. Welche
Freude!«

Er stürmte das Auto, riß Tschocky aus dem Wagen, umarmte
und küßte ihn und preßte dann auch Bob an seine Brust. Ettores
Freude war ehrlich. In seinem stoppelbärtigen, wie die Felsen zerklüfteten, gegerbten Gesicht nistete greifbarer seelischer Glanz.
Was bedeutete es schon, daß sein Atem sauer nach Wein und
Knoblauch stank und eine Wolke von tierhaftem Schweißgeruch
ihn einhüllte. Bob Barreis, der Ästhetiker, der alles Unschöne verachtete und den nur der pfirsichhafte Schweißgeruch einer schönen Frau erregen konnte, nicht aber der Bittermandelgeruch eines
Straßenarbeiters, schob Ettore freundlich, aber bestimmt von sich
und sah sich hilfesuchend nach Tschocky um.

»Wir haben einen Wein dieses Jahr!« schrie Ettore, als müsse er
eine ganze Armee kommandieren. »Einen Wein, amici!« Er
schnalzte mit der Zunge, verdrehte die Augen und schmatzte mit
den Lippen. »Rot wie Stierblut! Mamma Giulia« — das war Frau
Laparesi, eine dicke Frau mit einem Gesicht, in das jedes Jahr ihres
Lebens eine Kerbe geschlagen hatte — »bäckt schon eine riesengroße Pizza! Welche Freude! Welche Freude!«

er, Don Emilio, ins Haus der Laparesi,
sich vom ganzen Dorf bewundern lassen
er Geld verteilt. Die Erwachsenen waren zu
hleistung anzunehmen, sie waren keine Bett-
uß man einkalkulieren«, sagte Tschocky zu Bob.
in ihrem Gehirn ein Zentrum besonders gedeihen
olz. Diese Leute würden, um leben zu können, steh-
en und brennen, aber niemals betteln. Und auch für
send Lire legt sich keines dieser Mädchen zu dir ins
. wenn sie's tun, dann umsonst, aus Liebe, mit ganzem Her-
. Und das ist lebensgefährlich. Hier kennt man keinen Flirt —
er ist alles Ehre und Stolz. Also Vorsicht, Bob . . . schieb dir eine
Stahlplatte vorn in die Hose!«

Don Emilio aß ein Stück von der riesigen Pizza mit, trank den
schweren, schwarzroten Wein wie Wasser und erzählte dann, daß
das Haus Gottes in Mezzana kein Lob des Herrn sei, sondern
eine Beleidigung der Christenheit. »Tausend Mark würde es kosten, um sie zum Lobe Gottes zu renovieren«, sagte er. Nach dem
Ruf Ettores durch alle Gassen hatte Don Emilio sofort von Lire in
Deutsche Mark umgerechnet, wieviel seine Kirche an Brosamen
von den Tischen der Reichen benötigte. Mit tausend Mark war es
zu schaffen. Einhundertachtzigtausend Lire . . . welche Summe für
Mezzana! Und nur ein Staubkorn in der Tasche des Reichtums.

»Investieren wir«, sagte Tschocky lässig zu Bob. »Wir geben ihm
die tausend Mark, und er wird, wenn wir unsere Handelsware ab-
transportieren, sich hinter den Altar verkriechen, die Augen
schließen und die Hände gegen die Ohren pressen. Wenn's sein
muß, baue ich ihm einen neuen Glockenturm . . .« Tschocky lächelte Don Emilio, der kein Deutsch sprach, freundlich an, griff in
die Brusttasche und zählte zehn Hundertmarkscheine auf die roh
gehobelte Tischplatte Ettores. »Wir werden sogar Gott bestechen«,
sagte er dabei.

»Das ist die tollste Idee, mit der ich je zu tun hatte.« Bob Barreis
verzog sein schönes Gesicht. Sein Blick glitt über die gierigen Augen des Bürgermeisters Laparesi, über Don Emilio, der sich zuerst
zierte, dann aber mit einer Handbewegung, als habe er einmal

Dienst als Croupier in einer Spielbank getan, die Scheine einstrich, und über Mama Giulia, die sich die fetten Lippen leckte, Ettore unter dem Tisch gegen das Bein trat und ihn auf diese Weise daran erinnerte, daß auch die Laparesis Deutsche Mark annahmen.

Ettore seufzte, langte unter den Tisch, rieb sein Bein und stierte auf die Reste seiner Pizza. »Die Ernte war schlecht«, stöhnte er. »Ein Sommer, amici, ein Sommer! Wenn man den Hintern aus der Tür streckte, hatte man im Handumdrehen gebratenen Schinken! Den Hühnern versengten die Federn. Die Ziegen gaben kochende Milch. Ein böser Sommer. Wir haben im Winter gehungert und Heu gefressen wie das Vieh —«

»Das kann sich ändern«, sagte Tschocky bedeutungsvoll. »Aber der Wein ist gut, Ettore . . .«

Um 22 Uhr ging Don Emilio fort, um die Glocken zu läuten. Es waren zwei armselige, schrille Glöckchen, aber nicht der Ton lobt Gott, sondern die Gesinnung, die am Seil zieht. Ettore rückte an Tschocky und Bob heran, nachdem Mamma Giulia die Männer allein gelassen hatte und irgendwo draußen vor dem Haus herumklapperte.

»Du machtest vorhin eine Andeutung, Socci«, bohrte sich Ettore vor. »Das Elend von Mezzana zerfrißt mein Herz. Ich kann dir Kinder zeigen, die noch nie ein Stück Fleisch bekommen haben, die keine Polenta kennen, keinen Fisch . . .«

»Mich interessieren nicht die Kinder, Ettore, mich interessieren die Alten, Kranken, Gebrechlichen . . . die, die in Kürze sterben.« Tschocky legte dreihundert Mark auf den Tisch. Ettore schluckte heftig — er wußte, daß sie ihm gehörten, aber er sann darüber nach, was er dafür zu leisten hatte. Vor dem Haus entstand ein Stimmengewirr . . . Abgesandte der Familien von Mezzana erkundigten sich bei Mamma Giulia, wie es den beiden Fremden aus Germania ginge. Ob sie satt seien und vor allem freundlich. Man hatte im Dorf sofort bemerkt, daß Don Emilio heute abend die Glocken länger läutete.

»Die Kranken?« fragte Ettore und putzte sich die weinfeuchten Lippen mit dem Handrücken ab. »Aha, die Kranken! Wieso, Socci?«

»Liegt im Dorf jemand im Sterben?«

»Nein.« Ettore starrte Tschocky und dann Bob an. »Warum?«

»Wir brauchen Tote, Ettore.«

»Tote . . .?«

»Und zahlen fünfzigtausend Lire für eine Leiche«, sagte Bob.

»Amici, ihr seid betrunken.« Ettore grinste breit. »Der Wein ist gut, was? Wächst auf den Felsen . . .«

»Das ist kein Scherz, Ettore.« Tschocky legte die Hand auf die drei Hundertmarkscheine. Bürgermeister Laparesi begriff sofort, daß es ernst wurde. Er nahm einen langen Schluck Wein und schielte beim Trinken über den Rand der Tonkanne. »Du weißt, daß man an den Universitäten Ärzte ausbildet.«

»Ich bin doch kein Idiot.«

»Sie studieren die Krankheiten, sie lernen den Menschen von innen und von außen kennen, und sie brauchen dazu Leichen, die man aufschneiden kann, um in allen Einzelheiten die Anatomie, den Aufbau des Körpers, zu begreifen. Die Studenten müssen jeden Knochen kennen, jeden Muskel, jeden Nerv, jede Sehne, jede Drüse, jede Arterie oder Vene, jedes Organ, seinen Aufbau und seine Funktion, seine Krankheiten und die Möglichkeiten der Heilung. Zu allem braucht man Leichen, um an ihnen genau zu studieren, wie man das Leben verlängern kann. Es ist also eine gute, edle Aufgabe, Tote an die Universitäten zu verkaufen.«

Ettore Laparesi starrte in seinen Weinkrug und dachte nach. Zum erstenmal im Leben wurde er mit einer Tatsache konfrontiert, über die er sich noch nie Gedanken gemacht hatte. Natürlich, die Ärzte müssen ja den Menschen auch von innen kennen, denn woher sollen sie sonst wissen, welche Krankheiten sich innen ansiedeln können. Und dann die Operationen. Da muß man ja wissen, wohin man schneidet. Ettore hatte immer die Chirurgen bewundert, wenn die Zeitungen und Illustrierten über sie berichteten. Da nähte man abgetrennte Arme wieder an, meißelte Köpfe auf, verpflanzte ganze Herzen . . . es war schon eine tolle Welt. Und der Maria Capuccilini aus dem Nachbardorf Ovindoli hatten sie in Palermo sogar eine Brust abgenommen, und seitdem wurde sie munter wie eine Zwanzigjährige.

Ettore sah Bob an, als wolle er auch von ihm eine Erklärung. Und Bob sagte:

»Überlegen Sie einmal, Signore Laparesi: Jemand stirbt, man legt ihn in einen Sarg, scharrt ihn in die Erde, und dort verfault er. Wem nutzt er noch? Keinem! Nur Mühe kostet er. Man muß das Grab pflegen, bepflanzen, sauberhalten. Was aber könnte er der Menschheit nützen, wenn man ihn uns verkauft! Er kann das Wissen von vielen jungen Ärzten erweitern, er hilft mit, die Krankheiten zu besiegen ... und er bringt den Hinterbliebenen auch noch fünfzigtausend Lire ein ...«

»Das ist enorm wichtig!« Ettore legte die Hände gefaltet über die Weinkanne. Sein unrasiertes, verwittertes Gesicht nahm einen Ausdruck ehrlicher Trauer an. »Aber wir haben keinen Toten in Mezzana.«

»Keinen Schwerkranken?«

»Einen. Den alten Giubbia. Ist neunzig Jahre alt, hatte drei Schlaganfälle und kann seit vier Jahren nicht sterben. Immer wenn er merkt, es geht los, säuft er einen Krug Wein und lebt weiter — Die Familie Giubbia ist schon voller Verzweiflung ...«

»Und in den Nachbarorten? Ich zahle dir zwanzigtausend Lire Vermittlung.«

Ettore Laparesi schwieg. Auch ein Mensch aus Mezzana muß sich erst daran gewöhnen, mit Toten zu handeln. So einfach ist das nicht, sich umzustellen. Statt Melonen Leichen ... das war auch für Ettore ein Niederknüppeln moralischer Bedenken.

Es ist für die Medizin, dachte er dumpf. Für uns alle. Da hat er recht. In der Erde nützen sie gar nichts, aber in den Universitäten kann man an ihnen lernen. Warum hat eigentlich die Mafia diese Handelsmöglichkeit noch nicht entdeckt? Da müssen erst die Tedeschi kommen ...

»Überschlafen wir es«, sagte Ettore diplomatisch. »Ich muß erst überlegen, ob dieses Geschäft gottgefällig ist —«

Bob Barreis und Tschocky blieben zwei Tage in Mezzana, da kehrte am dritten Tag Laparesi von seiner neuen Überlandfahrt zurück und meldete mit glänzendem Gesicht:

»Ich habe einen Toten! In Primolano. Ein kräftiger Kerl. Zwanzig Jahre alt. Unfall, amici ... seine Familie hat seit neun Generationen Streit mit den Nachbarn Frolini. Alberto Ducci war nach der

Rangordnung der nächste, der dran war. Aber er war schlau. Suchte sich Arbeit in Deutschland. Blieb dort zwei Jahre. Und jetzt kommt er zurück, um seine Mamma zu besuchen, und läuft genau dem alten Frolini vor die Schrotbüchse. Wie kann man nur so dumm sein, so dumm...« Ettore warf die Hände hoch und begann, die ganze Geschichte vom Generationsstreit der Familien Frolini und Ducci zu erzählen. Begonnen hatte es irgendwann im Jahr 1809... da hatte ein Ducci eine Tochter der Frolinis geschwängert und nicht geheiratet. Am Tag der Geburt des Kindes fand man Ducci mit eingeschlagenem Schädel. Seitdem brachten sich die Familien gegenseitig um, aber sie schafften es nicht. Die Frauen gebaren mehr Kinder als man umbringen konnte. Mit jedem Toten wuchs die Fruchtbarkeit. Es wäre alles so einfach gewesen, wenn die Frolinis oder die Duccis in einen anderen Ort gezogen wären... aber das war unmöglich. Ihre Ehre war aus Stein, wie die Felsen um sie herum.

Eine Stunde später fuhren Bob und Tschocky mit ihrem Kombiwagen nach Primolano. Ettore saß hinten auf der Spezialkiste und rauchte eine Zigarette nach der anderen. Die Kippen drückte er auf dem Kistendeckel aus. Er war nervös. Die Familie Ducci war bereit, den Toten, von dem noch niemand offiziell wußte, daß er tot war, zu verkaufen. Die Carabinieri-Station in Rocca del Aquila war überhaupt nicht unterrichtet... was ging die Polizei auch die Fehde der Familien Frolini und Ducci an? Ändern konnte den Zustand doch niemand.

In Primolano erwartete die ganze Familie Ducci den deutschen Aufkäufer ihres lieben Alberto.

Wie riesige Raben saßen die schwarzverhüllten Frauen der Duccis um das einfache Feldbett, auf dem der Tote lag. Sein schönes, stolzes Gesicht war noch voller Faszination, mit der die Leidenschaft einen sizilianischen Menschen zeichnen kann. Mario Ducci, das Familienoberhaupt, weißhaarig, zerklüftet wie die Felsen, kam Bob und Tschocky mit versteinerter Miene entgegen. Die Frauen weinten leise. Ettore blieb draußen am Wagen; er wollte mit der Blutrache der Frolinis und Duccis nichts zu tun haben.

»In den nächsten Tagen wird man Ihnen einen Frolini liefern«, sagte der alte Ducci unbewegt. »Aus Amerika und Kanada,

Deutschland und der Schweiz kommen alle Auswärtigen zurück. — Sie nehmen alle Toten ab?«

Bob Barreis starrte auf den langausgestreckten Körper des Jungen.

»Alle!« sagte er, bevor Tschocky etwas sagen konnte.

»Das ist gut.« Mario Ducci hielt die Hand auf. »Es geht niemand etwas an, was hier passiert. Wenn Sie die Toten mitnehmen, ist das die unauffälligste Art, sie verschwinden zu lassen.«

»Und wie lange soll das weitergehen?« fragte Tschocky.

»Bis den Frolinis der Atem ausgeht. Sie haben noch vier Männer, und keine Frau ist schwanger. Wir haben noch sechs Männer, und vier Frauen bekommen ein Kind. Die Duccis werden siegen!«

Tschocky bezahlte für den Toten fünfzigtausend Lire, dann trugen vier der Duccis die Kiste ins Haus. Was dann begann, nahm Bob Barreis in sich auf wie einen Horrorfilm.

Der Erschossene wurde ausgezogen und gewaschen. Die Frauen übernahmen das, und sie verrichteten ihre Arbeit wie ein Ritual. Bob sah, daß die Brust des Jungen von der Schrotladung zerfetzt war . . . einer der Frolinis mußte das Gewehr kaum zwei Meter entfernt abgedrückt haben. Fast ohne Streuung, mit voller Wucht waren Hunderte von Kugeln in den Körper gedrungen.

Nackt legte man den toten Ducci in die Kiste, packte die Kühlbeutel rund um ihn herum, so, wie man einen Riesenfisch für den Versand herrichtet, hob dann den Deckel drauf und verschloß ihn. Das alles geschah schweigend, wortlos, nur umflossen von dem hörbaren Weinen zweier Frauen, der Mutter und der Schwester des Toten. Dann trugen die vier Männer die Kiste zurück in den Kombiwagen, schoben sie hinein und gingen ohne einen Blick auf Bob und Tschocky ins Haus. Nur der alte Mario Ducci stand noch in der Tür und blickte mit verschleierten Augen seinem jüngsten Sohn nach. In den Händen hielt er die Geldscheine, zwischen den zusammengepreßten Fingern quollen sie hervor.

»Gott segne dich, figliioletto«, sagte er rauh, als Bob sich wieder ans Steuer setzte und den Motor anließ. »Von dem Geld werden wir Waffen und Munition kaufen und die Frolinis ausrotten! Ich verspreche es dir bei den Tränen der Muttergottes . . .«

Er blieb in der Tür stehen, bis der Wagen hinter einer Biegung des Weges in den Bergen verschwunden war. Erst als er ins Haus zurückkam, begannen die Frauen laut zu weinen und zu schreien, und die Männer brüllten, der Himmel solle die Frolinis verfluchen.

Der Transport aufs Festland war kein Problem. Niemand sah der Kiste an, welchen Inhalt sie verbarg. Bob hatte in großen Buchstaben auf die Seiten mit weißer Farbe gemalt: ›Camping International‹. Das verstand jeder und glaubte, in der Kiste liege ein Zelt oder andere Ausrüstungen für einen fröhlichen Urlaub.

Die Vorarbeiten Tschockys erwiesen sich als präzise.

Nach zwei Tagen Fahrt erreichten sie die Universitätsstadt und riefen von einem Telefonhäuschen den Anatomiediener an. Das war so verabredet. Der Mann, der im Anatomiekeller Leichenteile herumtrug wie ein Metzger Würste, verständigte den wissenschaftlichen Assistenten des Professors. »Heute um 22 Uhr«, sagte der Anatomiediener. »Ich hole Sie vor dem Institut ab. Wir müssen hinten in den Hof fahren, aber das zeige ich Ihnen dann . . .«

Bis jetzt war das Unternehmen ohne Schwierigkeiten gelaufen. Die einzigen Unannehmlichkeiten bereiteten die Gefrierbeutel, die trotz der Innenverkleidung aus Schaumstoff schneller schmolzen als Bob und Tschocky annahmen. Sie mußten deshalb bei der Übernachtung in Salerno die Kiste wieder aufschrauben, die Beutel herausnehmen und im Tiefkühlraum des Hotels einfrieren.

Diese Aufgabe übernahm Bob Barreis . . . Tschocky hielt Wache in der Hotelgarage, während Bob sich mit dem Toten beschäftigte. Die sportliche Note, die Tschocky in dem ganzen Unternehmen sah, diese Lust, etwas Ungewöhnliches zu tun — er hatte sogar den Transport des toten Ducci in allen Einzelheiten fotografiert, selbst in Primolano, unter den wachsamen Augen der Duccis mit einer Minikamera, die er im Gürtel der Hose versteckt hatte —, diese makabre Flucht aus dem Einerlei reicher Spielereien, empfand Bob seit dem Anblick des Toten nicht mehr. Für ihn war dieser ›Sport‹ mehr geworden. Die Gegenwart des Todes erregte ihn innerlich mit einem Lustgefühl, wie er es schon empfunden hatte, als Lutz Adams vor seinen Augen verbrannte und der Bauer Gaston Brillier mit seinem Motorrad in die Tiefe der Bergschluchten stürzte. Es war das gleiche Lustgefühl, mit dem er liebte; wenn er verlangte, daß die Mädchen sich vor ihm wanden und Schmerzen vortäuschten; wenn sie spielen mußten, als zerbrächen sie unter seinen Händen; wenn er ihr Stöhnen und verhaltenes Schreien hörte und sich labte an den schreckensweiten Augen. Dann überflutete ihn eine heiße Welle und riß ihn mit sich, dann wurde er ein Vulkan des Genusses, ein Körper, der Flammen aus dem anderen Körper schlug.

Pünktlich um 22 Uhr parkten sie vor dem Anatomischen Institut der Universität und warteten auf den Anatomiediener. Als ein Herr in einem vorzüglichen Maßanzug über die Straße kam, drückte Tschocky kurz auf die Hupe.

»Das ist er«, sagte er.

Bob wunderte sich ehrlich. »Dieser Gentleman?«

»Warum soll ein Anatomiediener wie ein Unhold aussehen? Gianni Porza ist ein Mann, der sein ganzes Geld in Kleidung und Kosmetik anlegt.« Tschocky lachte und winkte Porza zu. »Auch ein interessanter Fall von Psychologie. Weil er immer nur zerschnittene Leichen sieht, nackte Tote, und acht Stunden am Tag in einer Wolke von Formalin und Desinfektionsmitteln lebt, flüchtet er sich privat in Maßanzüge und herbe Parfüms. So bleibt seine Welt immer in Ordnung.«

Die Übergabe des Toten erfolgte schnell, geschäftsmäßig.

Hier Ware, hier Geld. Hunderttausend Lire.

Gianni Porza überzeugte sich im Hof, daß wirklich ein Toter in der Kühlkiste lag, zahlte dann das Geld aus und schob mit Bobs Hilfe die Kiste auf einen flachen, vierrädrigen Wagen. Dann verschwand er mit ihm hinter einer großen Eisentür, auf der ›Eintritt verboten‹ stand. Das schleifende Geräusch eines Fahrstuhls kam schwach durch die Tür. Das Reich der Toten ist unter der Erde . . . ob begraben oder im Kühlkeller der Anatomie.

Gianni Porza war nach zehn Minuten wieder da und schob die leere Kiste in den Kombiwagen. »Das nächstemal keinen Erschossenen«, sagte er. »Brustkorb, Zwerchfell und Lunge sind unbrauchbar für Studienzwecke. Liefern Sie bitte das nächstemal einen intakten Toten . . .«

Er gab Bob und Tschocky würdevoll die Hand, rollte die Karre an die Wand des Hofgebäudes der Klinik und entfernte sich, ohne sich noch einmal umzublicken. Ein eleganter Mann mit schwarzem, gewelltem Haar, der nach einem Gemisch aus Heu und Juchten duftete.

»Das hätten wir«, sagte Tschocky, als sie vor dem Hotel, in dem sie Zimmer bestellt hatten, aus dem Wagen stiegen. »Was machen wir jetzt mit dem angebrochenen Abend?«

»Jetzt muß ich eine Frau haben.« Bobs Stimme vibrierte dunkel. Seine großen, rehhaften Augen glänzten. »Du nicht?«

Tschocky schüttelte den Kopf. »Mir ist eigentlich nicht danach zumute. Verdammt, jetzt, wo alles vorbei ist, überkommt mich eine Art von Katzenjammer . . .« Er lehnte sich gegen den Wagen und steckte sich eine Zigarette an.

»Mir hat es gefallen.« Bob Barreis lächelte mild. Sein Engelsgesicht schien in einer Verklärung zu vergehen. »Mach's gut, Tschock. Ich fange mir ein Täubchen . . .«

Tschocky sah ihm nach, wie er leichtfüßig über die Straße hüpfte, ein Mann wie aus einem Bilderbuch der Schönheit. Ein paar Frauen drehten sich nach ihm um . . . er war ein Magnet, der das Verlangen aus den Weibern herauszog.

»Er wird unheimlich«, sagte Tschocky leise zu sich und zerdrückte die Zigarette am Kühlergrill des Wagens. »Es scheint überhaupt nichts zu geben, was ihn umwirft.«

Er fuhr auf sein Zimmer, zog sich aus, brauste sich, warf sich nackt aufs Bett und schlief schnell ein.

Bob Barreis aber verlebte die ganze Nacht in einem Zimmer der Via Scarente.

Für fünfundzwanzigtausend Lire ließ er ein siebzehnjähriges Hürchen ›tot‹ spielen. Sie mußte sich nackt auf das Bett legen, die Augen schließen, die Hände über dem Bauch falten und den Atem anhalten. Erst dann fiel er über sie her und stammelte wie ein Mensch, dem man die Zunge herausgerissen hat.

Hellmut Hansen war unterwegs nach Sizilien. Von Düsseldorf war er nach Rom geflogen, von Rom nach Catania. Nun saß er im Hotel Palazzo und wußte nicht weiter.

Dr. Dorlach hatte bis hierhin die Spur verfolgen können. Er war sofort zu den Tschockys gefahren, aber der steife Butler war selbst für fünfhundert Mark nicht bereit, mehr zu sagen als: »Es ist unter meiner Würde, für Geld zu sprechen.« Den ersten und einzigen Anhaltspunkt erhielt Dr. Dorlach bei dem Chauffeur. Hier erfuhr er, daß Tschocky junior sich eine Karte von Sizilien besorgt hatte. Er blätterte darin herum, als der Chauffeur den alten Tschocky zu einer Aufsichtsratssitzung abholte.

»Sizilien!« sagte Theodor Haferkamp ahnungsvoll. »Das gibt nie und nimmer etwas Gutes! Weiß der Teufel, was sie dort unten ausbrüten! Was kann man in Sizilien anstellen, Hellmut?«

»Ein Mensch wie Bob kann überall die Welt anzünden. Seine Fantasie in Lustbarkeiten ist unerschöpflich und bizarr.«

»Wenn er bloß zehn Prozent davon in ehrliche Arbeit investierte!« schrie Haferkamp. Er hob bewußt die Stimme, denn Mathilde Barreis kam in den Salon. Sie war blaß, eine zerbrechliche Erscheinung, porzellanhaft und wie mit gefalteten Händen geboren.

»Eine Nachricht von Bob?« fragte sie.

»Ja. Er soll in Sizilien sein.«

»Sicherlich in einem Sanatorium.«

»Ganz sicher. Eine Trinkkur. Er schlürft den Schweiß aus dem Nabel der Weiber!«

Mathilde Barreis zuckte zusammen, aber sie ging auf diesen Ton nicht ein. Sie sah Hellmut an, mit diesem flehenden Blick mütterlicher Sorge, dem niemand widerstehen kann. »Du wirst ihn aufsuchen, Hellmut?«

»Erst muß er ihn suchen!«

»Ich will mein Bestes tun.« Hansen hob hilflos seine Hände. »Sizilien ist groß. Wie soll man da auf gut Glück zwei Männer finden?«

»Es gibt nur eine Möglichkeit: Klappere alle bekannten Hotels in den Städten ab. In irgendeinem dieser Luxuskästen müssen sie übernachtet haben. Dann hast du wenigstens einen Anhaltspunkt.« Haferkamp sah seine Schwester herausfordernd an. Es war ein Blick, dem Mathilde immer auswich. Wenn es um Robert ging, war sie immer mit einem Schuldgefühl belastet. Was habe ich falsch gemacht, fragte sie sich oft. Er war doch als Kind ein so lieber, braver Junge. Sie wußte ja nicht, daß drei Dienstmädchen in diesen Jahren gekündigt hatten, weil der vierzehnjährige Bob ihnen im Personalflügel der Villa auflauerte und ihnen die Blusen aufriß.

Hellmut Hansen war bis nach Catania gekommen. Hier verlor sich die Spur. Im Hotel Palazzo hatten Bob und Tschocky drei Stunden gerastet und einen Berg von Gefrierbeuteln in der Schnellkühlanlage des Hotels einfrieren lassen. Das hatte er auch schon in Messina gehört.

Zwanzig Gefrierbeutel. Hansen suchte nach einem Sinn und fand ihn nicht. Aber wenn ein Bob Barreis mit so etwas durch Sizilien reist, mußte es eine absonderliche Bedeutung haben.

Nun saß Hellmut Hansen in Catania und wartete auf den großen Helfer aller Ratlosen, den Zufall. Er wartete über eine Woche, fuhr mit einem Leihwagen die Küstenstraßen ab . . . nach Syracus und Licata, nach Marsala und Trapani, nach Palermo und Cefalu. Er umkreiste die Insel in der Hoffnung, irgendwo vor einem der Strandhotels den Kombiwagen aus Essen zu sehen. Denn nur an der Küste kann Bob sein, folgerte Hansen, nur wo Wasser und Mädchen sind, fühlt er sich wohl. Im Inneren des Landes, über das die Jahrhunderte hinweggeweht sind wie heiße Stürme, gab es für einen Barreis keinen Tummelplatz der Freude.

Seine Suche mußte vergeblich sein, denn Tschocky und Bob hatten sich bereits getrennt und waren nach Deutschland zurückgekehrt. Tschocky fuhr nach München — ihm war plötzlich eine Idee gekommen, die ihn faszinierte. Er lieh Bob dreitausend Mark und gab ihm einen Blankoscheck der Essener Bank mit. »Limit zehntausend Mark«, sagte er, unruhig vor Ungeduld. »Wo treffen wir uns?«

»In Cannes.« Bob Barreis schrieb einen Schuldschein aus und schob ihn Tschocky über den Tisch. Ordnung muß sein, auch unter Freunden. »Willst du mit der Kiste nach München?«

»Ich stelle den Wagen in Rom in einer Garage unter und fliege. Und du?«

»Ich weiß noch nicht.« Bob Barreis sah aus dem Fenster. Die Luft kochte. Es war ein ungewöhnlich heißer Mai. An der gegenüberliegenden Kirche verkrochen sich die Tauben in den Schatten der aus Stein gehauenen Heiligen. »Auf jeden Fall bin ich in Cannes! Wann treffen wir uns?«

»Am Sonntag, dem 18. Mai.«

»Vor dem Club Mediterrané.«

»Okay.«

Am Abend fuhren sie weiter nach Rom und flogen am nächsten Morgen in verschiedenen Maschinen nach Deutschland. Tschocky nach München, Bob Barreis nach Köln.

Und während Hellmut Hansen um diese Zeit auf der Straße nach Marsala schwitzte und den Zufall herausforderte, klingelte es bei der Studentin Eva Kottmann an der Wohnungstür. Sie bewohnte ein kleines Einzelzimmerapartment am Rand von Bad Aachen, eine Betonschachtel, deren vier Ecken vier Zimmer bedeuteten: eine Küche, ein Wohnzimmer, eine Schlafnische und ein Arbeitszimmer. In der Mitte hing von der Decke eine Sesselschale aus Peddigrohr: der Freizeitraum.

»Sie?« sagte Eva Kottmann gedehnt, als sie öffnete. Hinter einem großen Rosenstrauß lächelte das Gesicht von Bob Barreis. Es war wie ein süßes Botticelli-Bild: Engelchen zwischen Rosen. »Wo kommen Sie denn her?«

»Darf ich zunächst eintreten?« fragte Bob.

Sie gab die Tür frei, er ging in die Wohnung und legte den Rosenstrauß in den Hängesessel. Ein schneller Rundblick genügte ihm. Eva Kottmann war zwar ein hübsches, kluges Mädchen, aber sie war auch ein armes Mädchen. Vater Volksschullehrer, erinnerte er sich. Stockt ihren mageren Monatswechsel mit Privatstunden in Englisch auf. Das macht vieles leichter, dachte er zufrieden.

»Sie überraschen mich wirklich«, sagte sie. Ein wenig ratlos lehnte sie an der Tür und blickte auf die dickköpfigen Rosen. Hellmut sagte doch, er sei in Sizilien, durchfuhr es sie. Nun ist er hier. Und Hellmut ist nach Sizilien geflogen? Oder war es nur eine Ausrede auf Bobs Kosten? War Hellmut gar nicht nach Italien geflogen?

Mißtrauen quoll in ihr auf. Plötzlich spürte sie einen dumpfen Druck auf dem Herzen.

Bob Barreis lächelte sie an. Seine Samtaugen streichelten sie förmlich.

»Habe ich Ihnen nicht versprochen, Eva, Sie zu besuchen?« sagte er.

»Ich habe es nicht ernst genommen. Aber warum sind Sie nicht auf Sizilien?«

»Sizilien?« In Bobs Augen stand ehrliche Verwunderung. »Was soll ich denn dort?«

»Hellmut ist nach Catania geflogen, um Sie zu suchen.«

Nichts in Bobs Gesicht verriet, welchen Triumph er in diesen Minuten genoß. Jetzt werde ich euch alle aufs Kreuz legen, dachte er, während seine sanften Augen tiefste Verblüffung widerspiegelten. Verdammter Onkel Theodor, du hast Hellmut zum letztenmal als Feuerwehr eingesetzt.

»Das muß ein Irrtum sein«, sagte Bob. »Ich war vor zwei Jahren auf Sizilien. Von da an nicht mehr . . .«

»Aber Hellmut . . .« Eva Kottmann strich sich die Haare aus der Stirn. Ihre Verwirrung war so groß, daß sie Bobs heruntergezogene Mundwinkel übersah. »Er ließ mich aus dem Hörsaal holen und erzählte mir . . .«

»Hellmut hat Sie belogen, Eva.« Bobs Stimme war weich wie ein Celloklang. »Ich habe ihn gestern gesehen . . . er ist in Cannes . . . Zur Abwechslung bevorzugt er schwarze Langmähnige . . .«

Das war ein Blattschuß. Bob erkannte es, als Eva die Lippen zusammenkniff.

Ich werde meine Wette gewinnen, dachte er zufrieden. Und dann werden wir Feinde sein, wie es sie noch nie gegeben hat.

Ich hasse dich, du ewiger Lebensretter. Du wandelndes Gewissen. Du guter Mensch!

Ehe ich an deiner Moral ersticke, schlagen wir uns lieber die Schädel ein . . .

5

Wie versteinert stand Eva Kottmann am Fenster und starrte auf die Straße. Ganz nahe an der Gardine stand sie, das Gesicht gegen das Gittermuster. Das Schweigen, das zwischen ihr und Bob Barreis lag, war drückend und beklemmend. Vielleicht vier Minuten stand sie so da, stumm, mit geschlossenen Augen. Bob unterbrach diese Stille nicht ... er wußte, daß in diesen Sekunden des Schweigens das Bild Hellmut Hansens, das Eva in ihrem Herzen trug, zerrissen wurde. Das war ein Triumph, den er körperlich wie ein wundervolles Prickeln verspürte. Er setzte sich, schlug die Beine übereinander und steckte sich eine Zigarette an. Das Knacken des Feuerzeuges riß Eva herum. Ihre blauen, großen Augen waren eine einzige Forderung.

»*Sie* lügen!« sagte sie laut.

Bob Barreis hob die Hand mit der brennenden Zigarette. »Stopp, schöne Eva. Bob Barreis mag zwar einen schlechten Ruf haben — und der ist auch nur von denen aufgebaut worden, die ihn maßlos beneiden bis zum Haß —, aber eins hat er noch nie getan: in ernsten Situationen ein schönes Mädchen belogen. Das war immer meine Stärke: Ehrlichkeit. Ich habe nie, wenn's sein mußte, gesagt: Baby, ich liebe dich ... sondern immer nur: Mit dir möchte ich ins Bett gehen! Da weiß man sofort, was ist, wird und ferner sein wird.«

»Gehört das überhaupt hierher?« fragte Eva mit deutlicher Abwehr.

»Nur als Beispiel. Warum sollte ich Sie belügen, Eva?« Bob lehnte sich zurück. Er betrachtete Eva Kottmann mit den Blicken eines Kenners, dem weibliche Schönheit in einem solchen Ausmaß angeboten wird, daß er auf kleinste Einzelheiten und Unterscheidungen Wert legt. Die Form der Fesseln, die schlanke Rundung der Brüste und ihr Übergang zur Schulter. Details, in denen der Zauber der Schönheit liegt, die Vollkommenheit weiblicher Natur. Eva Kottmann erschien ihm schön, aber nicht aufregend. Sie war nicht der Typ, den sich ein Bob Barreis ins Bett holte ... aber sie war genau die Frau, an der ein Mensch wie Hellmut Hansen mit allen Fasern seiner Seele hing, und deshalb auch ein Mittel, Hansen zu zerstören.

»Was hätte ich davon?« fragte Bob Barreis teuflisch. »Sie lieben Hellmut . . .«

»Ja! Und deshalb glaube ich nicht . . .«

»Blablabla, Eva! Glaube ich nicht! Sehen muß man es! Kommen Sie mit nach Cannes. Beobachten Sie Hellmut, wie er leichtfüßig vor lauter heraussprudelndem Charme um seine Begleiterin herumtanzt. Ein Pfau auf der Balz. Wenn Sie wollen . . . ich nehme Sie gern mit an die Riviera.«

»Und . . . und Hellmut hat Sie nicht gesehen?«

»Ich bitte Sie! Als ich ihn ankommen sah, bin ich auf Tauchstation gegangen. Rein in ein Café und hinter die Scheibe geduckt. So ein Lümmel, habe ich noch gedacht. Wie kommt er allein nach Cannes? Was hat er dem guten Onkel Theo vorgelogen? Und Ihnen . . . Verzeihung.« Bob Barreis deutete eine Verbeugung im Sitzen an.

Das war ein Trommelfeuer von Giftpfeilen, dachte er zufrieden. Das schießt jede Festung reif. Er vermied es, Eva anzusehen, rauchte seine Zigarette und betrachtete nur die glimmende Spitze.

»Wann fahren Sie, Bob?« fragte sie plötzlich. Barreis' Engelsgesicht verklärte sich.

»Morgen schon . . .«

»Und Sie nehmen mich mit?«

»Es wird die schönste Reise in den Süden sein, die ich jemals unternahm.«

»Lassen Sie das!« sagte sie abweisend. Ihre Finger spielten nervös miteinander, verkrampften sich und zupften dann sinnlos an ihrem Kleid herum. »Wann holen Sie mich ab?«

»Morgen früh um neun?«

»Dann werden wir unterwegs übernachten müssen?«

»Sicherlich«, sagte Barreis harmlos. »Vielleicht in Grenoble. Bin ich ein Mann zum Fürchten? Ich verspreche Ihnen, keinen Lustmord zu begehen . . .«

Er lächelte dabei, aber dieses Lächeln war überhaucht von Grausamkeit. Eva Kottmann erkannte es nicht . . . sie lächelte zurück, als sei die Bemerkung wirklich witzig gemeint. Doch dann fiel wieder ein Vorhang von Traurigkeit über ihre Augen.

»Was soll ich eigentlich in Cannes?« fragte sie leise. »Warum soll ich das alles sehen?«

»Ich habe mir immer wieder von Männern, die es wissen müssen, erzählen lassen, daß Frauen um ihre Liebe kämpfen können. Selbst habe ich das noch nie erlebt, denn um mich braucht man nicht zu kämpfen, ich bin allezeit bereit, und auch ich habe noch nie um eine Frau gekämpft, wenn sie mir gefiel. Ich streckte die Hand aus und hatte sie wie ein gezähmtes Vögelchen. Aber Sie sind anders, Eva, und Hellmut erst recht . . . bei Ihnen sitzt die Liebe nicht im Unterleib, sondern wirklich im Herzen, obgleich das Herz nichts anderes ist als ein dämlicher, immer zuckender Muskel. Es klingt nur romantischer: das liebende Herz.« Er zerdrückte seine Zigarette in dem gläsernen Aschenbecher vor sich und schlang die Arme um sein angezogenes Knie. »Ich will Ihnen doch nur helfen, Eva . . . und Hellmut auch. Er ist ein so guter Kerl und Freund . . . aber einmal rutscht der beste Eisläufer aus —«

»Also gut. Morgen um neun!« Eva Kottmann streckte Bob die Hand hin. Er mußte aufspringen, auch wenn er seinen Besuch noch nicht befriedigend abgeschlossen sah. »Sind Sie mir böse, wenn ich Sie bitte, mich jetzt allein zu lassen? Das Herz . . .« Sie lächelte gequält. ». . . Sie haben es eben selbst gesagt . . .«

»Eigentlich wollte ich mit Ihnen essen gehen.«

»Jetzt nicht. Bitte —«

Ihre Stimme war klein und kläglich wie bei einem verwirrten Kind, das nach dem Weg fragt. Barreis nahm ihre schlaffe Hand, küßte sie und stellte verwundert fest, daß sie nach Maiglöckchen roch. Er mochte Maiglöckchen. Es war ein Geruch süßer Verschwendung. Zum erstenmal hatte er es gerochen, als Tante Ellen ihm bewies, welche Qualitäten in einer reifen, hungrigen Frau stecken. Damals war er sechzehn. Von da an begleitete ihn der Maiglöckchenduft durch sein ganzes Leben. Es war erstaunlich, wie viele schöne Frauen diese Duftnote bevorzugten, und es war noch erstaunlicher, daß Bob Barreis bei diesem Geruch seine sieghafte Überlegenheit verlor und in die Körper dieser Frauen hineinkroch wie eine Made.

»Maiglöckchen . . .« sagte er an der Tür. Seine Augen glänzten wie lackiert.

»Ein Weihnachtsgeschenk von Hellmut . . .« Eva lächelte trübe.

»Benutzen Sie ein anderes Parfüm, wenn wir fahren«, sagte Bob. »Nicht wegen Hellmut . . . meinetwegen. Ich bin allergisch gegen Maiglöckchen. Vielleicht erzähle ich Ihnen diese Geschichte später . . . in einer anderen, besseren Stunde als heute.«

Er beugte sich schnell vor und gab Eva einen Kuß auf die Wange, ehe sie ausweichen konnte. Dann sprang er die Treppen hinab, ohne sich noch einmal umzusehen, und verließ das Haus.

Welch ein Schauspieler bin ich doch, dachte er auf der Straße. Vielleicht wäre das ein Beruf für mich gewesen, in dem ich hätte etwas leisten können. Ein Intrigant . . . wer spielt mir diese Rolle nach? An meiner Glätte rinnen ganze Wolkenbrüche ab. . . .

Am Abend dieses Tages klingelte bei Theodor Haferkamp das Telefon. Er war — und das ist eine Seltenheit — in seiner einsamen Junggesellen-Villa am Rand von Vredenhausen und nicht im Barreis-Schloß. Er wollte einmal Ruhe haben. Die mütterlichen Klagen Mathildes, die Berichte Hansens von seiner erfolglosen Suche auf Sizilien, die Mahnungen von Dr. Dorlach, den alten Adams in eine Heilanstalt bringen zu lassen, denn unentwegt lag der durch den Tod seines Sohnes Lutz wie verwandelte Vater der Barreis-Familie auf der Seele, fragte immer und immer wieder: »Warum untersucht man nicht den Unfall, wie es sein soll?« Oder bombardierte Theo Haferkamp mit Briefen und Telefonaten. Haferkamp gab im stillen zu, daß der Autounfall in den Seealpen viele Merkwürdigkeiten aufwies, aber der Fall war von der französischen Polizei abgeschlossen und Bob als Unfallbeteiligter akzeptiert worden. Wie auch die wirkliche Wahrheit lauten mochte: Die Familienehre der Barreis' war unangetastet.

Auch im Betrieb gab es Ärger. Die Zulieferer waren unpünktlich, und der Betriebsrat verlangte detaillierte Angaben über die Entnahme aus dem Gewinn, die Bob Barreis monatlich erhielt. Auf diesem Weg wollte Vredenhausen endlich wissen, wie hoch die Summe war, die der Playboy verjubelte und für die halb Vredenhausen morgens um sechs zur Arbeit fuhr.

Ruhe, hatte sich Haferkamp zugeredet. Trink einen Kognak, setz dich gutbürgerlich vors Fernsehgerät, laß dich beschallen und bebildern — was gibt's denn heute, ach ja, den Lembke mit ›Was bin ich?‹ —, streck dich im Sessel aus und vergiß, daß du der Statthalter der Barreis' bist. Ein Kanzler. Vormund eines seichten Königs. Ein Schild, so weiß, wie ihn kein Weißmacher bleichen kann. Vergiß einmal alles für ein paar Stunden . . .

Aber das Telefon klingelte, und als Haferkamp abhob, seufzte er tief und ergeben. Er hatte sich so vollkommen in sein Privatleben zurückgezogen, daß ihn die Stimme Bobs, woher sie auch kam, nicht mehr aus dem Sessel riß.

»Mein armes, krankes Bübchen«, sagte Haferkamp und schielte auf das Fernsehbild. Lembke steckte gerade fünf Mark in das Sparschweinchen. Zu raten gab es einen Bruchsteinbehauer, und das Rateteam tastete wegen der Handbewegung in der Gegend eines Gynäkologen. »Wo liegst du im Bett? Blond oder schwarz?«

»Weder noch, Onkelchen. Ich bin in Cannes.«

»Nicht auf Sizilien?«

»Dort war die Luft zu feuchtheiß.«

»Witzbold! Weißt du, daß dich Hellmut in Sizilien sucht?«

»Nein. Warum?«

»Wieso bist du krank?«

»Das soll Hellmut herausfinden? Es liegt doch ein Attest vor.«

»Über eine seelische Störung! Wer das liest, bekommt einen Lachkrampf. Was hast du in Sizilien gemacht?«

»Eine Firma gegründet.«

»Eine was?« Theodor Haferkamp schaltete das Fernsehen aus. »Sag das noch einmal.«

»Eine Firma zum Vertrieb anatomischer Anschauungsmittel.«

Theo Haferkamp schnaubte laut durch die Nase. »Ist das eine neue Bezeichnung für einen Puff?«

»Pfui, Onkel Theo!« Bob Barreis' Lachen klang hell durch das Telefon. Seine seelische Krankheit schien nicht tief zu sitzen. »Ich erzähle dir von unseren Handelsobjekten, wenn wir einen guten Tag zusammen haben. Mein Anruf hat nur den Sinn, dich nicht im unklaren zu lassen, wo ich bin.«

»Eine noble Geste —«

»Und grüß mir Mama. Weint sie wieder?«

»Natürlich! Es ist erstaunlich, wo sie all die Flüssigkeit her-nimmt. Bob!« Haferkamps Stimme wurde ernst und drängend. »Es wäre vergeudete Zeit, dich zu fragen, was du in Cannes machst. Ich bitte dich nur um eins: Mach keine neuen Dummheiten! Der Tod von Lutz ist noch lange nicht vergessen. Er klebt wie ein ranzi-ger Fleck auf deinem Namen. Unterlaß alles Aufsehen. Übri-gens . . . woher hast du das Geld, in Cannes aufzutreten?«

»Die neue Firma . . . und ein guter Freund.«

»Der junge Tschocky.«

»Dein Dr. Dorlach arbeitet vorzüglich. Er sollte mit seinen Fä-higkeiten zum Bundesnachrichtendienst gehen.«

»Bob —«

Haferkamp schüttelte das Telefon. Aber Bob hatte aufgelegt. Seufzend erhob sich Haferkamp, zog sich wieder an und fuhr zur Barreis-Villa. Mathilde mußte unterrichtet werden. Man konnte damit ihre permanente Traurigkeit abstoppen. Und auch Hellmut mußte aus Sizilien zurückgeholt werden. Der arme Junge durch-streifte die Insel wie ein hungriger Wolf. Jeden Abend gegen 22 Uhr rief er von Sizilien an.

Haferkamp blieb stehen und starrte in den großen Spiegel der Garderobe. Wie ein Blitz war es in ihn hineingeschlagen.

Hellmuts Bericht vor zwei Tagen. Aus Catania. Zwanzig Kühl-beutel hatte Bob dort im Hotel vereisen lassen.

»Mein Gott —«, sagte Haferkamp voll ehrlicher Angst. »Mein Gott, das ist doch nicht möglich . . .«

Anatomisches Anschauungsmaterial.

Haferkamp fuhr schnell zur Barreis-Villa. Aber diese Flucht vor seinen Gedanken half ihm nichts . . . die Gedanken fuhren mit. Er wagte nicht, sie jemandem vorzutragen. Selbst nicht Dr. Dorlach. Auch Rechtsanwälte haben eine Schallmauer des Charakters, die man nicht durchstoßen sollte.

Am Samstag traf Hellmut Hansen in Cannes ein.

Er hatte den Umweg über Vredenhausen gar nicht erst angetre-ten, als er in Evas Wohnung einen Zettel fand, den Bob Barreis, unbemerkt von Eva, am Morgen zurückgelassen hatte, als er sie zur Reise an die Riviera abholte. Es war eine kurze Notiz.

›Gewonnen! Eva und ich fahren jetzt nach Cannes! Ihr Maiglöckchenduft ist betörend! Du weißt doch, wie ich auf Maiglöckchen stehe! Warum kaufst du Idiot ihr ein solches Parfüm? Ciao! Bob.‹

Mit einem dumpfen Laut hatte Hansen den Zettel zerknüllt und an die Wand geworfen. Dann telefonierte er mit Theodor Haferkamp. Ein kurzes Gespräch, das in Vredenhausen sofort Dr. Dorlach alarmierte.

»Ich fahre nach Cannes«, sagte Hansen. Haferkamp wunderte sich und antwortete:

»Wieso denn? Ich erwarte dich hier. Wir haben einiges zu besprechen. Was willst du in Cannes?«

»Bob ist mit Eva dort.«

»Mit wem?«

»Mit Eva! Meiner Braut. Er hat sie hier mit seinem teuflischen Charme abgeholt. Ich hatte ihn gewarnt.«

»Hellmut! Was bedeutet das? Was heißt gewarnt?«

»Um es ganz klar zu sagen: Wenn Eva seine Geliebte geworden ist, nehme ich Bob das, was ich ihm zweimal gerettet habe . . . sein Leben!«

»Du bist verrückt, Hellmut!« brüllte Haferkamp. »Hellmut! Hör mich an! Wir fahren zusammen nach Cannes! Warte noch einen Tag. Komm zu uns nach Vredenhausen! Laß uns über alles nüchtern nachdenken! Nichts überstürzen! Keine Affekthandlungen! Junge, Hellmut . . .«

Haferkamp setzte zu einer seiner Predigten an, die gefürchteten ›goldenen Worte‹, vor denen der Betriebsrat schon kapituliert hatte und die Gewerkschaft ohnmächtig wurde. Aber Hansen hörte sich die Predigt nicht mehr an . . . er legte auf.

»Das Drama ist da!« sagte Haferkamp fünf Minuten später zu Dr. Dorlach. »Es hat keinen Sinn mehr, Bob zu warnen! Wo wohnt er? Ist er überhaupt in Cannes? Und wenn wir ihn erreichen . . . wer hält Hellmut auf? Diese Familie bricht mir noch das Herz!«

Er stützte den Kopf in beide Hände und schloß die Augen.

Ein müder, alter Mann. Den Tränen nahe. Erschöpft und verbraucht.

Dr. Dorlach schwieg und schenkte sich und Haferkamp einen Kognak ein. Armer Millionär, dachte er. Großer kleiner Mann. Ein Arbeiter in deiner Zündspulenwickelei mit seinen achthundert Mark netto lebt freier und glücklicher als du. Wer dich beneidet, ist ein Blinder oder ein Verrückter . . .

In Cannes brauchte Hansen nicht lange zu suchen. Er kannte die Hotels, in denen ein Bob Barreis abzusteigen pflegte. Das Ambassador, das Golf-Hotel oder das Miramar-Palace.

Schon von der riesigen gläsernen Halle des Miramar-Palace aus sah er Eva Kottmann am Rande des Schwimmbeckens sitzen. Neben ihr, unter einem Sonnenschirm, aalte sich Bob auf einer weißen Gummimatratze. Sein schöner brauner Körper war nackt bis auf ein schmales Schwimmhöschen aus echtem, geschorenem Leopardenfell. An einem dünnen Goldkettchen hing ein Medaillon auf die fast haarlose Brust. Das Bild einer unbekannten, nackten, vollbusigen Schönheit. Erkennungsmarke für alle, die es wissen wollten: Hier kommt ein Überpotenter. Hier werdet ihr nicht enttäuscht. Ein Botschafter des Phallus.

»Sie haben ein Zimmer vorbestellt?« fragte der Mann an der Rezeption und blätterte in dem großen Vormerkbuch. Hansen schüttelte den Kopf.

»Ich brauche kein Zimmer. Danke.« Seine Stimme klang rauh, als habe sein Kehlkopf wochenlang in Salzwasser gelegen. »Ich suche nur einen lieben Freund.«

»Und Sie haben ihn gefunden, Monsieur?«

»Ja. Das habe ich!«

Er stellte sein kleines Gepäck an einer Marmorsäule in der Halle ab und ging hinaus in den Hotelpark. Langsam näherte er sich dem Schwimmbecken. Eva ließ die langen, schlanken Beine ins Wasser hängen und hatte den Kopf nach hinten gebeugt, der goldorangenen Abendsonne entgegen. Ihr Haar glänzte wie ein von innen erleuchtetes Gespinst. Der knappe Bikini aus zitronengelbem Lastex verbarg nichts mehr. Neben ihr rekelte sich Bob Barreis wie der Besitzer eines seltenen, angestaunten Vogels.

Hansen blieb stehen und vergrub die Fäuste in die Taschen seines Anzuges. Eine unbekannte, unbändige Mordlust überschwemmte ihn, und der Rest Nüchternheit, der ihm in einer Falte seines Gehirnes blieb, wunderte sich, wie ein Mensch sich so verwandeln kann. Er verstand die Männer, die um einer Frau willen zu Raubtieren wurden, die Königreiche verspielten und ihren Kopf unter die Guillotine legten.

Es ist nicht wahr, dachte er und drückte das Kinn an den Kragen. Steh auf, Eva, komm zu mir und sag: Es ist nichts geschehen! Bob hat mich nicht berührt. Ich habe nur dir gehört, und ich werde auch keinem anderen mehr gehören. Das alles war nur eine Laune, eine Dummheit, eine unbedachte Handlung, was weiß ich? Bob fuhr an die Riviera, und ich bin einfach mitgefahren. Nur so, weißt du, aus Spaß. Eine billige Reise, das war es! Und Bob ist doch dein Freund! Verstehst du mich nicht? Warum denn nicht, Hellmut . . . du solltest viel mehr Vertrauen haben . . .

Wenn sie das sagt, ist alles gut, will ich ihr alles glauben, dachte Hansen. Aber die volle Wahrheit werde ich doch spüren . . . in Blicken, Bemerkungen, Bewegungen. Eva kann sich nicht verstellen, und Bob hat es nicht nötig . . . für ihn ist es nur eine gewonnene einseitige Wette!

Einseitig? O nein! Sie kostet sein Leben. Was danach kommt, ist eine Welt voll Nebel . . .

Die Eifersucht zerfraß ihn. Er atmete heftig, stieß die Luft laut aus der Nase und begann vor Erregung zu zittern. Mit fast tapsigen Schritten ging er weiter. Eine morsche, sich selbst zerfleischende Rache.

Bob war es, der ihn zuerst sah. Er stützte sich auf, winkte mit der freien rechten Hand und rief laut:

»Da ist er ja. Mein mahnendes Gewissen! Komm her, du Genie!«

Hansen war in der Stimmung, ihn bereits am Beckenrand zu erschlagen. Mit der bloßen Faust, seitlich gegen die Schläfe oder gegen die Halsschlagader. Aber er behielt die Fäuste in den Taschen und ging weiter. Eva Kottmann blickte hoch. In ihren Augen lag maßlose Enttäuschung.

»Hellmut . . .« sagte sie leise. Bob Barreis nickte.

»Habe ich gelogen, na? Ist er in Cannes oder ist's sein Geist?« Er sprang auf, rückte die Leopardenhose zurecht und verwies damit alle Welt auf sein Geschlecht. Hellmut Hansen knirschte mit den Zähnen. Ihm den Schädel einschlagen, ist zu simpel. Ihn leben lassen, aber entmannt und verstümmelt, das ist eine Strafe. Das trifft ihn immer, das zerstört alles in ihm, denn dort, nur dort sitzen sein Stolz, seine Überheblichkeit, sein Lebensinhalt.

Hansen blieb am Becken stehen. Eva sah zu ihm auf, aber sie rührte sich nicht. Sie hob weder die Hand zum Gruß, noch benahm sie sich einen Funken so wie andere Mädchen, denen plötzlich der Bräutigam gegenübersteht. Aber auch Angst oder Entsetzen fehlten in ihrem Gesicht. Es war einfach leer. Eine durch Augen, Nase und Lippen unterbrochene Fläche.

»Du wunderst dich nicht, Eva?« fragte Hansen gepreßt. Es kostete ihn ungeheure Mühe, so ruhig und artikuliert zu sprechen.

»Nein.« Ihr Ton war so, daß Hansen sich wunderte, warum das Wasser in ihrer Nähe nicht vereiste. »Ich habe dich erwartet.«

»Ach so. Ihr habt mich . . .« Er wandte sich zu Bob. Barreis stand grinsend neben seinem Sonnenschirm und wippte in den Knien. »Komm mit!« sagte Hansen rauh.

»Sehr gern. Entschuldige uns einen Augenblick, Baby.« Er beugte sich zu Eva hinunter und streichelte ihr Haar.

Die Hand soll dir abfaulen, schrie es in Hansen. In seinen Ohren rauschte das Blut.

»Wo ist sie?« fragte Eva plötzlich, gerade als er sich abwandte. Bob ging bereits zur gläsernen Hotelhalle, federnd, sich seiner Schönheit bewußt, beäugt von den anderen Frauen wie ein sprungbereiter Hengst.

»Wer?«

»Die schwarze Langmähnige!«

»Hast du zu lange in der Sonne gelegen?« Hansen atmete tief durch. Nicht schreien, befahl er sich. Nicht laut werden. Mach dich nicht lächerlich vor den anderen. »Wir sprechen noch darüber.«

»Allerdings!« Sie warf kampfeslustig die Haare über die Schulter. »Wenn es dir besser gefällt, kann ich mir die Haare schwarz färben lassen. Überall.«

»Das ist Bobs Sprachschatz!« Hansen hob die Schultern. Der letzte in irgendeiner Hirnfalte versteckte Rest von Vernunft brannte in seiner Eifersucht zu Asche. »Ich komme zurück. Bestimmt komme ich zurück!«

Er warf sich herum und rannte mit großen Schritten Bob nach, der schon die Hotelhalle erreicht hatte. Unter den Marmorsäulen holte er ihn ein.

»Wohin?« fragte Bob knapp.

»Ans Meer.«

»Willst du mich ersäufen? Ich bin ein vorzüglicher Schwimmer und Taucher. Es wird Mühe kosten.«

»Es gibt Felsen.«

»Auch springen kann ich gut.«

»Komm —«

Sie gingen schweigend die zweihundert Meter bis zum Meer, tasteten sich über die Kieselfelder und verschwanden zwischen den zerklüfteten, vom Meer und Wind zerfressenen Felsen. Als sie glaubten, völlig allein zu sein, blieben sie stehen und starrten sich an. Bob lehnte sich gegen den Fels und verschränkte die Arme vor der Brust. In seinem Gesicht lag überheblicher Spott.

»Du tust es nicht«, sagte er endlich. »Ich weiß es genau ... du kannst es nicht. Du bist nicht der Mensch, der einen Menschen liquidieren kann. Du hast noch nie Schlechtes getan und wirst es auch nie tun. Aus dir hätte man früher einen Heiligen geschnitzt. Ein Prophet wärst du geworden. Der ›Heilige Hellmut von den guten Taten‹.« Bob ließ die Arme sinken und wölbte die Brust vor, als sollte er füsiliert werden. »Bitte, bediene dich! Ich wehre mich nicht. Ich mache keinen Mucks. Ob erwürgen, erschlagen, ertränken, erschießen ... ran, mein Junge! Ich halte still! Murkse einen Wehrlosen ab! Schlachte das Kaninchen. Ist das ein Angebot? Jeder geborene Mörder würde jetzt jubeln und zum Teufel beten! Und du stehst da wie ein Bettnässer, dem die Brühe an den Beinen runterläuft ...«

Hansen ließ ihn reden. Bob half es, die innere Angst zu überspielen, die Ungewißheit, ob Hellmut wirklich zugreifen würde. Hansen gewann Zeit, sich selbst zu fragen: Kannst du es? Wirst du gleich diesen widerlichen Menschen töten? Reicht die Begründung aus, er ist ein Mensch, der nicht lebenswert ist, um deine Moral zu beruhigen? Bist du ein Mörder? Ist das, was du tun willst, überhaupt Mord? Ist es nicht vielmehr eine Rettung der Welt vor einem schönen Ungeheuer, eine schlichte gute Tat, eine Befreiung der anderen vor kommenden, noch nicht überblickbaren Schäden? Ist dieser Mord nicht eine große moralische Tat?

»Du hast mit Eva geschlafen?« fragte Hansen tonlos.

»Nein.«

»Lüg nicht!«

»Ich bin nicht ihr Typ, und sie ist nicht meiner. Gott ja, sie hat einen tollen Körper, ihre Brust könnte frei stehen, ohne Halter ... aber es fehlt etwas, Junge, es fehlt der Pep, verstehst du, das Fluidum, der elektrische Strom, der dir die Hose beult ... Eva ist gewiß eine gute Hausfrau, eine liebevolle Mutter, eine empfindsame Ehefrau ... sie ist bei aller Schönheit eine Zimmerzierpflanze.«

»Das genügt!« Hansen riß sich den Schlips aus dem Hemdkragen. In Bobs Augen fiel die Angst ein. Sie flimmerten plötzlich.

»Erhängen?« sagte er gepreßt. »Es wird schwer sein, in den Felsen einen Nagel einzuhauen.«

»Warum ist Eva in Cannes?«

»Aus Spaß. Aus purem Spaß. Oder sagen wir es deutlicher: um dich zu ärgern!«

»Auch Lüge!«

»Verdammt, ich habe Eva nicht im Bett gehabt. Ich wohne Zimmer 101 und sie zwei Etagen höher auf Zimmer 426. Das ist natürlich kein Hindernis, aber auf Zimmer 101 hat vorgestern Mireille Tatouche geschlafen, gestern Margarita Bones, und heute nacht wird es ein süßer Fratz sein, der Anke Lorendson heißt. Eine Schwedin. Frag den Etagenkellner, wenn du's nicht glaubst. Er verdient gut daran, nichts zu sehen. Und wenn wir unser Gespräch jetzt beenden, habe ich noch genug Zeit, mich zu brausen, umzuziehen und mich vorzubereiten auf Anke.«

»Was ist mit Eva?« fragte Hansen, als habe er die ganze Tirade nicht gehört.

»Sie ist sauber wie ein vom Meer angespülter Kieselstein. Aber du wirst es schwer haben.«

»Ich? Warum?«

»Frag sie. Ich sage nur: Schwarze, hüftlange Haare, schlanke Beine bis zum Kinn, und sie heißt Diane! Wie die Göttin der Jagd. Und sie jagt . . . und jagt . . . und jagt . . .« Bob begann laut zu lachen. Er steckte die Hände in die Taschen, bog sich vor Lachen und ging langsam zum Strand zurück.

Sein widerliches Lachen gellte noch lange über den Kieselstrand, obwohl Hellmut ihn nicht mehr sah. Ein Lachen, das wie Rotz an ihm herunterfloß. Hansen legte die Hände flach gegen seine Ohren und ging erst zurück in die Stadt, als er sicher war, Bob nicht mehr zu begegnen.

Eva wartete noch immer, als er ins Hotel kam.

Sie saß am Schwimmbadrand, so, wie er sie verlassen hatte. Allein, das Badetuch über der Schulter, einziger Gast am Pool. Hansen lief hinaus in den Park und riß sie an den Schultern hoch.

»Du hast gewartet . . .«

»Weil du gesagt hast, du kommst wieder.«

»Eva —«

Er legte das verrutschte Badetuch wieder um ihre Schultern, und ihre Haare hingen wie ein Vorhang zwischen ihrem und seinem Gesicht.

»Komm . . .« sagte sie einfach.

»Ja, es wird kühl.« Er legte seinen Arm um sie. »Gehen wir.«

»Wohin?«

»Zimmer 426.«

»Ich werde mir morgen eine schwarze Perücke kaufen.«

»Du bist ein ganz dummes Mädchen . . .« Sie küßten sich in der gläsernen Hotelhalle und verschwanden dann im Lift . . .

Genau um 23 Uhr 17 begegneten sich Bob Barreis und Hellmut Hansen auf der Toilette der Bar ›Casino 55‹. Sie waren allein im Raum, standen nebeneinander an den Becken und wuschen sich nebeneinander die Hände.

Dann nickte Hansen schweigend Bob zu und gab ihm eine schallende Ohrfeige. Sie fegte Bob durch die halboffene Tür der Sitztoilette und auf das Becken.

»Wenn du ehrlich bist, mußt du zugeben, daß du sie verdient hast«, sagte Hansen und rieb sich die Hand an der Hose.

Bob Barreis hieb mit den Fäusten gegen die Kachelwand.

»Du Moralscheißer!« brüllte er. »Du widerlicher Moralscheißer! Du Güteonanist! Hau ab! Du Moralscheißer —«

Am nächsten Tag fuhren Hansen und Eva zurück nach Deutschland.

Das war ein Fehler. Aber wer konnte ahnen, was sich noch alles entwickelte und was man hätte verhindern können?

Am Sonntag, dem 18. Mai, trafen sich Tschocky und Barreis im ›Club Mediterrané‹. Tschocky glänzte, als habe er seinen Vater, den er ausgiebig haßte, erschlagen.

»Was hast du die ganze Zeit getan?« fragte Tschocky, als sie ihre Longdrinks serviert bekommen hatten und ungestört waren.

»Nichts!«

»Das ist eine typische Barreis-Antwort. Natürlich hast du was getan. Weiß dein Onkel Theodor von unserem Geschäft?«

»Nur vage —«

»Aber immerhin genug, um meinem alten Herrn euren Anwalt, diesen Dorlach, auf den Hals zu hetzen. Ich habe gestern zu Hause angerufen . . . dort stinkt es wie aus verkohlten Balken.« Tschocky beugte sich vor. »Was hast du eigentlich ausgequatscht?«

»Mein Gott, nur Andeutungen.« Bob Barreis verzog das Gesicht. Seine Augen blickten böse. »Bist du gekommen, um ein Verhör anzustellen? Danke, ich passe! Vor einer Woche hast du noch die Welt mit deinen Leichenverkäufen schocken wollen . . . jetzt gehst du in den Untergrund und hättest am liebsten eine Firma für reuige Sünder.«

Tschocky schlürfte langsam seinen eiskalten Drink und beobachtete über den Glasrand hinweg seinen neuen Freund. Bob Barreis ist ein Weichling, dachte er. Der große Bob, der Held aus tausend Nächten, wie er sich selbst gern nennt, ist im Grunde eine kleine, eklige, glitschige Qualle. Ein aufgeblasener Riese, der zu einem Häufchen Gummi zusammensinkt, wenn man hineinsticht. Gleichzeitig aber ist er auch gefährlich. Gerade die großen Kleinen sind die geborenen Tyrannen.

»Ich habe einen neuen Markt aufgerissen«, sagte Tschocky deshalb ohne weitere Diskussion.

»Im Verkauf von Heiligenbildchen an Wallfahrtsorten?«

»Gib es auf, den beleidigten Star zu spielen.« Tschocky setzte das Glas ab. »Ein Abnehmer in Deutschland. Zahlt für jede Leiche zweitausend Mark in bar auf die Hand.«

»Ein Irrer!«

»Ein risikoloses Geschäft. Unser neuer Partner ist Chef einer Privatklinik in München. Ein bekannter, vorzüglicher Arzt, der nur den Tick pflegt, auch ein großer Forscher zu sein. Er will neue Operationsmethoden bei bisher inoperablen Fällen entwickeln. Tiefsitzende Hirntumore, Leber-Ca, Pankreas-Karzinom, Knochenmarkverpflanzungen zur Heilung von Leukämie, cystische Fibrose, neuartige Anastomosen im Magen-Galle-Trakt und ein Dutzend andere Dinge mehr. Dazu braucht er Leichen. Um zu üben, um ein Artist des Skalpells zu werden, wie er sich ausdrückt. Leider sind seine Patienten aus den oberen Zehntausend, und die verkaufen ihren Körper nicht für Lehrzwecke, sondern legen ihn lieber in geschnitzte Mahagonisärge. Es herrscht also ein echter Wissensnotstand, dem wir abhelfen können. Ich habe mich verpflichtet, monatlich vier Leichen zu liefern. Der gute Doktor hat fast einen Sprung an die Decke gemacht.«

Bob Barreis umklammerte sein eisgekühltes Glas. Die wenigen Tage in Cannes hatten ihn wieder verdorben. Sonnenschein, Mädchen, das Meer, ein französisches Bett, leise Musik, der Duft von Kamelien, das Rauschen des Windes in den Palmen — das alles war ein Zauber, dem er erlag, der zu ihm gehörte wie das morgendliche Zähneputzen, in den er hineingeboren worden war als ein Teil dieser sorglosen Bilderbuchwelt. Der Transport von Leichen quer durch Europa gehörte nicht zu den Glanzlichtern dieses Lebens.

»Ich steige aus, Tschocky«, sagte Bob. »Noch diese eine Tour, das habe ich versprochen, aber dann ist Schluß. Du bekommst dein Geld wieder, und dann laß mich in Ruhe.«

»Angst?«

Tschocky schoß das Wort wie einen Haken zum Kinn ab. Er wußte, er traf Bob genau auf den Punkt. Barreis' Kopf zuckte hoch.

»Ich kenne keine Angst!«

»Hat dir jemand irgendwann in den letzten Tagen ein Glas voll Moralsaft verkauft?«

»Ich habe andere Pläne, Tschocky.«

»Eine Rallye würde ich so schnell nicht wieder fahren«, sagte Tschocky anzüglich.

Bob überhörte diese Frechheit. »Ich werde mir einen Teil des väterlichen Erbes auszahlen lassen und eine Boutiquen-Kette gründen. Zehn Läden mit dem modischsten Tinnef, den man auftreiben kann. Und Marion setze ich als Geschäftsführerin ein.«

»O Himmel. Sag bloß, du liebst sie wirklich.«

»Verdammt, ich liebe sie.«

»So richtig romantisch mit Brautkranz und Schleier?«

Tschocky lachte. Bob sah ihn mißbilligend an. Das kleine Mädchen Marion Cimbal ließ ihn nicht mehr los. Das Barmädchen mit der aufregenden Figur und den traurigen Augen. Marion, die als erste und einzige von allen Frauen, die er besessen hatte, zu ihm gesagt hatte: Du bist anders als du bist. Das klang dumm ... aber in Bob hatte es einen Ausdruck hinterlassen wie ein Veterinärstempel. Trichinenfrei. Bei Barreis hieß es: Komplexfrei. Das war ein Gefühl, das sich mit keinem anderen vergleichen ließ.

»Wann fahren wir?« fragte Bob und schnitt damit alle Diskussionen über Marion Cimbal ab.

»Morgen. Ich habe die Transportkiste übrigens umkonstruiert. Sie wird jetzt durch Batteriebetrieb gekühlt. Das Gerenne mit den Kühlbeuteln war ja furchtbar.« Tschocky erwartete Lob, man sah es seinen fordernden Augen an. Und Bob sagte gehorsam:

»Du hast wirklich stramm gearbeitet, Tschocky. Und wann willst du deine Schocker-Bombe platzen lassen?«

»Nach dem zehnten Transport. Ich werde der Presse ein Fotoalbum präsentieren, wie sie noch keins gesehen hat. Die Anonymität wird dabei der größte Knaller sein. Die Frage: Wer hat so etwas gemacht?, wird wochenlang Millionen beschäftigen! Man wird Sonderkommissionen bilden, Interpol, FBI, Spitzel der Unterwelt. Und man wird sich totlaufen, denn es wird keine Spur geben!«

»Denkst du! Don Emilio in Mezzana —«

»Er wird einen neuen Glockenturm bekommen.«

»Ettore Laparesi.«

»Ihm wird das Haus neu gebaut. Ich lasse mir den Spaß etwas kosten, Bob! Das Gefühl, eine ganze Welt in Aufregung zu versetzen . . .«

Tschocky stierte verträumt in sein Glas. Seine Gedanken liefen weiter, rannten vor ihm her.

Essen. Der alte Tschocky, Generaldirektor, Vorsitzender in sechs Aufsichtsräten, Mitglied in sechs weiteren Aufsichtsräten, Träger des Bundesverdienstkreuzes erster Klasse, Millionär, Repräsentant einer Wohlstandsgesellschaft, Beispiel eines Wirtschaftswunders, denn 1945 stand er im zerstörten Essen mit einem Pappkarton neben sich auf der Straße und weinte über das Ausmaß des deutschen Zusammenbruchs. Der alte Tschocky, mumifiziert vom eigenen Geld, leuchtendes Beispiel der Unternehmer, Gast in Bonner Ministerhäusern, Ohrgeflüster im Wirtschaftsministerium, Star-Lobbyist im Kanzleramt, in New York, Paris, London und Rom bekannt wie Liz Taylor oder Jackie Kennedy . . . dieser große Mann am Goldtaler kotzenden Wirtschaftshimmel würde klein und bleich und mit zitternden Beinen in seinem Ledersessel sitzen und seinen einzigen Sohn anstarren, der vor ihm stehen und sagen würde:

»Das Unternehmen ›Anatomische Handelsgesellschaft‹ bin ich!«

Es würde das erstemal sein, daß er seinen Vater elend und schwach sah. Und dafür lohnte es sich, Leichen wie Melonen zu verkaufen.

»Nicht morgen«, sagte Bob Barreis in die Stille hinein. Tschocky fuhr aus seinen rebellischen Gedanken hoch. »Verschieben wir es um eine Woche. Ich möchte erst noch einmal nach Essen.«

»Zu Marion?«

»Ja.«

»Mein Gott, gibt es hier nicht genug hübsche Körperchen?«

»Das verstehst du nun überhaupt nicht, Tschock!« Bob stand auf. Auch Tschocky erhob sich mit beleidigtem Gesicht. »Wir treffen uns nächsten Samstag in Catania auf dem Flugplatz. Einverstanden?«

»Ungern.«

Sie verließen die Bar und bummelten über die sonnenglänzende

Croisette, die Prachtstraße von Cannes. In den Palmen raschelte der Meerwind, griff unter die Planen der bunten Markisen und zerwehte die Haare der Mädchen, die an den weißlackierten Eisentischen vor den Cafés saßen und das süße Nichtstun an sich vorbeipromenieren ließen. Die Hauptsaison hatte noch nicht begonnen ... erst Juli und August rollte die Invasion aus Deutschland, Holland und Belgien über die Mittelmeerküste. Jetzt, im Mai, gehörten Sonne und Wellenschlag, Eleganz und Sehnsucht nach Vergessen noch den Franzosen, ein paar englischen Touristen und vier Reisegruppen aus Schweden. Und natürlich den Amerikanern. Sie waren überall, breit lächelnd, ihrer selbst sicher wie Petrus beim Fischzug. Ihre Töchter hockten in hautengen Shorts auf den Boulevardstühlen am Straßenrand und himmelten jeden schwarzgelockten Mann an.

»So viele lustgeschwellte Busen, und du mußt nach Essen!« sagte Tschocky sarkastisch. Bob Barreis schüttelte den Kopf.

»Ich habe schon gesagt: Das verstehst du nicht.«

»Aber du erlaubst, daß ich mich eindecke am Ort?«

»Bitte.«

Tschocky lachte hell, hieb Bob auf die Schulter und schwenkte ab. Vor einem Café saß eine elegante, vollbusige Dame unter einem riesigen weißen Sonnenhut und aß eine Portion Pistazieneis. Das Kleid war hochgerutscht bis zu den braunen, glatten Oberschenkeln. Lange, schlanke Beine, Brillanten an den Fingern, eine Perlenkette um den Hals.

Tschocky griff in die Tasche seines Rockes und holte eine Tüte hervor. Ab und zu leistete er sich eine reife Schönheit ... er nannte es: ein saftiges Steak zu zartem Gemüse.

Unbefangen, jungenhaft lächelnd, trat Tschocky an den Tisch und hielt seine Tüte hin.

»Darf ich Ihnen einen sauren Drops anbieten, gnädige Frau?« sagte er.

Es war Bobs unfehlbare Masche. Sie hatte noch nie versagt. Bisher hatte es noch kein weibliches Wesen gegeben, das dieses harmlose Geschenk brüsk ablehnte. Auch die Dame hinter dem Pistazieneis lächelte verblüfft, griff in die Tüte und nahm ein Bonbon.

Tschocky setzte sich. Das Tor der Festung war aufgesprengt . . .

Am Abend, bevor Tschocky sein ›saftiges Steak‹ briet, lieh sich Bob Geld von ihm und flog mit dem letzten Flugzeug nach Düsseldorf.

Um 23 Uhr 19 klingelte er bei Marion Cimbal, schüttelte dann den Kopf über seine Gedankenlosigkeit, denn Marion arbeitete ja jetzt hinter der Bartheke, suchte in seinen Taschen nach dem Schlüssel, fand ihn, betrat die kleine Apartment-Wohnung, suchte sich aus dem Eisschrank etwas zu trinken — es war nur eine Flasche Bier vorhanden —, zog sich dann aus und legte sich ins Bett.

Ein merkwürdiges Gefühl durchzog ihn. Er kam sich vor, als sei er hier zu Hause, als sei dieses Bett wie das Nest eines streunenden Wolfes.

Bob erwachte, als Marion die Dielentür aufschloß und die Wohnung betrat. Er blieb liegen, als schlafe er, aber durch die Wimpern hindurch beobachtete er Marion und war gespannt, wie sie reagierte. Wenn es nicht zu ihren Alltäglichkeiten gehörte, daß nackte Männer in ihrem Bett liegen, mußte sie erschrecken.

Aber Marion erschrak nicht. An den Garderobenhaken der kleinen Diele hing Bobs leichter Staubmantel, und sie wußte, noch bevor sie ins Zimmer kam, wer sie erwartete. Sie knipste deshalb auch nicht das grelle Deckenlicht, sondern das gedämpfte Licht einer Tischlampe an und setzte sich auf die Bettkante. Schweigend sah sie Bob an, und es kostete ihn Mühe, den Schlafenden zu spielen. Aber er war der Rolle nicht gewachsen. Seine Lider zuckten und verrieten ihn.

»Wie lange hast du Zeit?« fragte sie ohne Einleitung.

Bob schlug die Augen auf. »Eine ganze Woche.«

»Und dann?«

»Ich weiß es noch nicht. Ich werde irgendwo sein . . .«

»Ich werde mir eine Woche Urlaub nehmen. Mir stehen noch zehn Tage vom vorigen Jahr zu.«

Sie stand auf, zog das tief ausgeschnittene Barkleid über den Kopf, löste den Büstenhalter und streifte den Slip über die Hüften. Nackt, als sei das immer so zwischen ihnen, ging sie im Zimmer hin und her, räumte Bierflasche und Glas in die Küchenecke, stellte sich unter die Brause in der gläsernen Kabine, hüpfte tropfnaß zum Schrank und holte ein neues Badetuch heraus und rubbelte sich dann ab.

Bob sah ihr zu. Zum erstenmal hatte das alles keinen schlüpfrigen Beigeschmack, keinen Nuttengeruch, kein geiles Präsentieren der Formen, kein Locken und Anbieten. Sie ging einfach nackt durch die Wohnung, weil es so sein mußte, weil sie sich nicht schämte, weil der Mann dort im Bett zu ihr gehörte, weil er ein Stück ihres Lebens war.

»Wollen wir einen Tee trinken?« fragte sie, als sie sich in das große Badetuch rollte. Ihr nasses Haar klebte um ihren kleinen Kopf und ließ sie erschütternd kindlich wirken. Bob starrte sie an und nickte.

Sie ging in die Küchenecke, setzte einen Pfeifkessel mit Wasser auf, warf dann das Badetuch ab und kämmte ihr nasses Haar streng nach hinten. Dann schlang sie ein Tuch um den Kopf und kam zum Bett zurück.

Bob streckte die Hände aus und legte sie um ihre Hüften. Er zog sie zu sich, küßte ihren Leib und bog sie zu sich, bis er ihre Brüste greifen konnte. In seiner Handfläche spürte er das Hartwerden der Warzen.

Sie legte sich zu ihm, küßte ihn und streichelte über seinen Körper, vom Hals bis zu den Lenden und an den Innenseiten seiner Schenkel empor bis zu seinem Leben. Dort verweilte ihre Hand, bildete ein Dach aus gewölbten Fingern. Ihr Kopf hob sich etwas und schob sich an seine Schulter.

»Du bist müde?« fragte sie.

Er schüttelte den Kopf, wandte das Gesicht von ihr weg und atmete tief und laut. Plötzlich warf er sich herum, wälzte sich auf sie, drückte sie mit einer bebenden Brutalität unter sich, umfaßte ihren Hals und schleuderte ihren Kopf hin und her.

»Schrei!« stammelte er heiser. »Mein Gott, schrei . . . Denke, ich wollte dich umbringen . . . tu etwas . . . zum Teufel . . . wehr dich, tritt um dich, kratze und beiße . . .« Er keuchte, Schweiß rann über seine flackernden Augen, seine Hüften bebten, aber nicht im Rhythmus der Vereinigung, sondern wie das Schütteln eines haltlos Weinenden. »Tu doch etwas!« schrie er sie an. »Schlag auf mich ein! Reiß dich los! Schrei doch . . . schrei —«

Sie starrte ihn betroffen, aber nicht ängstlich an, und während seine Finger sich um ihren Hals schlossen, während er schweißüberströmt sich auf ihr wälzte, streichelte sie seine nassen Haare und umfaßte seinen hin und her stoßenden Kopf.

Und dann schrie sie . . . leise, und als sie sah, wie seine Augen Glanz bekamen, lauter . . . sie wehrte sich, trat nach ihm und boxte ihm dreimal gegen die Brust, daß es wie eine dumpfe Pauke dröhnte.

Er seufzte auf, hielt ihre Arme fest, preßte sie über ihren Kopf ins Bett und stöhnte vor Lust, als er sie so bezwang und sie die Bezwungene war, die fast Leblose, die dreiviertel Sterbende.

Mit Lauten, die kehlig aus seiner Tiefe hervorquollen, nahm er sie, und seine Kraft war jetzt so groß, daß er ihr wirklich den Atem nahm und sie dalag wie eine Leiche, schon längst über die Erfüllung hinaus, während er, ein Bündel aus nacktem, schweißigem Fleisch, erst von ihr abfiel, als in der Küchenecke der Wasserkessel zu pfeifen begann. Später trank er den Tee wie ein Kind. Er lehnte gegen das Kopfteil des Bettes und ließ sich von Marion die Tasse an die Lippen setzen.

»Jetzt . . . jetzt wirf mich hinaus . . .« sagte er. »Jetzt weißt du alles. Der große Barreis ist ein elendes, perverses Schwein . . .«

Er sank zurück, vergrub das Gesicht zwischen Marions Brüsten und begann zu weinen. Sie hielt ihn fest, schlang die Arme um seinen zuckenden Körper und drückte ihn an sich.

»Mein armer Liebling . . .« sagte sie zärtlich. »Wenn du's willst, spiele ich Tag und Nacht die Sterbende. Du sollst glücklich sein.«

»Und du hast keine Angst, daß ich dich einmal wirklich umbringe?«

»Ich liebe dich, Bob . . .«

Am frühen Morgen fiel er noch einmal über sie her, würgte und liebte, weinte und bat um Verzeihung. Aber er war glücklich.

Ich habe ein Zuhause, dachte er, als Marion Kaffee kochte und der Duft durch das Zimmer zog. Und zum erstenmal kam ihm ernsthaft der Gedanke, Marion Cimbal zu heiraten.

Sie war ihm mehr wert als alle Barreis-Millionen.

Es war entschieden ein Fehler, doch noch nach Vredenhausen zu fahren. Bob tat es trotzdem, um Onkel Theodor einige schlaflose Nächte zu bereiten: Er wollte einen Teil des väterlichen Erbes flüssig sehen, um seine Boutiquen-Kette zu gründen. Schon am Telefon hatte er seine ganz klaren Vorstellungen kundgetan:

»Ich weiß, daß mein Vater mir etwas mehr als zwanzig Millionen hinterlassen hat. Davon sind zehn Millionen in Aktien angelegt. Ich bin bereit, auf das ganze Erbe zu verzichten, wenn mir diese zehn Millionen ausgezahlt werden. Das ist ein klares, rundes Geschäft!«

»Und die Barreis-Werke?« hatte Theodor Haferkamp zurückgeschrien.

»Die Fabriken interessieren mich so viel wie ein Kuhfladen! Ich habe noch zwei Vettern und drei Cousinen . . . die werden sich freuen und um das goldene Kalb tanzen. Und dein Heiliger ist auch noch da. Hellmut Hansen! Da mein Leben gar nicht zu bezahlen ist und er es zweimal gerettet hat, solltest du ihn an den Fabriken beteiligen! Ich will mein Leben so gestalten, wie es mir paßt, verstehst du das?«

»Bei deiner Lebensauffassung sind zehn Millionen schnell durch die Röhre gejagt! Und was dann?«

»Dann jage ich mich hinterher, lieber Onkel.«

»Du hast einen Pickel im Gehirn!« schrie Haferkamp. »Seit zweihundert Jahren sind die Barreis' —«

»O Himmel, hör auf mit der Genealogie der Barreis'! Früher war es üblich, daß der Sohn nicht nur den Gehrock des Vaters, sondern auch dessen Steckmanschetten übernahm. Wenn der Alte Schweine schlachtete, mußte auch der Sohn Säue abstechen! Das ist vorbei! Ich habe eigene Pläne.«

»Komm her —«, sagte Haferkamp gepreßt. »Wir müssen das alles in Ruhe einmal durchsprechen . . .«

So fuhr Bob nach Vredenhausen. Marion Cimbal nahm er mit und stellte sie Haferkamp vor. Dieser musterte sie kurz und nahm sich vor, sie zu übersehen. Bob erkannte das sofort. Sein Ärger wurde zum wütenden Haß.

»Sie ist mehr wert als eure ganze vollgefressene Gesellschaft«, sagte er. Haferkamp nickte mehrmals.

»Zur Abwechslung spielst du jetzt den Sozialisten, was?« Er holte aus dem Panzerschrank das Wichtigste der ganzen Barreis-Werke: die detaillierten Anweisungen von Bobs Vater. Die Bibel von Vredenhausen, wie Haferkamp sie einmal nannte. »Lies das, und dann werde wieder Mensch!« sagte er und warf Bob die dünne Akte zu. »Als dein Vater starb, warst du zu jung, um das zu verstehen — nachher hast du dich darum nie gekümmert.«

Bob schob die Akte über den Tisch weg. »Was steht drin?« fragte er. »Ich nehme an, du kennst das auswendig.«

»Gewiß.« Haferkamp lächelte böse. »Dein Vater bestimmte, daß kein Geld aus der Firma gezogen werden darf, keine Veräußerungen von Familienbesitz — darunter fallen auch die Aktien — getätigt werden dürfen, wenn die wirtschaftliche Lage der Fabriken dadurch geschädigt wird. Wir leben in einer Zeit härtesten Konkurrenzkampfes. Eine Verflüssigung des Kapitals ist also unmöglich.«

»Ich verstehe.« Bob lehnte sich an die Wand von Haferkamps getäfeltem Büro. Marion wartete in Vredenhausen im Café Himmelmacher. Es wurde das beste Geschäft des Cafés, denn es hatte sich schnell herumgesprochen, wer dort wartete. Wer ein paar Minuten Zeit hatte, kam zu Himmelmacher, kaufte ein Teilchen oder trank eine Tasse Kaffee und starrte Marion unverhohlen an. »Fünf Millionen vorweg.«

»Nicht eine.«

»Ich werde diese irren Bestimmungen aufheben.«

»Bitte. Aber das ist sinnlos! Die Gerichts- und Anwaltskosten sind bei diesem Streitwert so hoch, daß du sie nie allein aufbringen kannst!«

»Also nichts!«

»Doch. Dein monatlicher Wechsel, der dir erlaubt, das Leben eines Faulenzers und Prominentenbeschälers zu leben. Ich bin bereit, dir diese Summe wieder zu geben, wenn du auf jeden Skandal verzichtest, der den Namen Barreis belastet.« Haferkamp streckte den Kopf wie ein suchender Raubvogel vor. »Was hast du in Sizilien gemacht? Was bedeuten die zwanzig Kühlbeutel? Was vertreibt die ›Anatomische Handelsgesellschaft‹?«

Bob lächelte breit. Das also ist es, dachte er. Das bringt den korrekten Theodor um den Verstand! Er wittert faules Fleisch, aber findet es nicht.

»Ich bin nicht käuflich«, sagte Bob.

»Dahinter verbirgt sich doch eine riesengroße Schweinerei!«

»Warum muß alles Unbekannte gleich eine Schweinerei sein?«

»Weil deine Finger drin sind!« schrie Haferkamp. »Bob . . .« Er holte tief Atem und sprach plötzlich leise. »Ich schwöre dir: Wenn du etwas Verrücktes anstellst, werde ich dich wie einen Verrückten behandeln. Wir werden Mittel und Wege finden, dich für unzurechnungsfähig erklären und entmündigen zu lassen! Damit bist du am Ende.«

»Schöne Aussichten.« Bob Barreis griff nach dem dünnen Aktenstück und riß es an sich, ehe Haferkamp dazwischenspringen konnte. Mit einer Reaktionsschnelle, die ihm keiner zugetraut hätte, riß er die Papiere mitten durch und warf sie Haferkamp vor die Füße.

»Das ist symbolisch gemeint!« sagte Bob kalt. »Ich habe keinen Vater mehr! Ich habe ihn gerade umgebracht . . .«

Er drückte den sprachlosen Haferkamp zur Seite und verließ das Büro.

Das war ein guter Abgang, dachte er dabei. Ich liebe große Gesten. Die meisten Menschen beugen sich vor ihnen wie vor einem Götzen . . .

Mit einem Taxi fuhr er nicht sofort nach Vredenhausen hinein, sondern zur Barreis-Villa. Dort stieß er auf den alten Adams, den Renate Peters, die Haushälterin, gerade zur Tür brachte. Der Alte zuckte zusammen, als er Bob sah, und stürzte auf ihn zu wie ein Habicht auf ein Kaninchen.

»Fragt ihn doch!« schrie er. »Warum verhört ihn keiner? Kann man mit Millionen das Recht zudecken? Wie ist Lutz umgekommen . . . na, sag es, sag es doch! Warum ist er verbrannt, wer hat den Wagen gefahren? Wer hat die Abkürzung genommen? Lutz? Nie! Nie! Er war zu ehrlich, er hat nie betrogen, er wäre nie auf diesen Gedanken gekommen! Warum fragt ihn keiner?«

Bob Barreis schob den Alten aus dem Weg. Der Stoß war so stark, daß Adams stolperte und auf den Rasen fiel. Dort blieb er auf den Knien liegen und breitete die Arme aus.

»Wenn es einen Gott gibt, dann wird er strafen!« rief er. »Nicht heute, nicht morgen . . . aber einmal . . . einmal bestimmt —«

Renate Peters schloß schnell die Tür, als Bob ins Haus getreten war. Ihr früher hübsches Gesicht war bleich und zuckte in den Mundwinkeln.

»Er kommt jeden Tag«, sagte sie. »Ihre Mutter ist am Ende ihrer Nervenkraft. Wenn wir ihn nicht hereinlassen, läuft er um das Grundstück. Wir hören seine Stimme, auch wenn wir die Worte nicht verstehen. Aber das genügt . . . er zermürbt uns! Vor drei Tagen hat er sich ein Megaphon geliehen. ›Mörder!‹ hat er zu uns hingebrüllt. ›Mörder!‹ Nur immer das eine Wort, bis die Polizei ihn abholte. Dr. Dorlach rät von einer Anzeige ab, denn genau das ist es, was der alte Adams erreichen will: einen Prozeß. Aber Dorlach will das verhindern.« Renate Peters hielt Bob am Ärmel fest, als er an ihr vorbeigehen wollte. »Warum, Bob? Sag *mir* die Wahrheit. War der Unfall anders, als er jetzt dargestellt wird?«

»Wo ist Mutter?« fragte Bob und schüttelte grob Renates Hand ab.

»Im Kaminzimmer. Bob —«

»Laß mich, verdammt.«

»Ich habe dich großgezogen, Bob! Ich bin es gewesen, die sich immer um dich gekümmert hat. Für die anderen warst du immer ein Schauobjekt . . . deine Mutter zeigte dich herum wie einen Edelstein, dein Onkel sah in dir nur den Erben!«

»Und Tante Ellen weihte mich in die weibliche Anatomie und deren Benutzung ein. Geh zum Teufel, Renate!«

»Wenn du zum Teufel geworden bist, bin ich schon da! Bob . . . ich mach mir Vorwürfe, daß ich etwas falsch gemacht habe! Ich habe dich erzogen, du warst ein lieber, guter Junge —«

»Wie mich das ankotzt!«

». . . bis du plötzlich nicht mehr wiederzuerkennen warst. Ich habe das erst später begriffen. Was habe ich bloß falsch gemacht?«

»Du warst zu prüde, Renate!« Bob Barreis faßte sie an die Brust. Entsetzt wich Renate Peters zurück. »Siehst du — das war der Fehler! Du hast mich noch gebadet und abgeschrubbt, als ich schon fünfzehn war, und wenn du unten dran kamst, mit der Hand, dem

Waschlappen oder der Bürste, dann tat sich was. Aber du hast es übersehen . . . ich war immer nur das Kind, der gute, liebe, brave Junge. Und während du mich in der Wanne mit dem Schwamm abriebst, warteten die Zimmermädchen schon auf meinen Pfiff, wenn du endlich mein Zimmer verlassen hattest. Ich habe sie alle im Bett gehabt . . . Lucie, Erna, Maria, Therese, Berta . . .«

»Berta war damals fünfzig Jahre alt!«

»Aber ein Tier von einem Weib! Wenn Berta bei mir war, habe ich morgens in der Schule geschlafen. Und von alledem habt ihr nichts gewußt und nichts gemerkt! *Das* ist dein Fehler, Renate. Ich war bei euch nie erwachsen —«

Mathilde Barreis empfing ihren Sohn wie eine leidende Königin. Sie ließ sich auf die Wange küssen und zeigte dann auf einen Stuhl.

»Setz dich, Robert . . .«

Bob blieb stehen, die Hände in den Hosentaschen.

»Ein Verhör? Mach dich nicht lächerlich, Mama.«

»Herr Adams war wieder hier . . .«

»Motten haben die Angewohnheit, herumzufliegen.«

»Er ist ein Vater, wie dein Vater einer war.«

»O Himmel, soll ich niederknien und beten?«

»Er hat mir schauerliche Dinge erzählt. Ich kann sie nicht glauben.«

»Das ist gut, Mama. Glaube sie einfach nicht. Das ist besser als jede Beruhigungstablette.«

»Aber er spricht so logisch.«

»Mama!« Bobs Augenbrauen zogen sich zusammen. »Kümmere dich nicht um Logik, sondern um deinen Blutdruck.«

Mathilde Barreis hob ruckartig den Kopf. Irgend etwas in ihr rief den Rest der Kämpfernatur auf, mit der sie in den Jahren nach dem Krieg ihrem Mann geholfen hatte. Nach dem Tod Barreis' erlosch dieser Geist. Sie wurde zu einem Denkmal des Reichtums. Jetzt aber spürte sie, daß sie etwas tun mußte. »Wie sprichst du mit mir?« sagte sie laut. »Dein Vater hätte dir dafür eine Ohrfeige gegeben.«

»Meinen Vater habe ich umgebracht.«

»Was hast du?« fragte Mathilde Barreis atemlos.

»Vor einer halben Stunde, Mama. Umgebracht! Zerrissen, was von ihm übriggeblieben war: die Bestimmungen, nach denen wir alle zu leben haben. Die Barreis-Bibel! Die zehn Gebote von Vredenhausen! Vielleicht hätte ich ihn wirklich umgebracht, wenn er jetzt noch lebte!«

Das war der Augenblick, in dem Mathilde Barreis über sich hinauswuchs, aber gleichzeitig auch ihren tiefsten Fall erlebte. Sie schnellte hoch und schlug zu. Voll traf sie Bob im Gesicht, mit der flachen Hand. Es klatschte, wie wenn man einem Pferd auf die Kruppe schlägt. Im gleichen Augenblick aber schlug Bob zurück ... mitleidlos, ohne Skrupel, kalt bis ins Herz. Er traf seine Mutter mit der Faust an die Stirn und rührte sich nicht, als sie umkippte und auf den Teppich rollte. Blut sickerte ihr aus der Nase und rann hinunter zum Mund.

Ohne ein Zeichen der Bewegung stieg Bob über sie hinweg und verließ das Zimmer.

Er fühlte sich im Recht. Er war geschlagen worden. Man schlägt einen Bob Barreis nicht, auch nicht die eigene Mutter. Er war nicht mehr das Kind, das sich duckte, das man ohrfeigen konnte, das man übers Knie legte und dem man den Hintern verdrosch, was ihm schon mit zehn Jahren ein prickelndes Lustgefühl verschaffte, so daß er sich oft von Renate Peters verhauen ließ und einmal sogar — mit vierzehn Jahren — seine Hose benetzte, was aber niemand merkte.

In der Diele traf er auf den Gärtner, der die ersten Blumen in einer Vase arrangierte.

»Ihren Wagen, Herr Barreis?« fragte er.

»Ja, den kleinen roten.«

»Ist wie immer aufgetankt, Herr Barreis ...«

Zehn Minuten später fuhr Bob nach Vredenhausen zum Café Himmelmacher. Mathilde Barreis lag noch immer ohnmächtig auf dem Boden und atmete kaum. Renate Peters fand sie erst eine halbe Stunde später und glaubte an einen Schwächeanfall.

Mathilde Barreis widersprach nicht und schwieg. Aber sie war in dieser halben Stunde eine alte Frau geworden ...

Ettore Laparesi und Don Emilio empfingen Bob und Tschocky in Mezzana wie eine zurückgebrachte Heiligenfigur. Der ganze Clan der Laparesis geleitete sie ins Dorf, und weil Ettore Bürgermeister war, und ein sozialistischer dazu, gab er ein Fest für die Freunde aus Germania, opferte einen Hammel, den Tschocky später mit dem zehnfachen Preis bezahlte, briet ihn nach guter alter Räuberart am Spieß und ließ den schweren, dunkelroten Wein kreisen, diese purpurne, eingefangene Sonne Siziliens.

»Amici —«, sagte er nach dem Fest, als Don Emilio bereits schwankend weggegangen war, um vor Mitternacht noch ein Gebet unter dem Altar zu sprechen. »Ich habe einen neuen Toten.«

»Das klappt ja wie das Brötchenbacken«, sagte Tschocky fröhlich. »Wo denn?«

»Wieder in Primolano. Dieses Mal ist's ein Frolini. Der Schwager. Hängt sich in die alte Sache ein, und bumm ... da liegt er. Kopfschuß. Die Duccis waren schon immer gute Schützen. Aber die Frolinis sind ein Gaunerpack. Sie verlangen sechzigtausend Lire. Ich habe alles versucht, aber mit ihnen ist nicht zu handeln. Sie meinen, der Tote sei einen Meter achtzig groß, der Ducci aber wäre nur einen Meter sechzig gewesen. Mehr Länge, mehr Lire ... so eine Gesellschaft sind die Frolinis. Man kann einfach mit ihnen nicht handeln ...«

Tschocky war bereit, auch sechzigtausend Lire zu zahlen. Das Argument des alten Frolini, das dieser am nächsten Morgen vorbrachte, überzeugte.

»Wenn ich ein Rind kaufe, bezahle ich das Gewicht. Bezahlen Sie wenigstens die Größe, Signori ...«

Der Tote wurde übernommen, in die neue Kiste mit der Batteriekühlung gelegt, wie bei den Duccis beteten auch die Frolinis zum Abschied und weinten herzzerreißend ... dann fuhren Bob und Tschocky quer durch Italien und Österreich zurück nach Deutschland.

Ihre letzte Station vor München war Bregenz am Bodensee. Sie mieteten sich in einem Motel ein, stellten den Wagen vor ihr Apartment und fielen todmüde in die Betten. Vorher kontrollierte Tschocky noch die Kühlung der Kiste ... sie funktionierte fehlerlos. Der Schwager der Frolinis war gut durchgekühlt wie eine amerikanische Pute.

Am nächsten Morgen weckte Tschocky seinen Freund Bob mit einem Aufschrei. Er stand am Fenster und starrte hinunter auf den Parkplatz. Bob zuckte hoch und sprang aus dem Bett.

»Was ist?! Lebt etwa dieser Frolini noch und sitzt neben der Kiste?«

»Viel schlimmer.« Tschocky zog die Gardine zurück und zeigte aus dem Fenster. »Man hat uns den Wagen geklaut —«

»Werden die einen Spaß haben«, sagte Bob und setzte sich auf das Bett. »Ich möchte dabei sein, wenn sie die Beute verteilen.«

Dann lachte er laut, was Tschocky sehr unpassend fand.

6

Theo Plötzke und Willi Kaufmann waren das, was man zwei kleine Gauner nennt. Sie waren zusammen aufgewachsen, hatten die gleichen Schulklassen besucht, blieben gemeinsam zweimal sitzen und ergriffen in trautem Gemeinschaftssinn denselben Beruf: Sie wurden Schlosser. Es stellte sich bald heraus, daß dies ein guter, nützlicher Beruf war. Als Schlosser lernte man, wie man Türschlösser aufknackt, wenn jemand den Schlüssel verloren hat, man erhielt eine Gewandtheit im Umgang mit Werkzeugen, und bald waren Plötzke und Kaufmann — die ›Zwillinge‹, wie sie im Freundeskreis genannt wurden — Spezialisten auf dem Gebiet des geräuschlosen Eindringens in fremde Wohnungen.

Aber sie blieben kleine Fische, von den großen Fachleuten ihrer Gilde aus gesehen. Während andere Banken beraubten, Supermärkte überfielen oder Lohngeldtransporte plünderten, beschränkten sich Theo und Willi auf miese Einsteigdiebstähle, klauten Schmuck aus Schlafzimmern, Portemonnaies, Handtaschen, Kofferradios und — es war eine Schande mit ihnen — Gemälde, bei denen sie nachher große Mühe hatten, sie wieder loszuwerden. Denn sie waren keine Kunstkenner und klauten Schinken wie ›Abendrot auf der Alm‹ oder ›Sonntagsruhe am Meer‹. Sie erhielten dafür ein paar Mark — aber auch nur nach langem Reden und Verhandeln mit den Aufkäufern —, zogen dann einträchtig in ein Wirtshaus und versoffen ihr mühsam verdientes Geld.

Ihr größtes gemeinsam gedrehtes Ding war der Einbruch in ein Pelzgeschäft. Darauf waren sie besonders stolz, auch wenn die Fachleute sich an den Kopf griffen und die beiden absolute Vollidioten nannten. Denn für ihren Coup hatten sie sich ausgerechnet Österreich ausgesucht, genau lokalisiert, Linz an der Donau. Sie erbeuteten zwanzig Pelzmäntel mittlerer Qualität. Der Besitzer des Pelzhauses jubelte, denn er war versichert und bekam einen Batzen Geld von der Versicherungsgesellschaft für eine Ware, an der er über ein Jahr oder mehr gehangen hätte. Bei der gegenwärtigen Wirtschaftslage in Österreich waren Pelze nicht Allgemeingüter wie etwa Kochtöpfe, aber der Einbruch enthob ihn aller Sorgen.

Anders bei Plötzke und Kaufmann. Sie zogen wie die Zigeuner von Hehler zu Hehler, immer nur durch Österreich, denn über die Grenze nach Deutschland konnten sie mit dieser heißen Ware nicht. Endlich fanden sie in Salzburg einen Händler, der ihnen die zwanzig Mäntel für einen lächerlichen Preis abnahm.

»Autos müßt ihr klauen!« sagte der freundliche Mann. »Am Auto ist noch was zu verdienen. Nicht hier in Österreich, aber drüben in Deutschland. Ich habe da einen Kompagnon, der nimmt euch jeden Schlitten ab. In Salzburg untern Arm geklemmt, in Rosenheim abgesetzt . . . einfacher geht's nicht! Ich geb' euch die Adresse . . .«

Plötzke und Kaufmann ließen sich überzeugen. Sie stiegen um und transportierten von nun an Autos aller Typen von Österreich nach Deutschland. Dabei entwickelten sie einen immer wirksamen Trick: Sie kauften sich verschiedene Seppelhüte mit Gamsbärten und Edelweißen, Strohhüte und Zipfelmützen, begrüßten die Zöllner mit ›Hollodrihoh!‹, erzählten durch das heruntergekurbelte Fenster Witze aus dem Urlaub und benahmen sich ganz so, wie sich eben Männer benehmen, die allein — fern der Ehefrau — einen zünftigen Ausflug gemacht haben.

Wer kontrolliert da schon die Papiere?

Plötzke und Kaufmann hatten immer freie Fahrt.

In Rosenheim erwartete sie der Kraftfahrzeugmeister Eduard Simmering, taxierte den Schlitten, blätterte das Geld bar in die offenen Hände, fuhr den Wagen in eine Lackierhalle — und der Fall war erledigt. So kam es, daß die ›Zwillinge‹ ihr Interesse an rollenden Untersätzen immer weiter ausdehnten und nun auch in Bregenz nach einem Objekt Ausschau hielten.

»Keine großen, dicken Brummer«, hatte Eduard Simmering gesagt. »Die gängige Mittelklasse, die geht immer weg. Bei den stinkfeinen Brummern fällt man auf. Laßt es euch gesagt sein . . . lieber drei Opel als einen Mercedes.«

Diese Lehre war gut, und Plötzke und Kaufmann dachten daran, als sie in der Nacht vor dem Motel am Bodensee, etwas außerhalb von Bregenz, den grünen Kombiwagen stehen sahen.

»Das ist er!« sagte Plötzke und klopfte auf die Rücktür. »Jahrgang 1967. Gut erhalten.«

Kaufmann drückte das Gesicht gegen die Rückscheibe. »Die haben die ganze Campingausrüstung drin!«

»Zusätzlicher Verdienst. Mach auf, Willi.«

Kaufmann suchte in einem umfangreichen Schlüsselbund den richtigen Schlüssel. Er probierte dreimal, der vierte ließ sich drehen.

Um sie herum war eine warme, dunkle Nacht. Am Bodenseeufer klatschten die Wellen gegen einen hölzernen Landesteg, der zum Motel gehörte und an dem zwei Motorboote vertäut lagen. Ein einschläferndes Geräusch. Frieden der Natur. Eine Nacht für Liebespaare, aber auch die schliefen bereits erschöpft . . . es war zwei Uhr, der Tiefpunkt menschlichen Ausruhens.

»Beeilung!« zischte Kaufmann. Er öffnete die andere Tür, Plötzke kletterte hinter das Lenkrad und schob den Schlüssel ins Zündschloß.

»Wie sieht's aus?« fragte er, bevor er den Schlüssel umdrehte.

»Im Hotel alles dunkel. Fahr schon ab, Theo!«

Er drehte sich nach hinten und klopfte mit dem Knöchel der rechten Hand an die lange Kiste. Ein satter Ton.

»Die ist gerammelt voll. Daß die blöden Hunde auch das ganze Gepäck draußen lassen . . .«

Der Motor sprang an. Fast zu laut in dieser stillen Nacht, es war wie eine Explosion. Aber Plötzke hatte sich daran gewöhnt. Man soll nicht glauben, wie fest Menschen schlafen können und wie wenig das Anlassen eines Motors sie zu wecken vermag. Selbst wenn's der eigene Wagen ist.

Langsam ließ er den Kombi vom Hotelparkplatz wegrollen, ohne Licht, ein schwarzer Schatten in einer schwarzen Nacht. Erst auf der Uferstraße gab er mehr Gas und schaltete die Scheinwerfer ein. Kaufmann holte aus seiner Aktentasche zwei zerknitterte Strandmützen.

»Die Rivieramasche —«, lachte er. »Außerdem sind die Bübchen vom Zoll um diese Zeit froh, wenn sie pennen können . . .«

Von Bregenz bis zur deutschen Grenze sind es kaum fünf Kilometer. Plötzke bremste schon wieder, als der Motor erst begann, richtig warm zu werden . . . das Zollgebäude tauchte auf, von hohen Bogenlampen beleuchtet, auf österreichischer Seite war niemand zu sehen, sie rollten durch, durchfuhren den schmalen Streifen Niemandsland und näherten sich im Schritt-Tempo der deutschen Zollstation. Ein einsamer, mißmutiger, grün uniformierter Beamter sah ihnen entgegen. Er stand unter dem vorstrebenden Dach und sehnte den Morgen, die Ablösung herbei.

»Schau, Nummer 2«, sagte Plötzke grinsend.

Kaufmann nickte, schob die zerbeulte Strandmütze weit in den Nacken und beugte sich aus dem Fenster.

»Halli — hallo!« brüllte er. »Da sind wir. Heim zur Mami! O mia bella gracia, dein Bett war wunderschön . . . Herr General, melde gehorsam: Zwei Ehemänner auf der Rückfahrt von Alassio! Kein Schnaps, kein Vino, keine Zigaretten, nur ein leeres Rückenmark. Halli — hallo . . .«

Plötzke hielt an. Immer höflich sein bei deutschen Beamten, das haben sie gern, das honorieren sie.

Sie hatten sich nicht getäuscht. Der Zöllner grinste matt, winkte die Straße hinunter und legte einen Finger an den Mützenschirm.

Freie Fahrt.

In bestimmten Situationen verstehen sich Männer auf Anhieb.

Plötzke gab Gas und sauste los. Geschafft! Sechshundert Eierchen für den Wagen, für die Campingkiste vielleich noch einmal hundert. Und übermorgen war man bereits wieder in Innsbruck. Für einen fleißigen Fischer gibt es immer volle Netze . . .

Sie fuhren zügig durch Lindau hindurch, nahmen dann die Alpenstraße, frühstückten beim Morgendämmern auf einem Rastplatz und ärgerten sich nur über eins: Über den langen Weg bis Rosenheim, der noch vor ihnen lag.

»Wir müssen andere Abnehmer aufreißen«, sagte Kaufmann. »Immer diese Anfahrten zu Eduard. Wir sollten ein Kundennetz entlang der Grenze aufbauen. Theo, man kann daraus einen richtigen Filialbetrieb machen, wenn wir auf Draht sind . . .«

Es war gegen acht Uhr morgens, als Plötzke auf einen Rastplatz am Tegernsee einbog und bremste. Der Platz war noch nicht gut besucht . . . zwei Lastzüge standen herum, die Fahrer tranken Kaffee und rauchten, ein Wohnwagen träumte mit zugezogenen Gardinen nahe am Waldrand. Es war ein unfreundlicher Morgen . . . schon bei Murnau hatte es zu regnen begonnen, ein Nieselregen, der die Straße seifig werden ließ und morgendliche Wanderer vom Sauerstoffeinatmen abhielt. So ein Schnürlregen ist ein verteufeltes Ding . . . er sieht so harmlos aus und durchnäßt doch in kürzester Zeit jede Kleidung.

»Was ist?« fragte Kaufmann. Er war eingenickt und schrak hoch.

»Pause. Außerdem bin ich neugierig, was wir gefangen haben. Soll uns der Eduard übers Ohr hauen? Wir taxieren die Campingklamotten erst ab, und dann machen wir den Preis!«

Kaufmann drehte sich nach hinten. Die lange, schmale Kiste, dunkel gebeizt, aber mit aufgeklebten Plastikblümchen lustig verschönt, wirkte in dieser morgendlichen, vom Regen gefilterten Beleuchtung irgendwie feindlich.

»Das ist 'n Ding —«, sagte Kaufmann plötzlich.

»Was denn?« Plötzke drehte sich auch rum.

»Da geht 'n Kabel in die Kiste.«

»Scheiße!« sagte Plötzke laut.

»Warum?«

»Weil das 'ne Kühltruhe ist. Klar, daß das Kabel zur Batterie geht. Und wenn wir den Kasten gleich aufmachen, was sehen wir dann?«

»Salami und Joghurt! Wirklich Scheiße! Aber das muß 'ne Eigenkonstruktion sein. So 'n Kasten kriegste doch nirgendwo zu kaufen.«

»Ein Bastler auf Reisen. Willi, ich möchte einmal erleben, daß uns der Teufel nicht in die Taschen pinkelt!«

Sie stiegen aus, gingen um den Kombi herum, klappten die Rücktüre hoch, ließen den Sperrer einrasten und zogen an der Kiste. Sie bewegte sich, als sei sie auf dem Boden mit Schmierseife eingeschmiert. Das Kabel war lang genug und straffte sich erst, als die Kiste halb aus dem Wagen ragte.

Plötzke sah sich um. Der eine Lastzug fuhr gerade ab, der andere stand weit genug entfernt. Die Gardinen im Wohnwagen waren noch zugezogen, aber die Bewohner waren munter. Der Wagen schwankte etwas in den Federn.

Plötzke stieß Kaufmann grinsend an.

»Morgenfick ist immer schick . . .« sagte er. »Und nun auf mit der Kiste.«

Sie lösten gemeinsam die vier Klemmbügel des Deckels und hoben ihn hoch. Kaufmann blickte hinein, erbleichte und ließ den Deckel sofort wieder zufallen. Er klemmte dabei Plötzkes Hand ein, der aufschrie und Kaufmann mit dem Knie in die Seite stieß.

»Idiot! Meine Finger!« Er hob den Deckel wieder, zog die Hand zurück, starrte in die Kiste und wurde im gleichen Augenblick käsig im Gesicht. Dumpf polterte die Kiste wieder zu.

»Das . . . das ist doch nicht möglich . . .« stammelte Plötzke. »Willi . . . das ist nicht möglich . . .«

Kaufmann lief um den Wagen herum, hechtete fast auf seinen Sitz und suchte dann mit zitternden Händen nach seinen Zigaretten. Plötzke kam leicht schwankend nach und lehnte sich an die offene Tür. Es sah aus, als müsse er gleich kotzen.

»Eine Leiche, Willi . . .«

»Halt's Maul, verdammt noch mal.« Kaufmann sog an seiner Zigarette wie ein verhungerndes Baby an der Milchflasche.

»Wir haben eine Leiche geklaut. Über die Grenze gebracht. Wenn die beim Zoll gesagt hätten . . .«

»Mensch, erinnere mich nicht daran.« Kaufmann wischte sich über die Stirn. Sie war naß, nicht nur vom Nieselregen, auch von kaltem Schweiß. »Was jetzt?«

»Den Karren stehen lassen und nichts wie weg. Bis zur nächsten Bahnstation sind's vier Kilometer. Das schaffen wir zu Fuß.«

»Bei dem Regen?«

»Willst du mit 'ner Leiche durch die Gegend zockeln?«

»Bis zum Bahnhof, Theo.«

»Nicht einen Meter fahre ich mehr!« Plötzke riß Kaufmann die Zigarette aus dem Mund und sog daran. »Ist er ermordet?«

»Woher soll ich das wissen? Soll ich ihn untersuchen? Willi . . . wir stellen den Wagen auf dem Parkplatz vor dem Bahnhof ab. Und dann weg mit dem nächsten Zug. Nur noch die vier Kilometer. Wenn wir zu Fuß durch den Regen latschen, fällt das bestimmt auf.«

Plötzke ließ sich überzeugen. Manchmal hatte auch Kaufmann gute Gedanken; da sie selten waren, stellten sie meist brauchbare Auswege dar. Er kletterte hinter das Lenkrad, ließ den Motor an und fuhr an dem Wohnwagen und dem Lastzug vorbei auf die Chaussee zurück.

Um 11 Uhr fuhr ein Zug nach Tegernsee, dort hatten sie Anschluß nach München. Hier erst, in einem Abteil zusammen mit zwei anderen Reisenden, einem Tegernseer Bauern-Ehepaar, das in der Hauptstadt ›vui oschaffa‹ wollte, atmeten sie auf, beruhigten sich ihre flatternden Nerven und ihre panische Angst.

In München, am Hauptbahnhof, verloren sich ihre Spuren.

Einem Landpolizisten fiel gegen Nachmittag der einsame, grüne Kombiwagen vor dem Bahnhof auf. Er umkreiste ihn, las die Zulassungsnummer — sie stammte aus Gelsenkirchen —, blickte durch die Scheiben, sah die lange, mit Plastikblumen beklebte Kiste, dachte an einen Vertreter für Geschenkartikel und ging weiter.

Am Abend stand der Wagen noch immer vor dem Bahnhof. Das war merkwürdig. In einem so kleinen Ort fällt das auf. Wäre der Wagen aus München gewesen oder wenigstens aus Bayern — man hätte ihn kaum beachtet. Aber aus Gelsenkirchen, aus Preußen also, das war seltsam.

Der Landpolizist faßte an die Türen . . . sie waren unverschlossen. Er ging an die Rückklappe — sie war ebenfalls offen. Er beugte sich in den Laderaum, klopfte mit dem Knöchel gegen die Kiste, horchte wie ein witterndes Reh — es war erstaunlich, daß seine Ohren sich nicht aufstellten und wackelten —, konstatierte, daß die Kiste gefüllt sei, daher der satte Ton, bemerkte das Kabel, das im Kistenboden verschwand, und machte sich Gedanken darüber.

Ein Beamter wird dafür bezahlt, daß Ordnung im Staat herrscht. Wenn ein preußischer Wagen stundenlang unverschlossen und allein auf einem oberbayerischen Bahnhofsparkplatz steht, verletzt dies die Ordnung. Der Polizist, Hauptwachtmeister Toni Sandl, schloß die Rücktür, schrieb die Nummer von Gelsenkirchen in sein Notizbuch und stapfte nach Hause. Dort diente das Wohnzimmer gleichzeitig als Polizeistation — ein Schreibtisch mit Meldebuch und anderen amtlichen Papieren demonstrierte das.

Toni Sandl rief über das Diensttelefon seine vorgesetzte Stelle in Tegernsee an.

»Nummer 2 kommt rüber«, sagte der Polizeiobermeister in Tegernsee. »Seit wann steht er da?«

»Seit elf Uhr.«

»Mit einer Kiste, auf die Blümchen geklebt sind?«

»Und aus Gelsenkirchen. Altes Modell. Grün. Könnten Hippies geklaut haben —«

Der Streifenwagen Nummer 2 aus Tegernsee traf nach einer halben Stunde vor dem Bahnhof ein. Toni Sandl hielt neben dem Kombiwagen Wache und versuchte den Eindruck zu verbreiten, er stehe hier rein zufällig. Ein Zug war eingefahren, einige Bauern trotteten durch die Pendeltür ins Freie, nickten Sandl zu, rückten die Hüte tiefer ins Gesicht und gingen weiter.

21 Uhr 29. Sandl vergaß diese Zeit nie, er blickte genau auf die erleuchtete runde Bahnhofsuhr, als der Streifenwagen neben ihm hielt.

»Dös is er!« sagte er.

Polizeimeister Hagenhuber und Hauptwachtmeister Zientmayer gingen — wie ihr Kollege Sandl schon mehrmals — um den grünen Kombiwagen herum, schoben dann die Rücktür hoch und öffneten die Klemmen der Kiste.

Von diesem Augenblick an — als drei Polizeibeamte sprachlos in das Gesicht eines südländisch wirkenden Toten starrten — begann die große Suche, die Tschocky fürchtete.

Die Mordkommission in München wurde alarmiert. In Gelsenkirchen stellte man fest, wem die Zulassungsnummer gehörte. Es war ein Reinhold Papenholt, Gemüsehändler en gros, mit einem großen Platz in der Markthalle.

Als um ein Uhr nachts zwei Kriminalbeamte an der Tür von Papenholt klingelten, regte sich zunächst nichts. Um ein Uhr nachts wird kein Gemüse verkauft und auch keins bestellt, außerdem hing Reinhold Papenholt an dem kleinen runden Spion seiner Wohnungstür, stierte nach draußen, erkannte im ungewissen Licht einer fernen Straßenlaterne zwei fremde Männer, die wenig vertrauenerweckend aussahen und ganz offensichtlich mit Gemüsehandel nichts zu tun hatten.

Papenholt lief auf Zehenspitzen zurück in sein Schlafzimmer, zog seine Hose über den Schlafanzug, nahm eine Pistole aus dem

Nachtkasten und zeigte auf das Telefon neben seinem Bett. Seine Frau Irma saß zitternd und leichenblaß auf dem Bettrand und wollte schreien.

»Ruf die Polizei an«, flüsterte Papenholt. »Irma, nimm dich zusammen! Die kommen nicht rein. Ich bin bewaffnet.«

»Die auch, Reinhold, die auch . . .«

»Ich war der beste Schütze des Bataillons . . .«

»Vor dreißig Jahren . . . Männe, bleib hier. Ich habe Angst . . .«

Während Irma Papenholt die Polizei anrief, schlich Reinhold zur Tür zurück. Es schellte wieder, fordernder, länger. Dann pochten Fäuste gegen das Eichenholz. Papenholt stellte sich seitlich auf, mit dem Daumen drückte er den Sicherungsflügel weg.

»Haut ab!« schrie er durch die Tür. »Mit mir nicht! Ich knalle euch einen vor den Latz!«

»Machen Sie auf! Polizei!«

»Das ist 'n uralter Trick! Haut ab, sag ich!« Er hielt den Atem an. Von weitem hörte er das schnell näherkommende Sirenengeheul eines Streifenwagens. Reinhold Papenholt hatte Angst gehabt, trotz der Pistole in seiner Hand, trotz der Erinnerung, der beste Schütze im Bataillon gewesen zu sein. Man sieht ja immer, wie so etwas geht und wie es endet . . . im Fernsehen, in ›XY — Aktenzeichen ungelöst‹, jede Woche mehrmals bringen sie solche Filme, Anschauungsunterricht, Killerschulen . . . Da kann man ruhig eine Pistole in der Hand halten, die haben immer neue Tricks.

»Die Polizei!« brüllte Papenholt nach hinten ins Schlafzimmer. »Jetzt wetzen sie ab! Irma, stell 'n paar Pullen Bier für die Polizei kalt . . .«

Er blinzelte wieder durch den runden Türspion . . . die beiden Kerle waren noch immer da. Sie rannten nicht weg in die Dunkelheit, wie es das Fernsehen zeigt, sondern drehten sich gemütlich um, als die Polizisten auf das Haus losstürmten.

Papenholt verstand die Welt und das Fernsehen nicht mehr und öffnete, noch immer die Pistole umklammernd, die Haustür, als es wieder klingelte.

Die Streifenpolizisten grüßten, die beiden zivilen Männer hoben die berühmten blanken Plaketten.

»Kriminalpolizei.«

»Bitte —«, sagte Papenholt bedrückt. »Kommen Sie rein. Verzeihen Sie ... aber nachts um ein Uhr ... und Unbekannte ... Man weiß ja nie ...«

Er steckte die Pistole in die Hosentasche. Aus der Küche blickte mit verwuschelten Haaren Irma Papenholt. Sie begriff gar nichts mehr.

»Sie haben einen Kombiwagen?« fragte einer der Kriminalbeamten.

»Zwei. Und einen Zweieinhalbtonner.«

»Einer ist grün?«

»Nein. Einer grau, der andere blau. Warum?«

»Kennen Sie Ihre Autonummern?«

»Natürlich.« Papenholt rasselte sie herunter wie früher in der Schule ein Gedicht. »Was ist denn? Ist einer geklaut?«

»Die Nummer stimmt. Aber der Wagen ist grün.«

»Unmöglich. So schnell kann keiner den Karren umspritzen. Meine Wagen stehen alle im Stall. Um vier Uhr kommen die Fahrer und holen das Frischgemüse vom Güterbahnhof ... Was ist denn eigentlich los?«

»Wir haben einen grünen Kombiwagen mit Ihrer Nummer entdeckt. Am Tegernsee ...«

»Wo?« Papenholt hielt das für einen schlechten Witz. Er versuchte zu grinsen, aber dann merkte er, daß es bitterernst war. Irma kam aus der Küche mit einem Tablett voller Bierflaschen. Sie hatte Tegernsee verstanden und sagte freundlich:

»Ja, da wollten wir immer hin. Aber mein Mann kennt ja keine Ferien. Immer nur wulacken. Er denkt nur noch in Kohlköpfen und Salat ...«

»Das ist 'n Ding.« Papenholt schloß die Haustür. »Meine Autonummer an 'nem Wagen am Tegernsee. Das gibt's doch gar nicht.«

»Und im Wagen lag in einer Kiste ein Toter.«

»Meine Fresse!« Papenholt griff sich eine Flasche Bier, ließ den Klemmkorken springen und setzte sie an den Mund. Nach drei tiefen Schlucken — es sah aus, als blase er auf einem Signalhorn ›Alles sammeln‹ — unterdrückte er einen Schluckauf (das Bier kam aus dem Kühlschrank, verflucht, und Irma weiß doch, daß ich beim kalten Bier immer rülpse und den Schlucken kriege) und atmete ein paarmal tief durch. Die Polizeibeamten gönnten ihm seine Erschütterung. »Ein Toter...?«

»Eisgekühlt mit einer Batterie.«

»In meinem Wagen?«

»In einem grünen Kombi mit Ihrer Nummer.«

»Ich habe keinen grünen.«

»Modell 1967.«

»Ich habe nur Modelle 68 und 69.« Papenholt umklammerte die eiskalte Flasche. Dann stellte er sie schnell weg, denn es durchfuhr ihn, daß auch die Leiche eisgekühlt gewesen war. »Ermordet?«

»Die Obduktion liegt noch nicht vor. Aber es scheint ein Italiener zu sein.«

»Wollen... wollen Sie auch ein Bier trinken?«

»Wer ist tot? Welcher Italiener?« fragte Irma Papenholt. Das Tablett zitterte in ihren Händen. Die Bierflaschen klirrten leise aneinander. Glöckchen des Entsetzens.

»Danke.« Die Kriminalbeamten schüttelten die Köpfe. »Können wir Ihre Wagen sehen?«

»Aber ja. Ja, natürlich. Sie stehen in der Garage. Kommen Sie...«

Es war ein ganz klarer Fall. Ausgerichtet wie zur Parade — Papenholt war im Krieg Feldwebel bei einer Nachschubeinheit gewesen — standen die drei Firmenwagen in der Garagenhalle neben dem Haus. Auch Papenholts Privatwagen — im modernen Orange — glänzte matt im Licht der Neonlampen. Einer der Kombiwagen — der hellgraue — trug die gleiche Nummer wie der am Tegernsee aufgegriffene grüne Wagen. Es war nun sicher, daß diese Nummernschilder gefälscht waren.

»Trinken Sie jetzt 'n Bier, meine Herren?« fragte Papenholt, als sie wieder im Haus waren. Irma stand noch immer mit den Flaschen in der Diele. Sie klirrten schon wieder. »Wo ich nun doch keen Mörder bin.«

»Reinhold!« schrie Irma auf. »Du sollst...«

Papenholt rettete die Bierflaschen vor der Vernichtung, indem er das Tablett auffing. Die Kriminalbeamten sahen auf ihre Uhren. Halb zwei. Viel war jetzt doch nicht zu unternehmen. Die Kleinarbeit, die jetzt folgte, hatte Zeit. Sie nickten, gingen hinter Papenholt ins Wohnzimmer, legten ihre Hüte aufs Büfett und setzten sich. Es wurde noch eine gemütliche Nacht. Reinhold erzählte von Markthallenerlebnissen — die Kriminalbeamten revanchierten sich mit Anekdoten aus dem Sittendezernat. Nur Irma blieb bleich und verstört.

Ein Toter mit Reinholds Nummer. Am Tegernsee. Mein Gott . . . wie im Fernsehen —

»Und wie geht's weiter?« fragte Papenholt. Es dämmerte bereits. Der Nachthimmel wurde streifig, man erkannte jetzt Wolken an den rotgezackten Rändern. Wieder ein schöner Tag. Morgenrot über Gelsenkirchen, höhere Temperaturen. Man mußte sehen, daß man die Salate schnell verkaufte. Da hilft auch kein Wasserspritzen mehr.

»Jeder Wagen hat eine Motor- und Fahrgestellnummer.« Die Kriminalbeamten lächelten siegessicher. Reine Routinearbeit. »Wo eine Spur ist, ist meistens auch ein Wild . . .«

Das Wild war um diese Zeit bereits auf der Rückfahrt nach Essen. Tschocky hatte darauf gedrängt, so schnell wie möglich Bregenz zu verlassen. »Weißt du, wie weit die Kerle mit unserer Klitsche gekommen sind?« sagte er. »Wenn sie an der nächsten Ecke die Kiste aufgemacht haben, stehen wir dumm da. Mensch, hör mit dem Lachen auf!« Er zielte mit einem Schuh nach Bobs Kopf, aber mit einem flinken Sprung entging Bob dem Geschoß. »Was ist daran so lächerlich?«

»Schon der Gedanke, daß unsere ›Anatomische Handelsgesellschaft‹ ein Zulieferbetrieb für Autodiebe ist. Wenn ich das Onkel Theodor erzähle, sagt er wieder: Aus dir, du Versager der Familie, wird nie ein Barreis! Man muß ihm zugestehen: Er hat in beschränktem Maße recht. Wie konnte ich mich mit dir einlassen, Tschock! Tote verkaufen! Um die Gesellschaft zu schocken! Um den großen Albin Tschocky aus den Lackschuhen zu pusten! Damit er Tränen um seinen verirrten, fehlgeleiteten kleinen Fritz vergießt. Das ist doch alles Blödsinn, Tschock!«

»Ich habe gedacht, du hättest Übung im Umgang mit Toten«, sagte Tschocky anzüglich.

Bob Barreis kniff die Augen zusammen. Sein wunderhübsches Gesicht, Spielwiese so vieler Frauenlippen, sexanregende Körperfläche oberhalb der Gürtellinie, wurde etwas formlos, verzerrte sich, bekam scharfe Falten.

»Tschock —«, sagte er leise und gedehnt. »Auch Taube hören, weißt du das? Und wenn sie hören: Dieser Taube ist ein Idiot, dann handeln sie auch wie Idioten. Sie denken nicht mehr, denn wenn sie plötzlich hören können —«

»Stopp!« Tschocky winkte mit einer Arroganz ab, die Bob wie eine Ohrfeige traf. »Verschone mich mit deiner Philosophie grenzgängerischer Charaktere. Eine Frage noch: Hast du Geld?«

»Nein.«

»Aber die große Fresse! Willst du dich in München an die Straßenecke stellen und deine Potenz verkaufen? Mädchen von zwanzig bis dreißig für dreißig Mark, ab vierzig für fünfzig! Siebzigjährige zahlen hundert, einschließlich Runzelzulage . . .«

»Ich haue dich in die Schnauze, Tschock!« Bob Barreis zog sich an. »In Essen trennen sich unsere Wege. Für immer. Ist das klar? Ich komme allein zurecht.«

»Womit? Im Bett von Marion? Willst du dich aushalten lassen? Der Erbe der Barreis-Werke . . . ein kleiner, mieser Zuhälter, auf dessen Penis die Geldscheine aufgespießt werden wie in den Läden die Kassenbons auf die Metallspieße? Wir wollten die Welt entsetzen.«

»Und jetzt flüchten wir wie zwei Zechpreller.«

»Nur vorübergehend.« Tschocky klappte den kleinen Handkoffer zu. Er hatte sich mit einem herben Parfüm besprüht, das zu seiner Lederjacke paßte. »Wir müssen in Essen sein, bevor die Polizei festgestellt hat, wem der Wagen gehört. Es ist vollkommen ausgeschlossen, daß die Diebe mit unserer Leiche weiter durch die Gegend fahren.«

Tschocky wartete, bis Bob reisefertig war. Welch eine Mißgeburt, dachte er, als Bob sich rasierte, seine schönen Haare kämmte, in leichte Wellen legte und sein engelhaftes Gesicht mit Rasierwasser massierte. Zu nichts nütze, auf die Welt gesetzt, um ein Schmarotzer zu sein, eine glatte, parfümierte Made, die sich durch alles hindurchfrißt, was sie ernährt: Onkel, Mutter, Fabrik, Weiber. Wenn er davon leben könnte, würde er auch schwul werden. Aber noch jauchzen die Frauen, wenn er seine Hose öffnet.

»Fertig?« fragte er angewidert. »Ich habe mir deinen Song mit den hörenden Tauben durch den Kopf gehen lassen. In Essen kennen wir uns nicht mehr. Das Fahrgeld lege ich für dich aus ... stifte einer Hure die Anzahlung für ein neues Gebiß. Und Marion ...«

Bob Barreis fuhr herum. »Erwähne Marion nicht!«

»Das ist dein Trauma, was? Schon in Cannes hatte ich das Bedürfnis, mir von einem Arzt die Ohren durchblasen zu lassen. Kannst du überhaupt Liebe empfinden, Bob? Richtige Liebe? Mondscheinseufzer mit allem Pipapo?«

»Ja —«, sagte Barreis kurz. »Ich kann.«

»Schon probiert?«

»Frag nicht so dämlich.«

»Bei Marion Cimbal?« Tschocky lehnte sich neben das Fenster an die Wand. Bob band sich seine Krawatte um. Sie war für ihn wie das Brandzeichen bei einem Hengst. Eine Gütemarke. Ein Abzeichen, das rätselhafterweise jede Frau verstand. Eine Fahne, die auf seinen Phallus hinwies. Seht her, hier naht ein Mann wie ein Erdbeben ...

»Ich wiederhole: Ich liebe Marion.«

»Wenn sie das fertigkriegt, sollte man es nach Rom melden und sie zur Heiligen ausrufen.« Tschocky blickte auf seine goldene Armbanduhr. Sieben Uhr genau. Durch das angelehnte Fenster zog vom Frühstücksraum herrlicher Kaffeeduft ins Zimmer. »Willst du dich putzen, bis die Polizei auftaucht?«

»Angst?« Bob Barreis lächelte zynisch. »Wer mit Toten handelt, sollte auch ihre toten Nerven haben.«

»Ich habe darin keine Erfahrung.« Wieder die Anspielung, die Bob Barreis das Blut in die Schläfen trieb. Er sah aus den Augenwinkeln zu Tschocky hinüber. Was wußte er? Was traute man einem Bob Barreis zu? Der alte Adams wanderte wie ein Prediger herum und beweinte seinen Sohn Lutz. Seine Anklagen waren bisher verhallt ... aber blieb nicht immer Schmutz zurück, wenn man mit Schmutz wirft? Auch die Wahrheit kann wie Schmutz sein ... sie hinterläßt Flecken auf der sauberen Weste.

Bob schloß seinen Koffer. Noch ein Blick in den Spiegel. Er wunderte sich stets von neuem über sich selbst. Sein Gesicht war von einer unzerstörbaren Anziehungskraft. Eine Nacht Schlaf, und er hatte sich geschält wie eine Schlange, die glatt und glänzend ihre neue Haut in der Sonne wärmt.

»Trinken wir Kaffee?«

»Natürlich. Mit Hörnchen, Honig und Kirschwasser im Kaffee!« Tschocky ging zur Tür. »Zum Bahnhof, Bob! Frühestens in Lindau habe ich Ruhe, zu kauen.«

Sie bezahlten in der Rezeption ihre Rechnung, einschließlich Frühstück, hatten Glück, daß ein Taxi einen Gast gebracht hatte, und mieteten es gleich für die Fahrt zum Bahnhof, blickten bei der Abfahrt auf den leeren Platz, wo ihr Wagen mit der bunten Kiste gestanden hatte, und lehnten sich dann in die Polster zurück.

»Es war eine geniale Idee, die Batteriekühlung«, sagte Tschocky. »Bob, das mußt du anerkennen.«

Bob Barreis schwieg verbissen. Das sizilianische Abenteuer lag ihm im Magen, auch wenn er das Unbehagen überspielte. Das einzige, wovon er außer Frauen noch etwas verstand, waren Autos. Den Fortgang der Dinge, wenn die Polizei erst einmal den Kombi untersuchte, hätte er minuziös rekonstruieren können.

»Sie werden die Motornummer überprüfen«, sagte er leise und beugte sich zu Tschocky hinüber. »Damit reißen sie uns auf . . .«

»Und darum müsen wir vorher in Essen sein. Dr. Samson wird alles bügeln . . .«

»Wer ist Dr. Samson? Hat er auch eine Dalilah?«

»Witzbold!« Tschocky rauchte eine Zigarette an. »Samson ist unser Anwalt. Duzfreund des alten Herrn. Im Aufsichtsrat. Kommilitone des Oberstaatsanwalts. Es gibt nichts, was er nicht zurechtbiegt, und wenn es eine Acht ist, die gerade werden muß. Wer wie die Tschockys Stahl verhökert, kann auch Autonummern unlesbar machen. — Wir müssen nur erst in Essen sein.«

Um 8 Uhr 19 fuhr ein Zug nach Lindau.

Als sie die deutsche Grenze passierten, fühlten sie sich merkwürdigerweise sicherer. Es mußte damit zusammenhängen, daß sie wieder in den Bannkreis ihrer einflußreichen Familien traten.

Es war gar nicht so einfach, von Lindau nach Essen zu kommen. Der Weg zum Mond ist gerade, aber auf der Erde muß man umsteigen, auf Anschlüsse warten, Verspätungen einkalkulieren. Wenn es heißt: Sie landen im ›Meer der Ruhe‹ um 17 Uhr 54, dann weiß man, es klappt auf die Sekunde . . . mit dem Zug auf der Erde ist das nicht so sicher, schon gar nicht in der Ferienzeit.

Tschocky und Bob Barreis trafen gegen 18 Uhr in Essen ein, gaben sich die Hand wie zwei Fremde, die sich erst im Zugabteil kennengelernt hatten und nun wieder für immer in ihrer eigenen Welt verschwinden, und fanden ein paar belanglose Worte des Abschieds. Höflichkeiten, mit denen sie die Ruine ihrer Freundschaft verkleideten.

»Mach's gut, Tschock —«, sagte Bob.

»Vergiß nicht unsere Abmachung. Du warst in Cannes, ich auf Sylt. Wir haben uns vor vier Wochen das letztemal gesehen.«

»Natürlich. Ich kenne auch den grünen Kombi nicht.«

»Grüß mir Marion. Du gehst zu ihr?«

»Heute nicht. Ich will Onkel Theodor beglücken.«

»Vielleicht telefonieren wir mal miteinander.«

»Vielleicht . . .«

Das war alles. Tschocky drehte sich weg, ging zum Taxistand, stieg in einen Wagen und fuhr davon, ohne sich noch einmal nach Bob Barreis umzusehen. Es lohnte sich nicht. Menschliche Attrappen wie Bob waren nicht Tschockys Geschmack.

Ein dämlicher Fatzke, dachte Bob Barreis. Er blieb vor dem Bahnhof stehen, blickte dem Taxi nach und steckte die Hände in die Jackentaschen. Zwischen den Fingern klimperte etwas Kleingeld. Er tastete es ab. Drei Fünfmarkstücke, ein paar Markstücke, Zehnpfennigmünzen, zusammen vielleicht zwanzig Mark. Es reichte, um nach Vredenhausen zu kommen.

Bitterkeit stieg in ihm hoch. Wie ein Bettler steht man herum, dachte er. Mit zwanzig Mark in der Tasche. Das einzige Vermögen des einzigen Erben der Barreis-Werke. Ist das nicht zum Kotzen? Man hätte meinen Vater vergiften müssen, bevor er die idiotischen Nachlaßbestimmungen ausbrütete. Aber wer dachte damals daran? Während er mich beobachtete wie die Schlange das Kaninchen, lag ich mit den Zimmermädchen im Bett oder bewunderte

Tante Ellen, wenn sie kurz vor der Klimax zu röhren begann wie ein heiserer Hirsch. Ob der Alte das alles beobachtet hat? Warum sagte er damals nichts? Aber Rache nahm er an seinem einzigen Sohn, setzte Onkel Theodor auf den Barreis-Thron und reservierte für mich das Töpfchen, auf das ich als Kind gesetzt wurde. »Mach schön Pipi . . .« Das dämliche Gesicht von Fräulein Hannelore — sie kündigte, weil ich ihr gegen die Schienbeine trat, sobald sie in meine Reichweite kam. Und dann das Fräulein Erika, diplomierte Kinderschwester: »Hast du schon A-a gemacht, Bübchen?« Sie ging nach einem halben Jahr, weil ich — damals war ich drei Jahre alt — überall Messer klaute und ihr damit die Kleider aufschlitzte.

Und so ist das geblieben, bis heute. Sei brav, mach schön Pipi . . . hast du schon A-a gemacht? Onkel Theodor, Mama Mathilde, Rechtsanwalt Dr. Dorlach, Hellmut Hansen, dieser widerliche Moralonanist . . . und Millionen liegen da herum, Millionen an Fabrikgebäuden und Werkzeugen, Maschinen und Fertigwaren, Grundstücken und Aufträgen, Kundenforderungen und Bankkonten . . . Millionen, die mir gehören, die Onkel Theodor vor mir zumauert mit ein paar Sätzen, die der alte Barreis vor seinem Tod ersonnen hat.

»So geht es nicht!« sagte Bob halblaut. »So nicht, Onkelchen. Wir reden noch einmal darüber . . .«

Der Zug nach Vredenhausen war halb voll. Wenig Arbeiter, die von Essen nach Schichtwechsel hinausfuhren. Die Barreis-Werke hatten alle Arbeitskraft von Vredenhausen aufgesogen, ohne die Barreis-Werke war Vredenhausen ein Nest, nicht einmal gut genug für einen Sonntagsausflug ins Grüne. Barreis . . . das war ein Wort wie Gott. Nein, mehr . . . Gott versprach nur Seligkeit, Barreis aber hielt am Leben, füllte die Lohntüten, garantierte einen vollen Teller. Erst Barreis, dann Gott. Selbst der Pfarrer von Vredenhausen schien so zu denken . . . beim Skatabend gab er Onkel Theodor in allen Ansichten — politischen wie wirtschaftlichen — kritiklos recht: Der Dank war ein neuer Kirchturm und ein neuer Baldachin für die Fronleichnamsprozession.

Er manipuliert alles, dachte Bob Barreis. Vredenhausen ist das souveräne ›Königreich Barreis‹. Welch ein Leben könnte ich führen, wenn zwischen mir und allen Möglichkeiten nicht Onkel Theodor stände?

Aber er ist da. Dick, jovial, brutal, charmant, biestig, humorvoll, giftig . . . immer so, wie man ihn braucht. Selbst ihn umzubringen, hat keinen Sinn . . . er und der Geist des alten Barreis' haben mich für immer im Netz!

Es war schon dunkel, als Bob aus dem Vredenhausener Bahnhof trat. Nur eine einsame Taxe wartete unter einer trüben Bogenlaterne. In Vredenhausen lohnten sich Taxis nicht . . . hier hatte jeder seinen kleinen Wagen. Die Barreis-Werke unterhielten eine besondere Kreditabteilung für Autokäufer. Auch hier regierte wieder die alleinige Ansicht von Theodor Haferkamp: »Ein Mensch mit Auto gehört zum neuen Menschheitsbild wie Wasser aus einem Wasserkran. Außerdem reagiert man im Auto Aggressionen ab. Meine Arbeiter sind die friedlichsten im Ruhrgebiet . . .«

Der Taxifahrer schob den Kopf durch das offene Fenster. »Sie, Herr Barreis?« Es klang so ungläubig, als habe jemand in der Kirche statt Amen Prost gerufen.

»Ja.« Bob trat an den schwarzen Wagen. »Ach, Sie sind's, Klemmer. Fahren Sie mich nach Hause.«

»Wo ist denn Ihr Renner, wenn man fragen darf?«

Bob stieg ein. »Sie dürfen. Er steht in Cannes.«

»Wieder im Eimer?«

»Kerngesund. Ich hatte mal Lust, mit der Bahn zu fahren. Ein irres Erlebnis, sag' ich Ihnen.« Bob lachte gepreßt. »Da guckt man aus dem Fenster und denkt: Jetzt Gas geben! Und was tut der Zug? Er hält.«

Norbert Klemmer, der Taxifahrer, hütete sich, auf dieses Gespräch einzugehen. Der hat Schlagseite, dachte er. Man riecht zwar nichts, aber so irr kann nur einer reden, dem die Promille am Zäpfchen plätschern. Immer wieder erstaunlich, wie aufrecht dieser Barreis sich hält, auch wenn der Kanal überflutet ist.

Das Barreis-Schloß war hell erleuchtet, als sie vor der Auffahrt hielten. Im großen Saal — eingerichtet im Stil der Renaissance mit einem Hauch englischer Würde und einem Kamin, der an einen altgriechischen Tempeleingang denken ließ — bewegten sich hinter den vorgezogenen Portieren viele Schatten. Die Parkplätze neben der breiten Freitreppe waren überfüllt. Nicht eine teure Marke fehlte, sogar drei Rolls-Royce mit ihren eckigen, konservativen Kühlerschnauzen standen wie zur Parade ausgerichtet unter den lackglänzenden Blechkisten. In einem flachen Nebengebäude saßen die Chauffeure um einen langen Tisch und tranken Fruchtsäfte, Cola und Tee. Bob sah sie durch die offenen Fenster.

Onkel Theodor gab eine Party. Nicht aus Freude am gesellschaftlichen Leben, sondern um neue Geschäfte zu realisieren. Nach Hummercocktail, Austern in Chablis, Rebhuhn in Madeira mit Trüffeln und Morcheln, Pommes Dauphin und Spargelspitzen in Sahne, Coup Rothschild flambiert und Mokka à la Arabia zogen sich die Herren in den Rauchsalon zurück, griffen nach den Havannas — Portagas oder Romeo et Juliette —, versanken in den tiefen Ledersesseln und waren bereit, mit Theodor Haferkamp das Wirtschaftswunder zu erweitern. Bei diesen Gelegenheiten besprach man auch, neue Berichte in die Presse zu lancieren, daß die Aufträge rückläufig seien, die Zukunft zur Besorgnis Anlaß gäbe und neue Lohnverhandlungen unvermeidlich in eine ernste Krise führen würden.

Auf der Treppe unter dem Säuleneingang erschien der Butler James. Er hieß eigentlich Egon, aber dieser Name wäre eine Entweihung des Butlerberufs gewesen. Theodor Haferkamp taufte ihn in James um, weil ein guter Diener nicht anders als James heißen kann, ließ ihm eine original altenglische Butler-Robe schneidern und setzte ihn bei solchen Gelegenheiten wie an diesem Abend ein. Sonst arbeitete Egon-James als Gärtner in der Junggesellen-Villa Haferkamps draußen in den idyllischen Moränenbergen bei Vredenhausen.

»Der junge Herr!« sagte James gedehnt. Bei Partys bevorzugte er sogar einen englischen Zungenschlag. »Wir haben den jungen Herrn heute nicht erwartet.«

»Muß ich in meinem eigenen Elternhaus erwartet werden?« sagte Bob Barreis grob. »Egon —« er nannte ihn aus Provokation so, »— geben Sie Norbert Klemmer zwanzig Mark. Er ist ein guter Fahrer.« Er blieb vor der breiten Doppeltür stehen, durch deren mit schmiedeeisernen Gittern geschütztes Glas man in die Halle blickte. Auf Spiegelwände, Marmorkonsolen mit echten Ausgrabungsvasen und einem Römerkopf ohne Nase. »Ich gehe in die Bibliothek, Egon. Sagen Sie meinem Onkel, ich warte dort auf ihn. Unter soviel anwesenden Mumien bin ich versucht, zu gähnen.«

James antwortete nicht. Er verschwand mit aller Würde durch irgendeine Tür der Halle. Bob wandte sich nach rechts, warf sich in der Bibliothek in einen der Sessel, steckte sich eine Zigarette an, schlug die Beine übereinander und überlegte sich eine schöne Begrüßung für Onkel Theodor.

Er wartete zwanzig Minuten — die altenglische Uhr über dem Kamin tickte diskret, aber unüberhörbar —, bis die ledergepolsterte Tür aufging. Das ärgerte Bob maßlos. Er behandelt mich wie einen Bittsteller, eine Gnade ist es, Herrn Haferkamp zu sprechen. Er blieb deshalb auch sitzen und rauchte weiter, als Onkel Theodor mit einem Bogen um den Sessel, als ströme Bob giftige Gase aus, zum Kamin ging.

»Du bist also da?« sagte Haferkamp kampfeslustig.

»Mein Geist ist es nicht —«

»Das wäre auch nicht möglich, denn soviel Geist hast du nicht.«

»Danke, Onkelchen. Was du ererbt von deinen Vätern . . .«

»Regnet es in Cannes?«

Bob war zufrieden. Das Alibi saß fest wie eine Schraube in einem Dübel. »Du stellst also fest, daß ich aus Cannes komme. Es stimmt — mein Wagen steht noch vor dem ›Club Mediterrané‹. Ich bin mit der Bahn gekommen.«

»Hellmut hat mir berichtet, wie du dich gegen ihn und seine Braut benommen hast. Wie eine Wildsau . . .«

Das ist gut, dachte Bob. Hellmut wird aussagen, daß ich in Cannes gewesen bin. Eva Kottmann wird es bestätigen. Jetzt steht er allein da, der gute Tschocky, wenn es ihm an den Kragen geht. Er muß schon prominente Zeugen auftreiben, die ihm bestätigen, daß er auf Sylt war.

Bob Barreis lächelte breit.

»Diskutieren wir nicht über Benehmen, Onkelchen. Du gibst eine Party? Wer von den großen Lobbyisten kniet im Startloch? Schuß! Ab nach Bonn! Wieder Staatsaufträge?«

»Was willst du?« fragte Haferkamp knapp. In seiner Stimme lag jegliche nur mögliche Mißachtung.

»Geld.«

»Keinen Pfennig. Arbeite.«

»Das sagte schon der Pharao zu seinen Sklaven.«

»Jeder Dreher, jeder Ankerwickler, jeder Packer in meiner Fabrik muß für sein Geld arbeiten . . .«

Bob Barreis nickte. Seine Lippen waren dünn geworden. »Du hast einen Sprachfehler, Onkelchen. Es ist *meine* Fabrik! *Ich* bin ein Barreis! Der einzige, der letzte.«

»Hoffentlich der letzte. Du hast die letzten Wünsche deines Vaters zerrissen . . . Gott sei Dank war's nur eine Kopie, das Original liegt im Safe der Bank . . . und vor deiner Mutter erklärt, du habest damit deinen Vater ermordet. Jetzt will der Vatermörder Geld aus dem Besitz des Ermordeten. Ich hätte dir, bei allen Schwächen und Teufeleien, mehr Geschmack zugetraut.«

»Wer auf Millionen sitzt, kann gut mit Pfennigen werfen. Ist Dr. Dorlach auf der Party?«

»Ja.«

»Ich möchte ihn sprechen.«

»Eine neue Sauerei passiert in Cannes? Sag es gleich. Spielschulden?«

»Nein.«

»Abtreibung?«

»O nein! Ich erkundige mich vorher immer nach der Pille, und wer sie nicht nimmt, muß mit einem Interruptus vorliebnehmen . . .« Bob grinste zufrieden. Theodor Haferkamp bekam rote Ohren. Ein Beweis, daß er innerlich kochte. »Frag weiter, Onkelchen.«

»Wieder ein neuer Wagen?«

»Gestrichen.«

»Was dann?«

»Ich möchte Dr. Dorlach sprechen . . . weiter nichts. Und allein.«

Haferkamp zögerte. Was verbirgt sich dahinter, grübelte er. Warum reist er mit der Bahn? Noch war die Affäre Lutz Adams nicht vergessen; niemand sprach zwar mehr darüber, aber Zuträger — es gibt sie immer und überall, die für einen Händedruck des Chefs freudig in die Hose seichen — hatten ihm erzählt, daß der alte Adams noch immer herumlief und bettelte, ihm zu helfen, den Mörder Bob Barreis zu überführen. Es wurde nun wirklich Zeit, ihn in eine Anstalt einweisen zu lassen. Nicht in eine Klapsmühle, sondern in ein vornehmes Privatsanatorium mit aller nur erdenklichen Pflege. Die Barreis-Werke würden es bezahlen, verbucht unter Sozialzuwendungen. So würde sogar das Finanzamt sich daran beteiligen . . .

»Geht es um den Namen unserer Familie?« fragte Haferkamp.

»Das ist deine größte Sorge, was?«

»Natürlich. Der Name Barreis war, ist und wird immer ein blanker Schild sein.«

»Und da kommt so ein mieser Hund daher wie ich und pinkelt es an. Du bist ein Märtyrer, Onkelchen.«

Haferkamp verließ die Bibliothek, dafür kam sehr eilig schon nach zwei Minuten — Bob betrachtete wieder die Uhr — Dr. Dorlach herein.

Aha, jetzt werden sie munter, dachte Bob fröhlich. Ich habe die sprudelnde Quelle entdeckt: die blütenweiße Familienehre.

»Sie wollten mich sprechen, Bob?« Dr. Dorlach lehnte sich an den Kamin, genau an die Stelle, wo gerade Haferkamp gestanden hatte. Zwischen Dorlach und Bob herrschte ein kameradschaftlicher Ton . . . sie wußten zuviel voneinander, um sich eine Feindschaft zu leisten.

»Ich wollte Sie bitten, sich mit Dr. Samson in Verbindung zu setzen, Doktor. Sie kennen Samson?«

»Wenn Sie den von Tschocky meinen . . .«

»Ich meine ihn. Er wird Fritz Tschocky in einer delikaten Angelegenheit vertreten.«

»In der auch Sie mit drinstecken?«

»Nein. Ich war in Cannes. Das wissen Sie. Und Sie werden Dr. Samson sagen, daß — was immer auch sich entwickelt — ich in Cannes war und nie woanders.«

»Und was ist wirklich geschehen?« Dr. Dorlach beugte sich vor, nahm aus einer silbernen, mit Zedernholz ausgeschlagenen Kiste eine Zigarre und brannte sie an. Er ließ Bob damit Zeit, zu überlegen, ob sich Vertrauen rentierte. Durch den Qualm des ersten langen Zuges sah er den jungen Barreis an. »Nun? Welches Bügeleisen muß ich nehmen? Geld oder Paragraphen?«

»Keins von beiden. Lügen, Dementis, Androhungen von Verleumdungsklagen.« Bob Barreis genoß es, Dr. Dorlach ratlos zu sehen. »Ich will Ihnen alles erzählen, Doktor. Aber wenn auch nur ein Buchstabe von dem hier aus dem Zimmer dringt, könnte ich berichten, daß Sie mit Fräulein Hillmann jeden Samstag in Essen im Hotel Ruhrperle schlafen. Am Sonntag beschläft Onkel Theodor sie. Ich glaube nicht, daß man sich bei diesem Problem arrangieren würde —«

»Ich wußte immer, daß Sie ein Schwein sind, Bob.«

»Wissen ist Macht! Wir sollten voreinander diese Weisheit nie vergessen. Also hören Sie zu, Doktor . . .«

Eine halbe Stunde später verabschiedete sich Dr. Dorlach von der Party. Er sah ein wenig bleich aus und machte einen zerfahrenen Eindruck. Haferkamp, der ihn zum Wagen begleitete — die einzige Möglichkeit, ihn allein zu sprechen —, fragte geradeaus: »Was hat er angestellt?«

»Nichts.«

»Reden Sie keinen Quatsch, Doktor. Ich sehe doch, daß Sie aus dem Gleichgewicht gekippt sind. Kann es gefährlich werden?«

»Nein.«

»Sie garantieren dafür?«

»Ich kann es verantworten.«

Noch, dachte Dr. Dorlach. Heute noch! Aber wie lange wird es noch dauern, bis dieser Bob Barreis uns alle zu Ruinen macht?

Er fuhr schnell ab, und Theodor Haferkamp blickte ihm nach, bis die roten Rücklichter in der Nacht untergingen.

Es muß etwas geschehen, dachte er. Bob Barreis darf die Werke nie erben. Sollen wir alle umsonst geschuftet haben . . .?

Vor der oberen Diele, von der die Zimmer seiner Mutter abgingen, traf Bob auf Renate Peters. Sie schien auf ihn gewartet zu haben.

»Ist Mama in ihrem Salon?« fragte er.

»Nein. Sie hat sich eingeschlossen.« Renate Peters stellte sich

Bob in den Weg, als er an ihr vorbei zum Schlafzimmer seiner Mutter gehen wollte. »Bleib hier, Robert. Tu es nicht . . .«

»Was?« Bob blieb abrupt stehen.

»Mit Gewalt — deine Mutter fürchtet sich vor dir. Sie will dich nicht sehen, nicht heute. Sie weint —«

»Anders kenne ich sie gar nicht. Tränen in den Augen, Seelchen in der Stimme. Personifizierte Mater dolorosa. Sie will mich also nicht sehen?«

»Nein, Robert.«

»Gerade heute brauche ich sie.«

»Du brauchst deine Mutter? Das ist neu.«

»Ich will sie nur ansehen . . . ich will stumm die Frau ansehen, in deren Schoß ich gewachsen bin und die mich dann aus sich herausgepreßt hat. In dieses mistige Leben! Ich will sie ansehen, um Kraft zu bekommen. Die Kraft des Hasses . . . es ist die einzige, die mich stark macht.«

»Man kann sich wirklich vor dir fürchten, Robert.«

»Du auch? Mein Renatchen, das dem guten Bübi immer so sorgfältig das Dingelchen gewaschen hat, auf das Tante Ellen so scharf war? Wann hast du eigentlich gemerkt, daß aus dem Jungchen ein Mann geworden war? Nie, was, nie? Ihr alle habt es nicht gemerkt. Wie alt bist du jetzt?«

»Dreiundvierzig.« Sie schüttelte den Kopf. »Was ist aus dir geworden?«

»Das, was ihr alle aus mir gemacht habt: ein Erbe! Ihr habt dabei nur nicht gemerkt, daß ihr damit euren Kopf unter eine Presse legt! Ich werde euch ausquetschen bis zum letzten Speicheltropfen. Und nun geh zu der lieben, klagenden, weinenden, seelenvollen Mama und sage ihr, daß ihr Sohn wieder fort ist. Wohin? In einen Puff . . . dann hat sie Grund, wieder zu beten!«

Er drehte sich um und hüpfte die Treppe hinunter. Renate Peters folgte ihm. In der großen Halle holte sie Bob ein.

»Wann kann ich dich sprechen?« fragte sie. »Allein . . .«

»Vergebliche Müh, Renatchen.« Bob Barreis lächelte böse. »Dich vögele ich nicht —«

»Es geht um Lutz.«

»Halt den Mund!« rief Bob in einem Ton, der erschreckte.

»Sein Vater kommt jeden Tag hierher. Ich *muß* mit dir sprechen.«

»Der Alte hat einen Wurm im Hirn. Jeder weiß das. Wirf ihn raus, tritt ihn in den Hintern, aber laß mich damit in Ruhe.«

»Das ist alles nicht so einfach, Robert.« Renate Peters hielt ihn am Ärmel fest. »Ich habe mir Gedanken gemacht.«

»Hast du das?« Es sollte spöttisch klingen, aber in der Stimme schwang Bosheit mit. Bob sah Renate an, wie man ein Kalb mustert, bevor man den Schießapparat an seine Stirn drückt.

»Als Kind hast du mir alles anvertraut.«

»Immer diese Scheiße mit der Kindheit! Himmel noch mal, könnte ich das doch alles auslöschen! Laß mich los, Renate. Ich kotze in diesen heiligen Hallen . . .«

»Wann können wir uns treffen? Nicht hier . . . irgendwo, wo wir sprechen können.«

»Ich weiß es nicht. Außerdem: Was soll's?«

»Hast du Angst?«

Bob Barreis sah sie lange an. Seine samtweichen Augen in dem schönen Gesicht waren plötzlich ausdruckslos.

»Das hättest du nicht sagen dürfen«, antwortete er gedehnt. »Ich kneife nicht. Nie! Auch vor dir nicht, Renatchen, du bravdeutsches Herzchen. Ich rufe dich an.«

Er sah ihr nach, wie sie die Treppe hinaufging. Etwas drall, breithüftig, mit bäuerlichen Beinen. Keine Schönheit, aber gesundes Fleisch zum Hineinbeißen. Er hatte sie eigentlich noch nie so betrachtet . . . sie war immer das alte Kindermädchen geblieben.

Was wußte sie? Was hatte der alte Adams ihr erzählt? Konnte sie gefährlich werden in ihrer Liebe zur Wahrheitsfindung? Der einzigen Liebe wahrscheinlich, die sie kannte.

Bob Barreis verließ das Haus, bummelte durch den weiten Park und setzte sich neben dem abgestellten Springbrunnen auf eine der weißen, dem Stil der Jahrhundertwende nachempfundenen gußeisernen Bänke.

Dr. Dorlach hatte ihm fünfhundert Mark gepumpt. Sollte er sie ausgeben? Nach Essen fahren, zu Marion? In ihren Armen liegen und sie zwingen, sich vergewaltigen zu lassen, die Tote zu spielen, die er mißbraucht?

Ich bin ein perverses Schwein, sagte er sich. Ich weiß es. Aber ich kann nicht dagegen an. Jeder ist so, wie er ist. Alles andere Gerede ist Blödsinn. Psychologengeschwätz. Freudscher Geisteskoitus. Blablabla studierter Holzköpfe. In mir steckt ein Zerstörer . . . wer kann das ausrotten? Ich bin geboren, diese Menschheit zu unterwühlen.

Er beschloß, nicht nach Essen zu fahren, nicht zu Marion, nicht in ein Bordell, eine Bar, einen Flipclub. Er dachte an den toten Frolini, der jetzt irgendwo auf dem Tisch eines gerichtsmedizinischen Institutes lag und obduziert wurde. Einwandfreier Kopfschuß. Und wem gehörte der grüne Kombiwagen?

Armer Tschocky. Bob Barreis ging über die Seitenterrasse wieder ins Haus. Wollen wir hoffen, daß Dr. Samson so gut dressiert ist wie Dr. Dorlach . . .

Drei Tage später trafen sich Renate Peters und Bob Barreis. Mit einem Wagen aus dem Fuhrpark der Familie Barreis — heute war es ein BMW — holte Bob sie ab. Renate wartete an der Landstraße nach Vredenhausen, als sei es ein heimliches Liebestreffen. Es war ein kühler Abend, ziemlich dunkel . . . der Mond, eine magere Sichel, schwamm hinter Wolken und ertrank nach einiger Zeit völlig.

»Steig ein —«, sagte Bob und hielt die Tür auf. Er hatte gute Nachrichten bekommen. Tschocky hatte angerufen. Natürlich hatte die Polizei schnell herausbekommen, wem der grüne Kombi gehörte. Aber bevor die Polizei in der Residenz der Tschockys erschien, hatte Dr. Samson schon eine Diebstahlanzeige aufgegeben. Den Verlust des grünen Jagdwagens hatte man erst bemerkt, als Generaldirektor Albin Tschocky in den Wald fahren wollte. So gab es überhaupt keine Befragungen, sondern nur ein Protokoll über den Diebstahl. Sanftes Dunkel legte sich über den unbekannten Toten in der blümchenverzierten Kiste. Es gab keine Spur . . .

»Wie haben wir das geschaukelt?« hatte Tschocky fröhlich gefragt. »Ein Chauffeur ist schon unterwegs, den geklauten Wagen von der Polizei in München abzuholen. Denk dir . . . bis zum Tegernsee sind sie mit der Leiche geschaukelt . . .«

Er wollte sich ausschütten vor Lachen.

»Wohin sollen wir fahren?« fragte Bob. Renate Peters hob die runden Schultern. Sie trug einen Wettermantel, ziemlich eng über der Brust. Sie hat schöne Brüste. Sie sind überhaupt das Schönste an ihr. Mütterliche Brüste . . .

Das Wort ernüchterte ihn sofort. Machte ihn wütend.

»Ich weiß nicht«, sagte sie. »Irgendwohin, wo wir sprechen können.«

»Weiß jemand, daß wir uns treffen?«

»Nein. Ich habe heute meinen freien Tag.«

Bob Barreis fuhr in Richtung Autobahn. Unter seinen Kopfhaaren kribbelte es plötzlich wie Ameisen. Er hielt den Atem an, aber das Kribbeln ließ nicht nach.

Da ist es wieder, durchfuhr es ihn. Mein Gott, mein Gott, laß es nicht stärker werden. Es ist am besten, wir kehren um . . .

Aber er wendete nicht. Er fuhr weiter. In die Nacht hinaus, zur Autobahn, einer Brücke entgegen, die zwei Feldwege miteinander verband.

Und er spürte, wie das Holz des Lenkrads naß vom Schweiß wurde und wie es wie elektrische Stromstöße durch seinen Körper zuckte.

Kehr um, sagte er sich. Bob, kehr um . . . Es wird immer stärker sein als du . . . Sie ist dein Kindermädchen gewesen, sie hat dich großgezogen, sie hat mir dir gespielt im Park, du warst ihr kleiner Liebling . . . Bob, sie war dir mehr und näher als deine Mutter . . .

Er fuhr weiter. Schaltete die Scheinwerfer aus, rollte auf die kleine Brücke mit Standlichtern. Unter ihnen rasten wie feurige Pfeile die Autos über die Autobahn. Ein grandioses Bild. Der Mensch als Herr der Technik. Der Sieger über Zeit und Entfernungen.

»Hier —«, sagte Bob Barreis und hielt mitten auf der Brücke. »Hier. Und nun sag: Was ist los? Was weißt du von Lutz Adams?«

In seinen Handflächen spürte er, wie sein Blut pulsierte.

7

Es gibt auf dieser Welt Plätze, die ziehen Liebespaare an . . . keiner weiß, warum. Es gibt Plätze, die ziehen Mörder an. Etwas Schicksalhaftes vollzieht sich dann, Unausweichliches, Unrettbares. Ob man liebt oder tötet — in beidem ist ein Zwang, es zu tun, dem man nicht mehr entfliehen kann.

Bob Barreis lehnte sich im Sitz zurück. Neben ihm hockte Renate Peters, starrte auf die unter ihr vorbeijagenden Lichterbänder und hatte die Hände gefaltet in den Schoß gelegt. Sie war erregt, ihre volle Brust hob und senkte sich, und Bob dachte einen Augenblick daran, wie sie wohl reagieren würde, wenn er jetzt einfach mit beiden Händen zufassen würde, diese Brüste umfaßte und Besitz von ihnen nahm. Oder wenn er sie streicheln würde, zärtlich und scheu, fast schüchtern . . . zwei Arten, mit denen man Frauen immer erobern kann, wo sie unterliegen, bevor sie sich zum Kampf bereit finden. Sieger sein oder Bettler — immer werden die Frauen sich ergeben. Nur die Zauderer, die Unentschlossenen, die Ängstlichen werden die Seele einer Frau nie erobern.

Wie war Renate Peters? Das Kindermädchen von jetzt dreiundvierzig Jahren, das vor knapp zehn Jahren dem ›Bübchen‹ mit einem Waschlappen zwischen die Beine fuhr, obwohl sich die ersten Schamhaare zeigten. Bob sah kurz zur Seite, seine Hände zuckten.

»Willst du beten?« fragte er rauh. »Du sitzt da wie zu einem Halleluja. Ich habe dich was gefragt. Was weißt du über Lutz Adams?«

»Nichts, Bob. Nicht mehr als die anderen.« Renate Peters drehte sich zu ihm. Ihre großen Augen — mütterliche Augen, verdammt, dachte Bob, immer diese Blicke, als wenn ich ein wertvolles Spielzeug zerbrochen hätte, immer diese stille, anklagende Trauer über das böse Bübchen, es kotzt mich an, Leute, ich gurgle mit Galle! — sahen ihn forschend an.

»Was wissen die anderen?«

»Sie reden, Bob.«

»Dafür haben sie einen Mund.« Er spürte, wie das Zittern in seinen Fingern stärker wurde, wie das ekelhafte, elektrisierende Kribbeln nun auch von den Zehen aufwärts kroch, in die Waden, in die Schenkel. »Weißt du, was man mit einem Mund alles machen kann, Renatchen?«

»Sie reden Böses über dich.«

»Böses! Ei, ei, der ungehorsame Lümmel, was hat er da wieder angestellt. Hat sein Eisenbahnchen zerbrochen. Böses Robertchen, ich sag's dem Nikolaus! Renate . . . muß ich meiner Umgebung immer in die Fresse schlagen, damit sie begreift, daß ich erwachsen bin? Ich habe mit hundert oder mehr Frauen im Bett gelegen.«

»Das ist keine Kunst, Bob. Jeder Hund findet an den Straßenecken läufige Hündinnen.«

Bob Barreis zog die Brauen zusammen. Ein neuer Ton bei Renate, so plötzlich, so das ganze Bild der Jungfer Peters umstoßend, daß er einen Moment sprachlos war. Dann sagte er: »Renatchen, du machst dich. Noch solch einen Salto vorwärts, und wir verstehen uns wieder prächtig.« Er holte vorsichtig Atem . . . wenn er jetzt tief einatmete, würde das Kribbeln zu seinem Geschlecht vordringen. Dann war es zu Ende mit der Ruhe — er kannte das genau. Die vollen Brüste vor seinen Augen zogen ihn an wie ein Magnet. Sie wird sicherlich schreien, dachte er. Um sich schlagen. Um Hilfe rufen. Mich wegstoßen. Mit den Fäusten um sich schlagen. Treten. »Bist du verrückt, Bob?!« wird sie schreien. »Ich habe dich großgezogen. Ich war deine zweite Mutter . . .« Und er würde zurückschreien, mitten in ihr vor Entsetzen sich auflösendes Gesicht: »Das ist es ja! Darum mußt du dran glauben! Darum bringe ich dich um!«

Bob Barreis rückte weg von Renate und lehnte sich an die Tür. Nein, schrie er sich zu. Nein! Nein! Wenn du das jetzt tust, bist du ein Wahnsinniger. Dann weißt du selbst, daß du nicht mehr zu dieser Menschheit gehörst. Eigentlich weißt du das schon längst, aber du sollst es dir nicht selbst bestätigen.

»Lutz Adams . . .« sagte Bob gedehnt. »Darüber wolltest du etwas sagen. Über den alten Adams, diesen wandelnden Sänger der Rache. Warum eigentlich benimmt er sich so?«

»Er behauptet, daß du Lutz umgebracht hast.«

»So, sagt er das? Er war ja auch dabei, als der Wagen brannte.«

»Niemand war dabei — nur du und Lutz. Und Lutz verbrannte, weil er auf seiner Seite nicht aus der Tür konnte. Da waren die Felsen.«

»Richtig. Das wurde alles von der Polizei rekonstruiert. Wir klebten an den vereisten Steinklötzen wie Rotz.«

»Aber du konntest dich retten.«

»Ist das eine Schande? Wäre es besser gewesen, wenn ich auch im brennenden Benzin gelegen hätte? Habt ihr alle auf solch einen Zufall gewartet? Onkel Theodor, nicht wahr? Er beklagt seitdem das Schicksal und Gott, daß beide so blind waren. Vielleicht tritt er sogar aus der Kirche aus, was? Und auch die Weihnachtsbescherung im Kindergarten von Vredenhausen fällt dieses Jahr aus, weil der liebe Gott mich hat leben lassen? Ist so die Lage in meiner hochehrsamen Familie? Und wer steht im Hintergrund, als neuer Kronprinz der Barreis-Werke? Mein Freund und Lebensretter Hellmut Hansen, dieser seelenvolle Pisser, bei dem jeder Tropfen Urin Menschenwürde und Nächstenliebe enthält! Aber siehe da . . . der Lümmel Bob lebt! Entkommt dem Feuermeer. Da muß doch wieder etwas schief dran sein, das kann doch nicht mit rechten Dingen zugehen, so sträflich blind kann Gott nicht sein, daß er Old Seelenheld vernichtet und Old Riesenschwein überleben läßt. Da stimmt doch etwas nicht. Ist es so, Renatchen?«

»Bob —«

»Hör auf mit deinem Bob. Es klingt wie Amen!« Barreis' Stimme wurde schriller. Das Kribbeln in seinem Körper stieg höher, lag in den Hüften, kroch dem drängenden Gefühl im Unterteil seines Körpers von oben, über Hals und Schulter, entgegen. Wenn sie zusammentreffen, ist es geschehen, durchfuhr es ihn. Ich fühle die Sehnsucht, jemanden schreien zu hören. Ich spüre es bereits ganz stark. Es zerfrißt mich von innen, wenn nicht bald jemand schreit . . . »Sag endlich, was du *weißt*!«

»Ich habe bei Herrn Haferkamp auf dem Schreibtisch die Akten gesehen, die Dr. Dorlach von der Polizei bekommen hat. Abschriften der technischen Untersuchungen.«

»Und hast sie gelesen?«

Renate Peters nickte langsam. Es war ein bedeutungsvolles Nikken. »Ja. Was sie darin schreiben . . .«

»Was schreiben sie?«

»Lutz wäre hilflos zwischen Sitz und Armaturenbrett eingeklemmt gewesen. Nach dem Grad der Brandschäden hat sich das Feuer von hinten langsam nach vorn gefressen . . . so langsam, daß du Lutz hättest befreien können, bevor ihn die Flammen erreichten . . .«

»Meine Hände waren verbrannt!« Bob Barreis stieß die Tür auf. Nachtkühle stieß in den Wagen, prallte gegen seine Stirn, auf der in dicken Tropfen der Schweiß stand. »Hast du sie nicht gesehen? Habt ihr nicht alle es gesehen? Beide Hände waren verbunden, die Handflächen ohne Haut, ich habe jetzt noch Narben . . . Hier, hier . . . sieh sie dir an!« Er hielt ihr beide Handflächen vors Gesicht, so nahe, daß sie gar nichts mehr sehen konnte. Hände, die zitterten, die in der Nähe ihres Körpers zu glühen begannen. »Ich habe alles versucht! Weißt du überhaupt, welche Glut ein brennender Wagen entwickelt?«

»Ich nicht — aber die Experten.«

»Die Experten sind Scheißer! Haben sie schon mal in einem brennenden Auto gesessen? Jeder Unfall ist anders, es gibt darunter keine Zwillinge.« Er beugte sich vor. Renates Gesicht, noch glatt, etwas rundlich, mit großen, fragenden Augen, immer verzeihende Güte, angeborene Mütterlichkeit wie ein Muttermal, wich nicht zurück. Es blieb, ein Marienbild, vor dem man beichten soll. Man müßte hineinschlagen, durchzuckte es Bob. Mitten hineinschlagen. In diese Visage mit überirdischer Liebe alles zudeckender Sanftheit. Zertrümmern diese Augen! Zerreißen diesen frommen Mund. »Was glaubst du?« fragte er so heiser, daß er sich selbst kaum noch verstand. »Na? Sag es schon! Bin ich ein Mörder? Habe ich meinen Freund Lutz bewußt verbrennen lassen? Und das Motiv? Wo ist das Motiv? Nur so, Renatchen, nur so aus Spaß, nicht wahr, tötet ein Barreis seinen besten Freund? Zuzutrauen ist es ihm, nicht wahr? Ein Kerl, der nur Geld ausgibt, aber keins verdient, der ist verdächtig, gehört nicht in unsere wohlerzogene Gesellschaft. Onkel Theodors Lohntütensprüche! Berühmt im ganzen Land. Einen habe ich behalten: ›Eine volle Lohntüte ist der Händedruck des Fleißes.‹ Ich habe mir von den Arbeitern alle erreichbaren Tüten geben lassen und mir zehn Tage lang damit den Arsch gewischt. Die letzte, beschissene Lohntüte habe ich in einem Samtkästchen Onkel Theodor mit der Post geschickt. Er hat nie darüber gesprochen — aber er ahnt, wer so ruchvoll demonstrierte. So ein verkommener Mensch — was sage ich, Mensch, ein Subjekt, dem man keinen Namen geben kann — läßt natürlich seinen Freund verbrennen.«

»Warum stand der Wagen auf einem schmalen Seitenweg und nicht auf der Rallyepiste?«

»Wir hatten uns verfahren.«

»*Du* hattest dich verfahren?«

»Lutz. Als ich es merkte — ich war eingeschlafen —, wechselten wir. Ich mußte weiter, was blieb mir anderes übrig?«

»Die kleine Straße durch die Felsen kürzte die Rennstrecke ab, nicht wahr? Wußtest du das?«

»Natürlich! Ich hab's auf der Karte gesehen. Weiß ich, was Lutz sich dabei gedacht hat, als er abbog?«

Renate Peters blickte Bob Barreis groß an. Er lügt, dachte sie. Ich habe immer gemerkt, wenn er log. Er konnte vor mir nicht lügen. Und er wußte das . . . deshalb blickte er mich nie an, wenn er die Unwahrheit sagte. Auch jetzt sieht er an mir vorbei. O mein Gott, wenn der alte Adams und seine Anklagen keine Hirngespinste sind! Irgendwo muß hier die Wahrheit hinter Blut und Feuer stecken . . . warum hat Dr. Dorlach sonst die Akten angefordert und mit dem Oberstaatsanwalt telefoniert? Ich habe es gehört. »Ich komme vorbei und spreche mit Ihnen den Fall durch«, hat er gesagt. »Eine unglückliche Kette von Zufällen — so etwas kann sich zu einem völlig falschen Bild summieren. Bedenken Sie, Robert Barreis ist ein bekannter Rallyefahrer, er hat ungezählte Preise errungen, er fühlt sich in einem Sportwagen wohl wie in seinem Bett, auch in Unfällen hat er Praxis —« Lachen von Dr. Dorlach »— er hat wirklich alles bis zur Selbstaufopferung getan, um seinen besten Freund zu retten! Wir sprechen die Sachlage noch eingehend durch, Herr Oberstaatsanwalt.«

Und dann war da eine Berechnung bei den Akten. Von der Rennleitung bestätigt. Zeitnehmerkontrollen. Bob Barreis und Lutz Adams lagen an vierter Stelle, durch einen Reifenwechsel bei Grenoble. Neunundreißig Minuten Verlust bis Monte Carlo . . .

die elektrischen Uhren der Kontrollen waren unbestechlich. Ein Bob Barreis nur Vierter? Und da gibt es eine Möglichkeit, durch einen engen Felsweg die Strecke abzukürzen, diese fehlenden Minuten zu ersetzen durch einen Schwindel. Keiner sieht es in dieser eisigen Nacht, keiner wird etwas sagen ... man wird Bob Barreis zujubeln, wenn er mit der besten Zeit durch die Zielkontrolle fährt. Nur einer ist da neben ihm, der von seinem Vater gelernt hat: Ehrlichkeit ist das Fundament des Lebens. Ein Satz, den ein Bob Barreis ebenfalls mit Kot beschmieren würde wie die Lohntüten seines Onkels.

Was war in dieser Nacht auf dem einsamen, vereisten Feldweg geschehen?

»Du warst nur Vierter, nicht wahr?« fragte Renate Peters.

Bob Barreis drückte das Kinn an. Die beiden Ströme in seinem Körper trafen sich ... das Feuerwerk der Vernichtung leuchtete in ihm auf, zerplatzte mit lustvollen Lauten.

»Ja.«

»Aber über den Weg wärest du Erster geworden ...«

»Steig aus!« sagte Bob Barreis mit ruhiger Stimme. Er sprang aus dem Wagen, reckte sich in der kalten Abendluft, ein fahler Schatten gegen den Widerschein der Autolichter auf der Autobahn unter ihnen. »Komm, steig aus.«

Renate Peters öffnete ihre Tür, stieg aus dem Wagen und kam um den Kofferraum herum auf Bob zu. Er hatte gute Augen, geschult in vielen Nächten hinter dem Steuer und auf unter ihm wegrasenden Straßen. Er umfaßte mit einem langen, stummen Blick ihren Körper ... stämmige Beine, runde Hüften, eine auffallend schlanke Taille, die schönen, festen Brüste, das Schönste an ihr, darüber die weißlich schimmernde Fläche des Gesichts. Alles unberührt, sauber, von einer geradezu erdrückenden Gloriole der Anständigkeit umleuchtet.

»Komm her ...« sagte Bob Barreis leise. Er griff zu, zog sie an den Schultern zu sich und starrte ihr in die plötzlich flackernden ängstlichen Augen. Eine Strähne ihres Haares fiel ihr in die Stirn, als zerschnitte sie das Gesicht.

»Du hast Angst?«

Welch eine Stimme. Samtweich, streichelnd, gefüllt mit Melodie, ein Kuß aus Worten. Und im Inneren zerplatzten feurige Kugeln.

»Nein.« Renate schüttelte den Kopf. »Angst vor dir? Aber Bob! Du hast auf meinen Knien gesessen —«

»Hab' ich das?«

»Darum sag mir jetzt die Wahrheit, Bob: Hättest du Lutz noch herausholen können?«

»Es ist schrecklich, von solch einem dummen Luder großgezogen worden zu sein. Meine Mutter hat geweint und gebetet, mein Onkel mich tyrannisiert, Tante Ellen verführte mich, und du hast mir Sanftmut ins Gesicht geblasen! O Teufel, welche Welt, in die ich geboren wurde . . .« Er ließ ihre Schulter los, holte weit aus und schlug sie ins Gesicht.

Sie schwankte ein wenig, aber fiel nicht um, lief nicht weg, hob nicht einmal ihre Arme zum Schutz. Sie blieb einfach stehen, mit hängenden Armen, in ihrem Blick ein Leid, als sei nicht sie geschlagen worden, sondern als hinge Bob Barreis am Kreuz, und als er wieder ausholte, langsam, mit weiter Armbewegung, ihr Zeit genug lassend, daß sie weglaufen oder sich ducken oder aufschreien konnte, sagte sie nur:

»Bob! Warum tust du das? Bob . . .«

Der zweite Schlag, fürchterlich, weil Bob sein Körpergewicht hineinlegte, er fiel fast gegen sie, aber ihr runder, bäuerlicher Kopf hielt auch diesem Schlag stand, bewegte sich nur ein wenig, ja, sie hielt Bob sogar fest, als er vom eigenen Schwung stolperte.

»Du Märtyrerin!« keuchte er. Schweiß überrann seinen Körper, alles an ihm klebte, er meinte, sich selbst zu riechen, einen Gestank nach Blut, Ausdünstung einer wilden Lust der Vernichtung. »Du verdammte Mutterheilige. Ich habe Lutz getötet?«

»Ja«, sagte sie tief aufatmend. »Ja, Bob. Jetzt weiß ich es. Du kannst vor mir nicht lügen. Konntest es nie. Komm nach Hause. Bob.«

Bob Barreis nickte. Aber er ging nicht zum Wagen . . . er packte plötzlich wieder zu, umkrallte Renates Hals und drückte die Finger zusammen. Ihre Augen wurden starr, schoben sich aus den Höhlen hervor, der Mund riß auf, als habe ein Beilhieb das Gesicht gespalten.

›Bob!« keuchte sie. »Bob! Bob!«

Jetzt wehrte sie sich. Jetzt erkannte sie auch seinen Blick, seine strahlenden, wie polierten Augen, seinen leicht geöffneten, schönen, fast weibischen Mund, der zu zucken begann wie im Höchstgefühl sinnlicher Lust. Sie verstand seinen stoßweisen Atem und das Zittern, das ihn überfiel wie ein Schüttelfrost.

Mit einem wilden Ruck riß sie sich los, rannte davon ... nicht zum Auto, das bot keinen Schutz, das stand allein, unbeleuchtet, ein schwarzer, drohender, blecherner Kasten, ein Sarg auf Rädern ... sie rannte zum Brückengeländer, in das Licht hinein, das von der Autobahn reflektierte, zu den rasenden Lichtpunkten unter ihr, die Leben bedeuteten, Leben, Überleben, Weiterleben ... Lichter, die Hilfe waren, Rettung, Rückkehr in diese Welt, die sie — das erkannte sie jetzt — schon seit Minuten verlassen hatte, ohne es zu merken ... sie erreichte das eiserne Geländer, umklammerte es, beugte sich vor und schrie in die rumorende, jaulende, reifenmahlende, scheinwerferdurchschnittene Tiefe hinunter.

»Hilfe! Hilfe! Hilfe! Er will mich töten! Er kommt! Hilfe —«

Bob Barreis erreichte sie in dem Moment, als sie sich über das Geländer schwang, auf den einzigen Weg, der ihr noch offen war, der Weg in die Tiefe. Mit beiden Fäusten hieb er auf ihren Kopf, auf die Arme, auf die Hände, die das Eisen umklammerten ... sie ließ sich fallen, hing außen an der Brücke, pendelte über der Autobahn, Blut rann aus der Nase über Mund und Kinn, das rechte Auge schwoll zu, aber mit dem linken sah sie Bob fast forschend an und blickte auf einen Menschen, der jetzt zu lachen begann, der auf ihre Finger trat, mit dem Absatz immer wieder und wieder, auf diese kleinen Finger, die sich um das Geländer schlossen, Finger, die ihn einmal gestreichelt hatten, die Ball mit ihm spielten, ihn fütterten, als er krank im Bett lag, ihm bei den Schularbeiten halfen, ihn das Schwimmen lehrten, ihm heimlich Geld zusteckten, wenn Onkel Theodor ihm keins mehr gab ... auf diese Finger, die er so gut kannte, die ihn geleitet hatten bis zu dieser Autobahnbrücke in der Nacht, trat er mit aller Wucht und lachte dabei, ließ den Schweiß über sein Gesicht perlen und empfand eine Lust, die ihn schier zerreißen wollte.

»Bob ...«

Ihre Stimme. Er beugte sich zu ihr hinunter, über das eiserne Geländer, beide Schuhe auf ihren Händen.

»Renatchen . . .«

»Jetzt weiß ich, daß ich einen Teufel großgezogen habe.«

»Dann segne mich und grüß den Himmel von mir!«

Er zielte genau, trat auf ihre Fingerspitzen und wußte, daß dieser Tritt nicht mehr aufzufangen war. Die Hände rutschten ab . . . und da war er, der Schrei, der helle, spitze Aufschrei, Gipfel aller Lust, Explosion in seinem Hirn . . . er sah, wie Renate Peters mit ausgebreiteten Armen in die Tiefe stürzte und auf der linken Fahrbahn aufschlug.

Mit aufheulenden Bremsen stoppten die Wagen, rutschten seitlich weg, bohrten sich in den Hang oder streiften mit kreischendem Blech die Leitplanken. Ihre Scheinwerfer zuckten über den Körper. Er lag mit dem Gesicht nach unten.

Ihre schönen Brüste, dachte Bob Barreis. Sie werden zerplatzt sein. Ich hätte sie vorher küssen sollen . . .

Taumelnd rannte er zurück zu seinem Wagen, warf sich hinter das Steuer, fuhr ihn unbeleuchtet von der Brücke ein ganzes Stück über die Landstraße, bis er die Lichter der Autobahn nicht mehr sah, nur den fahlen Schimmer im Schwarz des Nachthimmels. Erst dann schaltete er seine Lampen ein und raste der Chaussee zu.

An einer Einbuchtung — einer Omnibushaltestelle mit der gelben Stationssäule und dem Blechkasten mit dem Fahrplan daran — hielt er an, steckte sich eine Zigarette zwischen die bebenden Lippen und inhalierte tief die ersten Züge. Das fürchterliche, lustvolle Kribbeln war vorbei . . . und je mehr es abflaute, um so schrecklicher kehrte die Wahrheit in ihn zurück.

Erst am Ende der Zigarette begriff er voll, was er getan hatte. Er beugte sich aus dem Fenster, spuckte die Zigarette aus, sein Magen revoltierte, er kotzte am Lack der Autotür hinunter auf die Erde und fiel dann kraftlos in die Polster zurück. Als wolle er seinen Kopf aufreißen, zerrte er an seinen Haaren, umfaßte seinen Kopf, drückte ihn und stöhnte und wunderte sich, daß er sich nicht auspressen ließ wie eine Zitrone, sondern daß alles in ihm blieb. Jetzt, nachdem alles geschehen war, wurde ihm kalt aus Angst vor dem eigenen Ich.

Wohin, dachte er. Wohin jetzt? Nicht nach Hause ... dort könnte man ihn fragen: Hast du Renate nicht gesehen? Das würde ihn umwerfen, das könnte er nicht ertragen. Aber hier, auf der Chaussee, an einem Omnibushalteplatz, konnte er auch nicht bleiben. Er steckte den Kopf wieder durch das offene Fenster. Das Martinshorn eines Unfallwagens ... weit weg, nur ein Hauch von Laut. Oder war es eine Sinnestäuschung? Natürlich war jetzt auf der Autobahn der Teufel los. Zeugen gab es genug ... sie hatten die Frauengestalt an der Brücke hängen sehen, und plötzlich fiel sie hinunter. Aber wer jenseits des Geländers war, diesen Schatten im Dunkel, hatte niemand bemerkt, konnte man nicht bemerken ... oder doch? Hatte er sich nicht über das Geländer gebeugt, den Flug in den Tod angestarrt, diesen fast eleganten Fall mit ausgebreiteten Armen, ein fliegender Mensch?

Bob Barreis kurbelte das Fenster hoch, ließ den Motor wieder an und fuhr auf die Chaussee zurück.

Nach Essen — das war eine Lösung. Natürlich, das war das einzig Richtige. Zu Marion Cimbal ins Bett, in ihren Armen einschlafen, in die Weichheit ihres Körpers hineinkriechen und alles vergessen, ihren Geruch nach frischen Orangen einatmen und glücklich sein. Eine Insel ohne Probleme, ohne Fragen, ohne in die Haut des Helden schlüpfen zu müssen. Ein Bett wie auf einem anderen Stern.

O Gott, Teufel und Marion ... wie hasse ich mich selbst —

Nach einer Stunde rasender Fahrt erreichte Bob Barreis die Wohnung in Essen. Das kleine Apartment mit den geblümten Gardinen, dem Fellteppich, der Musiktruhe neben dem Fenster, auf deren Plattenteller immer eine Platte lag: das Lara-Thema aus ›Dr. Schiwago‹. Marion konnte es stundenlang spielen und dabei träumen. Eine romantische Barfrau, ein Vögelchen, das in sein Nest kriecht, nachdem man es stundenlang zu zerrupfen versuchte. Ein Mensch, der Wärme sucht, wirkliche, bergende Wärme, nachdem er sich ausgestellt hatte, mit halb entblößtem Busen, wackelnden Hüften und aufgelösten Haaren, die bis zum letzten Rückenwirbel flossen, Verruchtheit signalisierend und dabei doch so bieder wie Gretchen im Kuhstall.

Marion stand gerade unter der Dusche, als Bob in die Wohnung kam. Da nur er einen Schlüssel besaß, hörte er Marions Jauchzen zwischen dem Plätschern der Wasserstrahlen. Sie freute sich . . . tatsächlich, es gab einen Menschen, der sich freute, wenn Bob Barreis kam.

Es war ihm, als müsse er gleich losheulen. Benommen setzte er sich auf die Couch und legte den Kopf weit zurück.

»Bob, du bist da!« rief Marion aus der Dusche. »Welche Überraschung. Ich bin gleich fertig.«

»Schon gut, Baby.« Er schloß die Augen, war unendlich müde und zitterte doch. Seine Nerven glühten. Er atmete ein paarmal tief durch, als sei Luft das einzige Mittel, sie zu löschen. Tatsächlich wurde er ruhiger, sein Geist begann klarer zu werden, er entdeckte, daß er wieder nüchterner denken konnte.

Marion kam aus der Badekabine . . . nackt, ein Geschöpf der Sonne, die Haare hochgebunden, auf der glatten Haut noch mit Tropfen besprüht. Ihre Füße klatschten über den Boden, ein Tappen von nackten Sohlen, das Bob an ihre erste Nacht erinnerte. Damals war Marion auch nackt aus dem Bad gekommen, und er hatte sich gewundert, daß ihr Anblick bei ihm nicht den leichten Ekel erzeugte, den er immer herunterschluckte, wenn die Weiber sich vor ihm produzierten, hemmungslos, nur darauf bedacht, ihn auszusaugen. Böse, riesige, samthäutige Spinnen, die nach Fäulnis rochen.

»Warum hast du nicht angerufen, Liebster?«

Sie beugte sich über ihn. Ihre Brüste kamen seinen Händen entgegen, er umfaßte sie, küßte ihre Lippen, streichelte ihren vom Duschen kalten Körper.

»Du hast kalt geduscht?« fragte er. Er zog sie an sich, legte sein Gesicht in ihre Magengrube und schlang die Arme um ihre Hüften. Welche Ruhe, welche Geborgenheit, welcher Duft, o dieses taumelnde Gefühl der Zufriedenheit.

»Ich war total kaputt, Liebling. Um zwei Uhr habe ich zu Frank gesagt: Ich kann nicht mehr. Laß Lila die Bar weitermachen. Ich geh' nach Haus. Vielleicht bekomme ich die Grippe. Als wenn ich es geahnt hätte?«

»Was?«

»Daß du plötzlich bei mir bist.«

»Ich bin schon lange hier.«

»Schwindler.«

»Den ganzen Abend.« Er drückte sie hinunter auf die Couch, sie legte sich in seine Arme, schmiegte sich an ihn und drehte sich wohlig, als seine Hand über ihre Brüste strich.

»Du bist so schrecklich angezogen«, flüsterte sie. »So weit weg, wenn zwischen uns Stoff ist.« Sie hob etwas den Kopf und blickte ihn an. »Wo kommst du her?«

»Du mußt mir einen Gefallen tun, Marion.«

»Jeden, Liebling.«

»Du liebst mich?«

»Wie du mich liebst.«

»Das wäre unbeschreiblich. Ich bin ein erkalteter Stern, der von dir, der Sonne, neues Leben erhält.«

»Es ist umgekehrt, Bob. Bevor ich dich kennenlernte, wußte ich nicht, was Leben ist. Glück. Liebe. Erwartung. Sehnsucht. Erfüllung. Träumen. Freude. Angst . . .«

»Wieso Angst?«

»Richtige, zitternde, das Herz zusammenkrampfende Angst, daß unsere Liebe stirbt.«

»Sie kann nicht sterben.« Er umfaßte ihre linke Brust; sie paßte in seine Hand, füllte sie aus, fest, jetzt sich erwärmend, mit harter, aufgerichteter Warze. Antenne der Sinne. Marion seufzte, sie zog die Beine an, ihre langen Schenkel glänzten im Licht der Stehlampe. In den Locken des schwarz behaarten Hügels glitzerten noch Wassertropfen. »Wann bist du aus der Bar nach Hause gekommen?«

»Vor einer halben Stunde vielleicht.«

»Da war ich schon hier. Lag im Bett und schlief. Ausgezogen . . .«

»Nein. Ich habe —«

»Ich lag dort im Bett, Marion. Wenn man dich jemals fragen sollte . . . ich schlief ganz fest, bestimmt schon seit Stunden —«

Sie hob wieder den Kopf, ihre Brust in seiner Hand bewegte sich dabei. »Was . . . was ist passiert, Bob? Ist irgend etwas geschehen? Wird jemand kommen und mich fragen?«

»Vielleicht . . .«

»Sag mir, wo du vorhin warst. . .« Sie versuchte sich aufzurichten, aber Bob hielt sie in seinen Armen zurück. Mit einem Seufzer entspannte sich ihr Körper. Er streichelte über ihren Leib, ließ die Hand auf dem Lockenberg liegen. »Wo bist du hergekommen?«

»Es . . . es ist etwas Schreckliches passiert«, sagte er rauh und leise. »Liebst du mich, Marion?«

»Unsagbar.«

»Dann frage nicht. Um Himmels willen, frage nicht. Erinnere dich nur, daß ich dort im Bett lag und fest schlief.«

»Das würde dir helfen?«

»Es könnte mich retten.«

»Dann warst du schon bei mir, als ich zur Arbeit ging.« Sie deckte ihre Hand über seine Hand. Es war ein Schwur in der Mitte ihres Körpers. »Dieser schreckliche Stoff«, flüsterte sie. »Er juckt an meiner Haut . . .«

Sie liebten sich nur kurz. Als Marion Bob einen Gefallen erweisen wollte und wieder die Tote spielte, schrie er auf, sprang aus dem Bett und flüchtete an die Zimmerwand.

»Nein!« stammelte er. »Nein! Nein! Bewege dich! Nicht tot sein, nicht daliegen und verfaulen . . . du sollst leben, gerade du, nur du, immer nur du . . . Ich liebe dich, du bist die einzige, die ich liebe, bei der ich ein Mensch bin, kein Ungeheuer . . . Marion . . . ich flehe dich an, bewege dich!«

Da sprang sie auf, zog ihn wieder ins Bett, schlang die Beine um seine Hüften und tobte und kratzte, stöhnte und lachte, küßte und biß und benahm sich wie toll. Und er lachte mit, vergrub sich in diesen heißen, sich windenden, hochschnellenden und ächzenden Leib, küßte den Schweiß aus ihren Poren und schwamm in der Flut ihrer schwarzen Haare.

Ein kurzer Rausch . . . nach einer Zigarette dehnten sie die dampfenden Körper und starrten an die Decke. Die Lampe zauberte bizarre Schattengebilde . . .

»Du fährst gleich wieder?«

»Nein, ich bleibe.«

»Bis morgen früh?«

»Bis übermorgen, vielleicht eine Woche . . . ich weiß es nicht.«

»Das wäre zu schön, Liebling.« Sie wälzte sich zu ihm herum, kroch halb über ihn, küßte seine Augen. »Was sind wir nur für Menschen, du und ich?«

»Ich weiß es nicht.«

»Sind wir normal?«

»Bestimmt nicht.«

»Wann wird das alles zu Ende sein?«

»Was?«

»Das zwischen uns.«

»Nie.«

»Nie gibt es nicht. Alles ist einmal zu Ende. Du, der große Bob Barreis . . . ich, das miese Barmädchen. In den Augen deiner Welt bin ich doch eine dreckige Hure. Sag, bin ich eine Hure?«

»Nein.«

»Aber ich schlafe mir dir! Ich bin pervers, wenn du pervers bist. Ist das nicht hurenhaft?«

»Ach, Marion, wer wird das verstehen? Warum diskutieren wir darüber? Ich liebe dich.« Er griff mit beiden Händen in ihre Haare. »Wie spät ist es?«

»Gleich vier Uhr morgens.«

Er schob sich unter ihrem blanken Körper hervor und rutschte aus dem Bett. »Ich muß telefonieren.«

»Jetzt?«

»Ja, jetzt.«

»Mit wem denn?«

»Das wirst du gleich hören.« Er hob den Hörer ab, wählte eine Nummer — es war die Nummer der Barreis-Villa in Vredenhausen — und wartete. Schneller als er dachte, meldete sich die Stimme des Gärtners. Bob Barreis spürte das Klopfen seines Herzens an den Rippen.

Sie haben sie bereits identifiziert. Natürlich haben sie das. Sie hatte doch eine Handtasche bei sich . . . sie muß auf der kleinen Brücke gelegen haben. Renate Peters, angestellt bei Barreis. Seit fast zwanzig Jahren. Fast schon lebendes Inventar der Villa. Und dieses liebe Fräulein hüpft in der Nacht ohne Grund von der Autobahnbrücke und ist sofort tot. Welch ein Rätsel. Kenne einer die menschliche Seele. War's Schwermut? Unerfüllte Sehnsüchte? Panik vor dem Altern? Ausbruch aus der Einsamkeit in die lichte

Welt des Himmels? Beginn des Klimakteriums, wo Frauen oft zu unkontrollierten Handlungen neigen?

»Hier Barreis!« sagte Bob.

»Ah, der junge Herr . . .« Die Stimme des Gärtners klang erregt.

»Ich wollte nur sagen, wo ich bin, wenn man mich im Haus vermißt. Falls das jemals vorkommen sollte . . .«

»Junger Herr, bitte bleiben Sie am Apparat. Neben mir steht Herr Dr. Dorlach. Er will Sie sprechen . . .«

Dr. Dorlach, aha! Der große Aufmarsch hat begonnen. Onkel Theodor wird schon die wildesten Vermutungen ausgesprochen haben. Nun wird er enttäuscht sein, daß ich aus einem warmen, duftenden, von Liebe getränkten Bett aus anrufe.

Er setzte sich in einen kleinen Sessel, streckte die Beine weit aus und lächelte Marion an. Wie schön sie ist. Ein Körper wie ein Tropfen aus der Sonne.

»Bob . . .?« Die Stimme Dr. Dorlachs.

»Aha, Doktor! Was machen Sie so spät oder so früh, wie man will, bei uns? Ist Onkel Theo geplatzt? Hat Mama endlich zum lieben Gott gefunden? Ich komme sofort, was es auch ist.«

»Wo sind Sie?« fragte Dr. Dorlach kurz.

»In Essen.«

»Wo?«

»In einem Apartment in Essen. Neubau. Sechster Stock. Mit Blick zur Gruga. Im Bett eines wunderhübschen Mädchens, des schönsten überhaupt, das ich kenne. Marion Cimbal heißt sie.«

»Seit wann?«

»Doktor, Sie Witzknoten! Seit ihrer Geburt natürlich. Marion ist weder Schriftsteller noch Politiker und hat also keinen Grund, ihren Namen zu wechseln.«

»Seit wann Sie dort im Bett liegen.«

»Allein seit ungefähr 20 Uhr, gemeinsam mit der herrlichsten Frau meines Lebens seit 2 Uhr.«

»Haben Sie dafür Zeugen?«

»Ich pflege keinen Gruppensex, Doktor.«

»Holen Sie diese Marion an den Apparat.«

»Bitte . . .« Bob Barreis reichte den Hörer an Marion weiter. »Liebling, sag dem guten Dr. Dorlach guten Morgen. Er glaubt mir nicht, daß ich eine Frau wirklich lieben kann.«

Marion Cimbal nahm den Hörer und lachte etwas gequält. Was geht hier vor, dachte sie. Was verschweigt er mir? Ich bin sein Alibi, das ist sicher. Wozu braucht Bob ein Alibi?

»Herr Doktor?« sagte sie. Ihre Stimme schwang wie eine helle, kleine indische Messingglocke. »Bob ist wirklich bei mir. Genügt das?«

»Vorläufig ja. Geben Sie mir Bob wieder.«

Zurück mit dem Telefon. Bob Barreis klopfte an die Muschel. »Tuck-tuck, Doktor. Ich bin wieder da. Na, zufrieden?«

»Kommen Sie sofort her, Bob.« Dr. Dorlachs Stimme war fremd, dienstlich, unpersönlich, wie Bob sie noch nie gehört hatte.

»Aus Marions warmen Armen? Nie, Doktor. Nur bei Katastrophen im Hause Barreis. Aber die gibt es nicht.«

»Sie ist da. Renate Peters ist tot.«

Bob stockte etwas. Er spielte es hervorragend, er spaltete sogar den Klang seiner Stimme, als er weitersprach. Sie klang brüchig:

»Das . . . das ist nicht wahr . . . Renate —«

»Von einer Brücke auf die Autobahn gestürzt . . .«

»Selbstmord?«

». . . oder gestürzt worden. Die Kripo und der Erste Staatsanwalt sind schon hier. Die Autobahnpolizei — der Oberwachtmeister Knolle — hat Renate sofort erkannt. Knolle ist Bürger von Vredenhausen. Dann fand man ihre Tasche auf der Brücke. Jetzt rekonstruiert man den Fall. Auf der Brücke hat man Reifenspuren und Fußspuren gefunden. . .«

»Man hat . . .« sagte Bob Barreis gedehnt.

»Bob . . . es regnet hier. Die Spuren sind undeutlich, also kaum zu verwerten. Seit wann sind Sie in Essen?«

»Seit 20 Uhr gestern!« brüllte Bob plötzlich. »Was wollen Sie eigentlich von mir?«

»Ein so handfestes Alibi, daß man sich die Hand bricht, wenn man es anfaßt.«

»Das habe ich.«

»Warum riefen Sie überhaupt an?«

»Um zu sagen, daß ich hier bin.«

»Wen interessiert denn das? Sie haben nie hinterlassen, wo man Sie suchen könnte. Und auf einmal entdecken Sie Familiensinn? Oder erwarteten Sie, daß ich hier bin?«

»Doktor, Sie haben wohl ein Käuzchen unterm Hut?«

»Nein, aber eine Alarmglocke, und die schlägt jetzt an. Bob, wer ist diese Marion Cimbal?«

»Meine Braut. Ich werde sie heiraten.«

»Bob!« Marion sprang aus dem Bett. Sie breitete die Arme aus. Eine nackte Göttin der Freude. »Bob — ist das wahr?«

»Hören Sie, Doktor?« sagte Bob ganz ruhig. »So kann nur eine Frau aufjauchzen, die im Glück badet.«

»Ich bade im Grauen, Bob.« Die Stimme Dr. Dorlachs belegte sich. Er schien wirklich erschüttert zu sein. »Wenn Sie Renate sehen würden ... fürchterlich. Der Polizeiarzt hat eines jedenfalls mit Sicherheit festgestellt: Jemand hat auf Renates Hände getreten, als sie sich am schmutzigen Brückengeländer festklammerte. Die Handflächen sind voller Rostspuren, die Finger geschwollen von Tritten. Das sieht nicht nach freiwilligem Tod aus.«

»Allerdings nicht. Es ist unfaßbar, Doktor.«

»Ich höre Ihre tiefe Erschütterung, Bob.« Man sollte auch ihn umbringen, dachte Barreis. Diese triefende Ironie. Aber es gibt keinen besseren Rechtsanwalt als ihn. Ohne Dr. Dorlach wären die Barreis-Werke unbedeutend. Er hat alle Schweinereien gedeckt, die zum Aufstieg gehören. So ein Anwalt ist unbezahlbar.

»Ich *bin* betroffen, Doktor«, sagte Bob hart. »Selbstverständlich. Mit Marion?«

»Ohne. Und noch eins: Putzen Sie sich die Schuhe. Nicht nur oben, auch die Sohlen und Absätze und die Ecken. Dann gehen Sie einmal durch eine Essener Straße, am besten in Nähe eines Bauplatzes.«

»Danke für den Rat, Doktor. Ich habe ihn nicht nötig.«

»Blut haben Sie nicht an der Kleidung?«

»Wenn ich in Vredenhausen bin, werde ich Ihnen für diese Frage eine runterhauen!«

»Sie werden anderes zu tun haben. Der Erste Staatsanwalt will Sie sprechen.«

»Das Vergnügen kann er haben.«

Bob Barreis legte auf. Er blickte, als er aufsah, in das bleiche Gesicht Marions. Wie versteift ließ sie es ohne Bewegung zu, daß er nach ihren Hüften griff und sie übers Bett zu sich heranzog.

»Was ist mit dieser Renate?« fragte sie leise, als könne ein anderer jenseits der Wände sie hören.

»Sie ist tot. Von einer Autobahnbrücke gestürzt.«

»Wer ist diese Renate?«

»Mein ehemaliges Kindermädchen. Dreiundvierzig Jahre alt. Eine liebe Person. Zuletzt betreute sie meine Mutter. Sie gehörte zur Barreis-Villa wie die Bibliothek und der Flügel im Salon . . .«

Bob ließ Marion los, stand auf und zog sich an. Sie sprachen kein Wort mehr miteinander, erst als Bob seinen Mantel lose um die Schulter hängte und noch einmal über seine gelockten Haare strich, mit der flachen Hand, gekonnt sacht, die letzten Härchen niederdrückend, riß ihn Marions Stimme um die eigene Achse.

»Bob —«

»Ja?«

Sie hockte mitten im Bett, noch immer nackt, mit aufgelösten Haaren, zwischen denen die Spitzen ihrer Brüste wie unter einem schwarzen Vorhang hervorstießen. Ihre Hände lagen auf den Schenkeln, und die Nägel krallten sich deutlich ins Fleisch.

»Hast du Renate umgebracht?«

»Ich war seit 20 Uhr bei dir . . . vergiß das nicht, mein Liebling.«

Bob wandte sich ab und verließ die kleine Wohnung.

Als die Tür zufiel, hörte er Marions Schluchzen. Sie warf sich nach vorn in die Kissen und wühlte sich in sie hinein. Da kehrte er um, schloß wieder auf, steckte den Kopf durch die offene Tür, und als er ihr entsetztes, von Angst wie zerstörtes Gesicht sah, lächelte er trostvoll und nickte ihr zu.

»Ich heirate dich, Liebling. Als meine Frau brauchst du vor niemandem auszusagen.«

Mit einem fröhlichen Pfeifen verließ er endgültig die kleine Wohnung und fuhr frohgemut mit dem engen Fahrstuhl hinab zur Straße.

Das ›Barreis-Schloß‹ war hell erleuchtet. Bob, der mit seinem Wagen vor der großen Auffahrt hielt, sah an den Mauern empor. Es gab heute kein Zimmer, das nicht in die Nacht glänzte, eine Nacht, die von Regenschauern durchschüttelt wurde und keine Lust empfand, dem längst fälligen Morgen zu weichen.

Irgend jemand mußte das Bremsen des Autos gehört haben, oder man hatte hinter der Gardine im Salon I — dem Musikzimmer — einen Posten stehen, der alles, was draußen geschah, signalisierte . . . jedenfalls wurde die Tür geöffnet, bevor Bob noch die paar Stufen hinaufgesprungen war. Onkel Theos Butler James erschien in ganzer britischer Würde. Hinter ihm tauchte das Gesicht eines Fremden auf. Kriminalpolizei.

»Ah, der gute Egon!« rief Bob und winkte James zu. Er schlug damit immer wieder nie heilende Wunden. »Und ein Herr, den ich nicht kenne. Sicherlich ein Jünger von Sherlock Holmes, Jerry Cotton, Mannix, 007, oder wer ist Ihr Meister?«

»Sie werden erwartet«, sagte James steif. »In der Bibliothek. Alle Herren sind vorhanden.«

»Wo ist Renate?« Bob gab seinen Mantel ab. Mit großer Würde reichte James ihn an den Kriminalbeamten weiter. Bob grinste verhalten. Keine Blutspuren, mein Lieber. Du wirst vergeblich suchen. Ich habe den Mantel mit der Lupe millimeterweise abgesucht.

»Fräulein Renate ist bereits im gerichtsmedizinischen Institut.«

James sagte es, als künde er einen Opernstar an. Bob Barreis blieb in der riesenhaften, prunkvollen Halle stehen.

»Wo ist Mama?«

»Auf ihrem Zimmer. Die gnädige Frau erlitt einen Nervenzusammenbruch. Professor Dr. Nußemann ist bei der gnädigen Frau.«

»Der gute, treue Nußemann.« Bob wandte sich zu dem Kriminalbeamten um. »Er kann von Mamas Krankheiten hervorragend leben. Fünf solcher Patienten, und er gehört zu den bestverdienenden Ärzten Europas. — In der Bibliothek also.«

Butler James öffnete die hohe Flügeltür. Die Bibliothek, sonst nur in gedämpftes, den Geist anregendes und nicht ablenkendes

Licht getaucht, war hell erleuchtet. Verblüfft bemerkte Bob, daß die Sessel in der hinteren Ecke — dem Rauchkabinett — mit grünem Leder bezogen waren. Es war ihm bei der vornehmen Dunkelheit sonst nie aufgefallen.

Um den großen Tisch am Renaissancekamin saßen einige Herren. Sie erhoben sich sofort, als Bob eintrat. Sitzen blieben nur Onkel Theodor und Dr. Dorlach. Bei Onkel Haferkamp war das selbstverständlich, bei Dorlach eine deutliche Flegelei. Bob sah ihn feindselig an. Du glaubst, du weißt etwas, dachte er. Dabei weißt du nichts, gar nichts. Auch du wirst nie den Triumph erleben, einen Bob Barreis aufs Kreuz zu legen. Du nicht . . .

Er prallte wie von einer Mauer zurück, als ihn plötzlich eine Frage mitten im Gehen stoppte.

»Welchen Wagen fahren Sie?«

»Zur Zeit einen BMW aus dem Stall der Barreis«, sagte Bob ohne Zögern. »Sie sind der Erste Staatsanwalt?«

»Ja. Peter Zuchowski.«

»Soll ich lügen und ›angenehm‹ sagen? Der Anlaß unserer Bekanntschaft ist ein trauriger.«

Es klopfte. Der Kripomann von der Tür. »Der Wagen ist mit Pirelli-Reifen bestückt«, sagte er.

»Danke.« Staatsanwalt Zuchowski legte die Hände auf den Rükken. »Schon zu Beginn ein Zufall: Das letzte Fahrzeug auf der Brücke trug Pirelli-Reifen.«

8

Es gehörte mehr dazu, als von Pirelli-Reifen zu sprechen, um einen Bob Barreis aus der Ruhe zu bringen. Trotzdem zog er jetzt die Augenbrauen hoch, denn hatte Dr. Dorlach nicht davon gesprochen, daß Regen alle Spuren verwischt habe? Wie kann man aus weggeschwommenen Reifenabdrücken so präzise eine Reifenmarke erkennen? Irgend etwas stimmte hier nicht. Sollte er in eine Falle laufen? Bluffte man? Wenn ja, war er ein schlechter Pokerspieler, dieser Staatsanwalt Dr. Peter Zuchowski. Überhaupt Peter Zuchowski. So hieß im Ruhrgebiet kein Staatsanwalt, sondern ein Fußballspieler. Wie kann ein Mann, der wie ein Fußballspieler heißt, Staatsanwalt werden? Kein Stil, dieser Bursche. Bob lächelte mokant.

»Ah! Sie haben den gesuchten Wagen?«

»Ich möchte mich nicht festlegen.« Staatsanwalt Zuchowski bemühte sich, objektiv zu sein. Subjektiv war ihm dieser junge, gelackte, mädchenhaft hübsche Mann auf den ersten Blick unsympathisch. Das typische Millionärssöhnchen. Verwöhnt, ungeheuer geschickt, wenn es darum ging, einen großen Bogen um jegliche Arbeit zu schlagen, großmäulig, Auftreten des Herrenmenschen, überheblich, von einer einseitigen Intelligenz, sonst dumm und dreist, Sexualathlet, dabei von einer schleimigen Höflichkeit, die nichts anderes war als eine einzige, dem Gegenüber zugespuckte Beleidigung.

Aber das alles zählte nicht. Nur Beweise gelten, keine Animositäten. Und Gefühle sind bei einer kriminalistischen Untersuchung geradezu hemmend und richtungverfälschend. Obwohl es Kriminalisten gibt, die nur mit ihrem untrüglichen Gefühl — sie nennen es Instinkt — arbeiten. Einer von ihnen war der schon legendäre ›dicke Gennat‹, der Chef der Berliner Mordkommission der dreißiger Jahre.

Staatsanwalt Zuchowski blickte Bob Barreis forschend an.

»Ihr Wagen ist mit Pirelli-Reifen bestückt, nicht wahr?«

»Mag sein. Ich weiß es nicht. Der BMW stammt aus dem Barreis-Stall — ich stelle grundsätzlich nicht die Reifenmarke fest, bevor ich in ein Auto einsteige.« Das war Hohn, dick wie Rüben-kraut. »Vielleicht kann die Polizei feststellen, wie viele Wagen in Westdeutschland mit Pirelli-Reifen besohlt sind! Einer von ihnen — unter Garantie — wird dann der Wagen von der Autobahn-brücke sein. Ich habe gelesen, daß die Kriminalpolizei ihre Erfolge der Kleinarbeit verdankt. Dem Mosaiksteinchensuchen. Draußen regnet es —«

Ein schneller Seitenblick zu Dr. Dorlach. Der Anwalt sah in eine andere Richtung.

Bezahlt Onkel Theodor dich jetzt, damit du mich in die Pfanne haust? dachte Bob. Welch eine miese Gesellschaft. Alle käuflich. Nur Marion nicht — sie liebt mich wirklich, und verdammt, ich liebe sie auch. Das ist das erste Wunder, das ich erlebe, und dann noch in mir selbst. Ein Grund, glücklich und jetzt stark zu sein. Die einen brauchen Hasch, Koks und LSD, um über die Runden zu kommen . . . ich brauche Marion, das ist jetzt sicher. Meine glä-serne, violette Welt ist nicht der Rausch, sondern Marions weißer, glatter Körper, der in der Erregung ganz leicht nach Orangen duf-tet.

»Der Wagen, der zum Zeitpunkt des Absturzes von Fräulein Pe-ters auf der Brücke gestanden hat, ist beim Wegfahren mit dem lin-ken Vorderrad auf eine Grasnarbe geraten. Hier ist der Eindruck deutlich geblieben. Pech für den möglichen Täter.«

»Glück für mich!« Bob blickte Dr. Dorlach direkt und fordernd an. »Hat einer eine Zigarette für mich?« Dr. Dorlach reichte sein Etui. »Danke. — Ich war in Essen, meine Herren.« Barreis zündete sich eine Zigarette an. Seine Hand war ruhig — Dr. Zuchowski be-obachtete es genau. »Und wieso Täter? Ich denke, Renatchen ist hinabgehüpft?«

»Von Pietät hält mein Neffe gar nichts«, warf Onkel Theodor ein. Es war das erste Wort, das Haferkamp seit dem Eintritt Bobs sagte. »Außerdem hat jeder Mensch seine eigene Ausdrucks-weise.«

»Der Toten ist auf die Finger getreten worden, als sie sich ver-zweifelt am Gitter der Brücke anklammerte. Noch wissen wir nicht, was sich dort abgespielt hat — aber freiwillig ist sie nicht auf die Autobahn gestürzt. Der Täter hat nachgeholfen.«

»Also ein Mord!« sagte Barreis mit gespielter Dumpfheit.

»Totschlag«, korrigierte Dr. Dorlach. Es war ein Strohhalm — Bob begriff es sofort. »Oder Körperverletzung mit Todesfolge. Es kann da sehr diffizile Auslegungen geben.«

»Auf jeden Fall ist Fräulein Peters tot!« sagte Staatsanwalt Zuchowski etwas härter als bisher. »Tot durch Fremdeinwirkung.«

»Dieses herrliche Juristendeutsch.« Bob rauchte genußvoll. »Eine Wonne, es zu hören. Eine Frage, meine Herren: Ist das hier jetzt ein Verhör? Wenn ja, muß ich meinen Anwalt bitten, gegen diese Art meiner Behandlung Protest einzulegen.«

»Es ist eine Befragung, Bob.« Dr. Dorlach winkte ab, als Bob etwas erwidern wollte. »Es soll Licht in das Dunkel kommen.«

»Wie kann ich Lampen anzünden, wenn ich in Essen im Bett lag?«

»Dr. Dorlach unterrichtete uns bereits.« Staatsanwalt Zuchowski begann eine Wanderung vor dem großen Renaissancekamin. Hin und her, her und hin . . . sechs Schritte vorwärts, kurze Wendung, sechs Schritte zurück, kurze Kehrtwendung. Wie ein Raubtier in einem engen Käfig. »Natürlich kann die junge Dame das beeiden.«

»Natürlich.«

»Sie waren schon um 20 Uhr in Essen, wie Ihr Anwalt mitteilt?«

»Ja.«

»Die Dame erwartete Sie?«

»Nein.« Bob schoß einen bösen Blick auf Dr. Dorlach ab. »Fräulein Cimbal ist in einer Bar beschäftigt. Sie kam gegen 1 Uhr nach Hause.«

»Ach! Und von 20 Uhr bis 1 Uhr waren Sie allein in der Wohnung?«

»Ja. Ich habe einen Schlüssel.« Bob holte ihn aus der Rocktasche und ließ ihn an einem goldenen Kettchen um den Zeigefinger kreisen.

»Warum sind Sie zu Fräulein Cimbal gefahren?«

»Warum wohl?« Bob grinste mit einer so lässigen Unverschämtheit, daß Theo Haferkamp rote Ohren vor Ärger bekam. »Marion las mir immer Märchen vor. Gestern war ›Der Froschkönig‹ an der Reihe. Sie las gerade ›welch ein Pech, der goldene Ball rollte wieder in den Brunnen . . .‹ — da klingelte das Telefon, und Dr. Dorlach rief an.«

»Haben nicht *Sie* angerufen, Herr Barreis?«

»Wirklich? Ach ja . . . Sehen Sie, Herr Staatsanwalt, so gründlich nehmen mich Märchen gefangen, daß ich Zeit und Raum vergesse.«

»Diese Feststellung mache ich auch.« Zuchowski blieb abrupt vor Bob stehen. Ihre Blicke trafen sich wie blitzende Klingen. »Sie haben von 20 Uhr bis 1 Uhr kein Alibi. Ob sie im Bett lagen, ist eine reine Glaubenssache. Es widerspricht jedenfalls allen Erfahrungen, daß ein Mann seine Freundin, von der er weiß, daß sie nachts in einer Bar arbeitet, diese nicht in der Bar aufsucht, sondern sich allein in deren Bett legt und dort auf Dienstschluß wartet —«

»Hier muß ich widersprechen, Herr Staatsanwalt.« Dr. Dorlach hob elegant und abwehrend die rechte Hand. Sie umklammerte einen großen Kognakschwenker mit einem eingravierten großen N — Napoleon. Und wie Napoleon wirkte jetzt auch Dr. Dorlach. »Man kann nicht von Allgemeinerfahrungen ausgehen. Mein Mandant Robert Barreis hat nie ein normales Leben geführt. Er ist in seinen Kreisen geradezu bekannt für sein exzentrisches Verhalten. Erfahrungswerte versagen hier. Es ist bei seinem ausgefallenen Lebensstil und seinen Ideen, dieses Leben auf seine Weise mit Kapriolen zu bereichern, ohne weiteres glaubhaft, daß er um 20 Uhr sich in das Bett seiner Bekannten legte, dort in aller Ruhe las, später einschlief und dann um 1 Uhr von der heimkehrenden Marion Cimbal geweckt wurde . . .«

»Zärtlich geweckt wurde«, sagte Bob genußvoll. »Sehr zärtlich, Herr Staatsanwalt. Über die Art der Zärtlichkeit verweigere ich die Aussage.«

Nun läuft er an, der Dr. Dorlach, dachte Bob zufrieden. Jetzt schießt er mich frei. Endlich. Dieser Zuchowski ist eine gefährliche Type. Humorlos, trocken wie ein Strohdach im Sommer. Blutleerer Beamter, im Kreislauf nur Paragraphen. Man muß auf ihn aufpassen . . . humorlose Leute sind immer gefährlich.

Er blickte hinüber zu Onkel Theodor. Am Runzeln seiner Stirn erkannte er, daß er zwar mit Dorlachs Hinauspaukversuch nicht einverstanden war, aber ihn öffentlich billigte. Natürlich — die Familienehre. Die mit sieben oder zwölf Weißmachern saubergehaltene Weste der Barreis'. Auf wieviel Tasten hatte Onkel Theo bereits gespielt? Was war schon vorbereitet, von dem weder Dr. Dorlach und erst recht Staatsanwalt Zuchowski nichts wußten? War der Landgerichtspräsident nicht ein Jagdfreund Haferkamps?

Bob Barreis geriet in eine eigentümliche Spannung. Es ging hier — im übertragenen Sinne — um seinen Kopf. Die einen wollten ihn, die anderen schützten ihn. Er brauchte nur dazustehen, sich ruhig zu verhalten und zuzuschauen. Alles andere würden die Menschen um ihn herum tun. Eine verrückte Welt ... sie setzte ihn auf einen Hochsitz, von dem aus er sein eigenes Schicksal beobachten konnte.

Genauso werde ich reagieren, nahm er sich vor. Ich werde einfach unbeteiligt sein. Nichts irritiert die Menschen mehr als einer, der mitten unter ihnen ist und doch nicht greifbar wird.

»Was nun?« fragte Bob aggressiv, als sich plötzlich Schweigen über alle Anwesenden senkte. »Wie geht's nun weiter? Renate Peters, eine von der ganzen Familie geliebte Person, ist tot. Ein Mädchen, etwas ältlich und garantiert noch eine Jungfrau, ist umgebracht worden — nach Ansicht des Staatsanwalts. Warum? Wo ist hier ein Motiv? Wie kommt eine Virgo intacta in dunkler Nacht allein zu einer einsamen Autobahnbrücke? Führte unser Renatchen ein Doppelleben?«

»Es wäre besser, Sie hielten den Mund, Bob!« fuhr Dr. Dorlach dazwischen.

»Lassen Sie ihn nur reden.« Staatsanwalt Zuchowski lächelte verhalten. Er griff in die Tasche und zog einen schmalen Zettel heraus. Mißtrauisch, plötzlich sehr auf Kampf eingestellt, musterten Bob und Dr. Dorlach das ihnen unbekannte Stückchen Papier. »Ich darf Sie bitten, mitzukommen, Herr Barreis.«

Bob hielt den Atem an. Dr. Dorlach trat einen Schritt vor, Theodor Haferkamp stellte klirrend sein Glas auf den Tisch.

»Was heißt das?« fragte Dr. Dorlach laut.

»Ich muß Herrn Barreis in Untersuchungshaft nehmen.«

»Das ist ja unerhört!« Theo Haferkamp steckte die Fäuste in die Hosentaschen. »Man verhaftet einen Barreis nicht.«

»Ich werde mich beschwerdeführend an den Oberstaatsanwalt wenden!« Dr. Dorlach nickte Bob beruhigend zu. »Keine Sorge, Bob ... hier liegt ein eindeutiger behördlicher Übergriff vor. Schon beim Haftrichter werden wir durchkommen – «

»Das sollte mich wundern.« Staatsanwalt Zuchowski entfaltete den kleinen Zettel. »Diese Notiz fanden wir im Zimmer von Fräulein Peters. Sie hatte sie unter das Kinderfoto von Herrn Barreis geklemmt.«

»Sehr sinnig.« Bobs Stimme klang rauh. Er war jetzt wachsam wie ein umstellter Bär. »Sicherlich eine Gedankenstütze: Bübchen muß vor dem Schlafengehen Pipi machen ...«

»Nicht ganz. Ich verlese.« Zuchowskis Beamtenruhe war alarmierend für Dr. Dorlach. Er hat den Trumpf in der Hand, das wußte er. Jetzt half kein Reden mehr ... jetzt mußte man die Hintertüren suchen und aufstoßen, durch die man einen Bob Barreis noch retten konnte.

»Treffe mich heute mit Robert, um mit ihm über die Angelegenheit Lutz Adams zu sprechen. Irgendwie habe ich Angst. Ich weiß nicht, warum. Draußen ist die Nacht so dunkel, aber Robert war ja für mich wie ein eigenes Kind, deshalb darf ich keine Angst haben.«

Prost Mahlzeit, dachte Dr. Dorlach. Das genügt vollauf. Dieser Zettel und die Pirelli-Reifenspuren an der Autobahnbrücke. Man sollte die Sache hinschmeißen und nach Hause gehen. Sein Blick suchte Theo Haferkamp. Das Familienoberhaupt nickte ihm unmerklich zu.

Retten, hieß das. Retten Sie Bob! Um jeden Preis. Die Barreis-Ehre ...

»Wer weiß, wann der Zettel geschrieben worden ist ...«, sagte Dr. Dorlach leichthin.

»Gestern. Das Datum steht drunter. Wenn Sie sich überzeugen wollen.«

Staatsanwalt Dr. Zuchowski hielt den Zettel Dorlach vor die Augen.

Es stimmte, Renate Peters hatte nichts vergessen. Ein korrektes Mädchen, das war sie schon immer. Manchmal zu korrekt — wie jetzt.

»Welchen Verhaftungsgrund?« fragte Dr. Dorlach.

»Flucht- und Verdunklungsgefahr.«

»Blödsinn!« Es war das erste Wort, das Bob wieder sprach. »So ein Blödsinn! Nur Schuldige oder Kopflose flüchten. Ich bin beides nicht. Ich war ab 20 Uhr in Essen —«

»Wir stellen eine Kaution«, sagte Dr. Dorlach ruhig.

»Hunderttausend Mark.« Theo Haferkamp starrte den Staatsanwalt an. Sein Gesicht glühte. »Eine Million, wenn's sein muß. Ich mache Sie darauf aufmerksam, daß der Skandal, den diese ungerechtfertigte Verhaftung auslösen könnte, von überhaupt nicht absehbarer geschäftsschädigender Wirkung sein würde. Dafür werde ich Sie zur Rechenschaft ziehen, Herr Staatsanwalt. Ich werde mit dem Justizminister sprechen ... und wenn ich über Sie einen Präzedenzfall schaffe! Dieses verdammte schnelle Verhaften bei der deutschen Justiz! Rein ins Loch — das ist alles, was man kann! Nachher stellt sich alles als harmlos heraus ... aber der Rufmord ist perfekt! Darf sich der Staat denn alles leisten?«

Haferkamp mußte Atem holen ... es war die Gelegenheit, Bob zu Wort kommen zu lassen.

»Ich folge Ihnen, Herr Zuchowski«, sagte er mit einer Lässigkeit, in der jedes Wort wie ein Fußtritt war. »Ein reines Gewissen regt sich nicht auf. Gehen wir ...«

»Bob!« Theo Haferkamp schlug mit der Faust auf den Tisch. »Ein Barreis ist noch nie verhaftet worden!«

»Dann hat die Familienchronik ein Loch — ich stopfe es hiermit.«

»Eine Million Kaution!« schrie Haferkamp. Er zitterte und hielt sich an der Tischkante fest.

»Darüber entscheidet der Haftrichter.«

»Sofort zu ihm!« Haferkamp rannte Dr. Dorlach fast um. »Warum stehen Sie herum wie ein Schirmständer?«

»Wem wollen Sie die Million anbieten? Erst muß Robert dem Haftrichter vorgeführt werden, erst muß dessen Entscheidung vorliegen — dann können wir tätig werden.«

»Das heißt« — Haferkamp holte schnaufend Atem —, »Bob kommt zuerst in eine Zelle?«

»Für einige Stunden, ja.« Staatsanwalt Zuchowski steckte den

Zettel, seine noch nicht zu überbietende Trumpfkarte, wieder ein. »Sie begleiten mich, Herr Barreis?«

»Aber gern, Herr Staatsanwalt.«

Bob machte die Andeutung einer Verbeugung. Flankiert von zwei Kriminalbeamten verließ er den großen Bibliotheksraum. Er blickte sich nicht einmal um, auch nicht, als Onkel Theodor »Bob!« rief. Nur, als Dr. Dorlach hinter ihnen herlief, sie überholte und sagte: »Seien Sie ganz ruhig, Bob ... in spätestens sechs Stunden sind Sie wieder frei ...«, antwortete er mit einem sonnigen Lächeln:

»Lieber Doktor, *wer* regt sich denn hier auf? *Ich?* Wie Hühner, denen man die Eier unterm Hintern geklaut hat, benehmt ihr euch! Hören Sie sich bloß Onkel Theo an. Er überschlägt sich fast. Welch ein schlechtes Theater... dabei ist er froh, daß ich aus dem Verkehr gezogen werde. Rufen Sie Fritz Tschocky an ... er soll mich mal im Knast besuchen. Ciao, ihr lieben Scheusale ...«

Draußen war es dem Morgen endlich gelungen, sich durchzukämpfen. Die Regenwolken, tief über dem Land hängend, färbten sich fahlgrau. Es nieselte nicht mehr, dafür hing ein herber Erdgeruch über allem.

Bob Barreis zog den Kopf in die Schultern. Es war ein Geruch, der ihn erregte.

Der Haftrichter lehnte die Kaution ab.

Dr. Dorlach kam zum Barreis-Schloß zurück, allein, ohne Bob, wie Haferkamp vom Fenster der Bibliothek aus sah. Er griff sofort zum Telefon, drückte auf einen Knopf, der ihn mit dem Chefsekretariat verband, und befahl — anders konnte man den Ton nicht nennen —, eine Telefonverbindung mit dem Landesjustizminister herzustellen. »Ihn persönlich!« bellte Haferkamp. »Keinen Referenten oder Abteilungsleiter? Persönlich! Sagen Sie den subalternen Beamten, es ginge um einen Skandal, der die ganze Industrie diffamieren könnte. Das wird auch einen Minister munter machen.«

Er legte gerade auf, als Dr. Dorlach eintrat. Haferkamp hob abwehrend beide Hände.

»Erklären Sie nichts, Doktor — ich weiß: abgelehnt. Ein Gespräch mit dem Minister läuft schon an. Ich will doch sehen, ob wir in einem Rechtsstaat leben!«

»Dann lassen Sie das Gespräch mit dem Minister sofort streichen.« Dorlach setzte sich . . . vom frühen Morgen standen noch die Kognakflaschen auf dem Kamintisch. Er goß sich ein, in Haferkamps Napoleonglas, und trank einen langen Schluck. »Das tut gut . . .« sagte er seufzend. »Springen Sie mit einem ungesattelten Pferd mal über hundert Hindernisse . . .«

»Bob hat also Renate wirklich getroffen?«

»Davon bin ich überzeugt.«

»Mich interessiert nicht Ihre Überzeugung, sondern was Sie wissen.«

»Wissen? Nichts! Bob schweigt, fühlt sich — wie er sagt — in seiner Zelle wohl, erzählt dem Wachtmeister schweinische Witze und hat zu allen einen guten Kontakt. Der Haftrichter dagegen ist von einer Verdunklungsgefahr nicht abzubringen. Von Flucht redet keiner. Aber Verdunklung . . . und da passe ich!«

»Sind Sie der Anwalt der Familie Barreis oder Vertreter des Staates, Doktor?« bellte Haferkamp. »Ich verlange von Ihnen, daß Sie Bob herauspauken! Daß Sie tätig werden, sichtbar! Wie ich.«

»Was haben Sie unternommen, außer dem Ministeranruf?«

»Ich habe die vier Lokalredakteure der in unserem Gebiet gelesenen Zeitungen empfangen und jedem von ihnen einen Verdienstausfall von dreitausend Mark überreichen lassen. Das ist hundertmal mehr wert als die paar Zeilen, die sie nicht schreiben werden.«

»Sie haben also die Presse gekauft?«

»Die könnte ich nicht bezahlen. Aber das Gedächtnis der Menschen kann man mit Geldscheinen umwickeln. Mit Banknoten eingipsen. War das ein Fehler?«

»Wir wollen es abwarten. Weitere Aktionen?«

»Ich habe Hellmut Hansen von Aachen herbeizitiert.«

»Die Barreis-Feuerwehr! Was soll er hier retten, wenn es Bob wirklich war?«

»Sprechen Sie so etwas nicht aus, Doktor! Denken Sie noch nicht einmal an so eine Möglichkeit!« Haferkamp setzte sich schwer, der Sessel unter ihm ächzte in den Federn. »Warum sollte

Bob seine Renate, seine zweite Mutter — das war sie, wir wissen es ja alle —, auf so eine Weise mißhandeln?«

»Töten.«

»Mißhandeln!« brüllte Haferkamp. »Was dann folgte, war ein Unglücksfall. Warum?«

»Das Motiv steht deutlich in Renates Notiz: Lutz Adams!«

»Auch der Fall Adams ist ein Irrtum!«

»Die Umkehrung einfacher physikalischer Gesetze wie das der Fliehkraft ist kein Irrtum mehr. Herr Haferkamp, Sie wissen es genau. Bei einem Aufprall fliegt ein Körper aufgrund des Beharrungsvermögens geradeaus weiter, aber er beschreibt keinen eleganten Bogen seitlich zur Tür hinaus.«

»Ist das ein Motiv?«

»Bei Bob sicherlich.«

»Wir müssen etwas tun, Doktor. Sofort. Schnellstens!«

»Das haben wir bisher immer getan, wenn uns Bob in die Ordnung einbrach. Ich bin nur auf einem Umweg zu Ihnen gekommen . . . ich fahre gleich weiter nach Essen.«

»Aha. Zu diesem Mädchen.«

»Marion Cimbal. Ihre Aussage allein könnte Bob retten.«

»Und wenn sie sich weigert?«

»Niemals. Sie liebt Bob.«

»Liebe! Doktor, das ist abgedroschen. Darin würde ich keine Mark investieren. Im Gegenteil, ich wette mit Ihnen: Das Mäuschen bekommt kalte Füße, wenn es die volle Wahrheit erfährt.«

»Wette angenommen! Wieviel?«

Haferkamp nagte an der Unterlippe. Die Sicherheit Dorlachs gebar bei ihm Unsicherheit. »Zehntausend Mark!«

»Angenommen!«

»Aber Sie zahlen auch an mich, wenn Sie verlieren!«

»Eine Ehrensache. Marion Cimbal wird man gar nicht vor Gericht vernehmen.«

»Vor Gericht? Sind Sie verrückt, Doktor? Es darf keine Verhandlung geben! Auf gar keinen Fall! Der Name Barreis auf den Titelseiten der Boulevardpresse. In den Illustrierten! Millionenerbe und Kindermädchen . . . das Rätsel an der Autobahn! Ich sehe schon die Balkenschriften. Scheußlich! Unmöglich! Genau *das* müssen Sie verhindern! Die ganze Angelegenheit muß in der Voruntersuchung bereits abgewürgt werden.«

»Eine fast utopische Aufgabe.«

»Raumkapseln fliegen zum Mond, Sonden zum Mars . . . Sie sehen, Utopien wurden Wahrheit!« Haferkamp sah auf die Uhr. »In einer halben Stunde ist Hellmut hier.«

»Soll Herr Hansen wieder Beichtvater spielen? Diesmal würde auch der Papst nicht helfen.«

»Der Papst bestimmt nicht. Bob braucht keinen Papst. Er braucht Hellmut als die einzige für ihn erkennbare Wahrheit des Lebens. Alles andere belächelt er ja . . . ich bin ein Trottel und Betrüger, Sie ein Arschlecker in seinen Augen. Nur Hellmut nimmt er ernst.« Haferkamp klopfte mit der Kognakflasche auf den Tisch. Es war wie der Hammerschlag eines Auktionators . . . zum dritten und letzten . . . Das Bild gehört dem Herrn mit der Nummer 47.

»Ich werde Hellmut Hansen heute zu meinem Nachfolger bestellen«, sagte Haferkamp mit plötzlich kleiner, erbärmlicher Stimme. »Ich werde Bob kraft der Vollmacht im Testament seines Vaters enterben . . .«

Die Untersuchungshaft gestaltete Bob Barreis wie einen Hotelaufenthalt. Das gibt zu keinen Verwunderungen Anlaß . . . im deutschen Gesetz ist das Recht des Menschen, menschenwürdig zu leben, solange er nicht als Verbrecher verurteilt ist — rechtskräftig, nach Verwerfung aller Revisionsmöglichkeiten —, mit allen Konsequenzen garantiert. Eine Untersuchungshaft ist nur eine Vorsichtsmaßnahme . . . der inhaftierte Bürger bleibt ein unbescholtener Bürger, bis ihm seine Schuld nachgewiesen ist. Die Praxis hat bewiesen, daß viele Unschuldige schon in einer Zelle gesessen haben, und daß dies, trotz gewisser Freiheiten gegenüber Strafgefangenen, kein Vergnügen ist, kommt schon dadurch zum Ausdruck, daß die meisten Gerichte die Untersuchungshaft später auf das Urteil anrechnen.

Etwas anderes ist es, ob die Verwaltungen und dabei besonders die Wärter von diesem liberalen Geist angesteckt sind. Für sie ist einer, der erst einmal das große eiserne Tor durchschritten hat und hinter dem die erste Gittertrenntür krachend zuschlug, ein Außenseiter der Gesellschaft. Auch hier lehrt die Erfahrung, daß sie in den meisten Fällen den richtigen Blick dafür haben ... aber die paar Ausnahmen, die es dann noch gibt, sind die, an denen sie sich graue Haare holen.

Bob Barreis gehörte zu ihnen.

Es fing schon an, als er sich bei seinem Blockleiter melden mußte, nachdem er Aufnahme, Bad und Asservatenkammer — ein schönes Wort für den Raum, wo man alles abgeben muß, was man in den Taschen so mit sich herumträgt, sogar Hosenträger und Schnürsenkel, Gürtel und Feuerzeug — durchlaufen hatte. Ein Wachtmeister gab ihn im Block I b ab, dazu einen Laufzettel vom Sekretariat. Hauptwachtmeister Schlimcke knallte hinter Bob die Gittertür zu, schloß sie ab und überflog die Einweisung.

»Sie bekommen Nummer 114. Robert Barreis. Barreis? Den Namen kenne ich doch. War'n Sie schon mal hier? Heiratsschwindel, was?«

»Bedauere, unsere Bekanntschaft ist jungfräulich.« Bob grinste. »Vielleicht interessieren Sie sich für Rallyes?«

»Leicht bescheuert, was?« Schlimcke winkte und zeigte auf den Zellengang. »Dort ist 114. Hopphopp, etwas Bewegung! Die Tour kennen wir, die ist uralt, die hat der Barbarossa schon geritten, bevor sein Bart durch 'n Tisch wuchs! Auf doof spielen, was? Psychiater anfordern, lalala machen und in die Betten pissen, mit Scheiße Gemälde an die Zellenwand schmieren und so 'n Dreck weiter. Nicht bei mir, mein Sohn. Laß dir das von den anderen sagen, morgen, beim Spaziergang: Beim alten Schlimcke herrscht Ordnung. Ich war Feldwebel bei der 26. Panzerdivision, klar?«

»Klar. Aber dafür kann ich nichts.«

»Wofür?«

»Daß die 26. Panzerdivision nicht mehr besteht und daß Sie nicht als Held irgendwo gefallen sind. Ich spreche Ihnen mein Mitleid aus, Herr Feldwebel.«

Schlimcke zog das Kinn an den grünen Uniformkragen, musterte den Neuen und las noch einmal das Einweisungspapier. U-Haft, Mordverdacht. So einer also. Frech wie 'ne Filzlaus auf'm Sack. Die neue Killergeneration. Aber nicht bei Schlimcke!

»Ruhe!« brüllte er plötzlich. Bob Barreis zuckte von dem plötzlichen Ton zusammen. Aber es war nun der erste Schreck, die Überrumpelung. Langsam ging er auf die Tür mit der verriegelten Klappe und dem runden Spion zu Nummer 114. Hinter ihm klapperten die Stiefel von Hauptwachtmeister Schlimcke.

»Sie sind Mitglied des Gesangsvereins?« fragte Bob ebenso plötzlich, wie Schlimcke gebrüllt hatte. Schlimcke unterlag naturgemäß dieser Überrumpelung.

»Ja.«

»Dachte ich mir's.« Bob blieb an der Zellentür stehen. »Eine gute Stimme, nur die Zwerchfellatmung klappt noch nicht richtig.«

Schlimcke schloß die Tür auf. Seine Augen funkelten böse. »Wir kriegen Sie hier klein«, sagte er gefährlich beherrscht und leise. »Auf Leute wie Sie warten wir hier.«

»Das ist eine Drohung.« Bob setzte sich auf die harte Holzpritsche. Eine dünne Auflage aus mit Kunstleder bezogenem Schaumstoff milderte kaum die Härte. Auch das Schaumgummikissen war flach und kaum geeignet, Träume zu erzeugen. Die Bettwäsche hatte Bob unter dem Arm mitgebracht und warf sie jetzt zur Seite aufs Bett.

»Aufstehen!« brüllte Schlimcke hell. Fanfarenklänge.

»Ich stoße überall auf eine Massierung von Irrtümern«, sagte Bob Barreis in seiner aufreizenden Art. »Erstens gehöre ich nicht in diese Zelle — das ist der größte Irrtum. Zweitens verlange ich, als unbescholtene Zivilperson behandelt zu werden und nicht als Rekrut der 26. Panzerdivision . . . das ist Ihr Irrtum. Drittens bin ich Bob Barreis, mir gehören die Barreis-Werke in Vredenhausen, wir exportieren in siebenundvierzig Länder, unsere Relais und Computer haben Weltruf, und deshalb irrt sich jeder, der glaubt, mit mir wie mit einem Ganoven umgehen zu können. Verständigen Sie den Direktor dieser Bruchbude hier — ich verlange meinen Anwalt zu sprechen, sofort, eine Versorgung meiner leiblichen Bedürfnisse durch das Hotel Lucullus, Papier, Kugelschreiber, einen Tisch und einen Stuhl, um als erstes eine Beschwerde zu schreiben. Ist das klar?«

»Sonnenklar.« Schlimcke atmete wie seufzend durch die Nase. Eine dicke, knollige Nase, mit roten Pickeln und großen Poren.

»Ich werde einen Mann abstellen, der Ihnen den Arsch abputzt. Vom Eros-Center eine Nutte gefällig?«

»Das hätten Sie nicht sagen dürfen, Feldwebel.« Bob Barreis schlug die Beine übereinander. »Sie werden sich wundern, wer ich bin.«

Es war kein leeres Versprechen... Hauptwachtmeister Schlimcke kam aus dem Staunen nicht mehr heraus. Schon zwanzig Minuten nach Bobs Einzug in Zelle 114 besuchte ihn der Gefängnisdirektor persönlich. Nicht im Sprechzimmer, nicht in der Verwaltung, nein, der Chef kam in die Zelle und drückte Bob die Hand. Schlimcke sah es genau und machte Augen wie bei einem Rohrkrepierer. Das Mittagessen brachte ein Bote des Hotels Lucullus in einem Thermoskessel. Dazu die neuen Zeitungen und Illustrierten. Die Krönung aber war, daß Schlimcke zum Chef befohlen wurde und einen Anschiß erhielt.

»Herr Barreis ist kein Strafgefangener!« brüllte der Direktor. »Ich erwarte von Ihnen, daß Sie seine Menschenwürde respektieren! Wollen Sie ein dickes Disziplinarverfahren am Hals haben?«

Schlimcke wollte nicht, er zog den Kopf ein. Aber zu seinem Kollegen Baltes vom Block 1 c sagte er: »Mensch, Hermann, was für Zeiten! Nur weil der Millionär ist, darf er mit 'n Schließmuskeln Kastagnetten spielen. Ist das Gerechtigkeit? 'n kleener Scheißer, den kleben sie wie 'ne Briefmarke an die Wand. Aber so 'n Fatzke, der läßt sich das Fressen vom Lucullus bringen, und das steht sogar im Gesetzbuch, das darf der! Muß der 'nen guten Anwalt haben.«

Man kann es nicht bestreiten: Dr. Dorlach war nicht nur mit allen juristischen Wassern gewaschen, er badete jeden Tag darin. Schon am nächsten Tag besuchte er Bob Barreis. In einem besonderen Anwaltszimmer, wo sie allein waren, saßen sie sich gegenüber.

»Ich bekomme Sie gegen Kaution nicht raus, Bob«, sagte Dr. Dorlach. »Man mißtraut Ihnen.«

»Kluge Kinder. Und wie geht's weiter?«

»Die Ermittlungen laufen auf Hochtouren. Ihr Onkel hat mit dem Minister gesprochen — ohne Erfolg. Das wußte ich im voraus. Aber Sie kennen ja Theodor Haferkamp. Auf der nächsten

Lohntüte wird er allen Arbeitern und Angestellten empfehlen, bei der nächsten Wahl nicht mehr seine Partei zu wählen! Die Barreis-Werke werden geschlossen — das ist sicher — zur anderen Fraktion überwechseln. Übermorgen laufen die Drähte nach Düsseldorf und Bonn heiß. Der Ortsverband, der Kreisverband, der Landesverband der Partei werden zur Klagemauer wandern und jammern. Der MdB aus dem Kreis, der Vredenhausen die meisten Stimmen verdankt, wird bei der nächsten Bundestagswahl bestimmt kein Mandat mehr bekommen. Ich erwarte ab übermorgen eine Prozession von Parteigenossen in Richtung Barreis-Villa. Am Freitag wird das Justizministerium einen diskreten Wink bekommen, am Freitagnachmittag die Staatsanwaltschaft. Sie dürften Samstagmorgen entlassen werden.« Dr. Dorlach lachte zufrieden. »Ihr Onkel ist ein rühriger Mann, Bob. Er hat rund um die Uhr für Sie alles getan, was nur möglich ist.«

»Nicht für mich . . . für die Ehre der Familie Barreis.«

»Das wußten Sie immer und haben es ausgenutzt.«

»Kleine Moralpauke, Doktor? Onanieren Sie bitte keine Ethik.«

»Ihr Onkel scheint viel von ihr zu halten. Er hat auch noch anderes für Sie getan —«

»Laßt hören, Landvogt —«

»Ihr Freund Hellmut Hansen ist gestern abend eingetroffen.«

»Mit umflorten Augen gewiß. Soll er mich wieder retten? Gibt Onkelchen ihm hunderttausend Mark, damit er aussagt, er habe Renatchen von der Brücke geworfen? Der dämliche Hund ist ja zu allem bereit.«

»Der dämliche Hund ist gestern nacht zum Nachfolger Ihres Onkels ernannt worden.«

»Sagen Sie das noch einmal, Doktor.« Bob Barreis beugte sich vor. Sein schön geschwungener Mund mit den weichen Lippen wurde strichdünn und hart. Plötzlich zogen sich zwei scharfe Falten von der Nasenwurzel bis zur Oberlippe.

»Er ist der Erbe der Barreis-Werke. Übermorgen wird es notariell niedergelegt. Ihr Onkel kann es kraft des Testamentes Ihres Vaters.«

»Ich weiß. Mein Alter hat sich dafür gerächt, daß Tante Ellen, auf die er scharf war, mir die Hose auszog und nicht ihm.« Bob hieb die Fäuste aneinander. Hellmut, dachte er. Der tapfere, gute, edelmütige Hellmut mit dem Bernhardinerblick. Der Stille im Land, dem die Goldtaler von selbst in den Schoß fallen. Der widerliche Kerl mit seiner Dackeltreue. »Und Mama?« fragte er mit belegter Stimme. »Mama muß doch über ihren Anteil bestimmen. Ihr gehört die Hälfte und damit logischerweise wiederum mir als einzigem Kind, wenn sie nicht mehr ist.«

»Ihre Frau Mutter hat gestern die Schenkung unterschrieben.«

Bob sprang auf. »Sie ist krank!« schrie er. »Onkel Theo, dieses Aas, hat ihre Krankheit ausgenutzt. Ich fechte die Unterschrift an.«

»Auch daran ist gedacht worden. Professor Dr. Nußemann hat gegengezeichnet und bescheinigt, daß Frau Mathilde Barreis im vollen Besitz ihrer körperlichen und geistigen Kräfte —«

»Scheiße besitzt sie. Scheiße im Hirn! Nußemann ist eine Marionette, ein Sklave, ein Honorareinsammler. Jeder kennt meine Mutter. Sie ist nur für dreierlei zu gebrauchen: zum Weinen, zum Beten und zum Moralpredigen. Daß sie mich empfangen hat, muß damals ein Ausrutscher meines Vaters gewesen sein, der zufällig bei ihr die richtige Stelle traf. Verdammt, ich fechte das Papier an.«

»Als Anwalt der Familie Barreis muß ich sagen: Es hat keinen Sinn. Die Schenkung und Enterbung sind gültig. Alles ist juristisch abgesichert.«

»Und ich?«

»Sie bekommen ein Legat, das Herr Hansen festsetzen soll. Es wird so bemessen sein, daß Sie den Werken nicht schaden.«

»Hellmut wird also in Zukunft meinen Lebensstil bestimmen?«

»Soweit dieser von Geldern der Barreis-Werke abhängt — ja.«

»Wieder ein Fehler, ein Fehler von mir. Man ist zu anständig, Doktor, trotz allem! Ich hätte vor ein paar Wochen Eva Kottmann, Hellmuts Mieze, vögeln sollen. Ich hab's nicht getan, in einem wahnsinnigen Anfall von Kameradschaft. Das hat man nun davon.«

»Ihre Stellung beim Bankhaus Keitell und Klotz ist sofort gekündigt. Sie bekommen noch ein Vierteljahr Gehalt.«

»Stiften Sie es für eine Abtreibung.«

»Nicht so nobel, Bob. Sie werden jeden Pfennig nötig haben.«

»Noch ein Tritt Onkel Theodors in meinen Unterleib?«

»Wenn wir den Prozeß durchstehen — und einen Prozeß wird es geben, trotz aller Parteimaschen, die Herr Haferkamp aufzieht, er kann damit glätten, aber nicht das Gesetz manipulieren —, sollen Sie Vredenhausen verlassen.«

»Also auch kein Wohnrecht mehr? Keine Heimat?«

»Nun beginnen Sie nicht zu schluchzen, Bob. Hat Ihnen Heimat jemals etwas bedeutet?«

»Ja. Gucken Sie mich nicht wie einen Wunderaffen an, Doktor. Ich habe einen anderen Heimatbegriff als die meisten. Ihre Generation hat Hoch und Heil gebrüllt, die Heimat, die heilige, mit der Waffe verteidigt, indem ihr angegriffen und fünfundfünfzig Millionen Tote hinterlassen habt, Heimat, die Fahne, die mehr ist als der Tod und weiter so 'n Quatsch . . . nein, das ist nicht meine Heimat, solch ein verdrehter Begriff. Aber ich hänge an Vredenhausen, komisch, was? Ich liebe den Park hinter unserem Haus. Nicht, weil ich dort vier Mädchen im hohen Gras vögelte, sondern weil ich als Kind in diesem Park die glücklichsten Minuten meines Lebens hatte, wenn ich allein, ohne Aufsicht durch irgendeine Kinderschwester, herumlaufen konnte, mit einem Ast die Vögel aufscheuchte und mich frei fühlen durfte, frei von allem Zwang, aller Bemutterung, aller Watte, in die man mich packte wie Ramses, die Mumie. Ich hänge an diesem Haus, so pompös und blöd gebaut es auch ist, so protzenhaft und überladen mit Kitsch. Verflucht, ich liebe es . . . und jetzt wirft man mich hinaus wie einen stinkenden Hund.« Bob blieb stehen, ruckartig, so nahe an Dr. Dorlach, daß dieser den Kopf weit in den Nacken legen mußte. »Doktor, die Sache mit Renate leugne ich. Ich war's ja auch nicht. Aber man zwingt mich, ein Mörder zu werden. Ich werde Onkel Theo und meinen lieben Freund Hellmut umbringen. Irgendwann. Und mit Treffsicherheit. Das können Sie sich notieren, ich weihe Sie ein in meinen Plan. Sie müssen als Anwalt ja schweigen. Sie alle da draußen betrachten mich als Ungeheuer . . . wohlan, sie sollen in mir das Ungeheuer haben!«

Bob Barreis trat an die Tür und drückte auf den Klingelknopf. Sofort trat der draußen wartende Wärter ein.

»Ich möchte in meine Zelle. 114 ist ein Paradies gegen die übrige Welt.«

»Bob!« Dr. Dorlach sprang auf. Er war etwas bleich geworden. »Wir sind noch nicht fertig.«

»*Ich* bin fertig. Ob Sie — interessiert mich nicht. Können wir gehen, Wachtmeister?«

Dr. Dorlach sah Bob Barreis nach, wie er abgeführt wurde und sich die dicken Gittertüren hinter ihm mit Krachen schlossen. Da sollte er bleiben, dachte er. Hier ist er sicher, und wir sind sicher vor ihm. Das wäre die eleganteste Lösung. Statt dessen muß ich ihn rauspauken, muß ihn in die Freiheit holen, die er dazu benutzen wird, zwei Menschen zu töten. Denn das war keine dumme Rederei — das war Ernst.

Dr. Dorlach klemmte seine Aktentasche unter die Achsel und steckte sich eine Zigarette an. Seine Finger zitterten ganz leicht. Er hatte zum erstenmal einen erschütterten Bob Barreis gesehen.

Besucher Nummer zwei war Hellmut Hansen.

Als Hauptwachtmeister Schlimcke Bob fragte, ob er ihn sehen wolle, sagte Bob: »Auf den Besuch freue ich mich besonders.«

Hellmut erhob sich sofort, als man Bob in das Besuchszimmer führte. Diesmal blieb ein Beamter neben der Tür innerhalb des Raumes stehen — es war ja kein Anwaltsbesuch. Langsam ging Bob auf den Tisch zu, der ihn von Hellmut trennte.

»Guten Tag, Bob«, sagte Hansen freundlich.

»Guten Tag, du Schwein!«

»Knastkoller?«

Bob umklammerte die Tischkante. Der Beamte räusperte sich warnend. »Ich tu's ja nicht, Wachtmeister«, sagte Bob rauh. »Mit einem Tisch kann man diese Sau nicht erschlagen. Es wäre zu schnell und zu unsicher obendrein. Sehen Sie sich ihn an, Wachtmeister. So sieht ein Mensch aus, der durch Arschkriecherei Millionär wird, den Erben aus Haus und Grund vertreibt und trotz allem von aller Welt als ein Muster von Anständigkeit betrachtet wird. Er geht in die Kirche, wird heiraten und Kinder zeugen, die Barreis-Werke umsichtig führen, Stiftungen vom Überschuß machen, mit denen er nach Onkel Theodor wieder neue Kreise für sich verpflichtet, er wird seine liebe Frau Eva heimlich betrügen — ach nein, das wird er nicht, seine Moral wird sich im ehelichen Verkehr erschöpfen, er wird jeden Orgasmus mit einem Halleluja begleiten und fromm gen Himmel blicken — er wird das Wohl seiner Arbeiter und Angestellten mehren, die Lohntütensprüche von Onkel Haferkamp fortsetzen, nie einen Streik in den Fabriken haben, und er wird eines Tages im Bett sterben, mit gefalteten Händen, so wie er einmal als Säugling auf dieser Welt begonnen hat. Und was ist er in Wirklichkeit? Ein Widerling, ein Schuft, ein Erbschleicher, ein Moralscheißer, dessen Exkremente man vergoldet, weil sie so gut in die bürgerliche Landschaft passen! Wachtmeister, ich möchte gehen . . . ich kotze, wenn ich den Kerl länger ansehen muß.«

»Bist du fertig?« fragte Hellmut Hansen ruhig.

»Für heute, ja. Nur anpissen kann ich dich noch. Ich habe gerade Druck in der Harnröhre.«

»Unterstehen Sie sich!« warnte von der Tür her der Beamte.

Bob Barreis lachte heiser. »Keine Angst, lieber Mann. Auch ein Mann wie ich hat Kultur. Es war nur bildlich gemeint. Mein bester Freund Hellmut Hansen, mein zweifacher Lebensretter, wird mich verstehen, nicht wahr?«

»Nein.«

»Nicht! Ist dir das viele Geld aufs Hirn gefallen?«

»Du siehst die Lage falsch, Bob.«

»Ich sehe sie so, wie sie mir Dr. Dorlach geschildert hat. Onkel Haferkamp hat mich ausgelöscht.«

»Offiziell.«

»Na also.«

»Ich bin hier, um dir feine Unterschiede zu erklären. Setz dich, Bob.«

»Warum? Ich kann im Stehen besser hassen.«

Hansen zog den Stuhl an sich und setzte sich. Als er die Hände auf die Tischplatte legte, faltete er sie. Bob Barreis grinste schief.

»Achtung. Jetzt geht's los. Ein Kirchenlied, gesungen von Hellmut Hansen. Text: ›Jesus, geh voran!‹ . . . O Himmel, was tu' ich, wenn ich wirklich kotzen muß?«

»Setz dich!« Ein knapper, befehlender Ton. Bob legte den Kopf schief und kniff die Augen zusammen.

»Der Konzernherrnton. Nein!«

»Dann bleib stehen, du Narr! Zunächst: Ich bin nicht der Erbe der Barreis-Werke, sondern nur deren Sachwalter, nach Onkel Theos Tod.«

»Das dürfte das gleiche sein. *Du* bestimmst, was ich tun kann. *Du* teilst mir das Geld zu, das *mir* gehört! *Du* bist der Dirigent, *ich*, dem das Orchester und der Saal und die ganze Stadt, wo der Saal steht und in dem das Orchester spielt, gehören, *ich* darf die Noten umblättern, wenn du mit dem Taktstock erhaben winkst. Wie jetzt Herr Haferkamp. Genau so.«

»Um die Werke nicht zu vernichten.«

»Ich bin der große Vernichter, was?«

»Ja.«

»Du Scheißer! *Ich* bin ein Barreis, nicht du!«

»Wenn Werke einen solchen Umfang haben, spielen Namen keine Rolle mehr. Es geht nicht um den einen Namen, es geht um die Arbeitsplätze Tausender Menschen. Um Wohlstand der Familien. Die Barreis-Werke haben einen sozialen Auftrag.«

»Onkel Theodor, fünfunddreißig Jahre jünger. Nur war es bei ihm nicht das Soziale, sondern die Familie. Die Urzelle der Menschheit, wie er sie nennt. Du funktionierst sogar Theodor um, was? Und er läßt sich das gefallen?«

»Wir versuchen, dich zu retten, Bob.«

»O Himmel! Schon wieder Rettung! Heilig, heilig, heilig sind die Barreis' aus Vredenhausen, gebenedeit unter den Großherzigen . . . Wir sprechen noch darüber. Wie geht es Eva?«

»Wir wollen zu Weihnachten heiraten.«

»Dann dreht an der Schraube des Schicksals, daß ich Weihnachten noch in Zelle 114 sitze, sonst geht alles in die Binsen. Ich verspreche dir hoch und heilig, Eva zu vergewaltigen! Na, ist das ein Versprechen?«

»Du hast tatsächlich einen Koller. Ich nehme es nicht ernst.« Hansen erhob sich. Was er sagte, war eine Lüge — an seinen Augen erkannte jeder, wie ernst er die Worte Bobs nahm. Keiner kannte Bob so gut wie er, niemand wußte so vollkommen wie er, wozu ein Bob Barreis fähig war. »Wir werden uns alle bemühen, nur das Beste für dich zu erreichen. Onkel Theodor, Dr. Dorlach und ich.«

»Danke.« Bob Barreis verbeugte sich tief. »Und ich hasse euch alle . . .«

An diesem Tag saß ein alter, zitternder, weinender Mann vor dem Leiter des Ersten Kommissariats, schneuzte sich oft in sein Taschentuch, putzte sich die Augen aus und weinte trotzdem weiter, still, lautlos, erschütternd in seinem stummen Schmerz. Wenn die dicken Tränen über sein runzeliges, bleiches, wie zusammengeschrumpftes Gesicht rollten, würgte es selbst einen Mann wie Hans Rosen, seit zehn Jahren Chef der Mordkommission, in der Kehle.

»Er hat meinen Sohn Lutz getötet«, sagte der alte Adams zum wiederholten Mal. »Nehmen Sie es zu Protokoll, Herr Kommissar. Notieren Sie alles. Ich habe die besten Wissenschaftler um Rat gefragt, habe ihnen die Fotos gezeigt, den Unfall erklärt . . . Robert Barreis hat meinen Jungen verbrennen lassen, einfach verbrennen lassen, bei lebendigem Leib . . . meinen einzigen Jungen . . . Er konnte gar nicht aus dem Wagen geschleudert worden sein, der Barreis, unmöglich, dann klebte er jetzt mit dem Kopf an den Felsen. Das Fliehkraftgesetz, Herr Kommissar, kennen Sie das Fliehkraftgesetz? Und die Trägheit beharrender Körper? Das ist Physik, Herr Kommissar. Einfachste Physik. Kann man mit Millionen die Physik auf den Kopf stellen? Können reiche Leute alles, auch das? Nehmen Sie zu Protokoll: Er hat meinen einzigen Lutz getötet, wie er jetzt auch sein Kindermädchen Renate getötet hat. Und immer ist ein Auto dabei . . . immer ein Auto . . . Das Gesetz der Serie, Herr Kommissar . . .«

Man ließ den alten Mann sich ausweinen und brachte ihn dann mit einem Dienstwagen nach Hause. »Wir haben alles notiert«, sagte der Kriminaloberwachtmeister, als er den alten Adams gut in der Stube und in dem Ohrensessel am Ofen abgeliefert hatte. »Unser Kommissar ist ein genauer Mensch, ein scharfer Hund, wie man so sagt. Der geht allen Hinweisen nach. Auch diesem. Diesem besonders.«

»Das ist gut.« Der alte Adams drückte sich in seinen Sessel. »Ich danke Ihnen, meine Herren. Es gibt doch noch Gerechtigkeit. Ich wußte es. Ich habe nie den Glauben daran verloren. Einmal kommt die Gerechtigkeit, habe ich mir gesagt. Und so lange mußt du herumschreien, überall, wo du gehst und stehst, denn die Gerechtigkeit muß man rufen, sie kommt nicht von allein, sie ist schwerhörig, wissen Sie, man muß sie anschreien: Komm endlich! Komm! Gerechtigkeit, hör her! Hör! Und wenn man laut genug schreit, dann hört sie auch. Nur nicht nachgeben, nicht müde werden. Meine Herren . . . er hat mir meinen Lutz genommen, meinen einzigen Jungen. Verbrennen hat er ihn lassen . . . einfach verbrennen . . .«

Die Kriminalbeamten beeilten sich, aus dem kleinen Haus zu kommen. Erst im Wagen atmeten sie wieder auf.

»Armer Kerl«, sagte der eine. »Der Tod des Jungen hat ihn verrückt gemacht. Ob der Chef das ernst nimmt?«

»Der Chef? Jupp, der hat das schon längst wieder vergessen.«

Ein Irrtum. Kommissar Hans Rosen ließ sich gleich nach dem Weggang des Alten die Akte Adams aus dem Archiv bringen. Abschriften der Untersuchungen der französischen Polizei von Briançon, Nizza und Grenoble. Unterschrieben vom Leiter der Unfallkommission, Kommissar Pierre Laval.

Und je weiter Hans Rosen las, um so lauter pfiff er vor sich hin.

»Das is 'n Ding«, sagte er nach einer Weile. »Leute, da seid ihr blind gewesen . . .«

Auch Theodor Haferkamp hatte seine Probleme. Sie betrafen die Geheimhaltung der Verhaftung Bobs.

Sie erwies sich als unmöglich. Wenn ein deutsches Außenministerium undichte Stellen hat und hochpolitische Tatsachen zu noch brisanteren Wahrheiten werden können und die findigsten Köpfe nicht herausbekommen, wo der böse Bube sitzt, dessen Moral, Information des Volkes ist wichtiger als dessen langsame Entmündigung, geradezu hochverräterisch ist — wie kann dann ein Theo Haferkamp in Vredenhausen den Täter entdecken, der trotz aller Geldgeschenke doch die Presse informierte?

Denn — am nächsten Tag schon stand es in drei Zeitungen, am übernächsten Morgen schlugen Haferkamp die roten Schlagzeilen der Boulevardpresse entgegen, so flammend, daß ihm der Appetit an knackigen Brötchen und duftendem Kaffee verging: Millionärserbe tötet sein Kindermädchen? Wer war der Mann auf der Autobahnbrücke? Hat Bob Barreis ein Alibi?

Die Fragezeichen, die hinter allen Sätzen standen, waren besonders raffiniert. Fragen kann man nicht verklagen. Fragen sind keine Behauptungen . . . Dr. Dorlach erklärte es Haferkamp am Telefon, als dieser tobend anrief.

»Haben Sie geglaubt, daß so etwas geheim bleibt?« fragte Dorlach.

»Ja! Wer wußte denn davon? Nur ein kleiner Kreis.«

»Groß genug, wie Sie sehen. Außerdem unterhält die Staatsanwaltschaft eine Pressestelle. Von ihr genügt ein kleiner Wink . . .«

»Ich werde sofort den Justizminister . . .«

»Lassen Sie das, Herr Haferkamp. Strapazieren Sie nicht Ihre Beziehungen mit Lappalien — Sie sind dann müde, wenn wir sie später brauchen. Und wir brauchen sie noch! Garantiert.«

»Der gute alte Name Barreis!« Haferkamp blätterte in den Zeitungen. »Infam, sage ich Ihnen. Haben Sie schon gelesen?«

»Nicht alle.«

»Hier. Das Schmierblatt ›Blitztelegramm‹. Hören Sie bloß: ›Bob Barreis, ein verwöhntes Muttersöhnchen, soll — wie wir hören — sogar mehrfach seine Mutter geschlagen haben.‹ Dagegen gehe ich vor, Doktor. Das kostet die Kerle eine Stange Geld. Fürs Rote Kreuz! Und einen Widerruf. Solche Schmierfinken.«

»Steht da wirklich von Schlägen gegen die Mutter?«

»Ja. Ich fantasiere doch nicht.«

»Stimmt das?«

»Unmöglich. Bob — gegen seine Mutter! Ihre Frage ist schon eine Beleidigung, Doktor.«

»Ich rate Ihnen, bei Ihrer Schwester Informationen einzuholen. Hat der seelenvolle Bob sie geschlagen, rufen Sie mich sofort an.«

Theo Haferkamp zerknüllte die Zeitung, warf sie gegen die Wand und stapfte hinauf ins Schlafzimmer von Mathilde Barreis.

Professor Nußemann war gerade gegangen. Das Hausmädchen meldete auf der Treppe, der gnädigen Frau gehe es besser.

Nach zehn Minuten läutete wieder das Telefon bei Dr. Dorlach.

»Ja?« fragte er. »Herr Haferkamp? Was ist?«

»Ich sollte zurückrufen«, antwortete Haferkamp mit beängstigend kehliger Stimme.

Dr. Dorlach fragte nicht. Er traf seine Entscheidungen.

»Die gnädige Frau wird morgen früh zu einem längeren Kuraufenthalt nach Madeira fliegen«, sagte er knapp. »Professor Nußemann wird die Notwendigkeit bescheinigen. Für Ticket, Hotel und so weiter sorge ich. Das ist die beste Lösung.«

»Warum Madeira?« fragte Haferkamp rauh.

»Die Inseln haben ein fabelhaftes Klima, gerade für Rekonvaleszenten. Sie sind auch genau richtig, weit genug entfernt. Man wird die gnädige Frau dort abschirmen . . . auf jeden Fall ist sie hier aus der Schußlinie.« Dr. Dorlach stockte, dann fragte er ganz hart: »Wie oft?«

»Sie sagt, dreimal. Oh, dieser Saukerl! Wenn Mathilde drei zugibt — und nur, weil ich sie anbrüllte —, waren es auch mehr. Wenn es nicht einzig und allein um den Namen ginge, würde ich ihn fallenlassen wie eine heiße Kartoffel. Halten Sie solche Gemeinheiten für möglich?«

»Bei Bob ja. Sie sind sogar natürlich für Menschen wie Bob. Die Zertrümmerung eines Traumas. Eines Tages wird er sich selbst zerstören.«

»Wann bloß? Wann? Wir sollten ihm einen Wagen kaufen, einen ganz schnellen . . . da haben wir die Chance, auf ein gottgefälliges Unglück zu hoffen! Ein Abgang, wie er sich gehört.«

»Dazu müßten wir ihn erst aus der U-Haft herausheben. Konzentrieren wir uns allein auf diesen Punkt. Ich fahre gleich noch einmal zu Marion Cimbal. Sie ist noch nicht verhört worden . . . das fällt mir auf.«

Nachdenklich legte Dr. Dorlach auf.

Haferkamp ist fertig, dachte er. Das darf nicht sein! Wir müssen verhindern, daß Bob Barreis uns alle zerstört.

Am Nachmittag — Marion hatte gerade geduscht und saß vor dem großen Spiegel, um sich zu schminken für die Bar — klingelte es an der Wohnungstür. Zwei Herren standen draußen, zogen ihre Blechmarken und stellten sich vor.

»Rosen. Kriminalkommissar.«

»Dubroschanski.«

Hugo Dubroschanski war Kriminalhauptwachtmeister. Man nannte ihn auf der Dienststelle nur ›Dub‹, weil man der Ansicht war, sein voller Name sei für den, der ihn aussprechen müsse, Körperverletzung.

»Kommen Sie rein —«, sagte Marion Cimbal müde. Sie zeigte mit ausgestrecktem Arm in ihr Apartment. »Ich habe Sie schon längst erwartet. Nehmen Sie Platz. Stört es Sie, wenn ich mich weiter schminke? In einer Stunde beginnt meine Arbeit, und so eine Maske zu schminken, dauert lange.« Sie lächelte schwach. »Sie werden sehen, es ist eine Maske. Aber den Männern gefällt dieses Angemalte.«

Rosen und Dub setzten sich auf die weiße Ledercouch. Ein schneller Rundblick. Gemütlich. Mit Geschmack eingerichtet. Nicht luxuriös. Kein Privatpuff. Ein Mädchen, das für sein Geld hart arbeiten muß.

»Fragen Sie«, sagte Marion und blickte durch den Spiegel Hans Rosen an. »Ich werde antworten.«

»Hat Ihnen das Ihr Anwalt geraten? Sie haben einen Anwalt?«

»N — nein —«

Marion zog den rechten Lidstrich nach. Mit ruhiger Hand, ohne Zittern. Aber ihr Nein war gedehnt wie gespanntes Gummi.

Sie lügt, wußte Rosen in dieser Minute. Sie wird für Bob Barreis lügen. Das ist ihr großer Denkfehler ... wir werden ihre Lügen umdeuten können in Wahrheiten.

9

Man hat viel geschrieben über die rätselvollen Wege, die eine Liebe gehen kann. Kronprinzessinnen brennen mit dem Hauslehrer ihrer Kinder durch, ein Milliardär-Greis heiratet eine blutjunge Striptease-Tänzerin, drei Ehepaare lassen sich scheiden und heiraten dann über Kreuz, ein Zwerg tritt mit einer Riesin vor den Traualtar ... die Umwelt betrachtet es als Kuriosum, amüsiert sich, vergißt die Tagesmeldung wieder. Was bleibt, ist die große Frage: Was vollzieht sich in der Seele dieser Menschen? Welches Geheimnis treibt sie zueinander? Welche unzerstörbare Macht bezwingt sie? Was ist das, das stärker ist als alle Vernunft, alle Erfahrung, alle Erkenntnis, alle Warnung?

Was ist Liebe?

Diese Frage stellte sich auch Kommissar Hans Rosen, als er geduldig hinter Marion Cimbal auf der Couch saß und ihre Schminkkünste beobachtete. Hauptwachtmeister Dubroschanski blickte sich im Zimmer um. Auf dem Tisch neben der Bettnische stand eine halbvolle Kognakflasche. Daneben ein Aschenbecher, randvoll mit abgerauchten Zigaretten. Ein zerknülltes Taschentuch war halb unter das Kopfkissen geschoben.

Dub nickte zur Nische hin. Schon gesehen, Chef? Rosen winkte mit den Augen zurück. Er sprach noch immer nichts, seine Schweigsamkeit, das war eine Erfahrung, wirkte auf die, die ein Verhör erwarteten, belastender und erregender als die verfänglichsten Fragen. Auf Fragen waren sie präpariert, auf unerklärliches Schweigen nicht. Mit jeder Sekunde wuchs deshalb ihre Nervosität.

Marion Cimbal legte den Augenlidstift hin. Er klirrte in der Glasschale vor dem Spiegel.

»Was soll ich aussagen?« fragte sie. Trotz aller Beherrschung lag das bewußte Zittern in ihrer Stimme. Kommissar Rosen legte die Hände um sein angezogenes rechtes Knie.

»Sie kennen Robert Barreis? Ich weiß, eine dumme Frage, aber wir müssen nach einem System vorgehen.«

»Ja, ich kenne ihn.«

»Gut?«

»Ja, gut.«

»Intim?«

»Auch intim.«

»Sie wissen, daß dies kein Hindernis ist, die Aussage zu verweigern. Sie müssen die Wahrheit sagen, und was Sie jetzt sagen, müssen Sie später vielleicht in einer Gerichtsverhandlung beeiden.«

»Gericht?« Marion drehte sich um. Es zeigte sich, daß der Hokker auf einem Drehgestell montiert war. »Wieso soll es eine Gerichtsverhandlung geben? Bobs Verhaftung ist doch ein Witz.«

»Kein Witz ist es, daß das Kindermädchen Renate Peters gewaltsam von der Autobahnbrücke gestürzt wurde.«

»Sie ist von selbst hinuntergesprungen.«

»Waren Sie dabei?«

»Nein. Aber Dr. Dorlach sagte am Telefon, die Frau habe Selbstmord begangen. Robert ist darauf sofort nach Vredenhausen gefahren.«

»Er war also bei Ihnen?«

»Ja, natürlich.«

»Wann kamen Sie nach Hause?«

»Gegen 1 Uhr. Ich hatte Kopfschmerzen und brach den Dienst in der Bar ab.«

»Und wann gingen Sie zum Dienst?«

»Kurz vor 8 Uhr abends.«

»Da war Herr Barreis schon hier in der Wohnung?«

»Nein. Aber er muß kurz danach gekommen sein.«

»Sagt er.«

»Bob lügt nicht!«

Kommissar Rosen nickte mehrmals. Das kleine Barmädchen und der Millionenerbe ... wieder so ein Fall von Liebe, über den keiner nachdenkt, den man hinnimmt, ein modernes Märchen ... und doch eine immer offen bleibende Frage: Da finden sich zwei Menschen aus zwei völlig konträren Welten und wollen zusammenbleiben. Ein Leben lang? Oder nur für die Dauer eines Rausches? Wie stuft dieser Robert Barreis diese sympathische, kleine, hübsche Marion Cimbal ein? Dieses bis unter die Haarwurzeln in

Barreis verliebte Mädchen, das sich bald immer tiefer in Widersprüche verwickelt. Man sollte ihr helfen, dachte Rosen. Man sollte sie zurückholen aus ihrer Illusionswelt. Dieser Barreis ist ein eiskalter Bursche mit dem Gesicht eines Engels. Sein Hirn produziert nur Gemeinheiten. Da ist der Fall Lutz Adams. Mit einem Sportwagen prallen sie gegen einen Felsen, Adams steuert, aber Barreis fliegt, entgegen aller Fliehkraftgesetze, nicht nach vorn, sondern seitlich, vom rechten Sitz über Adams hinweg aus der Tür ins Freie, während Adams elend verbrennt. Aber wer will ihm da etwas nachweisen? Sie waren allein, die französischen Kollegen haben an Ort und Stelle ermittelt und die Akten als Unfallsache geschlossen. Wird es hier mit dem Tod der Renate Peters genauso werden? Was bedeuten schon Spuren von Pirelli-Reifen an der Autobahnbrücke? Keiner von den Autofahrern, die Renate Peters von der Brücke stürzen sahen, hat hinter dem Geländer einen Schatten bemerkt, die Andeutung eines zweiten Menschen. Niemand. Und trotzdem hat jemand auf ihre Finger getreten, die sich an das Gitter festklammerten. Die Obduktion hat es einwandfrei ergeben. Es waren keine Sturzverletzungen.

»Sie trinken viel?« fragte Rosen plötzlich. Marion Cimbal, auf diesen Schuß nicht vorbereitet, schüttelte den Kopf.

»Wenig. Auch in der Bar nicht. Wir kippen unsere Drinks, die wir spendiert bekommen, in Kupfereimerchen, die unter der Theke stehen. Sonst hielten wir das gar nicht aus.«

»Logisch. Aber Sie rauchen gern.«

»Auch nicht. Ab und zu eine Zigarette.«

»Dann hatten Sie heute einen bösen Tag! Sie haben eine halbe Flasche Kognak getrunken und mindestens dreißig Zigaretten geraucht.«

Dubroschanski stand auf, setzte sich auf das Bett und begann, die Kippen in dem vollen Aschenbecher zu zählen. In Marions Augen glomm Angst auf. Rosen kannte diese unsteten Blicke, das leichte Zucken in den Augenwinkeln, diese mit Gewalt gebändigten, aber doch überreizten Nerven, die nicht mehr gehorchen wollten.

»Genau neunundzwanzig«, sagte Dub nach seinem Zählakt. »Flasche über die Hälfte leer.«

»Warum?« fragte Rosen geduldig.

»Ich war unruhig.«

»Mit einem so reinen Gewissen?«

»Bob ist schließlich verhaftet!« Sie sprang auf und stieß dabei den Hocker um. Rosen beugte sich vor und stellte ihn wieder auf den Drehfuß. »Erwarten Sie, daß eine Frau so ruhig wie ein Kriminalbeamter ist, wenn man ihren ... ihren ...« Sie suchte nach einem passenden Wort.

»Sagen Sie ruhig: Geliebten —« Rosen lächelte mild. ». . . wenn man ihren Geliebten einkassiert. Geliebter klingt zwar unmodern, Ihre Generation lacht über solche Wörter ... aber im Herzen ist er doch nichts anderes, was? Bis heute gibt es keinen Ersatz für diese Worte. Geweint haben Sie auch?«

»Noch ganz naß ...« berichtete Dubroschanski vom Bett. Er hielt das Taschentuch in der Hand. »Man kann es auswringen. Ein Viertelliter Frauentränen.«

»Ich weiß nicht, was Sie von mir wissen wollen.« Marion Cimbal hatte sich gefaßt. Rosen bemerkte die Veränderung sofort ... jetzt ist es vorbei, wußte er. Das weitere Verhör ist vertane Zeit. Von jetzt ab ist sie wieder ein Geschöpf von Bob Barreis ... oder von Dr. Dorlach. Für Rosen war es sicher, daß der clevere Anwalt längst auf allen Tasten spielte. Bekannt war bereits, daß Theodor Haferkamp ein Gespräch beim Generalstaatsanwalt angemeldet hatte.

Rosen erhob sich. Geld müßte man haben, dachte er bitter. Soviel Geld wie die Barreis'. Da können auch Gesetze porös werden wie Schweizer Käse. Selbst in Deutschland, dem angeblichen Muster eines Rechtsstaates. Wer dann noch — wie wir jetzt — stur seine Pflicht tut, wird sich bald den Kopf an den Geldsäcken einrennen, die als Schutzwall um den armen Bob gestapelt werden. Eine Geldsackburg. Unbezwingbarer als ein Betonbunker.

»Kommen Sie, Dub«, sagte Rosen kurz angebunden. »Es ist gut.«

Marion Cimbal lehnte an der Wand neben dem Frisierspiegel. Ihr nur zur Hälfte geschminktes Gesicht wirkte clownhaft, wie mitten durchgeschnitten. Nur ihre großen, braunen Augen schwammen in Angst und Unglauben.

»Das war alles?« fragte sie leise.

Rosen blieb an der Tür stehen. »Haben Sie mehr erwartet?«

»Ich dachte, Sie wollten mich über Bob fragen.«

»Wir wissen genug.«

»Aber Sie haben ja kaum etwas erfahren . . .«

Rosen lächelte sanft. »Fräulein Cimbal, was Sie als Verteidigungsrede einstudiert haben, können Sie später an einem anderen Ort vortragen. Ich brauche diese Worte nicht mehr. Aber beherzigen Sie meinen Rat: Je weniger Sie sprechen, um so mehr helfen Sie sich . . . Man kann aus Liebe auch in einen Sumpf springen und darin elend versinken. Guten Abend . . .«

Auf der Treppe holte Dubroschanski seinen Chef ein. Er war noch einmal zurückgekommen, weil er seinen Hut vergessen hatte. Marion stand noch immer neben dem Spiegel, wie erstarrt, die Hände flach gegen ihre Brust gedrückt.

»Sie lügt doch«, sagte Dub.

»Natürlich.« Kommissar Rosen steckte die Hände in die Taschen seines Trenchcoats. »Es wird mein Ehrgeiz sein, diesen Barreis aus seiner Burg herauszubrechen . . .«

Wesentlich aktiver, weil mit den Vorfällen besser vertraut, war Theodor Haferkamp. Seine Aktionen überzogen nicht nur die Familie, sondern ganz Vredenhausen mit einem Netz. Vredenhausen, das von den Barreis-Werken lebte, für das ein Theo Haferkamp eigentlich der wichtigste Teil der Welt war, denn ohne seine mit Sprüchen verzierten Lohntüten gab es weit und breit nur ein mühseliges Vegetieren.

Mathilde Barreis flog, unterstützt von Professor Dr. Nußemann, der die Diagnose ›Völlige Erschöpfung und seelische Drepressionen‹ stellte, nach Teneriffa. Sie bezog dort in einem der modernen Hotelkolosse ein Apartment mit Blick auf das Meer, einem Sonnenbalkon und einer Radio-Fernseh-Truhe. Trotzdem weinte sie herzerweichend beim Abschied, was aber bei Haferkamp keinerlei Wirkung hinterließ.

»Der arme Junge«, jammerte sie. »In einer Zelle! Mein kleiner Bub im Gefängnis! Das überlebe ich nicht, Theodor. Mein Herz, o mein Herz.« Sie schwankte. Haferkamp ließ sie schwanken, versteckte böse die Hände auf dem Rücken und freute sich, wie schnell seine Schwester Mathilde sich von ihrem Schwächeanfall allein und ohne Hilfe erholte.

»Der kleine Bub ist das größte Aas, das unter der Sonne herumläuft«, sagt er grob. Mathilde zuckte in tief getroffenem Mutterstolz zusammen.

»Er ist mein Sohn!« rief sie empört.

»Leider. Hättest du ihn nie geboren! Von den Haferkamps hat er diese teuflische Ader nicht, von den Barreis' auch nicht. Dein Mann war ein fleißiger Kerl, nur den Weibern stellte er nach wie ein italienischer Hahn. Das ist aber kein gravierender Fehler.«

»Du bist der ungebildetste Klotz, den ich kenne!« sagte Mathilde Barreis hoheitsvoll. »Ich bin froh, wenn Robert einmal die Leitung der Werke übernimmt.«

»Bob? Mein Gott, verhüte das! Laß sie vorher abbrennen!«

»Er ist der Erbe!«

»*War* der Erbe. Dein kluger Mann hat seinen Sohn durchschaut. Spätestens damals, als Bob seinem Vater das Küchenmädchen ausspannte.«

»Du gemeiner Intrigant.«

»Mir geht es nicht um deine Liebe, Schwesterchen. Mir geht es einzig und allein nur um die Fabriken, um den ehrlichen Namen Barreis, um die Tausende Beschäftigter, die jede Woche, jeden Monat ihr Geld bekommen und mit ihm anständig leben. Wenn Bob sich zugrunde richten will . . . bitte, soll er es. Er befreit die Welt nur von einem lästigen Insekt, einem Schmarotzer — aber er soll es still tun, hinter zugezogenem Vorhang. In dem Augenblick, wo die Werke und der mit ihnen verbundene Name angetastet werden, bin ich, Theo Haferkamp, wie ein Taifun da und blase alles zur Seite. Und nun guten Flug, Mathilde, erhol dich gut auf Teneriffa, denk daran, daß Geld keine Rolle spielt, und vergiß vor allem, daß du einen Sohn hattest.«

»Das sagst du einer Mutter?« Mathilde Barreis begann wieder zu weinen. Da sie darin Übung hatte, klang es ungeheuer ergreifend. »Ich habe Robert unter Schmerzen geboren . . .«

»In Narkose lagst du!« Haferkamp winkte dem Chauffeur, der unten an der Freitreppe der Barreis-Villa mit offener Tür wartete.

»Dann hattest du drei Ammen für den lieben, kleinen Jungen, weil deine Brustwarzen zu empfindlich waren —«

»Schwein!«

Mehr sagte Mathilde Barreis nicht mehr. Aber dieses eine Wort kam aus ihr heraus mit aller Hoheit. Mit in den Nacken gelegtem Kopf schritt sie die Treppe hinunter, stieg in den großen Cadillac, der Chauffeur warf die Tür zu, rannte um den Wagen herum . . . dann rollte die Luxuskutsche lautlos die Auffahrt hinunter. Mathilde Barreis blickte sich nicht um. Sie war zutiefst beleidigt.

Ihre Starrheit löste sich erst, als sie wußte, daß sie das Barreis-Schloß nicht mehr sehen konnte. Da atmete sie auf, wurde eine gute, alte Frau, die sich auf den Flug in den Süden, auf das ewig in der Sonne liegende Teneriffa freute. Es war wirklich ein Aufatmen, denn sie hatte Angst vor ihrem Sohn.

Theodor Haferkamp telefonierte unterdessen mit Dr. Dorlach. Der Anwalt war in Essen und hatte mit der Staatsanwaltschaft konferiert. Allerdings mit einem mageren Ergebnis. Bob blieb in Haft, aber die Staatsanwaltschaft war sich nicht mehr ganz so sicher wie vorher. Dr. Dorlach hatte mit einem umwerfenden Beweis aufgewartet. Zwei Tage lang hatten die Parkwächter der Barreis-Werke alle Autos der Betriebsangehörigen kontrolliert, die in zwei Schichten anrückten. Das Ergebnis: Neunundreißig Wagen waren mit Pirelli-Reifen bestückt.

»Es gibt also — wenn Sie so wollen — zusammen mit Bob Barreis vierzig Tatverdächtige in Vredenhausen, wenn wir uns nur auf die Reifenspuren stützen«, argumentierte Dr. Dorlach.

Sein Zahlenmaterial war beeindruckend. Er wußte das. Der Leitende Oberstaatsanwalt versprach, die Sache mit den Herren durchzusprechen.

»Eins zu null für uns!« rief Dr. Dorlach fröhlich ins Telefon. »Was haben Sie erreicht, Herr Haferkamp?«

»Mathilde ist in der Luft Richtung Teneriffa. Jetzt werde ich meine Belegschaft auf Vordermann bringen.«

»Ist das unbedingt notwendig?«

Haferkamp nickte heftig, obwohl es Dr. Dorlach ja nicht sehen konnte. »Dieser Kommissar Rosen ist ein ekelhafter Bursche. Bei Robert muß er auf der Stelle treten . . . was tut er also? Er geht hausieren. Wandert von Haus zu Haus in Vredenhausen, vor allem draußen in der Werkssiedlung, und fragt die Leute aus. Erste Frage: Was für ein Mensch war Robert Barreis? Das ist empörend. Ich habe schon beim Leiter der Kriminalpolizei interveniert. So fabriziert man Rufmorde! Aber meine Arbeiter wissen, worauf es ankommt. Gleich der erste, den dieser Rosen ausfragte, rief mich sofort an. Jetzt schiebe ich dem vergnügungssüchtigen Kommissar die Straße zu.« Haferkamp trank schnell ein Glas Kognak. Neben dem Telefon standen immer eine Karaffe aus venezianischem Kristall und einige Gläser. »Wie hat sich diese Marion ... Marion ...«

»Cimbal —«

»Ein saublöder Name. Also, wie hat sie sich gehalten?«

»Erstaunlich gut. Rosen hat aber einen Giftpfeil in sie versenkt. Meineid und so. So etwas wirkt schleichend, und plötzlich ist der Körper verseucht. Wir müssen da etwas unternehmen.«

»Diese Cimbal auch wegschicken? Vielleicht weit weg, nach Amerika?«

»Wollen Sie von Bob erwürgt werden?«

»Es ist doch nicht wahr, daß der Junge dieses Mädchen wirklich liebt? Das gibt es doch bei Bob gar nicht! Er ist zu Liebe gar nicht fähig. Er kann nur genießen und dann den Rest wie einen leeren Pappbecher wegwerfen.«

»Bei Marion ist eine uns unbekannte und nicht faßbare Situation eingetreten, mit der wir uns abfinden müssen. Ja, wir sollten sie ausnutzen — ich sehe darin eine ganz große Chance. Bob und Marion sollten sich verloben.«

»Doktor, die schmutzige Essener Luft lagert Rückstände in Ihrem Hirn ab.«

»Noch mehr! Nach einer kurzen Zeit — noch vor dem Prozeßbeginn sollten sie heiraten!«

»Ich höre mir diesen Blödsinn nicht mehr an.«

»Als Ehefrau kann Marion Cimbal jede Aussage verweigern. Oder sie kann so euphorisch von ihrem Mann sprechen, daß das Gericht in Tränen der Rührung ausbricht. Es kommt auf die Zusammensetzung des Gerichts an ... ich kenne ja alle Richter. Hat den Vorsitz Dr. Zelter, wird Marion schweigen, präsidiert

Dr. Mussmann, lassen wir sie eine Liebesgeschichte hinblasen, gegen die alles Bisherige verblaßt. Sie wissen doch, wie das geht, Herr Haferkamp. Nicht allein Gesetzbuch und das Recht finden ein Urteil, sondern auch Emotionen, Stimmungen, Gefühlsregungen, Sympathien und Antipathien. Auch Richter sind nur Menschen, und wenn man sie als Menschen behandelt, nicht als lebende Paragraphen . . .«

»Ein Barmädchen in unserer Familie!« Haferkamp trank noch einen Kognak. Seine Stimme rollte durch seine Kehle. »Ein Barreis heiratet über die Theke —«

»Wäre es Ihnen lieber, einen Barreis als einen Lebenslänglichen zu sehen?«

»Doktor!« Haferkamp hieb mit der Faust auf den Tisch. Dorlach hörte es im entfernten Essen deutlich und lächelte mokant. Immer dieses großes Theater, dachte er. Dabei sind sie alle nur Schmierenschauspieler. »Wollen Sie Bob als den Täter hinstellen?«

»Ja«, antwortete Dr. Dorlach klar und deutlich. »Ich bin überzeugt, daß Bob sein Kindermädchen auf die Autobahn stürzte . . . und Sie sind es auch, ich weiß es.«

Mit einem Knurrlaut legte Haferkamp auf.

Man muß wissen, wie so etwas geht, wenn eine ganze Belegschaft von einigen tausend Männern und Frauen plötzlich das Gedächtnis verliert oder einen Mann, den man bisher nie ausstehen konnte, als einen wahren Engel beschreibt.

Theo Haferkamp leitete den Gesinnungswandel zunächst mit der nächsten Lohntüte ein. Er ließ den Spruch draufdrucken:

›Der Rede Fluß ist nur dann ein nützlicher Strom, wenn er die Turbinen der Wahrheit nährt.‹

Schön gesagt. Haferkamp war berühmt für diese Aphorismen — das war der schönste und verlogenste von allen bisher.

Die Intelligenten unter den Barreis-Angestellten begriffen sofort, was Onkel Theodor ihnen da ins Ohr flötete. Die geistigen Hilfsarbeiter aber benötigten Lebenshilfe: Dafür war der Betriebsrat da. Haferkamp berief eine Sondersitzung ein. Er ließ ein Faß Bier auf den runden Tisch stellen, drei Pullen Doppelkorn, einen Berg guter westfälischer Schinkenbrote, und nach den Erfahrungen konnte eigentlich bei den Vredenhausenern bei Bier, Korn und rohem Schinken nichts mehr danebengehen.

»Drei Punkte stehen auf dem Programm«, sagte Haferkamp, nachdem erst einmal eine Runde Korn, Bier und ein Brot die Gemüter zuhörwillig getrimmt hatten. »Erstens: Eine Prämie außer der Reihe für alle Beschäftigten, weil sie fleißig waren und unsere Auftragslage durch sie gesteigert werden konnte.«.

Großes Staunen. Eine freiwillige Prämie. Wurde Haferkamp ein Sozialist?

Das kostet mich rund zweihunderttausend Mark, dachte Haferkamp und trank sein Bier. Ein verdammt teurer Lappen, der den Schild der Barreis' sauberhält.

»Zweitens: Ab 1. Januar werden die Samstage bei der Berechnung des Urlaubs nicht mehr als Arbeitstage mitgerechnet.«

»Das ist enorm!« rief Hanns Prittkoleit, der Abgeordnete der Dreher und Bohrer. »Darum kämpfen wir seit zehn Jahren.«

»Vor zehn Jahren wäre das der Ruin der Firma gewesen. Jetzt geht es. Es war schon immer mein Bestreben, alle Angehörigen der Barreis-Werke am Sozialprodukt zu beteiligen.«

Phrasen. Sie gingen Haferkamp von den Lippen wie Schmierseife. Er übersah die verblüfften Gesichter des Betriebsrats, die stumme Frage in aller Augen: Ist der Alte krank? Verkalkt er so rapide? Der Mann, der wie ein Patriarch herrschte — nicht zum Nachteil seiner Arbeiter, das mußte man ihm zugestehen, aber im Rahmen des Fortschritts starrköpfig und unbeugsam —, wurde arbeiterfreundlich? Das war ein Grund, die Fabriksirenen heulen zu lassen.

»Drittens —«, sagte Haferkamp mit deutlichen Müdigkeitserscheinungen, »— sollten wir uns darüber unterhalten, ob ein Kriminalbeamter den Betriebsfrieden stören soll. Wir haben doch einen Frieden, nicht wahr? Wir sind eine verschworene Gemeinschaft. Nur durch unser bisheriges festes Zusammenhalten sind die Barreis-Werke groß geworden, hat fast jeder von euch ein Auto, ein kleines Haus oder eine wirklich schöne, moderne Wohnung. Ist das nichts? Leidet einer von euch Not? Na also — und da kommt so ein Kriminalbeamter und treibt Keile in diese Gemeinschaft. Darüber sollten wir sprechen.«

Man sprach darüber zwei Stunden lang. Das Bierfaß wurde leer, die Kornflaschen lagen auf dem Tisch, die Platten mit den Schinkenbroten wurden geräumt. Dann schwärmten die Betriebsräte durch ihre Abteilungen, von Werkbank zu Werkbank, die Montagebänder entlang, zu den Automaten, der Packstraße, der Endkontrolle, der Wickelei und den elektronischen Prüfständen. In der Verwaltung war das schon gar nicht mehr nötig — hier hatte Haferkamp mit seinen beiden Prokuristen geredet, die dann als Sprachrohr die Büros beschallten.

Fünfzig Mark Sonderprämie für jeden. Der Samstag nicht mehr als Arbeitstag auf den Urlaub angerechnet. Ein erhöhtes Weihnachtsgeld in Aussicht.

Kommissar Rosen spürte es am nächsten Morgen sofort.

Die Gedächtnislücken der Bewohner von Vredenhausen waren enorm, oder sie sangen Arien auf den guten Bob Barreis.

Am übernächsten Tag brach in Vredenhausen das Erinnerungsvermögen völlig zusammen. Medizinisch betrachtet, arbeiteten in den Barreis-Werken nur hirnlose Wesen.

Kommissar Rosen resignierte.

»Hören wir auf, Dub«, sagte er zu Hauptwachtmeister Dubroschanski. »Niemand bezahlt mir die abgewetzten Absätze. Wir müssen es auf andere Weise versuchen. Vielleicht bringt eine neue Unterhaltung mit dem alten Adams noch etwas ein . . .«

Es war am Vormittag desselben Tages, als ein Krankenwagen und ein grauer VW vor dem Haus des alten Adams' hielten und fünf Männer ausstiegen, zwei in weißen Klinikkitteln. Diese beiden trugen zusammengerollt ein Leinenzeug bei sich, aus dem einige Lederriemen herauspendelten.

Ernst Adams hatte sich kalt geduscht, wie jeden Morgen, hatte seinen Kaffee getrunken und ein Brot mit Griebenschmalz gegessen, rauchte jetzt eine Zigarette und las die Zeitung.

Er hatte ja soviel Zeit. Niemand drängte ihn, keiner wartete auf ihn, für keinen brauchte er mehr zu sorgen, niemand vermißte ihn . . . er lebte und war doch schon tot. Das Schicksal aller Alten, die heute älter werden, als die Jungen vertragen können.

Wie jeden Morgen, wenn er nach dem Frühstück rauchte und

Zeitung las, arbeitete sein Gehirn zweigleisig. Es nahm die Zeitungszeilen auf, und es stellte gleichzeitig den neuen Schlachtplan dieses neuen Tages auf.

Das war die einzige Tätigkeit, zu der sich Ernst Adams noch verpflichtet fühlte: der Welt immer und immer wieder zuzuschreien, daß sein einziger Sohn nicht an einem einfachen Unfall gestorben war. Daß der schöne, reiche Bob Barreis sein Mörder war, daß dieser gelackte Bursche mit den romantischen Augen danebengestanden hatte, als sein Freund Lutz verbrannte, daß er alle belog, daß er selbst gefahren war, daß er einen Zeugen beseitigt hatte, der die unantastbare Ehre der Barreis' zerreißen konnte.

Heute sind sie wieder in der Villa dran, dachte er. Wie nervös sie werden! Ich werde mich auf die Stufen der großen Treppe setzen und »Mörder! Mörder!« brüllen. Jetzt haben sie auch die alte gnädige Frau weggebracht, damit sie nicht aussagen kann, welchen Teufel von Sohn sie hat. Ich weiß alles, was in diesem Haus geschieht. Auch den Hellmut Hansen haben sie geholt; seit drei Tagen sitzt er auf der Direktionsetage des Werkes. Merkt er nicht, daß Haferkamp ihn nur als Marionette eingestellt hat? Daß er der Hampelmann ist, der von den tiefersitzenden Fäulnisflecken ablenken soll? Man muß es ihm sagen . . . das wird am Nachmittag mein nächster Weg sein. Ich werde Hellmut Hansen fragen, warum er sein ehrliches Gesicht einem Mörder leiht. Er war doch auch ein Schulfreund von Lutz, sie waren doch alle zusammen in einer Klasse, saßen nebeneinander, die Drillinge von Vredenhausen nannte man sie . . . Bob Barreis, Hellmut Hansen und Lutz Adams . . . mein armer, lieber, verbrannter Junge . . .

An der Tür klingelte es. Ernst Adams erhob sich, faltete die Zeitung sorgfältig zusammen und öffnete. Fünf unbekannte Männer, zwei in weißen Krankenpflegerkitteln, standen da vor ihm.

»Wir dürfen doch hereinkommen«, sagte der erste, ein Mann mit Goldbrille und Oberlippenbart. Ein Gesicht wie eine Robbe — Adams hätte gegrinst, wenn die plötzlich veränderte Lage ihn nicht gezwungen hätte, sich den fünf Leibern in den Weg zu stellen. Denn ohne eine Antwort abzuwarten, schoben sie sich in das kleine Haus.

»Sie haben eine Frage gestellt, mein Herr!« sagte Adams laut.

»Ob Sie hereinkommen dürfen . . . Ich antworte: nein! Also gehen Sie wieder hinaus!«

Der Goldbrillenmann warf einen bezeichnenden Blick auf die beiden Kittelträger. Sie versperrten die Tür, zwei massige Gestalten, gegen die der kleine Adams wie ein Schrumpfapfel wirkte.

»Ich bin Beamter des Gesundheitsamtes«, sagte er. »Sie sind Ernst Adams?«

»Da Sie draußen geklingelt haben, wissen Sie, wer hier wohnt.«

»Darf ich Sie bitten, mir zu folgen? Ziehen Sie sich einen Mantel an, mehr ist nicht nötig.«

»Sie fragen schon wieder und bestimmen gleichzeitig. Zuerst: Nein, ich folge Ihnen nicht. Ich ziehe auch keinen Mantel an. Was wollen Sie eigentlich von mir?«

Adams wich in das Wohnzimmer zurück. Das Robbengesicht griff in die Brusttasche, entfaltete ein Blatt Papier und räusperte sich. »Obwohl Sie es doch nicht verstehen, bitte. Lesen Sie.«

Adams nahm mit ausgestrecktem Arm das Papier an sich. Es war ein Vordruck, ein amtliches Schreiben, in das man nur in eine Leerzeile seinen Namen und seine Anschrift eingesetzt hatte. Und plötzlich begann der alte Adams zu zittern. Er legte das Schreiben neben die Zeitung auf den Tisch und stellte den Aschenbecher darauf, als könne ein Wind es wegwehen.

»Ein Einweisungsbeschluß . . .« sagte er leise. »Das ist also ein Einweisungsbeschluß. In eine Anstalt wollt ihr mich bringen, in die Klapsmühle, ihr wollt den Adams mundtot machen. Mit amtlichem Beschluß, Dienstsiegel und Paragraphen? Die einzige Stimme, die hier in diesem Dreckstall Vredenhausen noch die Wahrheit sagt, soll gegen kahle Wände schreien? Wer hat sich das ausgedacht? Wer hat das durchgepaukt bei den Ämtern und Amtsärzten? Wer wohl? Der gute Onkel Theodor, was? Dieser Dr. Dorlach? Diese ganze verfluchte Barreis-Clique, was? Sie nehmen mir meinen einzigen Sohn, und dafür soll ich jetzt ins Irrenhaus? Nicht mit mir, nicht mit mir!«

»Machen Sie keine Schwierigkeiten, Herr Adams.« Der Mann mit dem Robbenbart unter der Nase winkte verstohlen. Die Wand der weißen Kittelmänner rückte näher, die beiden anderen Zivilisten — Adams hatte keine Ahnung, welche Funktionen sie darstellten — folgten als zweite Sturmreihe.

Zuviel Ehre für einen einzigen alten Mann, dachte er. Fünf gegen einen. Die Macht des Staates kann nicht besser demonstriert werden. Er ging um den Tisch herum, der plötzlich eine Mauer zwischen ihm und den Männern wurde.

»Wer hat mich untersucht?« schrie er plötzlich und hieb mit der Faust auf den Tisch.

»Wir sind ja hier, um Sie zur Untersuchung zu bringen.«

»Ich bin gesund! Ich bin völlig normal! Ungesund ist nur das Recht, das man manipulieren kann!«

»Natürlich!« Der Robbenbart nickte geduldig. »Das wollen wir alles feststellen.«

»Nichts wollt ihr. Mich ausschalten wollt ihr! Ich soll für immer den Mund halten und verrückt werden unter den Verrückten, die ihr mir in die Nebenbetten legt. Mein Gott, mein Gott, kann man denn für Geld alles kaufen?«

Was dann geschah, darüber berichteten die fünf Männer in fünf verschiedenen Versionen. So schnell verlief alles, daß keiner genau den Hergang mehr beschreiben konnte.

Ernst Adams riß einen Stuhl hoch und warf ihn mit aller Kraft dem Robbengesicht an den Kopf. Er traf gut, punktgenau ... der Beamte des Gesundheitsamtes taumelte zurück, fiel gegen die anrückenden Krankenpfleger, brachte sie dadurch aus dem Tritt und ließ auch die beiden letzten Männer unaufmerksam werden.

Im gleichen Augenblick, als der Stuhl durch die Luft flog, setzte Adams hinterher, zog den Kopf in die Schultern und rammte wie ein Ziegenbock eine Lücke zwischen die Männer. Er erreichte die Tür, die noch offen stand, rannte hinaus, schlug sie hinter sich zu und freute sich über die uralte, zusätzliche Sicherung, die er bisher nicht entfernt hatte und die seit fast hundert Jahren die Tür verunstaltete: ein normaler, dicker Riegel mit einem Loch, durch das man ein Vorhängeschloß hängt. Immer hatte Lutz diesen Riegel entfernen wollen, aber der Alte hatte sich gewehrt.

»Er ist handgeschmiedet, Junge«, hatte er immer gesagt. »Er sieht nicht schön aus, aber er ist selten. Das Haus ist fast zweihundert Jahre alt, so lange wird der Riegel dran sein. Mich stört er nicht.« Und er hatte auch immer, zum Gaudium der Bewohner der Straße, ein großes Vorhängeschloß in die Öse geschoben, wenn er längere Zeit wegging.

Jetzt war der Riegel seine Rettung.

Fünf brüllende Männer warfen sich innen gegen die dicke Eichentür, Fäuste hieben dagegen, der Robbenbart stürzte zum nächsten Fenster, riß es auf und brüllte hinaus: »Aufhalten! Aufhalten!«

Ernst Adams hielt niemand mehr auf. Der Wald war nicht weit, er wuchs in die Gärten der Siedlung hinein. Birken, Kiefern, Tannenschonungen. Jagdpächter: Theodor Haferkamp, wer sonst?

Es ist erstaunlich, wie schnell alte Beine sein können. Noch bevor der Beamte vom Gesundheitsamt aus dem Fenster klettern konnte, war von Ernst Adams nichts mehr zu sehen.

»Das ist kein Problem«, sagte später der Polizeimeister in der Wachstube der Vredenhausener Polizei. »Wir haben keinen Streifenwagen hier, aber ich rufe ihn sofort. Außerdem, der alte Adams . . . der ist kein Waldmensch. Warum soll denn der in die Klapsmühle?«

»Amtliche Verfügung«, sagte der Robbenmann steif.

»Nur weil er rumläuft und um seinen Sohn jammert? Der ist doch keine öffentliche Gefahr.«

»Will die Polizei den Flüchtenden nun suchen oder nicht?« sagte der Gesundheitsbeamte laut.

»Natürlich will sie.« Der Polizeimeister griff zum Telefon. »Wollen Sie auch 'nen Hubschrauber, eine Hundestaffel und eine Abteilung berittene Polizei?« Und als er keine Antwort bekam, sondern nur einen giftigen Blick, lächelte er breit. »Wenn ich allein durch 'n Wald gehe und rufe: ›Ernst, komm raus, mach doch keinen Quatsch, Mensch!‹, dann kommt er. Aber wie Sie wollen, mein Herr!«

Zwei Streifenwagen waren nach fünf Minuten unterwegs nach Vredenhausen.

Ernst Adams aber fand man nicht.

Die Polizei kämmte den Wald durch. Theodor Haferkamp, der selbstverständlich von den Ereignissen von irgendeiner Seite sofort unterrichtet wurde, erschien mit seinen beiden Jagdhunden, herrlichen Münsterländern, gab sich entsetzt, bedauerte den alten Adams und ließ seine Hunde an langen Lederleinen suchen.

Sie nahmen die Spur auf, liefen hechelnd und knurrend ein Stück durch den lichten Wald und blieben dann an einer Schneise stehen. Hier endete die Spur. Dafür sah man undeutlich die Eindrücke von Autoreifen.

»Hier hat ihn einer mitgenommen!« sagte der Polizeimeister und zeigte demonstrativ auf die Eindrücke im Waldboden.

»Das sehe ich auch.« Haferkamp blickte sich um. »Wer fährt hier im Wald herum? Am Morgen? Die Schneise führt direkt auf die Bundesstraße. Ohne Grund biegt keiner hier ab.«

»Es gibt hundert Möglichkeiten. Einer mußte pinkeln, oder er wollte spazierengehen, oder ein Liebespaar . . .«

»Am frühen Morgen?«

»Ausgeschlafen ist's am schönsten.«

»Wir bekommen ihn, meine Herren.« Haferkamp zog seine Hunde an den Leinen zu sich. Er kraulte ihnen lobend das Halsfell und klopfte ihnen gegen die Brust. Ein guter Mensch, dieser Haferkamp. Wer Tiere liebt, ist reinen Herzens. »Ein Mann wie Adams taucht automatisch wieder auf. Auch wenn — wie amtlich feststeht — sein Geist verwirrt ist, ist ihm eins geblieben: die absolute Wahrhaftigkeit. Darum wird er wiederkommen.«

Ein Abgesang auf einen Gegner, der zerschmettert am Boden liegt.

Schon um die Mittagszeit wußte der ganze Ort: Auf die Ergreifung von Ernst Adams hat Theodor Haferkamp DM 5000,— ausgesetzt. Zum Wohle der Stadt und des Friedens in dieser Stadt.

In Vredenhausen brach die Menschenjagd aus.

»Hier bleibst du, und wenn du einen Schritt heraus tust, hast du damit alles verdorben. Alles! Das ist dir doch klar? Du weißt doch jetzt, mit welchen Mitteln sie dich mundtot machen wollen.«

»Ins Irrenhaus! In eine Zelle wollen sie mich stecken! Stell dir das vor. Nur weil ich die Wahrheit sage. Die reine Wahrheit! Was sind das bloß für Menschen, Hellmut?«

Der alte Adams hockte in einem Kellerraum, trank aus einer Taschenflasche, die man in Arbeiterkreisen ›Flachmann‹ nennt, einen weichen Doppelkorn und schüttelte immer wieder den Kopf. Vor ihm, auf einer Kiste, saß Hellmut Hansen.

»Wo wolltest du denn hin?« fragte er, als Adams drei Schlucke getrunken hatte.

»Irgendwohin. Ich habe überall Freunde.«

»Sie sind durchweg Haferkamps Geschöpfe.«

»Du auch, Hellmut, du auch! Du läßt dich mißbrauchen wie eine Hure.«

»Nennen wir es anders: Ich mache das Spiel mit, aber mit offenen Augen und mit eigenen Plänen.«

»Du warst ein Schulfreund von Lutz. Sein Kamerad, nicht wahr? Ihr wart doch immer zusammen . . . bis zuletzt.«

»Ja, das weißt du doch.«

»Lutz war ein feiner Kerl, nicht wahr? Auch du bist ein guter Junge, Hellmut. Nur dieser Barreis! Die Hölle hat ihn ausgekotzt! Bist du auch der Ansicht, daß Lutz den Wagen gefahren hat und gegen den Felsen prallte?«

»Nein.«

»Du nicht? Junge, du nicht?« Ernst Adams sprang auf. Mit der Verzweiflung eines Mannes, der sein ganzes Leben auf eine einzige Tat gesetzt hat und nun zu verlieren droht, umklammerte er Hansen, drückte ihn an sich, und seine Kraft war so groß, daß Hansen sich nur mit Gewalt aus seinen Armen befreien konnte. »Du glaubst mir? Du bist der einzige, der mir glaubt!«

»Glauben ist kein Beweis, Vater Adams. Mit dem Glauben allein wird man für verrückt erklärt — du weißt es jetzt.«

»Aber jemand muß doch die Wahrheit hinausschreien! Wenn man die Wahrheit nicht brüllt, hört sie doch niemand. Sie haben doch alle Geldsäcke in den Ohren, vergoldete Barreis-Watte! Die muß einer herausreißen, damit ein Ton, nur ein einziger Ton der Wahrheit in ihre Hirne und Herzen dringt. Wer kann das anders als ich? Ich bin der Vater! Ich habe meinen Sohn hergegeben! Er ist verbrannt! In einem Autowrack verbrannt —«

Er schlug beide Hände vor das Gesicht und schluchzte wild.

Hellmut Hansen wandte sich ab. Der Anblick des alten, weinenden Mannes erinnerte ihn an Bob Barreis, wie er ihn damals traf, in Monte Carlo, elegant, mit dekorativ verbundenen Händen, gefeiert als Held des Tages, endlich eingebrochen in die Phalanx der großen Playboys, am Ziel seiner Träume, vollgenommen zu werden, an seiner Seite die Edelsuperhure Pia Cocconi, der er, Hellmut Hansen, später am Schwimmbecken der ›Piscine des Terrasses‹ die Brust streicheln durfte, weil er so schöne, schwielige Hände hatte, und das alles, während Lutz Adams noch im Leichenschauhaus lag und die Trümmer des Autos noch nicht erkaltet waren ... und hier saß der Vater, spürte das Verbrechen bis in die tiefste Herzfaser, und man fing ihn ein wie einen Wolf, um ihn für immer hinter Gitter zu bringen.

Die Macht der Barreis'. Was konnte sie besser demonstrieren?

Es war ein ungeheurer Glücksfall gewesen, daß Hellmut Hansen an diesem Morgen durch die Waldschneise fuhr. Auf der Straße hatte er mit seinem Auto einen wechselnden Rehbock gestreift, und da er glaubte, ihn ernsthaft verletzt zu haben, war er hinter ihm hergefahren. Der Rehbock war verschwunden, statt seiner brach der alte Adams aus dem Gebüsch, fuchtelte mit den Armen und schrie: »Nehmen Sie mich mit! Schnell! Schnell! Ich erkläre Ihnen alles später!« Und als er Hansen erkannte, fiel er ihm um den Hals und weinte: »Es gibt einen Gott! Das ist der Beweis! Dich hat mir Gott geschickt. Bring mich weg, Junge, mein lieber Junge ... sie wollen mich in eine Irrenanstalt stecken ...«

Hansen hatte nicht weiter gefragt. Wer ›sie‹ waren, ahnte er, brauchte keine weiteren Erklärungen. Er zog Adams neben sich auf den Sitz, knallte die Tür zu und gab Gas. Und dann tat er etwas, was Adams zunächst nicht verstand. Hansen fuhr zum Landhaus Theodor Haferkamps, außerhalb Vredenhausens in den romantischen Moränenhügeln.

Adams wehrte sich nicht. Er lehnte sich nur in die Polster zurück und schloß erschüttert die Augen.

»Gehörst du also auch schon zur Familie?« sagte er traurig. »Natürlich, du sitzt jetzt auf der Direktionsetage. Sie können alles kaufen, nicht wahr? Länder, Häuser, Gesetze, Menschen, Seelen ... einfach alles. Nur Gott nicht, und das Schicksal! Und beide schreie ich an! Sie sind meine Verbündeten.«

»Dieses Haus ist jetzt der sicherste Ort, Vater Adams.« Hellmut Hansen fuhr von hinten an das Landhaus heran. Es war seit Wochen unbewohnt. Haferkamp war in die Barreis-Villa umgezogen, um näher am Ort der Ereignisse zu sein. Auch Butler James war mitgezogen, nachdem er alle Möbel — nach urenglischer Art — mit weißen Leinenschonbezügen überzogen hatte. Es war offensichtlich, daß Haferkamp nicht eher das Schlachtfeld verließ und sich zur verdienten Ruhe absonderte, bis die große Schlacht gewonnen war.

»Du hast einen Schlüssel, Hellmut?«

»Ja. Aber du mußt im Keller wohnen.«

»Ich spitze keine Möbel an.«

»Nicht deswegen. Aber James wird ab und zu hierherkommen, lüften und nachsehen, ob alles in Ordnung ist. In den Keller geht er bestimmt nicht. Es gibt dort drei Räume für Personal . . . dort kannst du in Ruhe die Entwicklung abwarten.«

»Ich will nicht warten — ich will die Wahrheit verbreiten.«

Hellmut Hansen legte dem Alten beide Hände auf die Schultern. Sie blickten sich tief in die Augen, der alte Mann, dessen Leben keinen Sinn mehr hatte, und der Junge, der begann, in sein und anderer Leben Ordnung zu bringen. Und plötzlich wußten beide, daß sie ein Ziel hatten, nur die Wege waren verschieden.

»Ich war Lutz' Freund«, sagte Hansen leise.

»Ja, Hellmut.«

»Wir beide wissen, was hinter der glatten Fassade von Bob Barreis sich versteckt.«

»Und du hast ihm auch noch zweimal das Leben gerettet!«

»Ich würde es ein drittesmal tun, Vater Adams. Das ist ein anderes Kapitel. Gerechtigkeit ist nicht die Justiz der Rache. Man kann nicht Schuld löschen, indem man neue Schuld schafft. Aber ich verspreche dir, daß Bob für alles, was er schuldet, bezahlen wird.«

»Es hört sich gut an, mein Junge.« Der alte Adams beugte sich vor und strich über die Wange Hellmuts. Eine so ergreifende Zärtlichkeit lag in diesem Streicheln, daß Hansen knirschend die Zähne zusammenbiß. »Du bist wie mein Lutz. Du bist zu gut. Daran wirst du zerbrechen. Sie sind stärker, die Barreis', glaub es mir, sie vergolden Himmel und Hölle, und Engel und Teufel singen die Barreis-Melodie. Auch du wirst daran zerbrechen —«

Theodor Haferkamp verstand die Welt nicht mehr. Da diese Welt Vredenhausen hieß und ihm gehörte, war seine Gleichgewichtsstörung um so gravierender.

»Er taucht nicht auf«, sagte er zu Dr. Dorlach und Hellmut Hansen, acht Tage nach dem Verschwinden des alten Adams'. »Aber er ist hier in Vredenhausen. Ich spüre es! Er konnte nicht weit laufen, und das Auto, das ihn aufgelesen hat, gehört hier in den Ort. Irgendeiner bricht aus der Reihe aus. Es gibt hier jemanden, der den Alten versteckt. Himmel, regt mich das auf! Da tut man alles für seine Arbeiter, den höchsten Lohn, ein Bündel freiwilliger sozialer Zuwendungen, Siedlungen mit einem Hohn von Wohnungsmiete, Kredite über unser eigenes Kreditbüro, Betriebsausflüge . . . ich schaffe ihnen den Himmel auf Erden . . . und einer ist unter ihnen, der mich verrät. Das tut weh!«

»Trink einen, Onkel.« Hellmut Hansen goß ein Glas des von Haferkamp so geliebten Chateau Lafitte Rothschild ein. Rotwein, mit geschlossen Augen zu trinken. »Menschen werden immer enttäuschen.«

»Du sagst es, Hellmut.« Haferkamp schlürfte den gut temperierten Wein. Dr. Dorlach saß abseits am Schreibtisch der Barreis-Bibliothek und arbeitete ein Aktenstück durch. Er trank Whisky pur. Ein Sakrileg, fand Haferkamp, wenn andere gerade Lafitte Rothschild trinken. »Was sagt Robert über Dorlachs Plan, diese Bumsda zu heiraten?«

»Ach ja, Sie waren ja heute im Gefängnis, Hellmut. Erzählen Sie«, rief Dr. Dorlach aus dem Hintergrund.

»Bob ist begeistert. Er will Marion Cimbal sofort heiraten, wenn das geht. Nach dieser Eröffnung hat er mich angespuckt und ließ sich abführen.«

»Ich habe die Papiere vorbereitet. Bob wird sie morgen unterschreiben, und ich lege das Aufgebot beim Standesamt vor.«

»Und die Scheidung? Haben Sie mit dieser Cimbal ausgemacht, daß nach dem Schlußstrich unter die Affäre Peters auch ein Schlußstrich unter diese dämliche Ehe gezogen wird?«

»Ich habe mit Fräulein Cimbal gesprochen«, sagte Dr. Dorlach steif.

»Und?«

»Sie will nicht. Auch nicht gegen eine hohe Abfindung. Eigentlich sollten wir in Ehrfurcht erstarren ... in dem ganzen Komplex ist die Liebe der beiden die einzige Wahrheit.«

»Ihren Sarkasmus können Sie sich an den Hut hängen, Doktor!« sagte Haferkamp giftig. »Man kann nur hoffen, daß diese Marion eines Tages aufwacht und erkennt, was sie da im Bett liegen hat. Robert als Ehemann ... ist das überhaupt denkbar?«

»Ich weiß nicht, was die beiden verbindet.«

»Ich beschaffe Ihnen morgen einige Aufklärungsbücher, Doktor. Wenn ein Bienchen seinen Rüssel in einen Blütenkelch steckt ... o Gott, ist das blöd!« Haferkamp schlürfte wieder laut und genußvoll den Lafitte Rothschild. DM 64,— die Flasche, jede Flasche numeriert. »Daß es Ihnen nicht gelingt, Bob aus der U-Haft herauszupauken!«

»Wenn er heiratet, ist die Chance da!«

»Ach!« Haferkamp zog die Brauen hoch. »Wirklich? Dann nichts wie rein in die Betten! Doktor, forcieren Sie diese Ehe. Ich werde dafür sorgen, daß Roberts Entlassung in die Freiheit ein Triumph wird. Die Presse soll sich satt fressen an dieser Sensation.«

»Und warum das alles, Onkel?« Hellmut Hansen schob mit einer Eisengabel ein Stück Holz tiefer in den prasselnden offenen Kamin. »Du hast Bob enterbt, du wirst ihn zum Teufel jagen ...«

»Und das kann ich erst, wenn er frei ist. Ein hinter Gittern sitzender Barreis ist ein Schandfleck, den ich nicht dulde ... ein irgendwo an der Riviera verkommener Barreis ist mir gleichgültig. Ich werde Bob die nötigen Mittel geben, sich standesgemäß zugrunde zu richten!«

Es gelang Dr. Dorlach wirklich: Bob Barreis wurde aus der Untersuchungshaft entlassen.

Marion Cimbal holte ihn mit einem riesigen Strauß roter Rosen ab, vor dem hohen Gefängnistor wartete der Barreis-Cadillac mit livriertem Chauffeur. Fotoreporter, Fernsehen und Rundfunk umlagerten dieses gut dekorierte Bühnenbild einer bitteren Komödie. Die Kameras klickten, die Fernsehkanonen surrten, Reporter mit Stenoblocks oder Mikrofonen in den Händen drängten zur Tür, als Bob — von Dr. Dorlach vorbereitet und blendend auf den Auftritt eingestellt — Marion zärtlich an sich zog und lange, lange küßte. Ein Kuß, der aus allen Richtungen und Blickwinkeln fotografiert wurde. Ein Kuß, der in Kürze dreißig Millionen Deutschen durch Zeitungen und Illustrierten in die Wohnungen getragen wurde. Ein Kuß, so abgrundtief verlogen wie die Worte, die Dr. Dorlach in die hingehaltenen Mikrofone sprach:

»Die Anklagen der Staatsanwaltschaft werden sich nicht halten können. Wir sind glücklich, Herrn Barreis aus dem Gefängnis zu haben. Er wird übermorgen heiraten! Haben Sie Verständnis, wenn wir es jetzt eilig haben.«

Er drängte Bob und Marion in den Wagen, schlug die Türen zu, winkte den Presseleuten mit einem strahlenden Siegerlächeln zu und zischte gleichzeitig dem neben ihm sitzenden Chauffeur zu:

»Fahren Sie los! Schnell!« Und zu Bob, nach hinten gewandt: »Haben Sie einen Ton gesagt, Bob?«

»Nein, getreu Ihren Befehlen. Ich habe nur geküßt.«

»Auch weiterhin keine Kommentare. Benehmen Sie sich wie eine Schildkröte: stumm und mit dickem Panzer.«

Der schwere Wagen rollte lautlos an. Noch immer zuckten die Blitze der Kameras. Marion lächelte glücklich, und sie war wirklich randvoll mit Glück. Bob grinste vergnügt. Er genoß die Publicity wie zehnjährigen Whisky. Überhaupt Whisky, das war eine Idee. Trotz der opulenten Hotelverpflegung, die sich Bob zum blau anlaufenden Ärger von Hauptwachtmeister Schlimcke in die Zelle hatte bringen lassen, mußte er sich einem Verbot beugen: Kein Alkohol. Nicht einmal Bier. So hatte er Fruchtsäfte getrunken, bis er schon bei dem Geruch mit einem Übelgefühl kämpfen mußte. Schließlich trank er nur noch Mineralwasser.

Keine Frauen und nur Mineralwasser — Bob Barreis begriff, daß ein Leben im Gefängnis für einen Mann wie ihn den Ruin bedeuten würde.

Sie brachen mit dem Auto durch die Reportermenge, und ganz am Rand, im Vorbeifahren, erkannte Bob ein bekanntes Gesicht.

Fritz Tschocky. Er lehnte lässig an der Gefängnismauer und beobachtete den glanzvollen Auftritt seines ehemaligen Freundes. Neben ihm stand Erwin Lundthaim, Sohn eines Chemikers und Erbe einer weltbekannten pharmazeutischen Fabrik. Er gehörte zu dem kleinen Kreis um Tschocky und galt als Lieferant aller Drogen, die in den Hinterzimmern der Bars getrunken, geraucht, inhaliert, gelutscht oder gespritzt wurden. Mit dreiundzwanzig Jahren war er schon ein zerstörter Mensch, hohlwangig, fahlbleich, mit tiefliegenden, brennenden, ewig starren Augen, in denen der Glanz einer vernichtenden Traumwelt schimmerte.

Tschocky! Bob Barreis hob beide Hände und winkte durch die Scheibe. Tschocky mußte es sehen, er blickte voll in Bobs Gesicht, aber er rührte sich nicht. Dann waren sie an ihm vorbei und hatten freie Fahrt auf der Straße.

»Das ist ein Witz!« sagte Tschocky zu Erwin Lundthaim. »Er heiratet Marion. Wenn das ein Jahr lang gutgeht, stelle ich mich für eine Kastration zur Verfügung.«

»Wenn er sie liebt —« Lundthaim suchte in seinen Taschen nach einer seiner präparierten Zigaretten. Immer umgab ihn ein süßlicher Duft, als verwese er bereits lebendigen Leibes.

»Bob ist zu keiner Liebe fähig. Er ist pervers. Er ist genau der Mann, der Särge öffnen und Tote schänden kann. Komm, Lundt, ich habe einen unbändigen Appetit auf ein Glas. Bobs Anblick war zum Kotzen, einfach zum Kotzen!«

»Das war Tschocky!« sagte Bob und beugte sich zu Dr. Dorlach vor. Er saß mit Marion hinten auf der breiten Bank, ein Hochzeitspaar, zugedeckt mit dem riesigen Rosenstrauß. Dr. Dorlach wandte sich nach hinten.

»Nein. Ich habe ihn nicht gesehen. Sie sollten sich von diesem Club trennen, Bob.«

»Schon geschehen. Hallo, wo fahren wir überhaupt hin?« Bob blickte nach draußen. Die Gegend wurde ländlich. »Marion wohnt auf der Holtenkampener Straße. Das ist hinaus nach Bredeney. Kehrt marsch, ihr Lieben.«

»Wir fahren nach Vredenhausen«, sagte Dr. Dorlach ruhig.

»Irrtum, wir fahren zu Marion. Ich habe vier Wochen hinter Gittern gesessen und auf einer dünnen Matratze geschlafen. Ich sehne mich nach einem Bett und animalischer Wärme.«

»Herr Haferkamp hat darum gebeten, daß Sie zuerst nach Vredenhausen kommen.«

»Onkel Theodor. Gebeten! Ich kann mir denken, wie er dagestanden ist, verhinderter Cäsar, Feldherrnpose, imponierender Blick: Bob zu mir! — So einem Befehl kommt man nach, weil man ja Onkel Theodors Brötchen ißt. Aber nicht ich, lieber Doktor!« Bob tippte dem Chauffeur auf die Schulter. »Machen Sie kehrt und zurück nach Bredeney! Holtenkampener Straße 17.«

»Wir fahren den vorgeschriebenen Weg.«

»Doktor.« Bob befreite sich aus den Armen Marions, die ihn zurückhalten wollte. »Mein letztes Wort: Ich bestimme über mein Leben, nicht mein Onkel. Man kann mir eine Sehnsucht nach dem elterlichen Herd nicht aufzwingen. Entweder wir kehren um, oder ich öffne die Tür und laß mich fallen. Ich habe Übung darin, Doktor . . . als Rallyefahrer muß man aussteigen können.«

»Das haben Sie bewiesen!« sagte Dr. Dorlach anzüglich.

»Also, wie haben wir's?«

Bobs Stimme wurde hart. Dr. Dorlach blickte ihn kurz an, hob die Schultern und nickte dem unschlüssigen Chauffeur zu. Der Wagen fuhr in die nächste Querstraße, umfuhr den Häuserblock und kehrte dann auf der Hauptstraße nach Essen zurück.

»Wann dürfen wir Sie in Vredenhausen erwarten?« fragte Dorlach voll Hohn.

»Vierundzwanzig Stunden muß man mir schon zugestehen, mich auf meine Familie vorzubereiten. Ich habe dabei auch noch eine Bitte: Entfernen Sie Hellmut, bevor ich komme. Mein zweifacher Lebensretter wird mir zum Alptraum. Und ich träume sehr wüst, wenn ich einmal träume . . .«

Vor dem Apartmenthaus in der Holtenkampener Straße stiegen Bob und Marion aus. Dr. Dorlach blieb sitzen, selbst der Chauffeur öffnete dem jungen Herrn nicht die Tür. »Komm —«, sagte Bob rauh und faßte Marion unter. Den Rosenstrauß legte er über die linke Schulter wie ein Gewehr. »Wir brauchen diese Bande von Klugscheißern nicht. Du und ich allein . . . das könnte eine neue Welt sein. Schaff mir diese Welt, Marion . . .«

Ohne sich umzusehen, gingen sie in das Haus.

Sie hatte gebadet und lag nun in herrlicher, duftender Nacktheit auf dem Bett. Die Jalousien waren heruntergelassen, auf dem Nachttisch brannte nur eine einzige Lampe, überzogen mit einem roten Seidenschirm. Ein diffuses, im Raum verschwimmendes Licht, das die Dunkelheit mit seinem rötlichen Hauch kaum durchdrang. Die Beleuchtung einer Grabkammer . . . Bob Barreis empfand es sofort, prickelnd überzog das geheimnisvolle Gefühl seine Haut, drang von innen heraus aus den Poren.

Er saß neben Marion auf der Bettkante, hatte seine linke Hand auf ihren schwarzgekräuselten Schamberg gelegt und streichelte mit der rechten ihre ihm sich entgegenwölbenden harten, wie in Blut getauchten Brüste. Sie lag ganz steif, mit weiten, offenen Augen, die schwarzen Haare aufgelöst, zerzaust, den Mund halb geöffnet wie nach einem erstickten Schrei . . . eine Totenpantomime, erschreckend in ihrer Natürlichkeit.

»Ich liebe dich . . .« sagte Bob leise. Er atmete stoßweise, sie spürte das Zittern seiner Hände und starrte ihn an. Jedesmal überfiel sie atemlose Angst, wenn das Vorspiel ihrer Liebe hinüberzugleiten begann in eine tobende Erfüllung. »Ich will nicht mehr zurück in dieses andere Leben. Du bist der einzige Mensch, der mich versteht. Wie kommt das bloß? Eine Welt kann aus nur einem Menschen bestehen . . . ist das nicht schrecklich, wie einsam wir sind? Marion — sieh mich an.«

»Ich sehe dich, Bob . . .« sagte sie kaum hörbar.

»Bin ich verrückt?«

»Aber Bob!«

»Sei ehrlich. Sieh mich genau an! Bin ich ein Irrer?« Er nahm die Hände von ihrem glatten, durch das Bad kalten Körper und strich sich über das Gesicht. Da erst merkte er, daß er schwitzte, daß sein Gesicht naß war von Schweiß. Er wischte ihn ab und roch dabei in seinen Handflächen den Duft von Marions Parfüm. »Ich . . . ich weiß manchmal nicht, was ich tue. Das heißt, ich weiß es genau, aber ich kann die Bremse in mir nicht mehr ziehen, sie packt nicht mehr . . . und der Karren rollt und rollt und reißt alles mit, was ihm im Weg steht. Das alles sehe ich mit klarem Blick und kann nichts dagegen tun. Verstehst du das?«

»Nicht so ganz.« Sie bewegte sich nicht dabei, nur ihre Augen wurden ruhiger. Ihr langgestreckter Körper in dem roten Schimmer verlor die innere Verkrampfung. Die Muskeln entspannten sich. Er wurde weich, zerfloß, ein Zauber von Schönheit.

»Was verstehst du nicht?«

»Daß du jetzt reden mußt. Ich liebe dich, Bob —«

Er beugte sich vor, küßte die Spitzen ihrer Brüste, hörte ihr leises Seufzen und hob wieder den Kopf. Neuer Schweiß drang aus seinen Poren.

»Habe ich Renate Peters umgebracht?« fragte er dumpf.

In ihre Augen sprang wieder die Angst. »Ich weiß es nicht.«

»Traust du mir das zu?«

»Ich liebe dich, Bob.«

»Wenn ich es wirklich war? Wenn ich sie die Brücke hinuntergestoßen hätte?!«

»Komm zu mir, Bob. Ganz nahe zu mir.« Ihre Hände umfingen seinen Nacken. Aber er stemmte sich gegen den Zug ihrer Arme und stützte sich von ihr ab.

»Was denkst du wirklich von mir? Du bist eine kleine, schwarze Katze, die schnurrt, wenn man sie krault. Aber du mußt doch ein Hirn haben. Du mußt doch denken können. Du mußt doch etwas anderes denken können als nur: Liebe! Liebe! Liebe! Damit fängt jedes Leben an, aber damit hört es nicht auf! Habe ich Renate Peters getötet?«

»Bob —« Ihre Augen flackerten.

»Sei ehrlich!« schrie er plötzlich. Sie zuckte zusammen, wie in einem Krampf, ihre halb geöffneten Schenkel preßten sich aneinander. »Verdammt! Sei ehrlich! Du bist meine Frau! Wenigstens meine Frau soll ehrlich sein.« Er warf sich über sie, einer Riesenschlange gleich, die ihr Opfer erdrücken will. »Habe ich sie getötet?«

»Ja —« sagte Marion keuchend.

»Ja?« In Bob begannen glühende Nebel zu kreisen. Mein Herz verbrennt, dachte er entsetzt. Gott im Himmel, mein Herz schmilzt einfach weg, so heiß ist es in mir.

Er warf seine Hände um Marions Hals, starrte in ihren aufgerissenen Mund, in diese rote, von heißem Atem erfüllte, drohende, ihn verschlingende Höhle, Kraft schoß in seine Finger, und mit einem dumpfen Laut drückte er zu.

10

Nein, er brachte sie nicht um. Er würgte sie nur so lange, bis sie die Besinnung verlor; dann hockte er vor ihr im Bett, betrachtete die herrliche, leblos nackte Gestalt, begann sie zu küssen, vom Haaransatz bis zu den Zehen, und spürte, wie sein tobendes Inneres sich langsam beruhigte, wie die Erregung aus ihm wegglitt wie Wasser bei Ebbe, bis er von einer überklaren Nüchternheit befallen wurde, so brutal klar, daß ihm vor sich selbst übel wurde. Er legte sich neben Marion, die noch immer in ihrer Ohnmacht schlief, bedeckte das Gesicht mit beiden Händen und begann, tief in sich hineinzuweinen.

Er merkte nicht, wie sie die Augen aufschlug, aber starr neben ihm verharrte, nicht um ihm weiter die total Besiegte vorzuspielen, sondern aus Angst, aus nackter Angst um ihr Leben. Erst als er sich rührte, sich aufrichtete und sie ansah, begegneten sich ihre Blicke.

»Wirf mich hinaus!« sagte Bob dumpf. »Oder nimm einen Gegenstand, vielleicht die Lampe, und schlage mir den Schädel ein. Du tust damit ein gutes Werk, glaub es mir.«

»Wer hat bloß aus dir gemacht, was du geworden bist?« fragte sie leise.

»Alle! Ich bin aufgewachsen wie ein König und habe doch schlimmer als ein Bettler gelebt. Ein Bettler kann an einer Hausecke stehen und seinen Hut hinhalten ... das ist Leben! ... Ich wurde zwischen seidene Kissen gepackt, und wenn ich hustete, saßen ein Professor und zwei Fachärzte um mein Bettchen und veranstalteten ein Konsilium. Wenn andere Jungen hinfielen und schlugen sich ein Knie auf, so klebte man ein Pflaster drüber und aus war die Affäre. Bei mir raste ein Orthopäde ins Haus, Blutuntersuchungen, ob nicht eine Infektion zu entdecken war, beschäftigten einen Hämatologen ... ich war immer von Daunen und Eierschalen umgeben, und wenn ich ausbrechen wollte, hinaus aus diesem Mief übersteigerter Mutterliebe und bürgerlichem Stammbaumdenken, rief man einen Psychologen, der auf mich einsprach wie ein Medizinmann auf einen Kranken im Kongo. Es war zum Kotzen, immer war es zum Kotzen ... bis ich eines Tages, ich war vielleicht dreizehn Jahre alt, zufällig die Katze unseres Gärtners im Park fangen konnte. Ich packte sie um den Hals und drückte zu. Als sie auf die Wiese fiel, war sie tot. Zum erstenmal hatte ich gesehen, daß ich stärker als andere Lebewesen war, daß ich eine eigene Kraft besaß. Welch ein Gefühl! Überall probierte ich es dann aus: Ich kniff und schlug unsere Hausmädchen, trat dem Gärtner vors Schienbein und jubelte, als er wie ein Indianer mit verzerrtem Gesicht um mich herumtanzte, ich stach mit einem Taschenmesser dem Diener Emil in den feisten Hintern und stahl von Onkel Theodor eine Hundepeitsche. Damit ging ich im Sommer durch den Park und hieb allen Blumen die Köpfe ab. Ich köpfte alle Rosenbeete, vernichtete jede Blüte, und in mir war ein Triumph, der unbeschreiblich ist. Ich war stärker als alle anderen ... das erkannte ich jetzt ganz deutlich, denn keiner knallte mir eine runter, wenn ich mich so benahm. ›Der Junge leidet an Zerstörungswahn!‹ hörte ich Onkel Theodor einmal brüllen, und Mama antwortete sanft: ›Ich habe mit Professor Wallerberg darüber gesprochen. Er betrachtet es nur als nötige Abreagierung pubertärer Aggressionen.‹ So wuchs ich auf.« Bob beugte sich über Marion. In ihren Augen erkannte er ihre furchtbare untergründige Angst. »Da wundert man sich noch, was aus mir geworden ist?« Er sank in sich zusammen, fiel mit dem Kopf zwischen ihre Brüste und atmete den Duft ihres Körpers wie ein Narkotikum ein. »Ich liebe dich«, stammelte er. »Aber wer kann mich lieben? Daran werde ich zugrunde gehen. Morgen ist unsere Hochzeit ... tu etwas Großes, Marion: Wirf mich hinaus!«

»Nein.« Sie schüttelte langsam den Kopf. Plötzlich weinte sie, lautlos, ohne Zittern des Körpers. Nur dicke Tränen rollten aus den Augenwinkeln über die Backen. »Ich stehe zu meinem Wort. Ich helfe dir ...«

Am Abend fuhren sie mit Marions kleinem Wagen nach Vredenhausen. Wie Einbrecher schlichen sie sich durch eine Hintertür in das Barreis-Schloß.

Das Abensessen verlief in einer mehr als unterkühlten Atmosphäre. Theodor Haferkamp hatte Marion Cimbal begrüßt, als käme eine neue Putzfrau ins Haus ... mit Handschlag und den Worten: »Erfreut, Sie zu sehen!« und kümmerte sich dann kaum noch um sie. Frostig war der Abend vor allem deswegen, weil auch Hellmut Hansen mit seiner von Haferkamp anerkannten Braut Eva Kottmann an der Tafel saß und Dr. Dorlach Anekdoten erzählte, als sei die Welt gerade bei den Barreis immer und ewig in Ordnung.

Butler James servierte. Korrekt wie immer, bei Bob eine Nuance zu steif und zurückhaltend. Es gab eine einfache Bouillon mit Eierstich, Rouladen und Paprikagemüse. Als Nachtisch Weincreme. Führwahr kein Festessen.

»Welch ein rasanter Polterabend«, sagte Bob denn auch nach dem Dessert. »Man merkt, daß in diesem Haus die Hochzeiten fast ausgestorben sind. Soll ich für richtiges Poltern sorgen? Ich habe genug auf der Pfanne. Es genügt für zehn Hochzeiten.«

»Jedes Genie ist einseitig begabt«, sagte Theodor Haferkamp bissig. »Aber verzichten wir auf deine Darbietungen. Wir haben noch jetzt genug wiederzukäuen. Hellmut, Robert, wenn ihr mir in die Bibliothek folgen würdet?«

»Der Familienboß trompetet, die Elefantenherde kommt. Warum gibt es eigentlich noch keine soziologische Studie darüber, daß der Mensch sich innerlich noch immer nicht weit genug vom Tier entfernt hat? Er braucht immer noch seinen Leitbullen.« Bob erhob sich, küßte demonstrativ Marion auf die Augen und ging hinaus zur Bibliothek. Hellmut Hansen und Haferkamp sahen sich kurz an, ein Blick, den Marion sofort verstand.

»Kann ich nachher auch mit Ihnen reden, Herr Haferkamp?« fragte sie.

»Natürlich. Mit mir kann jeder reden. Nur in Bobs Augen bin ich ein Untier.« Er winkte Hansen und verließ mit ihm das Speisezimmer. Butler James servierte ab, Dr. Dorlach faßte Marion unter und zog sie hinüber in den Salon, dem Lieblingsort von Mathilde Barreis. Eva Kottmann blieb allein zurück ... das war vorher so abgesprochen worden. »Kümmere dich später um Marion«, hatte Hellmut Hansen zu ihr gesagt. »Es kann sein, daß Bob dazu keine Zeit und keine Lust mehr hat. Das Mädchen tut mir leid ... es liebt Bob mit einem verzweifelten Missionsdrang. Sie will einen guten

Menschen aus ihm machen! Ich befürchte, auch ihr Körper und ihre Seele werden an ihm zerbrechen . . .«

»Rauchen Sie?« fragte Dr. Dorlach. Er führte Marion Cimbal zu einem der herrlichen Gobelinsessel und nahm ihr gegenüber Platz. Auf der gläsernen Platte des Tisches zwischen ihnen standen eine Karaffe mit Rotwein, zwei Gläser und ein Silberteller mit über zwanzig Zigarettensorten. Marion schüttelte den Kopf.

»Jetzt nicht.« Sie nickte zu den Weingläsern. »Alles vorbereitet, nicht wahr? Bis ins Detail inszeniert.«

»Ja und nein.« Dr. Dorlach goß den Wein ein und rauchte eine englische Zigarette an. »Ich habe erwartet, daß Sie mir etwas zu sagen haben. Ist es so?«

»Ja.«

»Sehen Sie. Legen wir los. Keine Hemmungen, Marion.«

»Kennen Sie eine Barfrau mit Hemmungen?«

Das klang bitter. Dr. Dorlach schüttelte den Kopf. »Halten wir uns nicht damit auf, von den Ausnahmen zu reden, die die Regel — na, Sie wissen ja. Am Telefon deuteten Sie etwas an — da habe ich diese stille Stunde für uns sofort reservieren lassen.«

»Zunächst: Ich werde Bob morgen heiraten.«

»Das verwundert mich etwas.«

»Ich kneife nicht.«

»Eine Ehe ist keine Kraftprobe.«

»Ich habe als seine Frau das Recht, vor dem Gericht die Aussage zu verweigern. Das sagten Sie mir. Damit kann das Gericht Bob nie nachweisen, daß er zu der Zeit, als Renate Peters von der Autobahnbrücke stürzte, nicht bei mir war. Wegen Mangels an Beweisen müssen sie ihn freisprechen. Ich kann zu keiner Aussage gezwungen werden.«

»Das ist meine Marschrichtung, ganz recht.«

»Ich werde Sie nicht aus dem Tritt bringen. Bob wird von den Anklagen befreit werden.«

»Und deshalb heiraten Sie ihn?« Dr. Dorlach trank einen tiefen Schluck. Ein Rotwein, samtig und hervorragend temperiert. Er küßte die Zunge, streichelte die Kehle . . . ein Wein für schönere Stunden als diese. »Und die Liebe?«

»Ich liebe Bob und habe gleichzeitig Angst vor ihm.« Sie lehnte sich zurück, starrte an die Stuckdecke und verkrampfte die Finger ineinander. »Es ist schrecklich. Alles in mir drängt zu ihm hin, aber wenn er neben mir liegt, werde ich innerlich starr vor Angst. Was kann man dagegen tun?«

»Bob nach der Hochzeit vergessen.«

»Was heißt das?«

»Sie heiraten morgen. Beim Prozeß pauken wir Bob heraus. Wenn das Urteil rechtskräftig geworden ist, leite ich die Scheidung ein. Eine absolute Formsache. Ihre Abfindung, das weiß ich jetzt schon, wird beträchtlich sein.«

»Ich will kein Geld.«

»Sie tragen den Namen Barreis. Der verpflichtet.«

»Ich bin aber von dieser Familie nicht gekauft worden!«

»Natürlich nicht. Es wäre aber keine Schande, Marion. Wenn Sie wüßten, was diese Familie alles kaufen kann und schon gekauft hat ... In Vredenhausen laufen die Menschen ohne Hirn herum ... alle Gehirne liegen bei Haferkamp im Lohnbüro im Panzerschrank. Seit Wochen versucht die Polizei, dieses Schweigen aufzureißen. Vergeblich.« Dr. Dorlach beugte sich vor. »Hat Ihnen Bob einmal etwas von dem alten Adams erzählt?«

»Ich weiß nicht. Ich glaube nicht ...« Sie hob die Schultern.

»Der alte Adams, Vater von Lutz Adams, der im Winter bei der Rallye in Bobs Wagen verbrannte, ist verschwunden. Es gelang ihm, den Männern, die ihn in eine Heil- und Pflegeanstalt bringen wollten, zu entkommen. Er rannte in die Wälder. Da ist er nicht wieder rausgekommen. Ein Auto muß ihn mitgenommen haben. Seitdem ist Herr Haferkamp auf der Suche.«

»Warum erzählen Sie mir das alles?«

»Dieser alte Adams ist die größte Gefahr für Bob. Überall erzählt er, Bob habe seinen Sohn bewußt verbrennen lassen. Beweisbar ist das nicht — aber wer mit Dreck beworfen wird, wird schmutzig, ob er will oder nicht. Man hat durchgesetzt, daß Adams zunächst in psychiatrische Untersuchung genommen wird ...«

»Haferkamp hat es durchgesetzt, nicht wahr? Sie, Dr. Dorlach!«

»Ja.«

Marion kroch in sich zusammen. Plötzlich war es kalt in ihr. Die Macht des Geldes, hier wurde sie ganz deutlich. Und sie wußte in diesem Augenblick, daß auch sie nichts anderes war als eine Marionette im Spiel dieser Leute, denen die eigene weiße Weste wichtiger war als das Schicksal aller anderen Menschen um sie herum.

»Soll . . . soll das eine Warnung sein?« fragte sie mit belegter Stimme.

»Warnung? Wieso?«

»Falls ich mich nicht scheiden lasse? Falls ich bei Bob bleibe, zu ihm halte, ihm eine richtige Ehefrau sein werde?«

»Aber Marion!« Dr. Dorlach lachte herzhaft. »Welche Töne! Angenommen, Sie hätten wirklich den festen Willen, Bob in die Bekehrungsmühle Ihrer Seele und Liebe zu nehmen . . .«

»Ich *habe* den Willen!«

»Fabelhaft! Stürzen Sie sich in dieses Experiment. Nach spätestens einem halben Jahr schwenken Sie die weiße Fahne und ergeben sich. Was Bob fordert, hält ein einzelner Mensch nicht durch. Er ist in diese Welt gesetzt worden, um auf seine Art die Welt zu erschüttern. Ein Erdbeben à la Barreis . . . es werden genug Häuser dabei einstürzen — Sie dann eingeschlossen —, aber die meisten werden stehen bleiben. Ein örtliches Beben, um bei dem Bild zu bleiben. Wenn seine Energien verbraucht sind, bleibt ein Haufen Asche von ihm zurück.«

»Und darauf warten Sie?«

»Ja. Missionierend ist bei Bob nichts mehr zu erreichen. Er sieht aus wie ein Engel, er hat einen geistvollen Charme, der aber nur Blendung ist, dahinter steckt nichts, und er fasziniert durch die atemberaubende Verbindung von Satan und Kindhaftigkeit. Das macht die Frauen verrückt, ihr Verstand zerschmilzt, sie setzen mit aller in ihnen verborgenen mütterlichen Erotik auf ihn an . . . das ist das ganze Geheimnis von Bob Barreis' Erfolg bei Frauen. Eine Masche, wenn man so will, eine unbewußte, von der Natur geschenkte Masche: Engelsköpfchen mit Vampirneigung.«

»Ich bleibe bei ihm!« sagte Marion laut.

»Und wollen sich aussaugen lassen?«

»Ja.«

»Ihr Bier, Marion.« Dr. Dorlach prostete ihr zu. Sie hatte noch keinen Schluck getrunken und rührte das gefüllte Glas auch nicht an. »Sie werden morgen eine schöne Braut sein. Um 10 Uhr Standesamt, um 11 Uhr Kirche.«

Marion sprang auf. Ihr Gesicht zuckte. »Sie wollen wirklich die Kirche in diese Komödie einspannen?«

»Eine Haustrauung. Der große Saal ist als Kirche hergerichtet. Der Pfarrer kommt ins Haus.« Dr. Dorlach hob die Schultern. »Das Barreis-Geld. Rechnen Sie mal nach, wieviel Kirchensteuer die Arbeiter und Angestellten der Barreis-Werke jeden Monat abliefern! Die Jahreskirchensteuer von Herrn Haferkamp dürfte so hoch liegen, daß er sich einen eigenen Bischof leisten kann. Er ist auch im Kirchenvorstand, wird ein Kinderheim der Kirche finanzieren und bezahlt den dreitägigen Ausflug der Frauenhilfe in den Schwarzwald zu hundert Prozent. Da ist es nur eine schwache Gegenleistung, wenn der Pfarrer morgen hierher kommt, Ihre und Bobs Hände zusammenlegt und sagt: ›Bis der Tod euch scheidet!‹ Übrigens eine makabre Trauformel. Juristisch gesehen eine versteckte Aufforderung, Probleme auf diese Art zu lösen.« Dr. Dorlach winkte ab, als Marion noch etwas fragen wollte. »Marion, sparen Sie sich alle Erklärungen. Sie haben einen Geldberg erklettert — leben Sie nun mit der Aussicht, die Sie von dort genießen. Vor Ihnen liegt das weite, öde Land der Normalmenschen. Kümmern Sie sich nicht weiter darum . . .«

»Weiß Bob von allen diesen Plänen?«

»Kaum. Das heißt — er erfährt es jetzt von Herrn Haferkamp. Er wird mit allem einverstanden sein.«

»Das glaube ich nicht!«

»Ihren Glauben in Ehren, Mädchen —« Dr. Dorlach lächelte mokant.

»In dieser Stunde kauft Onkel Theodor seinem Neffen das letzte Stückchen Seele ab!«

Sie saßen vor dem breiten Kamin, immer durch einen leeren Sessel voneinander getrennt . . . drei gnadenlose Gegner, die bereit waren, den anderen jederzeit zu zerfleischen.

Haferkamp hatte Whisky eingeschüttet, ein Zeichen, daß es hart wurde. Ein Kampf ohne Bandagen, mit der blanken Faust, bis der Gegner aufgab.

»Interessiert dich das morgige Programm?« eröffnete Haferkamp die Schlacht.

»Am Rande.« Bob lächelte böse. »Ich heirate ja bloß —«

»Gut. 10 Uhr Standesamt, 11 Uhr Kirche.«

»Der Himmel wird mitsingen, wenn sie ›Jesus, geh' voran!‹ spielen.«

»Pfarrer Lobsamen kommt ins Haus.«

»Vortrefflich. Lobsamen ist übrigens ein wunderbarer Name für einen Gottesmann. Wer Lobsamen heißt, dürfte nur Pfarrer werden. Lobet den Herrn und schüttet seinen Samen aus über alle Völker —«

»Der Termin deines Prozesses ist auf den 23. des nächsten Monats festgesetzt. Zwei Verhandlungstage. Am 24. wird also das Urteil verkündet. Es kann nur auf Freispruch lauten. Ist es rechtskräftig, läuft bereits die Scheidung.«

»Ihr seid wohl irr, was?« Bob lachte laut. Er schlug die Beine übereinander und ließ das Eis klirrend in seinem Whiskyglas kreisen. »Ich liebe Marion.«

»Das zu hören wird langsam langweilig.« Haferkamp stellte sein Glas krachend auf den Tisch. »Dorlach behauptet, auch diese Marion hängt an dir wie eine Fliege an einem Kuhhintern.«

»Noch ein solcher Vergleich, Onkelchen, und ich scheue mich nicht, dir eine runterzuhauen.« Bob Barreis spitzte genußvoll die Lippen, jetzt war er am Zug, jetzt konnte er diktieren: Die Familie brauchte eine blanke Fassade. Sie mußte ihn streicheln, damit er nicht immer wieder den Namen bespuckte. »Was soll eigentlich Hellmut hier? Muß er wieder ein Leben retten? Langsam wird mir seine Vorsorge schon homosexuell! In aller Form: Ich weigere mich, Hellmut in meinen Hintern kriechen zu lassen!«

Hansen schwieg. Er ließ sich nicht provozieren. Seine Waffe wartete im Keller von Haferkamps Villa draußen in den Moränenhügeln. Dort saß Ernst Adams und bastelte an einer Planskizze und einem Holzmodell, um allen zu beweisen, daß sein Sohn Lutz nicht hätte zu verbrennen brauchen. Vor allem wollte er beweisen, daß Bob Barreis gefahren war.

»Die Ehe wird geschieden«, sagte Haferkamp stur. »Marion Cimbal erhält als Abfindung hunderttausend Mark und legt den Namen ab. Den Namen Barreis. Du gehst ins Ausland, wohin, das ist mir egal, und erhältst nach einer Verzichterklärung auf Werk und Vermögen eine lebenslange Zahlung von monatlich zehntausend Mark steuerfrei, das sind im Jahr einhundertzwanzigtausend Mark. Damit kann man leben, auch in deinem Stil! Hellmut wird nach meinem Tod die Tradition weiterführen.«

»Hurra! Hurra! Hurra!« Bob sprang auf. »Da hat Mama ja auch noch ein Wort mitzureden.«

»Deine Mutter hat auf ihren Anteil zugunsten der Firma bereits verzichtet. Die Erklärung liegt beim Notar.«

»Du . . . du hast es fertiggebracht . . .« Bob ballte die Fäuste. Sein schönes Gesicht, in dem sich die Träume der Frauen badeten, verlor die Form und wurde erschreckend häßlich. »Du hast Mama betrogen? Du Schuft! Du grandioser Lump! Du hast Mama und mich um unseren Anteil gebracht . . .«

»Ich erfülle meine Pflicht, die Werke zusammenzuhalten! Ich habe es deinem Vater auf dem Totenbett versprochen.«

»Und ich erfülle eine Pflicht, wenn ich mein ganzes weiteres Leben darauf verwende, dir die Hölle so einzuheizen, daß dir die Lohe aus der Schnauze schlägt!« Bob lehnte sich an den Kamin. Er überlegte dabei, ob er Theodor Haferkamp das Whiskyglas an den Kopf werfen sollte. Es wäre eine Geste gewesen — mehr nicht. Hansen würde wieder mal den Retter spielen und Onkel Theo rächen. Eine Saalschlacht zum Polterabend . . . es war nicht der richtige Stil. Es gab bessere Möglichkeiten. »Zehntausend Mark im Monat sind immerhin ein Angebot. Anders als bei Keitell & Klotz in Essen — das war beschämend. Ich habe noch andere Forderungen.«

»Wir hören —«

Dieses ›Wir hören‹ war für Bob wie ein Schlag in die Magengrube. Da standen sie vor ihm . . . der Onkel, tüchtig, ein Manager härtester Schule, angereichert mit patriarchalischen Manieren und deutschnationalen Ideen, ein Mann wie ein Fels in der Brandung, der Petrus der Barreis' . . . und dann der Schulfreund, enorm tüchtig, enorm begabt, enorm fleißig, eigentlich überall enorm, ein

Musterbild des Nachwuchses, Ideal einer neuen Unternehmergeneration, die voller Teamgeist war und doch, die Spitze einmal erklommen, genauso einsam regierte wie ihre kritisierten Vorgänger. Der Lebensretter. Der Moralpisser. Der Verlobte mit dem seelenvollen Blick. Der Liebhaber, der stramme Haltung annahm und vorher erst fragte: ›Gestatten Sie, Gnädigste, daß ich meine Hose öffne?‹ Und der hinterher, weniger stramm, fragte: ›Liebste, hat es dir gutgetan?‹ Der neue Erbe.

Und hier stand er, der letzte Barreis, der eigentliche Erbe dieses Imperiums, dekadent, pervers, dumm bis auf gezüchtete Platitüden, systematisch verweichlicht, rückenmarkausgehöhlt, verhätschelt, dann, als er ausbrach aus dieser superheilen Welt, verachtet, herumgestoßen, allein gelassen mit allen Problemen, die er nicht allein bewältigen konnte, die ihn überrollten wie Wogen am Meer eine einsame Sandburg. Probleme, fressend wie Säure, bis er zerstört war und gesagt bekam: Du bist nicht wert, der Erbe der Barreis zu sein!

O mein Gott, ist das alles zum Kotzen!

»Ein standesgemäßes Haus im Tessin.«

»Abgelehnt.«

»Eine Wohnung.«

»Genehmigt.«

»Voll eingerichtet.«

»Gutbürgerlich. Genehmigt.«

»Was heißt gutbürgerlich? Ein Bidet ist zum Beispiel nicht gutbürgerlich. Ein guter Bürger wäscht sich seinen Arsch mit einem konventionellen Waschlappen!«

»Kein Luxus: Das nenne ich bürgerlich. Hygiene ist kein Luxus.«

»Mir quillt das Herz über.« Bob Barreis warf sein Glas weg. Aber nicht an Haferkamps Kopf, sondern in den Kamin. Dort zerschellte es mit einem in dieser plötzlichen Stille schrecklichen, aufschreienden Klang. »Merkt ihr eigentlich nicht, wie saublöd ihr seid? Abgelehnt — genehmigt — abgelehnt. Wie ein Papagei, der im Schlafzimmer einer Hure steht und immer ruft: Rein-raus-rein-raus! Was bildet ihr euch eigentlich ein?«

»Es geht darum, eine klare Linie zu schaffen.« Theodor Haferkamp stützte sich auf die hohe Sessellehne. »Ein Werk mit über fünftausend Beschäftigten darf nicht von einem einzelnen zugrunde gerichtet werden. Das habe ich schon einmal gesagt. Dabei bleibe ich. Ich habe einen sozialen Auftrag als Werkchef.«

»Vermeide bei mir bitte deine Lohntütensprüche.« Bob winkte mit beiden Händen ab. »Du siehst in mir nur den vernichtenden Idioten.«

»Welch ein Lichtblick! Er sieht sein Spiegelbild!«

»Vernichtung — in meinem Falle jedenfalls — ist aber total. Wenn ich schon geboren bin, um zu zerstören, dann richtig. Dann dich mit, Onkelchen.« Er fuhr herum zu Hellmut Hansen, seine sonst so sanften Augen, deren Blick streicheln konnte, daß sich den Frauen die Körperhaare vor Erregung sträubten, blitzten wie in Ekstase. »Und du sagst gar nichts? Stehst herum wie ein ertappter Bettnässer?! Du Lebensretter ... zweimal hast du es geschafft. Nun mach's ein drittesmal. Rette mich vor dieser onkelhaften Hyäne! Ich will heiraten und leben ... weiter nichts.«

»Und womöglich noch Kinder in die Welt setzen, damit sich dein Geist vererbt ...«

»Das ist eine Idee ...« Bob Barreis atmete ein paarmal tief ein. »Das ist eine Idee! Du hast mir die tödliche Waffe geliefert, Onkelchen. Ein Kind, mehrere Kinder ... ich werde Marion ein Kind nach dem anderen machen, lauter Barreis' ... ich werde dich mit Barreis' überschwemmen! Wohin du gucken wirst: Nur kleine Barreis'! Ein ganzes Nest voll! Alles Erben! Rechtmäßige Erben! Oh, ist dieser Gedanke himmlisch! Ich werde euch mit Barreis-Kindern ertränken!«

Haferkamp war bleich geworden. Er wußte in diesem Moment, daß jetzt nur Marion Cimbal allein die Situation retten konnte. Ihr Weggang von Bob. Aber, ach, das war nur ein Aufhalten. Es gab Weiber genug, die Bob schwängern konnte, und nach dem neuen Gesetz waren uneheliche Kinder den ehelichen gleichgestellt. Die Drohung war im Raum, und sie würde, so lange Bob lebte, als Schwert immer über seinem Haupt schweben: eine kleine Armee von Barreis-Nachkommen, ein Ameisenheer aus den Lenden Bobs, das einmal, wie die Termiten, auch die Barreis-Werke auffressen und unterhöhlen würde.

So geht es also auch nicht, dachte Haferkamp. Er war ruhig bis ins Herz, eiskalt, ein Computer von Macht und Möglichkeiten. Es gibt nur einen Weg, der gangbar ist und der zudem den Vorteil hat, moralisch einwandfrei und elegant zu sein: Bob Barreis durch Bob Barreis vernichten lassen. Wenn es jemandem leichtfiel, Bob zu Fall zu bringen, dann war es Bob selbst. Seine Begabung zur Selbstvernichtung war schlechthin genial.

»Gut«, sagte Haferkamp. »Mein letztes Wort: fünfzehntausend Mark monatlich, eine Wohnung in Cannes. Als Draufgabe ein neuer Wagen deiner Wahl.«

»Einen Iso Grifo.«

»Erledigt.«

»Das Bübchen bedankt sich artig.« Bob machte einen Knicks. Aber seine Augen glühten von innen heraus. »Es ist nur ein Waffenstillstand.«

Haferkamp zuckte mit den Schultern und verließ die Bibliothek. Er nahm die vage Hoffnung mit, daß Bob nicht ein Jahr mit diesen Möglichkeiten überlebte. Einen Rennwagen und fünfzehntausend Mark im Monat ... das brach einem Bob Barreis den Hals.

Bob blickte Hellmut Hansen mit hochgezogenen Augenbrauen an. Sie waren allein. Der das Schicksal Herausfordernde und der vom Schicksal Geküßte.

»Wann heiratest du?« fragte Bob.

»Weihnachten.«

»Ich wünsche dir in der Hochzeitsnacht einen Blitzschlag mitten zwischen die Beine —«

Die Hände in den Taschen verließ Bob den Raum.

Im großen und ganzen war er zufrieden mit diesem Abend.

Die Hochzeit, so geheim sie gehalten worden war, erregte Vredenhausen doch mehr, als Theodor Haferkamp lieb war.

Man wußte, daß Haferkamp, der jedes Gesicht in der kleinen Stadt kannte, sich die Namen merken würde, die neugierig am Rathaus herumstanden, um diese merkwürdige Hochzeit zu bestaunen. Man hatte immer gehofft, eine Barreis-Ehe würde mit einem riesigen Feuerwerk, Freibier in den Werken und anderen Festlichkeiten begangen werden; nun heiratete der einzige Erbe ganz still, fast heimlich, niemand kannte die Braut, Pfarrer Lobsamen kam sogar ins Haus. Alles mehr als merkwürdig.

So waren denn auch alle Fenster rund um das Rathaus sofort ausgebucht, als man Tag und Zeit der Trauung — wieder durch eine unaufklärbare Indiskretion — erfuhr. Wie in Köln beim Karnevalszug alle Fenster an den Straßen, durch die der Zug läuft, Monate vorher als Logenplätze verkauft werden, so machten auch die Vredenhausener rund um den Marktplatz ein gutes Tagesgeschäft. Die drei Fenster von Bäckermeister Lommel, direkt neben dem Rathaus, kosteten pro Person zehn Mark. An jedem Fenster konnten sechs Menschen stehen, das machte also einen Reinverdienst von einhundertachtzig Mark, steuerfrei. So hoch war manchmal die normale Tageseinnahme in der Ladenkasse nicht.

Theodor Haferkamp verzichtete darauf, die an allen Fenstern hinter den Gardinen auftauchenden Köpfe zu zählen oder zu erkennen. Er ging würdevoll ins Rathaus, gefolgt von Hellmut Hansen, der Trauzeuge war, dem Brautpaar und Dr. Dorlach, einem Gentleman im blendend sitzenden Cut. Bob Barreis heiratete modern, in einem italienischen Maßanzug, blaugrundig mit breiten, weißen Streifen. Marion Cimbal trug Rosa . . . ein Kleid wie eine Wolke, viel Tüll und zarte Spitzen — darüber floß ihr langes schwarzes Haar. Ein Bild, das sofort in Vredenhausen zu wildesten Vermutungen anregte.

Zwei ältere Damen wollten sie wiedererkannt haben, von einem Illustriertenbild. »Eine Prinzessin«, verkündeten sie. »Irgendwo aus Italien. Uralter Adel. Steinreich. So ist's immer . . . die Richtigen finden sich.«

Die Sache mit der Prinzessin wurde in Vredenhausen ohne Kommentar geglaubt. Man traute Bob Barreis alles zu, auch daß er eine Uradelige in den Ruhrpott brachte. Aber warum diese Heimlichkeit? Warum diese Eile? Gerade in solchen Kreisen ist doch eine prunkvolle Hochzeit noch wirklich ein Höhepunkt des Lebens. Wovon sollten denn auch eine ganze Reihe von Zeitschriften leben, wenn Prinzessinnen nicht mehr glanzvoll, sondern nur noch heimlich heirateten?

Haferkamp war froh, als er nach einer halben Stunde — der Standesbeamte ließ es sich trotz warnender Blicke nicht nehmen, eine Rede zu halten — wieder auf den Markt trat und schnell in seinem Wagen verschwand. Bob und Marion Barreis — ihre Hand hatte stark gezittert, als sie diesen Namen unter das Ehedokument schrieb — sahen sich auf dem Platz um. Die Köpfe an den Fenstern zuckten zurück. Dr. Dorlach lachte laut.

»Wie im alten China. Da durfte auch keiner dem Kaiser ins Auge blicken!«

Im Barreis-Schloß wartete bereits Pfarrer Lobsamen und holte die junge Frau symbolisch in ihr neues Heim. Das wäre die Aufgabe von Haferkamp gewesen, aber er hatte Pfarrer Lobsamen zu dieser Mission überredet, indem er eine größere Spende für neue Kirchenbänke in Aussicht stellte.

Auch hier war die Trauung nüchtern, nur im Rahmen der vorgeschriebenen Zeremonie. Nicht einmal gesungen wurde, und es wäre zu lächerlich gewesen, wenn Onkel Theodor zusammen mit Dr. Dorlach ein Kirchenlied gebrummt hätte. So sang der Pfarrer allein seine Litaneien, die beiden Meßdiener — auf sie konnte Haferkamp nicht verzichten — taten ihr Bestes, bekamen nachher jeder zwanzig Mark und einen Teller voll Kuchen. Dann bat Butler James würdevoll zur Tafel.

Aber der einzige Teil der Hochzeit, der angenehm zu werden versprach, wurde unterbrochen durch ein fahlbleiches Hausmädchen, das in das Speisezimmer stürzte, die Schürze gegen den Mund drückte und stammelte:

»Ein Spediteur hat ein Geschenk abgeladen. Es . . . es steht in der Halle. Er . . . er sagte, es sei so bestellt worden.« Dann rannte sie hinaus.

»Das muß ja ein tolles Ding sein!« rief Haferkamp. »Elli ist nicht so schreckhaft. Sehen wir uns das Geschenk gleich an.«

Aber dann blieben sie ebenfalls betroffen an der Tür stehen und starrten auf das Monstrum, das abgegeben worden war. Nur Bob lachte, wenn auch etwas belegt, und ging weiter, das Geschenk näher anzusehen. Wie bei einem Blumenstrauß lag oben drauf eine Karte in einer Cellophanhülle.

Mitten in der Halle stand ein Sarg.

Ein großer, schwerer, polierter, schöner, teurer Eichensarg.

Bob riß den Umschlag auf und las die Gratulation laut vor:

»Zur Hochzeit unsere besten Wünsche.

Sollte es Dir an einem Brautbett mangeln, nimm mit dem hier vorlieb. Bedenke aber, es hat keine Batteriekühlung.

Tschocky und Co.«

»Ich werde Tschocky verklagen!« schrie Haferkamp. »Dorlach, morgen sofort leiten Sie alle Schritte ein! Die Polizei! Die Polizei muß diesen Vorfall fotografieren! Tschocky und Co. . . . So eine Frechheit! Ich werde im Industrie-Club darüber berichten!«

»Es ist Fritz Tschocky«, sagte Bob und zerknüllte den Brief. »Er hat eine eigene Art von Humor. Laß ihn, Onkel! Ich habe Fantasie genug, ihm das heimzuzahlen. James?«

Der Butler, der an der Haustür stand, rührte sich nicht.

Bob Barreis zeigte auf den Sarg. »Sorgen Sie dafür, daß das süße Ding auf mein Zimmer kommt. Jawohl, auf mein Zimmer. Wenn Tschocky denkt, ich nehme jetzt eine Axt . . . im Gegenteil.« Er faßte Marion um die Taille. Sie war bleich und hielt sich nur mit Mühe aufrecht. »Marion kennt ihn, den Tschock!« rief er. »Immer den Kopf voller Extreme. Zu Tisch, liebe Hochzeitsgäste!«

Es wurde eine triste Mahlzeit. Einmal fragte Haferkamp, nach langem Nachdenken: »Was heißt eigentlich ohne Batteriekühlung? Das haben Särge doch nie!«

Und es war Dr. Dorlach, der geistesgegenwärtig eingriff und antwortete:

»Auch so ein Aphorismus von diesem Tschocky. Vielleicht meint er damit diesen modischen Blödsinn in den USA, wo sich Tote tiefkühlen lassen, um sich später, bei einem neuen Hochstand der Medizin, wieder auftauen zu lassen zum zweiten Leben!«

Es klang einleuchtend. Haferkamp nahm die Erklärung an. Aber beruhigt hatte er sich noch nicht. Er nahm sich vor, dem alten Tschocky das Verhalten seines Sohnes als ungehörig zu schildern.

Am Nachmittag fuhren Bob und Marion zurück nach Essen.

»Meine Hochzeitsnacht in diesem Haus?« sagte Bob zu Haferkamp. »Nie! Soll ich den ersten Barreis in dieser vergifteten Atmosphäre zeugen?«

»Apropos Zeugen.« Haferkamp war sehr ernst. »Zeugen in anderer Bedeutung. Der alte Adams bleibt verschwunden. Irgendein

Schwein versteckt ihn in Vredenhausen. Er darf bei Gericht nicht auftreten!«

»Das ist die Sorge von Dr. Dorlach, nicht meine.«

»Und wenn er im Gerichtssaal erscheint?«

»Was dann? War er dabei? Rekonstruieren kann man immer nach zwei Seiten. Es wird nirgendwo soviel dummes Zeug verzapft wie bei Gutachtern in Prozessen. An Ort und Stelle, damals in der Nacht, hat man sich ein Bild machen können, und das allein gilt. Ich konnte Lutz nicht mehr helfen. Er war hinter dem Steuer eingeklemmt.«

»Und wie bist du herausgekommen?«

»Ich weiß es nicht mehr. Ich lag plötzlich im Schnee. Ein Wunder vielleicht.«

»Ein echtes Barreis-Wunder. Sieh dich vor, daß du nicht eines Tages seliggesprochen wirst . . .«

»Dann darfst du mir eine Kerze weihen!« Bob war versucht, in dieses Gesicht hineinzuschlagen. Diese Überlegenheit! Für ihn bin ich ein Dreck. Aber sie alle sind schuld daran, daß ich so geworden bin. Jetzt, wo sie ihre Früchte sehen, nähen sie sich in eine Unschuld ein wie in eine zweite Haut.

Aber wartet nur ab! Ich werde diese zweite Haut aufschlitzen!

In Essen, in der Holtenkampener Straße 17 waren sie dann endlich allein. Bob hatte drei Flaschen Sekt mitgebracht, in einer Kühltasche, und ließ jetzt, entgegen den Gesetzen der lautlosen Champagneröffnung, den Korken gegen die Decke schießen.

»Frau Barreis« — sagte er dann —, »ich begrüße Sie! Das war eine Hochzeit zum Anspucken!«

»Wenn wir nur glücklich werden«, antwortete sie leise. Sie schlüpfte aus ihrem rosa Traum von Tüll und Spitzen. Auch ihr BH und das Höschen waren rosa. Mit hängenden Armen stand sie da, ein Bild von Kindlichkeit, so daß Bob verblüfft sein Glas absetzte.

»Du bist so unbeschreiblich jung —«, sagte er.

»Schon dreiundzwanzig . . .«

»Du könntest ein Kind sein. Ein Kind mit den Brüsten einer griechischen Göttin. Welch eine faszinierende Idee. Marion . . . sei ein Kind . . .«

»Aber . . .« Sie wich langsam zum Bett zurück. »Bob, wieso soll ich . . .«

»Bind die Haare hoch. Leg dich hin, sieh mich ganz unschuldig an, zieh die Decke bis zum Kinn, reiß die Augen auf . . . ein Kind, das Angst vorm Schwarzen Mann hat. Ja, das mußt du sein. Los, mach schon!«

Er zog sich mit fiebernden Händen aus, goß Marions Sektglas voll und stellte es zur Seite. Dann stand er vor dem Bett, nackt und erregt, stemmte die Hände in die Hüften und sah auf Marion herunter, die sich im Bett verkroch wie ein kleines Mädchen. Nur die großen Augen starrten ihn über der hochgezogene Decke an. Die Augen, darüber die kleine Stirn und die schwarzen Haare.

»Wie alt bist du?« fragte er. Seine Brust hob sich schneller.

»Vierzehn . . .«

»Hast du schon einen Mann gesehen? Einen Mann, nackt wie mich?«

»Nein.«

»Gefällt es dir?«

»Nein.«

»Warum nicht?«

»Ich weiß nicht.«

»Hast du Angst?«

»Ja.«

»Zieh die Decke runter.«

»Nein.«

»Du schämst dich?«

»Ja.«

»Dann ziehe ich sie weg.«

»Ich schrei' um Hilfe.«

Über Bob Barreis rieselte das unwiderstehliche Gefühl, in das er sich hineinstürzte wie in eine Brandung. Es ergriff wieder seinen ganzen Körper, ließ ihn glühen und geradezu atemlos werden.

Mit einem Sprung war er im Bett, kniete über Marion, riß die Decke weg, zerfetzte den BH, zog den Slip herunter, und als sie begann, sich zu wehren, so wie sich ein Kind wehren würde, wenn es überfallen wird, begann er mit einem merkwürdigen Laut zu

282

grunzen, warf sich mit aller Schwere auf ihren Leib, drückte sie nieder und bezwang sie mit einer Kraft, die alles in ihr zerbrach.

Später tranken sie ihren Sekt, schweißnaß, der eine glücklich, die andere noch immer von Schauern durchweht.

»Wir werden glücklich werden«, sagte Bob, und in diesen Augenblicken glaubte er es selbst. Es war immer so bei Marion ... war der Rausch verflogen, kam er sich bei ihr geborgen vor, wie in eine Heimat zurückgekehrt, nicht ausgeleert und schal wie in einem Hurenbett oder völlig gleichgültig wie bei den älteren Frauen an der Riviera, die ihn aussaugten wie eine Spinne ihr Opfer. Er war immer danach ein Teufel gewesen, zynisch und gemein, die Frau, die ihn gerade noch umklammert hatte, seelisch zerfleischend. Hier, bei Marion, war er ein aus den Wolken gefallener Engel, ein Verirrter, der ein Dach gefunden hatte, ein Suchender, der einen Schimmer Licht sieht.

»Werden wir wirklich an die Riviera ziehen?« fragte sie. »Nach Cannes?«

»Ja. Kennst du Cannes?«

»Nein.«

»Ein Platz, an dem du leben kannst. Vielleicht wirklich leben — überall sonst ist es nur ein Dasein. Aber dort lebst du! Selbst im Wind riechst du das Leben! Es wird dir gefallen.«

»Cannes ist so weit weg ...«

»Weg? Wovon?«

»Von Essen.«

»Vergiß dieses Essen! Ich bringe dich in ein Paradies.«

»Und was soll ich in diesem Paradies tun, Bob?«

»Auf mich aufpassen. Nur das. Immer um mich sein. Ich brauche dich, Marion. Ich weiß es jetzt.«

»Und wenn du mir wegläufst?«

»Dann lauf hinterher und schreie, schreie, schreie!«

»Dann müßte ich jetzt damit anfangen ...«

Sie warf sich an ihn, umklammerte ihn, küßte ihn wie wild und benahm sich wie eine Verzweifelte oder Verrückte.

Bis zum Morgen feierten sie ihre Hochzeitsnacht mit Zärtlichkeiten und Sekt. Um neun Uhr klingelte das Telefon. Dr. Dorlach rief an.

»Um elf Uhr ist Termin beim Notar«, sagte er. »Haben Sie das vergessen? Ihre Abtretungserklärung.«

»Der Teufel hole euch alle!« schrie Bob Barreis. »Bestellen Sie Onkel Theodor: Der erste Barreis ist gezeugt!«

Er warf den Hörer zurück, kroch wieder an Marion heran, umarmte sie und schlief wieder ein.

Der Sensationsprozeß gegen Robert Barreis dauerte nur einen Tag, statt zwei, wie vorgesehen.

Ein Unglücksfall der Renate Peters war nicht auszuschließen, die Indizien der Anklage — Reifenspuren, Zeitplan — brach zusammen, als Dr. Dorlach eine Liste von siebenundfünfzig Vredenhausener Wagen vorlegte, die alle Pirelli-Reifen trugen.

»Das ist nur ein Teil der Liste, eine andere kann folgen!« sagte er hämisch, aber höflich zu dem Ersten Staatsanwalt.

Marion Barreis, geborene Cimbal, verweigerte die Aussage.

Andere Zeugen, die Kriminalkommissar Hans Rosen aufmarschieren ließ und die nur widerwillig in den Saal kamen, sahen in der ersten Reihe der Zeugenbank Theodor Haferkamp sitzen und verloren plötzlich alle ihr Gedächtnis. Auf konkrete Fragen des Staatsanwalts Dr. Hochwälder und des Vorsitzenden, Landgerichtsdirektor Dr. Zelter, erfolgten jubelnde Beschreibungen des ›guten Jungen‹. Bob Barreis war nach vier Stunden Zeugeneinvernahme durch sieben Weißmacher gezogen.

Es blieb dem Gericht nichts anderes übrig, als — im Zweifelsfalle für den Angeklagten — Bob Barreis freizusprechen.

Nur ein häßlicher Ton blieb zurück, als Landgerichtsdirektor Dr. Zelter am Schluß seiner Urteilsbegründung sagte:

»Wir konnten keine Schuld nachweisen und sehen. Ob Bob Barreis wirklich schuldig ist, muß er mit seinem eigenen Gewissen abmachen. Nur er allein weiß, was an diesem Abend passierte . . . an der Autobahn — oder in Essen!«

»Darüber werde ich mich beim Oberlandesgerichtspräsidenten beschweren!« rief Haferkamp nach der Verhandlung so laut, daß es Dr. Zelter beim Hinausgehen noch hören mußte. »Entweder ist ein deutscher Richter objektiv, oder das Recht ist ein verdammt leichtes Mädchen!«

Bob hatte während der langen Verhandlung kaum etwas gesagt. Er saß herum, lächelte ironisch, fast provokatorisch, bis Dr. Dorlach ihm zuflüsterte: »Stellen Sie das dämliche Grinsen ab! Zur Urteilsfindung ist auch das Benehmen des Angeklagten wichtig.«

»Soll ich Reue zeigen? Wofür? Ich habe nichts getan.«

Aber er benahm sich neutral von da ab, antwortete knapp auf ein paar Fragen und sagte schließlich: »Hohes Gericht, ich habe mein ganzes Wissen über diesen tragischen Fall vor Ihnen ausgebreitet. Mehr weiß ich nicht. Amen.«

»Das letzte Wort hätten Sie sich sparen können«, sagte Dr. Dorlach böse.

»Luther hat es auch gesagt.«

»Er ist danach auch in Acht und Bann gekommen.«

»Bin ich etwas anderes? Enterbt, abgeschoben, vogelfrei . . . Mir reicht's!«

Der große Prozeß war eine Farce geworden. Ein Funkbericht direkt aus dem Sitzungssaal sagte es auch ganz deutlich. Ein Sieg der Verteidigung.

»Dieser Dorlach ist mehr als Gold wert!« sagte auch Tschocky, der mit vier Freunden hinten in der letzten Reihe der Zuschauerbänke saß. »Ohne Dorlach wäre Bob Dauergast im Knast.«

Hellmut Hansen kam gar nicht mehr dazu, durch Mittelsmänner seinen heimlichen Trumpf Ernst Adams in den Gerichtssaal zu bringen. Der Fall Lutz Adams wurde nur gestreift — er war durch die Ermittlungen in Frankreich abgeschlossen. Das Rätsel um Renate Peters blieb bestehen.

Warum stürzt sich ein Mädchen nachts auf die Autobahn?

Depressionen? Altersangst? Versagungs-Psychose? Hysterie im Klimakterium? Wer kann eine Frau im kritischen Alter beurteilen, wenn sie tot ist? Tausend Möglichkeiten sind noch zuwenig, so kompliziert ist eine Frauenseele.

Das waren Kernsätze aus Dorlachs Plädoyer. Eine rhetorische Meisterleistung. Sie überrollte einfach das Gericht.

Nachdenklich über das, was Recht sein sollte, sein kann und ist, fuhr Hellmut Hansen nicht zum Barreis-Schloß, sondern vom Prozeß direkt in die Moränenberge, um Ernst Adams zu besuchen und von dem Platzen ihres Überraschungsmomentes, für den zweiten Tag vorgesehen, zu berichten.

Als Hansen die Kellertür aufschloß, scholl ihm die leise Musik aus dem Kofferradio entgegen. Das ist gut, dachte er. Adams hat den Prozeß im Funk miterlebt. Er hat gehört, wie Dr. Dorlach gefochten hat. Einsame Klasse, dieser Mann ... er vergewaltigt das Recht, und man applaudiert ihm noch dazu.

»Vater Adams!« rief Hellmut Hansen auf der Kellertreppe. »Ich bin es! Was sagen Sie nun?«

Keine Antwort. Vater Adams konnte nichts mehr zu diesem Prozeß sagen.

Ernst Adams hing oben am Verschluß des eisernen Kellerfensters.

Auch Hosenträger sind dazu geeignet, diese widerliche Welt zu verlassen. Adams hatte sie um seinen Hals geknotet und pendelte an ihnen wie eine Marionettenpuppe. Er war seit einer Stunde tot ... Hansen brauchte gar nicht hinzuspringen und ihn loszureißen.

Bobs nächstes Opfer, dachte er verzweifelt. Wie lange wird das so weitergehen?

Dann trat er ganz leise in den Raum, als könne er den alten Adams noch wecken, und stellte das Radio ab.

Auf ihn kam jetzt ein Problem zu, das ihn fast verzweifeln ließ.

Ernst Adams galt als verschollen.

Wohin jetzt mit dem Toten?

11

Siege werden errungen, um später gefeiert zu werden.

Das war schon immer so und wird nie anders werden: Der Gewinn eines Fußballpokals stellt eine ganze Stadt auf den Kopf, ein Wahlsieg ist Grund genug zum Jubel, denn er beweist, daß von allen Wahllügen die siegreiche Lüge im Herzen des Volkes sitzt, und Siege auf dem Schlachtfeld gehen in die Lehrbücher ein, werden zu Jahresfeiertagen erhoben und den nachfolgenden Generationen von klein an als die Ehre der Nation eingehämmert. Eigentlich besteht unser Leben nur aus Siegen und Niederlagen ... es sind die einzigen Alternativen, die überhaupt den Begriff Leben prägen. Jeder Beruf, jede schöpferische Tat, jeder Wille zum Leben ist nichts als ein Kampf um den Sieg. So elend und nackt der Mensch geboren wird ... schon das erste unbewußte Hintasten zur Mutterbrust ist die Aufnahme eines Kampfes, der Wille zum Sieg. Überleben! Tag für Tag, Stunde für Stunde weiterleben gegen diese Sturmflut von Widrigkeiten, die vor allem im Detail stecken: Das allein ist ein immer gegenwärtiges Ziel, dem wir entgegenrennen und das in der gleichen Geschwindigkeit vor uns herläuft.

Bob Barreis hatte allen Grund, seinen Sieg — den Sieg der Gerechtigkeit, wie er es laut und mit einer makabren Frivolität noch im Gerichtssaal nannte — zu feiern. Er drückte Dr. Dorlach, diesem Sprachgenie, die Hand, suchte dann auf der Zeugenbank Onkel Theodor Haferkamp, aber der hatte sich sofort nach der kurzen Urteilsbegründung entfernt. Auch Marion fehlte plötzlich, aber dem maß Bob keine Bedeutung bei. Sie wartet auf dem Korridor, dachte er. Sie wird weinen. Ein fabelhaftes Mädchen, wie sie mich herauspaukte — überhaupt alles fabelhafte Menschen um mich herum.

Er war in einer ausgesprochenen Gönnerlaune, badete sich in der Sonne von Zufriedenheit und verschwendete nicht einen Gedanken an Renate Peters, um deren rätselhaften Tod es letztlich gegangen war und deren Sprung von der Autobahnbrücke nun auch für immer ein Rätsel bleiben würde.

»Zufrieden?« fragte Dr. Dorlach, als sich die Zuhörer verlaufen, das Gericht längst den Saal verlassen hatte und jene mit Spannung angereicherte Atmosphäre zurückblieb, die man überall findet, wenn etwas Erhofftes nicht eingetreten ist. In diesem Fall hatte man einen verurteilten Barreis sehen wollen, für zehn oder fünfzehn Jahre im Zuchthaus, oder gar lebenslänglich . . . nun war man enttäuscht und sagte es hinter der Hand ganz deutlich: Nicht das Recht hatte gesprochen, sondern die Barreis-Millionen. Die Zeugen waren auf einmal hirnlos, Theodor Haferkamp zeigte deutliche Zeichen von zerebraler Sklerose mit Erinnerungslücken (ein Zeugnis über Durchblutungsstörungen lag dem Gericht vor — Gutachter Professor Dr. Nußemann), und man fragte sich betroffen, wie aus einem großen Werk mit einigen tausend vergeßlichen Arbeitern, geleitet von einem halbsenilen Chef, überhaupt noch eine Produktion hinausfließen konnte. Es gehörte zu den großen Wundern unserer Zeit.

Bob Barreis, elegant, lächelnd, mit einem Gesicht, das den Schönheitspreis beanspruchte, schlug die Beine übereinander und wartete, bis die letzten Besucher den Gerichtssaal verlassen hatten.

»Sie waren groß in Form, Doktor«, sagte er. »Wir sollten diesen Tag feiern! Wieso hatten Sie eigentlich Sorge?«

»Wissen Sie, welche stille Vorarbeit wir alle geleistet haben? Ihr Onkel, Ihr Freund Hellmut, ich?«

»Hellmut auch? Sieh an.« Bobs Lächeln verzerrte sich etwas. »Der große Idealist. Drückt mich aus der Firma, aber verschießt für mich Munition. Auch schon aufgesaugt von dem Barreis-Schwamm, der alles in sich hineinschlürft, was gegen Barreis stinkt? Ein treuer Vasall Onkel Theodors! Laden wir ihn auch ein.«

»Einladen? Wohin?«

»Welche Frage, Doktor! Man hat fast eineinhalb Jahrhunderte hindurch die Völkerschlacht bei Leipzig gefeiert . . . das hier war eine Völkerschlacht der Barreis. Ich werde sie zum obligatorischen Familienfeiertag ernennen und mit den Feiern heute anfangen! Wir beginnen in der ›Zero-Bar‹.«

»Ihr Onkel ist zurück nach Vredenhausen, ich habe einen Termin in Duisburg . . .«

»Heute noch?« Bobs Stirn krauste sich. »Am Abend?«

»Geschäftliche Verhandlungen größeren Ausmaßes legt man

gern auf den Abend. Das würden Sie wissen, wenn Sie sich mehr ums Geschäftsleben gekümmert hätten.«

»Sieh an, der siegreiche Dr. Dorlach trumpft auf.« Barreis erhob sich und rückte sein Jackett gerade. »Erlauben Sie sich als Sonderhonorar jetzt Frechheiten? Oder ist es die neue Richtung, befohlen vom Feldherrn Theodor? ›Macht Bob zur Sau! Seinen Prozeß hat er los, jetzt alle Mann ran und tretet ihm den Hintern weich!‹ Nicht mit mir, Doktorchen. So nicht! Ich verzichte auf Ihre Begleitung. Sie haben das Recht erwürgt — das wissen wir zwei genau —, und Sie haben es für Geld getan. Sie sind nicht besser als ein Zuhälter.«

»Ich möchte Ihnen eins in die Fresse hauen!« sagte Dr. Dorlach heiser.

»Tun Sie's! Nur der Gerichtsdiener ist noch da. Sie sind stärker als ich, ich weiß. Aber ich warne Sie . . . ich werde Sie in den Unterleib treten.«

Sie standen eng voreinander, Bob und der Mann, der seinen Kopf gerettet hatte. Dr. Dorlach trug noch seine weite schwarze Anwaltsrobe mit dem seidenen, glänzenden Kragen.

»Es war das letztemal, daß Sie mit mir rechnen konnten«, sagte Dorlach tief atmend.

»Ich brauche Sie auch nicht mehr, Paragraphenbeschlafer.« Barreis schob ihn wie einen stinkenden Bettler mit einem Ruck aus dem Weg. »Was wollen Sie noch? Sie haben alles erreicht: Meinen Hinausschmiß aus der Firma, meinen Verzicht auf das Erbe, meine Freiheit, den blankgeputzten Schild der Barreis', die Rettung der Familienehre . . . es ist alles so gelaufen, wie am Generalstabstisch der Barreis' geplant. Nur eins habt ihr vergessen: Ich will leben! Und das werde ich jetzt. Ohne die Barreis'! Wann bekomme ich meine erste Monatsrate?«

»Wenn Sie wollen — morgen.«

»Meinen neuen Wagen?«

»Suchen Sie sich einen aus. Rechnung an mich.«

»Die Wohnung in Cannes?«

»Fahren Sie hin, und reichen Sie uns einen Kostenvoranschlag ein, den wir prüfen werden.«

»Ein beschissenes Blatt Klopapier schicke ich euch!« sagte Bob voll Genuß.

»Das werden wir selbstverständlich honorieren«, antwortete Dr. Dorlach ebenso ironisch.

»Sie aalglatter Halunke! Sie Schleimschwitzer! O wie ich euch alle verachte! Euch nicht mehr zu sehen, war die beste Idee von Onkel Theodor! Zahlt — und laßt mich in Ruhe!«

»Den gleichen Wunsch haben wir: Nehmen Sie das Geld, und machen Sie uns keine Schwierigkeiten mehr.«

»Bis auf eine. Eine sich mehrfach wiederholende! Und die wird euch aus den Schuhen kippen: Ich werde Kinder machen! Barreis-Erben! Wie schon verkündet! Ich werde die Barreis durch die Barreis auffressen lassen! Good evening, Sir!«

Bob tippte an den Haaransatz und verließ den Gerichtssaal. Dr. Dorlach blieb allein zurück, einsam in seiner schwarzen wallenden Robe, die Akten unter den Arm geklemmt. Der Gerichtsdiener, der die Türen schließen und die Fenster zum Lüften öffnen wollte, räumte geräuschvoll den Vorsitzendentisch auf. Er klapperte mit Wasserkaraffe und Glas. Eine deutliche Aufforderung zu gehen.

Dr. Dorlach wandte sich langsam zur Tür. In wenigen Minuten beginnt des Dramas zweiter Teil, dachte er. Schon jetzt wird Bob Barreis ratlos sein. Aber es ist besser, *einen* Menschen zu zerbrechen, als Arbeit, Lohn und kleinen Wohlstand einiger tausend Arbeiter aufs Spiel zu setzen. Wer zerstören will, muß zerstört werden, auch wenn er ein Barreis ist. Das ist zwar mittelalterlich, aber immer noch die beste Form des Überlebens. Es gibt nichts vergleichbar Besseres als die Vernichtung des Gegners. Jedes Arrangement birgt die Gefahr der Unsicherheit. Der Prozeß gegen das Recht ist gewonnen . . . nun beginnt der zweite Prozeß: der Auflösungsprozeß von Bob Barreis. Fast ein chemischer Akt.

Er verließ den Gerichtssaal und sah Bob Barreis ratlos und allein im Korridor stehen. Es schien, als wolle er zu Dr. Dorlach laufen und ihn etwas fragen, aber dann hielt er sich zurück — man sah es ganz deutlich — und drehte sich um, als Dr. Dorlach an ihm vorbeiging.

Marion war nicht da.

Sie wartete nicht auf dem Flur, sie stand nicht in dem großen Treppenhaus, sie wartete nicht draußen auf der Straße. Bob war hin und her gerannt, er hatte sogar einen Justizbeamten angehalten und gefragt, aber Justizbeamte haben andere Aufgaben, als sich um abwesende junge Ehefrauen zu kümmern.

Bob blieb noch eine Viertelstunde stehen, suchte dann die WCs ab und verließ endlich mit deutlichen Anzeichen von Hilflosigkeit das Gericht. Ein Gedanke blieb noch übrig, und der wirkte beruhigend, fast betäubend auf sein aufflammendes Gefühl der Panik: Marion ist vorausgefahren. Sie wird zu Hause eine Flasche kalt stellen, das Bett aufschlagen, mich empfangen, wie es einem Sieger gebührt. Wie einen goldenen Preis wird sie mir ihren Körper bringen ... es wird meine seligste Nacht in ihren Armen werden.

Da alle fortgefahren waren ... Onkel Theodor mit seinem schweren Wagen, der ihn zum Gericht gebracht hatte — Dr. Dorlach, Hellmut, Marion, Tschocky (Bob hatte ihn in der letzten Zuschauerreihe sitzen sehen) ... winkte er ein Taxi heran und ließ sich hinaus nach Bredeney fahren.

Schon auf der Straße, bevor er aus dem Wagen stieg, sah er, daß die Fenster von Marions Apartment dunkel waren. Er zahlte, fuhr mit dem Fahrstuhl hinauf, schloß die Wohnung auf und fand sie wirklich leer.

Verwirrt setzte er sich in einen Sessel, sprang dann wieder auf, goß sich an der kleinen Klappbar einen riesigen Whisky ein und kippte ihn mit einem Zug hinunter.

Das gibt es doch nicht, dachte er und wußte keine Antwort auf alle einstürzenden Fragen. Wo kann denn Marion sein? Das alles ist unbegreiflich. Plötzlich brach Schweiß an seinem ganzen Körper aus, er verkrampfte die Finger eineinander, daß sie knackten.

Ein Unfall. Sie kann einen Unfall gehabt haben! Auf dem Weg nach Hause, glücklich, daß wir alles überstanden haben, kann sie eine Sekunde unaufmerksam gewesen sein. Nur eine Sekunde ... sie genügte. Sie genügte wie damals in den vereisten Seealpen, als Lutz Adams verbrannte.

Bob Barreis begann mit den Zähnen zu klappern. Er griff zum Telefon, suchte die Nummer des Polizeipräsidiums, wählte die Sammelnummer und verlangte die zentrale Unfallerfassungsstelle.

Der Beamte hörte sich das Gestammel an und sagte dann mit einer nüchternen Stimme: »Eine Marion Barreis oder eine Frau nach Ihrer Beschreibung ist nicht unter den Unfallmeldungen.«

Bob ließ den Hörer zurückfallen. Er riß die Decke vom Tisch, wischte sich mit ihr den Schweiß vom Gesicht und griff dann wieder zum Telefon. Es kostete ihn eine ungeheure Überwindung, diese Nummer zu drehen, aber die Angst um Marion war stärker als sein ganzer, ihn wie ein Korsett stützender Stolz.

Vredenhausen. Das Barreis-Schloß.

Eine distinguierte Stimme, etwas näselnd: »Bei Barreis, bitte.« Butler James.

»Hier auch Barreis!« schrie Bob. »James, meinen Onkel bitte!«

»Herr Haferkamp weilt in Duisburg.«

»Dr. Dorlach!«

»Ebenfalls.«

Die Besprechung — also keine Lüge. »Danke!« sagte Bob schwach. »Es ist gut, James. Gute Nacht.«

»Gute Nacht, Herr Barreis.«

Knacken. Tote Leitung. Tot ... Bob kroch in sich zusammen und beherrschte sich, um nicht zu wimmern wie ein getretener Hund.

Er wußte nicht, daß in dieser Minute in Vredenhausen Haferkamp neben seinem Butler James stand.

»Das haben Sie gut gemacht, James«, sagte er. »Hier haben Sie hundert Mark.«

Der Geldschein flatterte in James' Hand. Eine korrekte, tiefe Verbeugung.

»Meinen gehorsamsten Dank, Herr Haferkamp.«

Gehorsam ... das war es, was Haferkamp in Vredenhausen eingeführt hatte. Gehorsam gegenüber der Macht. Für Haferkamp die einzige Lebensform, die sinnvoll, nutzbringend und gottgewollt für den Menschen war.

Bob Barreis wartete bis weit nach Mitternacht. Dann begann er völlig sinnlos und in Zeitlupe, die Wohnung zu zertrümmern. Nicht explosiv, mit allen Ausbrüchen einer sich befreienden Natur, sondern still, gespenstisch fast, lautlos ... eine in Watte eingedrehte Vernichtungswut.

Er zerbrach die Gläser und das Geschirr, schlitzte mit einem langen Küchenmesser die Polster der Sessel und der Couch auf, zerschnitt die Matratze, holte Stück um Stück der Wäsche aus dem Schrank und zerriß sie, trennte Marions Kleider auseinander, zerstückelte den Pelzmantel ... und es war etwas so Grauenhaftes in seiner Lautlosigkeit und den langsamen, alles ruinierenden Bewegungen, daß es wie die Tätigkeit eines Phantoms aussah.

Als letztes kamen die Möbel dran. Fuß nach Fuß brach er aus den Stühlen und den Tischen heraus, auch hier wie im Schlafwandel, selbst vor den knackenden Geräuschen, die die einzigen waren, zusammenzuckend; er riß die Gardinen von den Leisten, die Bilder von den Wänden und die Kabel aus den Lampen. Als nur noch die Stehlampe neben der zerfetzten Couch brannte, als ihn nur noch Trümmer umgaben, hervorquellende Polsterwatte wie Gedärme aus einem aufgeschlitzten Leib, fiel er in die Knie, wühlte sich in die Zerstörung, stach das lange Messer in den Teppich und begann zu weinen, kindhaft, hemmungslos, sich völlig in seinem Schmerz verbrauchend.

Nach einer Stunde setzte er sein Vernichtungswerk fort. Ebenso lautlos, zeitlupenhaft, mit einer schrecklichen, stummen Perversion.

Er zerstörte das Zerstörte noch einmal. Wühlte in den Eingeweiden der Sessel und der Couch, der Matratze und der Polsterstühle, holte die Polsterwatte und Schaumgummiplatten oder Schnitzel heraus, verstreute sie um sich, badete seine zitternden Hände in der Weichheit der aufgeschlitzten Möbelleiber und schuf um sich ein Chaos in Vollendung.

Gegen Morgen verließ er die Wohnung wie ein Mörder, der sein Opfer zerstückelt, die Teile verstreut und die Tapete mit Blut übermalt hat. Er kannte eine Kellerkneipe, die morgens um fünf Uhr öffnete, um die Markthallenarbeiter zu stärken mit Ochsenschwanzsuppe, Bouillon und ›Löwenköttel‹, wie man dort die Frikadellen nannte. Hier setzte sich Bob Barreis in eine Ecke, bestellte ein Bier und schlief übermüdet ein, den Kopf gegen die Wand gelehnt.

Der erste Schritt in die Tiefe war getan.

Er hing in einer Ecke wie ein Penner, ein Landstreicher, ein Wermutbruder. Eine kleine graue Maus, so arm, daß sie nicht einmal ein Loch hat, sich zu verkriechen ...

In dieser Nacht, die Bob Barreis — ohne daß er es selbst merkte — auf eine andere Bahn abschob, die einmal im Dunkel enden mußte, entschied sich in Vredenhausen ein anderes Schicksal.

Theodor Haferkamp stellte einen Scheck über hunderttausend Mark aus und schob ihn über den Marmortisch in der Bibliothek. Dr. Dorlach war als Zeuge dieses Vorgangs zugegen.

Marion Cimbal, die nun Barreis hieß, schüttelte den Kopf.

»Ich will kein Geld«, sagte sie hart. »Nicht Ihr Geld und nicht dieses Geld und schon gar nicht Geld für das, was geschehen ist! Ich bin keine Hure.«

»Das hat niemand behauptet.« Haferkamp steckte sich eine Zigarre an. Daß man hunderttausend Mark nicht annahm, war ihm unverständlich. »Ich hatte Ihnen diese Summe versprochen, wenn Sie sich nach dem Prozeß von Bob trennen und die Ehescheidung einreichen. Beides haben Sie getan, spontan, direkt nach dem Prozeß . . . Und nun verwirren Sie mich, indem Sie unsere geschäftliche Angelegenheit nicht goutieren. Wie soll ich das verstehen?«

»Ich habe mich nicht von Ihnen kaufen lassen — das soll es heißen.« Marion senkte den Kopf. Es war alles so schrecklich, aber auch so notwendig gewesen: Der spontane Entschluß auf dem Korridor, die Fahrt nach Vredenhausen in Haferkamps Wagen, wie ein Saboteur, der sein Werk beendet hat, das Abendessen in diesen prunkvollen Räumen der Barreis-Villa, der Scheck über hunderttausend Mark und die Frage, was Bob jetzt machte, zurückgelassen mit Rätseln, die er von sich aus nie lösen konnte. Das alles war fürchterlich, aber gleichzeitig nicht mehr hinauszuzögern. »Ich bin freiwillig gegangen.«

»Der Effekt ist der gleiche. Betrachten Sie den Scheck als Startschuß für ein neues Leben.«

»Ich habe meinen Beruf.«

»Auch wenn Sie nur einige Wochen den Namen Barreis trugen, ist es mir unerträglich, Sie als Barfrau zu wissen. Machen Sie eine Boutique auf . . . das ist ja wohl jetzt das Aktuellste bei jungen Unternehmerinnen. Dr. Dorlach wird Sie beraten. Ich schenke Ihnen das Startkapital.«

»Es bleibt immer ein Judaslohn. Nein!« Marion sprang plötzlich auf, so abrupt, daß Haferkamp zusammenfuhr. »Kann ich jetzt gehen?«

»Wohin denn? Um diese Zeit?«

»Es wird in Vredenhausen doch ein Hotel geben.«

»Unmöglich! In der Stadt kennt man Sie als Bobs Frau. Und dann in einem Hotel?! Wollen Sie einen neuen Skandal provozieren? Sie sind mein Gast, selbstverständlich.«

»Ich möchte nicht in diesem Haus schlafen —« sagte Marion fest. »Lassen Sie mich wegbringen. Von mir aus nach Düsseldorf. Dort kennt mich keiner.«

Haferkamp drehte sich um zu Dr. Dorlach. »Hunderttausend Mark wirft sie in die Gosse, will nicht hier schlafen . . . verstehen Sie das, Doktor?«

»Ja —«, antwortete Dorlach knapp.

»Natürlich, Sie verstehen das! Grenzbereiche des Menschlichen sind Ihre Spezialität, wie hätten Sie es sonst auch so lange mit Bob aushalten können. Marion —« Haferkamp drehte sich wieder zurück —, »warum sind Sie freiwillig von Bob weg? Wenn Sie schon Geld verachten, dann seien Sie so ehrlich, mir die Wahrheit zu sagen. Die unbekannte Wahrheit quält mich. Warum?«

»Ich liebe Bob —«

»Und das ist neuerdings ein Grund, seinen Ehemann in die Pfanne zu hauen?! Die Welt wird immer komplizierter. Früher galt Liebe als Garantie für eine lange, glückliche Ehe.«

»Ich liebe Bob —«, sagte Marion noch einmal. Dann wurde ihre Stimme leiser und begann zu schwanken. »Aber ich habe nicht mehr die Kraft und die Nerven, eine Tote oder ein Kind zu sein . . .«

Haferkamp starrte Marion an, als fiele ihr plötzlich das Fleisch von den Knochen. Er verstand kein Wort.

»Begreifen Sie das, Doktor?« fragte er wieder.

Und wieder antwortete Dr. Dorlach: »Ja —«

»Ja! Ja! Ja! Bin ich ein Vollidiot?!« Haferkamp schlug mit der Faust auf die dicke Marmorplatte. »Was heißt hier Tote oder Kind?«

»Ich erkläre es Ihnen später, Herr Haferkamp.«

»Später! Bin ich ein Säugling, dem man einen in Honig getauchten Schnuller verspricht? Was hat Bob in seiner Ehe angestellt? Heraus mit der Sprache!«

»Ich kann nicht mehr!« sagte Marion leise. Sie schlug beide Hände vor die Augen und rannte aus dem Zimmer, Haferkamp sprang auf, wollte ihr nachlaufen, aber Dr. Dorlach hielt ihn am Ärmel zurück.

»Sind Sie verrückt?« bellte er. »Ist hier denn alles verrückt? Wo will sie denn hin?«

»Nur bis ins nächste Zimmer.« Dr. Dorlach ließ Haferkamp los. »Ich fahre sie nach Düsseldorf. Im Park-Hotel habe ich immer ein Zimmer für mich frei, dort kann sie sich ausschlafen.« Er hob den Arm und sah auf seine Uhr. »Ich vermute, daß Bob bald anruft. Wir sind in Duisburg, Herr Haferkamp. Eine Industriebesprechung.«

»Ein Dorlachscher Schlachtplan! Macht mir alle Flügel stark . . . besser noch als Schlieffen — der wollte nur einen starken rechten Flügel. Es ist also alles ein abgekartetes Spiel?«

»Nein. Der Zufall schuf neue Positionen. Der nervliche Zusammenbruch von Frau Barreis kam uns entgegen.«

»Sprechen Sie im Zusammenhang mit Marion Cimbal nicht den Namen Barreis aus!«

»Sie ist es nun einmal nach dem Gesetz.«

»Doktor, auch das Wort Gesetz in Ihrem Mund wird zu einem stinkenden Zungenbelag! *Sie* reden von Recht?«

»Ja. Unser aller Leben wird durch Rechtsfragen geregelt — es kommt nur immer darauf an, wie man diese Fragen beantwortet.«

»Ein Dorlachsatz!« Haferkamp lachte fast versöhnt. Dann wurde er ebenso plötzlich wieder ernst. »Warum brach Marion nervlich zusammen?«

»Bob ist ein Sadist schlimmster Sorte.«

»Auch das noch! Aber sie liebt ihn.«

»Den anderen Bob Barreis, den, der nur ab und zu zum Vorschein kommt, den er selbst kaum kennt. Der Einsame, der Verzogene, der um seine Kindheit Betrogene, der Hochgepäppelte, der Ratlose, der Suchende, der ewig Herumirrende, der mit Komplexen Vollgestopfte, der superreiche Arme —«

»Hören Sie auf, Doktor. Ich ertrinke in Tränen!« Haferkamp

blickte seinen Anwalt böse an. »Das ist doch alles Quatsch, was Sie da deklamieren! Bob ist ein Miststück . . . damit müssen wir uns abfinden!«

»Kein Mensch wird als Miststück geboren.«

»Aber der Keim ist in ihm!« brüllte Haferkamp. »Will man mich jetzt für das Untier Robert verantwortlich machen?« Er stampfte zu den hohen Fenstertüren und starrte hinaus in den Park. Erdscheinwerfer beleuchteten Baumgruppen und Büsche, hoben sie wie Zauberwesen aus der Nacht heraus . . . ein Reich Oberons, des Elfenkönigs. »Bringen Sie Bobs Frau nach Düsseldorf«, sagte er rauh. »Wie soll es weitergehen?«

»Einreichen der Scheidungsklage noch morgen. Ich habe mit Landgerichtsdirektor Emmenberg gesprochen. Wir bekommen den schnellstmöglichen Termin.«

»Und wenn Bob nicht will? Bestimmt will er nicht — schon um uns zu ägern.«

»Er wird müssen! An *dieser* Klageschrift wird kein Gericht mehr vorbeigehen, und außerdem ist die Verhandlung nicht öffentlich.«

Haferkamp drehte sich langsam um.

»Bravo, Doktor«, sagte er gepreßt. Seine Augen hinter der Brille funkelten. »Sie haben eine Art, einem Angst einzujagen! Wann entmündigen Sie mich?«

»Wenn es nötig ist, Herr Haferkamp.« Dr. Dorlach lächelte breit.

Haferkamp nickte mehrmals. »Tatsächlich, man sollte Sie erschlagen und verscharren! Los, fahren Sie nach Düsseldorf! Nehmen Sie den Scheck mit. Vielleicht hypnotisiert die Zahl Hunderttausend das kleine Mädchen doch noch, wenn sich die erste seelische Krise gelegt hat. Ein Scheck ist das beste Pflaster . . . das ist die einzige unumstößliche Erfahrung, die ich gesammelt habe. Alles andere ist auf schwankendem Boden gebaut. Fahren Sie los, Doktor . . .«

Eine Viertelstunde später verließ Dorlachs BMW die Auffahrt der Barreis-Villa. Haferkamp sah ihm nach und atmete tief auf, als die Rücklichter in der Nacht verschwanden.

Irgendwie war er stolz auf sich. Es hebt immer die Stimmung, wenn man ein Sieger ist. Wenn auch ein mieser Sieger . . .

In dieser Nacht fuhr auch noch ein anderer Wagen durch die Dunkelheit des Vredenhausener Forstes. Allerdings nicht nach Düsseldorf, sondern tiefer in den Wald hinein, über schmale Landwirtschaftswege und durch enge Schneisen.

Hellmut Hansen suchte einen Platz in der Einsamkeit. Hinter ihm, auf den Rücksitz gelegt, schaukelte bei dem unebenen Boden der tote Ernst Adams. Er hatte noch seine Hosenträger um den Hals geknotet. Hansen hatte ihn nur vom Verschluß des Kellerfensters abgehakt, auf das Bett gelegt und die völlige Dunkelheit abgewartet.

Es waren zwei merkwürdige Stunden gewesen. Jeder Mensch empfindet in Gesellschaft eines Toten eine unerklärliche heilige Scheu und eine tiefsitzende Angst. Nicht vor dem leblosen Körper, der nun der friedlichste auf Erden ist, sondern Angst vor dem eigenen Tod, dessen Gesicht man nun kennt und mit dem man sich identifizieren kann. Bei Hellmut Hansen war es anders. Er spürte nicht die kalte Nähe des Unabwendbaren, dem wir stündlich immer näher entgegenleben, sondern nur eine eiskalte Wut über die Folgerichtigkeit, mit der der alte Adams gestorben war.

Kein Recht mehr auf der Welt, kein Leben mehr auf dieser Welt. Das schien der letzte Gedanke des Alten gewesen zu sein, als er im Rundfunk die Urteilsübertragung gehört hatte. Dazu die völlige Hoffnungslosigkeit, dieses Dornengestrüpp von Lüge und Bestechung zu durchschlagen, um seinen armen, verbrannten Sohn Lutz zu rächen. Er kapitulierte vor den Barreis'. Das Ganze war für diese nichts Neues . . . für den alten Adams bedeutete es sein eigenes Todesurteil. Das Schwache muß weg. In der Natur war es genauso. Das Vogelbaby, das aus dem Nest fällt, verreckt.

Und so ließ sich der alte Adams, stolz gegen sich selbst, am Griff des Kellerfensters verrecken.

Das erfüllte Hansen mit Wut und Fantasien der Rache. Obwohl ihn Theodor Haferkamp zum Nachfolger bestimmt hatte, war er kein Barreis-Knecht. Er war gesund, er kam aus dem Volk, das es seit Jahrhunderten gelernt hatte, den Nacken zu beugen vor dem Kapital, und das nichts mehr herbeisehnte als den Messias ihrer Rechte. Vredenhausen war ein Musterbeispiel dieses Lebens:

Wohlstand für alle, Arbeit für alle, Zufriedenheit für jeden, Sicherheit über alle Zukunft . . . aber erkauft mit dem hündischen Blick nach oben, mit einer Zungenlähmung gegenüber Wahrheiten, mit Blindheit vor der eigenen Entknochung. Was Haferkamp in Vredenhausen sagte, kam gewissermaßen von Gott. Wer solches glaubte, lebte in Zufriedenheit mit sich und seiner Welt. Er verhurte sein Denken und ließ sich als Zuhälter seines eigenen Stolzes bezahlen.

Hellmut Hansen wollte in dieser Nacht kein Messias sein, sondern nur ein einfacher, fast schon billiger Rächer. Er wartete, neben dem toten Adams sitzend, ihn immer wieder ansehend und seine Wut an ihm nährend, bis die Dunkelheit der Neumondnacht so dicht war, daß man gefahrlos hinaus in den Wald fahren konnte. Dann lud er den Toten über seine Schulter — er war leicht wie ein Kind, ausgezehrt vom Kummer — und legte ihn in den Wagen. Dann löschte er alle Lichter, nachdem er alle Spuren eines Wohnens in diesem Kellerraum verwischt hatte, setzte sich hinter das Steuer und blickte sich noch einmal um. Das bleiche, spitze Gesicht des Alten leuchtete schwach, als glänze es von innen heraus.

»Wir machen es anders«, sagte Hellmut Hansen, als lebe Adams noch. »Warte noch ein paar Minuten.«

Er stieg wieder aus, ging noch einmal in den Keller und betrat über die Kellertreppe im Inneren das Haus Theo Haferkamps. Er kannte sich hier aus, strebte nach links von der Diele in das Arbeitszimmer und zog von der Schreibmaschine die Schutzhülle ab. Dann knipste er die kleine Schreibtischlampe an und machte sich nicht die Mühe, die Vorhänge vor die Fenster zu ziehen. James, der Butler, hatte Dienst in der Barreis-Villa . . . dort geschah jetzt die käufliche Erwerbung von Marion Cimbal. Onkel Theo hatte es vor der Verhandlung in Essen zu Hansen gesagt: »Für hunderttausend Mark eine Bardame kaufen ist kein Problem. Auch wenn sie sich zieren wir . . . sie sind es gewöhnt, daß man ihnen Geldscheine zwischen die Brüste steckt. Himmel noch mal, und dann gleich hunderttausend Mark! Was will sie mehr?! Nüchtern betrachtet ist Robert das gar nicht wert.« Und das war der einzige Satz, den Hansen anerkannte.

Er spannte einen neutralen Bogen ein und begann zu schreiben.

›Mein Abgang.

Wer Sie auch sind . . . Sie haben den Brief aus der Tasche meiner Jacke gezogen, und ich hing an einem Baum, bestimmt kein schöner, aber ein notwendiger Anblick.

Notwendig darum, weil ich an diesem Baum hänge der Wahrheit wegen.

Ich kann auf keiner Welt mehr leben, die so verlogen und so käuflich ist wie unsere. Wo das Recht erst durch das Sieb des Geldes gefiltert wird und wo die Menschen die Hintern lecken, von denen sie beschissen werden.

Ich, Ernst Adams, habe versucht, meine Stimme zu erheben . . . sie wurde unterdrückt, verfolgt, von gekauften Häschern eingefangen. Jetzt soll mein Tod sprechen . . . und das ist das Gute am Tod: Man kann ihn nicht beeinflussen, nicht kaufen, nicht verfolgen, nicht verbieten, nicht entmündigen, nicht einsperren, nicht für verrückt erklären, nicht lächerlich mache . . . der Tod ist stärker! Er ist der einzige, vor dem sich auch ein Barreis beugen muß — und das ist so schön, daß ich mich aufhänge. Meine Waffe ist mein Sterben!

Robert Barreis hat meinen einzigen Lutz elend in seinem Auto verbrennen lassen. *Er* ist gefahren, hat sich aus dem Fahrzeug hinausfallen lassen und meinen Lutz geopfert, weil er die Wahrheit wußte: den Betrug bei der Rallyefahrt, die Abkürzung der Strecke.

Robert Barreis hat auch sein Kindermädchen Renate Peters getötet. Er hat sie in den Tod getrieben, so wie man in Chicago das Vieh in die Schlachthöfe treibt. Aus Angst vor ihm, von ihm mißhandelt, hing sie an der Autobahnbrücke, bis er auf ihre Finger trat und sie abstürzte.

Das alles weiß man . . . wissen Theodor Haferkamp, Dr. Dorlach, Hellmut Hansen, weiß vor allem Robert selbst . . . und ich! Und jetzt wissen Sie es, Finder meines Briefes. Sorgen Sie dafür, daß die Wahrheit bekannt wird. Der Tod, dem Sie jetzt ins Auge sehen, bittet Sie darum. Denken Sie daran . . . auch zu Ihnen kommt er einmal —

Ihr Ernst Adams.‹

Hansen faltete den Brief zusammen und schob die Schutzhülle wieder über die Schreibmaschine. Er war zufrieden. Daß er seinen Namen auf die Liste der Mitwisser setzte, war selbstverständlich. Es war ein Akt seiner Ehrlichkeit um jeden Preis. Und es war eine Schuld, die er damit abtrug . . . die Schuld, zu dieser Clique zu gehören und immer für sie gearbeitet zu haben.

Als er den Brief in die Brusttasche des alten Adams' steckte, wußte er, daß der Tote auch so geschrieben haben würde, wenn er noch die Kraft dazu und den Glauben an die Menschen gehabt hätte. Beides hatte ihm gefehlt — die Kraft reichte nur noch aus, den Hosenträger um Fenstergriff und Hals zu verknoten.

An einer einsamen Stelle, aber immerhin doch so nahe an einem Waldarbeiterpfad, daß man Adams Körper bald entdecken würde, hielt Hansen an, trug den Körper des Alten zu einer schlanken Buche und hakte das freie Ende des Hosenträgers an einen starken Ast fest. Dann ließ er Adams los . . . still drehte sich die Leiche ein paarmal um sich selbst, hielt dann an und spulte dann in entgegengesetzter Richtung den aufgedrehten Hosenträger wieder ab. Ein lautloses Karussell im Wind der Ewigkeit.

Hansen hielt den Körper fest, bis er ruhig hing, mit der Majestät, die der Tod beansprucht. Dann blickte er noch einmal lange Ernst Adams an, gewissermaßen als Ablichtung auf seine Seele, ein Bild, das er mit sich herumtragen würde wie eine Verpflichtung, das eigene Leben nach anderen Gesetzen fortzusetzen. Als er wegging, war ihm klar, daß er als neuer Erbe der Barreis-Werke nach Haferkamps Tod die Macht des Kapitals nie ausüben würde.

Hellmut Hansen kam zum Barreis-Schloß zurück, als Dr. Dorlach gerade abgefahren war. Haferkamp saß in der Bibliothek, trank seinen Lafitte Rothschild — es war ja auch eine stille, kleine Feier für ihn — und war bester Laune.

»Ich habe dich vermißt, mein Junge«, rief er, als Hansen eintrat. »Wo hast du gesteckt? Große Dinge haben sich in der Zwischenzeit vollzogen.«

Das mag sein, dachte Hansen und setzte sich Haferkamp gegenüber in den tiefen englischen Ledersessel. Aber es wirkt sich erst morgen aus.

»Ich komme gerade aus Essen«, sagte er. »Bob ist verschwunden.«

Er sagte das auf gut Glück. Bei seiner Kenntnis von Bobs Charakter war ihm klar, daß Bob, von Marion allein gelassen, die Nacht in einer Bar oder in einem Puff verbrachte. Wenn er morgen in Vredenhausen auftauchen würde, sah er zwar wie immer betörend schön aus, aber seelisch war er angeschlagen, ein Krüppel, ohne es voll zu spüren. Was geschah erst, wenn der Brief in Adams' Rock gefunden und der Polizei übergeben wurde?

Ein Kesseltreiben hatte auf Bob Barreis eingesetzt. Von allen Seiten nahten die Jäger und warteten auf den Schuß. Treiber und Hetzhunde schrien und heulten. Wie lange hielt Bob das durch?

Hansen wischte einen Anflug von Mitleid fort. Er verdient es nicht, dachte er. Aber sind wir nicht mitschuldig? Wir haben zugesehen, wie er langsam innerlich verfaulte, und wir haben nicht heilend eingegriffen, sondern die offenliegenden Fäulnisse mit Blumen bedeckt. Wir haben nur vertuscht, nicht die Krebsgeschwüre herausgeschnitten. Wir haben einen Kranken allein seiner Krankheit überlassen. Nur eins war wichtig: der verdammte stolze Satz: Ein Barreis tut das nicht!

Er goß sich ein Glas Rotwein ein und blickte trübe in die rubinrote Flüssigkeit.

»Morgen wird er kommen und winseln«, sagte Haferkamp genußvoll. »Er ist soweit, Hellmut. Er wird sein Geld holen und nach Cannes fahren. Er wird sich einen neuen Wagen bestellen, den schnellsten Hirsch, den es auf dem Markt gibt . . . ich werde ihn bezahlen. Und dann werde ich wieder gläubig werden und Gott flehentlich bitten, daß sich Robert den Hals bricht. Er ist der erste und einzige Barreis, der nur durch seinen Tod etwas nützt.«

Haferkamp fragte nicht weiter. Hellmut Hansen belog ihn nicht, auf ihn allein war Verlaß. Das war beruhigend. Er trank in kleinen Schlucken den herrlichen Wein, genoß die Stille der Nacht und sprang auf, als das Telefon schellte. Butler James, auf diesen Fall vorbereitet, erschien in der Bibliothek.

Es war der Anruf Bobs, und zum erstenmal lag Angst um einen anderen Menschen in seiner entgleisten Stimme.

Dr. Dorlach gönnte sich keine Ruhe. Es war ihm eine persönliche, fast schon erotische Freude, die Vernichtung Bobs bis zu dessen Zusammenbruch durch- und mitzuspielen.

Von Düsseldorf, wo er Marion, die im Wagen ihre Haltung verlor und herzzerreißend zu weinen begann, im Park-Hotel abgeliefert hatte, kehrte er sofort nach Essen zurück. Den Scheck über hunderttausend Mark legte er ihr auf das Nachttischchen. Ihm war klar, daß sie ihn zerreißen würde, und er versuchte vor seinem Weggang noch einmal, ihr den Segen des Geldes zu erklären.

»Den Barreis' werden diese hunderttausend Mark nicht fehlen«, sagte er, als Marion den Scheck nicht beachtete und stumpf, wie ausgeleert, auf dem Bettrand hockte. »Ihnen steht als Ehefrau eine saftige Entschädigung zu, denn ich werde auf Ungültigkeit der Ehe klagen. Da ich selbst als Anwalt der Barreis' Ihren Fall nicht übernehmen kann, wird das ein guter Freund und Kollege für mich tun. Ich werde keinerlei Einspruch erheben und Ihre Entschädigungsansprüche anerkennen. Die Ungültigkeit der Ehe bei Entdeckung und Nachweis von Perversion gröbsten Ausmaßes ist in einem so frühen Stadium der Ehe noch durchführbar. Betrachten Sie also diesen Scheck als Anzahlung einer Ihnen zustehenden Abfindung.«

»Ich will kein Geld von den Barreis'«, sagte Marion tonlos. »Ich möchte nichts mehr. Am schönsten wäre es, zu sterben.«

»Das dritte Opfer! Marion, reißen Sie sich zusammen! Mit dreiundzwanzig und einem dicken Bankkonto fängt das Leben erst an! Sie ahnen gar nicht, wie schön es sein kann! Eine Welt ohne Bob, die Ihnen offensteht —«

»Ich liebe Bob . . . das ist es ja —«

Welch ein kläglicher Aufschrei! Dr. Dorlach zog die Unterlippe durch die Zähne. Die Kompliziertheit einer weiblichen Seele entzieht sich aller Vernunft. Hier war wieder ein erschreckendes Beispiel. Was ein Mann nie verstehen lernt, ist für eine Frau selbstverständlich: die Liebe zu einem Ungeheuer wie Bob! Wer kann das auch begreifen?

»Ich verstehe das nicht«, sagte Dr. Dorlach ehrlich. »Erklären Sie mir, wieso Sie Bob lieben.«

»Er ist ein armer Mensch.«

»Und trotzdem flüchteten Sie vor ihm.«

»Weil ich nicht stark genug für ihn bin.«

»Es wird nie einen Menschen geben, der Bob ertragen kann. Alle werden an ihm zerbrechen, der eine über kurz, der andere über lang. Bob ist dazu geschaffen, seine Umgebung zu vernichten, ob er will oder nicht.«

»Ist das nicht fürchterlich?«

»Wer kann es ändern? Sie nicht, ich nicht . . . niemand. In diesem grausamen Spiel des Schicksals sind wir alle nur Statisten oder Opfer. Marion, machen Sie sich von dem Schuldkomplex frei, Sie hätten Bob geopfert. Sie sind nur aus dem Sarg gesprungen, der für Sie bereitstand. Es war Selbsterhaltungstrieb. Nehmen Sie das Geld, ziehen Sie irgendwohin, machen Sie — die Anregung Herrn Haferkamps war sehr gut — eine Boutique auf, vielleicht in München oder in Hamburg, nur weit weg von Essen, von allen Erinnerungen, und Sie werden sehen, daß Bob nach einiger Zeit noch nicht mal eine Erinnerung mehr ist, sondern einfach ein Nichts! Und jetzt schlafen Sie. Ich rufe Sie morgen gegen Mittag an.«

In Essen traf Dr. Dorlach eine Stunde nach Bobs lautloser Zerstörung von Marions Wohnung ein und fuhr hinaus zur Holtenkampener Straße 17. Zuerst klingelte er an der Wohnungstür, dann drückte er auf die Klinke, die Tür schwang auf, der Schlüssel steckte von innen, und Dr. Dorlach beschlich ein eigentümliches Gefühl. Er blieb in der Diele stehen und rief:

»Bob! Ich bin's. Dorlach. Bekommen Sie keinen Schreck. Duisburg war schneller zu Ende, als wir dachten.«

Keine Antwort. Dorlach stieß die Tür auf und fand sich einer totalen Vernichtung gegenüber. Er betrachtete die bis auf den letzten Rest herausgerupften Polsterfüllungen, die zerbrochenen Möbel, die aufgeschlitzten Kleider, die zerfetzten Gardinen und die aus der Wand gerissenen Lampen, und ein eisiger Hauch des Entsetzens durchzog ihn. Hier hatte kein Tobender sich abreagiert — hier hatte ein potentieller Mörder mit fürchterlicher Akribie seine Welt zerstört.

Ein Lustmord an toten Gegenständen.

Dr. Dorlach verließ fast fluchtartig die Wohnung, schloß sie mit Bobs Schlüssel ab und nahm den Schlüssel an sich. Dann fuhr er nach Vredenhausen zurück und warf sich in seinem Haus auf das Bett, angezogen wie er war. Für ihn hatte sich die Situation nach diesem Anblick der vernichteten, der gemordeten Wohnung grundlegend verändert. Er wußte keine Erklärung dafür — aber ihn überfiel plötzlich Angst.

Angst vor dem kommenden Tag.

Wenn Bob Barreis wieder in Vredenhausen erschien, würde ein anderer Mensch auftauchen.

Ein Mensch noch ... oder schon eine Bestie in der Maske des Engels?

Eines war sicher: Die Zerstörung des Bob Barreis würde schneller vorangehen, als man geplant hatte. Man hatte seine einzige verwundbare Stelle getroffen, ohne es zu wissen: Zum erstenmal in seinem Leben liebte er ehrlich! Zwar liebte er auch hier mit allen Höllen ·und Bränden seines rätselvollen Charakters ... aber er liebte wirklich! Indem man ihm diese Liebe nahm, erlitt er selbst zum erstenmal die Tragödie, die er bisher laufend anderen Menschen beschert hatte. Und es erwies sich, daß der große Held Bob Barreis unter einem einzigen Hieb in seine Seele zusammenbrach. Der Verlust Marion Cimbals wurde eine Wunde, aus der er rettungslos und schnell verblutete.

Dr. Dorlach schrak hoch. Er war über seinen Gedanken und seiner Angst eingeschlafen ... nun weckte ihn das Schrillen des Telefons neben seinem Ohr auf dem Nachttisch. Die Uhr zeigte halb sechs.

Mit einem Gefühl, in Eis zu fassen, hob er ab.

Düsseldorf. Das Park-Hotel. Und bevor der diensthabende Nachtdirektor noch zu Erklärungen ansetzte, wußte Dr. Dorlach, daß der Strudel begonnen hatte und alles in sich hineinsaugte.

Um vier Uhr früh hatte Marion Barreis das Hotel wieder verlassen. Dem Nachtportier an der Rezeption hatte sie einen Zettel gegeben, den dieser dummerweise erst einmal zur Seite legte, weil eine Gruppe Italiener eingetroffen war. Erst nach Eintragung und Schlüsselübergabe widmete sich der Portier dem Zettel.

»Es ist für Sie!« hatte die junge Dame gesagt.

Es war ein gültiger Scheck über hunderttausend Mark.

In großen Hotels ist man vieles gewöhnt, nichts bringt die Männer dort so leicht aus der Fassung. Wo orientalische Fürsten absteigen, hört das Wundern auf. Aber ein Trinkgeld von hunderttausend Mark hatte man noch nicht erlebt.

Als man noch beriet, was man davon halten sollte, kam die Polizei ins Haus. Aus dem Rhein hatte man ein Mädchen gezogen. Es war von der Brücke ins Wasser gesprungen, hatte sich beim Aufprall die Wirbelsäule gebrochen und war sofort tot. In der Tasche des Kleides stak noch der Hotelpaß des Park-Hotels.

»Danke —«, sagte Dr. Dorlach leise. »Ich komme sofort. Ich wende mich gleich an die Kriminalpolizei. Erstes Kommissariat, ich weiß. Und bitte absolutes Stillschweigen, meine Herren. Schließlich ist es die Gattin von Herrn Barreis junior. Ja, entsetzlich, fürwahr. Ich kann es auch nicht fassen. Ich komme sofort . . .«

Er sprang auf, hielt den Kopf unter den Wasserhahn, ließ den kalten Strahl über seinen Nacken zischen und spürte doch keine Erleichterung von der bleiernen Schwere, die in ihm lag. Er verzichtete auf die Rasur — und es war das erstemal, daß man einen Dr. Dorlach mit Bartstoppeln sah, jenes Musterbild der diskreten Eleganz —, rang mit sich, ob er Haferkamp unterrichten sollte, verzichtete dann darauf und war gerade ausgehbereit, als das Telefon wieder anschlug.

Bob Barreis.

»Doktor —«, sagte eine müde Stimme. »Doktor, ich flehe Sie an: Helfen Sie mir! Bitte, bitte, helfen Sie mir! Sie sind mein einziger Mensch.«

Durch Dorlach rann es glühendheiß. Nach dem eisigen Schreck vorhin war das jetzt ein Gegensatz, der ihm den Schweiß austrieb.

»Wo sind Sie, Bob?« rief er heiser.

»In Essen. Im ›Dicken Otto‹ bei der Markthalle. Kommen Sie, ich flehe Sie an, kommen Sie!«

»Was machen Sie denn im ›Dicken Otto‹?«

»Wo soll ich denn hin?« Dorlach zog die Schultern hoch, kroch wie in sich zusammen. »Ich habe doch nichts mehr . . . keine Heimat, kein Zuhause, keine Frau, kein Geld, keine Zukunft, kein Werk, keine Freunde, nichts.« Er weinte, wirklich, er weinte laut und ungeniert, schluchzte und schien voller Verzweiflung mit dem Kopf gegen die Wand der Telefonzelle zu schlagen. Dorlach hörte das dumpfe Krachen im Hörer. »Helfen Sie mir, Doktor! Bitte, bitte, bitte ... Sie allein sind der einzige, den ich noch habe. Die Welt ist so leer ... so leer ... auf den Knien flehe ich Sie an: Holen Sie mich ab! Suchen Sie meine Frau, bringen Sie mich zu meiner Frau ... Doktor!«

Ein Aufschrei, der Dorlach tief in die Knochen fuhr.

»Ich komme —«, sagte er und schluckte, um überhaupt einen Ton aus der trockenen Kehle zu pressen. »Bob, bleiben Sie da ... ich komme Sie holen. Warten Sie auf mich. Ich ... ich bringe Sie zu Ihrer Frau ...«

»Sie wissen, wo sie ist?« schrie Bob im hellsten Ton.

Schnell legte Dorlach auf. Er lehnte sich an die Wand und riß dann den Telefonstecker aus der Dose. Einen neuen Anruf Bobs konnte er nicht mehr ertragen.

Ich führe ihn zu seiner Frau, dachte er, und die unerklärliche Angst vor diesem begonnenen Tag kroch wieder in ihm hoch. Er wird sie wiedersehen im Leichenschauhaus des Gerichtsmedizinischen Instituts von Düsseldorf. In einer Zinkwanne. Eisgekühlt.

Wie wird er diesen Anblick überstehen?

12

Die Fahrt nach Düsseldorf verlief fast ohne ein Wort. Bob Barreis hockte in seinem Sitz, unrasiert, hohläugig, die Haare zerwühlt, ein Schatten nur noch der Eleganz, die ihm zu dem Ruhm verholfen hatte, ein Mann zu sein, den man aus der Seite eines Modejournals geschnitten haben konnte. Als Dr. Dorlach ihn in der Schnapswirtschaft ›Zum dicken Otto‹ gegenüber der Markthalle abholte, hockte Bob an der Theke, vor sich eine Batterie von Gläsern. Die Markthelfer, meist kräftige Burschen mit rauhen Sitten, die Zentnersäcke und Kisten davonschleppten, als seien es mit Papierschnitzel gefüllte Behälter, saßen abgesondert von Bob an der anderen Seite der Theke oder an den wenigen blankgescheuerten Holztischen, tranken ihren Korn und dazu ein Pils und beobachteten den fremden, sichtlich angeschlagenen Mann aus den Augenwinkeln. Niemand sprach Bob an ... man schien zu spüren, daß sich hier das Außergewöhnliche in den ›Dicken Otto‹ verirrt hatte, dem man nicht in die Quere kommen sollte.

Erst als sie über die Schnellstraße zum Rhein fuhren, blickte Bob Dr. Dorlach an.

»Düsseldorf?« fragte er. »Marion ist in Düsseldorf? Warum denn das?«

Dorlach schwieg. Erst kurz vor dem Gerichtsmedizinischen Institut hielt er am Straßenrand. Bob sah sich um. Er begriff nichts mehr.

»Hier?«

»Nein. Bevor wir um die Ecke fahren, muß ich Ihnen etwas sagen.« Dr. Dorlach zögerte.

»Sprechen Sie endlich!« sagte Bob und suchte nach einer Zigarette. Seine Taschen waren leer, nur eine zerknüllte Packung kam zum Vorschein. Dr. Dorlach bot ihm eine Zigarette an und ließ Bob die ersten Züge gierig ohne Unterbrechung rauchen. Dann sagte er:

»Ihre Frau liegt in einem Haus um diese Ecke herum ...«

»Liegt?« Bob zuckte herum. »Ist sie krank? Verletzt? Ist da um die Ecke ein Krankenhaus?«

»Nein!« Dorlach überwand sich. Es muß sein. Herumreden hatte keinen Sinn. Nennen wir es beim Namen. »Es ist ein Totenhaus —«

»Ein —« Die Zigarette entfiel Bobs Fingern. Er faltete plötzlich die Hände, und das war eine solch verzweifelte, an ihm völlig ungewohnte, nie gesehene Geste, daß Dorlach schnell wegblicken mußte. »Doktor, ich bringe Sie um . . . ich erwürge Sie auf der Stelle . . . Doktor, das ist nicht wahr . . . das ist . . . nicht wahr . . . Doktor, mein Gott, mein Gott . . . Marion! —« Er schrie den Namen heraus, zuckte hoch, wollte aus dem Auto springen, aber Dorlach riß ihn am Rock zurück auf den Sitz.

»Erwürgen Sie mich, Bob . . . ich habe keine Schuld daran. Ja, sie ist tot. Heute morgen . . .«

»Ein Unfall?«

»Nein, sie ist in den Rhein gesprungen —«

Bob Barreis senkte den Kopf. Er umfaßte ihn mit beiden Händen und drückte ihn. Wenn er kräftiger wäre, müßte man jetzt die Knochen knacken hören, dachte Dorlach. Aber dieser Mann da hat keine Kraft mehr . . . er ist ein mit englischem Maßanzug drapiertes Wrack. Was Jahre der Ermahnung nicht fertiggebracht haben, das hat die Liebe zu einer kleinen, zarten Frau geschafft: Auf dem Hochgefühl des Glücks, eines Glücks, wie er es sich dachte, hackte man ihm die Gliedmaßen ab. Was hier auf dem Autopolster hockte, war nur noch ein Torso. Vielleicht mußte man ihn sogar hinaustragen und hinüberrollen zum Leichenschauhaus der Polizei.

»Ich . . . ich darf sie sehen?«

Eine Stimme, weltfern, entrückt, zerbrochen, gespalten. Dorlach nickte.

»Wenn Sie dazu die Kraft haben.«

»Es ist meine Frau, Doktor.« Bob Barreis öffnete die Tür. Dorlach folgte ihm sofort, aber brauchte ihn nicht zu stützen. Etwas steifbeinig, wie aufgezogen, einer modernen Laufpuppe ähnlich, ging Bob an seiner Seite um die Straßenecke. Wortlos, mit einer Kälte ausströmenden Dumpfheit ließ er alle Formalitäten über sich ergehen, das Vorzeigen des Passes, Eintragung in ein Register, telefonische Anmeldung im Leichenkeller, Hinabfahrt im Lift in die eisige Kälte des ewigen Schweigens, Betreten des weißgekachelten, nüchternen, wie ein Schlachthaus wirkenden Raumes. Der Beamte, in einem weißen Kittel, ging durch eine Isoliertür, dann hörte man das Quietschen von Laufrollen. Ein fahrbares Gestell wurde hereingeschoben, darauf stand ein Zinksarg, mit einem weißen Laken mildtätig zugedeckt. Dr. Dorlach hatte solche Gegenüberstellungen — meistens Identifizierungen —oft erlebt, und er hatte sich immer gefragt, warum man die Rollen an den Gestellen nicht ölen konnte, warum man den Tod schon von weitem durch das widerliche Quietschen hören mußte. Auch jetzt durchschnitt dieses Geräusch ihn, und er konnte sich denken, daß sich jeder Ton in Bobs Brust wie eine Flamme einfraß.

Der Beamte blickte kurz auf Dorlach. Sollen wir? Dorlach nickte stumm. Das Tuch wurde am Kopfstück weggeschoben ... ein schmales, bleiches, gefrorenes Gesicht lag frei, von einem Zauber überhaucht, der im Leben, selbst im Schlaf kaum wahrnehmbar gewesen war. Ein Frieden lag über dieser menschlichen Hülle, ein solches ewiges Glück, daß — so nahe dieser Mensch jetzt war — er doch nicht mehr ein Teil dieser Welt war.

Bob Barreis trat langsam an den Zinksarg heran. Er beugte sich weit über Marion und starrte sie an. Der Beamte wollte etwas sagen, aber Dorlach winkte stumm ab. Er war gespannt, wie Bob in den nächsten Minuten reagieren würde. Bisher hatte der Tod ihn aufgereizt ... jetzt war er in seine eigene Welt eingebrochen, hatte ein Stück von ihm weggenommen.

Bob Barreis blieb in dieser vorgebeugten Haltung ein paar Minuten stehen. In ihm war alles kalt und leer, und kein Gefühl war da, das dieses fürchterliche Vakuum auffüllen konnte. Das Kribbeln in seinen Adern, der fremde, unbezwingbare Rausch, den Schmerz oder Tod anderer Menschen bei ihm erzeugten, diese wahnwitzige Lust, die ihn wie ein Taumel immer dann erfaßte, wenn andere die Todesnähe erkannten und sich mit allen Fasern ihrer Kraft dagegen wehrten, der Sexus des Entsetzens, wie er es einmal in einer Phase von Selbsterkenntnis genannt hatte, der seelische Koitus der Zerstörung, dieses wilde Dahinfließen in der Sekunde, da ein anderer sich aufgab ... das alles war so gestorben wie dieser Mädchenkörper vor ihm. Als er sich jetzt über sie beugte, als er ihrem Gesicht, ihren Lippen so nahe war, als wolle er sie küssen — etwas, was der Beamte fürchtete und mit Handzeichen zu Dr. Dorlach verhindern mußte —, kam er sich vor wie jemand, der ständig in einem Zwischenstadium von Ohnmacht und Wachsein schwebt, in schwerelosem Zustand, in dem man alles hört, sieht und riecht, aber selbst zu keiner Reaktion mehr fähig ist.

»Ist sie das?« sagte der Beamte endlich, als sich Bob noch immer nicht rührte.

»Natürlich ist sie das!« antwortete Dr. Dorlach wie erschreckt.

»Nicht Sie, der Ehemann muß das bestätigen.«

»Ich weiß. Ich tue es für ihn.«

»Das ist nicht zulässig. Ich brauche seine eigene Einlassung.«

»Sehen Sie nicht, daß er dazu nicht in der Lage ist?«

»Er kann es ja später im Kommissariat zu Protokoll geben.«

»Das wird er auch!« Dr. Dorlach jonglierte am Rand einer Explosion. Die Nüchternheit des Beamten in einer solchen Situation, die selbst Dorlach zutiefst ergriff, war ein neuer Schock für Bob. Sie zeigte ihm, daß Marion, das einzige vielleicht, was er in seinem bisherigen Leben wirklich mit dem Herzen erobert und festgehalten hatte, nichts mehr war als ein Fall unter anderen Fällen. Eine Selbstmörderin. Von der Brücke in den Rhein gesprungen. Eine Nummer auf einer Kriminalakte.

»Sie ist es!« sagte er mit erstaunlich fester Stimme. Er richtete sich auf, und er zog sogar mit einer langsamen Bewegung das Laken wieder über das bleiche, schöne, in seiner fernen Hoheit wie unangreifbare Gesicht. Es war eine Zärtlichkeit in diesem letzten Dienst an Marion, die Dr. Dorlach wie Brennen auf der Haut spürte.

»Sie war sofort tot!« sagte der Beamte, um zu trösten. Meistens hilft das — die meisten Menschen haben eine schreckliche Angst vor einem zu langen Leiden. Ein schneller Tod — das ist ein ideales Weggehen. Das tröstet ungemein. »Genickbruch«, fügte er erklärend hinzu.

»Schon gut!« Dr. Dorlach faßte Bob unter und zog ihn ein paar Schritte zurück. Der Beamte umklammerte die Stangen des Rolluntersatzes und schob Marion durch die Isoliertür weg in einen

Raum, aus dem beim Aufschwingen der Tür die Kälte über Bobs Gesicht wehte. Die Ewigkeit auf Erden. Kühle der Unendlichkeit.

»Können wir?« fragte Dorlach leise. Bob drehte sich zu ihm hin. Seine schönen, braunen Augen, rehhaft, in der Liebesekstase groß und glänzend, die Frauen in der Tiefe ihrer Seele zerstörend, waren wie leblose gläserne Einsätze hinter den Wimpern. Dorlach erschrak vor diesen Augen. Er schien zu erkennen, daß die letzte Spur von Gefühl aus Bob Barreis gewichen war.

»Wir können. Wohin, Doktor?«

»Zur Polizei, dann zum Hotel.«

»Warum das?«

»Marion hat da etwas hinterlassen, sagt der Direktor.«

»Einen Brief?«

»Ich weiß es nicht.«

»Gehen wir.«

Beim Ersten Kommissariat nahm man zu Protokoll, daß Bob Barreis seine Frau Marion identifiziert hatte. Über das Motiv des Suizids könne er keine Angaben machen. Man habe gerade geheiratet, lebe in den Flitterwochen ... plötzlich rennt sie weg, nach Düsseldorf, springt in den Rhein. Unverständlich. Kein Kommentar. Nein, an Schwermut habe Marion nie gelitten. Nie Zeichen einer Depression. »Es ist alles so völlig sinnlos«, sagte Dr. Dorlach und schämte sich plötzlich, das zum Besten zu geben. »Herr Barreis hatte große Pläne. Schließlich ist er der Erbe der Barreis-Werke —«

Bob schwieg darauf. Ihr elenden Heuchler, dachte er bitter. Ihr heimlichen Vampire. Wenn ich die Welt auf den Kopf stellte, sah es jeder ... ihr aber habt erst eine Kirchenfassade errichtet, und unter den Orgelklängen und dem Glockengeläut habt ihr hinter dem Portal gemordet. Milde Gaben verteilend, ließet ihr unter euren Purpurröcken die Gegner ersticken. Der Erbe der Barreis-Werke ... warum fallen Dorlach bei diesen Worten nicht die Zähne aus dem Mund?

Im Hotel war von Marion nichts übriggeblieben, die Polizei hatte alles mitgenommen. Nur der Nachtportier, der nicht nach Hause gehen wollte, ohne vorher mit Herrn Barreis selbst zu sprechen, übergab ein Andenken. Die Hoteldirektion hatte ihm das empfohlen. Ein Trinkgeld von hunderttausend Mark verstößt gegen die guten Sitten.

Unbewegt nahm Bob den Scheck entgegen. Er las die Unterschrift: Theodor Haferkamp, und es brauchte ihm keiner mehr zu erklären, was Marion auf die Rheinbrücke getrieben hatte. Dr. Dorlach, der gehofft hatte, der Scheck liege bei der Polizei oder sei im Rhein weggetrieben, formulierte in Gedanken eine artistische Erklärung der Vorgänge in der Barreis-Villa. Da aber Bob nichts fragte, unterließ er es, von sich aus dieses Thema anzuschneiden. Es kam noch früh genug zu einer Abrechnung.

»Sie sah nicht aus, als wolle sie sterben«, sagte der Nachtportier. »Als sie mir den Scheck gab, dachte ich, es sei ein alter Zettel und wollte ihn wegwerfen. Als ich ihn genauer ansah, merkte ich, daß es wirklich ein gültiger . . . Ich habe sofort Alarm geschlagen, aber wer weiß denn, wo ein Mensch in Düsseldorf zu suchen ist? Sie . . . sie war sehr freundlich zu mir, sie hat sogar gelächelt. Ich dachte, sie ist glücklich. Sicherlich trifft sie jemanden, den sie sehr lieb hat . . .«

Dr. Dorlach wurde es unheimlich. Er wollte eingreifen, aber Bob Barreis kam ihm zuvor und klopfte dem Nachtportier auf die Schulter. »Ich danke Ihnen«, sagte er mit einer ausgeleerten Stimme. »Wie heißen Sie?«

»Franz Schmitz.«

»Sie bekommen morgen Ihren Anteil. Zehn Prozent . . .«

»Aber Herr Barreis.« Franz Schmitz begann zu stottern. »Zehntausend Mark, das kann ich nicht annehmen . . .« Hilfesuchend blickte er zu seinem Direktor. Der stand distinguiert an der Tür zum Direktionsbüro und zeigte keinerlei Regung.

»Sie haben meine Frau als letzter gesehen und gesprochen. Sie haben Sie glücklich gesehen. Wer kann das bezahlen? Keiner auf dieser Welt. Guten Tag —«

Bob wandte sich ab und verließ das Hotel. Dr. Dorlach folgte ihm sofort, nachdem er dem Nachtportier versichert hatte, daß er wirklich den Scheck von Herrn Barreis erhalten würde. Draußen, vor der großen gläsernen Tür des Hotels, faltete Bob den Scheck zusammen und steckte ihn oben in den Kragen seines Hemdes. Eine schwermütige Geste: Er soll auf meinem Herzen liegen.

»Fahren wir, Doktor«, sagte er schroff. »Nach Hause.«

»Essen oder Vredenhausen?«

»Vredenhausen.« Bob ging zu Dorlachs Wagen. Er schien verändert. Eine neue Energie, die Dorlach nur als teuflisch bezeichnen konnte und die ihn, da sie gerade in diesem Augenblick von Bob Besitz ergriff, maßlos erschrecken ließ. »Ich möchte eine Versammlung der Mörder abhalten.«

Der alte Adams wurde am frühen Morgen gefunden. Ein Liebespaar entdeckte ihn, als es — vor Beginn der Schicht im Barreis-Werk — noch eine halbe Stunde Zärtlichkeiten austauschen wollte und deshalb im nahen Wald ein verstecktes Plätzchen suchte. Es war der Dreher August Hülpe und die Ankerwicklerin Roswitha Schanitz, sie wohnten bei ihren Eltern, hatten nirgendwo Gelegenheit, ihrer Liebe zu leben, und flüchteten deshalb in den Wald. Hülpe schleppte in seinem alten, gebraucht gekauften VW immer eine Decke mit sich herum; sie machte ihn unabhängig von Gras und Moos, Humusboden oder Sand, mit ihr konnte er überall liegen, sie war überhaupt das wichtigste Interieur in seinem Wagen. Weihnachten wollten er und Roswitha heiraten, aber bis dahin, bis die Dachwohnung bei Hülpe ausgebaut war, durchstreiften sie in der Gegend das Unterholz, suchten sich dichte Büsche aus und empfanden es als ungeheuer romantisch, aber auch notwendig, ihre Liebe vom Gesang der Vögel und dem lautlosen Dahingleiten der Wolken umrahmt zu sehen.

Roswitha schrie hell auf, als sie die Gestalt am Baumast hängen sah — man mußte sie sofort sehen, wenn man von der Schneise abbog . . . ein riesiger Zapfen, dessen Gewicht den Ast etwas zur Erde bog. August Hülpe faßte seine Braut um die Taille, zog sie zum VW zurück und tat das, was Hellmut Hansen nicht erwartet hatte: Er fuhr nicht zur Polizei, sondern zur Barreis-Villa. Es war keine Angestelltentreue, die ihn dazu trieb, sondern die Überlegung, daß dieser Wald zum Besitz von Theodor Haferkamp gehörte und man den Besitzer eher benachrichtigen soll als fremde Leute — vor allem, wenn er Haferkamp hieß.

Butler James, der Hülpe zunächst wie einen schmierigen Regenwurm, der sich über die Freitreppe gerollt hat, betrachtete, wurde zugänglicher, als der aufgeregte junge Mann etwas von einem ›Toten im Wald von Herrn Haferkamp‹ stammelte. Haferkamp empfing seinen Arbeiter, der zum erstenmal den Prunk bestaunte, den einige tausend Betriebsangehörige Tag für Tag erhielten und mehrten, und da ein kleiner Mann vom Lebensstil seines Chefs immer erschlagen wird, suchte er nach Worten, um die Situation zu erklären. Haferkamp, voller Ahnungen, hatte die Hand schon auf dem Telefon liegen, um Dr. Dorlach anzurufen.

»Ich glaube, es ist der alte Adams —« sagte Hülpe. »Ich weiß es nicht genau ... ich bin nicht nahe drangegangen... aber er sah von weitem so aus ...«

Haferkamp wußte in diesem Augenblick, daß es nur Ernst Adams sein konnte. Er wunderte sich. Die alte Frage tauchte wieder auf, wo er die ganzen Tage über versteckt worden war, wer hier in Vredenhausen nicht die große Scheu vor den Barreis' pflegte, und wie es kam, daß Adams jetzt erst an einem Baum hing und damit den Kampf gegen die Übermacht des großen Namens verloren gab. »Sie haben beide heute frei«, sagte Haferkamp leutselig. »Fahren Sie ins Grüne und nutzen Sie den Tag.« Er zwinkerte Roswitha zu, und er war wieder der ›Vater der Arbeitenden‹, wie ihn der Betriebsratsvorsitzende am vergangenen 1. Mai in einer Rede genannt hatte. Da niemand dagegen protestiert hatte, schrieb Haferkamp diesen Satz in die Chronik des Werks. Ein dickes, ledergebundenes Buch, das den Aufstieg der Familie Barreis mit minuziöser Genauigkeit schilderte. Die Chronik eines beispiellosen Erfolges.

»Sie haben gearbeitet. Ich werde den Meistern Anweisung geben, Ihnen den vollen Lohn gutzuschreiben. Und das mit der Leiche ...« Haferkamp räusperte sich, »das übernehme ich. Ich rufe die Polizei an ...«

Zunächst versuchte er allerdings, Dr. Dorlach zu erreichen, aber der war auf dem Weg nach Düsseldorf. Haferkamp beschloß, den Toten zunächst allein zu besichtigen und dann bei der Polizei zu berichten, er habe Adams gefunden, als er seinen Jagdhund etwas spazieren führte. Um für diese Version Spuren zu hinterlassen, holte er die beiden Vorsteherhunde Alfi und Selma aus dem Zwinger, setzte sich in den Jagdwagen der Barreis' und fuhr in die

Moränenhügel. Hülpes Beschreibung des Fundortes war präzise — Haferkamp hielt genau da, wo auch die Spuren des alten VW aufhörten, stieg aus und entdeckte nach zehn Schritten seitwärts in die Büsche den traurigen Baumschmuck. Alfi und Selma gaben Standlaut, ihre Nackenhaare sträubten sich, sie zogen an den Leinen und hechelten.

Vier Schritte vor dem Toten blieb Haferkamp stehen. Er zog seinen Hut, hielt ihn vor die Brust und war tatsächlich einen Augenblick ergriffen vom Anblick des Alten. Dann band er die Hunde an einen Baum, trat vorsichtig näher und umkreiste den Hängenden.

Was Haferkamp störte, war der zufriedene Gesichtsausdruck Adams'. Er hatte noch keinen Erhängten gesehen, aber nach allgemeiner Ansicht — und man liest es ja immer — muß einem solchermaßen schrecklich ums Leben Gekommenen die Zunge aus dem Mund hängen, dick und bläulich geschwollen, denn Ersticken ist eine Sterbensart, die zu den unangenehmsten gehört. Adams aber hing an seinem Strick, als schlafe er, den Kopf etwas zur Seite, die Augen geschlossen, die Lippen zusammengepreßt. Noch im Tode voller Trotz, dachte Haferkamp. Und wer so dahingeht, der macht es nicht still, der hat eine Bombe gelegt, die früher oder später explodieren wird. Er überwand seine Scheu, trat nahe an den Toten heran, suchte mit spitzen Fingern in dessen Taschen und zögerte lange, ehe er den Rock öffnete und auch die Innentaschen untersuchte. Hier fand er den Brief, und noch bevor Haferkamp ihn geöffnet und gelesen hatte, wußte er, daß dieser Morgen einer der kritischsten und auch erfolgreichsten in der Barreis-Entwicklung geworden war.

So nahe war noch keiner der Katastrophe gewesen wie Theodor Haferkamp in den Stunden, in denen Ernst Adams, für alle verfügbar, hier an diesem Ast hing. Daß der Arbeiter Hülpe ihn und nicht direkt die Polizei alarmiert hatte, empfand Haferkamp jetzt wie ein unfaßbares Schicksal. Er beschloß, noch ehe er mit dem Lesen der letzten Worte begann, Hülpe eine Stellung als Vorarbeiter zu beschaffen und ihm eine Prämie zu zahlen. Für eine ›Idee zur Fortentwicklung und Rationalisierung des Werkes . . .‹, eine Einrichtung, die seit fünf Jahren in den Barreis-Fabriken existierte und jedes Jahr mit einer feierlichen Überreichung der Prämien und einer zündenden und tief empfundenen Ansprache von Onkel Theodor ihren Höhepunkt erreichte. Was Hülpe an Verbesserungen vorschlagen würde, war eine einfache Sache. Haferkamp hatte genug kleinere Ideen in der Schublade, von der sich Hülpe eine aussuchen konnte. Auf jeden Fall stand fest, daß der Vorarbeiter Hülpe und neue Preisträger der ›werktätigen Familie‹ (auch ein Festspruch Haferkamps) von jetzt an ein treuer und verschwiegener Gefolgsmann war. Auch zur Hochzeit mit Roswitha wollte Haferkamp beisteuern. Jovialität des Chefs zahlt sich immer aus ... es gibt Fesseln, die man wie goldene Reifen trägt.

Der Brief des alten Adams' wurde zu einer kleinen, zuckenden Flamme im Kamin des Renaissancezimmers der Barreis-Villa. Erst dann, als Haferkamp auch die Aschenreste mit einem eisernen Stocher zermalmt hatte, rief er die Polizei von Vredenhausen an. Er war noch vor dem Wagen der Kripo-Außenstelle im Wald und stand neben dem Toten, als hielte er eine Ehrenwache.

Sosehr man sich zu Lebzeiten um den alten Adams bemüht hatte, so wenig interessant war er jetzt, wo sein Tod eigentlich zu einem Fanal werden sollte. Der Polizei war die Vorgeschichte bekannt, die Einweisung in die Landesheilanstalt lag vor, die Flucht des Alten war aktenkundig — so blieb also nur noch zu klären, daß an seinem Tod kein Fremdverschulden (ein schönes Amtswort für Mord oder Totschlag) vorlag und wo Ernst Adams die vergangenen Tage über gesteckt hatte. Das interessierte auch Haferkamp brennend.

»Trotz fünftausend Mark Prämie hat sich niemand gemeldet«, sagte er bei einem abschließenden Protokoll auf der Polizeistation. Zu dieser Stunde lag der alte Adams schon in der Leichenhalle von Vredenhausen, aufgebahrt in einem wertvollen Eichensarg, den Theodor Haferkamp gestiftet hatte. Daß solche Großherzigkeit in der Stadt bekannt wurde, dafür sorgte Jakob Himmelreich selbst. Himmelreich von der Beerdigungsfirma Himmelreich & Sohn, einziges und damit auch ältestes Unternehmen dieser Art in Vredenhausen, seit fünf Generationen darauf spezialisiert, die Mitbürger würdig unter die Erde zu bringen.

»Ein Sarg für elfhundert Mark!« sagte Himmelreich mit der verschleierten Stimme, die sein Beruf mit sich brachte. »Begräbnis erster Klasse mit vier Riesenkerzen in Kandelabern, Maulbeerbäumen und echten Zypressen. Ein Kranz wie bei 'nem Staatschef. Und kein Auto, nee, einen richtigen alten Leichenwagen mit zwei Rappen davor. Als den der Herr Haferkamp bei mir im Schuppen stehen sah — zuletzt ist er 1932 gefahren, mit meinem Vater auf'm Bock —, gab's nichts anderes mehr. ›Den nehmen wir!‹ hat der Herr Haferkamp befohlen. ›Und die Rappen beschaffen Sie auch! Oder nein, ich rufe unseren Reiterverein an, die haben zwei Zugpferde im Stall.‹ Wenn das nicht Kameradschaft ist!«

Solche Mär machte schnell die Runde in Vredenhausen. Sie wurde bereits in den Fabrikhallen diskutiert, als Dr. Dorlach mit Bob Barreis eintraf. Theodor Haferkamp, hart im Nehmen, seit er die Barreis-Tradition pflegte, trug auch noch diese Last des ereignisreichen Tages mit einer erstaunlichen Würde. Dorlach hatte ihn von einer Tankstelle, wo sie tanken mußten, schnell angerufen und ihm mitgeteilt: »Der Scheck ist in Bobs Händen. Er wird erscheinen wie in einer griechischen Tragödie, randvoll mit Rache! Mein Rat . . . verreisen Sie plötzlich.«

»Nein!« hatte Haferkamp ohne Zögern geantwortet. »Ich flüchte nicht, Doktor. Noch ein paar Stunden, und der Frieden in Vredenhausen ist auf Jahre hinaus wiederhergestellt. Heute morgen hat man Adams gefunden . . . erhängt im Wald.«

»Selbstmord?«

»Ganz einwandfrei.«

»Keine letzten Worte?«

»Natürlich. Eine Vernichtung von allem, was wir bisher aufgebaut haben. Aber zermahlene Asche hat noch keiner entziffert.«

Dr. Dorlach hängte ein, ohne voll zufrieden zu sein. Er konnte sich nicht denken, daß der Abgang des alten Adams' so völlig problemlos erfolgt war. Draußen im Wagen sah ihm Bob mit einem kalten, leblosen Blick entgegen.

»Sie haben Onkel Theo gewarnt?«

»Ich habe uns angekündigt.«

»Sie sind wohl bis in die Fingerspitzen Jurist?! Jongleure und Juristen haben mehr gemeinsam als den Anfangsbuchstaben ihres Berufes. Läßt Onkel Theodor jetzt Kanonen auffahren?«

»Nein, einen Sarg. Der alte Adams hat sich erhängt.« Dorlach ließ den Motor an. »Sie sind wirklich wie ein Erdbeben, Bob. Man kann Ihren Weg zurückverfolgen an den Zerstörungen, die Sie hinterlassen.«

»Ich habe den Alten nicht aufgeknüpft. Ich habe Marion nicht von der Brücke gestoßen! Warum wälzt ihr die Schuld auf meine Seite und laßt sie zur Lawine werden? Mein Weg! Was ist mein Weg? Versuchen Sie keine juristischen oder psychologischen Feinheiten zu einem Gebäude zu mauern, in das Sie mich dann hineinsetzen wie das Teufelchen in die Flasche. Wir alle — Sie eingeschlossen, Doktor — sind einfach zum Kotzen! Das ist das ganze Geheimnis. Hinter den Marmorfassaden wuchert die Fäulnis. Wir stinken, wenn wir nach innen blicken. Wir alle! Nur ab und zu platzt, für alle plötzlich sichtbar und deshalb sofort zum Ausrotten freigegeben, eine Eiterbeule auf und verpestet die so gepflegte, gekehrte, geschorene, geputzte, gestutzte, zurechtgeschnittene, manipulierte Landschaft. Dabei ist diese Eiterbeule nur ein kleines Ventil des schrecklichen Sumpfes, aus dem sie aufwächst! Drücke ich mich klar aus?«

»Sehr klar, Bob.« Dorlach fuhr mit weniger Gas über die Autobahn. Kleinere, schwächere Wagen überholten sie, den Triumph auskostend, einen so Dicken geschafft zu haben. »Was Sie auch vorhaben, denken Sie immer daran: Marion wird nicht dadurch lebendig, daß Sie weiter zerstören.«

»Wer weiß, was ich vorhabe?« Bob lachte rauh. Plötzlich warf er beide Hände vor das Gesicht und schluchzte auf. Es kam so unverhofft, daß Dorlach zusammenzuckte.

»Was haben Sie, Bob?!«

»Marion war der einzige Mensch, den ich jemals liebte. Nicht meinen Vater, nicht meine immer klagende, leidende Mutter, nicht Onkel Theodor, der Statthalter. Schon gar nicht die Weiber, die kamen und gingen. Pflichtübungen eines agilen Penis, weiter nichts. Gesäßmuskelgymnastik. Hodenhygiene. Aber Marion war ein neues Leben ... ein richtiger Beginn, eine Umkehr, ein neues Gehenlernen auf dieser Schimmelwelt, ich wurde in ihr geboren und atmete, ohne den Moder zu riechen. Was wissen Sie davon, was Marion für mich bedeutete ... Und noch weniger wissen Sie, was jetzt folgt ...«

»Wenn wir gerade beim Beichten sind: Was geschah bei der ›Rallye Europe‹?« Dr. Dorlach schielte zur Seite, Bob Barreis hatte die Hände vom Gesicht genommen. Es glänzte feucht, und es waren wirkliche Tränen, die noch immer an seinen unteren Lidern hingen. Große, runde Kindertränen in einem vor Schönheit dahinschmelzenden Gesicht. Dorlach starrte diese Tränen an, ehe er begriff, daß Bob Barreis jetzt außerhalb seiner eigenen Haut stand.

»Ich habe den Wagen gefahren —«, sagte er einfach.

»Sie haben Lutz Adams verbrennen lassen?«

»Ja.«

»Bei vollem Bewußtsein?«

»Er hatte es nur ein paar Minuten. Dann erstickte er in den Flammen.«

»Der Bauer Gaston Brillier aus Ludon?«

»Er stürzte in die Schlucht, weil er vor mir flüchtete.«

»Renate Peters?«

»Sie hatte Angst und schwang sich über das Brückengeländer.«

»Und jetzt der alte Adams und Marion.« Dr. Dorlach hielt auf der Standspur. Er war unfähig weiterzufahren. In seinen Armen zitterten die Nerven, in den Schläfen rauschte es tosend. Ein paarmal mußte er tief einatmen. »Ist das nicht genug, Bob?«

»Genug?« Er wandte ihm sein verweintes Gesicht zu. Die großen, braunen Rehaugen waren voll Staunen. »Was habe ich denn getan? Sie starben *vor* mir, aber nicht *durch* mich! Ich habe nicht einen von ihnen berührt, als sie vernichtet wurden. Nicht einen! Ich war nur Augenzeuge! Sind Augenzeugen schuldig? Dann radiert diese ganze Welt aus, die Tag für Tag millionenfachen Mord am Fernseher, im Rundfunk, in der Zeitung genießt.«

»Sie sind das gefährlichste Wesen, das diese Erde hervorgebracht hat«, sagte Dr. Dorlach dumpf. »Sie begreifen Ihre Taten nicht. Ist so etwas möglich?«

»Warum fragen Sie?« Er fuhr herum und umklammerte mit einer unheimlichen Kraft Dr. Dorlachs Hals. Er rührte sich nicht, wehrte nicht ab, schlug oder trat nicht um sich . . . wie erstarrt saß er da und fühlte, daß ihm die Luft nicht wegblieb, sondern sein Atem nur zwischen den krummen Fingern einen Weg suchen mußte. »Wer hat Marion nach Düsseldorf gebracht?«

»Ich. Aber dafür gibt es eine Erklärung, Bob.«

»Sie haben Marion an ihren Sterbeort transportiert! Natürlich fühlen Sie sich unschuldig. Und der Scheck! Wofür der Scheck? Reden Sie nicht, Dorlach . . . Onkel Theodor gab ihn Marion, damit sie mich nicht mehr wiedersieht und irgendwo ein neues Leben beginnen kann. Sie tat es nicht, weil sie mich liebte. Sie starb lieber. Wer ist hier ein Mörder?«

»Sie sprang in den Tod, weil es keinen Ausweg mehr gab. Sie hatte Angst vor Ihnen, Bob! Begreifen Sie das doch! Sie liebte Sie, aber gleichzeitig schüttelte sie das Grauen, wenn Sie sie anfaßten. Marion zerbrach an Ihnen, an Ihrem fürchterlichen Wesen, für das es keinen Namen gibt.«

Es war, als hörte Bob Barreis zum erstenmal eine Stimme, die tiefer drang als bis ins Ohr. Er ließ Dorlachs Hals los und lehnte sich zurück. Dorlach öffnete den Kragen und riß den Schlips herunter. »Ich werde meinem Wesen einen Namen geben —«, sagte Bob. »Fahren Sie endlich weiter, Doktor . . . in einem kreißenden Berg gibt es keine Ruhe . . .«

Am Nachmittag hielten sie vor dem Barreis-Schloß, Butler James wartete auf der großen Freitreppe. Ein unendlicher Frieden lag über dem weiten Park, und Bob hatte das Gefühl, sich beim Aussteigen übergeben zu müssen, so widerte ihn die vollkommene Einheit von Würde und Heuchelei an.

Nicht Haferkamp empfing Bob Barreis in der weiten Halle des Hauses, sondern Hellmut Hansen. Haferkamp hatte ihn sofort aus dem Direktionsbüro der Werke holen lassen, als feststand, daß ein von Schmerz und Haß getriebener Rachegott nach Vredenhausen unterwegs war.

Nicht, daß Haferkamp Angst gehabt hätte oder sich verkroch. Dazu war er zu mächtig, besaß zuviel Möglichkeiten, Menschen wie Bob ›am ausgestreckten Arm verhungern zu lassen‹, was eine seiner liebsten Redewendungen war. Eine zerfressende Taktik lag in seinem Plan, erst Hansen mit Bob sprechen zu lassen . . . den Erben mit seinem vollgültigen Nachfolger.

Hellmut Hansen hatte sich nicht gegen den Befehl Haferkamps gewehrt und war in die Villa gekommen. Das Mißlingen mit dem

Brief des alten Adams' hatte ihm einmal mehr gezeigt, wie straff Haferkamp die ganze kleine Stadt Vredenhausen hinter seinem breiten Rücken aufgebaut hatte, und daß nur ein Kommando genügte, um einige tausend Menschen zu einer privaten Armee werden zu lassen. Daß so etwas in unserer Zeit noch möglich war — ein Feudalherrschertum unter der Fahne der sozialen Marktwirtschaft, eine Leibeigenschaft durch die Lohntüte —, hatte Hansen bisher nicht geglaubt und auch nicht so deutlich gespürt. Er hatte in Aachen studiert, und seine sporadischen Besuche in Vredenhausen zeigten ihm nur einen erstaunlichen Frieden. Eine Oase der Zufriedenheit und des äußeren Wohlstands, der Vollbeschäftigung und des Wirtschaftswunders. Was man hinter der vorgehaltenen Hand munkelte, tat er als Geschwätz ab. Je größer der Erfolg, um so größer die Kübel Mist, die man heimlich vor die Türen schüttet ... auch das war eine Ansicht Haferkamps, die Hansen als völlig logisch ansah. Erst jetzt, nach seinem Eintritt in den unmittelbaren Kreis der Familie Barreis, als gekrönter Kronprinz eines langsam unheimlich werdenden Erbes, erkannte er voll die ganze Gebirgslandschaft, die Vredenhausen umzog und von der Umwelt abschirmte. Die Barreis-Gebirge, unüberwindbar mit normalen Seilen, Haken und Eispickeln.

Der Brief des alten Adams' war vernichtet. Damit hatte der Alte endgültig verloren, sein Tod war sinnlos geworden. Auch anonyme Anzeigen würden nichts bringen ... Haferkamp würde leugnen, jemals einen Abschiedsbrief gefunden zu haben. Wer wollte ihm das Gegenteil beweisen? Gegen diesen Wall des Schweigens aber anzurennen mit aller Offenheit, war ebenso sinnlos ... Haferkamp würde Hansen mit einer Handbewegung zurück in die anonyme Masse werfen, und die letzte Chance, in Vredenhausen das moderne Mittelalter abzuschaffen, war vertan. Es blieb nur ein Weg: aushalten, warten, das Erbe antreten, in der Stille für einen Aufbruch wirken ... eine Untergrundarbeit, die Hansen zutiefst verabscheute. Er war ein klarer, offener Mensch ... aber welcher Mensch mit solchen Grundsätzen kommt höher hinauf als bis zum mittleren Angestellten?

Nach solchen Überlegungen, mit denen Hansen die Zeit bis zum Anruf aus der Barreis-Villa verbrachte, war er auch sofort bereit, die erste Linie gegen Bob Barreis zu besetzen und für Onkel Theodor die Festung reif zu schießen. Bob war der Untergrund aller Werte, die man bisher geschaffen hatte ... ihn zu vernichten, still zu vernichten, war eine Aufgabe geworden. Die unauffällige Zerstörung eines Menschen aber ist eine gedankenreiche Sache, eine fast generalstabsmäßige Planung.

Bob Barreis zog die Lippen ironisch auseinander, als Hellmut Hansen in einem korrekten dunkelblauen Anzug mitten in der Halle stand. Ein Monument der Sauberkeit. Und prompt sagte Bob auch: »Grüß Gott, Herr Saubermann! Es ist gut, daß ich dich zuerst sehe.«

»Das habe ich mir gedacht. Wo wollen wir sprechen?«

»In der Bibliothek. Das war mein Lieblingsplatz als Kind.« Bob ging vor, riß die Tür auf und winkte einladend in den Raum. »Hier hockte ich manchmal hinter einem Bücherregal und sah zu, wie mein Vater eines der Hausmädchen über den breiten Schreibtisch legte. Hier habe ich erlebt, wie meine Mutter den ersten und einzigen Geliebten ihres Lebens empfing ... meinen Nachhilfelehrer in Physik. Anscheinend war meine Mama auch schwach in diesem Fach, und er erklärte ihr die Wirkung der Reibung. Hier habe ich mit fünfzehn Jahren unsere Putzfrau, Frau Beverfeldt, damals vierzig Jahre und mit einem Hintern wie ein Oldenburger Zugpferd, hinter das Regal für klassische Literatur gezerrt und bewiesen, daß ich nicht das Bübchen bin, als das ich immer und überall gerufen wurde. Also, mein Lieber, mein Lebensretter, mein Moralonanist ... sprechen wir hier über mich!«

Bob setzte sich in einen großen englischen Ledersessel und verschränkte die Beine. Hellmut Hansen lehnte sich an den marmorgefaßten Kamin. Er ist krank, dachte er. Man sollte ihn nicht zerstören, sondern nur isolieren. Er hat nie eine gesunde Seele gehabt ... irgendwann einmal hat er sie sich wund gerieben, und so ist sie geblieben, immer gereizt, immer entzündet, immer im Fieber, eine Seele ohne schützende Haut.

»Ich habe gehört, was mit ... mit Marion geschehen ist«, sagte Hansen langsam. »Ich kann dir nachempfinden —«

»Heuchler!« Bob sagte es mit einer vakuumgleichen Ruhe. »Ihr habt sie dahin gebracht. Nur ihr!«

»Ich war nicht im Haus, als man Marion den Scheck gab. Ich war mit Eva zusammen.«

»Ach ja, die schöne, sittsame Eva. Die zukünftige Frau Millionär. Die Konzernfrau. Sicherlich liebst du sie.«

»Red nicht so dummes Zeug. Du weißt, wie ich Eva liebe.«

»Und hundertmal, tausendmal mehr habe ich Marion geliebt!« schrie Bob plötzlich. Er sprang auf und ballte die Fäuste. »Für dich ist Eva eine Frau . . . für mich war Marion die Welt. Ein einziger Mensch die ganze Welt! Begreift ihr das überhaupt? Ihr wolltet mich loshaben, ihr Kammerjäger der Anständigkeit . . . aber nicht Pulver wolltet ihr über mich schütten, auch nicht mich vergasen, sondern mich verstecken, einfach verstecken, aus dieser Welt aussortieren, wie in der Fabrik am Band der Endkontrolle der Ausschuß in den Müll geworfen wird. Ja, ich war Ausschuß für euch. Abfall der menschlichen Gesellschaft. Aber das darf ein Barreis nicht sein! Ein Müller oder Meier oder Lehmann darf öffentlich zugrunde gehen — ein Barreis nie! Aber ich bin euch aus den Fängen gehüpft, ich habe meine eigene Welt gesucht und gefunden . . . und das war Marion! Hier lag eure Chance, mich für immer loszuwerden, und was tut ihr, ihr Idioten? Ihr treibt sie auf die Rheinbrücke! Zum erstenmal in seinem Leben hat Onkel Theodor den falschen Hebel gezogen. Statt eine Fallgrube zu öffnen, betätigte er seinen eigenen Schleudersitz. Das will ich ihm heute sagen — mehr nicht! Ich lebe! Ich werde weiterleben! Ich werde euch dieses Leben zu Pech und Schwefel machen, daß ihr herumlaufen werdet wie die Geteerten und Gefederten. Mit Marion wäre ich ein stiller Mitesser geworden . . . Jetzt habt ihr einen Kannibalen großgezogen!«

»Zufrieden?« fragte Hansen. Bob Barreis starrte ihn mit zuckenden Backenmuskeln an. Die rehbraunen Augen flackerten wie bei einem Süchtigen.

»Wieso?«

»Genug Luft abgelassen?«

»Hätte ich heute schon etwas gegessen, würde ich dich jetzt ankotzen.«

»James kann Schnittchen bringen, wenn du dich aufladen willst.«

»Immer der Überlegene! Aus Onkel Theodors ideologischen Lenden entsprungen. Hellmut —« Er trat zwei Schritte vor. Sie standen jetzt so nahe voreinander, daß sie sich mit ihrem Atem anwehten. Wenn er spuckt, dachte Hansen, schlag ich ihm die Nase ein. Diese schöne, griechische Nase zwischen den Samtaugen.

»Ja?« sagte er gedehnt.

»Du warst mein Freund.«

»Du wirst es nicht glauben — ich bin's noch immer. Sonst wärest du mir nicht diese Mühe wert.«

»Ich möchte Marion in unserer Familiengruft beisetzen. Sie war meine Frau ... sie gehört in die geweihte Gruft der Barreis'! Sie war vielleicht die einzige Barreis, die es wert ist, durch einen Gedenkstein geehrt zu werden. Sie soll neben meinem Vater liegen ... dann werde ich kommen. Nein, nicht meine Mutter ... sie überlebt uns alle. Sie konserviert sich in ihren eigenen Tränen ... Sie müßte nach chemischen Gesetzen schon salzüberkrustet sein. Mein Vater, Marion, ich, Mutter ... in dieser Reihenfolge. Das ist mein größter Wunsch an die Mörder meiner Frau ...«

»Bob!«

»An die Mörder!« schrie Bob. »Kannst du mir das versprechen?«

»Nein.«

»Warum nicht?«

»Ich leite die Fabriken, aber nicht die Grabkammern. Das muß Onkel Theodor entscheiden.«

»Wie armselig. O Himmel, wie erbärmlich! Mein lieber, guter, kleiner Freund Hellmut. Erkennst du nicht, welch armselige Rolle du in dieser Familie spielst? Nicht einmal über Gräber darfst du verfügen. Immer und überall und über jedem thront Gott Theodor!« Bob lachte, mit einem wilden, heiseren Unterton, fast erstickt von der alles umklammernden Ironie. »Was bist du denn, Hellmut? Ein Schwanzhalter. Jawohl, du darfst den Schwanz halten, während Onkel Theodor pißt! In deinem Gesicht putzt er sich die Schuhe ab!«

»Ich werde mit Onkel Theo sofort über deinen Wunsch sprechen. Sonst noch etwas?«

»Ja.« Bob Barreis legte beide Hände auf Hansens Schultern. Er veränderte sich wieder, wie er von jeher die Eigenschaft eines Chamäleons gehabt hatte, sich sekundenschnell umzufärben. Jetzt leuchtete ehrliche Zuneigung aus seinen faszinierenden, braunen Augen. »Wenn Marion in die Barreis-Gruft kommt, will ich ab sofort brav wie ein alter, lahmer Dackel sein. Das ist kein Versprechen, Hellmut, das ist ein Schwur. Sag es Onkel Theodor. Und dir wünsche ich viel Glück als Barreis-Erbe ... du wirst das Glück aber nie erleben.«

Nachdenklich verließ Hellmut Hansen die Bibliothek. Er ahnte, daß Haferkamp den zweiten großen Fehler begehen und seine Zustimmung zu dieser Beisetzung Marions nie geben würde.

Hansen irrte sich nicht ... Haferkamp empfing Bob im Renaissancesalon. Groß, wuchtig, steif, unnahbar, mit einem unsichtbaren Panzer aus schußsicherem Dickglas umgeben. Ein Monument schon zu Lebzeiten, an dessen Geburtstag die Vereine und Verbände aufmarschierten, Lieder sangen und Hurra brüllten. Ein Bismarck der Industrie. Stahlgeschmiedet. Nicht rostend. Ohne Patina. Immer blank mit dem Zaubermittel der Sauberkeit: Geld.

»Im Renaissancesalon —« sagte Bob bei seinem Eintritt. »Immer stilgerecht. Der Cesare Borgia von Vredenhausen. Nur Gift im Becher bietest du nie an. Darin bist du den Borgias geistig überlegen. Du tötest eleganter, charmanter, selbst Märtyrer des furchtbaren Familienschicksals.« Er griff in sein Hemd, zog den Scheck heraus und legte ihn auf den Marmortisch zwischen sich und Haferkamp. Ein kleines, grünliches Stück Papier, das Haferkamp mit heruntergezogenen Mundwinkeln betrachtete. »Ich bringe dir deine Auslagen zurück. Der Fall erledigte sich ohne Investitionen.«

»Danke.« Haferkamp rührte den Scheck nicht an. Bob nickte.

»Sehr klug. Hättest du den Scheck an dich genommen, ich wäre vielleicht zum Affekttäter geworden. Auch wenn ich sehr schlank bin, ich habe Kraft in den Fingern.«

»Das ist bewiesen.« Haferkamp sagte es mit einer Verachtung, unter der Bob sich duckte wie nach einem Schlag auf den Kopf. »Aber reden wir nicht von der Vergangenheit. Die Vergangenheit haben wir gemeinsam unter größtem Einsatz überwunden. Die Affäre Adams ist vergessen, die Affäre Peters bereinigt. Alle haben ihr Bestes für dich gegeben.«

»Marion ihr Leben.«

»Das ist ein anderes Kapitel. Das geht uns Barreis' nichts an.«

»Marion war eine Barreis!« schrie Bob. »Die einzig Wertvolle! Hat Hellmut mit dir . . .?«

»Ach ja, die Familiengruft. Das ist doch absurd!«

»Also nicht?«

»Nein.«

»Warum?«

Eine Frage, die im Raum hing wie ein Feuerbündel, das gleich zerplatzen würde.

»Ein neuer Skandal in Vredenhausen! Erst Heirat, dann sofort Tod? Wie soll man das den Leuten erklären?«

»Die Leute können mich am Arsch lecken!«

»Sie werden es nicht tun! Sie haben mehr Geschmack, als du ihnen zutraust.« Haferkamp nahm eine Zigarre aus dem Zedernholzkasten, schnitt die Spitze ab, rauchte sie an und blickte den ersten blauen Wölkchen nach. »Alles ist bisher geschehen, um dich herauszupauken. Wir haben die Wahrheit gekauft und umfunktioniert. Du hast für eine Vollbeschäftigung gesorgt.«

»Es ist schön, daß du zugibst, alle Menschen zu manipulieren.«

»Ich habe das nie geleugnet, nicht in unserem engen Kreis. Ich will aber, daß du das einsiehst und honorierst. Wir haben dich vor lebenslangem Zuchthaus bewahrt.«

»Es hat das Leben von Marion gekostet!«

»Wenn du nur einen Augenblick logisch denken könntest, nur jetzt . . . Wer trieb die Situation bis an den Rand der Katastrophe?«

Bob Barreis senkte den Kopf. Er ist eine Felswand, dachte er. An ihm zerrennt man sich den Kopf. Man kann ihn nicht wegsprengen . . . er ist aus dem Urgrund herausgewachsen. Man kann an ihm zerschellen oder ihn umgehen. Eine dritte Möglichkeit gibt es einfach nicht. Nur zum Mörder könnte man noch werden. Aber auch damit rechnet er. Er weiß, daß ich ein feiger Mensch bin, daß ich Angst vor dem Tod habe. Ich hatte ihn zum Spielkameraden, aber ich habe ihn nie umarmt. Auch nicht bei den Rallyefahrten . . . und ich habe sie darum auch nie gewonnen. Ein Feigling in der Toga des Helden. Eine Maus, die ins Fell eines Löwen schlüpft. Wie lächerlich diese Figur ist. Wie grauenhaft lächerlich —

»Was . . . was soll mit Marion werden?« fragte er leise.

»Sie wird in Essen begraben. Erster Klasse, selbstverständlich.«

»Selbstverständlich.« Bob wiederholte es bitter. »An ihrem Grab müßte ein Engelchor singen.«

»So weit gehen meine Verbindungen zum Himmel nicht. Aber unsere Kirchensteuerbeträge öffnen schon viele Pforten.«

»Ein Grabstein —«

»Natürlich. Und es wird daraufstehen: Marion Barreis.«

»Danke. Kaufe ein Doppelgrab. Ich möchte neben Marion liegen.«

»Abgelehnt. Ein Barreis gehört in die Barreis-Gruft.«

»Fangen wir wieder von vorn an!« schrie Bob. »Marion ist eine Barreis!«

»Man kann die Welt von unten und von oben betrachten. Sie sieht jeweils anders aus und bleibt doch immer die alte Welt.«

Bob kapitulierte. Wenn Haferkamp begann, philosophisch zu werden, erlosch bei anderen jeder Widerstand. Dann gab es für jede Situation einen weisen Spruch, der alle Dinge immer in das Gleichgewicht rückte, das Haferkamp als seine Ordnung ansah: Auf der einen Schale die ganze Welt . . . auf der anderen die Barreis'. Dann stimmte die Waage.

»Ich werde nach Cannes ziehen«, sagte Bob. »Für immer. Ich werde Vredenhausen nie mehr betreten, nur noch in einem Sarg. Die Vorbedingung ist, daß mein monatlicher Wechsel pünktlich überwiesen wird.«

»Garantiert.«

»Eine Wohnung, voll eingerichtet. Ein neuer Sportwagen. Die alten Forderungen.«

»Erfüllt.« Haferkamp machte sich eine schnelle Notiz. »Wann reist du ab?«

»Sofort nach Marions Begräbnis.«

»Also in drei Tagen.«

»Ja.«

Sie standen sich gegenüber wie Fremde, die sich irgendwo begegnen, ein paar höfliche Floskeln wechseln und nun einander nichts mehr zu sagen haben. Bob wandte sich ab, um zu gehen, aber Haferkamp trommelte auf die Marmortischplatte.

»Du bist vergeßlich geworden, Bob.«

Bob fuhr herum. Ein neuer Angriff? »Wieso?« sagte er.

Haferkamp zeigte auf das schmale Blatt Papier vor sich. »Der Scheck.«

»Es ist Marions Geld.«

»Ich schenke es dir. Als Startkapital.«

Bob zögerte. Die Zahl 100 000 sprang ihn an. Sie verwandelte sich unter seinem Blick in Palmen, weiße Strände, Spielkasinos, schöne Frauen, Hotelbetten, gedeckte Tafeln, rauschende Feste. Und immer wieder Frauenkörper aller Farben. 100 000 . . . ein Schlüssel zur Vergessenheit —

Langsam kam Bob zurück, beugte sich vor und legte die Hand flach auf den Scheck. Dann schob er ihn zu sich und zerknüllte ihn zwischen den Fingern, bevor er die Faust in die Hosentasche steckte. Haferkamps Grinsen begleitete ihn . . . ein Grinsen, das Mord in ihm wachrief.

Sie hatten es geschafft. Großherzig, elegant, mit einer chevaleresken Nonchalance. Mit der Wohltätigkeit von Wölfen.

Bob Barreis verdiente am Tod seiner Frau.

Er wurde zum Zuhälter einer Toten. Eine kleine, miese Type, die sich für hunderttausend Mark kaufen ließ.

»Ich hasse euch!« sagte Bob dumpf. »O Himmel, ich ersticke noch an diesem Haß.«

Dann rannte er hinaus, stieß den Butler James zur Seite und warf sich mit ausgebreiteten Armen an die frische Luft.

Am gleichen Tag wurde Ernst Adams begraben.

In Vredenhausen bewegte sich ein Trauerzug von fast tausend Menschen zum Friedhof, hinter dem Totenwagen und den zwei Rappen her, hinter einem Sarg, der unter den riesigen Kränzen nicht mehr zu sehen war.

Neben dem Pfarrer schritt unmittelbar hinter dem Sarg Theodor Haferkamp in feierlichem Cut und Zylinder. Er wußte, daß die meisten Menschen nicht gekommen waren, um den alten Adams zu begraben, sondern um ihn, den Herrn von Vredenhausen, zu sehen, der dieses Begräbnis, das man in solcher Pracht nur im Fernsehen sieht, ausgestattet hatte. Um das Grab standen in

Dreierreihen die Kriegsveteranen, denen Adams angehört hatte und deren förderndes Mitglied auch Haferkamp war. Die Werkskapelle wartete, um einen Choral und den ›Guten Kameraden‹ zu spielen, der Pfarrer hatte sich eine herzergreifende Rede zurechtgelegt ... dann würde der große Augenblick kommen, wo Haferkamp an die offene, mit Tannenzweigen ausgeschlagene Grube trat und eine seiner berühmten Ansprachen hielt. Nach dem Senken der Vereinsfahnen — man zählte elf Stück und wußte erst jetzt, wieviel Vereine Vredenhausen überhaupt besaß, und kein Verein ohne den Wohltäter Haferkamp! — würde man den Sarg hinunterlassen und das Gebet sprechen.

Vater unser ...

... und vergib uns unsere Schuld ...

... und führe uns nicht in Versuchung, sondern erlöse uns von dem Bösen ...

Und Theodor Haferkamp würde mitbeten, sehr laut, für alle hörbar, ein mitreißender Mensch, ein großer Mensch ...

Marions Beerdigung, die zwei Tage später in Essen stattfand, war dagegen ein Akt einsamer Liebe.

Außer den sechs Sargträgern und einem Pfarrer ging hinter dem Sarg nur Bob Barreis. Die kleine Trauerfeier in der Kapelle, bei riesigen Kerzen und duftenden Blumenkränzen, die Haferkamp bestellt hatte, war ein Solo für Marion und Bob. Allein saß er vor dem Sarg, die Hände gefaltet, die schönen, braunen Augen wie mit Samt überzogen, tränenlos, kalkig im Gesicht, glatt und unbeweglich die Miene, in seinem Cut wie ein Dressman wirkend, der sich statt ins Fotoatelier auf den Friedhof verlaufen hat.

Als Bob nach den letzten Klängen des Harmoniums — der Organist spielte nach langem Widerstand und erst nach einem Trinkgeld von fünfhundert Mark das Trompetensolo aus ›Verdammt in alle Ewigkeit‹ — die Kapelle wieder verließ, wartete draußen Hellmut Hansen. Im Arm trug er ein riesiges Gebinde aus langstieligen roten Baccara-Rosen. Bob zuckte zusammen und trat dann auf Hansen zu.

»Ich danke dir —«, sagte er leise und streckte seine Hand hin. »Hellmut, das vergesse ich dir nie! Du verdammter Hund ... du hast mir zum drittenmal das Leben gerettet —«

Später standen sie an Marions Grab, Hand in Hand wie Kinder, und sahen zu, wie der Totengräber die Erde auf den Sarg schaufelte. Die Endgültigkeit dieser Tätigkeit wollte Bob in sich aufnehmen. Er brauchte diesen Anblick wie Rauschgift.

»Wohin jetzt?« fragte er, als sie draußen vor dem Friedhof standen. Die Welt war wirklich leerer geworden . . . Bob spürte es mit einer drückenden Deutlichkeit.

»Nach Düsseldorf.« Hellmut Hansen hakte sich bei ihm unter. »Deinen neuen Sportwagen kaufen. Welche Type?«

»Einen Maserati Ghibli.«

»Gehen wir . . .«

Schon in der Nacht welkten die Rosen auf Marions Grab. Ein warmer Wind kündete den Sommer an. Vier Tage später trockneten die Kränze aus. Und Theo Haferkamp sagte:

»Jetzt bezieht er in Cannes seine neue Wohnung. Was für ein Mensch! Nicht einmal nach seiner Mutter hat er gefragt . . .«

Es war wirklich nur ein Zufall, daß an einem jener zauberhellen, samtenen Abende, wie sie nur die Riviera gebären kann, Bob Barreis und Fritz Tschocky auf der Uferpromenade zusammentrafen. Beide waren allein, und sie standen sich plötzlich gegenüber wie zwei Autos, die sich auf einer Kreuzung die Weiterfahrt versperren.

Während Tschocky über Bob hinwegsah, überzog sich das Gesicht Bobs mit einem freudigen Glanz.

»Tschocky!« rief er. »Mensch, so ein Zufall! Du in Cannes! Gehen wir ins Maxim? Oder zu mir? Ja, zu mir. Ich wohne jetzt hier. Eine kleine Wohnung im neuen Fiori-Hochhaus! Ein Blick übers Meer, bei dem man träumen kann! Komm mit —«

Tschocky musterte Bob und zog die Brauen zusammen. »Verzeihen Sie — Sie verwechseln mich«, sagte er steif. »Das muß ein Irrtum sein . . .«

»Ein Irrtum? Mensch, Fritz . . .« Bob begriff nicht. Er tippte Tschocky gegen die Brust. Der trat einen Schritt zurück, sichtlich belästigt. »Bist du nicht Fritz Tschocky?«

»Ich heiße so, ja.« Tschockys Gesicht wurde so hochmütig, daß es lang und gummiähnlich wirkte. »Und trotzdem ist es ein Irrtum . . . Sie verwechseln mich, wenn Sie glauben, mich zu kennen. Ich habe mein ganzes Leben lang vermieden, Leute wie Sie in meiner Nähe zu dulden —«

Er streckte den Arm aus, schob mit einem Ruck Bob aus dem Weg und ging mit einem Stolz, der sengende Hitze über Bob ergoß, an ihm vorbei. Und jetzt erst begriff Bob Barreis, daß Cannes ein Paradies sein würde, an dessen Zaun er stehen würde, in das er aber nie hineinkam. Die Clique um Fritz Tschocky war die Gesellschaft, um deren Gunst sich Barreis bemühte, ohne die er jetzt nicht mehr leben konnte, die sein Ziel war, das letzte Ziel, das er erreichen konnte: ein Star im Jet-Set zu sein. Eine schillernde Blase. Ein vergoldetes Nichts. Ein umjubelter Dieb der Zeit. Ein Held in tausend Nächten. Ein männliches Erdbeben.

Und jetzt tauchte Tschocky auf und warf ihm die Tür zu.

»Du Schwein —«, sagte Barreis leise und starrte Tschocky nach. »Du elendes Schwein! Auf einen Zweikampf mit dir freue ich mich!«

Drei Stunden lang strich er durch die Straßen von Cannes, bis er Tschocky auf der Terrasse des Hotels d'Angleterre beim Campari sitzen sah. Neben ihm am Tisch rekelten sich Erwin Lundthaim, Erbe eines chemischen Konzerns, Alexander Willkes, Sohn eines Reeders, und Hans-Georg Schuhmann, Erbe des Schuhmann-Elektrokonzerns.

Bob Barreis drückte das Kinn an, betrat die Terrasse, suchte sich einen freien Tisch an der mit Blumenkästen geschmückten Balustrade und bestellte eine halbe Flasche Champagner. Eisgekühlt, mit Orangensaft.

»Da ist er«, sagte Tschocky gelangweilt. »Der Schrumpf-Playboy. Er wird uns auf dem Pelz bleiben wie ein Floh. Jungs, wir müssen uns etwas einfallen lassen. Wo ein Bob Barreis auftaucht, ist Selbstschutz die einzige Überlebenschance.«

Am Abend übergab ein Bote Bob Barreis in seiner Wohnung im Fiori-Hochhaus ein Päckchen. Es enthielt eine kleine, mit schimmerndem Perlmutt eingelegte, scharf geladene Pistole und einen Zettel mit dem Satz: »Nur eine Patrone im Lauf . . . sie genügt.«

13

Kampf heißt Angriff ... das hatte Bob Barreis gelernt. Es war einer
der wenigen Lehrsätze von Onkel Theodor Haferkamp, die er behalten hatte, weil sie sich in der Praxis als wahr erwiesen. Andere
Kernsätze aus Haferkamps Lebensphilosophie, wie etwa: ›Wer unter dir steht, kann bald über dir sein!‹ oder ›Auch mit Pellkartoffeln
und Heringen ist das Leben schön!‹ tat Bob als Spielereien mit
dummen Sprüchen ab. Unter ihm hatte noch keiner gestanden, nur
gelegen, und das waren die Weiber, und wenn sie wirklich über
ihm waren, so nur, um Variationen des Genusses zu praktizieren.
Und mit Pellkartoffeln hatte er bei einer Demonstration seine Lehrer auf dem Gymnasium beworfen, aus dem Hinterhalt natürlich,
unsichtbar, wie es seiner Natur entsprach, und Hellmut Hansen
war es wieder gewesen, der sich schnappen ließ und klaglos Ver-
weis und ein Jahr lang besonderes Interesse des Lehrerkollegiums
genoß.

Jetzt aber, mit der kleinen Pistole auf dem Tisch, gab es kein
Verkriechen mehr. Jetzt war er zur offenen Schlacht aufgefordert,
und Bob war bereit, sich zu stellen.

Lange stand er am Fenster und blickte hinunter über das in ein
glitzerndes Nachttuch gehüllte Cannes. Ein Anblick voller Zauber ... das Lichtermeer der Häuser und Straßen, und dahinter,
schwarz, nur von wenigen lautlos gleitenden Positionslichtern be-
tupft, das richtige Meer, mit dem Himmel zusammenstoßend im
ewigen, nie lösbaren Geheimnis. Wer hier am Fenster stand —
und es waren schon einen Tag nach Bobs Einzug in das Apartment
zwei Frauen gewesen, eine Amerikanerin von dreiundvierzig Jahren nach dem Mittagessen und eine kleine Verkäuferin aus der
Boutique ›Angélique‹ in der Nacht —, vergaß seine eigene Erdenschwere und wurde so vom Schweben erfaßt wie die glitzernden,
unzählbaren Lichter in der Tiefe. Für Bob war es jetzt ein trübsinni-
ger Anblick. Er stand da, starrte in die helle Nacht, wanderte dann
im Zimmer herum, trank vier Gläser Whisky, bis ihm der Alkohol
nicht mehr schmeckte und er Sehnsucht hatte nach Marions Zärtlichkeit, ihrem herrlichen Körper und ihrer einmaligen Gabe, die

Tote zu spielen oder sich vergewaltigen zu lassen. Aber Marion war tot, von der Düsseldorfer Brücke in den Rhein gesprungen, ein Rätsel wie das schwarze Meer vor dem Fenster, eine Frage, die niemand beantworten konnte. Dr. Dorlach hatte es versucht, aber Bob Barreis hatte ihn nicht verstanden. Hellmut Hansen versuchte es, noch kurz bevor Bob für immer nach Cannes zog ... und Bob hatte ihn angeschrien: »Laß mich in Ruhe, du Sanftmutpisser! Zum Teufel, wie verlogen ist diese Welt! Marion hat mich geliebt, aber ihr habt sie fertiggemacht. Mit Schecks, mit schönen Reden, mit seelischem Terror. Daran ist sie zerbrochen! Nur daran! Ihr Mörder!«

Dann hatte er Hellmut angespuckt und sich gewundert, daß dieser ihn nicht zu Boden schlug.

»Feigling!« hatte er gebrüllt. »Du mit deinem Gütetripper! Aus dir tropft die pure Menschlichkeit wie Eiter!«

Und Hellmut Hansen hatte ganz langsam gesagt: »Paß auf dich auf, Bob. Nun bist du allein, ganz allein! Das warst du noch nie.«

Die letzte Regung eines Freundes ... Bob verstand auch das nicht. Er war abgefahren, in seinem neuen Maserati, einem ›Dosenaufreißer‹, wie Tschocky ihn nannte, als er sich vor einem Jahr auch einen kaufte und nach vier Monaten gegen eine Mauer setzte, weil bei 140 Kilometer Geschwindigkeit seine Beifahrerin am falschen Knüppel 2. und 3. Gang spielte. Damals lachte alles tagelang über Tschockys Liebes-Rallye ... jetzt, als Bob daran dachte, ballte er die Fäuste und stierte wieder auf die kleine Pistole in dem samtausgeschlagenen Kästchen.

»Ich werde der Größte sein!« sagte Bob Barreis laut. »Ich werde morgen beginnen, nicht nur Cannes, nein, die ganze Riviera zu erobern! Bob Barreis nicht zu kennen ... das wird einmal ein Verbrechen sein wie Kinderschlachten.«

Er nahm die Pistole aus dem Kasten, betrachtete sie genau, sah, daß sie — wie auf dem Zettel stand — nur mit einer Patrone geladen war, öffnete das Fenster, legte an, kniff das Auge zu und zielte hoch in den Nachthimmel. Der Schuß ging unter in der Weite ... ein dünnes Peitschen nur, leiser als eine Fehlzündung, dachte Bob, lächerlich winzig fast und doch tödlich ... das war das Erschreckende daran. Man kann ein Leben beenden mit einem kleinen Fingerruck, mit einem winzigen Knall, mit einem Gerät, das in die Handfläche paßt, das darin verschwindet, wenn man die Finger schließt.

Bob starrte hinauf in die vom Widerschein der Tausende Lichter fahle Dunkelheit des Himmels.

»Auf dich habe ich gezielt, Gott!« sagte er mit einem Stolz, der nahe an der Verzweiflung lag. »Du lieber Gott, du Gott der Anständigen, der Haubenträger, der Heuchler, derer, die mit deinem Namen Geschäfte machen, der sich in Purpur Wickelnden, derer, die dich als Alibi nötig haben, du lieber, lieber Gott der inbrünstig Betenden, die dich in Wahrheit mit jedem ihrer Worte kastrieren ... ich habe dich erschossen! Für mich bist du ab heute nacht« — er blickte auf seine goldene Armbanduhr — »seit 23 Uhr 19 tot! Von jetzt ab lebe ich wie ein Satan! Er ist der einzige, den die Welt braucht, den sie anerkennt, dem sie huldigt, dem sie den Arsch küßt, während sie gleichzeitig von dir Hosiannah singt. Und, lieber Gott, hör mich an, den höllischen Propheten: Du wirst an deinem Irrtum untergehen ... an dem Irrtum, diese Welt und den Menschen nach deinem Ebenbild geschaffen zu haben! Prost, lieber Gott ... ich verneige mich vor dir, dem Toten ... ich habe immer ein Faible für Tote gehabt.«

Er machte eine tiefe Verbeugung gegen den Nachthimmel, warf das Fenster zu, legte die kleine Pistole zwischen die roten Rosen in der Vase, die ihm die liebestolle Amerikanerin gebracht hatte — »Jede Rose ein heißer Kuß, my sweet«, und nahm dann seine unruhige Wanderung durchs Zimmer wieder auf.

Wo ansetzen, grübelte er. Wo treffe ich sie am meisten? Ihr Stolz sind die Frauen ... ich werde sie ihnen wegnehmen, eine nach der anderen, ich werde sie lächerlich machen wie Impotente, die einen Herkules zeugen wollen.

Im Sessel schlief er ein, das Glas mit Whisky in der Hand. Er merkte und hörte es nicht, als es ihm aus der Hand fiel und auf dem Teppich zerschellte.

Er träumte von nackten, glitzernden, goldstaubgepuderten Frauenkörpern, die in seinen Armen zerschmolzen und zu goldenen Rosen wurden.

Der Alkohol war gütig ... er half mit, Bob Barreis zu belügen.

Fritz Tschocky und seine Freunde merkten schnell, welchen Kriegszug Bob Barreis angetreten hatte. Immer, wo sie waren, tauchte auch Bob auf, stets brav im Hintergrund bleibend, beobachtend, abseits stehend, ein gewolltes Mauerblümchen. Er lungerte auf dem Golfplatz herum, im Hafen, auf den Caféterrassen, im feudalen Meerwasserschwimmbad des ›Club des Pirates‹, im Ballsaal des Hotels ›Imperial‹ und an der von Lampions umrandeten Tanzfläche der ›Grottes des fleurs‹.

Bob Barreis tat nichts, und eben weil er nichts tat, fiel er überall auf. Die Frauen sahen ihn an, forschend, geradezu betroffen, rätselnd und vom Interesse an diesem schönen lockigen Jüngling mit den samtweichen Augen und den fein geschwungenen Lippen zerfressen. Mehr wollte Bob nicht . . . mit einem Lächeln, so traurig, daß jedem weiblichen Wesen, das ihn ansah, die Innenseiten der Schenkel zitterten, wandte er sich dann ab, ging langsam zu einem Tisch oder auch nur ein paar Schritte abseits, steckte sich eine süße, orientalische Zigarette an und schien mit den Sternen oder der Sonne eins zu sein. Ein Tropfen, der aus dem Himmel gefallen war unter diese rauhen Menschen.

Wenn es sich zufällig ergab — und diese Zufälle waren immer zur Hand, denn nichts verkuppelt mehr als Neugier —, sprach er die Freundin Tschockys oder des Chemiekonzern-Erben Lundthaim an, sagte mit einer geradezu raffinierten Schlichtheit: »Ihre Augen sind unvergeßlich. Ich werde von ihnen unentwegt träumen« und traf eine Verabredung für den nächsten Tag.

Es vergingen dann kaum drei Stunden — die Höchstzeit waren drei Stunden und 28 Minuten —, bis die Geliebten seiner ehemaligen Freunde auch seine Geliebten geworden waren. Sie benahmen sich in seinen Armen wie Tolle, überhäuften ihn mit zärtlichen Worten und stöhnten ihren Liebesschmerz herzzerreißend in ein verstecktes Mikrofon hinter der Uhr auf dem Nachttisch.

Bob Barreis führte genau Buch über seine Eroberungen. Am Ende einer seligen Stunde, wenn die ›herrlichsten Wesen, die je aus einer Eizelle entstanden sind‹ (wie Bob die Frauen nannte, und was die Frauen faszinierte, denn sie hielten es für einen ungewöhnlichen Geist), aus seinem Apartment gegangen waren, sprach

Bob mit ruhiger, fast geschäftlicher Stimme den Gipfelpunkt seiner Gemeinheit und seines erneuten Sieges:

»Das war Rita Nordhold, die blonde Schwedin, die bis heute Fritz Tschocky gehörte.« Oder: »Sie hörten Lucia Sarelto, die Freundin von Alexander Willkes. Ich mache darauf aufmerksam, daß jedes ›Mamamama‹, das Sie auf dem Band hören, ein Orgasmus von ihr war!«

Er hielt das grausame Spiel eine Woche lang durch. Zum erstenmal dachte er ökonomisch, teilte sich die Zeit ein . . . liebte am Tag und schlief in der Nacht, oder liebte in der Nacht und ruhte sich am Tag aus; er absolvierte seine ›Stehstunden‹ an Hafen, Bars, Tanzflächen, Schwimmbädern und Stränden genau nach einem Terminplan, der übermäßige Anstrengungen für ihn ausschloß, aber ein Maximum von Erfolg versprach. Am meisten wunderte er sich, wie anspruchslos diese Mädchen im Bett waren, wie schnell sie ihren Himmel herunterholten, so, als wenn Tschocky und seine Freunde auch nicht gerade zu den besten Bodenturnern zählten.

Nach einer Woche packte Bob Barreis die Tonbänder in eine ebenfalls mit rotem Samt ausgeschlagene Kiste, die er sich extra von einem Modellschreiner anfertigen ließ, und schickte seinen Triumph über neun Unterleibe an Fritz Tschocky, z. Zt. Hotel Eden, Zimmer 101-103.

Auch Bob legte einen Zettel bei.

»Ich habe mich nicht mit einer Kugel begnügt . . . wer rechnen will, kann anfangen zu zählen.«

Tschocky empfing das Päckchen, nachdem er mit Lundthaim, Willkes und Schuhmann — man nannte die Vier in Cannes bereits das ›Strich-Quartett‹ — vom Bad aus dem Meer zurückkam. Man hatte sich nach einer langen Nacht erfrischt, wollte sich nun umziehen und auf der Terrasse ein kräftigendes Frühstück einnehmen.

»Von Bob!« sagte Tschocky sofort, als er die Tonbänder ansah. Er hatte den Zettel noch nicht gelesen, aber als er die wenigen Worte laut vortrug, wurde er sehr ernst und kniff die Augen zusammen.

»Alex, hast du ein Tonbandgerät bei dir?« fragte er.

Willkes nickte, rannte hinaus und kam nach fünf Minuten mit dem Tonbandkoffer zurück. Tschocky legte das mit einer roten Eins gekennzeichnete Band auf und drehte an dem Abspielknopf. Aus dem Lautsprecher tönte samtweich und höflich Bobs Stimme. Er sprach artikuliert, ein wenig übertrieben deutlich, wie ein Schauspieler, der Sprechübungen vor dem Spiegel macht und dabei seine Lippenstellungen kontrolliert.

»Meine Freunde, was soll ich mit einer Pistole? Sie ist eine Waffe, die ich nie benutze. Meine Waffe sieht anders aus, ist nicht mit Perlmutt besetzt, ab und zu vielleicht mit einem Fleck aus Lippenstiftfarbe, und wenn ich mit ihr schieße, töte ich nicht, und die Schmerzen, die ich verursache, sind süß und unvergeßlich.«

»Idiot!« sagte Schuhmann vom Schuhmann-Elektrokonzern in Bobs Rede hinein. »Tschock, dreh ab — sollen wir uns dieses Gespräch anhören?«

Aber im gleichen Augenblick verstummte er, denn ganz deutlich, ganz klar, so, als seien sie Zeugen, die daneben hockten, sagte eine vor Seligkeit wegschwimmende Frauenstimme: »Bob, o Bob . . . du hast Hände wie ein Engel . . . Mein Liebling, wie zärtlich du sein kannst . . . Erwin ist direkt roh gegen dich . . .«

Erwin Lundthaim zuckte zusammen und wurde glührot. »Verflucht, was ist das?« schrie er. »Ich —«

»Halt's Maul!« zischte Tschocky. Bobs Tonbänder, das wußte er schon jetzt, enthielten für sie alle Hiebe mit glühenden Eisen. Sie würden in den nächsten Stunden durch eine Hölle gehen müssen, ohne wieder umkehren zu können. Und am Ende des Weges würden sie ausgebrannt sein, eine ausgeglühte Hülle, in der jetzt genug Platz war, um sie mit einem tödlichen Haß aufzufüllen.

»Das war Norma Shelly, das süße Häschen aus Sheffield, das bis heute Lundthaim gehörte —«, sagte Bobs grausam liebliche und höfliche Stimme. »Und nun zu Tschocky, meinem lieben Freund. Hör gut zu. Ich glaube nicht, daß du sie vorher erkennst . . . in meinem Bett verändern sie alle Stimme, Wesen, Charakter und Weltbild. Ich verändere ihre seelische Landschaft wie ein Erdbeben. Es ist Freitag, mittags 12 Uhr 45. Du, lieber Tschock, liegst am Strand, im Glauben, sie sitzt jetzt beim Friseur unter der Trockenhaube. Was sie wirklich erhitzte . . . hör's dir an —«

Zwanzig Minuten in einem Vulkan gelebt, gesotten in der Lava, so kam sich Tschocky vor, als er mit verkrampften Fingern vor dem Tonbandkoffer saß und alles anhörte. Und dann zum Schluß der Name des Mädchens, präzise wie eine Zeitansage im Rundfunk.

Gong. Die nächste Sendung.

Alexander Willkes war dran. Der Reederssohn. Ein Baum von Mann, immer lächelnd, gutmütig, ein Bär mit goldenem Pelz.

»Ich bring' ihn um ...« stammelte Willkes, als Bobs heißer Krieg auch sein Herz zerriß. »Bei Gott, ich höre mir das noch an, und dann zerlege ich dieses Schwein in seiner Wohnung!«

Aber am Ende der ›Willkes-Sendung‹, wie Bob am Schluß mit feiner Ironie sagte, war er wie die anderen unfähig, sich zu rühren. Das Gehörte lähmte ihn ... man kann einem Mann den Leib zerschießen, die Beine und die Arme amputieren, die Augen ausstechen und die Zunge herausreißen, seine Därme um einen Pfahl wickeln oder mit seinem Hirn Löcher stopfen ... er wird's ertragen können. Nur eins kann er nie überwinden: Bei einer Frau lächerlich zu sein. Und sie alle, die jetzt hier um das verstummte Tonbandgerät saßen, waren zu Clowns geworden, zu armseligen, billigen, untalentierten, mickrigen, miesen, erbärmlichen Halunken der Liebe. Sie hatten es gehört, vielfach, grausam selig herausgestammelt, hinausgeschrien, weggestöhnt und zum Himmel geseufzt ... ihr Todesurteil als Mann, gesprochen von den Frauen, deren Besitz ihr Stolz gewesen war, gefällt im Augenblick, als ein anderer Mann einen Himmel aufriß, wo für sie nur Wolken gewesen waren.

Es war eine Niederlage, so vollkommen, daß nicht einmal die Geier ihre Leichen berühren würden ... weil auch sie lachten.

»Wir müssen ihn töten!« sagte Tschocky nach einer ganzen Zeit. Er sprach es aus, als stöhne er wie ein durch die Wüste Geirrter nach Wasser. »Es bleibt uns gar nichts anderes übrig ... wir *müssen* es! Er reißt uns alle mit. Ich kenne ihn genau, besser als ihr ... er ist ein Monstrum, bei dem alles, was es berührt, verdorrt. Er wird durch Cannes gehen, hin und her, und seine verheerende Spur hinterlassen. Dann wird es Monte Carlo sein, Nizza, San Remo,

Alassio . . . er hat ja noch soviel Zeit. Die ganze Welt kann er zerstören. Wir *müssen* es tun!«

»Ich schlage ihm den Schädel ein!« sagte Willkes, der Hüne, dumpf. Er ballte die Faust — sie war wie ein Hammer aus altnordischer Sage.

»Nicht so, Alex.« Tschocky schüttelte den Kopf. »Selbst da wird er uns überlegen sein . . . Du schlägst ihn nieder, kommst ins Zuchthaus, bist für dein Leben gesellschaftlich tot. Ein Totschläger auf dem Parkett? Ein Mörder Schwiegersohn des alten Hörnunger?«

»Wie willst du ihn umbringen, ohne ein Mörder zu sein?« fragte Schuhmann. Er besaß keine Stimme mehr. Zwei seiner Freundinnen hatte das Tonband entlarvt, und mehr noch . . . er hatte zweimal gehört, daß er ein Schwächling sei, ein schwitzender Schwätzer. Es klang fast wagnerisch.

»Durch Erwin . . .« sagte Tschocky und atmete tief durch. Der innere Druck, die Lähmung, diese schreckliche Taubheit ließ langsam nach. Lundthaims Kopf zuckte herum.

»Ich?« rief er. »Wieso ich? Gut, ich schlage ihn vor die Fresse, aber töten? Ich übernehme mal die Chemischen Werke . . .«

»Eben!« Tschocky lächelte versonnen. »Wir sollten uns mehr auf den Verstand verlassen. Was jetzt ins Spiel kommt, ist ein Intelligenz-Quiz. Bob ist ein Idiot. Sein Kapital sind seine Augen, seine Haare, seine Lippen, seine Stimme, seine Hände, sein Unterleib . . .«

»Das wiegt Millionen auf!« sagte Schuhmann fast apathisch. »Damit kann ein Mann nie untergehen.«

»Aber im Hirn ist er ein Schrumpfkopf! Hier ist er verwundbar.« Tschocky nahm das letzte Tonband vom Abspielteller und warf es weg in die Zimmerecke. Es war, als befreite er sich damit von einer Vergangenheit, an die er nie mehr erinnert werden möchte. »Erwin —«

»Laß mich aus dem Spiel, Tschock!« rief Lundthaim.

»Du fliegst morgen nach Hause und siehst dich in euren Labors um.«

Lundthaim starrte Tschocky entgeistert an. »Bist du verrückt geworden?«

»Wir werden Bob Barreis auf die eleganteste Art töten, die es gibt: durch sich selbst. Das Schicksal wird es uns nicht übelnehmen, wenn wir dazu die Grundlagen schaffen. Nur diese, Freunde . . . das andere wird Bob allein tun. Ich kenne ihn.«

»Das hast du schon mal gesagt. Langsam wird's langweilig!« sagte Willkes. »Was heißt hier Grundlagen? Ein Schwein muß man schlachten.«

»Man kann es auch ins offene Messer rennen lassen und weinend dabeistehen, wenn es verblutet. Wir werden ihm helfen — aber es wird nichts nutzen, es ist zu spät. Begreift ihr das?«

»Nein!« schrie Schuhmann für die anderen zwei. »Nein! Nein!« Er verlor sichtlich die Nerven. Er sprang auf, trat auf den Tonbändern herum und benahm sich ausgesprochen hysterisch. »Alles nur Worte, Worte! Und jeder von uns weiß, daß er weitermacht, daß er uns die Mädchen immer wieder wegnimmt, daß wir gar nichts dagegen tun können, daß wir zu Marionetten werden, zu strampelnden Hampelmännern! Wir sollten ihn umbringen, wir alle vier zusammen . . .«

»Genau das werden wir, aber nicht mit unseren eigenen Händen.« Tschocky lehnte sich lächelnd zurück. »Wir werden warten . . .«

»Worauf?« knurrte Willkes.

»Auf Claudette.«

»Wer ist Claudette?«

»Eine kleine, arme, dumme, süße, niedliche Hure.«

»O je, o je . . . Sie hat die Syphilis und soll Bob anstecken. Wenn's so ist, lache ich mich tot! Tschock, du bist ein Idiot, nicht Bob!«

»Sie ist ein sauberes Flittchen, aber sie frißt Heroin, Hasch, Opium, Meskalin, LSD und Morphium pfundweise, wenn sie's bekommt. Ich habe Claudette voriges Jahr kennengelernt . . . sie wollte keine hundert Francs, sondern einen ›Schuß‹. Ich habe ihr sechs Ampullen besorgt . . . seitdem bin ich ein kleiner Jesus für sie.«

»Und so etwas kennt Bob nicht?«

»Erstaunlicherweise nicht. Wir werden ihm Claudette ins Höschen schieben.«

»Und dann?« Schuhmann schüttelte voll Unverständnis den Kopf. Er war noch immer wie gelähmt, nachdem er die Tonbänder zertreten hatte. Er stand mitten in den Kunststoffschlangen, die braun seine Schuhe umringelten, und machte den Eindruck, als würde er von ihnen langsam ausgesaugt. Von allen hier war er am sensibelsten, weil er bisher auf seine Männlichkeit soviel gegeben hatte. Seine Entthronung durch Bob Barreis kam einer Vernichtung gleich.

»Dann?« Tschocky sprang auf, so plötzlich, daß alle zusammenzuckten. »Wir werden Bob in einem Strudel untergehen sehen ... und seinen Schrei um Hilfe wird niemand hören.«

Noch am Nachmittag flog Erwin Lundthaim nach Deutschland.

Bob Barreis blieb in seiner Wohnung im Fiori-Hochhaus. Auch er wartete. Es war ausgeschlossen, daß Tschocky und seine Freunde die Tonbänder ohne Gegenschlag aufnahmen. Sie würden kommen, und darauf war er vorbereitet.

Aber nichts geschah.

Heute nicht, morgen nicht, übermorgen. Eine ganze Woche lang. Nichts.

Bob Barreis versuchte vergeblich, sich das zu erklären. Tschokkys Verhalten widersprach aller Logik.

Am achten Tag mischte sich Bob Barreis unter die Gäste eines Balles im Hotel d'Angleterre. Er sah Tschocky, und Tschocky sah ihn. Einmal tanzten sie sogar mit ihren Partnerinnen aneinander vorbei, und Tschocky sah durch Bob hindurch, als sei dieser aus Glas. Kein Blick, kein Wort, keine Gebärde.

Bob Barreis stand vor einem Rätsel. Dann schüttelte er alle Fragen für diese Nacht ab wie ein nasser Hund die Wassertropfen und visierte ein Mädchen an, das ihm schon den ganzen Abend aufgefallen war. Sie trug ein goldenes Abendkleid, und über ihre nackten Schultern und die halbnackten, vollen Brüste flutete eine Sturmwoge von langen, leuchtend schwarzen Haaren. In dem zierlichen Gesicht standen die Augen ein klein wenig schräg.

Bob Barreis schnaufte durch die Nase. Er war dem Traum einer Frau begegnet, dem Endziel aller Männerwünsche: einer Eurasierin.

Sie hieß schlicht Claudette —

Es wurde eine romantische, geradezu unwahrscheinliche Liebe, schon an diesem ersten Abend. Bob Barreis begriff es selbst nicht... er kämpfte sogar dagegen an, wollte sich zwingen, in Claudette wie bei den anderen Mädchen nichts anderes zu sehen als einen willigen Unterleib, eine glatte, von winzigen Härchen wie Samt überzogene Haut, ein im Wonneschweiß zuckendes Stück Fleisch, stammelnde Dummheit, die ihn am Morgen anekelte und die er vor die Tür setzte wie einen Hund, der den Teppich vollgeschissen hatte. Er wehrte sich verzweifelt dagegen, das schöne, reine, engelsgleiche Bild, das er von Marion in seinem Herzen herumschleppte und das ihn immer wieder daran erinnerte, gegen diese Gesellschaft anzurennen, durch Claudettes eurasische Tierhaftigkeit wegzaubern zu lassen. Es gelang ihm nicht... Hand in Hand gingen sie schon nach einer Stunde im Park des Hotels d'Angleterre spazieren, küßten sich in einem Palmenhain, sahen in den Mond und redeten das unbegreiflich dumme Zeug aller Verliebten.

»Wo kommst du her?« fragte Bob. Er hatte ihren Brustansatz geküßt, und sie hatte die schlanken Finger in seine Locken verkrallt und ihn an sich gepreßt.

»Ich bin in Fabron geboren, einem kleinen Nest in den Bergen hinter Nizza. Wir haben gelebt wie die Wühlmäuse. Mama webte auf einem kleinen Webstuhl Decken und Stoffe und verkaufte sie in einem Pappkarton auf der Promenade des Anglais, heimlich, hinter Palmen, denn das war verboten. Es schadet dem eleganten Gesicht von Nizza, wenn eine arme Frau vor Pappkartons steht und handgewebte Sachen anbietet. Manchmal verkaufte sie keinen einzigen Lappen, aber dafür fünfmal oder neunmal sich selbst. Mama war eine schöne Frau. Dreck konserviert, sagte sie immer. Vielleicht ist es wahr... sie wurde nicht alt, und als sie starb — unter ein Auto ist sie gekommen, ein betrunkener Engländer hat sie überfahren —, sah sie auch noch im Tod wie ein junges Mädchen aus.«

»Dein Vater war aus Asien?«

»Ich weiß es nicht. Ich habe ihn nie gekannt, und Mama hat nie über ihn gesprochen.«

»Jedesmal, wenn du in einen Spiegel siehst, merkst du es doch.«

»Mag sein, daß er ein Asiate war. Vielleicht ein Dschingis-Khan!« Sie lachte, kaskadenhaft, wie sprudelndes Wasser über die Schalen eines römischen Brunnens stürzt. Ein Lachen, das in Bob Barreis eindrang und dort zu Feuer wurde. Er küßte Claudette erneut, blieb an ihren Lippen haften wie ein Insekt an den Fäden eines Spinnennetzes und genoß die Nähe ihres Körpers, der unter seinen Händen pulsierte.

»Wovon lebst du?« fragte er, als er wieder Atem holte.

»Das mußt du fragen?« Keinerlei Scham war in ihren Worten, ihren Augen, ihren Gesten. »Ich verkaufe meine Haut.«

Es klang so natürlich, als habe sie gesagt: Ich verkaufe Obst oder Blumen oder schöne, teure Kleider. Bob Barreis wunderte sich erneut über sich. Huren waren bei ihm bisher wie Fußabtreter gewesen . . . wenn man es nötig hatte, wetzte man sich an ihnen ab, schabte den Überfluß weg, reinigte sich und ging weiter, den Dreck hinter sich lassend. Claudette aber, dieses Flittchen mit fernöstlichem Zauber, konnte es ihm sagen, und er lauschte ihren Worten mit einer ganz fremden Verzückung.

»Willst du bei mir bleiben?« fragte er.

»Das habe ich als sicher angesehen, Bob.«

»Nicht nur diese Nacht. Immer.«

»Immer? Was heißt immer? Für Männer ist ›immer‹ nur die Zeit, die sie brauchen, um bis zum Kotzen satt zu werden. Ich kenne das.«

»Wo wohnst du?«

»Willst du zu mir?« Sie sah ihn verblüfft an. »Hast du kein schönes Hotelzimmer? Bei mir ist es dumpf, muffig, es riecht nach Bratfisch und Pommes frites, die in altem Öl gebacken sind. Wenn du aus dem Fenster blickst, ist unter dir ein stinkender Hof voller Gemüsekisten, in denen Kohl und Salat verfaulen, die nicht verkauft wurden. Kennst du die Rue de Marconi?«

»Nein.«

»Und Madame Bousnard?«

»Nein.«

»Sie hat sieben Katzen, die auf den faulenden Gemüsekisten sitzen und jaulen. Man kann die Fenster schließen, man könnte sie sogar verkleben — die Katzen hört man immer, und der Gestank dringt durch die Mauern. Da willst du mich lieben? Bist du pervers?«

»Komm zu mir, Claudette.« Bob Barreis legte den Arm um ihre schmale Schulter. »Ich habe eine Wohnung im Fiori-Haus.«

»So vornehm?«

»Ganz oben, mit einem weiten Blick übers Meer und direkt in den Himmel.«

»Und da redest du von ›immer‹?«

»Ja. Du verstehst das nicht —«

»Bestimmt nicht. Ich bin eine arme Hure, mein Liebling. Das heißt, ich hätte reich sein können, wenn ich bei allen Männern das verdammte ›immer‹ geglaubt hätte. Aber so dumm war ich nie. Nur bei dir« — Sie zögerte, sah ihn mit ihren mandelförmigen, etwas schrägen Augen an und strich sich die langen schwarzen Haare aus der Stirn. Es war ein Blick, der das Bild Marions in Bobs Herz wegschmolz. Noch einmal dachte er an sie, dann verdunkelte sich die Erinnerung völlig, und die Gegenwart und die Zukunft leuchteten auf wie hundert heiße, gleißende Sonnen. »Bei dir bin ich zum erstenmal unsicher . . .« sagte sie leise. »Aber was soll's: Es gibt ja kein ›immer‹! Ich bin eine Hure!«

»Du bist ein Zaubergeschöpf, Claudette«, sagte Bob Barreis. »Mit dir könnte das Leben seinen Brechreiz verlieren.«

»Bis du mich auskotzt . . .«

»Dann bin auch ich am Ende.« Er drückte sie an sich, es war ein wenig kitschig und übersentimental, Liebesgejammer und Katergeheul, aber er meinte es in diesem Augenblick so ernst, daß er es hätte beschwören können. »Wollen wir das Ende zusammen erleben?«

»Ende? Bist du krank? Unheilbar?«

»O Himmel nein, ich bin kerngesund. Ich will hundert Jahre werden. Schon darum, um noch vierundsiebzig Jahre lang das Barreis-Vermögen zu belasten. Allein dieser Gedanke wird mich jung halten. Und du sollst bei mir sein . . .«

»Vierundsiebzig Jahre lang?«

»Ja.«

»Liebling, du bist vielleicht ein Narr! In zehn Jahren sehe ich aus wie ein Brezelmännchen! Glaub es mir. Aber diese zehn Jahre, die lebe ich. Mit Trompeten und Posaunen, Trommeln und Pauken. Rechne also nur mit zehn Jahren, Schätzchen.« Sie hob die Schultern. »Vielleicht werden's auch nur zehn Tage. Ich bin teuer.«

»Wenn das wahr wäre, hättest du eine Villa auf Juan-les-Pins.«

»Ich brauche alles Geld für anderes.«

Sie sagte es leichthin, und Bob begriff es nicht. Er dachte an Kleider, Schmuck, teure Restaurants, Bälle, Seefahrten, Ausflüge zu den Plätzen, wo das Einatmen der Luft schon ein Luxus ist.

»Ich habe genug«, sagte er. »Wenn es nicht reicht, werde ich mit Onkel Theodor verhandeln. Um allein in Vredenhausen zu regieren, würde er dem Teufel den Schwanz vergolden.«

»Ich kenne weder Onkel Theodor noch dieses Vredenhausen.« Claudette hakte sich bei ihm unter. Vom Meer wehte ein warmer Wind durch den Park des Angleterre. Atem aus Afrika, ein Aufseufzen der Sahara. »Ich will deine Wohnung unter dem Himmel sehen, Bob.«

Er nickte, spürte in sich das unbeschreibliche Gefühl eines Glükkes, das die Welt verändert, und zog sie mit sich fort zu seinem auf der Croisette wartenden Wagen.

Von der Tanzterrasse des Hotels d'Angleterre beobachteten Tschocky und seine Freunde den seligen Abgang Bob Barreis'. Sie hoben die Gläser und stießen miteinander an, als hätten sie einen guten Vertrag zum Abschluß gebracht.

»Der Fisch ist am Haken!« sagte Tschocky zufrieden. »Jetzt wird er aufs Trockene gezogen.«

»Und du glaubst, Claudette schafft es?«

»Wenn eine, dann nur sie.«

»Und falls sie sich in Bob verliebt? Auch bei Huren ist alles möglich!«

»Das ändert nichts. Im Gegenteil.« Tschocky trank ex. In seinem weißen Smoking mit der hellroten, breiten Kragenschleife und dem seidenen Kummerbund wirkte er so vornehm und blasiert, daß die selbst königliche Gäste gewohnten Kellner erst nach dem zweiten Zögern ihre Fragen an ihn stellten. »Sie wird Ihre Sache vorzüglich machen. Und dazu noch so billig . . .«

»Wieviel?« fragte Willkes, als Reederssohn mit Rechnen aufgewachsen.

»Drei Ampullen Phenyl-methylamino-propan-hydrochlorid —«
Und Lundthaim, der Chemikersohn, sagte lächelnd:
»Auf gut deutsch: Pervitin — Wert: runde drei Mark!«

In der Nacht — schon gegen Morgen, was an den fahlen Rändern
des Himmels abzulesen war — wachte Bob auf. Claudette saß auf
der Bettkante, in herrlicher Nacktheit, die langen Haare hochgebunden, das asiatische Gesicht noch halb im Traum, die Schenkel
gespreizt, und hantierte in ihrer Handtasche, die auf dem Nachttisch lag.

Bob blieb still liegen, stellte sich schlafend und beobachtete sie.
Er war glücklich, daß er die Augen schließen wollte, um das letzte
Bild, ihren Glücksschrei in seinen Armen, die Explosion ihrer
Liebeskraft, nicht von sich zu lassen. Aber das leise Weggleiten
Claudettes, ihre Tätigkeit, bei der ihre Hände zitterten und ihren
Körper durchrüttelten, faszinierten ihn so, daß er steif dalag und
kaum atmete.

Auf dem Nachttisch lag ein schmales, blinkendes Kästchen.
Claudette öffnete es, entnahm ihm eine kleine Injektionsspritze,
setzte eine dünne Nadel auf, nahm sie wieder ab, griff in ihre
Handtasche, holte ein Tütchen heraus, schüttete drei Ampullen
mit einer wasserhellen Flüssigkeit in die Spritze und setzte dann
die Nadel wieder auf. Dann betrachtete sie ihren linken Oberschenkel, drückte mit dem Zeigefinger der linken Hand auf eine
Stelle und hob die Spritze. Das Zittern in ihr verstärkte sich, es
war, als beginne sie mit den Zähnen zu klappern.

Als sie die Nadel in den Muskel stoßen wollte, griff Bob blitzschnell zu und hielt ihre Hand fest. Sie fuhr herum, mit blitzenden,
aufgerissenen, kalten Augen und fauchte ihn an wie eine Raubkatze, die man im Netz gefangen hat.

»Laß mich los — Verdammt, nimm die Hand weg! Ich . . . beiße
zu.«

Ihr Kopf zuckte nach unten, Bob spürte, wie sich ihre Zähne in
seinen Handrücken gruben, raubtierhaft, rücksichtslos, mit einer
Wildheit, die alle Vernunft, ja alles Menschliche in ihr zerfressen
hatte.

»Loslassen!« schrie sie wieder.

Blut tropfte aus der Bißwunde über Bobs Hand. Er ertrug den irren Schmerz, ließ seine Hand auf ihrem Schenkel und wälzte sich nahe an sie heran.

»Was machst du da?« fragte er völlig sinnlos.

»Ich gebe mir einen ›Schuß‹, du Idiot! Hand weg!«

»Hast du das nötig?«

»Ohne das Zeug bin ich ein nasser Lappen —«

»Was spritzt du denn da?«

»Was weiß ich? Ich hab's eingetauscht. Namen sind dämliche Verpackungen . . . die Hauptsache, es hilft. Genug gehört?« Sie stieß Bobs Hand weg, fixierte wieder die Stelle und stieß schnell, ehe Bob noch einmal zugreifen konnte, die Nadel in das wundervolle, braune, samtige Fleisch. Während sie den Kolben der Spritze niederdrückte und die Flüssigkeit in sie eindrang, warf sie den Kopf zurück und ließ den Mund weit offen, als schreie sie lautlos. Dann, mit einem kurzen Ruck, zog sie die Nadel wieder heraus, drückte den Daumen auf die Einstichstelle, die winzige Wunde damit abpressend, und ließ sich nach hinten fallen, quer über Bob. Ihre Brüste lagen genau vor seinem Mund . . . er küßte sie und spürte, wie das Zittern wegglitt, wie der Körper sich straffte und in einem unsäglichen Wohlgefühl sich aufquellen ließ wie ein trockener Schwamm, über den Wasser rinnt. Claudette rutschte von Bob herunter und legte sich neben ihn. Ihre Mandelaugen, vor Sekunden noch an der Grenze des Irrsinns, waren wieder die Sterne einer wesenlosen Zauberwelt.

»Komm zu mir«, sagte sie leise, fast singend. »Ich brauche dich . . . jetzt brauche ich dich . . . Ich habe Sehnsucht nach Kraft . . .«

Bob rührte sich nicht. Er starrte sie nur an.

»Warum tust du das?« fragte er. Sein Blick ruhte auf dem kleinen Einstich ihres Schenkels.

»Ich lebe davon, Liebling.«

»Wie oft? Täglich?«

»Es kommt darauf an. Wenn es mich überfällt, muß ich es haben. Ganz gleich, wo ich bin. Vorgestern habe ich mich hinter eine Palme auf der Croisette gestellt und ›geschossen‹. Es ist fürchterlich, wenn es plötzlich zu Ende ist. Dann wird die Welt zur Hölle, alles brennt, in mir, um mich, ich trockne aus, ich kann nicht mehr laufen, nicht mehr sprechen, nicht mehr stehen . . . und dieses Zittern, dieses Zittern, Liebling . . . die ganze Welt löst sich in Zittern auf.« Sie küßte ihn, rutschte tiefer, legte sich auf seinen Unterleib und benutzte seine Männlichkeit wie ein weiches Kissen. »Alles, was ich verdiene, geht dafür drauf. Ich habe dir gesagt: Ich bin teuer. Und ich warne dich noch einmal! Denk nicht an ›Immer‹. ›Immer‹, das bedeutet bei mir, daß ich dich arm fixe . . .«

»Ich werde dich davon abbringen«, sagte Bob heiser. Er erinnerte sich an den Clubabend in Essen, an die LSD-Gesellschaft bei Tschocky, als die Welt gläsern und violett wurde und die Menschen zu winzigen, durchsichtigen Zwergen, in denen die Herzen tickten wie Uhren. »Verdammt . . . ich werde dich heilen . . .«

»Wenn du das fertigbringst, soll der Papst dich heilig sprechen.« Sie lachte hell, von neuer Kraft durchflossen, des Lebens ganze Schönheit umarmend durch die Spritze voll Pervitin. Sie hob das rechte Bein und zeigte mit den Zehen auf den Nachttisch. »Willst du's auch versuchen, Schatz?«

»Nie! Verflucht, nie! Claudette, ich liebe dich . . .«

»Sag das nicht. Du liebst den hinterlassenen Dschingis-Khan in mir.«

»Ich habe dir gesagt, daß du die Frau sein kannst, die mit mir hundert wird.«

»Und ich habe dir gesagt, daß dieser Körper keine zehn Jahre mehr aushält. Ich weiß das genau, aber es ist wie auf einer Bobbahn . . . man rast die Strecke hinunter, die Geraden und Kurven und Steilhänge, und man kann nicht mehr anhalten, man muß weiter, weiter, ins Ziel . . . Es kann auch sein, daß ich mittendrin hinausfliege . . .« Sie angelte mit den Zehen, mit denen sie greifen konnte, als seien es ihre dritten Hände, die kleine Injektionsspritze und holte sie zu sich. Mit angezogenen Knien, die Spritze zwischen den zierlichen, rotlackierten Zehennägeln, zeigte sie Bob das gläserne Instrument. »Das allein ist Leben —«, sagte sie wie ein Kind, das seiner Puppe spontan einen Namen gibt.

»Und ich?«

»Du, mein Schatz, bist das ganze Fleisch, das die leere Hülle Leben ausfüllt. Aber ohne diese Hülle bist du ein Nichts. Ein roher Kloß. Ekelhaft.«

»Claudette!« Er richtete sich auf. Sie blieb in seinem Schoß liegen, balancierte die Spritze zwischen den Zehen und warf mit beiden Händen ihre Haare hoch wie schwarzen Schnee.

»Versuch es . . .«

»Was?«

»Ohne dieses Mistzeug zu leben.«

»Du wirst dich wundern, wie ich dann werde!«

»Ich halte es aus! Du kennst meinen Willen nicht. Ich werde dich einsperren, wenn du es wieder brauchst.«

»Ich schlage dir alles kaputt! Ich könnte sogar aus dem Fenster springen!«

»Vierzehn Etagen hoch wohnen wir.«

»Was interessiert mich das? O Liebling, du kennst nicht die Hölle.«

»Als ich nach Cannes zog, habe ich mich darauf vorbereitet, selbst eine zu schaffen.«

»Dann laß es uns gemeinsam tun, Schatz. Du deine, ich meine . . . Himmel, wird das ein herrliches Leben, wenn wir alle Teufel sind!«

Sie ließ die Spritze aus ihren Zehen fallen, warf sich mit einem girrenden Aufschrei über Bob und preßte ihn zurück in die Kissen.

Sie zerrissen sich fast gegenseitig bis in den sonnigen Morgen hinein.

Nach drei Wochen tauchte unvermittelt Hellmut Hansen in Cannes auf. Er klingelte gegen Mittag an Bobs Wohnungstür, und Bob öffnete in einem seidenen, orientalischen Mantel.

»Die Himmel rühmen der Moral Neugier«, sagte er und blieb wie eine Sperre in der Tür stehen. »Was willst du, Erbe der Barreis?«

»Ich hatte in Nizza zu tun und dachte mir, Bob freut sich, wenn ich ihn besuche.«

»Du läßt nach, Hellmut . . . ich ertappe dich dabei, wie du wiederholt falsch denkst.«

»Sollen wir auf dem Flur weitersprechen?« fragte Hansen. Er sah etwas abgespannt aus. Seit zwei Wochen flog er kreuz und quer durch Europa, besuchte die Großhändler und verhandelte mit den Kriegsministerien. Die Barreis-Werke hatten einen neuen elektronischen Rechner entwickelt, der — in Zielvorrichtungen eingebaut und mit ihnen gekoppelt — eine dreiundneunzigprozentige Zielsicherheit garantierte. Bonn hatte es den Barreis-Werken erlaubt, den befreundeten Staaten dieses Patent anzubieten.

»Das bringt uns Millionen!« sagte Theodor Haferkamp zufrieden. »Da sieht man wieder, zu welchen Leistungen menschliche Hirne fähig sind und wo es überall Lücken gibt! Dreiundneunzigprozentige Zielsicherheit . . . das ist fast vollkommen. Und da der Mensch nie vollkommen sein kann, muß man sagen: Unser Gerät ist nach menschlichem Ermessen vollkommen. Man komme mir jetzt bloß nicht damit, das sei ein Kriegsgerät! Bloß nicht! Ich denke nicht an den Angriff, nur an die Verteidigung. Ein Beitrag zu meiner pazifistischen Gesinnung. Verteidigung der edlen Güter des Menschen gehört zu den höchsten moralischen Werten. Das muß man herausstellen, Hellmut, ganz klar herausstellen, auch in Bonn . . . und damit wären wir in einem goldenen Export!«

Onkel Theodor, durch seine vorzügliche Lobby immer im richtigen Ohr sitzend, auch mit seinen Sprüchen im Industrie-Club und auf den Lohntüten seiner fünftausend Arbeiter, behielt auch jetzt recht. Hellmut wurde zum Handelsreisenden in Sachen elektronischer Rechner, wie es harmlos hieß. Er empfand dabei ein ungutes Jucken in der Herzgegend und einen Druck im Gehirn, aber er flog herum und lernte den Umgang mit Ministern und Staatssekretären.

Es war erstaunlich . . . Hellmut Hansen entwickelte nach diesen Wochen eine stille Sympathie für die Revolutionäre, die die gegenwärtige Gesellschaft als verfault betrachteten. Mit Haferkamp darüber zu streiten, war sinnlos vertane Zeit. Der Barreis-Spruch: »Auf einem mit Geld gefüllten Kissen schläft man hart, aber zufrieden«, war eine Parole, gegen die der Ruf: »Verändert die Gesellschaft!« geradezu kindisch klang.

»Du siehst müde aus«, sagte Bob mit der wachen Beobachtungsgabe eines Mannes, der in Gesichtern lesen kann.

»Ich bin auch fertig, Bob. Du läßt mich also nicht rein?«

»Bei mir liegt ein nacktes Mädchen im Bett . . .«

»Das ist nichts Neues. Das hat dich früher nie gehindert.«

»Ich liebe Claudette, und diese Liebe ist heilig.«

»Eine neue Marion Cimbal?«

»Marion ist eine blasse, wegziehende Wolke geworden.«

»So schnell?«

»Ihr solltet jubeln darüber, du und Onkel Theo. Ich bin auf dem Weg, normal zu werden.«

»Dieses Wunder muß ich mir ansehen. Bob . . . sei kein Erzengel, der das Paradies mit Flammenschwert bewacht. Es hat uns schon gewundert, daß dein Wagen nicht wieder schrottreif ist.«

»Ich fahre nur noch im Schritt.« Bob ging in das Apartment zurück und machte eine einladende Handbewegung. »Komm schon, du Nobelpreisträger der Moral. Was macht Eva?«

»Sie schließt ihr Examen ab, dann heiraten wir.« Hansen kam in die Diele. Spiegelwände warfen sein Bild von allen Seiten zurück. Bob nickte. Sein Grinsen war wie immer, Hellmut Hansen stellte keinerlei Veränderung darin fest.

»Immer im Gleichschritt mit der Ordnung marschiert. Du kommst mir vor, als würdest du auf dem Lokus vor deinem Scheißhaufen eine Verbeugung machen. ›Monsieur, Ihr Gestank und Ihre Konsistenz beweisen eine wohldosierte Verdauung‹ Halt!« Er hielt Hansen fest, als dieser den großen Wohnraum betreten wollte. »Fall nicht auf den Rücken, Hellmut . . . Claudette ist eine Eurasierin.«

»Der Traum aller Männer.«

»Du sagst es. Wenn du in ihrer Gegenwart eine dumme Bemerkung über mich machst, zerschlage ich das, was gerade in Griffnähe ist, auf deinem Schädel. Verstanden?«

»Sehr genau. Als was soll ich vor sie hintreten? Als Elektriker, der die Sicherungen kontrolliert. Bei dir brennt ja öfter eine durch . . . das wäre also normal.«

»O wie witzig!« Bob sah Hansen aus seinen samtweichen Augen an. »Ich habe Claudette von dir erzählt. Daß du mir zweimal das Leben gerettet hast. Verdammt, das klebt an mir wie Pech unter den Fingernägeln.«

Er stieß die Tür auf und ging voraus.

Claudette lag auf der Couch, nicht nackt, wie Bob angekündigt hatte, sondern in einem chinesischen Morgenmantel. Hansen war von dem ersten Eindruck wie erschlagen. Das hat er nicht verdient, dachte er. Er lebt in einem Zauberreich. Wenn ich das Theodor Haferkamp erzähle, revoltiert seine Galle. Ich werde ihn belügen müssen.

»Claudette«, sagte Bob sanft, »das ist Hellmut. Der große Idealist, der schuftet, damit ich lebe. So sieht ein Mann aus, der das normale Leben beschläft. Die höchste Form von Perversität.«

Claudette erhob sich. Sie ging auf Hansen zu, küßte ihn auf die Stirn und umhüllte ihn mit einem Duft aus Rosen und asiatischem Geheimnis. Ihre Augen waren von einem starren Glanz, kalte Sterne, die willenlos machten und doch erschreckten. Die weiten Ärmel des Seidenmantels verdeckten einen neuen Einstich im linken Unterarm.

Hellmut Hansen blieb nur zehn Minuten, dann strebte er nach draußen. Das Gefühl, in den Fangarmen eines Polypen zu sein, war so stark, daß er fast aufatmete, als Bob mit ihm wieder vor der Wohnungstür stand.

»Nun?« fragte Bob.

»Sie ist Morphinistin«, sagte Hansen leise.

»Ich werde sie heilen, Hellmut. Es ist meine Lebensaufgabe.«

»Du hast dir einen zerstörten Himmel heruntergeholt, weißt du das, Bob?«

»Ich baue ihn wieder auf.«

»Sie ist die wundervollste Frau, die ich je gesehen habe.«

»Sie war eine Hure.«

»Warum sagst du das?«

»Wegen Onkel Theo. Es wird sein Herz erfreuen. Er wird gesünder, je elender ich werde.«

»Fühlst du dich elend, Bob?«

»Elend?« Bob Barreis lachte schallend. »Wie kann ein Mann elend sein, wenn er den Himmel aufbaut? Ich richte dir eine Ecke darin ein, wenn ich fertig bin . . .«

Sehr nachdenklich fuhr Hellmut Hansen in das Hotel Imperial. Er schlief diese Nacht sehr unruhig, hängte noch einen Tag in Cannes dran und sah Bob wieder, wie er mit Claudette über die Croisette spazierte. Stolz, schön, elegant, ein Blickfang, zusammen mit seiner Begleiterin, einer geradezu unfaßbaren Schöpfung der Natur.

Die Leute blieben stehen und starrten ihnen nach, wenn sie vorbeigegangen waren. In den Augen der Männer lag träumerische Sehnsucht.

»Er hat schon für neuntausend Francs Ampullen und Tabletten für sie gekauft«, sagte Tschocky. Er saß mit Willkes und Schuhmann unter der Markise eines der Cafés am Straßenrand, schlürfte einen Champagner-Sorbet und schien sehr zufrieden mit der Entwicklung. Erwin Lundthaim war wieder in Deutschland und interessierte sich auffallend für die chemischen Labors seiner väterlichen Fabrik. Sie stellte Arzneimittel her, und der Markt verlangte nach immer neuen Produkten. Eine Forschungsgruppe im Labor III stand kurz vor dem Abschluß einer Versuchsreihe mit einem neuen Psychopharmakum. »Dagegen ist LSD ein saurer Drops«, sagte Lundthaim am Telefon zu Tschocky. »Sie haben eine Maus damit geimpft und in einen Käfig mit einer Katze gesperrt. Die Maus hat die Katze angegriffen — auf Menschen muß das Zeug wirken, als könne er mit den bloßen Händen fliegen . . .«

»Das ist es!« hatte Tschocky geantwortet. »Bring es mit, Erwin. Warum soll Bob Barreis nicht fliegen können, wo er doch bereits bei der Rallye über den festgeklemmten und brennenden Lutz Adams hinweggeflogen ist? Er scheint begabt dazu!«

Nun warteten sie auf Lundthaim und sahen neidlos zu, wie Bob Barreis zusammen mit Claudette Cannes verzauberte.

Auch Hellmut Hansen saß auf einer Caféterrasse und schob die Zeitung vor sein Gesicht, als Bob vorbeispazierte. Aber er war nicht schnell genug . . . Bob sah ihn doch und kam auf ihn zu. Claudette blieb am Fenster einer Boutique stehen, eine unwirkliche Schönheit mit wehenden, lackglänzenden schwarzen Haaren.

»Hellmut . . .« sagte Bob Barreis. »Wann bist du wieder in Vredenhausen?«

»Morgen.«

»Ich brauche Geld.«

»Der Erste ist erst in zehn Tagen.«

»Fangen die Barreis' an, mit Tagen zu rechnen?«

»Onkel Theodor.«

»Ein Vorschuß. Viertausend Francs.«

»Ich will es weitergeben. Aber die Antwort solltest du kennen.«

»Ihr seid ein Lumpenpack!«

»Bob, du hast auf alle Rechte verzichtet und dem monatlichen Betrag zugestimmt.«

»Ich verlange ja auch nicht mehr . . . nur früher.«

»Onkel Theodor wird sich genau an den Vertragstext halten: Am Ersten jeden Monats. Du kennst ihn doch.«

»Dann gib du mir viertausend Francs.«

»Ich habe noch genug Geld für die Heimfahrt, mehr nicht.«

»Zum Teufel, du hast doch Prokura! Gib mir einen Scheck!«

»Wie soll ich das verantworten?« Hansen faltete die Zeitung zusammen. Sein Blick flog hinüber zu Claudette, die mit der Besitzerin der Boutique sprach. »So teuer ist sie?«

»Ich brauche Stoff für sie. Verstehst du? Stoff . . .«

»Ich denke, du willst sie entwöhnen?«

»Langsam, Hellmut, behutsam. Sie wird zur Bestie, wenn sie nichts bekommt.«

»Und dabei willst du bleiben, Bob? Mein Gott, lauf weg . . . weit weit . . . flüchte —«

»Vor so einer Frau?« Bob schüttelte den Kopf. »Marion wollte mich retten . . . dabei ging sie zugrunde. Jetzt werde ich einen Menschen retten, und ich stehe es durch! Du glaubst mir nicht? Gut! Behalte dein Mistgeld . . . diese zehn Tage schaffe ich schon aus eigener Kraft —«

Er drehte sich um, ging zu Claudette zurück, küßte sie vor allen Passanten auf die Augen, faßte sie unter und ging mit ihr weiter.

Ein Paar, wie aus der Sonne getropft.

Nicht alle Teufel erkennt man an ihren Hörnern —

Vier Tage nach Hellmut Hansens Rückkehr nach Vredenhausen war es soweit. Es war auch der Tag, an dem Erwin Lundthaim zurück nach Cannes kam und vier Ampullen des neuen Rauschmittels mitbrachte.

Claudette begann die Hölle aufzureißen.

Es begann ganz zaghaft, kaum merkbar, so wie sich ein Taifun ankündigt durch die Windstärke. Vergeblich hatte Bob versucht, bei den ihm bekannten Händlern ein paar Ampullen auf Kredit zu bekommen. Er handelte, bis er erfahren mußte, daß es in diesem Geschäft keinen Kredit gab, kein Vertrauen auf morgen, keinen Handschlag wie beim Pferdehandel.

Bob erniedrigte sich so weit, daß er zu betteln begann. Er flehte die Händler an, beschimpfte sie, drohte, bis er hinausgeschoben wurde und ihm einer — es war der neunte Verteiler — die Gefährlichkeit klarmachte, lauter als erwünscht zu sein.

»Man wird Sie nicht vermissen, Monsieur«, sagte der Mann, ein jovialer, dicker Türke, der ein Geschäft für orientalische Kunst betrieb. »Denken Sie immer daran. Es haben sich schon viele Menschen mit dem eigenen Mund umgebracht.«

Verbissen, auf Theodor Haferkamp fluchend, nach einem Ausweg suchend und immer ins Leere stoßend, kehrte Bob in sein Apartment zurück. Er wußte, daß er mit seiner Betteltour die Preise hochgetrieben hatte, daß man jetzt irre Summen für eine einzige Ampulle verlangen würde.

Noch sechs Tage, bis das Geld aus Vredenhausen eintraf.

Sechs Tage nur . . . aber was sind sechs Tage ohne Spritze für Claudette?

Als er die Tür aufschloß, hörte er sie schon im Zimmer herumgehen. Unruhig, von Wand zu Wand, wie ein gefangenes Tier. Wie lange dauerte es, bis sie die Wände ansprang? Wie lange, bis sie kreischen und schreien würde? Wie lange, bis sie die Fenster aufriß und der entsetzlichen Tiefe, der Erlösung zustrebte?

Bob Barreis blieb in der Diele stehen. Er hatte Angst. Ihm war bewußt, daß er von dem Augenblick, wo er jetzt die Tür vor sich aufzog, die Welt verließ und eintauchte in ein sich immer mehr aufblähendes Grauen.

Er zuckte zusammen. Claudette rief. Sie hatte ihn gehört.

»Bist du es, Schatz?«

Er nickte mehrmals stumm, bis er weiterging und die Tür zum Zimmer öffnete. »Ja —«, sagte er ganz unnötig.

Sie starrte ihn an, die Augen schon halb versunken in ein Reich, das keine Hemmungen kannte.

»Hast du . . . hast du . . . etwas?«

»Nein«, sagte er mit schwerer Zunge. »Gauner alle, Halunken, Verbrecher. Aber in sechs Tagen . . . Claudette . . . in sechs Tagen kaufen wir einen ganzen Kasten voll. In sechs Tagen . . .«

»Sechs Tage . . .« Sie sagte es gedehnt, aber der letzte Ton zerbrach bereits wie Glas. Er war schrill, der erste Ton aus einem Jenseits aller Sinne. »Sechs —«

Und plötzlich warf sie die Arme hoch, als wolle sie den Himmel herunterreißen, ihr verschwenderisch schönes Gesicht mit den Mandelaugen wurde zur schiefen Fratze. Bob Barreis starrte sie an, er begriff nicht, wie diese Wandlung möglich war. »Jetzt!« schrie sie grell. »Jetzt! Jetzt! Jetzt! Ich verbrenne doch! Ich verbrenne!«

Er stand da, an die geschlossene Tür gelehnt, die Hände flach hinter sich gegen das Holz gepreßt, und spürte, wie der Schweiß über seine Handflächen lief. Claudette stürzte in die Knie, ihre langen schwarzen Haare fielen wie ein Vorhang über ihr Gesicht, ein Schleier, hinter dem ihre verlorene Stimme wie aus einer anderen Welt hervorquoll. Bob zuckte heftig zusammen, als sie plötzlich mit der Stirn auf den Teppich schlug, immer und immer wieder, mit wachsender Gewalt, als wolle sie ihren Kopf durch die Decke bohren, ein Loch rammen in diese verfluchte Welt, die sich von Minute zu Minute veränderte und schrecklicher wurde als jegliche nur erdenkliche Hölle. Was sind Sonne und Meer, Palmen und weißer Strand, Gegenwart und Zukunft, Liebe und Erfüllung, wenn sie nicht ertragen werden auf der leichten Wolke einer Seligkeit, eines offenen Himmels, der in einer kleinen Spritze wohnt, einer Tablette, eines Tütchens Pulver?

»Hilf! Hilf mir, Bob!« schrie Claudette. Sie warf mit beiden Händen die Haare von ihrem Gesicht. Ihre herrliche Stirn war rot und schwoll an. Noch mehr solcher Schläge auf den Boden, und die Haut würde platzen, das Blut über ihre bettelnden Augen rinnen.

»Ich bin herumgerannt...« sagte Bob Barreis heiser. »Diese Schweine! Diese Saukerle. Kein Geld, kein Stoff! Auf Kredit verkaufen sie nichts. Aber in sechs Tagen —«

»Fahr sechsmal zum Teufel!« Sie streckte die Fäuste hoch. »Du hast deinen Wagen!«

»Ich habe ihn angeboten, als Pfand. Nichts!«

»Verkauf ihn!«

»Man kann einen solchen Wagen nicht in einer halben Stunde verkaufen. Die Händler haben die Lager voll. Soll ich mich an die Ecke stellen und ihn anbieten? Wer kauft einen Maserati? Ganz billig! Für die Hälfte zu haben! Noch nicht eingefahren, fast neu! Kauft, Leute, kauft! Neuwert dreiundsiebzig Mille. Ich will nur fünfzig Mille dafür! Wer will ihn? Zum ersten, zum zweiten, zum dritten... Der dort, mit dem Bart, der hat ihn!« Bob Barreis stieß sich von der Tür ab. »Das ist doch Irrsinn!«

»Ich brauche einen Schuß!« schrie Claudette. Sie schlug wieder mit der Stirn auf den Teppich. »Nur einen! Einen einzigen! Verkauf deinen Mistwagen für einen Schuß!«

»Dreiundsiebzigtausend Mark für eine Spritze?« Bob Barreis, nie mit dem Gefühl für Geld aufgewachsen, immer nur daran gewöhnt, mit offener Hand durchs Leben zu gehen, und in diese offene Hand floß immer, wie Regen vom Himmel, der Reichtum, Bob Barreis entdeckte plötzlich — zu seiner eigenen Verwunderung — einen Zipfel des Barreis-Erbes: den Geiz. Er war darüber so betroffen, daß er ein paar Schritte näher kam, Claudette an den Haaren vom Boden riß und ihren zitternden Kopf festhielt. »Ich bin ein leichtsinniger Hund«, sagte er laut. »Verdammt, ich bin vielleicht sogar ein Miststück . . . aber ich bin kein Idiot! Reiß dich zusammen, Claudette.«

»Ich verbrenne!« schrie sie hell. »Ich verbrenne doch! Da!« Sie streckte den Arm hoch empor. Sein Kopf zuckte zur Decke. Er sah nichts, aber sie riß sich in diesem Augenblick los und sprang mit einem wahren Katzensatz über die Couch. »Der Himmel kommt herunter! Er fällt auf mich! Auf uns alle! Luft! Luft! Luft!«

Sie rannte zu dem großen Panoramafenster, die Arme ausgebreitet, als fliege sie bereits. Mit einer Schnelligkeit, die ihn selbst erstaunte, war er bei ihr, riß sie zurück, warf sie gegen die Wand und drückte sie an ihr fest. Sie schlug um sich, spuckte und biß, hob ruckartig die Knie und versuchte, ihn in den Unterleib zu treten, und dabei kreischte sie mit sich überschlagender Stimme, und Schaum quoll über ihre verzerrten, einstmals so wundervollen, sinnlichen Lippen.

Bob Barreis wußte keinen Rat mehr. Er hielt Claudette umklammert, starrte in dieses sich auflösende Gesicht, und so grauenhaft die Veränderung war, er kam nicht davon los, er wußte, daß er sie liebte, eine völlig höllische Liebe, die Vereinigung zweier Flammen zu einer Feuersbrunst, die so lange dauern würde, bis alles Brennbare um sie herum zu Asche geworden war.

Er atmete tief auf und schlug dann zu. Gezielt, aus der Schulter heraus, auf kürzestem Wege und hart, ohne Rücksicht. Er traf Claudettes Kinn, sie erschlaffte sofort, die Augen verloren den Blick, der Körper sackte weg . . . er fing sie auf, trug sie zur Couch, küßte ihr wieder entkrampftes, von exotischer Schönheit wie verklärtes Gesicht, suchte dann im Schrank Gürtel und Handtücher und fesselte Claudette an Händen und Füßen.

Dann rannte er hinaus. Zum letztenmal wollte er versuchen, nur eine einzige Ampulle zu bekommen. Er nahm sein Scheckbuch mit, seine Ringe, die Wagenpapiere und wußte doch, daß man ihn auslachen würde. Rauschgift gegen einen Scheck . . . etwas Blödsinnigeres war kaum zu denken.

»Da ist er«, sagte Tschocky. Er zeigte einem dunkelhäutigen Mann Bob Barreis, der aus dem Fiori-Hochhaus stürzte und zu seinem Wagen rannte. »Wie gesagt: Fünftausend Francs, wenn Sie mitspielen. Es ist kein Risiko dabei. Sehen Sie sich ihn an . . . ein armseliges Bündel bebender Knochen. Wenn man tief einatmet, hängt er einem quer unter der Nase. Machen Sie mit, Fissani?«

»Achttausend Francs, Monsieur.«

»Sechstausend und keinen Sou mehr. Für eine halbe Stunde! Rechnen Sie sich mal den Stundenlohn aus! Das dürfen Sie keiner Gewerkschaft sagen.« Tschocky befand sich in bester Laune. Sie ließ Scherze zu und eine gewisse Großzügigkeit, die sonst nicht seine Art war. »Sechstausend Francs . . . oder ich mache es allein!«

»Sie kennt er, Monsieur.«

»Er ist jetzt soweit, dem Teufel ein Horn zu stehlen.« Tschocky griff in seine Brusttasche. Piero Fissani wußte, daß dort die Geldscheine steckten. Er nickte schnell.

»Vorkasse, Monsieur.«

»Bin ich ein Armenier? Ich halte mein Wort! Wenn Sie mir Ihre Beule zeigen, lege ich die Pflästerchen drauf. Viel Glück, Fissani —«

Tschocky wandte sich ab und trat hinter eine Palmengruppe von der Straße zurück. Bob Barreis schien sich entschlossen zu haben, ohne seinen Wagen auf Suche zu gehen. Er lief mit zerwühlten Haaren die Straße hinunter, nahe an Tschocky vorbei, gefolgt von Fissani, der in fünf Schritten Abstand hinter ihm blieb.

Er sieht aus wie ein Mensch, der sich selbst verloren hat, dachte Tschocky. Es war ein ganz nüchterner Gedanke ohne die geringste Spur von Mitleid. Er sucht sich, aber er wird sich nie wiederfinden. Er ist bereits verfault.

Bob Barreis machte seine erste Station in einem Bistro, das sich ›Chez Papa‹ nannte. Es lag in einer Seitengasse, ein ziemlich dunkles, altes und verräuchertes Lokal, in dem man einen Anis oder einen Calvados trinken konnte, gebrochenes Weißbrot aß, gegen die dreckigen Wände stierte und allein war mit seiner Philosophie. Papa — er hieß Marcel Chabrot — ließ seine Gäste in Ruhe. Bei ihm konnte jeder nach seiner Fasson selig werden, denn alle Menschen haben einen Stich, sagte ›Papa‹, und wer das weiß, tut gut daran, ihn nicht mit Insektensalbe einzureiben.

Bei ›Papa‹ hoffte Bob einen Hinweis zu bekommen. Es war ein verzweifelter Versuch, in jene Kreise hineinzukommen, die ihm bisher verschlossen waren. Die dunklen Kanäle, die irgendwo im Rätselhaften enden.

Marcel Chabrot blickte hinter seiner Theke hoch, als die Tür aufflog. Er musterte Bob Barreis, taxierte ihn als einen harmlosen, reichen Rockhochheber, den irgend etwas auf der Seele juckte, und goß einen Absinth ein. Absinth ist immer gut, dachte er. So ein grüner Wermutschnaps hat's in sich. Er ist wie ein Messingputzmittel ... er schabt alles glänzend. Nach drei, vier Absinth kann draußen der Sturm heulen ... man hört ihn wie Orgelmusik.

Bob Barreis sah gar nicht hin auf das, was vor ihm stand ... er trank das Glas, lehnte sich gegen die Theke und dachte an Claudette, an diesen fürchterlichen Anblick ihrer Auflösung. Und wenn ich sie herumtragen muß wie ein gelähmtes Kind, dachte er weiter, ich liebe sie. Das ist etwas Rätselhaftes, Unbegreifliches ... der Verstand ruft einem zu: Hau ab, jetzt, sofort, flieh irgendwohin ... aber da ist dieses Unnennbare, das einen festhält. Die wunderschöne, kleine, arme, vom Rauschgift zerfressene Hure, und der enterbte Millionenerbe, der Rallyefahrer, der Playboy, der sich in Hunderten von Betten wälzte und Tausende von Seufzer unter sich erdrückte ... du lieber Gott im Himmel, was paßt besser zusammen?! Eine Hochzeit der Entwurzelten, der charakterlichen Mißgeburten, der Ausgestoßenen der Gesellschaft ... welch ein Fest!

Fissani klemmte sich neben Barreis auf den Nebenhocker und winkte ›Papa‹ zu. Da er mit den Fingern schnippte, erhielt er ein großes Glas Pernod. Bei Chabrot waren viele Worte überflüssig.

Neben Fissani erschien nach fünf Minuten eine andere Type. Ein kleiner, schmaler Bursche mit einer Baskenmütze auf dem runden Kopf. Mit dunklen Augen, die ständig zuckten, und Fingern, deren Nägel einen permanenten schwarzen Rand hatten.

»Ah, Piero!« sagte der Kleine so laut, daß Bob es hören mußte. »Pünktlich wie immer.« Er hob den Zeigefinger ... ›Papa‹ goß einen Calvados ein und schob ihn über die Theke. Dann verzog er sich auf seinen Stuhl in der Ecke. Wenn seine Gäste sich unterhalten wollten, war es besser, eine Klappe über die Ohrmuscheln fallen zu lassen.

»Es war abgemacht«, sagte Fissani. »Hast du's bei dir?«

»Nein.«

»Ich schlage deinen Kopf gegen die Wand!« knurrte Fissani. »Meine Kunden stehen Schlange. Warum hast du nichts?«

»Weil ich etwas Neues habe.« Der Kleine rülpste genußvoll nach einem Schluck Calvados und hob wie ein Lehrer die Finger. Aufgepaßt, mein Freund. »Vier Ampullen!«

»Idiot! Ich bin kein Bauchladenhändler.«

»Diese vier gläsernen Tröpfchen sind sechzehn Himmelchen. Sie haben die vierfache Wirkung des üblichen Zeugs. Eine ganz neue Mischung, Piero. Du setzt an, drückst es hinein, und nach zehn Minuten kommen die Engel und spielen sündige Lieder zur Harfe. Ich hab's einmal ausprobiert, bei Jacques Domenier. Du kennst Jacques. Er braucht die dreifache Ladung, um überhaupt wieder geradeaus zu sehen. Ssst, er drückte ab, schnalzte mit der Zunge, und fünf Minuten später hätte er das ganze Filmfestival vergewaltigen können. Ein fantastisches Zeug, Piero. Aber ich habe nur vier Stück. Nächste Woche kommt erst die ganze Sendung ... das sind Pröbchen, für gute Freunde, weißt du. Vier Stück für zweitausend Francs.«

»Du hast ein Geschwür im Hirn!« sagte Fissani dumpf. »Wie soll ich die weiterverkaufen?!«

»Gar nicht. Investiere das Geld als Werbung. Laß deine Kunden sich zur Probe spritzen ... nächste Woche kannst du verlangen, was du willst. Sie werden dir jede Ampulle mit Tausendfrancscheinen umwickeln! Ich verspreche dir ... so ein Zeug hat es bis heute noch nicht gegeben ...«

Bob Barreis hörte angespannt zu, ohne den Kopf zu wenden, ohne einen Blick zur Seite zu werfen. Aber er hörte, während er sein Glas Absinth leertrank, wie der Mann neben ihm, der Piero hieß, bezahlte, wie die Geldscheine leise knisterten, als der Kleine sie nachzählte, wie ein Päckchen über die Theke geschoben wurde.

Die vierfache Wirkung, dachte er. Das wäre die Rettung. Mit diesen vier Ampullen kann man die sechs Tage überbrücken. Dann kommt das verdammte Geld aus Vredenhausen, die Gnade Onkel Theodors träufelt wieder über uns, und ich werde zu arbeiten beginnen, denn länger als zehn Tage wird das Geld nicht reichen. Ich werde zur männlichen Hure werden, das ist eine Arbeit, die ich verstehe. Begleiter reicher, älterer Damen. Bettwärmer verwelkender Lust. Torero vor hüftlahmen Kühen. In Cannes wimmelt es von ihnen. Sie sitzen an der Straße unter den Markisen der Cafés, blicken den jungen Männern nach, aber sie mustern nicht die Gesichter der Kerle, sondern sehen ein paar Zentimeter tiefer, auf die Ausbeulungen der engen Hosen, Genitalspinnen, die ihre Opfer mit Blicken einwickeln. Ihre Bankkonten sind genauso offen wie ihre Schenkel ... mit ihnen werde ich Claudettes Frieden verdienen. Zweimal zwei welke Brüste gegen Claudettes Wunderkörper ... das ist ein Tausch, gegen den der letzte innere Stolz verblaßt. Ich verkaufe Glück — ist das unehrenhaft? Er stellte sein Glas Absinth hin, als Piero Fissani vom Hocker rutschte, ein Geldstück über die Theke zu ›Papa‹ hin flitzen ließ und das Bistro verließ. Auch Bob Barreis zahlte und folgte schnell, aber nicht auffällig dem schlanken, dunklen Mann. Der Kleine mit den nervösen Augen sprintete zum Telefon in der Ecke des Lokals.

»Sie sind unterwegs, Monsieur«, rief er in die alte, schwarze Muschel. »Vor einer Minute sind sie los.«

»Brav!« sagte Tschocky und nickte Lundthaim und Schuhmann zu. Willkes hatte keine Zeit ... er schwamm mit einer Motorjacht und drei Schwedenmädels auf dem Meer herum und wälzte an seinem Problem, wie er den Erwartungen dreifacher Potenz standhalten konnte. »Kommen Sie Ihre tausend Francs abholen, Paul!«

Tschocky legte auf. Lundthaim trank seinen neunten Kognak, er war schon angeschlagen.

»Ich bekomme nasse Hosen . . .« sagte er unsicher. »Das Medikament ist noch im Tierversuch . . .«

»Bob ist ein Tier. Etwas anderes sollte man nicht denken.«

»Ich weiß nicht, ob ich damit fertig werde, ein Mörder zu sein!«

»Was bist du?« Tschocky goß ihm wieder das Glas voll. »Hast du ihm das Zeug gespritzt, oder injiziert er es sich selbst?«

»Selbst.«

»Hast du ihm das Zeug verkauft, oder holt er es sich selbst?«

»Selbst.«

»Hast du irgendeinen Einfluß auf seine Handlungen?«

»Nein.«

»Warum flennst du dann?«

»Es gibt so etwas wie ein moralisches Gewissen, Tschock.«

»Moral!« Tschocky sah hinüber zu Schuhmann. Der hielt sich raus, aber man sah ihm an, daß auch er mit einem gewissen Unwohlsein kämpfte. »Immer diese Fremdwörter! Solange an zwanzig Plätzen der Welt zugleich Tausende von Menschen für dämliche politische Ideen geopfert werden, solange es Kriege gibt, Milliarden an Waffen verdient werden — auch mein Alter gehört dazu —, die besten Mörder in diesen Kriegen mit Orden belohnt werden und Helden heißen, man den Heerführern Denkmäler setzt und jedes Jahr zum Gedenken vor ihnen aufmarschiert und Blumen streut, solange diese verlogene Gesellschaft Mörder als Staatsmänner anerkennt, sie empfängt und ihnen Entwicklungshilfe gibt, damit sie weitermorden können, so lange ist das Wort Moral eine Hure, die jeder mißbrauchen darf, wenn er dafür bezahlt. Ich habe bezahlt . . . also mißbrauche ich sie. Was unterscheidet mich da von Staatsmännern und Großindustriellen? Ich habe es meinem alten Herrn deutlich gesagt: ›Solange du in Friedensgesellschaften sitzt, deine Werke aber Stahlplatten für Panzer und Kanonen walzen, bist du für mich ein Hurenbock!‹ Und was hat der alte Herr getan? Er hat gelacht!« Tschocky drehte Lundthaim herum, der sich abgewandt hatte, als wolle er vor Schrecken kotzen. »Etwas anderes ist Mitleid! Mitleid ist etwas Großes, Edles, Menschliches. Aber bei dem Ausdruck ›menschlich‹ zucke ich schon wieder zusammen. Ich frage: Wer hat Mitleid mit Bob Barreis? Lundthaim?«

Erwin Lundthaim schwieg, stand auf und ging aus dem Raum. Leicht schwankend, wie auf einem Schiff bei mittlerem Seegang.

»Schuhmann?«

Hans-Georg Schuhmann lief nicht davon. Aber er blickte an Tschocky vorbei auf die Terrasse des Hotels. In den Palmenkronen summte der Meerwind.

»Auch keine Antwort!« Tschocky lehnte sich auf der Couch zurück. »Ich will's euch sagen: Ich habe Mitleid mit Bob Barreis. Aber es ist das Mitleid für ein angeschossenes Tier. Kein Jäger wird sich da vor dem Fangschuß drücken —«

Fissani kam nicht weit mit seinen Ampullen.

Bewußt lenkte er seine Schritte in jene Gegend von Cannes, die von den Touristen nur besucht wird, wenn man wissen will. was pittoresk ist. Das ist ein ausgesprochen vornehmer Ausdruck für verkommen und arm, dreckig und baufällig, vom Wunder des Geldes vergessen und vom Fatalismus bewohnt. Wer hier vegetiert, hat sich daran gewöhnt, Folklore zu sein . . . und damit verdient er sein Geld, indem er sich ausstellt: zerrissene Kleider, ungewaschene Füße, die schmutzige Wäsche auf den Leinen, der Gestank aus den Hausfluren, die Schar der dreckigen Kinder, die mit Staub spielen können wie andere Kinder mit teuren Eisenbahnen.

Hier blieb Fissani stehen, als suche er eine Hausnummer, ging dann langsam weiter und ließ Bob Zeit genug, sich daran zu gewöhnen, ein Straßenräuber zu werden.

Es war kein leichter Schritt vom Barreis-Erben zum Briganten.

Bob zögerte, selbst als die Gegend so dämmerig wurde, daß ein Schlag auf den Hinterkopf vor ihm keinerlei Reaktion der Umgebung ausgelöst hätte. Fissani blieb sogar stehen und holte das kleine Päckchen aus der Tasche. In Papier gewickelt, mit Kordel verschnürt.

Komm doch, du blöder Hund, dachte er. Soll ich's dir noch leichter machen?! Die Beule, die du mir überziehst, ist sechstausend Francs wert. Nun schlag schon zu — En avant, mon camarde. . .

Er tat wieder so, als suche er ein Haus. Ein Hund, der aus einer Hausnische trottete, blickte die beiden Menschen triefäugig an, umkreiste sie leise knurrend und lief weiter. Jetzt muß es passieren, dachte Fissani. Jetzt weiß dieser Kerl, daß ich weiß, daß ich nicht allein bin. Wenn er nicht angreift, muß ich etwas tun. Das ist einfach Logik!

Bob dachte genau das gleiche. Der Hund — er hätte ihn verfluchen können — trieb ihn zur Tat. Es war keine Zeit mehr da, anders zu handeln, nicht einmal Zeit, um wegzulaufen. Nur noch Zeit, ein Lump zu werden. Für dich, Claudette, dachte Bob. Ich habe meinen Freund Lutz Adams verbrennen lassen — aus Feigheit —, ich habe den Bauern Gaston Brillier in den Tod gejagt — aus Angst —, ich habe mein Kindermädchen Renate Peters von der Autobahnbrücke gestoßen — um die Wahrheit zu vernichten —, der alte Adams hat sich aufgehängt — ich war der Anlaß dazu —, meine Frau Marion stürzte sich von einer Brücke in den Rhein — weil sie mich liebte und doch vor Grauen nicht mehr leben konnte — das ist eine Liste, nach deren Herunterbeten Gott ohnmächtig vom Thron fallen müßte. Aber was ich auch getan habe, es war eine Klasse darüber, es war nicht diese miese Straßenräuberei, das niedrigste Handwerk der Zunft, das geistloseste, das nach Hering und Sauerkohl riechende Verbrechen. Aber für dich, Claudette, springe ich in die Kloake, nur ein einziges Mal . . . ich werde mich reinigen in deiner Liebe.

Er hatte keinen Knüppel bei sich, keinen Totschläger, keinen Schlagring, wohl aber einen Schlüsselbund, und das genügte. Wie ein Rocker legte er den Bund in die Hand, drückte die Schlüssel zwischen den Fingern durch und erhielt so eine Faust voller Stacheln. Damit trat er nahe an Fissani heran, holte tief Atem und schlug zu. Auf den Hinterkopf, sofort zurückzuckend, um erneut zuzuschlagen, wenn der Mann sich umdrehte.

Der Laut auf dem Schädel Fissanis war kaum zu hören, und Bob sagte sich erschrocken, daß er zu sanft gewesen war, gehemmt durch den letzten Gedanken, daß ein Barreis nun ein Straßenräuber geworden war. Aber der Mann vor ihm schien genug zu haben. Lautlos drehte er sich etwas, sank auf die Straße und ließ das kleine Päckchen fallen.

Noch als er kniete, griff Bob Barreis nach den Ampullen, steckte sie in die Tasche und rannte davon.

Piero Fissani lag auf dem Pflaster, gemütlich auf der Seite, und blickte dem weglaufenden Bob nach. Der Kopf brummte ein wenig, aber das war ein Berufsrisiko und einkalkuliert. Der Monsieur hatte recht: Dieser Mann da war ausgebrannt. Es war ein schlapper Schlag gewesen, trotz der Schlüssel keineswegs genug, um einen Fissani niederzuschlagen. Im Ernstfalle hätte der Räuber keine Chance gehabt . . . ein Hieb von Fissani hätte ihn gegen die Hauswand gefeuert.

So aber lag Fissani noch etwas auf der Straße, rechnete die Reinigungskosten für seinen Anzug ab und fand, daß dies ein glattes und einfaches Geschäft gewesen war. Erst als Bob Barreis um die Ecke der Straße verschwand, erhob sich Fissani, tastete über seinen Hinterkopf, fühlte einen spitzen, leicht blutenden Knoten und nickte zufrieden.

Er steckte sich eine Zigarette an, sah sich um, bemerkte eine Frau, die aus einem Fenster hing, und wußte nicht, ob sie jetzt erst erschienen war oder alles mit angesehen hatte.

»Madame —«, sagte Fissani höflich und verbeugte sich knapp — »ich bin gestolpert und unglücklich gefallen, Sie haben es gesehen . . .«

»Ich kann es bezeugen, Monsieur!« Die Frau winkte ihm zu. »Was so alles auf den Straßen herumliegt, man muß sich ja eines Tages den Hals brechen.«

»Ich danke Ihnen, Madame.«

Fissani ließ die Zigarette im rechten Mundwinkel, steckte die Hände in die Taschen und wanderte zurück in das lichtere Cannes.

Unterwegs machte er wieder Station bei ›Papa‹. Sein Glas Pernod rutschte über die blanke Theke.

»Danke«, sagte Fissani. »Hast du ihn vorhin gesehen?«

»Wen?« fragte Chabrot.

»Den feinen Pinkel.«

»Bin ich der Méditerrané? Bei mir trinken nur Arbeiter ihr Gläschen!«

»Eine gute Antwort, Marcel«, sagte Fissani. »Vergiß sie nicht.«

Er goß den Pernod in die Kehle, zahlte und ging.

Aus wenigen Worten kann eine dicke Mauer werden.

Bob kam zurück in sein Apartment und hörte Claudette schon auf der Treppe heulen wie einen Schakal. Sie lag noch gefesselt auf der Couch, ein zuckendes, verschnürtes Paket, um das die Haare wallten, wenn sie den Kopf auf und nieder warf, Wolken aus schwarzem Gespinst, von dem jeder Faden ein Schrei war.

Wortlos hob Bob das kleine Päckchen hoch. Sie sah es, lag plötzlich ganz still und lächelte ihn an wie eine Madonna auf sibirischen Ikonen.

»Du hast etwas?«

»Vier Stück, Claudette.«

»Hast du den Himmel geplündert, mein Liebling?«

»Ich habe einen Menschen überfallen.«

Ihr Lächeln wurde von einer inneren, schrecklich-schönen Sonne durchstrahlt. Sie hob den Kopf und zerrte an den gefesselten Händen. »Was ist es?« fragte sie. Daß ein Mensch niedergeschlagen worden war — vielleicht war er sogar getötet worden —, interessierte sie nicht. Ihr Blick bettelte um das kleine Päckchen in Bobs Händen.

»Ein neues Mittel. Viermal so stark wie die anderen.«

»Ich liebe dich«, sagte Claudette. Verzückung durchleuchtete ihr Gesicht. »O Bob, noch nie hat ein Mensch dich so geliebt . . . Weißt du, wo die Spritze ist?«

»Ja. In deiner Handtasche.«

»Hol sie. Schnell, schnell . . . Ich glaube, ich habe keine Adern mehr. Sie sind alle weggebrannt . . . einfach weggebrannt . . .«

Bob wickelte das Päckchen auf. Ein kleiner, billiger Karton, mit Watte gefüllt. In die Watte gebettet wie vier Embryos, die Wärme brauchen, vier gläserne Ampullen. Wasserhelle Flüssigkeit in ihnen, an der Oberfläche, dort wo man den Ampullenhals abbrechen oder absägen muß, etwas ölig. Eine ganze herrliche Welt, zusammengepreßt in einem Kubikzentimeter Gift.

Er setzte sich vor die Ampullen, rührte sie nicht an, sondern starrte in sie hinein wie eine Wahrsagerin in ihre gläserne Kugel.

»Gib mir etwas!« schrie hinter ihm Claudette auf. Er zuckte zusammen, holte ihre Handtasche, zog das Etui mit dem Kolben und den Injektionsnadeln hervor, kam mit allem zurück zur Couch und setzte sich neben Claudette.

»Soll ich so bleiben?« fragte sie. »Hast du Angst, Liebling?«

»Ich weiß es nicht.«

»Ich bin ein Tier, nicht wahr?«

Er schüttelte den Kopf und band sie los. Sie schob den Rock hoch, betrachtete dann ihre Armbeugen und drückte auf die Venen, um sie besser hervortreten zu lassen. »Intravenös oder intramuskulär?« fragte sie.

»Ich weiß es nicht, Claudette.«

»Mach es in die Vene, das kann nie verkehrt sein.« Sie lachte mit einem Unterton von Hysterie, band mit einem Gummischlauch den linken Oberarm ab, legte sich, streckte sich und hielt ihm den Arm hin. »Kommst du mit?« fragte sie.

»Wohin?«

Er zog die Spritze auf. Seine Hand zitterte. Er wollte sie betrügen, ihr nur die Hälfte injizieren, und erst dann, wenn das Gift nicht so stark wirkte, wie der Mann es angepriesen hatte, die zweite Hälfte geben. Aber sie sah es und stieß ihn mit der Faust in den Rücken. »In diese Welt, mein Schatz. Alles hinein! Bestiehl mich nicht, du geliebter Lump!«

»Wir leben doch auf dieser Welt, Claudette.«

»Sie ist ein Misthaufen, Bob! Glaub es mir. Ein riesiger, stinkender Misthaufen. Das siehst du erst, wenn du mich begleitest. Ich schenke dir einen Schuß, mein Liebling. Komm mit ... du bist noch nie dem Himmel so nahe gewesen ...«

»Ich habe es nie getan.«

»Nur einmal, nur heute.«

»Ich werde schlafen.«

»Und träumen. Du wirst alles erzählen, was du träumst. Auch ich habe früher geträumt und erzählt. Verrückt und herrlich schön war es ... du solltest dein Tonband anstellen und nachher hören, wo du gewesen bist. Komm mit ...«

Bob Barreis setzte die Nadel auf, drückte die Luft aus dem Kolben, dann gab er die Spritze an Claudette weiter.

»Ich kann sie nicht in deine Adern stechen«, sagte er dumpf. »Zum Teufel, ich kann es einfach nicht.«

Sie nahm das Gift an wie eine Reliquie, ballte die linke Hand zur Faust und stieß zu.

»Das Tonband, mein Schatz!« sagte sie. »Du wirfst ein Paradies weg für einen Platz in der Gosse! Bob, o Bob . . . laß mich nicht allein . . . wir können doch nicht mehr allein sein . . .«

Er holte das Tonband, schloß es an, stellte das Mikrofon auf den Rauchtisch, setzte sich neben Claudette in den Sessel und nahm die Spritze aus ihrer Hand. Er machte sich nicht die Mühe, die Nadel zu wechseln . . . er nahm sie nur ab, um die zweite Ampulle besser aufsaugen zu können, setzte sie wieder auf den Kolben und hielt Claudette seinen Arm hin. Sie krempelte den Hemdsärmel hoch, küßte seine Armvene, band den Schlauch um den Arm, stieß die Nadel schräg in die Ader, ein Stich, den Bob kaum spürte, und drückte dann langsam die Flüssigkeit in seine Blutbahn.

Er legte die Spritze zur Seite, stellte das Tonband an und war enttäuscht. Man hat uns betrogen, dachte er. Der Himmel öffnet sich nicht. Ich bin zum Straßenräuber geworden für unnützes Zeug. Nach seiner Vorstellung mußte die Wirkung blitzartig kommen, direkt nach der Injektion, er hatte das immer gelesen, im Kino und Fernsehen wurde es gezeigt . . . nun saß er da und wartete auf das neue Schreien von Claudette.

Erstaunlicherweise blieb sie ruhig. Sie kroch an die Rückenlehne der Couch, und die war breit genug, um auch Bob noch aufzunehmen.

»Komm zu mir . . .« sagte Claudette. »Nah zu mir. Ich bin so glücklich . . .«

»Spürst du etwas?« fragte er zweifelnd.

»Ich liebe dich, Bob . . . Leg dich zu mir . . .«

Er gehorchte, streckte sich neben sie aus, aber sie lachte, mit einem dunklen Unterton, der weit aus Asien kam. Ihre schräggestellten Augen glitzerten. Er kannte diesen Ausbruch der Sterne in ihrem Blick und erhob sich wieder. Dann begann er, sie auszuziehen, küßte ihren weißen Körper, eine eigenartige Schwerelosigkeit ergriff ihn, holte ihn weg, trug ihn in eine glatte Kälte, so glatt wie Claudettes Hand und so samtig gleichzeitig wie ihre Haare. Taumelnd entledigte auch er sich seiner Kleidung, legte sich wieder neben Claudette, sie krochen eng aneinander, umfaßten sich, fühlten die Rundungen ihrer Körper ab und verloren Gehör und Anblick dieser Welt.

»Wie schön . . .« sagte sie und kroch fast in ihn hinein. »Wie himmlisch schön . . . und du wolltest mich allein lassen . . .«

Plötzlich explodierte es in Bobs Herzen. Er war unfähig, zu schreien, oder schrie er wirklich, er wußte es nicht, er hörte sich nicht . . . er wurde in kreisende Nebel gehoben und fiel und fiel und fiel in Unendlichkeiten, mit ausgebreiteten Armen und dem unbeschreiblichen Glücksgefühl, wie ein riesiger Vogel unter der Sonne zu gleiten, vom Sturzflug hinauf in das Gold der Wärme, näher, immer näher, bis seine ins Unermeßliche gespannten Flügel die Sonne umarmten und das Licht erdrückten —

In seinem Hotelapartment sah Tschocky auf die Uhr. Lundthaim und Schuhmann hingen betrunken in ihren Sesseln.

»Jetzt müßte er es sich spritzen«, sagte Tschocky gleichmütig. »Selten war auf einen Menschen mehr Verlaß als auf Claudette.«

Über Cannes huschte die Nacht. Ein Mond, voll und rund, hing über dem Meer. Ein Theatermond fast, kitschig schön, aber mit den silbernen Streifen auf den Wellen fast ergreifend. Tschocky stand am Fenster und spürte die wohltuende Kühle der Nacht auf seiner erhitzten Haut. Hinter ihm schnarchten seine Freunde.

»Wir fliegen morgen alle zurück nach Essen«, sagte er, obgleich ihm niemand zuhörte. »7 Uhr 17 über Paris. Ich habe die Tickets schon besorgt.«

Nach vier Tagen brachen Feuerwehr und Polizei die Tür zum Apartment 89 auf. Nicht das Fehlen von Bob Barreis' Anblick hatte die Nachbarn erschreckt, sondern der süßliche Gestank, der im Treppenhaus schwebte und unter der Tür von Nr. 89 hervorkam. Verwesung. Leichengase.

Das Thermometer stand auf 31 Grad im Schatten.

Mit dem Abendflugzeug trafen Theodor Haferkamp und Hellmut Hansen in Cannes ein. Dr. Dorlach hatte sofort bei Bekanntwerden der Nachricht aus der Polizeipräfektur die Abwicklung aller jetzt anfallenden Arbeiten übernommen.

»Ich fliege mit!« hatte Onkel Theodor gesagt, als Hellmut sich verabschieden wollte. »Schließlich ist er ein Barreis.«

Hansen musterte Haferkamps schwarzen Anzug, die feierlich schwarze Krawatte, den schwarzen Homburg. Der Butler stand stramm neben einem schwarzen, ledernen Flugkoffer. Sogar der Werkchauffeur, bisher als einziger außerhalb des Barreis-Schlosses informiert und zur völligen Schweigsamkeit verdonnert, wartete in schwarzer Livree vor dem ›Staatswagen‹, einem Cadillac, den Haferkamp nur bei besonderen Anlässen bestieg.

»Trauer?« sagte Hansen gedehnt. Haferkamp wurde rot.

»Mein Junge, man muß lernen, feste Spielregeln zu befolgen, solange es sich um die reinen Regeln handelt. Es sind im Leben wenig genug. Geburt, Heirat, Tod . . . die Taufe ist etwas für Glücksspieler. Zu den drei großen Regeln kommen ein paar kleinere: Umarme deinen Feind und küß ihn zu Tode; sprich eine Lüge immer wie eine Wahrheit aus; sieh alles, aber schweige über alles; die Frau deines Gegners ist sein verwundbarster Punkt, und Höflichkeit ist ein Schlüssel für alle Türen. Mit diesen Weisheiten kann dir eigentlich nichts mehr passieren. Wir praktizieren jetzt eine der großen Regeln: die für den Todesfall! Wir holen einen Barreis so heim, wie es ihm gebührt: mit Ehre und Würde.«

»Und du wirst an seinem Sarg sogar weinen können.«

»Mit Maßen.« Haferkamp winkte. Der Butler trug den schwarzen Koffer zu dem schwarzen Wagen mit dem schwarzen Chauffeur. »Trauer ist eine der obligatorischen Regungen, die man erwartet.«

»Und ein Alibi.«

»Auch! Ich habe Dr. Dorlach beauftragt, alle Schritte für eine Barreis-Stiftung einzuleiten.«

»Mein Gott, auch das noch.«

»Eine Stiftung zur Unterstützung dauerkranker Arbeiterkinder der Barreis-Werke. Ich habe eine Liste in den Akten . . . es sind bisher achtundzwanzig Kinder, die eine Heimbetreuung brauchen. Ich werde dieses Heilzentrum bauen und es ›Robert-Barreis-Heim‹ nennen.«

»Und alles von der Steuer absetzen.«

»Natürlich.« Haferkamp sah Hansen an, als habe dieser einen Meuchelmord an ihm vor. »Junge, habe ich mit dir einen Träumer zum Direktor gemacht? Bob hat uns genug Geld gekostet . . . endlich bringt er uns was ein! Das ›Barreis-Heim‹ wird natürlich auch vom Staat bezuschußt werden, von den Kirchen, von Fernsehlotterien, von Sammlungen. Der Name Barreis wird wie ein Gral leuchten.« Theodor Haferkamp klopfte dem starren Hansen auf die Schulter. »Du bist noch jung, Hellmut. Du käust noch Idealismus wieder und verklebst dir die Zähne mit dem zähen Kaugummi der Menschenwürde. Es ist alles Geschäft, mein Junge, alles . . . selbst die ewige Seligkeit mußt du dir mit der Kirchensteuer erkaufen. Keine Steuern, kein Himmel — wenn Gott, der in diesem Himmel sitzen soll, diese Kommission seiner Vertreter auf Erden annimmt — beiliegend zehn Steuerbescheide, bitten um Verbuchung in der himmlischen Hauptkartei —, habe ich, der kleine, schwache Mensch und darüber hinaus laut Bibel ja ein Ebenbild Gottes, keine Skrupel, genauso zu sein wie mein hoher Herr. Noch Fragen, Herr Direktor Hansen?«

»Ja. Betrachtest du mich als einen Affen, der auf deinem Leierkasten sitzt und sich flöht?«

»Nein, Hellmut.« Haferkamp legte den Arm um Hansens Schulter und schob ihn die große Freitreppe hinab zum Wagen. Der Chauffeur zog mit Trauermiene seine schwarze Mütze.

»Mein Beileid, Herr Generaldirektor«, sagte er. »Mein Beileid, Herr Direktor —«

»Danke, Hubert.« Haferkamp behielt den Arm um Hansens Schulter. »Ein Affe bist du nicht. Aber du wirst einer, wenn du glaubst, dieses Leben mit dem Hundeblick eines Wohltäters zu erobern.« Er ließ sich in die Polster fallen und nahm den Hut ab. »Zum Flugplatz, Hubert!«

»Jawohl, Herr Generaldirektor.«

»Und Bob?« fragte Hansen, als er neben Haferkamp saß. »Dann hat es Bob ja richtig gemacht.«

»Natürlich.« Onkel Theodor lehnte sich zurück. »Nur hat er auf der falschen Tasche gelegen — auf unserer. Ach ja, das ist auch eine der wichtigen Spielregeln: Friß dich nicht selbst auf, sondern grundsätzlich andere! — Bob hatte nie soviel Geist, um das alles zu begreifen. Es reichte bei ihm nur für ein kleines Stück zwischen Kinn und Knie. Darüber hinaus verstand er die Welt kaum noch. Er war ein Mann, der die Erde beben lassen konnte, der sie aus den Angeln heben wollte . . . Aber sein Hebel für diese Kraftleistungen war sein Penis. Mein Junge, das reicht nicht aus!«

Um 22 Uhr 09 landeten sie mit einer kleinen Zubringerma-
schine, die sie in Paris gemietet hatten, in Cannes. Ein Inspektor
der Kriminalpolizei erwartete sie auf dem Rollfeld mit einem großen Dienstwagen. Monsieur Blincourt, der französische Stahlkö-
nig, hatte die Präfektur unterrichtet, wer da aus Vredenhausen an-
reisen würde und wer der Tote im Fiori-Haus war. Dr. Dorlach
hatte auch gesorgt ... keine Presse, kein Aufsehen, eine Behandlung mit berühmter französischer Diskretion und Delikatesse. Bob
Barreis war kein ›Fall‹, sondern ein Unglück, ein Unfall, eine Tragödie in einer der angesehensten Familien in Deutschland. Ein
Franzose, an die Tradition der großen Familien gewöhnt, hat dafür
sofort Verständnis.

»Wo ist er — ?« fragte Haferkamp mit umschleierter Stimme,
nachdem sich die Herren begrüßt hatten.

»In der Anatomie des Krankenhauses, Monsieur.«

»Anatomie?« Haferkamp wurde starr. »Mein Neffe in der Anatomie?«

»Es war die einzige Möglichkeit, den schon angewesten Körper
auf Eis zu legen und für die Überführung zu konservieren, Monsieur.« Der Inspektor hatte das erwartet, seine Rede war fehlerlos
einstudiert. »Wir haben hier jetzt Tagestemperaturen von über
dreißig Grad, Monsieur. Und der Tote lag vier Tage unent-
deckt ...«

»Bitte.« Haferkamp senkte den Kopf. Mit Staunen sah Hansen,
daß seine Trauer so überzeugend war, daß Außenstehenden die
Tränen in die Augen schießen mußten. Ein gebrochener Mann
fuhr zur Präfektur — das war der überwältigende Eindruck. »Und
das ... das Mädchen, das bei ihm gefunden wurde?«

»Claudette wurde bereits begraben, Monsieur. Sie ... sie war
hier — wenn man so sagen darf — bekannt. Die Kosten hat der
Staat übernommen.«

»Ich möchte, daß diese Claudette ein gutes Grab erhält.« Hafer-
kamp vermied es, Hansen anzublicken. Die Spielregel Nummer
sieben regulierte jetzt das Leben: Sei großherzig, wo es dir selbst
Nutzen bringt. »Sie war die letzte Gefährtin meines lieben Neffen.
Ob eine — na ja — leichte Dame oder nicht: Sie war ein Mensch.
Nicht wahr, Monsieur Inspekteur?«

»Sicherlich, Monsieur. Ein schöner Mensch.«

»Sehen Sie! So schön, wie sie im Leben war, soll sie jetzt im Tode schlafen. Ich werde das regeln.«

Hansen wandte sich ab und stierte aus dem Fenster. Ihn ekelte das alles an. Mein Gott, dachte er, werde ich auch einmal so sein? Schon heute nehme ich es hin, daß man vor mir den Hut zieht und mich mit »Guten Tag, Herr Direktor« begrüßt! Ich rufe nicht schon von weitem: »Halt! Nennt mich Hansen. Ich bin einer von euch!« — Nein, ich schweige und nicke zurück, ich, der Herr Direktor. Man sollte sich selbst ankotzen und nicht wieder abwaschen. Aber dann würden zehn oder zwanzig oder hundert andere auf einen zustürzen und den ›Herrn Direktor‹ säubern.

»Hatten Sie einen guten Flug?« fragte der Inspektor.

»Ja, sehr gut. Eine Luft wie über den Sternen. Windstill.«

Haferkamp lächelte. Die übliche Konversation, um Minuten zu überbrücken. Schon sahen sie das hellerleuchtete Krankenhaus.

Hellmut Hansen schaltete geistig ab. Es hat keinen Zweck, aufzuspringen und »Hört endlich auf, ihr Idioten!« zu brüllen.

Niemand würde ihn verstehen. Niemand.

Sie hatten Bobs Leiche nicht mehr gesehen ... der Chefarzt und der Polizeiarzt hatten davon abgeraten. In vier Tagen kann die in einer Wohnung gestaute Hitze einen menschlichen Körper fast zerfließen lassen. Ihn nachher anzusehen, ist wenig ästhetisch, auch wenn der Mensch vorher so schön gewesen war wie Claudette oder Robert Barreis.

»Sie lagen nebeneinander auf dem Sofa, völlig nackt, in enger Umarmung«, sagte der Kommissar, der den Fall übernommen hatte. »Der Tod hat sie überrascht in einem wahnsinnigen Rausch. Neben ihnen stand ein Tonband ... es lief noch immer — das Band war aus der Spule gerissen, nachdem es abgelaufen war. Wir haben es abgespielt, natürlich ... es ist ein Dokument ... Sie müssen sich ein uns bisher noch unbekanntes Rauschgift injiziert haben, das ihre Herzen einfach nicht ausgehalten haben. Vielleicht war die Dosierung zu groß. Die noch gefundenen zwei vollen Ampullen sind nach Paris ins Zentrallabor geschickt worden.«

»Können wir das Tonband hören?« fragte Hansen. Haferkamp schob die volle Unterlippe vor.

»Warum?«

»Hast du schon einen Menschen sterben hören?«

»Ja. Tausende. Neben mir, vor mir, hinter mir . . . in Rußland und später in Frankreich.«

»Nicht *sehen* — *hören*!«

»Auch hören! Es klingt nicht gut, wenn einem eine Granate den halben Kopf wegreißt.«

»Bob starb im Frieden.«

»Irrtum! Er war im Krieg. Er lebte in einem Kriegszustand mit der Gesellschaft, er ist gefallen auf dem Schlachtfeld — auf *seinem* Schlachtfeld! Wenn du das Band abhören willst —«

»Auf jeden Fall —«

»Gut, dann kümmere ich mich um diese Claudette und ihr schönes Grab.«

Ein Polizeiwagen fuhr sie herum . . . man muß so bekannten großen Deutschen gerade in einer tragischen Lage behilflich sein. Frankreich ist das Land der Höflichkeit, und wenn ein nackter Mann in den Armen einer nackten Frau stirbt, dann ist das Mitgefühl sogar der Behörden besonders groß.

Das Tonband stand noch im Zimmer. Die Wohnung sah aus, als habe Bob sie nur zum Einkauf verlassen . . . als Hellmut Hansen sich setzte, war es ihm, als müsse Bob gleich hereinkommen, den Arm voller Flaschen. Nebenan im Bad aber müßte dann Wasser plätschern . . . und eine schöne Frau in der Tür erscheinen und sagen: »Mon Chérie . . . du bist so lange weggeblieben —«

Hansen blickte auf die Couch. Auf den Polstern waren Flecken. Leichenflüssigkeit. Morgen würde man die Couch verbrennen lassen . . . jetzt, in diesen Minuten, gehörte sie noch hierhin. Die beiden nackten, in sich verschlungenen Körper, die verbrannten, während das Tonband lief . . .

Hansen spannte die Spule ein und drückte auf den Abspielknopf.

Ein Rauschen. Schritte, Hantieren, Klirren. Dann eine Stimme, in Töne umkleidet, unwiderstehliche Lockung.

»Komm zu mir — nahe zu mir — Ich bin so glücklich . . .«

Claudette. Das muß Claudette sein. Hansen hob die Schultern. Er fror plötzlich. Ich bin so glücklich ... und der Tod kreist schon in ihr.

Er zuckte zusammen. So nahe, als stände er hinter ihm, die Stimme von Bob.

»Spürst du etwas?«

»Ich liebe dich, Bob ... Leg dich zu mir ...«

Stille, Rascheln, ein Knirschen von Federn. Jetzt liegt er. Hansen beugte sich vor, starrte auf die Leichenflecke in den Polstern.

»Wie schön ...« Claudette. Weltentrückt, schwebend, eine Stimme wie Harfenklang. »Wie himmlisch schön ... und du wolltest mich allein lassen.«

Er wollte sich nicht spritzen, durchfuhr es Hansen. Sie hat ihn dazu gebracht. Ich habe es geahnt, ich habe es ihm gesagt, nachdem ich Claudette zehn Minuten gesehen hatte. Du kannst sie nicht heilen, habe ich gesagt. Sie wird im Gegenteil dich mitreißen! Und er hat als einzige Waffe dagegen gehabt. »Ich liebe sie, Hellmut! Sie ist meine Lebensaufgabe geworden.«

Wieder Ruhe. Atmen. Seufzen. Dann ein Stöhnen, dumpf, tierhaft, mehr ein Schrei. Bobs Stimme, erschrocken und doch enthusiastisch.

»Der Himmel! Der Himmel! Claudette ... was ist das? Ich fliege in die Sonne ... in die Sonne ... mitten in die Sonne ...«

Claudettes Antwort, unverständlich, ein Stammeln, ein irres Zerfetzen von Worten ... und wieder Bob, in einer Euphorie, die Kälteschauer über Hansen jagte.

»Diese Welt ist wie Glas. Ein Ball aus blauem Glas, und auch die Menschen sind gläsern, ich kann hinabsehen bis in das Innere, wo das Feuer lodert. Wußtest du, daß die Erde im Inneren genauso mit Adern durchzogen ist wie der Mensch? Daß sie einen Blutkreislauf besitzt? Nur ist dieses Blut glühende Lava, und das Herz ist der Magmakern in der Tiefe. Aber sonst ist alles gleich ... ja, die Erde atmet auch. Sie atmet! Ich sehe, wie sie sich bläht, wie sie sich zusammenzieht, wie ihr Feuerblut durch die tausend Adern fließt; und auf diesem riesigen gläsernen Leib wimmeln die winzigen kleinen Menschen, von noch winzigeren Adern durchzogen. Aber sie haben ein Hirn ... wie fantastisch ... Die Erde hat Blut-

kreis und Adern, sie atmet, und ihr Herz klopft . . . aber sie hat
kein Hirn! Sie sähe anders aus, wenn sie auch noch ein Hirn
hätte!«

Die Stimme wurde schwächer . . . verlor sich im Lallen . . . irrte
durch Lachen und Stöhnen . . . verfing sich in Seufzern . . . erstarb
langsam, immer schwächer werdend, in einem Röcheln, das wie
ein Trommelwirbel klang.

Rattatata . . . rattatata . . . marschiert in die Ewigkeit . . .

Dann Stille . . . das Band drehte sich weiter, ohne Ton, nur nach
einer unendlich langen Minute ein leiser Fall. Und dann endgültige Stille . . . Eishauch aus dem Nichts . . . Hansen stellte das Band
ab, schlug die Hände vor die Augen und weinte. Er ließ sie davor,
als eine Hand seine Schulter berührte.

»Ich habe alles angehört«, sagte Haferkamp. »Ich bin dir nachge-
gangen, Hellmut. Du hast recht . . . im Kriege stirbt sich's anders.
Aber um eines klarzustellen: Auch du hättest jetzt Bob nicht mehr
retten können. Dreimal denselben Menschen dem Tod von der
Schippe holen . . . das gibt es nicht. Er hat sich selbst verbrannt . . .
wir wußten das immer. Die einen übergießen sich mit Benzin, die
anderen leben ihr Leben weg . . . die einen bewundert man, die anderen stößt man aus. Im Grunde sind es alles Verzweifelte . . . und
warum?«

»Weil sie die Weisheiten eines Theodor Haferkamp nicht kennen —«, sagte Hansen bitter. Er stand auf, drückte das Tonband an
sich und verließ in der Haltung eines Nachtwandlers die Wohnung.

Ein halbes Jahr später stand auf dem Grab des Robert Barreis in
Vredenhausen ein großes Denkmal. Der Düsseldorfer Bildhauer
Professor Schobs hatte es entworfen und in seinem Atelier in wei-
ßen Carrara-Marmor hauen lassen: ein Engel, der einen jungen
Mann vom Boden aufhebt, um ihn in die Seligkeit zu tragen.

Das war zwar Kitsch, aber Haferkamp gefiel es, Professor
Schobs erhielt ein königliches Honorar, und die Bürger von Vredenhausen standen staunend vor dem Marmorengel. Sonntags pil-
gerten sie zum Friedhof, um das Grab von Bob Barreis anzustau-
nen. Das Denkmal wurde zum Sonntagsausflugsziel.

Mehr wollte Haferkamp auch nicht. Er ließ sogar Bänke rund um den Engel aufstellen ... es bürgerte sich bald ein, daß die alten Leutchen von Vredenhausen hier im Sommer saßen, Zeitung lasen und strickten. Der Name Barreis blieb allen im Auge, im Herzen, auf den Lippen ... von der Wiege bis zum Grabe, im buchstäblichen Sinne.

Im Herbst des nächsten Jahres verließ Hellmut Hansen die Werke. Haferkamp hatte nichts dagegen ... das Vertrauen zueinander war empfindlich gestört.

»Zwei verschiedene Welten reiben sich immer auf«, sagte Haferkamp bei der Verabschiedung. Er hatte mit seinen Verbindungen dafür gesorgt, daß in der deutschen Industrie kein annehmbares Angebot für Hansen vorlag. Als ein US-Konzern den jungen Manager anstellte und hinüber nach Minnesota holte, atmete Haferkamp deutlich auf. Die ständige Mahnung verflüchtigte sich in den Weiten der Prärie. Es gab jetzt wirklich nur noch einen Barreis-Erben, auch wenn er fünfundsechzig Jahre alt war. Man ist nie zu alt für einen goldenen Sessel. »Erobere Amerika mit deinen Ideen ... in Vredenhausen hat einmal 1327 ein Wagenzug der Hanse Rast gemacht und seine Suppe auf einem Feuer aus Vredenburger Holz gekocht. Seitdem ist das hier so geblieben: ein Herr und sein Volk. Begreifst du das nicht klar, Hellmut?«

»Nein!« Hansen sah Haferkamp an wie einen völlig Fremden. Er war ihm auch fremd, das spürte er jetzt deutlich. Er war kein Barreis. Nie war er das gewesen, auch wenn er dazu dressiert werden sollte. »Ich begreife bloß, daß du dich überlebt hast! Du bist ein Fossil geworden!«

»Mag sein.« Haferkamp lächelte schief. Er war zu bequem, sich jetzt, in der Stunde des Abschieds für immer, mit einem Idealisten wie Hansen zu streiten. »Warum fährst du eigentlich nach Amerika? Wäre der Weg nach Moskau nicht sinnvoller gewesen?«

»Vielleicht. Man kann auch von Minnesota nach Sibirien fliegen. Und eines sollten wir wissen, Theodor Haferkamp: Ihr sät alle auf einem verdammt fauligen Boden. Heuchelei war nie ein guter Dünger.«

»Irrtum!« Haferkamp lachte rauh. Es tat ihm gut, Hansen zum Abschied diesen Stoß zu versetzen. »Ich kenne eine Institution —

nenne keinen Namen, lieber Theo —, die seit fast zweitausend Jahren durch Heuchelei lebt! Die Barreis' bestehen seit vier Generationen . . . wir haben also noch viel Zeit, um zu verschimmeln.«

Ob er recht behält?

Heute steht der weiße Marmorengel noch immer am Grab, und die Vredenhausener Rentner sitzen rund um ihn herum in der Sonne.

Nur sieben Meter weiter liegt ein anderes Grab. Verwahrlost, ohne Namen, nur eine Buchsbaumhecke drum herum. Wer fragt, wer denn hier liege, bekommt ein Achselzucken zur Antwort. Nur ein paar Alte wissen es: Renate Peters. Bob Barreis' Kindermädchen. Ja, die Verrückte, die damals von der Autobahnbrücke gesprungen ist. So mir nichts, dir nichts. Ein altes Fräulein, das wird's sein. Irgendwann steigt's denen mal in den Kopf.

In Vredenhausen feierte man die Geburt des zwanzigtausendsten Bürgers.

Die Barreis-Werke bauten neue riesige Hallen.

Die automatische Zielanlage wurde ein rauschendes Geschäft.

Theodor Haferkamp erhielt das Bundesverdienstkreuz Erster Klasse.

Am ersten Weihnachtstag starb er, plötzlich, während des Mittagessens, mitten in einer Erzählung aus seiner Jugendzeit, als der Schnee in Vredenhausen noch zwei Meter hoch lag — Er kippte vom Stuhl, zog noch im Fallen die Serviette über sein Gesicht, und es war, als verhülle er sein Haupt vor dem Gericht, das ihn erwartete.

Eine Stunde später telegrafierte Mathilde Barreis, die letzte der Dynastie, die man nie gefragt hatte und die nur weinen durfte, nach Minnesota:

›Hellmut, komm sofort zurück —‹

Und Hellmut Hansen kam.

Als er das Barreis-Schloß betrat, war er ein anderer Mensch geworden, in der rauhen Luft des amerikanischen Busineß gegerbt. Man sah es ihm an, und Vredenhausen atmete auf.

Ein Mann wie ein Erdbeben war gekommen . . .

Die Drohung

EINE NOTWENDIGE VORBEMERKUNG
DIE MAN NICHT ÜBERSEHEN SOLLTE

Autor und Verlag haben lange überlegt, ob sie dieses Buch schreiben beziehungsweise herausgeben sollten.

Auch wenn es kein Tatsachenbericht, sondern — aus der Fantasie geboren — ›nur‹ ein *Roman* ist, zeigt es doch eine keineswegs fantastische, ebenso grandiose wie schreckliche Möglichkeit auf. Sollte sie je Wirklichkeit werden, so wäre es freilich zu spät, ihre Auswirkungen zu beschreiben.

Und so ist dieser Roman geschrieben und veröffentlicht worden, um zu zeigen, auf welch dünner Schicht von Sicherheit wir alle leben. Er soll keine Panik erzeugen, sondern zum Nachdenken anregen, zum Nachdenken darüber, wozu der Mensch fähig ist, wenn Intelligenz und Brutalität, Geldgier und Machthunger sich vermählen.

Es gibt heute nichts mehr, was nicht möglich wäre — auch das Geschehen dieses Romans kann morgen bereits Wirklichkeit sein.

Eine ernste Drohung.

H. G. K.

Sic vos non vobis nidificatis aves,
Sic vos non vobis vellera fertis oves,
Sic vos non vobis mellificatis apes,
Sic vos non vobis fertis aratra boves.

So baut ihr Nester, ihr Vögel, nicht für euch,
So tragt ihr Wolle, ihr Schafe, nicht für euch,
So macht ihr Honig, ihr Bienen, nicht für euch,
So zieht ihr Pflüge, ihr Rinder, nicht für euch.

Vergil

Der Brief kam mit der Post, wie es sich für einen anständigen Brief gehört. Nur war er nicht anständig, aber das sah man ihm von außen nicht an.

Er war am 1. April, einem Sonnabend, um 11 Uhr beim Postamt München 23 in den Kasten geworfen worden und träumte bis zum Montagmorgen in einem besonders großen Schließfach seiner Zustellung entgegen.

Der Bote Aloys Hieberl holte ihn am Montag mit vielen anderen Briefen ab, schüttete die Post auf den Schreibtisch von zwei Sekretärinnen und sagte: »Do habt's Arbeit.« Das wiederholte sich so jeden Tag, nur war heute ein besonderer Tag, und auf Monate hinaus sollten alle folgenden Tage keine normalen Tage mehr werden.

Die Sekretärinnen begannen mit der Sortierung. Post für das Generalsekretariat, den Kunstausschuß, die Pressestelle, den Ausschuß für Finanzwesen, den Bauausschuß, den Sportausschuß, den Verkehrsausschuß, den Vorstand. Der unscheinbare Brief wanderte in eine besondere, lederne Mappe, denn auf dem Kuvert stand:

> An den Präsidenten
> des Nationalen Olympischen Komitees für Deutschland
> Herrn Willi Daume
> München 13
> Saarstraße 7.

Eine korrekte Adresse. Was auffiel an ihr, war das Wort ›persönlich‹, doppelt unterstrichen.

Um 10.12 Uhr lag der Brief auf dem Schreibtisch des Präsidenten. Das Kuvert war aufgeschlitzt, aber sonst nicht berührt. ›Persönlich‹ ist ein Zauberwort, man weiß nie, was sich dahinter verbirgt. Der Absender lautete: ›Komitee und Aktionsgemeinschaft für friedliche Spiele‹. Niemand im Sekretariat konnte sich einen Vers darauf machen, es war ein neuer Name, der in der Korrespondenz noch nicht aufgetaucht war. Und weil der Absender unbekannt war und es in der Anschrift ›persönlich‹ hieß, wurde der Brief im Sekretariat nur aufgeschlitzt, aber nicht gelesen und nach seinem Inhalt — wie die anderen Briefe — in den Briefkorb irgendeines Fachreferenten gelegt.

Der Präsident las zunächst den Absender, ehe er den Briefbogen aus dem Umschlag zog. Er dachte kurz nach, erinnerte sich an keine Aktionsgemeinschaft dieses Namens, aber man kann ja nicht alles behalten.

Der Präsident faltete das Blatt Papier auseinander. Ein kurzer Brief, und doch begann er in der Hand des Präsidenten zu zittern. Er lautete:

Sehr verehrter Herr Präsident, sehr geehrte Damen und Herren des Olympischen Komitees.

Bei den Bauarbeiten auf dem Olympiagelände wurden an einem bestimmten Tag irgendwo im großen Stadion zwei Atomsprengsätze eingebaut. Die Ummauerung oder Umbetonierung — wie Sie wollen — ist so vollkommen, daß im jetzigen, letzten Stadium der Arbeiten niemand mehr diese Sprengsätze entdecken kann. Die Atombomben können durch elektrische Impulse ferngezündet werden. Jeder Experte auf diesem Gebiet wird Ihnen die simple Konstruktion erklären können.

Nehmen wir an, daß wir — die wir wie alle teilnehmenden Völker an einer friedlichen Durchführung der Olympischen Spiele in München interessiert sind — diese Zündung auslösen: Das würde den Tod aller 81 000 Besucher des Stadions bedeuten. Noch mehr: Die beiden Atomsprengsätze haben die vernichtende Wirkung mehrerer Hiroshima-Bomben. In Sichtweite würde alles Leben zerstört und getötet. Jeder Sprengsatz enthält sechs Kilogramm Plutonium. Auch hier werden Ihnen die Experten ausrechnen können, was das bedeutet.

Diese Katastrophe, die in der Menschheitsgeschichte einzig dastehen würde, kann verhindert werden, indem das Olympische Komitee 10 Millionen Dollar zur Verfügung stellt, und zwar einzig zu dem Zweck, den friedlichen Wettstreit der Nationen zu gewährleisten. Erklären Sie in einer Anzeige in der ›Süddeutschen Zeitung‹ kurz: ›Wir danken dem ehrlichen Finder‹, dann werden wir Ihnen Ort und Ziel der Übergabe der 10 Millionen Dollar nennen und Ihnen nähere Instruktionen geben. Wir sind uns mit Ihnen einig, daß die Olympiade in München nicht zur größten Menschheitskatastrophe werden soll, sondern zum Mahnmal des Friedens und der Freundschaft unter den Völkern. In der Hoffnung, Ihr Interesse an unseren edlen Zielen geweckt zu haben, mit herzlichen Grüßen Ihr

Komitee und Aktionsgemeinschaft für friedliche Spiele.

Der Präsident las den Brief ein zweitesmal, Wort für Wort, dann legte er ihn auf die Schreibunterlage.

»Verrückt!« sagte er laut. »Total verrückt! Das hat ein Irrer geschrieben oder ein Witzbold.«

Dann lächelte er, betrachtete das Datum und lehnte sich zurück.

1. April.

Ein makabrer Aprilscherz. Es gibt solche Leute, die mit Entsetzen Scherz treiben. Der Präsident legte den Brief beiseite, drückte auf die Sprechtaste seines Rundsprechgeräts, das ihn mit allen Büros verband, drückte daneben die Taste II — Fräulein Bernhold, die Chefsekretärin, Mädchen für alles mit einem Hirn, das ein Duell mit einem Computer aufnehmen konnte, es gab keinen Termin, den sie nicht im Kopf hatte, jeder Schritt des Präsidenten, sobald er im Amt war, war von ihr berechnet und geplant — und sagte:

»Was steht an, Holdchen?«

»Um 11 Uhr Besprechung mit der Bauleitung.«

»Das trifft sich gut. Verbinden Sie mich doch mit der Staatskanzlei.«

»Sofort?«

»Sofort.«

»Dr. Rummelmann hat schon dreimal angerufen. Er wartet jetzt in der Leitung. Soll ich durchstellen?«

Der Präsident warf einen Seitenblick auf den Brief. Dr. Rummelmann war Mitglied des Rechtsausschusses, ein Jurist von hohen Graden; er las an der Universität über Strafrecht und galt als bester Kenner von badischen Weinen. Ob Rummelmann einen Rat wußte? Sollte man ihn überhaupt mit dem dummen Aprilscherz belästigen? 10 Millionen Dollar. Zwei Atomsprengsätze irgendwo im Olympiastadion. Zweimal sechs Kilogramm Plutonium. Lächerlich.

»Stellen Sie durch, Holdchen.«

Ein hartes Knacken in der Leitung, dann die tiefe Stimme von Dr. Rummelmann, langsam, bedächtig, die Stimme eines Mannes, der viel Zeit besaß, weil er die Zeit seines Lebens zum größten Teil hinter sich hatte.

»Wie geht's?«

»Wie immer«, antwortete der Präsident. »Terminkalender voll. Man müßte sechs Köpfe und zwanzig Hände haben. Ich habe da übrigens heute mit der Post einen Brief bekommen, geschrieben am 1. April. Man will das Olympiastadion in die Luft sprengen.«

»Reichlich dumm für einen Aprilscherz. Nehmen Sie das ernst?«

»Aber nein . . . Verstehen Sie was von Plutonium?«

»Ich bin Jurist. Um Plutonium würde ich mich kümmern, wenn jemand damit Unsinn anfängt. Ich erinnere mich da an einen Fall . . . das war 1931 in Berlin. Damals bastelte ein Chemiestudent im Keller seiner elterlichen Wohnung in Dahlem ein Gebräu zurecht, das bei Erhitzung auf 45 Grad in die Luft gehen sollte. Weiß der Teufel, was das für eine Substanz war . . . wir haben es nie herausgekriegt, denn der junge Herr ist mit seinem Labor selbst in die Wolken geschossen worden. Es war Sonntag, und seine Eltern hatten einen Ausflug in die Lustheide gemacht. Das einzige, was wir fanden, war ein Notizbuch, in dem der Wirrkopf schrieb, er wolle mit seinem neuen Stoff

Hindenburg in die Hölle jagen, weil er — Hindenburg — zu alt sei, um zu begreifen, daß er zu dumm als Reichspräsident sei. Das hätte damals gefährlich werden können ... aber wer hat schon ein Interesse daran, das Olympiastadion zu pulverisieren?«

»Jemand, der 10 Millionen Dollar verlangt.«

»Oha! Ein Erpresserbrief also? Das sieht plötzlich ganz anders aus.« Dr. Rummelmann sprach jetzt schneller. »Wen haben Sie unterrichtet?«

»Noch niemanden. Ich habe den Brief eben erst gelesen.«

»Unterrichten Sie den Polizeipräsidenten.«

»Vielleicht mache ich mich lächerlich? Wenn das Datum nicht der 1. April wäre ...«

»Das kann Zufall sein.«

»Kann! Und wenn es doch nur ein dummer Scherz ist?«

»Wer will das übersehen? Können Sie mir den Brief mal vorlesen?«

Der Präsident zog den Briefbogen wieder zu sich heran. Jetzt mit spitzen Fingern, nur an der linken Ecke berührend. Das säuberlich vom Sekretariat aufgeschlitzte Kuvert lag daneben.

»In München 23 aufgegeben ...«

»Schwabing.« Dr. Rummelmann räusperte sich. »Sie könnten doch recht haben. Ein Ulk, aber ein böser Ulk. Wie ist der Wortlaut?«

Der Präsident las den Brief vor, und während er die Worte noch einmal — und nunmehr schon zum drittenmal — las, erfüllte ihn eine fast schmerzhafte Unruhe. Das ist kein Scherz, empfand er beim lauten Vorlesen. Das ist Ernst. Furchtbarer Ernst, 10-Millionen-Dollar-Ernst. So schreibt niemand, der nur ein wenig Rummel machen will. Dahinter steht ein exakter Plan, stehen zwölf Kilogramm Plutonium und eine elektrische Fernzündung. In Sichtweite alles vernichtet ... Das Stadion, die Mehrzweckhalle, das Schwimmstadion, die Radrennbahn, die Sporthalle, die Volleyballhalle, das olympische Dorf, der Fernsehturm, das Funk- und Fernseh-Zentrum, das Presse-Zentrum, die Freilichtbühne, der künstliche See ... undenkbar.

Und eine Atomwolke über München. Die träge über ganz Bayern hinwegziehen würde ...

»Was haben Sie?« fragte Dr. Rummelmann. »Warum lesen Sie nicht weiter?«

»Es ist ungeheuerlich!« sagte der Präsident. »Einfach unfaßbar. Überhaupt nicht auszumalen. Wenn es kein Ulk ist —«

»Was wollen Sie unternehmen? Setzen Sie die gewünschte Anzeige in die ›Süddeutsche Zeitung‹?«

»Aus eigener Verantwortung? Das kann ich ja gar nicht. Ganz davon abgesehen, daß 10 Millionen Dollar ... überhaupt, das ist absurd. Ich habe ein Gespräch mit der Staatskanzlei angemeldet, bevor Sie anriefen und ich mir von Ihnen einen Rat erhoffte. Aber ich sehe ... Sie wissen auch keinen Rat.«

»Nicht aus der hohlen Hand. Das muß bedacht sein. Ich bin in einer Stunde bei Ihnen.«

Der Präsident atmete tief auf, betrachtete noch einmal den Brief und setzte dann über die Sprechleitung zu seinem Sekretariat einen Apparat in Bewegung, wie ihn die Welt bisher noch nicht hatte arbeiten sehen.

»Holdchen, nacheinander – und zwar schnell – folgende Gespräche: Polizeipräsident, Innenministerium Bonn, Minister persönlich, Bundeskanzleramt, Generalbundesanwalt in Karlsruhe, Oberbürgermeister hier, gesamter Bauleitungsstab Olympia. Und für niemand anderen mehr bin ich heute zu sprechen.«

»Und die Termine?« fragte Fräulein Bernhold. Sie hatte den großen, dicht beschriebenen Kalender vor sich liegen.

»Alles absagen.«

»Aber –«

»Absagen! Erfinden Sie irgendeine Ausrede, Holdchen. Eine glaubhafte.«

Fräulein Bernhold rief ahnungslos zuerst den Polizeipräsidenten in der Münchner Ettstraße an. Er war sogar erreichbar und nicht in irgendeiner Besprechung.

Der Stein, ins ruhige Wasser geworfen, begann seine Kreise zu ziehen.

»Ich habe Sie zusammengerufen, meine Herren, um Ihnen von einem Vorfall Kenntnis zu geben, der einmalig in der Kriminalgeschichte sein dürfte.«

Der Polizeipräsident machte eine Kunstpause. Er legte gern solche Redeunterbrechungen ein ... um so wirkungsvoller waren die folgenden Worte, weil sie auf ein gut mit Spannung gedüngtes Feld fielen. Auch jetzt bemerkte er bei einem kurzen Rundblick nur angespannte Gesichter, sogar Kriminalrat Beutels, der als einziger bei Konferenzen Zigarren rauchen durfte, weil der würzige Geruch einer Brasil ihn zu erstaunlichen Denkleistungen anregte, blickte erwartungsvoll.

Der Polizeipräsident hob ein Blatt Papier. Beutels und die anderen Kommissare sahen, daß es ein Fernschreiben war. Von der Geschäftsstelle des Olympischen Komitees war es nach dem Telefonat durchgegeben worden. Es war so geheim, daß der Polizeipräsident selbst zum Fernschreiber geeilt war und den diensthabenden Beamten mit Handschlag noch einmal besonders zur Geheimhaltung vergatterte.

Kriminalrat Beutels ließ seine Brasil quer durch den Mund wandern.

»Also Kindesraub. Wieviel Lösegeld?«

»10 Millionen Dollar«, sagte der Polizeipräsident trocken.

Beutels Augen wurden groß und rund. »Hat man den jüngsten Sproß von Brandt geklaut?« Er nahm seine Zigarre aus dem Mund und klemmte sie zwischen seine Finger. »Wer kann so idiotisch sein, in Deutschland 10 Millionen Dollar zu verlangen? Das sind 35 Millionen Mark. Von einem Privatmann? Ausgeschlossen! Also muß es ein sogenanntes Staatskind sein, und der Staat soll aus Steuergeldern das Geld aufbringen.«

»Irrtum, Herr Beutels.« Der Polizeipräsident lächelte mokant. »Ich lese Ihnen, meine Herren, den Brief vor, den Herr Daume — jawohl, unser Willi Daume, Mister Olympia — heute morgen mit der Post bekommen hat.«

Es war grabesstill, als der Text verlesen wurde. Erst am Ende, beim Absender, dem ›Komitee und Aktionsgemeinschaft für friedliche Spiele‹ gluckste Beutels auf. Auch ein tadelnder Blick seines Präsidenten bremste nicht seine Fröhlichkeit.

»Ihre Meinungen, meine Herren.« Der Polizeipräsident legte das Fernschreiben weg. »Das Original des Briefes ist bereits im Labor zur eingehenden Untersuchung. Was halten Sie davon?«

Es war wieder Beutels, der als erster sprach. Man ließ ihm gern den Vortritt. In solch heiklen Situationen war ein Schrittmacher wie Beutels unbezahlbar.

»Man kann sich die Laborarbeit sparen.«

»Das ist alles, was sie darüber sagen?« Der Präsident war enttäuscht. Beutels nickte heftig, sein dicker, runder Kopf wirkte wie eine hüpfende Kegelkugel.

»Datum 1. April. Da kann doch ein Armloser dran fühlen. Es ist mir rätselhaft, daß ein Mann wie Olympia-Willi so einen Unsinn ernst nimmt. Zuerst eins: Zwölf Kilogramm Plutonium kosten ein Vermögen – wieviel, das kann Ihnen jeder Chemiefachmann sagen –, auf jeden Fall kosten sie so viel, daß ein kleiner mieser Erpresser sich so einen Luxus gar nicht leisten kann. Zweitens: Die elektronische Zündung. Nicht kompliziert, aber in Zusammenhang mit den beiden Bomben mehr als problematisch. Wenn im Sichtkreis alles zerstört wird, verwandelt sich ja auch der Erpresser in ein Engelchen. Drittens: Woher nimmt er das Plutonium, selbst wenn er das Geld dafür hat? Viertens: Um eine wirksame Atombombe zu konstruieren, bedarf es großer wissenschaftlicher und technischer Möglichkeiten. Es sei denn, irgendwo ist bekannt – oder es wird durch diesen Brief bekannt –, daß zwei Atombomben aus einem Arsenal geklaut sind. Das wäre nur bei den Amis möglich. Wir haben keine. Es liegen aber keine vertraulichen Diebstahlsanzeigen für Atombomben vor. Also ist der Brief Quatsch. Ein Aprilscherz.«

Die andern Kommissare nickten stumm Beifall. Unser Beutels, dachten sie. Mit ein paar logischen Sätzen zaubert er – husch, husch – die plötzlich aufgekommene Beklemmung weg.

»Genau das habe ich auch gedacht.« Der Präsident übersah das stille Lächeln seiner Kommissariatsleiter. Beutels hat ihm ein Bein gestellt, jetzt stolpert er drüber und schreit dabei, er habe das Bein längst vorher gesehen. Warum hat er den blödsinnigen Brief ins Labor gegeben? »Aber da ist noch etwas, meine Herren. Die Bayerische Staatskanzlei nimmt das Schreiben ernst. Der Generalstaatsanwalt ist benachrichtigt und wird in zehn Minuten hier sein. Er seinerseits hat – Bonn vorgreifend – den Generalbundesanwalt in Karlsruhe angerufen. Im Augenblick spricht Herr Daume mit dem Bundesinnenminister.«

»O weh«, sagte Beutels laut. Er legte seine Brasil in den blechernen Aschenbecher vor sich. Dieser Aschenbecher war berühmt. Er gehörte Beutels, war zusammenklappbar und wanderte überall mit, wohin Beutels ging. Saß Beutels, griff er in die Tasche, es machte leise »klick« in seinen Händen, und der Aschenbecher stand auf dem Tisch. Durch das Präsidium lief hartnäckig die Sage, mit diesem Trick habe er schon sieben Ganoven überführt. Alle hätten sie gedacht, Beutels griffe in die Tasche, um eine Waffe zu ziehen, und das »Klick« sei das Herumwerfen des Sicherungshebels. »Bonn! Das sieht böse aus! Das gibt Arbeit.«

»10 Millionen Dollar, meine Herren! Oder eine unübersehbare Katastrophe!« Der Polizeipräsident sah Beutels flehend an. Giftige Polemik gegen Bonn half jetzt nicht, sie hemmte nur. »Nehmen wir an, der Brief schildert uns Tatsachen —«

»Dann müßte dahinter eine große Organisation stehen. Eine mustergültige, steinreiche Organisation«, warf Beutels dazwischen.

»Sie sagen es! Gehen wir davon aus.«

»Dann ist es wohl kein politischer Fall. Bei den Olympischen Spielen sind alle Völker friedlich vereint, die sich sonst am liebsten gegenseitig ausrotten würden. Ein Fanatiker scheidet aus ... politische Fanatiker sind finanzielle Bettnässer. Kein Volk der Erde hat ein Interesse daran, seine eigenen Leute im Rahmen der Olympiade zu pulverisieren. Was bleibt also? Mafia, Cosa Nostra ... die Urväter-Schreckgespenster, die immer herhalten müssen, wenn in der Kriminalistik etwas unklar ist. In den USA ist das schon zu einem Gesellschaftsspiel geworden. Da treffen sich zwei G-Men in New York auf der Straße, jeder mit einem anderen Fall beschäftigt ... der eine mit einem undurchsichtigen Bandenverbrechen, der andere auf der Jagd nach einem Schmuggelring. Fragt der eine: ›John, wem bist du auf der Spur?‹ Antwortet John: ›Ich muß unbedingt den Faden zu Mario di Varase finden, du weißt, zu dem Mafia-Boß.‹ Darauf erbleicht der andere G-Man, schlägt die Hände überm Kopf zusammen und jammert: ›John, tu mir das nicht an. Ich brauche di Varase für mich! Ich hab's schon gemeldet. Bitte, such dir einen anderen aus. Ich glaube, im Augenblick ist noch Lupo Cavacci frei.‹«

Beutels nahm seine Brasil, nuckelte kurz an ihr und legte sie wieder zurück auf seinen klappbaren Aschenbecher. Die versammelten Kommissare murmelten erfreut. Das war ein echter Beutels gewesen ... die Anekdote würde, wie so manche von ihm, einen Rundlauf durchs Präsidium machen.

»Ich neige auch zu der Ansicht, daß hinter diesem Brief eine starke Organisation steht«, sagte der Polizeipräsident ungerührt durch die aufkommende allgemeine Fröhlichkeit. »Wir sollten in diesen Kreisen suchen.«

Auf einmal spürte jeder, daß Beutels' Witze der Situation nicht angemessen waren. Selbst Beutels kümmerte sich nicht mehr um seine Brasil, lehnte sich zurück und warf einen schnellen Blick in die Runde, der betretene Gesichter streifte.

Er kannte sie alle seit Jahren, die hier saßen und nun mit strichschmalen Lippen zu ihrem Chef aufsahen. Einige hatte er sogar ausgebildet, empfohlen, gefördert, zu Ressortleitern gemacht. Er galt als der große Lehrmeister, Nachfolger des legendären dicken Gennat, der in den dreißiger Jahren in Berlin das Rückgrat der Kriminalpolizei gewesen war. Während Gennat immer und überall Hunger mit sich herumtrug und eigentlich nur essend anzutreffen war, kannte man Beutels nur mit Zigarre: Brasil, wenn tiefe Zufriedenheit sich in ihm ausbreitete, eine ›Blonde‹, wenn er reizbar war. Und nur neunmal — so berichtete man — hatte man ihn mit einer langen Brissago-Zigarre angetroffen. Dann ging man ihm besser aus dem Weg, schlug einen möglichst weiten Bogen um ihn, sprach ihn auf gar keinen Fall an und antwortete, wenn man selbst angesprochen wurde, knapp, stichwortartig, ohne viel Schnörkel.

Die Lage wurde ernst . . . alle sahen es jetzt. Beutels holte aus der Brusttasche seines Jacketts eine Brissago-Zigarre, zog den Strohhalm heraus und bedankte sich mit einem knurrenden Kopfnicken, als sein Nebenmann ihm Feuer gab.

Auch von diesen Brissago-Zigarren gab es verbriefte Geschichten. So bot Beutels jedem jungen Kriminalbeamten, der frisch und vollgepumpt mit Idealen und theoretischem Wissen auf die freie Wildbahn der Verbrecherjagd geschickt wurde, nachdem er die einzelnen Polizeifachschulen absolviert hatte, zur Begrüßung im Präsidium eine seiner höllischen Zigarren an. Zog der junge Mann den Strohhalm aus der Zigarre, war Beutels zufrieden und sagte: »Der Mann wird etwas!« Ließ er den Halm drin und rauchte die Zigarre mit Inhalt, tapfer, langsam bleich und grünlich im Gesicht werdend, meinte Beutels: »Der Junge hat Mut, aber kein Auge für Realitäten. Er wird's schwer haben!«

Meistens behielt er auch darin recht. Er war eben ein ungewöhnlicher Mann.

»Sonderkommission?« fragte er jetzt knapp.

»Darauf wird's hinauslaufen.« Der Polizeipräsident schielte auf das Telefon. »Ich warte auf den Generalbundesanwalt, das Innenministerium und den Bundesverfassungsschutz.«

»Du meine Güte! Je mehr Hunde bellen, um so weiter hört man sie.«

»Wollen Sie den Fall allein übernehmen, Herr Beutels?« fragte der Polizeipräsident freundlich.

»Man sollte grundsätzlich keinen Lärm machen. Zumauern, das ist meine Ansicht. Kein Ton an die Öffentlichkeit. Den großen Ignoranten spielen. Und warten . . .«

»Wie lange warten?«

»Bis unser Plutonium-Junge sich wieder meldet. War's kein Aprilscherz, kommt er wieder.« Beutels sog an seiner langen, etwas gebogenen Brissago-Zigarre. Herber, abweisend riechender Rauch umgab ihn in schwebenden Wölkchen. »Was mich noch hindert, an das unvorstellbare Superding zu glauben, ist der Stempel des Postamts. München 23 — Schwabing — ist ein Stilbruch. Können Sie sich die Mafia oder Cosa Nostra in Schwabing vorstellen? Ich nicht! Und hier setzt die Begründung für meine Ruhe ein . . .«

Auch große Männer wie Beutels können sich irren — das erwies sich bald.

Das Telefon auf dem langen Tisch läutete.

Aus Karlsruhe rief der Generalbundesanwalt an.

BONN

Der Innenminister saß zurückgelehnt auf seinem Stuhl im Bundestag und hörte etwas gelangweilt einem Redner der Opposition zu, der seine Ansichten über die Verteuerung von Butter und Milchprodukten in Europa vortrug: »Es ist doch bedauerlich, meine Damen und Herren dieses Hohen Hauses, daß die Regierung auf der einen Seite einen Butterberg unterhält, Zehntausende Tonnen Butter auf Halde legt oder zu billiger Kochbutter umschmelzen läßt, während auf der anderen Seite teure Butter importiert wird, um gewissen Agrarstaaten aus politischen Motiven gefällig zu sein und deren Nöte im Bauernstand lindern zu helfen. Auf Kosten des deutschen Steuerzahlers, der die Butter um 20 Prozent billiger im eigenen Land kaufen könnte! Ich nenne das einen Skandal...« Während dieser mit persönlicher Leidenschaft angereicherten Rede reichte ein Bundestagsdiener dem Minister einen kleinen Zettel.

›Bitte sofort Bundesanwaltschaft in Karlsruhe anrufen. Persönlich. Streng vertraulich‹, stand auf dem Blatt Papier. Eine lapidare Bitte, wie man sie einem Minister eigentlich nicht vorträgt.

Der Innenminister erhob sich, schlängelte sich hinter den Stühlen der anderen Kollegen nach draußen und hörte gerade noch, wie der Abgeordnete vom Rednerpult rief: »Auch wenn Minister das Hohe Haus verlassen — es bleibt die Feststellung im Raum: Die Butter ist ein Skandal! Ein Beweis der Fehlplanung —«

Im Foyer des Bundestages wartete schon der Referent II. Er wirkte etwas verstört, so, als ob ihm ein Steuerzahler die Hand gedrückt hätte mit den Worten: »Freut mich, einen aus der Nähe zu sehen, den ich mit meinen Steuern ernähre« — mit solchen Worten kann man ja unerhörte Effekte erzielen, die wenigsten Beamten sind darauf vorbereitet.

»Was ist denn los?« fragte der Minister ungeduldig. »Karlsruhe? Sagen Sie bloß nicht, da ist wieder ein Sensationsfall passiert.«

»Mehr als das, Herr Minister.« Referent II holte tief Atem. »Man will das Olympiastadion in München in die Luft sprengen.«

»Was?« Der Minister, der eben zum Weitergehen angesetzt hatte, blieb abrupt stehen. »Das ist doch ein Witz, ein ganz dämlicher.«

»Der Herr Generalbundesanwalt ist anderer Ansicht.«

»So etwas gibt es ja gar nicht. Olympiastadion in die Luft sprengen! Das hat uns noch gefehlt. Daß man so etwas ernst nimmt.«

Nach zehn Minuten war auch der Innenminister geneigt, den Brief zu akzeptieren. Still, etwas nach vorn gebeugt, mit halbgeschlossenen Augen hörte er am Telefon den Text an, den man ihm aus Karlsruhe vorlas. Er schwieg auch noch, als der Generalbundesanwalt mit seiner Deklamation zu Ende war. Dieser fragte deshalb:

»Sind Sie noch da, Herr Minister?«

»Ja. Natürlich. Mein Gott, das ist ja unausdenkbar. Ich fliege sofort mit einem Hubschrauber nach München. Wir treffen uns dort. Im Polizeipräsidium. Haben Sie einen Vorschlag?«

»Ich halte den Fall für so wichtig, daß Sie, Herr Minister, eine Sonderkommission des Bundeskriminalamts einsetzen sollten, unter Führung eines Experten auf diesem Gebiet.«

»Und natürlich eine Kommission der Sicherungsgruppe Bonn. Vielleicht auch den militärischen Abschirmdienst?«

»Ich glaube nicht, daß hier Interessen der Bundeswehr verletzt werden, Herr Minister. Das ist eine rein zivile Angelegenheit.«

»Der Bundesverfassungsschutz —«

»Je mehr es wissen, um so schwieriger ist es, die absolute Geheimhaltung zu gewährleisten.« Der Generalbundesanwalt räusperte sich. Es gibt Kriminalfälle, von denen man nachts träumt, qualvoll, weil man in ihnen ertrinkt, oder triumphierend, weil man sich in der Unwirklichkeit seiner losgelösten Fantasie als den großen Helden und Eroberer sieht. Da gibt es keine Probleme, die man nicht lösen könnte, oder es gibt so unüberwindliche, daß man schweißgebadet und mit Zittern über den ganzen Körper aufwacht und sich freut, daß die Wirklichkeit soviel harmloser ist.

Hier aber waren alle Qualträume übertroffen, wenn dieser höllische Brief in die Kategorie ›falscher Alarm‹ einzuordnen war.

»Ich bin der Ansicht, Herr Minister, daß man den ganzen Komplex am besten zur höchsten Geheimsache erklärt.«

»Natürlich. Ich fliege sofort nach München.«

»Wer weiß in Ihrem Ministerium schon von diesem Brief?«

»Nur mein Referent II. Ein völlig zuverlässiger Mann. Schweigsam wie eine Steinmauer.«

Der Generalbundesanwalt räusperte sich wieder. Man muß es ihm sagen, dachte er. Was in den letzten Jahren an Geheimnissen alles durch undichte Stellen durchgesickert ist, gehört zu den großen Rätseln in diesem Staat. »Eine Steinmauer genügt nicht«, sagte er bedächtig.

»Ich kann meinen Referenten wegen seines Wissens nicht erschlagen, wenn Sie das meinen!«

»Das wäre auch schlechter Stil. Außerdem würde dem Steuerzahler die Witwen- und Waisenrente zur Last gelegt werden. Ich denke nur an die verschiedenen —«

»Ich weiß, ich weiß.« Die Stimme des Ministers wurde ungeduldig.
»Aus meinem Ministerium sickert nichts raus.«

»Das dachte das Außenministerium auch . . . und trotzdem haben
wir bis heute nicht den Plapperer entdeckt. Herr Minister, ich brauche
nicht zu betonen, daß ein Bekanntwerden dieses Briefes nicht nur
eine Panik im Olympiagelände auslösen, sondern die Spiele überhaupt in Gefahr bringen würde. Niemand wird sich zur Eröffnung in
ein Stadion setzen, wo irgendwo zwei Atombomben auf die Zündung
warten. Vielleicht werden einige Feldmäuse auf den Bahnen ihre
Rennen laufen — menschliche Athleten bestimmt nicht.«

Der Minister nickte. Er umklammerte den Telefonhörer, und da er
ein großer, starker Mann war, der seine Erregung in dieses Pressen
seiner Hand legte, der Hörer aber nicht zerbrach, mußte das Telefon
aus einem guten Material gebaut sein.

»Ich wage an eine solche Möglichkeit überhaupt nicht zu denken«,
sagte er mit angerauhter Stimme. »Ich betrachte alle Maßnahmen
auch nur als ›theoretisch‹. So etwas, wie es da in diesem ominösen
Brief steht, kann es ja in Wahrheit gar nicht geben. Sie stimmen mir
doch zu?«

»Nur zum Teil, Herr Minister.« Der Generalbundesanwalt, der
oberste Ankläger Deutschlands, blickte hinunter auf den Fernschreib-
text, der vor ihm auf der Tischplatte lag. »Ich habe sofort, als ich
Kenntnis von dem Brief erhielt, unseren Sprengstoffexperten in
Wiesbaden angerufen. Ist es möglich, habe ich gefragt, daß jemand
12 Kilogramm Plutonium besitzt und daraus zwei Atombomben
bauen kann? Und was sagt der Experte — es ist Dr. Reichelt, Sie
kennen ihn, Herr Minister? ›Möglich ist alles. Aber nicht bei uns!
Hier kommen wir nicht an soviel Plutonium, und eine A-Bombe gewissermaßen in Heimarbeit zu bauen, im Keller oder in der Garage,
ist völlig unmöglich. Nicht aber in den USA!‹ Und das gab mir zu
denken. Es gibt also *doch* eine Möglichkeit.«

»Ungeheuerlich.« Der Minister wischte sich mit einem großen Taschentuch über die Stirn. Er schwitzte plötzlich! »Leiten Sie alles ein,
was notwendig ist. Ich werde den Bundeskanzler unterrichten.«

»Um Gottes willen, nein! Noch nicht! Erst müssen wir uns klar
darüber sein, daß wir uns nicht blamieren und dummen Streichen
aufsitzen. Wir haben den 3. April . . . die Olympischen Spiele werden am 26. August eröffnet. Das sind noch fast fünf Monate Ermitt-
lungszeit. Bis dahin kann sich schließlich die ganze Welt verändert
haben . . .«

»Ganz recht. Durch eine Atomwolke, die von München über ganz
Europa zieht.«

»Erst mit dem 26. August, Herr Minister. Denn wenn hinter dieser
Drohung eine Realität steht, dann wird die Katastrophe frühestens
am 26. August stattfinden. Die Wahnsinnigen, die die Bombe zünden,

werden das nicht vor leerem Haus tun. Jedes Theater braucht Zuschauer, jeder Akteur träumt vom großen Applaus. Und wenn es der tausendfache Aufschrei des Entsetzens ist ... wer soviel Geld, Mühe, technischen Aufwand und Satanerie investiert, will auch den ganz großen Schlag. Wir haben fünf Monate Zeit ...«

Ein Selbstbetrug, eine halbe Wahrheit.

Natürlich sollten die Bomben im vollbesetzten Stadion explodieren ... aber Zeit hatte niemand mehr. Die Ereignisse zwangen alle, sofort in die Startlöcher zu knien und loszurennen.

Alle ... die Präsidenten, Minister, Staatsanwälte, Kriminalbeamten, Physiker, Polizisten, Bauexperten, Sicherungsgruppen, V-Männer, Spurensucher — und einen Hellseher. Und der sah sehr dunkel.

Aber das kam später.

Mit einem grüngestrichenen Hubschrauber des Bundesgrenzschutzes flog der Innenminister eine halbe Stunde später nach München.

WIESBADEN

»Das ist doch verrückt«, sagte Fritz Abels und lehnte sich zurück.

Er saß auf dem Besuchersessel im Zimmer seines Chefs, des Leiters des Bundeskriminalamtes in Wiesbaden, rauchte eine der angebotenen Zigaretten und legte jetzt die dünne Mappe auf die blanke Schreibtischplatte zurück. Ein roter Aktendeckel, ohne Aufschrift, so geheim war die Sache. Nur an der rechten oberen Ecke war ein dünner, roter Strich quer über den Karton gezogen.

Fritz Abels war 46 Jahre alt, Vater von drei Kindern, Besitzer eines Einfamilienhauses am Stadtrand, Opelfahrer, Sportfischer und Mitglied des Gesangvereins ›Hohes C‹, Stammtischbruder der fröhlichen Runde ›007‹ und in Kriminalkreisen bekannt als der Mann, der von seinem Schreibtisch aus einen dreifachen Frauenmörder fing. Es war eine reine Denkarbeit gewesen, ein Zusammensetzen von Hunderten Mosaiksteinchen. Aber dem Ruhm des Kriminalkommissars Abels tat das keinen Abbruch. Als Oberkommissar kam er an das Bundeskriminalamt, gewissermaßen als Pendant zu dem neu aufgestellten Computer. Denn der Computer irrte sich öfters, Fritz Abels nie. Er wurde Leiter der Dokumentationszentrale für ungeklärte Kapitalfälle.

»Das ist wirklich verrückt!« sagte er jetzt und schlug elegant die Beine übereinander. In den letzten zwei Jahren war er sehr elegant geworden. Das hing damit zusammen, daß er seit drei Jahren Witwer war und seit zwei Jahren eine junge, blonde Chemikerin im Labor arbeitete. Miß Bundeskriminalamt. Abels hatte noch nie so viele chemische Analysen nötig wie in den letzten beiden Jahren; man munkelte, daß er eigens einen Trupp von vier Mann in der Welt herumschickte, um interessante Asservate zu sammeln, die man chemisch untersuchen mußte. Meistens waren es wenig attraktive Analysen, die er Fräulein Julia Mehering bieten konnte: Unterhosen (Nachweis von Spermaspuren), Speichelabstriche von Brustbissen, Dreck unter Fingernägeln. Einmal sogar Fäkalienreste in der Krümmung eines Schuhabsatzes.

Im Amt spöttelte man bereits hinter vorgehaltener Hand. Aus Mehering wird bald Ehering, hieß es — aber da irrte man sich. Julia Mehering ließ Abels schmoren wie in einem Römertopf. Wahrscheinlich merkte sie gar nicht, was sein chemisches Interesse geweckt hatte. Nur daß der Herr Oberkommissar immer modischer wurde, gemusterte Anzüge trug, breite bunte Schlipse und farbige Socken, das sah sie genau.

»Für diesen Quatsch will Bonn eine Sonderkommission?«

»Sie sind zum Einsatzleiter bestimmt, Abels.«

»Und wer ist der Chef?«

»Oberstaatsanwalt Dr. Herbrecht.«

»In München?«

»Ja. Ein Münchner muß ja dabei sein, wenn so ein Superding in München passiert. Außer Herbrecht — der auch nur Wahlmünchner ist, er stammt aus Pommern — arbeiten in drei Sonderkommissionen nur Ortsfremde.«

»Der übliche Blödsinn. Und das läßt sich die Kripo in München gefallen?«

»Bonn hat alles an sich gerissen. Im Augenblick raufen sie sich in einer Mammutkonferenz zusammen . . . sogar Pullach ist eingesetzt.«

»O Herrgöttle!« Abels drückte die Zigarette aus. »Und nun soll ich auch noch an diesem Theater teilnehmen? Als was denn? Die große Clownnummer: Der dumme August und der 1. April —«

»Wann können Sie Ihre Sonderkommission zusammengestellt haben?«

»Innerhalb von zwei Stunden.«

»Abfahrbereit?«

»Wenn keiner der Herren vorher noch seine ehelichen Pflichten erfüllen muß . . . ja.«

Der Leiter des Bundeskriminalamtes verzog das Gesicht. Mit Abels zu sprechen, war amüsant, aber manchmal etwas makaber.

»Mir liegt sehr daran, daß Sie so schnell wie möglich in München die Arbeit aufnehmen. Von Köln fliegen heute abend vier Mann des Verfassungsschutzamtes los.«

»Von der freiwilligen Feuerwehr aus Bumshausen keiner? Das finde ich eine grobe Vernachlässigung der allgemeinen Sicherheit!«

»Abels, hauen Sie ab!« Der Leiter des Bundeskriminalamtes erhob sich. Jetzt lachte er, aber es klang ziemlich gepreßt und weit aus der

Tiefe geholt. »Denken Sie mal darüber nach, was wäre, wenn der Brief eine echte Drohung ist.«

»Ich bemühe mich schon die ganze Zeit. In diesem Fall wäre es besser, vor dem 26. August München zu evakuieren . . .« Abels erhob sich, als er das saure Gesicht seines Chefs sah. »Wir haben nur den Brief? Sonst nichts?«

»Es gibt sonst nichts.«

»Dann ist es nicht so eilig. Interessant wird erst Brief Nummer 2 . . . wenn er überhaupt geschrieben wird.«

Er wurde geschrieben . . . genau in der gleichen Stunde, in der Fritz Abels diese Worte sprach.

Um 19 Uhr steckte ihn der Schreiber in einen Briefkasten, diesmal in München 1. Niemand beachtete ihn, weil ja niemand wußte, was er da in den Briefschlitz warf. Hinter ihm steckte ein Steuerberater einen Brief an das Finanzamt Mitte in den Kasten. Dann ein junges Mädchen einen nach Rosenparfum leicht duftenden Liebesseufzer. Ihr folgte ein dicker Mensch, der Fleischermeister Sanglmayer, der seinem Schwager geschrieben hatte: ›Liber Otto. Komm här, sofort . . . Milli bekomt ihr fünftes Kind. Ich hab keine Hilfe nicht im Haußhalt . . .‹

Der Mann, der den zweiten Brief an das Olympische Komitee eingeworfen hatte, bummelte langsam über die Straße, am Nationaltheater vorbei und die Maximilianstraße hinunter. Vor einem Gemäldegeschäft blieb er stehen und betrachtete wohlgefällig die ausgestellten Bilder. Eine niederländische Landschaft um 1737, gemalt von Hendrik Vermeulen, und einen Pferdekopf, Kaltnadelradierung von Thomas Quicker.

Es schien, als ob der Mann etwas von Kunst verstünde.

MÜNCHEN

Im Besprechungszimmer des Polizeipräsidiums wogten die Rauchwolken. Mineralwasserflaschen und Gläser, gefüllte Aschenbecher und Notizblocks, Kaffeetassen und ein einziger, einsamer, riesiger Bierkrug, eine ›Maß‹, bedeckten den langen Tisch. Der Krug gehörte Kriminalrat Beutels; daneben lag eine lange Brasilzigarre, halb geraucht, nun erloschen. Ein verflucht schlechtes Zeichen.

Die Sonderkommission aus Wiesbaden war eingetroffen und hatte ihre Arbeit aufgenommen. Oberkommissar Abels saß neben Oberstaatsanwalt Dr. Herbrecht am Kopfende des Tisches, am anderen Ende, präsidierend, finster dreinblickend, hatte der Polizeipräsident Platz genommen. Zwei Herren vom Bundesnachrichtendienst, vier Herren vom Amt für Verfassungsschutz, drei Offiziere des militärischen Abschirmdienstes und vier Mitglieder des Nationalen Olympischen Komitees umringten den Tisch. Der Oberbürgermeister von München, der Bundesinnenminister und neben ihm der plötzlich sehr stille Beutels bildeten einen Block in der Mitte. Eine erlauchte Gesellschaft.

Es war Dienstag, der 4. April. Vormittags 11 Uhr. Der zweite Brief war vor einer halben Stunde von einem Boten der Olympiageschäftsstelle abgegeben worden. Schon die Absenderangabe auf dem Kuvert ließ den Präsidenten fahl im Gesicht werden.

Die Sitzung war bisher ohne großen Erfolg verlaufen, obwohl sie schon um 9 Uhr begonnen hatte. Beutels, der den ersten Brief im Original vor sich liegen hatte, war mit seinem Referat fertig geworden: keine Fingerabdrücke. Normales, billiges Papier, wie es überall verkauft wurde. Neutraler, ebenso billiger Umschlag mit grauem Innendruck. Stückpreis 5 Pfennig. Schreibmaschinenschrift Pica … davon gab es Millionen Maschinen. Die Pica ist die gebräuchlichste Schrift. Um noch auf die Fingerabdrücke zu kommen: Keine unbekannten Abdrücke. Sonst genug … vom Briefboten, von der Sekretärin, dem Präsidenten.

Das war alles. »Ich weiß, das ist mager«, schloß Beutels seinen Vortrag. »Aber was erwartet man auch? Eine Visitenkarte des Schreibers? Es bleibt uns nichts anders übrig, als auf weitere Nachrichten zu hoffen.«

»Sie nehmen den Brief also ernst?« fragte der Innenminister.

»Nach reiflicher Überlegung — ja.«

»Und wie begründen Sie das?«

»Eine Begründung im klassischen Sinne gibt es nicht. Ich nehme die Drohung gefühlsmäßig ernst.«

Oberkommissar Abels blickte kurz hinüber zu seinem berühmten Kollegen. Er war etwas irritiert. Eine alte Kriminalistenregel lautet: Nie auf das Gefühl hören — nur Tatsachen gelten. Tatsachen sind greifbar, Gefühle unbestimmbare Reflexionen. Und hier saß nun der große Beutels, trank als einziger eine Maß Bier und warf sein Gefühl wie einen Trumpf-Buben auf den Tisch.

»Können wir alle Postämter überwachen lassen?« fragte Abels in die betretene Stille.

»Natürlich. Auch alle Briefkästen.« Der Polizeipräsident lächelte mokant. »Wollen Sie jeden Menschen, der etwas in einen Briefkasten steckt, untersuchen? In zehn Minuten hat sich das herumgesprochen, in einer Viertelstunde haben wir die Presse am Hals, am nächsten Morgen ist die Panik vollkommen. Wir waren uns darüber einig: kein Aufsehen. Geheimhaltungsstufe I. Außerdem kann der nächste Brief — wenn einer kommt — in Augsburg, Stuttgart, Hamburg, Köln, Hannover, Kiel oder wer weiß wo aufgegeben sein.«

»Mit anderen Worten« — der Innenminister sah sich fragend um —, »wir sitzen hier und sind völlig hilflos.«

»Wir warten, Herr Minister«, sagte Beutels steif. »Warten können ist die beste Waffe gegen alle, die es eilig haben. Lernen wir von den Russen, meine Herren: Ihre fantastische Gabe, in großen Zeiträumen zu denken, machte sie zur Weltmacht.«

»Üben wir hier eine politische Wahlrede?« rief Abels dazwischen. Beutels winkte lässig zu ihm hinüber. Streit lag in der Luft.

»Wenn Sie konkretere Vorschläge haben, Herr Kollege. Immer zu! Das BKA hat ja den Fall übernommen. Sie müssen ja eine Vorstellung haben, wie Sie den Briefschreiber herauslocken. Wir hören —«

»Meine Herren!« Der Innenminister wedelte mit beiden Händen durch die rauchige Luft. »Meine Herren, *ich* habe letztlich die Verantwortung . . .«

»Darum geht es nicht.« Beutels tippte mit dem Zeigefinger auf den Brief. Es klang wie das harte Stakkato eines einzigen Trommelschlegels. »Wir sollten uns Gedanken darüber machen, wer die 35 Millionen Mark bezahlt.«

»Niemand! Das ist ja absurd!« Der Präsident des Olympischen Komitees beugte sich über den Tisch Beutels entgegen. »Wir beugen uns doch nicht dieser Erpressung!«

»Dann fliegt das Stadion in die Luft.«

»Das zu verhindern, ist ja die Polizei da!«

»Aber die Polizei ist wie ein Blinder in der Nacht.«

»Eben das finde ich skandalös. Ich werde mich nie mit dem Gedanken befassen, 35 Millionen für eine Drohung zu bezahlen!«

»Meine Herren!« Fritz Abels klopfte mit seiner Kaffeetasse auf den Teller. »Spielen wir jetzt nicht Ringelreihen mit rhetorischen Phrasen? Die Lage ist — auf ein Wort gebracht — offen! ›Offen‹ heißt: Niemand von uns weiß, ob dieser Brief es wert ist, so dramatisch genommen zu werden, wie wir es alle hier im Raum gegenwärtig praktizieren. Das Nächstliegende ist, dem Wunsch des Briefschreibers nachzukommen und in der ›Süddeutschen Zeitung‹ die gewünschte Anzeige einrücken zu lassen: ›Wir danken dem ehrlichen Finder.‹ Übrigens, der Mann hat Humor.«

»Es beruhigt mich ungemein, daß Sie solch eine Freude an diesem Lumpen haben!« sagte der Innenminister laut. »Gut, wir setzen diese Anzeige ein. Dann wird er — vielleicht — wieder schreiben. Sind Sie dadurch ein Stück weiter? Das gleiche Papier, das gleiche Kuvert, die gleiche Schrift, Stempel München 23 . . . na und?«

»Der Schreiber wird jetzt ins Detail gehen. Details bieten immer Ansatzpunkte. Ein einziges Wort kann eine Spur aufreißen.«

In diesem Augenblick wurde der zweite Brief abgegeben. Während der Präsident des Olympischen Komitees ihn aufriß — »Ich brauche wohl keine Rücksicht auf Fingerabdrücke zu nehmen, es sind ja doch keine dran!« sagte er dabei — und mit bebenden Fingern den Bogen herauszog, trank Beutels einen tiefen Schluck aus seiner Maß. Er war der einzige unter den Anwesenden, der den Eindruck machte, im Biergarten des Hofbräuhauses zu sitzen.

»Na also«, rief er sogar, und alle am Tisch zuckten zusammen, »ist das eine gelungene Inszenierung oder nicht? Stichwort: Zweiter Brief — komm! Und schon tritt er aus der Kulisse. Wann geht die Bombe los?«

Der Präsident blickte zu Beutels hinüber. Sein fotogenes Gesicht, in Deutschland allen Einwohnern von zehn Jahren aufwärts bekannt, wirkte merkwürdig zerknittert, wie plissiert. »Ich lese vor«, sagte er mit belegter Stimme. »Ich —«

Er holte tief Atem, schluckte und schüttelte den Kopf, bevor er weitersprach. Der Brief versetzte ihn in einen Zustand absoluter Leerheit. Nur ein nicht mehr beherrschbares Entsetzen kann so etwas auslösen.

Sehr verehrter Herr Präsident.

Bevor Sie durch die Anzeige in der ›Süddeutschen Zeitung‹ auf meinen Vorschlag eingehen, möchte ich einige Fakten nachtragen, die den vielleicht vorhandenen letzten Rest Ihres Zögerns erlöschen lassen:

Die 12 Kilogramm Plutonium, in zwei Bomben verteilt, werden am Eröffnungstag der XX. Olympischen Spiele, mitten in die Feierstunde hinein, explodieren. Genau terminiert: Am 26. August, 10 Minuten nach Eintreffen der Olympischen Fackel und Entzündung des Olympischen Feuers auf der Osttribüne des Stadions. Die Explosion wird ausreichen, alle olympischen Anlagen und den größten Teil Münchens zu zerstören.

»Das stimmt genau« — Beutels tiefe Stimme zerschnitt die mit Grauen aufgeladene Stille.

»Mein Gott«, stammelte der Innenminister. »Mein Gott. So etwas gibt es doch nicht.«

Sie haben nun fast fünf Monate Zeit, die Sprengladungen zu suchen. Wir wissen, Sie werden es tun. Es ist vergeblich. Sie wurden eingebaut, als das Stadion noch im Rohbau war. Sie könnten sie nur finden, wenn Sie das ganze Stadion wieder abreißen — bis auf die Fundamente.

Was sind dagegen 10 Millionen Dollar? Man sollte gar nicht darüber sprechen — sondern zahlen.

Komitee und Aktionsgemeinschaft für friedliche Spiele.

Der Brief flatterte auf den Tisch . . . er war dem Präsidenten aus den kraftlosen Fingern geglitten. Mit weiten Augen sah er sich um. Gesichter wie Masken, im Nebel der Rauchschwaden schwebend.

»Ein korrekter Brief.« Wieder Beutels, trotz einem Feuerwerk von Blicken, die ihn bremsen wollten. »Genaue Zeit, genauer Ort der Tat — was wollen wir mehr? Die ›Aktionsgemeinschaft‹ versteht etwas von Fair play. Nun wissen wir, was los sein wird . . .«

Der Präsident des Olympischen Komitees faltete die Hände über der Tischplatte. Er wollte nicht beten: »Herrgott, laß ein Wunder geschehen«, sondern damit nur seine zitternden Finger unter Kontrolle halten.

»Das wissen wir ja«, sagte er tonlos. »Im Stadion werden 81 000 Menschen sein, darunter 400 Könige, Königinnen, Ministerpräsidenten mit ihren Gattinnen, Minister und andere Persönlichkeiten aus allen Bereichen des öffentlichen Lebens. Und sämtliche Sportler aus 126 Nationen.«

»Dazu zwei Millionen Münchner und Gäste«, warf der Polizeipräsident leise ein.

»Das genügt.« Beutels steckte die kalte, halbgerauchte Brasil zwischen die Lippen und umfaßte seinen Bierkrug. »Es wird mit Garantie die größte Katastrophe der Menschheit.«

MÜNCHEN-HARLACHING

Ich heiße Hans Bergmann.

Ich bin Journalist. Ein mittelmäßiger, ich gestehe es. Kein Held der Reportage, wie das Fernsehen sie immer zeigt, das damit ein geradezu kriminell schiefes Bild unseres Berufes verbreitet. Die großen Verdiener in unserer Branche sind auch diejenigen, die eine artistische Fertigkeit entwickelt haben, Chefredakteuren, Verlegern, Agenten, Managern, Ressortleitern, Verlagsleitern oder wer sonst etwas mitzusprechen hat, in den Hintern zu kriechen und dort, Loblieder singend, zu verweilen wie eine Made im Speck. Ich konnte das nie . . . ich schrieb, was ich für gut hielt, und meistens war es nicht gut. Dann lieferte ich wieder Arbeiten ab, die zum Erstaunen der Redaktion vom Leserpublikum gefressen wurden, wie etwa die Serie ›Ein kleiner Mensch erzählt‹. Als ich damit zum Chefredakteur kam, und er den Titel las, sagte er sofort: »Bergmann, Sie haben wohl 'ne Meise?!« Aber er ließ das Manuskript — aus Erheiterungsgründen — im Verlag kursieren, und als sieben Sekretärinnen beim Lesen weinten, hat er es gedruckt. Seitdem gelte ich als Phänomen, so unbedeutend ich auch bin: Sieben idiotische Arbeiten, dann eine gute. Dieser Erfolgsrhythmus weht mir voraus wie Moschusgeruch.

Aber heute — ab heute, das sag' ich euch, Leute — wird es anders sein. Ich habe, wie man bei uns in der Branche sagt, einen ›dicken Otto‹ aufgerissen.

Ein Bekannter von mir heißt Gustav. Natürlich ist das ein Deckname, denn keiner kann von mir verlangen, daß ich meinen Informanten nenne. Er wohnt auch nicht wie ich in Harlaching. Sie kennen Harlaching nicht? In jeder Großstadt gibt es Wohnviertel, wo hinter hohen Zäunen und eingebettet in Gärten und Parks ehrwürdige

Villen und moderne Bungalows liegen, Häuser, deren Fassaden man vergolden könnte, denn die Besitzer dieser Nobelherbergen drehen eine Mark nicht dreimal um — wie ich —, ehe sie sie ausgeben, sie rechnen mit anderen Größen, ihre Namen haben einen Klang, tauchen in den Gesellschaftsspalten der Zeitungen auf, man erfährt, daß sie in Cortina Ski liefen und in St. Rafael ihre neue Motorjacht einweihten, ihre vierte Frau mit einer fünften vertauschten oder — fett gedruckt — noch immer ihre erste Frau wie am Tag der Hochzeit lieben, was Millionen Lesern Tränen der Rührung entlockt. Die Besitzer dieser Geldburgen bestimmen den Aktienkurs, drehen am Wirtschaftswunderrad, sind die heimlichen Könige in einer Demokratie und die unheimlichen Könige in ihren Betrieben.

Sollen sie . . . Erfolg gibt recht, sagte schon mein Vater. Damals meinte er allerdings den Mann mit dem Bärtchen auf der Oberlippe. Das stellte sich, wie wir alle wissen, als Irrtum heraus, aber das ändert nichts an der Tatsache, daß der Erfolgreiche sich hinter Zäunen und Mauern, zwischen Bäumen und Büschen verbirgt, um in der Abgeschiedenheit am blauen Swimming-pool auf englischem Rasen sich der Zufriedenheit hinzugeben, ein besonderer Mensch zu sein. Ein Leib gewordener Händedruck Gottes.

In so einer Villa wohne ich . . . in Harlaching, in eben solch einem Viertel, wo man sich wundert, daß im Herbst die Bäume bloß Blätter abwerfen und keine Goldstücke. Hier wohnen Bankiers und Großkaufleute, Juweliere und Exportleute, Baulöwen und Generaldirektoren, Südfruchthändler und Verleger. Auch mein Verleger. Und ich.

Allerdings bewohne ich nur eine kleine Dachwohnung in der Villa des Südfruchthändlers Aloys Prutzler. Ein Prachtstück . . . die Villa, nicht Prutzler. Mit einem Wildpark bis hinunter zur Isar, für Kinder ein Paradies, in dem sie sich mit etwas Fantasie wie in einem Urwald vorkommen könnten, den sie täglich neu entdecken. Aber Prutzler hat keine Kinder, er ist sogar kinderfeindlich, und als ich mich um die Dachwohnung bewarb (ein Kollege hatte erfahren, daß Prutzler eine Wohnung vermietet, unter der Bedingung, daß der Mieter Sonntags die Wiese schneidet, was ich vom Frühjahr bis zum Herbst gewissenhaft tue, im Sitzen, denn Prutzler hat ein kleines Mähauto, mit dem ich durch den Park kurve wie auf den Bahnhöfen die Elektrokarren mit dem Gepäck) — also, als ich vor dem dicken, rotgesichtigen Aloys Prutzler stand und sagte: »Sie finden keinen besseren Fachmann für Rasenpflege als mich. Ich liebe geradezu englischen Rasen . . . ich sage sogar Sie zu ihm«, da fragte er sofort: »Sind Sie allein?«
»Ja. Noch.«
»Was heißt noch? Wollen Sie heiraten?«
»Wenn ich etwas Passendes finde.«
»Sie haben Passendes?«

»Gepaßt hat es bisher immer ... aber nicht von Dauer. Ich bin ein Typ, der andere schnell verschleißt. Aber es könnte ja sein, daß irgendwann einmal ...«

»Dann werden Sie Kinder bekommen?«

»Ich nehme es an. Man hat mir noch keine Zeugungsunfähigkeit nachgewiesen.«

»Dann müssen Sie ausziehen.« Aloys Prutzler sah mich streng an, wie ein Prälat im Beichtstuhl, dem man beichtet, Fettleibigkeit sei eine Strafe Gottes. »Hier kumma koa Kinder nei ...«

Ich versprach es ihm, auf Kondition zu achten und im richtigen Augenblick zu unterbrechen. Das war, als die Pille noch nicht so publik war ... jetzt habe ich überhaupt keine Probleme mehr. Jedenfalls erhielt ich die Dachwohnung und kann jetzt vom Fenster meines kleinen WC in den Park meines Verlegers blicken. Ich habe ihm das einmal beiläufig gesagt ... ich glaube, es hat ihn sauer gemacht. Wenn er jetzt in sein Schwimmbad springt, sehe ich ihn manchmal einen versteckten schielenden Blick zu meinem Dachfenster werfen. Ich könnte ihn ärgern und mit einem Taschentuch winken: Hier bin ich. Nun hinein ins Wasser, kleiner Sportsmann, nicht zittern und frieren. Tröste dich damit, daß alle Helden in der Badehose merkwürdig aussehen. Es gibt nur wenige schöne Männer — wir beide gehören nicht dazu.

Aber ich winke nicht mit dem Taschentuch. Ich habe andere Sorgen, zum Beispiel jetzt, wo mir Gustav dieses Riesending ins Ohr geflüstert hat.

Ich weiß, daß man das Olympiastadion in die Luft sprengen will.

Am Eröffnungstag, nach dem Trara der Fanfaren und dem Aufflammen des Olympischen Feuers. Und ich weiß, daß man keine, gar keine Möglichkeit mehr hat, die Bomben zu suchen und zu finden.

Gestern habe ich einen Rundgang über das Oberwiesenfeld gemacht. Mit Presseausweis ist das einfach, außerdem fällt im Gewimmel der 3000 oder 4000 Bauarbeiter niemand auf. Ein erhebendes Bild ... die Riesen-Arenen der Stadien, das Wunderwerk des Zeltdachs, der künstliche See, die Olympischen Dörfer, das geradezu einmalige Pressezentrum ... das alles ist eine Welt von übermorgen, ein Triumph der Technik, ein fast vollkommenes Zusammenspiel von Mensch und Computer, Erfahrung und Mut.

Fast, sagte ich ... denn irgendwo in dieser Wunderwelt liegt die Zerstörung. Die vollkommene Zerstörung. Das ist die Tatsache unserer Welt, überhaupt des Lebens: Die Leistungen menschlicher Gehirne streben bald dem Unmeßbaren zu ... aber immer eine Stufe höher wird die Möglichkeit der Vernichtung sein.

Was mache ich nun mit meinem Wissen? Das habe ich mich in den letzten Stunden — nach Gustavs Weggang — unentwegt gefragt.

Wenn ich zu meinem Chefredakteur damit gehe, wird er das gleiche sagen, was ich Gustav an den Kopf geworfen habe.

»Gustav«, habe ich gesagt (ich habe natürlich seinen richtigen Namen benutzt), »was Sie mir da erzählen, ist glatt unmöglich. Das gibt es nicht, das *darf* es einfach nicht geben.«

Ich habe mich überzeugen lassen, daß es keine Hirngespinste sind. Wegen Fantastereien stellt man keine Sonderkommission zusammen, holt man nicht den Innenminister von Bonn nach München, setzt man nicht den Bundesverfassungsschutz ein, den militärischen Abschirmdienst, ein Sonderkommando der Kriminalpolizei. Sogar der sagenhafte Beutels soll sich eingeschaltet haben. Seit zwei Tagen raucht er Brissago-Zigarren. Das ist der letzte Beweis der Wahrheit!

Ich weiß nicht, ob ich richtig denke, aber ich glaube, daß ich vor der größten Chance meines Journalistenlebens stehe: Gewissermaßen mit einer Tarnkappe sitze ich mittendrin in einer Top-Secret-Sache. Nun mach einer mal etwas daraus! Der Gedanke: Niemand auf der Welt ahnt, daß die XX. Olympischen Spiele auf zwei Atombomben gebaut sind. Nur eine Handvoll Männer wissen es. Und ich!

Seit zwei Stunden weiß ich auch, was ich tun werde.

Ich rücke in die ›Süddeutsche Zeitung‹ das gewünschte Inserat ein:

»Wir danken dem ehrlichen Finder.«

Das wird den Stein ins Rollen bringen.

Und Gustav informiert mich weiter.

MÜNCHEN — OLYMPIABAULEITUNG

»Da haben wir's!« Oberkommissar Abels legte die ›Süddeutsche Zeitung‹ weg, die ihm aus dem Polizeipräsidium von einem Motorradfahrer der Schutzpolizei gebracht worden war. Dazu ein schnelles Handschreiben des Polizeipräsidenten:

›Absolutes Rätsel. Die Anzeige hat keiner von uns aufgegeben. Nachforschungen in der Anzeigenannahme laufen bereits.‹

»Natürlich bekommen sie nichts heraus«, sagte Abels. »Ich weiß, wie das läuft. Ein Mann, Alter nicht schätzbar, braunes Haar, mit Hut, rundes Gesicht, in grauem Anzug und braunem Mantel hat das Inserat bezahlt und war gleich wieder weg. Genaue Beschreibung — nein. Wer sieht sich einen normalen Mann an, der ein Inserat aufgibt: ›Wir danken dem ehrlichen Finder?‹ Der Text ist so banal, daß auch der Mann banal sein muß.«

»Aber irgendwo ist ein Loch!« Oberstaatsanwalt Dr. Herbrecht schlug die Fäuste zusammen. Eine Abreagierung von Hilflosigkeit. »Jemand außerhalb unseres kleinen Kreises hat Kenntnis von der Sache. Das bedeutet höchste Gefahr.«

Die Sonderkommission war auf das Olympiagelände umgezogen. Sie hatte sich in einer Baracke der Bauleitung etabliert, um »nahe am möglichen Tatort« zu sein, wie es Beutels mit bissigem Humor ausdrückte. So ahnte auch niemand, daß die fleißigen Männer in der neuen Baracke XXII, in die eigentlich der Stab für die Gartengestaltung rund um den künstlichen See einziehen sollte — er hauste jetzt 100 Meter weiter bei den Kollegen ›Innenarchitektur Schwimmhalle‹ —, keine Baufachleute waren, sondern ausgesuchte Kriminalbeamte, Spezialisten für Spurensuche, Sprengstoffsachverständige, Physiker, Feuerwerker und Radartechniker. Um die Tarnung vollkommen zu machen, händigte der Direktor der Bauleitung jedem von ihnen einen gelben Plastikschutzhelm aus, mit dem hier alle herumliefen. Sogar Oberstaatsanwalt Dr. Herbrecht, sonst äußerst zurückhaltend, norddeutscher Typ, obgleich Bayer (das gibt es tatsächlich), stülpte den Helm auf und verzog keine Miene, als Beutels breit grinste.

»Die gelben Ameisen der Kripo!« sagte Beutels. »Die Tarnung als Bautechniker wäre vollkommen, meine Herren, wenn Sie nicht so unglückliche Gesichter schnitten. Sehen Sie sich Ihre Kollegen an: überall Fröhlichkeit, Euphorie, stolzer Glanz in den Augen. Das Riesenzelt hat allen Stürmen und Schneelasten standgehalten, die Termine werden eingehalten, die Steuergelder zischen geradezu durch die Gegend, und in diesem warmen Regen verlieren viele Unternehmer ihr wirtschaftliches Rheuma . . . überall eitel Sonne und wolkenloser Himmel. Nur Sie laufen mit Regenvorhängen herum. Bedenken Sie: Sie sind der ›Fachausschuß für Koordination‹! Teufel, ist das eine schwere Aufgabe. Jede Aufgabe, von der keiner weiß, was sie eigentlich darstellt, ist unheimlich schwer, sonst wäre sie ja nicht so undurchsichtig. Benehmt euch so! Werdet wichtig, Leute! Der gelbe Helm allein genügt nicht zur Tarnung!«

Beutels hatte gut spotten . . . er saß in der Ettstraße im Präsidium und ließ die Dinge von außen an sich herantragen. Mit der ›Sonderkommission Olympia‹ — wie sie bei der Polizei hieß — hatte er nur am Rande zu tun. Sobald in diesem Bereich eine Schweinerei passierte, die München direkt anging, konnte er eingreifen. Sonst waren Dr. Herbrecht und Oberkommissar Abels autark.

»Ihre Nerven möchte ich haben«, sagte Abels und feuerte den gelben Helm auf den Tisch. Es war eine halbe Stunde nach Bekanntwerden der Anzeige in der ›Süddeutschen Zeitung‹. Beutels hatte es sich nicht nehmen lassen, dem Boten des Polizeipräsidiums fast auf dem Hinterrad des Motorrades zu folgen. »Da ist jemand im Hintergrund, der dreht jetzt an der ganzen Sache.«

»Wissen Sie, wie gefährlich das werden kann?« rief Dr. Herbrecht. Er las zum x-tenmal die kleine Anzeige. »Hier hält einer nicht dicht!«

»Fast Bonner Verhältnisse!« Beutels setzte sich auf die Tischkante.

Er holte sein Zigarrenetui aus der Rocktasche. Eine Brasil! Gott sei Dank — die Stimmung war gut. »Wie weit sind Sie, meine Herren?«

»Wie weit?« Abels sah Beutels ungläubig an. »Ja, glauben Sie, wir hätten auch nur einen Schimmer Ahnung gewonnen, nur weil wir hier in einer Baracke neben dem Stadion wohnen, unter oder an dem zwei Atombomben vergraben liegen? Wir haben die Unterlagen für die Bauarbeiten durchstudiert. Wer behauptet, er könne jetzt noch etwas finden, ist ein Fantast.«

»Die ganze Idee von dem großen Feuerwerk am Eröffnungstag ist fantastisch.« Beutels rauchte langsam, zelebrierend seine Zigarre an. »Nehmen wir an, es handelt sich um eine normale Sprengladung. Auch das genügt. Der Sprengsatz, an einem der Stahlrohr-Pylonen angebracht, würde den 76,8 Meter langen und 310 Tonnen schweren Mast umfegen. Dann bräche das gesamte Olympiazeltdach zusammen: 74 800 Quadratmeter mit Stahlseilen zu 30 000 Knoten, 8 300 Acrylglasplatten sowie die vierzig anderen Masten würden einfach mit umgerissen, zehn Drahtbündel aus jeweils 55 Litzen, die sieben Millionen Drähte vereinen, schnitten zischend durch die Luft und köpften die Zuschauer, 410 Kilometer Netz mit einer Million Schrauben regneten herab ... das Ganze 175 Millionen wert!«

»Es war Ihnen wohl eine Freude, das auswendig zu lernen?« Dr. Herbrecht wedelte mit seinem gelben Plastikhelm Luft über sein gerötetes Gesicht. »Sie deklamieren das wie Dantes Höllenfahrt.«

»Es wird eine sein, Herr Oberstaatsanwalt. Wenn dieses Dach herunterbricht, brauchen wir alle Klosterpatres von Bayern, um Letzte Ölungen zu verteilen!«

»Ich weiß, daß Sie Atheist sind«, sagte Herbrecht steif. »An den Pylonen wird der Sprengsatz nicht angebracht sein.«

»*An* nicht, aber vielleicht *in*.« Beutels blickte an die rohe Holzdecke der Baracke. Er deklamierte wieder mit einer fürchterlichen, eintönigen Stimme: »Die wichtigsten der 40 Pylonen stecken bis zu 35 Meter tief in Fundamenten, von denen jedes aus 1600 Kubikmeter Beton gegossen ist. Wir haben also die Auswahl: 40 Pylonen! Davon über die Hälfte in Fundamenten von der Höhe zehnstöckiger Häuser — nun suchen Sie mal! Und das ist nur eine Möglichkeit! Auch Ihr Radar hilft da nichts — denn da hier alles mit Eisenbeton gebaut ist, wirbelt die Nadel und tickt das Relais rund um die Uhr. Wo Millionen Kilogramm Stahl verbaut sind, da wollen Sie den Stahlkasten einer Sprengladung irgendwo eingemauert finden?«

»Sehr schön.« Oberstaatsanwalt Dr. Herbrecht setzte seinen gelben Helm auf den vornehmen Kopf. Er wirkte sichtlich beleidigt. »Wir haben uns Ihre Kassandrarufe angehört — über die Auswirkungen eines Attentats sind wir uns alle im klaren. Auch darüber, was es bedeutet, wenn wir bis zur Eröffnung der Olympischen Spiele nichts finden ... dann platzen sie nämlich, meine Herren. Dann müssen wir das Stadion sperren, Milliarden sind verpulvert, der größte Skandal, den die Welt seit ihrem Bestehen gesehen hat, ist perfekt, ein Skandal, der heute überhaupt noch nicht begreifbar ist.«

»Und wir haben nichts in der Hand als die beiden Briefe.«

»Und die Anzeige in der ›Süddeutschen‹.« Beutels schob sich von der Tischkante. »Ich habe dem Minister gesagt, man solle sich überlegen, die 10 Millionen zu zahlen ... das wäre billiger als ein atomvernichtetes München, als eine ausgefallene Olympiade mit Milliardenschaden.«

»Und was sagte der Minister darauf?«

»Er stand auf und flog nach Bonn zurück. Eine Debatte über die Milchpreiserhöhung steht ins Haus.«

»Milchpreise!« Abels schlug in einem Ausbruch von Temperament auf den Tisch, mit beiden Fäusten. »Was sind in einer solchen Situation 10 Millionen Dollar?«

»Nichts!« Beutels drehte seine Zigarre zwischen den Lippen, eine Kunst, mit der er einmal sogar bei einem Polizeifest auf der Bühne glänzte. »Nur: Wer soll sie bezahlen? Aus welchem Etat? In keinem Regierungshaushalt sind 35 Millionen Mark für Erpressung vorgesehen.«

Zwei Stunden später wußte man mehr Ein Glücksfall kam der Sonderkommission zu Hilfe: Die Schalterangestellte bei der Anzeigenannahmestelle der ›Süddeutschen Zeitung‹ in der Sendlinger Straße erinnerte sich, wer den kurzen Text: ›Wir danken dem ehrlichen Finder‹ aufgegeben hatte. Sie erinnerte sich nur deshalb daran, weil der Text so kurz war und sie gefragt hatte: »Is dös alles?« Und der Kunde hatte geantwortet: »Ja, das genügt. Ist so abgesprochen.«

»Ah so, a Codewort, was? Is a nettes Mannsbild?«

Eine freundschaftliche, fast vertraute Unterhaltung von ein paar Sekunden. Über die Theke hinweg, mit einem wissenden Augenblinzeln. Machen's halt spannend, die Liebe, die jungen Leut'.

Beutels raste sofort in die Sendlinger Straße, ließ die verstörte Angestellte ins Büro des Anzeigenleiters bringen und steckte sich eine Brissago-Zigarre an.

»Mir geht es nur darum, daß Sie sich jetzt ganz genau erinnern: Wer hat die Anzeige ›Wir danken dem ehrlichen Finder‹ aufgegeben?«

»Ich habe es schon dem anderen Kommissar gesagt, Herr Kommissar.«

»Wiederholen Sie es.«

»Ein Mädchen.«

Beutels ließ sich gegen die Lehne des Stuhles fallen. »Irren Sie sich da nicht? Ein Mädchen?«

»Ja.«

»Wie alt?«

»Ungefähr wie ich. Vielleicht jünger — nein, ich glaube, wie ich. So um 24 herum . . .«

»Aussehen?«

»Kleidung, meinen Sie? Darauf habe ich nicht geachtet. Aber sie hatte lange blonde Haare und eine lustige Strickmütze auf. Wissen Sie, Herr Kommissar, so eine breitmaschige, bunte Strickmütze. Eine Baskenmütze, aber gehäkelt.«

»Genauer: Gestrickt oder gehäkelt?«

»Gehäkelt. Mit großen Löchern. Sie kennen das doch?«

»Ich kenne viele Löcher — die nicht.« Niemand lachte. Beutels rauchte eine Brissago-Zigarre — da war ein Witz, auch wenn er von ihm stammte, gefährlich. »Was noch?«

»Schmales Gesicht, blaue Augen, kleines Kinn, hübsch war sie. Und sie sprach süddeutsch. Ja, Herr Kommissar, ich erinnere mich genau: süddeutsch, aber doch hochdeutsch.«

»Also hochdeutsch mit südlichem Einschlag.«

»Wenn man das so nennt . . . ja.«

»Größe?«

»O ja. Vielleicht 4.«

»Was heißt 4?« fragte Beutels verblüfft.

Der Anzeigenleiter beugte sich vor. »Sie meint die BH-Größe, Herr Kriminalrat.«

»Ach so. Erstaunlich, was Anzeigenleiter alles wissen! Ist Größe 4 imposant oder mickrig?«

»Ich würde sagen: sehr ansprechend. Im Volksmund: so eine Handvoll.«

»Volksmund ist immer gut.« Beutels machte sich Notizen. Brust: eine Handvoll. Haare blond. Schmales, spitzkinniges Gesicht. Blaue Augen. »Figur?«

»Schlank, natürlich.«

»Natürlich. Dicke gehören auf'n Schlachthof. Lange Beine, was?«

»Ich weiß nicht. Sie hatte Stiefel an, weiße Stiefel. Schnürstiefel.«

»Herrlich, wie wir uns vorantasten. Nur weiter so, und wir malen Ihnen das Bild dieser Anzeigenkundin! Sie haben ein gutes Gedächtnis, Fräulein . . .«

»Erni Zumbler.«

»Fräulein Zumbler. Jetzt Größe. Nicht BH oder Schuhe oder Hände oder Knickehlen . . . von oben bis unten.«

»Vielleicht 1,75 Meter.«

»Hallo! Ein großes Mädchen. Das ist ein Hinweis zum Vergolden! Sonst noch Merkmale? Sie beobachten vorzüglich.«

»Nein.« Fräulein Zumbler schüttelte den Kopf.

Beutels klappte sein Notizbuch zu, blickte auf, nickte Fräulein

Zumbler freundlich zu und sog an seiner langen Brissago-Zigarre. »Das wär's also. Wo ist das Anzeigenformular?«

»Hier, Herr Kriminalrat.« Der Anzeigenleiter schob einen Zettel über den Tisch. Eine maschinenschriftliche Aufnahme des gesprochenen Textes ... sie ergab gar nichts. Beutels winkte ab.

»Der Fall wird klarer«, sagte er später im Präsidium zu seinen Mitarbeitern. Unabhängig von der ›Sonderkommission Olympia‹ hatte er aus seinen Dezernaten eine eigene kleine Gruppe gebildet. Sie arbeitete in aller Stille parallel zu Dr. Herbrecht und Fritz Abels, um – wie Beutels es ausdrückte – »die Eigenstaatlichkeit Bayerns zu betonen«. »Meine Herren, ein Weib ist ins Spiel gekommen. Das ist ein grober Fehler unserer noch unsichtbaren Gegner. Wer solche Riesendinge mit Weibern kombiniert, muß ein Rindvieh sein.«

Am Abend fuhr er wieder hinaus zum Olympiagelände.

Fachingenieure tasteten mit Radargeräten die Fundamente der Stahlsäulen des Zeltdachs, des Stadions, aller tragenden Mauern und Wände ab. Von Frankreich sollte per Flugzeug ein Spezialgerät kommen ... eine Röntgenkamera, die auch tiefste Betonsockel durchdringt.

»Na, wie steht's?« fragte Beutels. Er traf Abels in einem der riesigen Rundkeller des Stadions. »Wo tickt es?«

»Überall.« Abels verzog das Gesicht. »Es ist eine sinnlose Arbeit, im Eisenbeton nach Eisen zu suchen. Aber wir führen es stur durch. Wir haben plötzlich alle wieder gelernt, an ein Wunder zu glauben und auf dieses Wunder zu hoffen.«

»Und wie lange dauert die Durchtestung aller Fundamente?«

»Keine Ahnung. Auf jeden Fall wesentlich länger als bis zum 26. August.«

»An dem um 15 Uhr ein Atompilz über München steht und fast alle Regierungschefs dieser Welt ausgelöscht sind.« Beutels setzte sich auf eine Bank an der gekachelten Wand. »Im übrigen ist das ein zuverlässiges Mittel zur Herbeiführung des Weltfriedens.«

»Das ist makaber, Herr Rat.«

»Alles hier ist makaber. Morgen müßte der dritte Brief kommen.«

»Nach diesem Inserat, ja. Ist etwas über das Mädchen am Anzeigenschalter bekannt geworden?«

Beutels legt die Hände flach auf seine Knie. »Gott denkt!« hieß es im Präsidium, wenn man ihn so dasitzen sah. »Nein. Wir haben nach den Angaben dieses Fräulein Zumbler eine Zeichnung anfertigen lassen. Enttäuschend. So sehen in München mindestens 30 000 Mädchen aus. Wir könnten die halbe Leopoldstraße verhaften. Warten wir ab, mein Bester.«

Es war eine gute Idee, Helga zur ›Süddeutschen Zeitung‹ zu schik-
ken. Helga ist unauffällig, fragt nicht viel, kann den Mund halten
(eine der verblüffendsten Eigenschaften bei einem Mädchen) und tut
alles, was ich will.

Um allen Vermutungen vorzubeugen: Helga ist meine Schwester.
Sechs Jahre jünger als ich — gerade 24 geworden —, von Beruf Fotografin und Männern gegenüber von einer geradezu beleidigenden
Schnoddrigkeit. Ob sie schon mal mit einem geschlafen hat, weiß ich
nicht. Ich habe sie einmal gefragt; ihre Antwort war typisch: »Kümmere dich um deinen eigenen Unterleib!« So ist sie. Ein kaltes Biest.
Natürlich habe ich sie beobachtet, als Bruder interessiert man sich für
solch eine Schwester, und ich besonders, denn ich habe viel Zeit, ich
bin — wie schon erwähnt — ein mittelprächtiger Journalist, den sein
Chefredakteur zu 70 Prozent aus Menschenfreundlichkeit beschäftigt
und auch deshalb, weil es einfach eine Reihe von Themen gibt, über
die andere nicht schreiben wollen, vor denen sie sich drücken, die
ihrem Image schaden.

Helga! Ein Bild von einem Mädchen. Wäre ich nicht ihr Bruder,
würde ich ihr nachlaufen wie ein Hündchen und jammern. Das habe
ich ihr einmal gesagt — Himmel, war ich da besoffen! —, und was
antwortete sie? »Weil das alle tun, sind es alle Waschlappen! Ich
warte auf den *Mann*!«

Mann — das sagte sie wie einen Schlachtruf. Das war ein Fanfarenstoß. Angriffs-Clairon. Fundament einer Weltanschauung. Der arme
Kerl, der von Helga einmal als *Mann* angesehen wird! Ich weiß gar
nicht, wie er beschaffen sein muß!

»Tust du mir einen Gefallen?« habe ich Helga gestern gefragt. Sie
kam zu mir zum Essen. Manchmal kochen wir gemeinsam in meiner
Bude. Sie bringt die Zutaten mit (sie verdient sporadisch mehr als
ich), ich bin der Küchenchef. Ein Hobby von mir.

»Was soll's sein?« fragte Helga. Sie war beim Obstsalat.

»Du sollst mir einen Gefallen tun. Einen Botengang.«

»Das ist was Neues, Hänschen.«

Wenn sie mich ärgern will, nennt sie mich Hänschen. Mit 30 Jahren noch Hänschen. Ich revanchiere mich, indem ich Helga bei passen-
der Gelegenheit mit »Pummelchen« anrede . . .

»Du gehst zur Hauptstelle der ›Süddeutschen‹ und gibst dort eine
Anzeige auf«, sagte ich. »Text: ›Wir danken dem ehrlichen Finder.‹
Und dann vergißt du, daß du bei der ›Süddeutschen‹ warst und auch
den Text. Kapiert?«

»Alles! Was hat man denn gefunden?«

»Nichts.«

»Wohl wieder eine deiner idiotischen Ideen, was?«

»So ähnlich. Frage nicht, Pummelchen ... gib die Anzeige auf.« Und dann wurde ich sehr ernst und sagte weiter: »Hör einmal gut zu, Helga. Es kann sein, daß ich in eine ganz große Sauerei hineingerate. Ich habe da eine Spur aufgenommen, und wenn ich das Wild vor die Flinte kriege, dann wird der Name Hans Bergmann am Zeitungshimmel wie eine Milchstraße leuchten. Es wird *der* Durchbruch sein. Es kann aber auch sein, daß ich irgendwie auf der Strecke bleibe. Im buchstäblichen Sinne des Wortes. Blattschuß. Für diesen Fall verpflichte ich dich, weiterzumachen!«

»Was weiterzumachen?«

»Du findest alles dort in der Schublade, Helga. Aber rühr' es nicht eher an, als bis es nötig ist.«

Mehr brauchte ich nicht zu sagen. Ich weiß, daß Helga nie schnüffeln würde, daß sie aus Neugier nie die Schublade aufzieht, wenn ich nicht da bin, daß sie wirklich nur im Falle höchster Gefahr für mich in die Dinge eingreift. Auch jetzt fragte sie nicht weiter ... sie zog den Mantel an und fuhr mit ihrem kleinen Fiat in die Stadt, zur Sendlinger Straße. Anzeige aufgeben.

Heute rief mich Gustav, mein Informant, an. Die Anzeige hat gewissermaßen als Vor-Bombe eingeschlagen. Sonderkommission, die keiner kennt, und Präsidium suchen wie ein Blinder im Tunnel. Geheimhaltungsstufe I. Kriminalrat Beutels überprüft alle, die von den Briefen Kenntnis hatten. Auch Gustav wurde verhört. Er konnte nachweisen, daß ein solcher Verdacht in bezug auf ihn absurd sei. Über 20 Jahre im Dienst des Staates, und dann solche Verhöre. Gustav war empört. Beutels hat sich sogar entschuldigt.

Aber was nun? Meldet sich der richtige Bursche nach diesem Inserat? Zahlt sich dieses Schicksalspielen aus?

Ich habe mir heute von Willy Ahlefeld, Ressortleiter Gesellschaft, eine Pistole geben lassen. Er darf eine tragen, er hat den Jagdschein. Wir kennen uns gut, er hat mir die Pistole schon mehrfach geliehen ... ich habe dann unten an der Isar auf Ratten geschossen. Sie kamen bis in unseren Park.

Wie groß wird sie sein und wie wird sie aussehen, diese neue Ratte?

Gibt es sie überhaupt?

Maurizio Cortone war ein ehrenwerter Mann.

So etwas kann man nicht von jedem sagen, in New York schon gar nicht. Besonders vorsichtig aber muß man mit den Italo-Amerikanern sein, diesen liebenswerten, charmanten, gestenreichen, eleganten, lebenslustigen Burschen, die vor vierzig oder mehr Jahren vornehmlich aus Sizilien eingewandert waren, um in der Neuen Welt das große Glück zu machen.

Damals lag Amerika unter dem Alkoholnebel der Prohibition. Noch nie wurde in den USA soviel Schnaps getrunken wie in den Jahren, als er allgemein verboten war. Durch Alkoholschmuggel entstanden Imperien, die dreißiger Jahre waren die Glanzzeit der großen Gangsterkriege, in denen Kanonenhelden wie Al Capone und Dillinger Weltruhm herausschossen, der bis in unsere Tage hinein überdauert hat. Wer damals Präsident der USA war, weiß kaum einer mehr ... aber Al Capone ist ein Begriff! Am Alkohol vor allem gesundeten die kleinen, armen Kerlchen, die aus Sizilien auf armseligen Schiffen herüberkamen und bleich an Land wankten ... sie erkannten mit dem munteren Blick des Süditalieners für unausgeschöpfte Märkte, wo ihre Chancen lagen, und einige importierten die Idee der Mafia in das Gelobte Land und nannten sich Cosa Nostra.

Eine neue Weltmacht war geboren.

Maurizio Cortone war 60 Jahre alt. Als er vor genau 40 Jahren in New York landete, eine Arbeitsbescheinigung von seinem Vetter Piero Donga und einen Wohnungsnachweis in der Tasche, und er also eine Aufenthaltsbewilligung bekam, war er schmächtig wie eine venezianische Gondelstange, hungrig, gierig nach Geld und Weibern und von einem so brennenden Ehrgeiz erfüllt, daß sein Vetter Donga nach einem Jahr kapitulierte und sich — angeblich — aus dem Fenster stürzte. Cortone erbte das Geschäft .. eine harmlose Pizzabäckerei.

Pizzas waren allerdings das wenigste, was Cortone vertrieb. Er schaltete sich in den Alkoholschmuggel ein, gründete drei Bordelle und drückte zweimal Capone die Hand.

In der Hand lagen zusammengerollte Dollarscheine. Capone verstand diese freundlichen Händedrucke sofort ... und Cortone wurde in seinem Aufstieg nicht gestört. Er war auch einer der wenigen — und damit Rätselvollsten — seiner Zunft, denen es gelang, aus dem Verein der ›ehrenwerten Männer‹ auszusteigen, ohne später als Betonblock auf dem Grund des Hudson zu landen. Nur brachte dieser Austritt eine große geschäftliche Einbuße mit sich. Cortone schob sich aus dem Alkoholschmuggel fort, rechtzeitig genug, um das plötzliche Ende der Prohibition aufrecht stehend zu überleben, und gründete eine Sportschule.

Im Zweiten Weltkrieg war er flammender Patriot — amerikanischer natürlich —, stiftete für Lazarette und Truppenbetreuungen, richtete in seiner Sportschule ein Rehabilitationszentrum ein, in dem amputierte GIs wieder Lebensmut und Freude am Sport erhielten, und baute nebenbei eine neue Organisation auf, die in keinem Handelsregister stand.

Maurizio Cortone besaß den größten Umschlagplatz für gestohlenes amerikanisches Militärgut. Natürlich handelte er nicht mit Mützen oder Unterhosen, Socken oder Pulswärmern, sondern mit Waffen und Munition, Bomben und Granaten, Raketen und automatischen Zielvorrichtungen. Was im Laufe der Jahre der US-Army an wertvollen Geräten fehlte, hatte seinen Weg über die Sportschule in New York genommen und tauchte an den Krisenherden dieser Welt wieder auf.

In Ägypten, im Sudan, in Biafra, im Kongo, in Angola, Pakistan, Korea, Thailand und Kambodscha. Wo Menschen auf andere Menschen schossen — irgendwie war Maurizio Cortone mit dabei.

Es gab eigentlich nur einen Konkurrenten für ihn auf der Erde ... das war sein Freund und Schulkamerad Ted Dulcan.

Dulcan hieß vor 40 Jahren Dulcamera. Tino Dulcamera. Mit Maurizio zusammen war er auf dem gleichen dreckigen Schiff in die USA gefahren und hatte den gleichen fauligen Zwieback gegessen. Im Gegensatz zu Cortone amerikanisierte er seinen Namen, durchlief die natürliche Entwicklung über Alkoholschmuggel, Bordell und Spielsalon, bis er sich selbständig machen konnte.

Er gründete eine Milchladen-Kette. Die ›Latteria Italia‹.

Dulcans Käse wurden in New York berühmt. Er belieferte die größten und berühmtesten Hotels, für ihn brauste eine Flotte von 43 schneeweißen Lastwagen mit Kühlaggregaten durch die Stadt und den Staat New York. Alle seine Angestellten — Fahrer, Büroarbeiter, Lagerarbeiter, Käsehersteller, Molkereiarbeiter — waren ausschließlich Italiener. Unter ihnen nahm sich Ted Dulcan wie ein Fuchs unter Hühnern aus.

Aber auch die ›Latteria Italia‹ war nur ein riesengroßes Tarnschild, hinter dem sich in aller Ruhe größere Quellen anzapfen ließen. Hatte sich Corton auf die Army spezialisiert, so drückte Ted Dulcan die US-Air-Force an seine Brust. Es war vorauszusehen gewesen, daß es Schwierigkeiten gab. Denn wenn Cortone Schnellfeuergewehre anbot, so kam Dulcan mit ausgebauten Flugzeug-MGs; offerierte Cortone Granatwerfer, schob Dulcan Brand- und Phosphorbomben über den Tisch.

Das konnte nicht gutgehen.

Maurizio engagierte Jack Platzer, Ted stellte Berti Housman ein.

Beide Gefolgsleute zeichnete eins aus: Sie hatten eine schnelle Hand, und wenn sie das linke Auge zukniffen, war das die letzte Wahrnehmung, die ihr Gegenüber von dieser Welt mitnahm.

Maurizio Cortone saß an diesem Tag in einem alten Korbsessel im Hintergrund der Halle 3 seiner Sportschule. Vor ihm, in vier Boxringen, schlugen klatschend die Boxer aufeinander ein, die Köpfe unter dicken Lederhelmen verborgen. Die Trainer schrien Anweisungen, unterbrachen die Sparrings, zeigten durch Schattenboxen, was sie wollten, und winkten dann, während sie gleichzeitig einen Schritt zur Seite traten. Weiter.

Das Klatschen der Schläge, das Keuchen der Boxer, das Schleifen und Hüpfen der Schuhe auf dem Boden der Ringe, von der Decke das ewige monotone Rauschen der Klimaanlage, ein Gebläse, das immer die gleiche Temperatur in der Halle aufrechterhielt ... es war eine Umgebung, in der sich Cortone wohl fühlte. Jack Platzer stand hinter ihm, klein, windig, mit Mausaugen.

»Man sollte es nicht für möglich halten!« sagte Cortone. »Du irrst dich nicht, Jack?«

»Hab' ich gute Augen oder nicht?« fragte Platzer zurück. »Sie ging gestern abend ins Haus von Ted.«

»Gestern abend fuhr sie zu ihrer Tante nach Englewood.«

»Aber sie war in Midland Beach. Das ist so sicher wie das Amen in der Kirche.«

»Wann warst du zum letztenmal in der Kirche, Jack?«

Platzer verzichtete auf eine Antwort. Er war sich bewußt, daß Cortone ihm glaubte, aber es nicht zeigen wollte. Es ist schon blamabel genug, wenn ein 60jähriger Mann, auch wenn er sportlich ist und so gut aussieht wie Maurizio, ein Mädchen wie Lucretia bewachen muß. Ein Mädchen von 26 Jahren, eine Göttin aus schwarzen Haaren, schneeweißer Haut, großen, feurigen Augen und so langen Beinen, daß der Blick ziemlich lange braucht, bis er oben ist. Was dazwischen lag, zwischen Augen und Beinen, war nur mit Zungenschnalzen auszudrücken ... sagen konnte man nichts mehr, weil einem im Mund das Wasser zusammenlief. Es gibt Hüften, die zusammen mit dem Gesäß einen Mann zum Träumen mit offenen Augen anregen ... und es gibt Brüste, von denen man schnell wegblicken muß, um nicht aus urigen Instinkten heraus sie einfach anzuspringen. Beides besaß Lucretia in vollendeten Maßen; verständlich, daß Maurizio Cortone so ein Weib wie sein Bankkonto bewachen ließ. Kennengelernt hatte er Lucretia, die außerdem auch noch Borghi hieß, bei einem Neujahrsball der italienischen Einwanderer in einer Music-Hall. Da Maurizio immer auf alles vorbereitet war, hatte er Lucretia zum Tanzen aufgefordert, ihrem damaligen Verlobten durch Jack Platzer sagen lassen, daß er nie eine Lucretia gekannt habe, es sei denn, er sei Fischliebhaber und wolle den Rest des Lebens unter Wasser zubringen, und hatte nach dem Tanz dem verblüfften Fräulein Borghi eine dreifache Perlenkette um den damals noch nackten Hals gelegt.

Das änderte sich später, nur eines nicht: Auch wenn Lucretia nackt war — und sie war es oft, Maurizio war eben ein sportlicher älterer Herr —, legte sie nie die Perlenkette ab. Cortone fand das rührend, sein weiches sizilianisches Herz blutete vor Romantik. Stellt man sich dazu den weißhäutigen schwellenden Körper vor, dann kann man ermessen, wie tief verwundet Maurizio jetzt durch die Nachricht Jack Platzers war.

»Sie ist einfach so hineingegangen?« fragte er.

»Natürlich nicht. Sie hat siebenmal das Taxi gewechselt, um mich abzuhängen. Aber wer hängt mich schon ab?«

»Und sie hat dich nicht gesehen?«

»Wäre sie sonst hineingegangen?«

Cortone schwieg wieder. Er starrte auf die schwitzenden, keuchenden Boxer in den vier Ringen. Eine andere Abteilung hüpfte Seilchen, drei Athleten stemmten Hanteln und zählten laut den Takt dabei.

»Sie ist noch nicht zurückgekommen —«, sagte Cortone plötzlich. Platzer zuckte zusammen. »Soll das heißen . . . ?«

»Ich weiß es nicht. Ich habe mir nichts dabei gedacht. Wer die Tante besucht . . . Machen wir es kurz!« Cortone stand auf. Der Korbsessel knirschte, als er ihn wegschob.

Das ist ein verdammtes Leben, dachte er. Alles hat man nun, ist 60 Jahre alt und doch zu alt, um ein Mädchen wie Lucretia für immer in seinen Bann zu schlagen.

Mit welcher Illusion habe ich eigentlich gelebt? Sollte sie wie ein stolzes Dressurpferd ohne Sattel hinter meinem Sarg herschreiten? Erwartete ich im Greisenalter Pflege von ihr, Tochterliebe, wenn die Liebe im Bett weggeweht ist, als habe man das Schlafzimmer gelüftet von Schweißgeruch und Unterleibsdunst? Was sollte sie eigentlich sein, außer Geliebte? Was war sie? Als was hatte sie sich selbst gesehen? Gut, sie ist 26. Eine Göttin ihrer Rasse. Ich hätte Verständnis dafür, wenn sie mit einem meiner Athleten durchgebrannt wäre . . . und ich hätte das durch Platzer bereinigt, auf bewährte Art. Aber gerade zu ihm . . . zu ihm, der neun Tage jünger ist als ich! Neun Tage! Es ist lächerlich . . . und deshalb ist es so hundsgemein.

In seinem Büro, einer Halle mit Stahlmöbeln, Lederbezügen und Folienwänden, wählte Cortone eine Nummer. Eine Stimme klang ihm entgegen, die in ihm Ekelgefühle ausbreitete.

»Bei Dulcan . . .«

»Harvey Long, sprechen Sie nicht wie ein britischer Butler. Das paßt nicht zu Ihrem Gesicht . . . es ist zu gemein dazu«, sagte Cortone wonnevoll. »Geben Sie mir Ted.«

»Wer spricht dort?«

»Sagen Sie Ted: Randazzo läßt grüßen.«

»Ist das Ihr Name, Sir?«

»Das ist ein Dorf am Ätna, du Rindvieh. Ein Dorf auf Sizilien. Sagen Sie es Ted.«

Cortone wartete. Ein paarmal knackte es in der Leitung, ein Zeichen, daß man Dulcan auf verschiedenen Apparaten suchte. Endlich war er gefunden. Dulcans weiche italienische Stimme klang wohltönend aus der Muschel.

»Maurizio? . . .«

»Aha! Einer wenigstens, der noch Randazzo kennt. Liegst du im Bett?«

»Nein, ich habe gerade ein paar Runden geschwommen. Maurizio, eine Schwimmhalle ist etwas Zauberhaftes. Draußen regnet es, und ich liege hier wie am Strand von San Leonardo, wohlig und weich . . .«

»Zwischen den Brüsten von Lucretia . . . ich weiß. Ich kenne diese Ruhestellung des Kopfes. Ihre Brüste machen einen verrückt, ist es so? Lucretia ist doch bei dir?«

»Maurizio, eine kurze Erklärung —«

»Keine Erklärungen! Ich habe nur eine Frage: Wieso betrügt sie mich mit dir? Ausgerechnet mit dir? Du bist nicht jünger als ich — läppische neun Tage —, nicht schöner, nicht kräftiger, nicht reicher, nicht charmanter . . . was findet sie an dir, das ich nicht habe?«

»Vielleicht mehr Aktivität? Ich kann noch eine Zentnerkanne mit Milch stemmen!«

»Ich schlage einen Sandsack noch so, daß er wie eine Glocke schwingt. Daran liegt es nicht. Wo ist Lucretia?«

»Hier.«

»Kann ich sie sprechen?«

»Nein!«

»Ted —«

»Sie ist im Wasser. Schwimmt.«

»Lüge nicht. Du lügst verdammt schlecht. Lucretia ist bei dir. Ich hör's an deinem Keuchen. So keucht ein Mann nur, wenn er zwischen ihren Brüsten oder ihren Beinen liegt. Seit wann betrügt ihr mich?«

»Seit vier Monaten, Maurizio.«

»Sauber.« Cortone setzte sich. Sein in vielen Illustrierten und auf vielen Wohltätigkeitsveranstaltungen, bei den Frauenvereinen und den Kriegsgegnern, Veteranenverbänden und Kirchenfeiern wohlbekanntes und ob seiner gemessenen Würde bestauntes Gesicht war plötzlich von einer erschreckenden Kantigkeit. »Ted, du weißt, was du da sagst?«

»Ich war noch nie ein Idiot, Maurizio.«

»Das ist Krieg, Ted. Überleg dir das. Wir waren Schulfreunde, wir sind zusammen herüber nach Amerika, wir haben alles überstanden, 40 Jahre lang . . . und jetzt werden wir uns gegenseitig umbringen.«

»*Du* willst alles umbringen.«

»Schick Lucretia zurück.«

»Dann schwimmt sie morgen im East River.«

»Das ist meine Sache, Ted. Nicht deine.«

»Von jetzt an doch, Maurizio. Ich liebe Lucretia. Wer könnte das besser verstehen als du? Ich gebe sie nicht wieder her.«

»Dann ist alles klar.« Cortone lehnte sich zurück, seine braunen Augen, von jeher jede Frau entwaffnend mit ihrem sanften Blick, in dem die sizilianische Sonne lag, schlossen sich zur Hälfte. »Es wird mit uns zu Ende gehen, Ted. Wenn ich daran denke, was wir bei der Abfahrt von Catania unseren Müttern weinend versprachen . . .«

»Du sentimentaler, falscher Hund!« sagte Dulcan genußvoll. »Oder bist du wirklich so senil geworden?«

»Das wird sich zeigen. Also sei's!«

Cortone legte auf. Platzer, der an der Tür stand, weit entfernt, aber mit einem Gehör eines Maulwurfs, steckte die Hände in die Taschen.

»Ruf sie zusammen«, sagte Cortone. »Alle! Fünf Wagen nach Midland Beach. Mit Granatwerfern.«

Jack Platzer schrumpfte zusammen. Menschen zu töten war sein Handwerk. Er brachte sie um nach guter, alter Meisterart . . . mit einem Schuß, einem Messerstich, einem Würgegriff. Aber Granatwerfer . . . das war eine Umstellung wie das besinnliche Strümpfestricken auf eine computergesteuerte Maschine.

»Ist das nicht zu laut?« fragte er vorsichtig. »Wenn ich allein —«

»Du und Ted? Das ist absurd.«

»Man sollte es versuchen. Die gesamte Entwicklung der Menschheit basiert auf Versuchen.«

Cortone stutzte. Daß Platzer Geist entwickelte, war ebenso überraschend wie Lucretias Absprung. »Wann?« fragte er.

»Heute nacht. Es ist ganz einfach.«

Cortone neigte den Kopf nach vorn. Ein schrecklicher Gedanke zog ihn wie mit Bleigewichten herunter.

»Dann wäre es auch ebenso einfach, mich —«

»Natürlich.« Platzer hob die schmalen, abfallenden Schultern. »Kein Mensch kann sich schützen. Es gibt da überhaupt keine Möglichkeit auf die Dauer.«

Cortone nickte. Er beschloß, bis zu Ted Dulcans Beerdigung nicht mehr seine Sportschule zu verlassen.

Aber war nicht auch das ein billiger Schutz? Es gibt nichts, was man für Dollars nicht kaufen könnte. Vor allem jeden Menschen.

»Ein verdammtes Leben!« sagte Cortone bedrückt. »Das ist ein wirklich verdammtes Leben.«

»Erzähl das noch mal. Das ist das Verrückteste, was ich je gehört habe.«

Sie lagen in der breiten Hollywoodschaukel am Rand des Schwimmbeckens, pendelten sanft hin und her, hielten sich umarmt und ließen beide ihre Hände über den nackten Körper des anderen gleiten. Sie waren satt von Liebe, aber die gegenseitige Berührung, das Fühlen der Wärme des anderen, wurde zu einer Verstärkung ihrer matten Zufriedenheit. Es war ein Genuß ohnegleichen. In solchen Verzükkungen redet man sich die Seele fort, und Lucretia Borghi tat es, ohne zu bemerken, wie Ted Dulcan aus seinem Rausch erstaunlich schnell zur Gegenwart zurückkehrte und sein Gehirn zum Denken brauchte.

»Seit einem Jahr bereitet Mauri ein großes Ding vor.« Lucretia dehnte sich. Dulcans Hand streichelte ihre Brustspitzen. »Eigentlich arbeitete er daran, seit er weiß, daß die Olympischen Spiele in München stattfinden.«

»Verrückt! Total verrückt! Ausgerechnet München. Die deutsche Polizei soll unbestechlich sein.«

»Ob München oder Honolulu, das ist Mauri gleichgültig. Wo auch immer die Olympischen Spiele gewesen wären ... er hätte seinen Plan durchgeführt. Nun trifft es die Deutschen. Ein Glücksfall für Mauri. Die Deutschen haben genug Geld.«

Dulcan unterließ seine zärtlichen Tastuntersuchungen von Lucretias Körper. Er richtete sich auf, schob ihren nackten Leib etwas zur Seite und stellte die Füße auf den italienischen Kachelboden. Eine Erinnerung an Pompeji ... handgemalte Kacheln mit klassischen römischen Motiven. Ein warmer Boden, denn unter den Glasuren lag ein Gewirr feiner Heizdrähte.

»Mauri ist nicht mehr ganz klar! Was er da startet, nimmt ihm doch kein ernsthafter Mensch ab.«

»Sie werden es abnehmen müssen.« Lucretia zog die Beine an. Dulcan blickte schnell zur Seite. Er mußte denken — andere Perspektiven hielten ihn nur auf. »Vor sieben Monaten — sagt Mauri — sind die beiden Bomben eingebaut worden.«

»Plutoniumbomben?«

»Ja. Vier Betongießer aus Kalabrien hatten es übernommen. Sie erhielten jeder 500 000 Lire, meldeten sich ein paar Tage später krank und verließen München. Es fiel bei den 3000 Arbeitern gar nicht auf. Da kommen und gehen jeden Tag welche. Aber die Bomben liegen jetzt im Fundament des Olympiastadions, und Mauri hat als einziger den Impulsgeber, der sie zünden kann.«

»So etwas gibt es nicht.« Dulcan war aufgesprungen. »Maurizio hat dir ein Märchen erzählt, und du Schäfchen glaubst es.«

»Ich kann dir das Haus zeigen, wo sie die Bombe gebaut haben. Eine alte Fabrik, die seit Jahren leersteht und verfällt.«

Dulcan blieb mit einem Ruck stehen. Trotz seiner Nacktheit, die sonst bei denkenden Männern lächerlich wirkt, drückte seine Haltung eine deutliche Spannung aus. Es war, als zögen sich in ihm alle Muskeln zusammen.

»Das muß ich sehen. Fahren wir hin?«

»Ja. Ich kenne den Weg.«

»Jetzt sofort!« Er zog Lucretia aus der Schaukel, fing sie auf und küßte sie schnell. »Eine Frage, Liebling, bohrt mir im Magen. Warum hast du Mauri verlassen?«

»Er hat mir eine Ohrfeige gegeben«, sagte sie lässig. »Er fängt an, sich wie ein Vater zu benehmen. Ich mag keine Väter, ich hasse Väter ... ich habe nie einen Vater gekannt.«

An welch dünnen Fäden hängt das Schicksal der Menschen.

Die Fabrik im Norden von Brooklyn war nicht nur alt und verfiel mit der ansteckenden Traurigkeit aller verlassenen Häuser, sondern sie war zudem auch noch von einer unbeschreiblichen Schmutzigkeit. In den verlassenen Hallen lagen zerrissene Matratzen herum, Haufen von Konservendosen, Milchtüten, Pappbechern, Käsepapier, Essensresten, leeren Bier- und Whiskyflaschen, Keksdosen und Plastiktüten. An der Wand in Halle 3 — die Ziffer war mit schwarzer Teerfarbe an die Mauer gemalt — lagen noch ein paar Gammler herum, schliefen oder stierten aus leeren Augen auf Dulcan und seine Begleiterin.

»Wie gut, daß es verlassene Häuser gibt«, sagte er. »Unvorstellbar, wenn dieser Menschenmüll auch noch auf den Straßen läge.«

»Als Mauri hier arbeitete, schlief niemand hier. Er hat sie alle weggejagt. Drei Nächte lang hat es eine regelrechte Schlacht gegeben. Sie kamen mit Schlagringen und abgeschlagenen Bierflaschen, aber Mauris Leute droschen sie zusammen mit langen Gummirohren. Es hat keine Toten gegeben.«

»Der ästhetische Cortone.« Dulcan lachte. Sie gingen durch leere Hallen, ihre Schritte dröhnten auf den Betonböden, und der Ton brach sich in den Trümmern oder kehrte als Echo aus verschiedenen Richtungen wieder. Statt eines Daches übergab sie ein Gewirr aus Stahlträgern und verrosteten Drähten. Der Nachmittagshimmel, trübe nach dem Regen, bleigrau und so niedrig, daß man Angst haben konnte, Gott schaue jetzt mitten in die Penthouses auf den Wolkenkratzern hinein, verstärkte dieses Bild traurigsten Dahinfaulens. Dulcan blieb stehen. Er war mißtrauisch geworden. Mit hartem Griff hielt er Lucretia fest, die weitergehen wollte.

»Hier?« fragte er rauh. »Eine Atomfabrik stelle ich mir anders vor.«

»Sie haben nicht hier oben, sondern im Keller von Halle 5 gearbeitet.« Sie befreite sich aus seinem Griff. »Du tust mir weh.«

»Es ist alles so unwirklich.« Dulcan folgte langsam, als Lucretia weiterging. Er steckte die Hand in die rechte Manteltasche. Dort trug er immer eine Waffe, eine automatische Pistole, mit der er aus der Tasche schießen konnte und auch immer traf. Ein alter Trick aus der Aufbauzeit der dreißiger Jahre ... man bummelt harmlos herum, die Hände in den Taschen, und plötzlich kracht's aus der Hose. Der Tod als Zauberer.

»Hier hinunter.«

Sie stiegen eine breite Betontreppe hinab, öffneten eine stählerne Doppeltür und betraten einen weiten Keller, sauberer als die oberen Hallen, aber muffig, mit Schimmelbildung an den Wänden, ein Modergrab. Im schwachen Licht aus den Lichtschächten sah Dulcan, wie einige Ratten davonhuschten. Lucretia drängte sich an ihn ... er spürte ihr Zittern und den tiefen Eindruck ihrer Fingernägel auf seinem Oberarm.

»Hier«, sagte sie kaum hörbar.

Dulcan sah sich um, ohne weiter in den Raum zu gehen. Er war ehrlich verblüfft. Eine große, eiserne Werkbank stand mitten im Keller, um sie herum eine Anzahl Maschinenteile, Überreste von Drehbänken, Bohrern, Schleifern und Stahlschneiden. Sogar ein paar leere Sauerstoffflaschen standen in der Ecke, die Manometer noch aufgeschraubt. Cortone hatte die Werkstatt einfach stehenlassen, als seine Aufgabe erfüllt war ... sie hatte später Dieben und Gammlern als wundertätiger Acker gedient, den sie abernteten, bis nichts mehr aus ihm zu verkaufen war.

Wirklich ergriffen lehnte sich Dulcan an die muffige Ziegelwand.

»Das ist unglaublich«, sagte er ehrlich. »Unglaublich ist das! Hier hat Maurizio zwei Atombomben herstellen lassen? Ist das denn so einfach?«

»Einfach nicht. Man muß die Fachleute dazu haben.«

»Und Mauri hatte sie?«

»Er hat zwei Millionen Dollar in das Projekt investiert.«

»Aber den Sprengstoff. Das Plutonium?! Wie ist Mauri an dieses Plutonium gekommen?«

»Das ist eine schnelle Geschichte«, sagte Lucretia. »Schnell und so lächerlich einfach. Wenn die Menschen wüßten, wie unsicher ihre Sicherheit ist —«

NEW MEXICO

Über die Staatsstraße von Phoenix nach Albuquerque — vom Staat Arizona zum Staat New Mexico — rollte an einem späten Abend ein einsamer, schwerer, vierachsiger Lastwagen, ein blaugestrichener, mit Staub überpuderter Truck, in zügigem Tempo nach Nordosten. Die beiden Fahrer — Harold Nimes und Silvester Paulsen — rauchten und hörten aus dem Bordradio flotte Beatmusik. Nimes fuhr, Paulsen döste vor sich hin. Wenn sie den Rio Grande erreichten, wurde gewechselt; solange hatte Paulsen Muße, entweder zu schlafen oder zu essen oder an Doren zu denken, die im Atomforschungszentrum von Los Alamos arbeitete. Doren, das Mädchen mit dem roten Wuschelkopf, in das Paulsen verliebt war wie ein Blinder in ein Blumenbeet, obwohl er wußte, daß ein Mädchen wie Doren keinem Mann treu blieb, vor allem nicht, wenn er nur alle 14 Tage mit einem dreckigen Truck auftauchte und sich erst baden mußte, damit der Mensch unter der Staubschicht sichtbar wurde. Die Straße durch die New Mexico-Wüste war berüchtigt, aber sie war für den Transport, den Nimes und Paulsen fuhren, die sicherste. Hier in der Einsamkeit gab es keine Überraschungen. Man sah alles kilometerweit voraus. Deshalb sparte man auch ein militärisches Begleitkommando. Solange die Wagen von Phoenix nach Los Alamos fuhren, war nie etwas passiert. Was sollte auch passieren? Was der blaulackierte Vierachser durch die heiße Wüste schaukelte, eignete sich kaum zum Vertrieb auf dem Hehlermarkt.

Nimes und Paulsen fuhren angereichertes Plutonium in Stahlbehältern zu den Forschungsstätten. Material für A-Bomben. Für kleine, normale A-Bomben, die allerdings jetzt schon hundertfach wirksamer waren als die Bombe von Hiroshima. Die großen Dinger — die H-Bomben — wurden an anderen Orten montiert.

Was kann man mit Plutonium anfangen? In seiner Rohform, wie es in den Behältern aus Bleimänteln lag, war es wertlos für jeden. Nur unbekannte Gefahren barg es. Kein Grund zum Stehlen. Und so zockelten Nimes und Paulsen durch New Mexico, unbewacht, ungesichert ... so wie in den USA an vielen Stellen diese Trucks mit A-Bombenmaterial ungesichert durch die Gegend kutschiert werden, mit einer Sorglosigkeit, die geradezu märchenhaft ist.

»Da steht einer«, sagte Nimes plötzlich und verringerte die Geschwindigkeit. Paulsen, der eingenickt war, hob den Kopf und beugte sich gegen die Scheibe vor.

»Ein Auto.«

»Was sonst? Sieht wie eine Panne aus.«

»Ein schwarzer Dodge.«

»Da stehen auch zwei und winken.«

Der blaulackierte Wagen mit den Bleibehältern, in denen Plutonium lag, bremste und rollte langsam neben dem verunglückten Wagen aus. Die Motorhaube stand hoch, ein Mann mit ölverschmiertem Gesicht tauchte auf, die beiden anderen liefen gestikulierend auf den Truck zu. Nimes beugte sich aus dem Fenster.

»Das ist genau die richtige Stelle, um liegenzubleiben«, schrie er den Männern entgegen. »Die nächste Werkstatt ist 89 Meilen entfernt.«

»Wir haben's auf der Karte gesehen.« Einer der Männer, ein breitschultriger Mensch, kräftig und in einem Maßanzug aus bestem Stoff, wischte sich mit dem Handrücken den Schweiß von der Stirn. »Wir haben alle keine Ahnung von Motoren, Jungs. Bisher haben wir immer gedacht, es genügt zu wissen, wo Gas, Kupplung und Bremse sitzen. Und da macht dieses Vehikel einen Satz, als wolle es in die Luft springen, schnauft tief auf und bleibt liegen. Stumm und fett. Was kann das sein?«

»Ein Kolbenfresser!« Paulsen stieg aus und kam um den Truck herum. »Zu wenig Öl, Mister. Wette, der Motor ist hin. Aber ich sehe mal nach. Wenn's so ist, hilft nur eins: Sie hängen sich hinter uns, und wir schleppen Sie zum Rio Grande. Dort werden Sie ein paar Tage auf einen neuen Motor warten müssen.«

»Schöne Aussichten.« Der elegante Mann begleitete Paulsen zu dem breiten Dodge. Auch Nimes stieg jetzt aus. Um ihn kümmerte sich der zweite Mann, ein kleiner Bursche mit unruhigen Augen und fahrigen Händen. Der Ölverschmierte an der Motorhaube wischte sich die Hände an einem dreckigen Tuch ab. Der Schweiß überspülte wie ein Wasservorhang sein Gesicht. Er schien der Chauffeur zu sein.

»Alles Scheiße, Gentlemen«, sagte er böse, als Nimes und Paulsen an die Motorhaube traten. »Der Kasten hat über 100 000 drauf, da ist er wie ein lahmer, blinder Urgroßvater. Mit so etwas sollte man nicht durch eine Wüste fahren. Was meinen Sie?«

Nimes und Paulsen nickten. Dann begingen sie ahnungslos die Unvorsichtigkeit, sich gemeinsam über den noch heißen, stinkenden Motorblock des Dodge zu beugen.

Von da an ging alles schnell. In den Händen der drei Männer lagen plötzlich lange, dicke, biegsame Gummischläuche — die berühmten Narkosemittel Cortones — es gab ein paar dumpfe, klatschende Schläge, Nimes und Paulsen schwankten, hoben in einem Abwehrreflex beide Arme über die Köpfe, aber es war schon zu spät . . . sie schwankten, rollten in den Sand, streckten sich und verloren die Besinnung.

Wortlos schleppten die Männer die Überwältigten in den Dodge, legten drei Flaschen mit Wasser neben sie auf die Sitze — auf Befehl von Cortone, der seit den dreißiger Jahren und seinem Aussteigen aus der Cosa Nostra menschenfreundlich geworden war —, banden ihnen Hände und Füße zusammen, aber so wenig kompliziert, daß sie sich nach einiger Überlegung gegenseitig wieder befreien konnten, verstärkten den Schlaf durch nochmalige Schläge auf die Hinterköpfe und verließen dann den Wagen.

Der Ölverschmierte kletterte in den Truck, wendete ihn, nahm die beiden anderen auf und fuhr in schneller Fahrt den Weg zurück. Nach wenigen Minuten war der kleine blaue Fleck zwischen Himmel und Sand verschwunden.

Maurizio Cortone war in den Besitz von Plutonium gekommen, das für zehn A-Bomben ausreichte.

Am Abend noch flogen Spezialisten des FBI in die Wüste, der CIA schaltete sich ein, ein Nachrichtensperre wurde verhängt, die ganze Angelegenheit zur Top-Secret-Sache erklärt. In Washington, im Pentagon, konferierten ein Krisenstab — Offiziere und Sicherheitsbeamte — mit dem Ergebnis, daß man zu keinem Ergebnis kam.

Das Plutonium war verschwunden. Der blaue Truck wurde später verlassen in der Nähe von Morenci in einer Felsenschlucht gefunden. Zwei Behälter fehlten ... die anderen standen unversehrt unter der Plane.

»Sie haben zwölf Kilogramm reines Plutonium mitgenommen«, schrieb der Experte des CIA in einem abschließenden Bericht der Untersuchungskommission. »Das stellt einen Wert von 720 000 Dollar dar. Es wird vermutet, daß der Überfall im Auftrag einer fremden Macht erfolgte und daß das Plutonium bereits außer Landes ist. Eine Verwendung im Privatbereich ist ausgeschlossen.«

Eine fremde Macht.

Das genügte, um das vollkommene Stillschweigen bis heute zu wahren. Es war eine politische Angelegenheit geworden ... die Spionage begann fieberhaft zu arbeiten, um einen Hinweis auf den Abnehmer zu erlangen. Jede Möglichkeit wurde ausgeschöpft ... das weltumspannende Netz der Spionage — heute nennt man es vornehm Nachrichtendienst — begann, wie elektrisch geladen zu knistern.

Aber es knisterte umsonst.

Kein Hinweis, keine Spur, nicht einmal eine Ahnung.

MÜNCHEN

Es war die neunzehnte Sondersitzung, an der der Bundesinnenminister, der Präsident des Nationalen Olympischen Komitees, der Chef der ›Sonderkommission Olympia‹, der Münchner Polizeipräsident, Kriminalrat Beutels und einige Herren von Bundesnachrichtendienst, Bundesverfassungsschutz und dem Militärischen Abschirmdienst teilnahmen, als Oberkommissar Abels einen »vorläufigen Bericht« vorlegte.

Ein magerer Schrieb, der nichts aussagte als das: Es erweist sich als unmöglich, eine versteckte Bombe in den Fundamenten des Olympiastadions zu suchen. Die einzige Möglichkeit, nämlich alle Fundamente rundherum aufzugraben, war eine utopische Idee.

»Fassen wir zusammen«, sagte Abels mit schwerer Stimme. Niederlagen einzugestehen ist immer eine niederdrückende Last. »Wenn es wirklich eine oder zwei Atombomben im Olympiastadion gibt, sind wir auf Gedeih und Verderb dem Verbrechen ausgeliefert.«

»Eine Bankrotterklärung!« rief der Innenminister. Abels nickte heftig.

»Ja!«

»Wir sind den Erpressern wehrlos ausgeliefert? Wir müssen uns der Drohung beugen?«

»Das zu entscheiden, übersteigt meine Kompetenzen.« Abels setzte sich. Die vergangenen Tage hatten ihn sichtlich erschöpft. Er hatte ein zerknittertes Gesicht bekommen, überzogen mit einer ungesunden gelblichen Farbe. Die Galle. Ärger ließ sie überlaufen, wie man so schön sagt. Seine Nerven flimmerten. Wenn man nichts, aber auch gar nichts zu bieten hat, während alles von einem erwartet wird, so ist das eine Belastung, der kaum ein Mensch gewachsen ist. »Wir können nur wählen zwischen Zahlung der 10 Millionen Dollar oder zwei Atompilzen über München.«

»Sie sind verrückt«, sagte der Innenminister geringschätzig. »Ich bleibe bei meiner Ansicht, das ist ein übler Scherz. Eine linksradikale oder rechtsradikale Gruppe, die die Spiele des Friedens stören will. Ich warte jetzt nur darauf, daß irgendeine Information an die Presse geht . . . dann sehen wir völlig klar. Verunsicherung des Volkes und aller Olympiateilnehmer. Natürlich wird es Mühe kosten, die Harmlosigkeit dieser Drohung zu beweisen, aber letztlich wird nie eine Bombe hochgehen.«

»Außerdem, wer soll die 10 Millionen Dollar bezahlen?« fragte Beutels in die Runde.

Das war typisch Beutels. Während alle sich in weitem Kreis um die Sache herumdrehten, hackte er in die Mitte. Der Polizeipräsident blickte ihn strafend an.

»Darüber habe ich vorsorglich eine Expertise anfertigen lassen.« Der Innenminister klappte die dünne, rote Mappe auf. »Ein Gutachten der Professoren Hahnbach, Zinnoweiß und Nemath. Staatsrechtler mit internationalem Ruf. Sie kommen zu dem Schluß, daß — ich zitiere — ›die Olympischen Spiele eine Vereinigung aller an den Spielen beteiligten Völker sind. Da nicht Deutschland als Gastland mit der Drohung erpreßt wird, sondern die Olympischen Spiele als Gesamtheit, die Betroffenen also nicht allein deutsche Staatsbürger sind, sondern sich aus allen Beteiligungsstaaten zusammensetzen, wäre eine Zahlung der Erpressungssumme Angelegenheit einer von allen Staaten gebildeten Interessengemeinschaft zur Erhaltung der Olympischen Spiele. Deutschland als Gastland hat zwar für die Sicherheit seiner Gäste zu sorgen, aber hier liegt ein überstaatlicher Notstand vor, der alle Völker betrifft‹. Soweit die Expertise. Es ist also klar, daß Deutschland die 10 Millionen Dollar nicht allein zahlen wird.«

»Wenn sich die anderen Staaten dieser deutschen Expertise anschließen.« Wieder dieser Beutels. Man sollte ihn zu nachfolgenden

Konferenzen nicht mehr einladen. »Es wäre interessant, Herr Minister, auch rein theoretisch interessant, die in Frage kommenden Staaten mit der Situation vertraut zu machen und ihnen ihre anteilige Rechnung zu präsentieren.«

»Sollen wir uns lächerlich machen?« Der Innenminister lehnte sich sichtlich erbost zurück. »Was ist bisher geschehen? Nichts! Zwei dumme Briefe, die mysteriöse Anzeige ›Wir danken dem ehrlichen Finder‹ durch ein noch unbekanntes Mädchen, und darauf keine Reaktion mehr! Ich habe große Lust, die Sonderkommission aufzulösen.«

»Wir können nichts mehr tun«, sagte Abels in die peinliche Stille rund um den Tisch. »Meine Hoffnung war, daß auf die Anzeige — auch wenn sie nicht von uns stammt — eine Reaktion erfolgen würde.«

»Das einzige Interessante«, sagte der Innenminister, als keiner sich erhob, »ist die Erfahrung, die ich in diesen Tagen mitgenommen habe: Wenn wirklich eine solche Drohung zur Tatsache wird, sind wir ihr wehrlos ausgeliefert. Ist das nicht beschämend?«

»Nein!« sagte Beutels laut. Alle Köpfe zuckten zu ihm herum.

»Nicht?« Die Stimme des Innenministers hob sich etwas. »Sitzen wir nicht herum wie die Weihnachtsmänner, die auf Schnee warten?«

»Nur, weil *nichts* geschieht. Wer 10 Millionen Dollar kassieren will, muß sie ja auch abholen! Von diesem Zeitpunkt an, wo konkrete Wünsche vorliegen, wird eine Aktion ablaufen, über die Sie staunen werden, Herr Minister. Das Phantom muß Gestalt annehmen, schon wegen des Geldes. Hat es Gestalt, können wir hoffen, es anzufassen. Gegen Gespenster hat noch niemand gesiegt.«

Auf dem Tisch, vor dem Polizeipräsidenten, schlug das Telefon an. Die Gesichter der Runde versteinerten. Man wußte: Nur in ganz dringenden Fällen durfte in dieser Stunde ein Gespräch in den Sitzungssaal durchgestellt werden. Der Polizeipräsident nahm den Hörer ab.

»Ja, es ist gut«, sagte er. »Wir warten. Danke.« Mit einer resignierenden Bewegung, halb Achselzucken, halb entschuldigende Handbewegung, legte er den Hörer wieder auf. Beutels, der seinen Chef nur zu gut kannte, warf seine Zigarre in den großen runden Aschenbecher vor sich.

»Was ist denn?« fragte der Minister ungeduldig.

»Eine Botin ist unterwegs. Mit einem Brief. Man fand ihn vor einer Viertelstunde in Ihrem Briefkasten, Herr Daume. Absender —«

»Geschenkt!« Beutels hieb auf den Tisch. »Es geht weiter!«

»Ein Brief, nicht mit der Post befördert, sondern eigenhändig in den Hausbriefkasten gesteckt.«

»Ein variationsreicher Gegner.« Beutels blickte hinüber zu Fritz Abels und Oberstaatsanwalt Dr. Herbrecht. »Ich war nie ein Wahrsager, aber ich deute aus meinem gesteigerten Blutkreislauf: Jetzt treten wir in ein akutes Stadium. Das Gespenst materialisiert sich!«

Zwanzig Minuten später lag der Brief auf dem runden Tisch. Beutels fiel die Ehre zu, ihn mit einer Pinzette aufheben und mit einem scharfen Messer aufschlitzen zu dürfen. Mit einer zweiten Pinzette zog er das Schreiben aus dem Kuvert.

»Das gleiche Papier, die gleiche Maschine«, sagte er.

»Lesen Sie endlich vor!« rief der Minister. Er trommelte nervös mit den Fingern auf den Tisch. Beutels nickte bedeutungsvoll.

»Ich lese:

Sehr verehrter Herr Präsident!

Ihre Anzeige in der ›Süddeutschen Zeitung‹ hat mich erfreut, sie zeigt mir, daß Sie den Ernst der Lage nicht unterschätzen.

Ich wiederhole: Die beiden Bomben werden am Eröffnungstag, dem 26. August, um 15 Uhr gezündet, und das wird, außer den gesamten Olympiaanlagen, Gästen, Kaisern, Königen und Präsidenten, auch halb München treffen. Ich nehme an, daß Ihre Experten Ihnen ausgerechnet haben, welche Wirkung zweimal sechs Kilogramm Plutonium haben, wenn sie atomgespalten werden.

Um Ihren Willen zur friedlichen Einigung zu testen, folgender Vorschlag: Sie übergeben zunächst eine Anzahlung von 100 000 Dollar.

Folgendes ist zu beachten:

Von Herrenchiemsee aus soll ein unbemanntes Motorboot mit gedrosseltem Motor über den Chiemsee geschickt werden. Das Ruder ist so einzustellen, daß das Boot mitten auf den See fährt. Auf den Boden des kleinen Bootes legen Sie einen Sack mit 100 000 Dollar in Fünf-Dollar-Scheinen, gebraucht, gebündelt in Päckchen zu je 500 Dollar. Die Beschaffung dieser Noten über die Deutsche Bundesbank wird Ihnen einfach sein. Ich wiederhole: kleines Boot, Motor auf langsame Fahrt, Ruder Seemitte. Keine Polizei, keine Scheinwerfer, kein zweites Boot.

Bedenken Sie, es ist ein Test. An ihm hängt das Leben von unzähligen Menschen.

Unterschrift bekannt.«

Beutels ließ den Brief aus den Backen der Pinzette fallen. Die Stille um den Tisch war bedrückend, bis der Minister sagte:

»Das ist noch nie dagewesen, so eine Gemeinheit!«

Er sah dabei Beutels an und wunderte sich, daß dieser so fröhlich war und sogar den Kopf schüttelte.

»Ich habe unseren Gegner überschätzt.« Beutels griff wieder zu seiner weggeworfenen Zigarre. »Ein Boot auf dem Chiemsee. Das ist geradezu banal! Eine romantische Mondscheinfahrt. Meine Herren

... jetzt kommen wir voran. Der nächste Schachzug ist unser! Der unbekannte Droher wird bald matt sein.«

Es stellte sich bald heraus: Auch ein Beutels kann irren.

NEW YORK

»Gut«, sagte Ted Dulcan, »Maurizio hat also das Rohmaterial in die Hand bekommen. Aber das bedeutet noch keine Atombombe. Dazu gehört mehr.«

Er lehnte noch immer an der feuchten Wand. Die Erkenntnis, daß Cortone im Besitz von zwei Atombomben war, wollte sich in ihm nicht festsetzen. Es war zu ungeheuerlich. Lucretia beobachtete ihn mit einem spöttischen Lächeln.

»Er hat zwei Stahldreher aus den Werken für Atomköpfe engagiert«, sagte sie. »Mit einem irren Gehalt. Zwei Chemiker aus den Vereinigten Forschungsanstalten wurden jeden Freitag nach New York geflogen, arbeiteten von Freitag nacht bis Sonntag morgen durch und flogen am Sonntagabend wieder zurück. Zwei Monteure der Union Steel Corporation montierten und drehten ein halbes Jahr lang an diesen beiden Bomben. Mauri hat fast ein Jahr gebraucht, bis die Dinger fertig waren. Für Geld — sagte er — kann ich alles haben. Die ganze Angelegenheit hat Mauri rund 400 000 Dollar gekostet. Glaubst du es nun?«

Dulcan verließ den Kellerraum.

»Dahinter steckt doch das Syndikat?« sagte er, als sie wieder vor der Fabrikruine im Wagen saßen. Sie rauchten eine Zigarette.

»Ich glaube nicht, Ted.«

»So etwas kann Maurizio nicht allein planen. Das ist das Gehirn des Syndikats.«

»Er hat nie darüber gesprochen.«

»Er wird sich hüten. Erstaunlich ist schon, daß du soviel von diesen Dingen weißt.« Dulcan zerdrückte die Zigarette in dem Aschenbecher am Armaturenbrett. »Daß es ein Fehler war, sieht Mauri jetzt ein. Er wird dich töten lassen. Wir fliegen morgen nach Miami.«

Was Dulcan jetzt wußte, ließ ihm keine Ruhe mehr. Er telefonierte mit dem Syndikat, wie man die Cosa Nostra vornehm nannte, bekam den Immobilienmakler Enrico Dellaporza an den Apparat, einen ehrenwerten Geschäftsmann, von dem niemand wußte, daß er der Bezirksleiter Manhattan war, und erkundigte sich vorsichtig und sehr gewunden, ob man ein großes Ding in Europa plane.

»Nein. Wieso?« fragte Dellaporza knapp.

»Ich habe Glocken läuten hören.«

»Wer hat sie geläutet?«

»Ein Landsmann aus Palermo. Er faselte etwas von Bombenan-
schlägen in Deutschland . . .«

»Das ist nicht unsere Sache. Was kümmert uns Europa? Kennst
du Haiti, Ted?«

»Ich habe 14 Tage an der Küste von Port de Paix verbracht. Urlaub. Faulenzen. Nichts tun. Sehr erholsam. Warum?«

»Hast du Tauchausrüstungen von der Navy?«

»Ja.«

»Komplett? Glatte hundert Stück?«

»Ich kann sie besorgen, Enrico. Termin?«

»In drei Wochen.«

»Ich verspreche es.« Dulcan atmete ein paarmal tief durch. »Und
mit Europa ist wirklich nichts?«

»Dein dämliches Europa! Außer in den Kriegen war Europa nie
ein interessantes Geschäft, nicht einmal Irland. Sie haben dort einen
Ordnungsfimmel. Willst du ins europäische Geschäft einsteigen, Ted?
Laß die Finger davon. Oder hast du's nötig?«

»Auf gar keinen Fall. Ich lebe vorzüglich.«

»Dann konzentriere dich darauf, Ted. Guten Tag.«

»Guten Tag, Enrico.«

Also nicht das Syndikat. Cortone allein, ganz allein.

Der Mann war verrückt.

MÜNCHEN-HARLACHING

Der dritte Brief ist gekommen. Gustav hat mich sofort angerufen,
nachdem er in der Sitzung verlesen worden war. Der Innenminister
soll bleich geworden sein, und sogar Beutels beschränkte sich darauf,
optimistisch zu sein, ohne ins Detail zu gehen.

Ein Motorboot auf dem Chiemsee. Ich wundere mich. Die Männer,
die hinter dieser Teufelei stecken, müssen zu den Naiven gehören.
Natürlich wird man das Motorboot losschicken, natürlich wird niemand in der Nähe sein . . . aber wer auch immer das Geld aus dem
Kahn holt, weit wird er nicht kommen. Es fragt sich nur, ob das klug
ist. Diese 100 000 Dollar sind ein Test . . . kommen sie nicht zu dem
gedachten Empfänger, wird man die Bomben ohne weitere Formalitäten zünden.

Das kann sich Deutschland nicht leisten. Ein Atomschlag bei der
Eröffnung der Olympiade. Ist jetzt der Zeitpunkt gekommen, wo ich
nicht mehr schweigen darf?

»Was heißt das: Geheimstufe I?

Es gibt nur noch zwei Möglichkeiten, eine Alternative: Entweder
sie zahlen die 10 Millionen Dollar — oder die XX. Olympischen Spiele

in München werden abgesagt. Das wäre ein Milliardenschaden, gegen den sich die 10 Millionen Dollar geradezu zwergenhaft ausnehmen.

Das sollte man jetzt der Welt sagen.

Ich werde mit meinem Chefredakteur sprechen.

Übrigens habe ich gestern ein merkwürdiges Erlebnis gehabt. Helga kam zum Abendessen. Sie hatte sich die Haare schwarz gefärbt.

»Was ist los?« fragte sie geradeheraus, wie es ihre Art ist. »In was für eine Schweinerei hast du mich hineingezogen? René kam heute morgen ins Atelier und erzählte, die Polizei habe die Anzeigenannahme der ›Süddeutschen Zeitung‹ verhört. Jetzt suchen sie ein blondes Mädchen. Mich!«

René ist Fotomodell. Ein Mann. Er arbeitet auch für die ›Süddeutsche‹, als Dressman der Modeseite. Ein Schwuler natürlich, so heiß, daß sie im Atelier selbst im Winter die Heizung ausschalten, sonst kann's keiner im Raum aushalten. René geht wie ein Weib, mit schwingenden Hüften, spricht geziert wie ein ältliches Fräulein mit Mops auf dem Schoß und ist mit einer Lesbierin verlobt. Was die beiden miteinander machen, ist mir ein Rätsel.

Ich habe versucht, Helga eine Erklärung zu geben.

»Die Anzeige, die du aufgegeben hast, war ein Kennwort unter Ganoven. Ich habe von einer Sache Wind bekommen und wollte als stiller Beobachter teilhaben. Das gibt einen sensationellen Artikel.«

Helga glaubte mir nicht — ich sah es ihr deutlich an —, aber sie fragte nicht weiter. Immerhin hat sie sich die Haare schwärzen lassen. Ein tolles Mädchen.

Aber das ist nicht das Merkwürdigste an diesem Tag. Gegen 14 Uhr — ich war eben nach Hause gekommen — rappelt das Telefon.

Ich ließ es ein paarmal läuten ... man soll Überarbeitung immer mit sich herumtragen wie eine Aura ... wenig Zeit, Gefragtsein, geistige Rarität, das sind Dinge, die man sehen will und die auch honoriert werden ... dann hob ich ab und sagte kurz: »Hier Bergmann. Ich bin mitten in einer wichtigen Arbeit. Machen Sie bitte schnell.«

Dann hatte ich es gar nicht mehr eilig. Eine fremdländische Stimme — ich meinte, einen italienischen Klang herauszuhören, aber sonst kam alles in fließendem Deutsch — sagte mit geradezu schmieriger Freundlichkeit:

»Halten Sie sich aus allem heraus, Herr Bergmann.«

»Wer sind Sie?« fragte ich sofort.

»Der liebe Gott.«

»Wie nett. Dann grüßen Sie mir meinen Vater, Hans Bergmann senior, recht herzlich und sagen Sie ihm, er soll sich bloß hinter Wolken verstecken, wenn ich jemals in den Himmel komme. Sonst noch etwas, lieber Gott?«

»Ihre Schwester hat die Anzeige aufgegeben. Das brachte uns auf Ihre Spur. Sie sehen, wir wissen alles.«

»Wenn man der liebe Gott ist —«

»Wir haben sofort reagiert, so, wie wenn jemand anderer die Anzeige aufgegeben hätte.«

»Zum Beispiel das Nationale Olympische Komitee.«

»Ihre Aktion hat jedenfalls zur Beschleunigung beigetragen. Wir danken Ihnen dafür. Aber jetzt machen Sie die Augen zu.«

»Von Dankeschön habe ich nichts. Mir wären 10 000 Dollar lieber.«

»Vergessen Sie alles. Ihre Absicht, als Journalist sich hineinzuhängen, ist lebensgefährlich. Bedenken Sie das, Herr Bergmann.«

Der Mann legte auf. Von diesem Augenblick an war mir klar, daß die beiden Bomben existieren. Das ganze große Entsetzen ist kein Bluff, die Jahrhundertkatastrophe ist Wahrheit!

Als guter Staatsbürger — bin ich das überhaupt? — bin ich verpflichtet, diesen Wahnsinn, der Hunderttausende das Leben kosten kann, zu verhindern. Ich bin bis heute der einzige, der mit einem der grandiosen Mörder gesprochen hat.

Die Mafia steht dahinter.

Aber ich bin auch Journalist. Ein mittelmäßiger, Sie wissen es. Jetzt aber kann ich eine Rakete sein am Zeitungshimmel. Ich kann mein Wissen zu einem Satelliten werden lassen, von dem alle Blätter dieser Welt ihre Informationen beziehen. Der Name Hans Bergmann wird in die Zeitungsgeschichte eingehen.

Was soll ich sein? Staatsbürger oder Journalist?

Es ist bemerkenswert, daß man in bestimmten Situationen beides zugleich nicht sein kann.

Ich bin in den Garten gegangen und habe für meinen Hauswirt die Ligusterhecke geschnitten. Aber auch diese kupierende Tätigkeit hat mein Hin- und Herschwanken nicht ins Gleichgewicht bringen können.

NEW YORK

Maurizio Cortone dirigierte die Handlanger, die seine Ideen ausführten, von einem geheimen Kommandostand aus. Im Dachgeschoß seiner Sportschule hatte er einen riesigen Raum ausbauen lassen, dessen Attraktion ein fahrbares Dach war. Wie bei einer Sternwarte konnte man es auf Knopfdruck bewegen, es glitt zur Seite, lautlos, auf gut geölten Schienen, aber statt eines Fernrohrs, das Mond und Sterne beobachtete, fuhr eine schlanke Antenne in den dunstigen New Yorker Himmel, ein Fächer aus feinen Drahtgeflechten klappte auf, und Maurizio Cortone war von diesem Augenblick an praktisch mit der ganzen Welt verbunden.

Daß so ein Gerät lizenzpflichtig war, kümmerte Cortone wenig. Auch der Sender, der unten an dieser fantastischen Antenne hing, war nicht gemeldet. Die Funküberwachung registrierte zwar auf dem Amateur-Kurzwellenband ab und zu merkwürdige Sendungen von Zahlenkolonnen und unterrichtete davon den CIA. Man schrieb die Zahlen mit, Dechiffrier-Experten versuchten ihr Glück, aber sie fanden keinen ständigen Rhythmus in den Zahlenreihen und deshalb auch keine Anhaltspunkte für die Lösung des Rätsels. Noch schwieriger war die Ortung des Senders ... er schickte seine Zahlen völlig unregelmäßig in den Äther, zu keiner festen Zeit, und dann immer so schnell, daß die Peilwagen verwirrt umherirrten. Man wußte nur eins: Der Sender stand irgendwo in New York. Das war eine Ortsangabe, als wollte man sagen:Sucht in der Sahara nach einem abgerissenen, fahlgelben Knopf.

Cortone hielt in seiner Funkstation alle Fäden in der Hand, an denen in Deutschland seine Puppen tanzten. Begonnen hatte alles mit einer ganz anderen Idee.

Cortone schickte vor fast zwei Jahren sieben seiner Männer nach Italien mit dem Befehl, sich dort für die Olympiabauten in München anwerben zu lassen. Da es alle Italiener waren, die wiederum alle eine Horde von Verwandten im Mutterland wiedertrafen, war es leicht für sie, sich mit falschen Papieren bei den Auslandsarbeitsämtern zu bewerben und von deutschen Baufirmen eingestellt zu werden.

Der kleine Vortrupp Maurizios zog in die Baracken auf dem Oberwiesenfeld ein, als man gerade damit begonnen hatte, die Fundamentgräben auszuschachten. Sie waren gewissermaßen ›Leute der ersten Stunde‹, fleißige Arbeiter, auf Überstunden bedacht, immer zur Stelle, nie krank, stets freundlich und höflich, heiteren Gemüts, eben Sonne aus Italia. Die deutschen Arbeiter mußten sich erst daran gewöhnen. Während sie Brotzeit machten — es gibt auf einem Bau nichts Wichtigeres als die Brotzeit! —, krochen Maurizios Abgesandte fleißig und bienenemsig auf der Riesenbaustelle herum und fertigten Zeichnungen an, die mit normaler Post nach New York flogen.

Damals dachte noch niemand an das Einmauern von zwei Atombomben in die Fundamente des Olympiastadions. Am wenigsten Cortone selbst. Seine sieben Bauartisten hatten lediglich die Aufgabe, bestimmte Techniken zu studieren. Cortone wollte sie auswerten und später mit einer grandiosen Idee aufwarten: Stadionbauten im Fertigverfahren. Außerdem — und das sprach sich schnell bei den ausländischen Bauarbeitern in München herum, unter der vorgehaltenen Hand natürlich, nachdem Unbekannte zwei Kollegen mit Beton übergossen hatten — außerdem kassierte Cortone von jedem Wochenlohn

10 Prozent für die ›Witwen- und Waisenkasse ehemaliger Facharbeiter‹. Wo diese schöne Kasse stand und wer sie leitete, vor allem aber, wem sie die Witwen- und Waisenrente auszahlte, fragte keiner. Die Italiener griffen nach dem ersten Rundschreiben schweigend und schnell in die Tasche . . . die meisten von ihnen kamen aus Süditalien, wo man diesen menschenfreundlichen Ton kennt und weiß, daß dahinter bei Nichtbefolgen ein dünner, flacher Sarg wartet. Die Umgangssprache der Mafia ist jedem gebräuchlich.

Mit den anderen Völkerschaften war es schwieriger . . . sie hatten ein ausgeprägtes Eigentumsgefühl. Sie lebten in der irrigen Annahme, was man verdient, gehöre einem selbst. Was sie der deutschen Steuer abgeben mußten, war schon schmerzlich genug — wobei sich die Frage erhebt, was einen steuergesetzgebenden Staat wie Deutschland eigentlich von der Mafia unterscheidet —, aber daß jetzt eine völlig fremde ›Witwen- und Waisenkasse‹ zur Kasse bat, wollte nicht in ihre Hirne. Türken, Griechen, Jugoslawen, Spanier, Algerier, Libanesen, Filipinos, Portugiesen und Sarden reagierten zunächst sehr zugeknöpft, aber Maurizios Mannschaft arbeitete präzise.

Drei Männern wurden die Gesichter mit Rasierklingen zerschnitten, eine Gruppe Türken lief nachts, beim Heimweg aus Münchens Innenstadt zu den Baubaracken, zwischen den riesigen Gerüsten in ein aufgespanntes Netz, das sich über ihnen schloß, dann wurden sie mit Knüppeln verprügelt, bis sich in dem Knäuel aus Leibern nichts mehr rührte.

Von der folgenden Woche an zahlten sie alle ihre 10 Prozent. Ein Mann, der sich Rico Daleggio nannte, ging freitags abends mit einer einfachen Aktentasche herum und sammelte ein. Die Polizei zu rufen, wäre völlig sinnlos gewesen, das erkannten sie alle.

Die Polizei ist dazu da, Geschehenes zu verfolgen. Vorzubeugen ist kaum ihre Aufgabe . . . sie wäre damit auch heillos überfordert. Was aber nützt die beste Polizei (und als solche gilt die deutsche), wenn man selbst zunächst das Opfer sein muß?

Während dieser Aktionen erhielt Cortone einen Brief. Er war unterschrieben mit Dr. Hassler, München-Solln, postlagernd.

Der Brief enthielt nichts weiter als den Vorschlag, die Olympischen Spiele ausfallen zu lassen.

». . . Ich habe Ihre ›Witwen- und Waisen‹-Aktion genau beobachtet«, schrieb dieser Dr. Hassler. »Wenn Sie so etwas von New York aus leiten können, wäre auch mein Vorschlag realisierbar. Ich lege Ihnen eine genaue Berechnung meiner Idee bei . . .«

Cortone hatte zunächst getobt.

»Einer hat die Schnauze aufgemacht!« brüllte er. »Wie kommt ein Deutscher an meine Adresse? Ich rufe sie alle zurück, ich wechsle sie aus!«

Aber später beruhigte er sich, las den — in vollendetem Englisch geschriebenen — Brief noch einmal und sah die Berechnungen aufmerksam durch.

Sie stellten nichts anderes dar als den exakten Plan, mittels einer Atomexplosion die Olympiade in München zu verhindern.

»Der Mann ist verrückt«, sagte Cortone entgeistert. »Ein kompletter Irrer. Dem Himmel sei Dank, daß er kein Geld hat!«

Aber Cortone hatte Geld, und je weiter er darüber nachdachte — er las den Brief des Dr. Hassler im ganzen zwölfmal —, um so konkreter wurde vor seinen Augen die Tatsache, daß man mit dieser Idee mühelos, für Cortone mühelos, auf einen Schlag den größten Erpressergewinn aller Zeiten herausholen konnte. Was eine solche Drohung nach sich zog, war in Zahlen überhaupt nicht auszudrücken. Man konnte 10 Millionen, 50 Millionen, 100 Millionen Dollar fordern . . . die Katastrophe von München, wenn sie ausgelöst wurde, war mit dem Verstand nicht mehr zu erfassen.

»Genial«, sagte Cortone nach vier Tagen ehrlichen Schwankens. Selbst er zuckte vor diesem Projekt zurück, bis es sich in ihn hineinbohrte wie ein giftiger Bolzen. »Das machen wir!«

Und Cortone baute in einem alten Fabrikkeller seine Atombomben.

Nur diesen Dr. Hassler bekam er nie zu Gesicht. Im November flog Cortone für eine Woche nach Europa, besuchte Paris und fand es fad, amüsierte sich auf der Reeperbahn in Hamburg, stand an der Berliner Mauer und schüttelte den Kopf, verstand nicht, warum man soviel Geschrei um diese häßliche Betonschlange machte, und wandte sich, in seinem Schönheitsgefühl beleidigt, angewidert ab, besuchte den Kölner Dom und fand das UNO-Gebäude wesentlich imposanter, stand am Rhein auf dem Drachenfels, fror im pfeifenden Wind und suchte vergeblich die Romantik . . . in München schließlich fand er das Bier ziemlich dünn, das Hofbräuhaus zu rauchig und zu stinkend von Männerschweiß. Das Olympiagelände war das einzige in Deutschland, was er neidlos als grandios bezeichnete.

Kassierer Rico Daleggio empfing seinen Chef mit einem Bankauszug. Die ›Witwen- und Waisenkasse‹ hatte einen Bestand von genau 3 687 219,18 DM. Cortone war zufrieden. Seine Goldmedaillen rollten schon, bevor noch der erste Fanfarenstoß ertönte.

Dr. Hassler . . . München-Solln . . . Cortone fuhr nach Solln, aber das Postamt gab keine Auskunft, über die Theke geschobene Geldscheine wurden als Beleidigung aufgefaßt, natürlich, ich bin ja in Deutschland, sagte sich Cortone, hier ist die Ehrlichkeit zu Hause. Es gelang ihm nicht, den verrückten Erfinder des mörderischen Plans aufzuspüren. Dr. Hassler aber rief ihn im Hotel an, eine sympathische Stimme, die fragte: »Sollen wir Englisch oder Italienisch sprechen?«

Cortone hustete, weil er sich am Rauch seiner eigenen Zigarre verschluckt hatte.

»Englisch.«

»Wie Sie wünschen. Wie weit sind Ihre Vorbereitungen?«

»Meine Jungs drehen die Dinger gerade. Die Chemiker basteln an den Zündungsmechanismen. Ich habe auch noch einen Radarfachmann eingestellt. Genau betrachtet, ist das ganz einfach. Ich habe nie gedacht, daß man eine A-Bombe in Heimarbeit basteln kann.« Cortone zog die Schultern hoch. Noch immer schreckte ihn das, was er da vorbereitete. Wer kann sich – ohne vom Staat autorisiert zu sein – daran gewöhnen, eine Vernichtungswaffe für Hunderttausende zu besitzen? »Neulich stand bei uns ein Artikel im Magazin. Er beschrieb genau das, was wir jetzt tun. Aber kaum einer glaubte dem Schreiber das. Es ist übrigens Dr. Theodore Taylor.«

»Wer ist Taylor?«

»Einer unserer prominentesten Atomwissenschaftler. Ein heller Junge. Warnt die Welt vor Atombomben-Heimwerkern.« Cortone zog die Sprechmuschel näher an seinen Mund. »Eine Frage, Dr. Hassler: Warum haben Sie mir diesen wahnsinnigen Vorschlag gemacht?«

»Ich brauche Geld. Wie vereinbart: Eine Million Dollar genügt mir. Mit ihr kann ich mein Leben in Ruhe zu Ende führen.«

»Das ist doch nicht der wahre Grund.«

»Doch.« Die Stimme wurde spröde. Cortone, der ein feines Gehör für Nuancen hatte, lächelte breit. Er lügt ... er ist der Typ, der für irgend etwas Rache nimmt und dem es dabei gleichgültig ist, ob die halbe Menschheit in die Luft fliegt.

»Wann sehen wir uns, Dr. Hassler?«

»Nie.«

»Ich will Sie aber kennenlernen.«

»Ich habe kein Gesicht.«

»Welchen Doktor führen Sie?«

»Den Dr. med.«

Cortone war einen Moment sprachlos. Ein Arzt. Die Antwort war so schnell und sicher gekommen, daß es keine Lüge sein konnte.

»Wen hassen Sie so fürchterlich, Doktor?« fragte Cortone langsam.

Ohne zu antworten hatte Dr. Hassler aufgelegt.

Nun – im April – hatte die große Schlacht um die Millionen begonnen. Die Briefe hatte Dr. Hassler geschrieben ... Cortone stand mit ihm über Funk in Verbindung, nachdem er auf ein Schweizer Nummernkonto genug Geld überwiesen hatte, damit sich Hassler eine Funkeinrichtung kaufen konnte. Sie war weniger pompös als die in New York, aber mit seiner Riesenantenne konnte Cortone mühelos die schwachen Signale auffangen, die aus München über den

Ozean surrten. Ein Zahlencode, den ebenfalls Dr. Hassler ausgearbeitet hatte.

»Sie sind ein Rindvieh«, funkte Cortone nach München. »Mit einem Boot auf dem Chiemsee. Was soll der Blödsinn?«

Dr. Hassler funkte sofort zurück:

»Ich will den einen Mann opfern, um nachher um so deutlicher den Ernst der Lage zu demonstrieren.«

Und dann folgte eine Frage, die Cortone aus der Fassung brachte. Dr. Hassler, dessen Haß gegen irgend etwas, das keiner kannte, eine Atombombe wert war, äußerte plötzlich Zweifel an seinem Partner.

»Haben Sie die beiden Sprengsätze auch wirklich eingießen lassen? Ich habe mich umgehört ... auch Ihre Vertrauensleute wissen von nichts.«

»Hören Sie mal«, antwortete Cortone. »Ihre Frage ist zu blöd, um beantwortet zu werden. Ich habe bisher in die Sache fast eine Million Dollar gesteckt. Glauben Sie, ich stoße goldene Fäkalien aus? Für mich ist es ein Geschäft ... was es für Sie ist, interessiert mich nicht. Ende.«

Cortone ließ seinen herrlichen Stahlschirm zusammenklappen und fuhr die Antenne ein. Das Dach schloß sich schlurfend. New Yorks fahler Nachthimmel verschwand.

MIDLAND BEACH

Jack Platzer, der kleine, unscheinbare, mausgraue, frettchengesichtige Mensch mit der ausgebeulten linken Achselhöhle, war unterwegs, um Maurizios Schulfreund Ted Dulcan zu belehren, daß man auch unter guten Freunden nicht die Geliebten ohne vorherige Rücksprache austauscht.

Jack Platzer parkte seinen Wagen nicht vor Dulcans Haus, sondern in einer Seitenstraße. Der Fluchtweg war dadurch zwar weiter, aber Platzer vertraute auf seine wieselschnellen Beine und vor allem darauf, daß er, wenn er erst einmal ein Ziel vor sich hatte und schoß, auch so gut traf, daß niemand mehr in der Lage war, ihn zu verfolgen. Der einzige, den er als ebenbürtig ansah, war Bertie Housman, Dulcans ›Kanone‹. Harvey Long, der ›Generalbevollmächtigte‹ der Milchladen-Kette, der bei seinem Einzug in Amerika noch Areno Longarone hieß, war zu bequem geworden, nachdem ihm Dulcan sein Vertrauen geschenkt hatte. Wer erst einmal in einem 1000-Dollar-Maßanzug steckt, wird lahm in den Händen, zumindest in der Hinsicht, die Platzer interessierte.

Die Mauer um das Parkgrundstück war zwei Meter hoch und wirkte harmlos, freundlich, südländisch mit ihrem groben Kellenputz und dem schneeweißen Kalkbewurf. Aber das täuschte. Jenseits der

Mauer, zum Garten hin, von der Straße aus unsichtbar, spannte sich ein sogenanntes Sprunggitter, ein Stahlnetz, an langen Eisenstangen aufgespannt, das Tag und Nacht elektrisch geladen war. Vögel, die sich hier ausruhen wollten, hatten gar nicht erst die Gelegenheit, dies zu bedauern. Sie fielen fast gebraten zur Erde. Außerdem hatte man in die Mauerkrone dünne Impulsdrähte eingelassen, die bei einer bestimmten Belastung, zum Beispiel beim festen Auflegen einer Hand, im Haus eine Alarmanlage auslösten.

Platzer kannte das alles. Er ignorierte deshalb auch die Mauer, setzte sich gegenüber Dulcans Villa in einen Busch, der zum weniger gesicherten Vorgarten des Obstimporteurs Julian Atropoulos gehörte, und wartete, das breite Eingangstor immer im Blick.

Platzer hatte Glück. Dulcan, von dunklen Ahnungen erfüllt, nach dem Telefongespräch mit dem Syndikat von Cortones irrem Plan noch wie betäubt, hatte dem Drang nachgegeben, sich heute mit Gästen zu umgeben. Er konnte an diesem Abend nicht allein sein, die Unruhe in ihm war zu elementar.

Wenn man Dulcans Gäste kennt, versteht man, warum er sich in ihrer Gesellschaft sicher fühlte. Vier Politiker mit ihren Frauen waren darunter, ein Polizei-Distriktchef, ein Reeder, der sich bei der nächsten Wahl als Senator vorstellen wollte und mit Dulcans Wahlfonds-Unterstützung rechnete, zwei Professoren der Universität New Jersey — einer für Geschichte, der andere für Ägyptologie —, ein paar Freunde aus Dulcans Kampfjahren und, dazwischen verteilt, in korrekten Smokings, Gentlemen wie aus dem Bilderbuch ›Der vollkommene Mann‹: vier Experten für schnelles und genaues Schießen. Einwanderer aus Sizilien sind von Natur aus mißtrauisch gegen ihre Schulfreunde.

Aber die beste Sicherung nutzt nichts, wenn man alte Ideen vergißt. Platzer wärmte sie wieder auf, als er sah, wie fünf dunkle, schwere Limousinen hintereinander vor Dulcans Villa darauf warteten, daß sich das automatische Tor öffnete. Er schlich, ein huschender Schatten, zum letzten Wagen, duckte sich, probierte am Schloß des Kofferraumes, fand es unverschlossen, hob vorsichtig und lautlos den Deckel und schlüpfte mit der Gewandtheit einer Katze hinein. Damit das Schloß nicht wieder einrastete, schob er als Sperre den Lauf seiner Pistole dazwischen.

Sekunden später ruckte der Wagen an. Im Kofferraum des republikanischen Politikers Geoffry Parker rollte Platzer in den Garten und auf den Parkplatz neben dem weißen Haus. Aus den Büschen beleuchteten Scheinwerfer die Fassade. Ein Märchenpalast, den sich Dulcan im Stil sizilianischer Herrensitze hatte bauen lassen. Südlich heiter, mit Säulchen und Bögen, Erkern und Balkonen, Innenhöfen und plätschernden Brunnen, nachgemachten antiken Plastiken und riesigen Blumenvasen aus behauenem Stein.

Platzer wartete ein paar Minuten, hob dann den Kofferraumdeckel und lauschte hinaus. Aus der Villa tönte flotte Musik ... Dulcan hatte eine Vier-Mann-Band engagiert, die für Stimmung sorgte. Unter dem säulengetragenen Eingang stand im weißen Smoking Harvey Long und wartete auf weitere Gäste.

Lautlos ließ sich Platzer zu Boden gleiten, blieb hinter dem Wagen liegen und wartete, bis ein neuer Gast vorfuhr. Die Begrüßung benutzte er, um mit ein paar Sprüngen im Park unterzutauchen und in einem weiten Bogen das Haus zu umgehen. Von der Seeseite her kam er wieder zurück. Vor ihm lag die hellerleuchtete Terrasse, die breiten Glastüren waren zur Seite geschoben, ein Teil der Gäste saß draußen, wurde von Infrarotstrahlern beheizt und genoß den neuen Clou von Ted Dulcan: Er hatte aus Europa Strandkörbe kommen lassen, sie weiß lackiert und als Attraktion überall in seinem Park aufgestellt. Seine Gäste fanden das wahnsinnig romantisch.

Platzer hockte sich hinter eine Platane und schraubte mit der ruhigen Bewegung, mit der man eine Uhr aufzieht, den Schalldämpfer auf den Lauf seiner Pistole.

Es war sicher, daß Dulcan einmal auf die Terrasse treten würde, um mit seinen Gästen zu plaudern. Die Entfernung von der Platane, hinter der Platzer saß, bis zu den ersten Strandkörben betrug fünfzehn Meter. Die Musik war laut genug, hämmerte Rhythmen rücksichtslos in die fast feierliche Stille, die vom Wasser herüber durch den Park schwebte, eine Stille, die noch unterstrichen wurde von den lautlosen Lichtern der Boote und Schiffe, die über die Lower Bay und in den riesigen Leib New Yorks glitten.

Platzer schob mit dem Daumen den Sicherungsflügel seiner Waffe zurück. Eine vertraute Bewegung wie Pfeifenstopfen.

»Du bist ein dämlicher Hund!« sagte in diesem Augenblick eine Stimme hinter ihm. Platzer reagierte sofort. Er warf sich herum und zur Seite, aber gleichzeitig erkannte er auch, daß er bereits ein toter Mann gewesen wäre, wenn der andere nur abgedrückt hätte. Daß er, bei dieser Erkenntnis, noch lebte, begriff er nicht.

»Bertie —« sagte er gedehnt. »Junge, drück ab.«

»Steh auf, Jack.« Bertie Housman hockte vor einem Fliederbusch. Er war das genaue Gegenteil von Platzer, groß, breit in den Schultern, mit einem fast edlen Gesicht, das an griechische Jünglinge erinnerte. In Fachkreisen wurde behauptet, Bertie Housman habe sogar studiert, sieben Semester Jura, dann sei etwas Unbekanntes dazwischengekommen, das ihn so aus der Bahn warf, daß er für Ted Dulcan den Revolvermann spielte. Es hieß, ein Mädchen habe Bertie auf dem Gewissen. Er habe sie geliebt bis zur Selbstaufopferung, und dann bekam sie ein Kind, und das war dunkelhäutig. Darüber sei Bertie nie hinweggekommen. Housman selbst sprach nie darüber, er redete überhaupt wenig, und wer mit ihm näher bekannt wurde, konnte sich später an die Bekanntschaft nicht mehr erinnern, denn er lag irgendwo aufgebahrt in einer Leichenhalle. Es war deshalb verwunderlich, daß Housman mit Platzer sprach, wenn auch mit angelegtem Revolver.

»Was soll das, Bertie?« Platzer blieb auf der Wiese liegen. »Du hast gewonnen, mach's nicht so spannend.«

»Bis auf den Umstand, daß du's geschafft hast, hier hereinzukommen, hast du sehr an Intelligenz verloren. Wer wird denn die Seeseite nicht bewachen? Gerade sie? Das ist doch hier wie ein Schießstand.«

»Genau.« Platzer beobachtete Housman. »Was nun?«

»Wirf den Knaller weg.«

Platzer gehorchte augenblicklich. Sein Respekt vor Housman war groß. Umgekehrt wußte Housman von Platzer, daß das, was man Gewissen nennt, bei ihm ein Hohlraum war.

»Komm mit«, sagte Housman knapp. »Dulcan hält eine Botschaft für Cortone bereit.«

NEW YORK

»Ich soll bestellen, Ted ruft noch heute nacht an«, sagte Jack Platzer eine Stunde später. Er stand vor Maurizio Cortone, noch kleiner, vor Kummer und Scham zerknittert, randvoll mit Gift gegen Housman gefüllt.

»Was will er?«

»Das weiß ich nicht.«

»Bertie war also schneller als du?«

»Das eine Mal nur.«

»Aber es genügt.« Cortone blickte auf das weiße Telefon auf seinem Schreibtisch. »Hast du Lucretia gesehen?«

»Nein. Er hält sie unter Verschluß wie das Museum die Nofretete.« Platzer zögerte, dann steckte er sich eine Zigarette an. Er hatte sie nötig. Demütigungen wie die, mit denen Housman seinen Kollegen überschüttet hatte, zehren an den Nerven. Auch ein Killer hat schließlich eine Seele, wenn auch in einer ganz spezifischen Zusammensetzung. »Was ist mit München?«

»München?« Cortone, in Gedanken versunken, schrak hoch. »Mir scheint, wir sitzen zu weit ab, Jack. Es wird nötig sein, sehr bald nach München zu fliegen.«

Gegen 3 Uhr in der Frühe klingelte es auf Cortones Schreibtisch. Geduldig hatte er gewartet, geraucht, gelesen, sich auf alle möglichen Fragen Dulcans eine treffende Antwort ausgedacht. Nun war es soweit ... Cortone hätte nie geglaubt, daß er in einem Alter, in dem man Ruhe verdient hat, noch kämpfen mußte.

»Ja?« sagte er kurz.

»Hier Ted. Einen Kuß für die Mutter Gottes.«

Cortone verzog das gepflegte Gesicht. »Was soll das? Wir sind nicht in der alten Heimat, Ted«, sagte er. »Ich kenn dein Talent als Schauspieler ... wir beide untereinander sollten solche Kapriolen unterlassen.«

»Willst du Krieg?« fragte Dulcan direkt.

»Du hast mir Lucretia weggenommen.«

»Sie ist von selbst gekommen. Übergelaufen. Ich kann es mir selbst nicht erklären. Sie behauptet, du hättest ihr eine Ohrfeige gegeben.«

»Das stimmt.«

»Eine Frau wie Lucretia schlägt man nicht, Mauri. Nun bist du sie los. Aber deswegen Krieg? Um ein paar Haarbüschel? Lohnt sich das?«

»Schick sie wieder rüber zu mir!«

»Verschnürt als Paket? Anders wird sie nicht zu bewegen sein. Mauri, wir sind beide in einem Alter, in dem so billige Rache unter unserer Würde ist. Haben wir ein Leben lang geschuftet, um uns jetzt, wo wir die Hände geruhsam in den Schoß legen könnten, umzubringen? Denk mal drüber nach.«

»Warum rufst du eigentlich an?« fragte Cortone ausweichend. Für ihn ist Lucretia eine auswechselbare Matratze ... für mich war sie fast eine Tochter. Ich hätte sie zu meiner Erbin gemacht. Mein Herz hing an ihr. Mit aller Romantik und Seelenschwere. Diese verdammte Kombination von Vatergefühl und erotischem Reiz. Was versteht Dulcan davon? Er war schon auf Sizilien Mädchen gegenüber nichts weiter als eine Potenz auf zwei Beinen.

»Ich habe ein Problem, Maurizio«, sagte Dulcan in einem Ton, der durchaus nicht so klang, als ob der Sprecher mit Problemen belastet wäre.

»Wer hat das nicht.«

»München ...«

»München?«

Cortone sprach das Wort gedehnt aus. Natürlich, wenn eine Frau wie Lucretia überläuft, nimmt sie alles mit, einfach alles, nicht nur ihren Körper. Man sollte der medizinischen Forschung ein paar Milliarden Dollar stiften, damit es ihr gelingt, hirnlose Frauen zu züchten. Was eine Ohrfeige alles anrichten konnte! Cortone war ehrlich genug, sich einzugestehen, daß er den größten und nie mehr reparablen Fehler seines Lebens gemacht hatte.

»Du hast also von Lucretia alles erfahren?« fragte er mit erstaunlicher Gelassenheit.

»Es ist also kein Hirngespinst? Maurizio, du hast Atombomben herstellen lassen?«

»Ja.«

»Ich habe den Keller besichtigt, wo ihr gebastelt habt.«

»Das habe ich mir gedacht.«

»Es geht um 10 Millionen Dollar. Mauri . . . fünf für mich.«

»Kannst du mir einen Grund nennen, warum ich dir fünf Millionen Dollar in den Rachen werfen sollte?«

»Weißt du, was Versicherungen für eine Zungenlähmung zahlen?«

»Ich kriege das billiger.«

»Durch Jack Platzer . . . Mach dich nicht lächerlich, Mauri. Ich sitze jetzt mitten drin im ewigen Leben, wenn mein Tod allein von dir abhängt. Morgen früh wird im Safe meiner Bank ein genauer Bericht über dich und deine olympischen Feuerspiele deponiert, und nach meinem Tod wird der vor versammelter Presse geöffnet. Fünf Millionen, zu den anderen Millionen gelegt, das fressen wir in unserem Alter nicht mehr auf. Ich dachte erst, das Syndikat steht dahinter. Ich habe angerufen.«

»Du Vollidiot.« Cortone wurde munter. Wenn das Syndikat sich einschaltete, war alle Arbeit umsonst gewesen. Die Cosa Nostra war ein Moloch — sie fraß alles auf, was Gewinn brachte.

»Es ist nicht ein einziges Wort über München gefallen, Mauri. Die ganze Angelegenheit ist jetzt eine Vertrauenssache zwischen dir und mir.«

»4,5 Millionen«, sagte Cortone grob. »Wer sich beteiligt, muß auch an den Unkosten teilhaben. Ich hatte eine Million Auslagen. Wenn du meine Aufzeichnungen einsehen willst —«

»Danke.« Dulcan lachte vergnügt. »Ich glaube dir. Wie kann ich dir aktiv helfen?«

»Indem du alles vergißt. Mich tröstet nur eins, Ted . . .«

»Laß hören.«

»Lucretia ist bei dir. Sie kann auch zu anderen plaudern. Und dann kostet es *dich* ein paar Millionen . . .«

Zufrieden legte Cortone auf. Man muß es verstehen, Gift auszulegen. Er war sich bewußt, daß Dulcan sein Geld mehr liebte als einen vergänglichen Frauenkörper. Ein Geldsack ist für uns schöner als jede Brust, dachte Cortone und sah Dulcan vor sich, wie er jetzt vor dem Telefon hockte und das Gift verdaute. Darin sind wir uns einig, Ted. Stammen wir nicht beide aus dem gleichen Dreck von Randazzo?

»Bevor wir nach München fliegen, Jack«, sagte am Morgen Cortone zu Platzer, »müssen wir die Sache Dulcan ins reine bringen. Ich kann mir keinen Zweifrontenkrieg leisten. An so was sind Caesar, Napoleon, Kaiser Wilhelm I. und Hitler gescheitert. Die Geschichte wird zu dem Zweck geschrieben, daß man daraus lernt. Nur, die meisten können die Geschichte nicht lesen.«

Er strich sich über die rotgeränderten, übermüdeten Augen, seufzte tief und ging hinunter in seine Sportschule, um in dem großen Swimming-pool ein paar erfrischende Runden zu ziehen.

CHIEMSEE

Alles war vorbereitet.

Da die Übergabe der 100 000 Dollar in kleinen, gebrauchten Scheinen auf dem Chiemsee, also außerhalb des Befehlsbereichs des Münchner Polizeipräsidenten, stattfinden sollte, hatte die ›Sonderkommission Olympia‹ den delikaten Auftrag übernommen. Allerdings war der Stab dieser Kommission zu einem unförmigen Wasserkopf angeschwollen, in dem eine Menge gegensätzlicher Gedanken herumschwammen. Das bereitete Oberkommissar Fritz Abels mehr Sorgen als die beiden in den Fundamenten des Olympiastadions angeblich versteckten Atombomben.

Gleich nach Bekanntwerden der konkreten Angaben des Erpressers legten sich alle an der Aufklärung des noch immer unglaubwürdigen Falles beteiligten Dienststellen mächtig ins Zeug. Der Bundesverfassungsschutz schickte neun neue Experten, der Militärische Abschirmdienst rückte mit Offizieren in Zivil an, der Bundesnachrichtendienst ordnete einige Spezialisten ab. Wertvoll war allein die Hilfe von Kriminalrat Beutels: Er schickte sieben Froschmänner der Polizeischwimmstaffel München an den Chiemsee.

Die Sonderkommission wuchs auf Kompaniestärke an.

Oberstaatsanwalt Dr. Herbrecht, der alle Meinungen anhören und koordinieren sollte, war am Verzweifeln. Die Beschaffung der 100 000 Dollar in gebrauchten Scheinen war schon auf Schwierigkeiten gestoßen. Die Deutsche Bundesbank stellte den Betrag nur gegen eine Bürgschaft der Regierung in Bonn zur Verfügung, was bedeutete, daß der Innenminister auch den Finanzminister einweihen mußte.

Endlich konnte eine Staffel von drei Hubschraubern aufsteigen und das Geld zum Chiemsee bringen. In drei wasserdichte Plastiksäcke verpackt, wurde es auf den Boden des kleinen Motorboots gelegt. Dann hielt sich ein Kommando der Polizei für die Nacht bereit.

300 Meter weiter, in einer Bucht der Insel Herrenchiemsee, zogen sich drei Froschmänner um. Ihre schwarzen Gummianzüge lagen wie riesige Schlangenhäute im Gras. Daneben die Stauerstoffflaschen, die Atemmasken, Gürtel mit breiten Messern und Harpunenpistolen, durch komprimierte Kohlensäure als Treibsatz gefährlich wie eine normale Pistole. Zwei Netze wurden gerade ausgebreitet . . . Beutels, in seiner Freizeit Sportfischer, hatte die verrückte Idee entwickelt, nach guter alter Manier den goldenen Fisch zu fangen.

»Er wird nicht mit einem Kahn angerudert kommen«, sagte er zu

der Froschmannstaffel. »Auch übers Wasser wandeln wird er nicht —
das konnte bisher nur einer, und der tat's nicht für Geld. Folglich
wird er wie ihr Fisch spielen. Treibt ihn in die Netze, das ist am
sichersten.«

»Noch vier Stunden«, sagte Fritz Abels. »Ich fahre hinüber zum
Südufer zur Einsatzgruppe 3.«

Eine generalstabsmäßige Arbeit war geleistet worden. Der See
war — um im Jargon der Behörden zu bleiben — abgesichert. Von
drei Stellen würden eine halbe Stunde vor Abstoßen des unbemann-
ten kleinen Motorboots die Froschmänner ins Wasser gleiten und
das Boot umzingeln. Mit so großen Lücken, daß der erwartete Gegner
hindurchschlüpfen und an das Boot heranschleichen konnte. Hinter
den Schlafzimmerfenstern von vier biederen Häusern auf Herrenchiemsee und hinter dem Schloßturm hatte die Bundesluftwaffe
starke Scheinwerfer installiert. Auf eine Leuchtrakete hin würden sie
das Boot in strahlendes Licht tauchen.

Theoretisch war ein Mißlingen unmöglich.

Noch vier Stunden.

Über den See senkte sich Dunkelheit. Das Wasser wurde tinten-
schwarz. Der Wind erstarb vor der Ruhe der Nacht.

»Dann woll'n wir mal!« sagte Beutels, setzte sich auf den Bootsrand und steckte sich eine Zigarre an.

Eine Brasil, sprach sich schnell herum.

Er ist gut gelaunt.

Merklich wurde es auch kälter. Die feuchte Luft zog in die Kleider.
Es war ja noch April.

MÜNCHEN-HARLACHING

Ich habe alles gepackt.

Friedel — das ist unser Sportredakteur, Spezialität Urnensuche im
Mittelmeer, dalmatinische Küste, wo es auf dem Meeresgrund von
alten Urnen und Amphoren wimmeln soll, weiß einer, wo sie her-
kommen, soviel Müll hat man im Altertum doch nicht weggeworfen,
und wenn das alles von Schiffen stammt, die versunken sind, dann
war damals vor Christi Geburt das Schiffsbauhandwerk voller goldener Böden — also von Friedel Tomielaniewski (er unterschreibt
seine Artikel praktischerweise mit Fried Tommi) habe ich mir eine
Taucherausrüstung geliehen.

Geübt habe ich am Starnberger See. Ohne die beiden Sauerstoffflaschen auf dem Rücken bin ich nicht tief gekommen, später, in
voller Montur, ging es besser, ich ging auf dem Seegrund spazieren
— eine dreckige, schlammige Angelegenheit — und habe die Unterwasserscheinwerfer ausprobiert Weit kann man nicht mit ihnen

sehen, man sollte nicht glauben, was für eine dicke Wand Wasser sein kann, aber ich glaube, für den Zweck, den ich plane, reichen meine Taucherkünste jetzt aus.

Gustav hat mir genau Ort und Zeit verraten. Er hat mir auch auf der Karte gezeigt, wo sie ihre eigenen Froschmänner postieren, wo sie absperren und wie sie den Geldholer einkreisen wollen. Ein Riesenaufwand ... danach muß es ihnen allen Ernst damit sein.

Zu Helga habe ich nichts gesagt. Zum erstenmal hätte sie vielleicht genaue Fragen gestellt, denn wer im April bei einer Wassertemperatur von nur 10 Grad – ich habe es am Starnberger See gemessen – zu tauchen beginnt, als Amateur, nicht als Profi wie die Männer der Lebensrettungsgesellschaft, Pioniere, Polizeischwimmstaffeln und wer sonst berufsmäßig ins Wasser muß, der muß einen ganz ausgefallenen Grund haben oder eine geistige Verwirrung. Das letzte hätte Helga hingenommen. Sie sagt oft zu mir: »Hans, du bist nicht ganz normal!« Aber sie meint dann immer meine Pläne, die dann auch meistens bei meinem Chefredakteur abprallen wie Tropfen an einer Wachstuchdecke. Und die ›besondere Sache‹ will ich ihr nicht erklären. Ich weiß, was sie sagen würde: »Laß die Finger davon! Das ist zu heiß!«

Wahrhaftig – zwölf Kilogramm Plutonium, zur Explosion gebracht, sind heißer als tausend Höllen.

Was habe ich mir eigentlich vorgenommen?

Nur das, was jeder Reporter an meiner Stelle tun würde: Ich werde in den Chiemsee hinausschwimmen und die Übergabe des Geldes fotografieren. Die wasserdichte Kamera, die mir Friedel geliehen hat, ist mit einem starken Elektronenblitz ausgerüstet. *Ein* Foto genügt, zu mehr werde ich doch nicht kommen, denn sie werden sich wie die Haie auf mich stürzen. Dann muß ich weg sein, hineingetaucht in die schwarze Tiefe. Da ist es auch für einen erfahrenen Froschmann schwer, jemanden zu finden. Aber dieses eine Bild wird mich zum Star machen. Es ist der Beweis.

Der Beweis der Ohnmacht. Der Beweis, daß an jedem Tag der Olympischen Spiele unzählige Menschen über ihrem Tod sitzen oder mitten darin, daß es nur eines kleinen Funksignals bedarf, um die größte Menschheitskatastrophe auszulösen.

Und ich bin der einzige Außenstehende, der davon weiß.

Jetzt ist es 5 Uhr nachmittags. Gleich fahre ich los zum Chiemsee. Von der Fronscheibe meines VW habe ich das Schild ›Presse‹ entfernt, mit dem ich sonst überall offene Türen finde. Ich werde langsam, gemütlich zum Chiemsee fahren, wie ein Tourist, der viel Zeit hat. Die Stelle, wo ich ins Wasser gehe, habe ich gestern eingehend inspiziert. Es ist ein Privatgrundstück, eine Wochenendvilla mit Seeanstoß und Bootssteg. Man kommt ganz einfach in den Garten ... eine Buchenhecke von zwei Meter Höhe faßt ihn ein. Was sind zwei

Meter? Die Rolläden sind heruntergelassen, die Wiese mit Laub bedeckt, die Blumenrabatten ungepflegt. Ein Zeichen, daß die Besitzer dieser zauberhaften Villa lange nicht mehr am Chiemsee waren. Vielleicht verleben sie den Winter in Ascona oder auf Mallorca oder auf den Bahamas. Überwintern unter südlicher Sonne, das ist ja jetzt der große Trend. Jeder sehnt sich nach Sonne und Wärme... verständlich, wenn das tägliche Leben immer härter und kälter wird.

Hier also, hinter dieser verwilderten Wiese, beginnt mein Froschmannleben. Herrenchiemsee ist nicht weit, ich kann es deutlich sehen, und wie mir Gustav sagte, soll das Boot mit den 100 000 Dollar in meine Richtung abgeschickt werden. Es kommt mir also entgegen.

Herz, was willst du mehr?! Ich bekomme die Weltsensation frei Haus.

Vor einer Stunde habe ich meinen Chefredakteur angerufen.

»Was wollen Sie, Hans?« fragte er.

»Ich habe einen Vorschlag für das Blatt«, sagte ich.

»Thema?«

»Olympia.«

»Etwas Originelleres fällt Ihnen wohl nicht ein.« Ich hörte, wie er so laut gähnte, daß ich es hören mußte. So etwas nennt man den Gipfel der Mißachtung. »Wenn Sie mir eine Zeitung nennen, die nicht seit Monaten über Olympia berichtet, erhöhe ich Ihr Gehalt um 1000 Mark. Hans, den Leuten hängen die fünf Ringe zum Halse raus! Man hat die Spiele totgeritten, noch bevor sie angefangen haben. Wenn sie endlich zu Ende sind, werden die Kirchen mit Dankgottesdiensten überfüllt sein!«

»Das glaube ich auch«, sagte ich trocken. Ich meinte es ehrlich und nahm es dem Chef nicht übel, daß er meckernd lachte. Er wird immer leutselig, wenn man einen seiner lahmen Witze begeistert hinnimmt. Wenn er wüßte, wie bitter ernst mir die Antwort war. Man sollte wirklich am 10. September alle Glocken läuten — wenn München dann noch steht. »Genau darüber will ich schreiben.«

Zunächst war er sprachlos. Dann fragte er leise:

»Besoffen, Hans?«

»Nüchtern wie eine Hausecke.«

»Da pissen Hunde dran.«

»Hören Sie, Chef, bei mir hat keiner drangepißt! Ich will Ihnen die Jahrhundert-Story liefern. Ich kann Ihnen darüber noch nichts sagen, aber ich möchte Sie bitten, mir vier Seiten in der nächsten Nummer zu reservieren. Im aktuellen Teil.«

»Warum nicht sechs Seiten?«

Ich hätte ihn niederschlagen können für diesen gallenbitteren Hohn. Natürlich weiß ich, daß jede Woche um Zeilen gekämpft wird, aber wenn mein Wissen keine vier Seiten wert ist, dann möchte ich das Ereignis sehen, das eine A-Bombe unter dem Olympiastadion noch schlagen kann.

»Vier genügen«, rief ich zähneknirschend. »Chef, vertrauen Sie mir, ein einziges Mal nur. Ich bin einer ganz dicken Sache auf der Spur. So etwas hat es noch nicht gegeben! Wird es nie wieder geben! Haben Sie doch einmal blindes Vertrauen zu mir!«

»Thema?« fragte er wieder stur wie ein Panzer.

»Olympia.«

»Hans, schlafen Sie sich aus!« sagte er gleichgültig. Dann klickte es, die Leitung war tot. Aufgelegt.

Für so jemand schreibe ich nun. Für solch ein Rindvieh rackere ich mich ab. Oder bin ich wirklich eine so große Null, daß alles, was ich sage, sofort in den Mülleimer wandert?

Also gut, machen wir es allein.

Wenn die Story fertig ist, wird er bluten müssen. Ausbluten lasse ich ihn, sonst verkaufe ich die Sensation in die USA, an ›Time‹ oder ›Life‹.

Noch eine Zigarette, noch ein Glas Orangensaft, dann fahre ich los.

Ich muß ein Geständnis machen: Ich habe Angst.

CHIEMSEE

Die Froschmänner glitten ins Wasser. Ein mehrmaliges, leises Platschen, dann schwammen nur noch kleine weißliche Flecken auf der Wasseroberfläche, halbe Köpfe, angeschnittene Gesichter ... alles andere umhüllte das schwarze Gummi. Wassergeister, mit gelbschimmernden Höckern auf dem Rücken. Die Sauerstoffflaschen.

Beutels und Abels blickten auf die Uhr. Zwei Polizisten schoben das kleine Motorboot in den See, der Außenbordmotor wurde heruntergeklappt und das Ruder festgebunden. Richtung: Seemitte. Ein Beamter der Sicherungsgruppe Bonn gab über Sprechfunk die letzten Anweisungen an die Pioniereinheit, die seit einer Stunde auch noch zur Unterstützung angerückt war. Sie lagerte in einem Wäldchen in der Nähe des öffentlichen Strandbads.

»Mit dieser Armee hätten wir 1941 Moskau erobert«, sagte Beutels voll Sarkasmus. »Der Bundesinnenminister sitzt nicht zufällig im Schloßturm von Herrenchiemsee?«

»Ihre Ruhe möchte ich haben!« Oberstaatsanwalt Dr. Herbrecht schlug den Mantelkragen hoch. Die feuchte Luft legte sich ihm auf die Bronchien. Jedes Frühjahr und jeden Herbst kroch er für 14 Tage mit einer Bronchitis ins Bett. Auch jetzt hörte er wieder das verdächtige Rasseln beim Atmen. »Was ist, wenn keiner das Geld abholt?«

»Dann tragen wir's wieder zur Bank.«

»Und die Drohung?«

»Besteht weiter. Damit müssen wir leben, ob wir wollen oder nicht.«

»Scheußliches Gefühl. Ich habe jetzt die letzten Expertengutachten vorliegen. Von der Bundesforschungsanstalt für Kernphysik.«

»Und?«

»Es ist möglich, daß jemand eine A-Bombe bastelt. Was sagen Sie nun?«

»Die Menschheit ist am Gipfelpunkt ihrer Entwicklung angelangt. Jetzt kann es nur noch abwärts gehen.«

»Das ist alles?«

»Genügt das nicht?«

»Noch 20 Minuten«, sagte Abels, der vom Boot kam. »Die Froschmänner sind schon unterwegs. Im Tank ist so viel Benzin, daß es für einen Kilometer reicht.«

»Viel Glück, Herr Kollege.« Beutels setzte sich auf einen Klappstuhl, wie er ihn immer zum Angeln mitnahm. Es war, als nehme er einen Logenplatz für eine interessante Vorstellung ein. Und er sagte es auch. »Lassen Sie den Vorhang hochziehen. Auf diese Komödie bin ich gespannt.«

AM UFER

Pietro Bossolo stammte aus dem Dorf Alvarengo in Kalabrien. Als er 20 Jahre alt war, bekam er einen Brief von seinem Schulfreund Luigi Nabesca aus New York. Luigi hatte dort Fuß gefaßt und schrieb: »Komm rüber, Pietro. Hier gibt es wenigstens so viel zu verdienen, daß du satt wirst. Ich besorge dir eine Stellung und über meinen Chef die Einwanderungserlaubnis.«

Dieser Chef hieß Maurizio Cortone.

Pietro war einer der sieben Männer, die Cortone als Vertrauensleute nach München schickte und als Bauarbeiter anstellen ließ. Bossolo nannte sich sogar Facharbeiter, wies ein Zeugnis als Eisenflechter vor und erhielt einen gut bezahlten Posten bei den Einschalungskolonnen.

Nur eines ärgerte ihn: Er durfte niemandem sagen, daß er in München arbeitete. Weder seiner Familie in Italien noch seinen Brüdern in Köln, Stuttgart und Darmstadt.

»Denk an die Sicherheit«, riet ihm sein Schulfreund Luigi, der in New York, in Cortones Sportschule, blieb. Er gehörte zum Stammpersonal. »Du hast Geld, du hast Freiheit — wozu die Schnauze aufmachen?«

So arbeitete Pietro Bossolo fleißig und für gutes Geld auf der Olympiabaustelle, ahnte nichts von zwei Atombomben, die ins Fundament des Stadions eingegossen wurden, übernahm einen Abschnitt der Baustelle als Kassierer der ›Witwen- und Waisenkasse‹ und leistete sich eine deutsche Freundin, Therese, die in einer Bierschwemme in München bediente.

Dann kam der April. Ein Mann, den Bossolo nicht kannte, rief ihn in der Wohnbaracke an und bestellte ihn für 22 Uhr am nächsten Abend in den Englischen Garten. Treffpunkt: Monopteros-Tempelchen. »Eine Anordnung aus New York«, sagte der Mann.

Pietro war pünktlich zur Stelle. Es regnete, er stellte sich in den zierlichen Tempel, schlug die Arme um seinen Körper, rauchte und wartete. Als eine Stimme ertönte, schrak er zusammen und wich zurück. Es war eine Stimme, die aus einem kleinen Lautsprecher tönte, der oben an einer Säule hing, mit Draht verknotet, schnell montiert und ebenso schnell auch wieder zu entfernen.

»Hör zu«, sagte die Stimme. Sie sprach italienisch, und Pietro betrachtete das als selbstverständlich. »Es geht um einen Auftrag. Der Chef bietet dir dafür 10 000 Dollar.«

Bossolo glaubte an einen Hörfehler und steckte beide Zeigefinger in die Ohrmuschel. Dann, nach einigem Rütteln, fragte er:

»Wieviel war das, Signore? Ich habe die Zahl nicht verstanden.« »10 000 Dollar.«

In Bossolo kroch glühende Hitze hoch. 10 000 Dollar — das war so wahnsinnig, daß eine Gegenleistung für diesen Betrag außerhalb seiner Möglichkeiten liegen mußte. Er sagte es auch sofort, denn sechs Jahre Amerika machen einen Jungen wie Pietro hart.

»Signore, wenn Sie das denken sollten: Ich bringe keinen um! Der Chef weiß, daß ich alles tue, aber das nicht. Auch Luigi weiß es. Keinen Menschen, Signore —«

»Hier wird niemand umgebracht«, sagte die Stimme aus dem im Regenwind hin und her pendelnden Lautsprecher an der Säule. »Du sollst aus einem Motorboot im Chiemsee einige Säcke abholen. Kannst du schwimmen?«

»Ich bin Rettungsschwimmer, Signore.«

»Sehr gut. Du holst morgen im Schließfach 1562 im Hauptbahnhof eine Froschmannausrüstung ab. Den Schlüssel findest du an der zweiten Säule links vom Lautsprecher. Und nun hör genau zu, Pietro Bossolo.«

Die Stimme entwickelte einen genauen Plan. Mit klopfendem Herzen nahm Pietro jedes Wort in sich auf wie starken, süßen Wein. 10 000 Dollar, dachte er. Ich bin ein reicher Mann. Ich kann mir bei Alvarengo ein großes Grundstück kaufen, Brunnen bauen und den schönsten Hof in der ganzen Provinz anlegen. 10 000 Dollar. O Mutter Gottes, sag es selbst, was er bisher dafür verlangt, ist anständig, nicht wahr? Dann wurde Pietro Bossolo hellhörig, denn die Stimme sagte:

»Du wirst das Boot nicht erreichen, oder wenn du es erreichst, wird man dich umzingelt haben. Du wirst dich verhaften lassen.«

»Ich bin bisher der Polizei immer aus dem Weg gegangen, Signore . . .«, sagte Pietro zögernd. »Selbst in New York habe ich nie . . .«

»Wir zahlen dir 10 000 Dollar, damit du der deutschen Polizei mitten in die Arme läufst, nein, schwimmst.« Die Stimme gluckste vor unterdrücktem Lachen. Der Mann hat Humor auf Kosten meiner Knochen, dachte Bossolo. Was soll das alles? Warum schwimme ich zu einem Boot, um mich dann in ein Gefängnis bringen zu lassen? Was ist in den Säcken? Tote? Will man für 10 000 Dollar einen Scheinmörder kaufen?

»Signore —«, sagte Bossolo. Er fror nicht mehr, er glühte wie am Rand eines Vulkans. »Was ist in den Säcken?«

»Geld. Aber das ist nicht wichtig. Wichtig ist allein deine Verhaftung und die Umstände, unter denen sie stattfindet. Nach meiner Berechnung wirst du nicht länger als eine Woche in Haft bleiben.«

»Länger nicht?«

»Für eine Woche Zelle 10 000 Dollar. Wenn das kein Geschäft ist.« Bossolo hatte gelernt, mißtrauisch zu sein.

»Sie werden mich verhören«, sagte er gedehnt.

»Sicherlich.«

»Was soll ich sagen, Signore?«

»Alles, was du bis jetzt gehört und gesehen hast. Nichts ist fortzulassen. Präge dir jede Einzelheit ein. Lerne die Minuten auswendig, damit du sie wiederholen kannst. Je mehr du erzählst, um so besser.«

»Ich verstehe das nicht, Signore.«

»Das ist auch das einzige, was von dir nicht verlangt wird. Für 10 000 Dollar darf man eine Sache nicht verstehen, sondern nur tun. Vor allem, wenn sie harmlos ist. Alles klar, Pietro?«

»Alles, Signore.« Bossolo fuhr sich mit beiden Händen durch die krausen schwarzen Haare. Ist das eine Geschichte, Madonna! Unglaublich. »Und wie und wann bekomme ich mein Geld?«

»Sobald du aus der Haft entlassen bist, kaufst du dir die ›Süddeutsche Zeitung‹. Es wird eine Anzeige darin stehen, unter ›Vermischtes‹. Der Text lautet: ›Die schwarze Dame gestern 17 Uhr in der U-Bahn 5 bitte melden unter . . .‹ Dann folgt eine Telefonnummer, die rufst du an.«

»Aber das sage ich nicht der deutschen Polizei.«

»Das nicht, nichts von den 10 000 Dollar und nichts von Maurizio Cortone. Dein Lebenslauf ist dir einstudiert worden in New York, den sagst du her. Es kann dir gar nichts passieren. Viel Glück, Pietro.«

»Danke, Signore.«

Bossolo verbeugte sich vor dem schaukelnden kleinen Lautsprecher. Dann wartete er nicht länger. Er wußte, daß Warten nichts einbrachte, nur Ärger. Er suchte an der zweiten Säule links den Schlüssel des Schließfaches; er war sauber in einen kleinen Plastikbeutel verpackt. Der Regen hatte sich verstärkt, es rauschte in den Bäumen, eine eintönige, trostlose Melodie.

Mit schnellen Schritten, den Kragen hochgeschlagen, den Kopf zwischen die Schultern gezogen, lief er weg, den breiten Weg hinunter, den Lichtern der Straßen entgegen. Auf der Königinstraße hielt er ein Taxi an, sprang hinein und schüttelte sich wie ein nasser Hund.

»Oberwiesenfeld, bittä, Kamerad . . .«, sagte er.

Der Taxifahrer drehte sich um. »Fünf Mark im voraus, mei Liaba.«

»Bittä.« Bossolo kramte ein Fünfmarkstück aus der Tasche und warf es dem Fahrer zu. »Isch ährliche Arbeiter.«

Das Taxi fuhr an. Bossolo lehnte sich zurück und schloß erschöpft die Augen.

10 000 Dollar für eine Verhaftung.

Mamma mia, ich werde nie mehr arm sein . . .

Bossolo holte aus dem Schließfach 1562 des Münchner Hauptbahnhofs seine Froschmannausrüstung. Er nahm dazu einen großen Pappkoffer mit, wartete ab, bis er allein im Schließfachraum war, und verstaute alles ohne Beobachter. Bei seinem Meister auf der Baustelle nahm er eine Woche Urlaub, und weil Bossolo ein Arbeiter war, der nie gefehlt hatte, ein Muster an Pünktlichkeit und ein wirklich ausgezeichneter Eisenflechter, gewährte man ihm diesen Urlaub.

Pietro Bossolo besichtigte den Chiemsee. Er informierte sich genau über die Stelle, an der er ins Wasser steigen sollte. Ein Bootshaus stand dort, am Ende eines Stegs in den See hineingebaut. Leer. Verfallen. Faulendes Holz. Gegenüber träumte das Schloß von Herrenchiemsee in einen bleifarbenen Aprilhimmel.

Wie Hans Bergmann unternahm auch Pietro Bossolo Tauchversuche. Er hatte weniger Schwierigkeiten — in Cortones Sportschule in New York lehrte man auch Unterwassersport, und Bossolo hatte aktiv mitgemacht. Obwohl er über ein Jahr nicht mehr in einer Unterwasserausrüstung geschwommen war, gewöhnte er sich sofort wieder daran, schwamm unter Wasser bis zur Insel, fing zum Vergnügen mit der Hand einen Barsch und fühlte sich ausgesprochen wohl mit 10 000 Dollar im Rücken.

Am Tag X war er schon früh in der verlassenen Bootshütte.

Als es dunkel wurde, begann Pietro Bossolo sich anzuziehen.

Gummianzug, Schwimmflossen, Sauerstoffflaschen mit Trägergestell griffbereit, ein Blick auf die wasserdichte Taucheruhr.

Dann ließ er sich fast lautlos ins Wasser gleiten. Das leise Plätschern war nicht verräterisch . . . immer wieder schlugen Wellen gegen die in den flachen Seeboden eingerammten Baumstämme, über die man den jetzt faulenden Bootssteg gebaut hatte. Bossolos Plat-

schen ging in der Nacht unter wie ein ganz natürliches Geräusch . . .
als er erst einmal im See schwamm, fischgleich, die Arme angelegt,
nur mit den Schwimmflossen an den Füßen leise wedelnd, berührte
ihn nicht das geringste Gefühl von Gefahr.

Mit langen, gleichmäßigen Zügen schwamm Bossolo zur Mitte des
Sees. Aber dann tat er das, was auch Hans Bergmann von der anderen Seite aus praktizierte . . . er ging auf Tiefe. Dort bewegte er sich
lautlos weiter, ließ sich dann nach oben schießen, reckte den Kopf
kurz aus dem Wasser und sah sich um.

Das Boot war unterwegs. Er hörte in der Stille der Nacht das laute
Tuckern des Außenbordmotors. Ein Stakkato, das Geld brachte. Melodie der problemlosen Zukunft.

Bossolo tauchte wieder weg und blieb auf der Stelle.

Das kleine Motorboot zog knatternd über den kaum bewegten See.
Von Herrenchiemsee aus beobachteten Beutels, Dr. Herbrecht,
Abels und vier andere Herren der bunt gemischten ›Sonderkommission‹ den sich immer mehr zur Seemitte entfernenden Punkt. Abels
hatte noch einen einfachen Trick angewandt . . . er hatte die Ober-
kante des Motors mit einer Phosphorfarbe streichen lassen. Man erkannte auch auf weite Entfernung immer den schwach schimmernden
Strich in der völligen Dunkelheit.

Ein Mann mit einem Sprechfunkgerät beugte sich zu Beutels vor.

»Alle Mann im Wasser«, flüsterte er.

»Warum hauchen Sie so, mein Lieber?« sagte Beutels in normaler
Lautstärke. »Die Gangster sind draußen im See, nicht zwischen
unseren Beinen.«

Ein Beutels-Witz. Es durfte gelacht werden, aber keiner tat es. Die
Spannung, das Unheimliche der gegenwärtigen Situation lag wie ein
Druck auf allen. Dort draußen schwammen 100 000 Dollar, für einen
Mann oder eine Clique bestimmt, die wohl die größte Drohung aller
Zeiten ausgegeben hatten.

»Hören Sie noch den Motor?« fragte Abels. Beutels nickte.

»Er stottert«, sagte Abels.

»Wer?« fragte Dr. Herbrecht unkonzentriert.

»Der Motor, lieber Oberstaatsanwalt.« Beutels legte die Hände an
die Ohren wie Hörrohre. »Das Benzin geht aus. In wenigen Augenblicken geht der Tanz los.«

»Scheinwerfer bereit?« fragte Abels per Sprechfunk die Posten der
Bundesluftwaffe auf dem Schloßturm.

»Bereit. Können sofort aufleuchten. Haben Boot genau auf der
Linie.«

»Fabelhaft.« Abels blickte mit leichtem Stolz zu Beutels. Die Organisation klappte.

Das Boot, dessen Motor inzwischen verstummt war, schaukelte
still auf dem See. Fächerförmig umgaben die Froschmänner der Poli-

zei den Kahn in einer Entfernung von zehn Metern. Sie ließen Lücken zwischen sich, um den Abholer durchschlüpfen zu lassen. Erst, wenn er sich als schwarzer Schatten über den Bootsrand wälzte, sollte das große Lichterfest beginnen.

Bossolo tauchte auf. Er sah das Boot ungefähr 20 Meter vor sich und überlegte. Der Befehl lautete: Laß dich überrumpeln. Das konnte man trickreich machen oder dumm. Bossolo entschloß sich, die deutsche Polizei etwas zu ärgern und tauchte wieder weg.

Auf der anderen Seite orientierte sich Hans Bergmann durch schnelles Rundblicken. Ebenso schnell ging er wieder unter Wasser ... er war dem Bootsrand fast zum Greifen nahe. Ohne es zu ahnen, hatte er den Froschmannfächer unterlaufen und befand sich nun im Sperrkreis.

Er machte seine Kamera schußbereit, kontrollierte durch einen Fingerdruck den Elektroblitz. Hinter der Gummiabdichtung und der Plexiglasscheibe schimmerte ein roter Punkt auf. Alles klar.

Nun komm, mein Junge. Hol die Hunderttausend ab!

Millionen Illustriertenleser warten auf das Foto.

Pietro Bossolo glitt wie ein eleganter Fisch durch das Wasser. Er sah nicht, wie links und rechts von ihm zwei dunkle Schatten reglos im See standen, sich dann hinter ihm streckten und ihm nachschwammen.

Fünf Meter vor dem Boot erkannte er dann plötzlich, in welche Falle er geraten war. Auf ihn zu glitt ein großes Netz, unentrinnbar, von unsichtbaren Kräften gezogen. Er wendete wie ein gejagter Hecht, jagte zurück, aber auch hier war der Weg versperrt. Unterwasserscheinwerfer flammten auf, leuchtete ihn an und hielten ihn fest, als er seitlich ausbrach.

Machen wir einen Spaß, dachte Bossolo. Spielen wir ein bißchen, deutsche Freunde. Ich bin ja ein harmloser Mensch.

Es zeigte sich nun, was er in Cortones Sportschule in New York gelernt hatte. Zur Verblüffung der Polizeitauchstaffel stellte sich Bossolo auf den Kopf und schoß wie ein Pfeil in die Tiefe. Die Scheinwerfer verloren ihn aus dem Lichtkegel und irrten im Wasser umher. Dafür tauchte einer der Froschmänner auf, zog eine in einer Gummitasche liegende Leuchtpistole aus dem Gürtel und feuerte eine rote Rakete in den Nachthimmel.

»Licht!« schrie Abels auf Herrenchiemsee. »Licht!«

Die Scheinwerfer flammten auf. Sechs gleißende, überhelle, die Augen blendende Leuchtfinger rissen das Boot und einen Teil des Sees aus der Dunkelheit. Beutels legte die Hände auf die Augen, auch Abels sah im ersten Moment nichts. Noch weniger aber erkannte Hans Bergmann, der still an der Oberfläche liegend die rote Rakete aufzischen sah, sich hochrichtete und die Kamera auf das Boot hielt. Bevor er blitzen konnte, lag er im vollen Licht, und zwei Männer in

Gummianzügen warfen sich von zwei Seiten auf ihn. Er konnte sich nicht wehren, ein Netz wurde über ihn geworfen, dann schnürte man ihn wie einen Riesenfisch ein und zog ihn hinüber zur Insel.

»Sie haben den Falschen!« brüllte er und versuchte, in dem Netz Zeichen zu geben. Es war unmöglich. »Der richtige Mann schwimmt noch herum! Ich bin Reporter! Ihr Idioten! Ihr Vollidioten! Ich bin der Falsche!«

Pietro Bossolo spielte unterdessen unter Wasser Katz und Maus mit fünf Froschmännern. Es war ihm klar, daß er nicht entwischen konnte, es war auch nicht sein Auftrag, das zu versuchen, aber es machte ihm Spaß, seine Künste zu zeigen, alle Tricks, die man in Cortones Schule beigebracht bekommt, um im Ernstfall Haien oder Barracudas zu entgehen, wenn man harmlos — zum Beispiel zwischen den zahllosen Bahama-Inseln — herumschwimmt und buntglitzernde Fischschwärme beobachten will.

Immer wieder schwamm er Haken, tauchte weg, schoß kerzengerade empor und ließ sich absinken. Als er sich schließlich rettungslos eingekreist sah, tauchte er auf und schwamm gemütlich auf die rundherum aus dem Wasser wachsenden Köpfe zu. Das volle Scheinwerferlicht beleuchtete sein lachendes Gesicht.

»Nix Gewalt, Kamerad!« schrie er, als er einige CO_2-Pistolen auf sich gerichtet sah. »Bin friedlicher Mensch und guter Freund . . .«

Unter dem Geleit der fünf Froschmänner schwamm er hinüber zur Insel. Zwei andere Polizeischwimmer kletterten in das Boot und bewachten die Säcke mit 100 000 Dollar.

Winkend, sich den Kopfgummi abziehend, stapfte Bossolo an Land. Verblüfft sah er, daß ein zweiter Mann, in einem Netz verknotet, an das Ufer gezogen wurde. Mißtrauisch betrachtete er den Unbekannten. War das die Stimme aus dem Englischen Garten? Lagen dort seine 10 000 Dollar im Netz?

Er entschloß sich, mit dem zweiten nichts zu tun zu haben. Das breite, fast kindhafte Lachen kehrte auf sein Gesicht zurück. Er ging geradewegs auf Beutels zu.

»Gutten Abend«, sagte er höflich. »Wassär ist kalt, brrr . . .«

»Du meine Fresse!« stöhnte Beutels und suchte mit fliegenden Fingern nach einer Zigarre. »Ein Italiener! Ich ahne Fürchterliches.«

Zehn Minuten später hatte Beutels den Fang im Chiemsee sortiert.

»Den einen kenne ich«, sagte er zu Fritz Abels und den ihn umringenden Herren der Sonderkommission. Er nickte hinüber zu Hans Bergmann, der schwer atmend auf der Erde saß. »Der ist Reporter. Hat mich dreimal interviewt! Harmlos, aber jetzt wird er ein brennendheißes Problem: Die Presse hat Wind bekommen! Unsere völlige Geheimhaltung ist durchlöchert. Gott im Himmel — wenn das alles in der Öffentlichkeit bekannt wird!« Er blickte zu Pietro Bossolo, der genußvoll eine Zigarette rauchte und den Polizeitauchern erklärte, wie man unter Wasser Saltos drehen kann. »Den andern macht mal fertig für ein Verhör ohne Gnade. Haben Sie etwas dagegen, wenn wir das auf meiner Dienststelle praktizieren?«

Er sah Abels und Dr. Herbrecht an. Die nickten wortlos. Sie waren enttäuscht, als hätten sie, die großen Angler, einen alten Schuh am Haken.

»So wie er sich benimmt, scheint alles wirklich nur ein verdammt makabrer Witz zu sein«, sagte Abels sichtlich bedrückt. »Vielleicht sogar von der Presse angeheizt, ausgeknobelt, bezahlt. Eine manipulierte Sensation.«

»Nein.« Beutels ließ sich Feuer geben. Die Kenner im Kreise konstatierten: eine Brissago-Zigarre. Es wurde ungemütlich. »Unser noch immer unsichtbarer Gegner hat jetzt seinen größten Fehler begangen. Sie werden es bald sehen, meine Herren. Nur eines weiß ich jetzt ganz sicher: Die verdammte Drohung ist blutiger Ernst!«

NEW YORK

»Sie sagen, es sei gelungen«, funkte Maurizio Cortone in den klaren Frühlingshimmel. »Was heißt gelungen?«

Über Nacht war New York erblüht. Warmluftströmungen drängten sich in die Häuserschluchten, die Sonne war an einem lichtblauen Himmel aufgegangen, die Betonklötze, im Winter und vor allem bei graurieselndem Regen bedrückende Steinwände, die das Gemüt eines empfindlichen Menschen mit Platzangst belasteten, erhielten etwas Schwebendes, Leichtes, unerklärlich Schönes ... die ganze Riesenstadt verwandelte sich in dem einen Augenblick, als über ihr die blaue Unendlichkeit aufriß.

Cortone hatte an diesem heiteren Morgen nur die Antenne ausgefahren, der große Auffangschirm blieb zusammengeklappt. So waren die Signale auch nur schwach, aber das genügte für die wenigen Codeworte.

»Bossolo ist verhaftet worden.«

»Ein ungeheurer Erfolg!« Cortone knirschte mit den Zähnen. Er übersah noch nicht die Absichten dieses geheimnisvollen Dr. Hassler aus München-Solln, aber er bereute es in diesem Moment gewaltig, sich mit ihm überhaupt in eine Partnerschaft eingelassen zu haben. Die Grundidee dieses unter Garantie verrückten Arztes war blendend ... man hätte sie still verwerten sollen, ohne sich weiter um ihn zu kümmern. Die Briefe hätte auch ein anderer schreiben können. Jetzt war es zu spät, die Sache zu weit vorgetrieben, um diesen Dr. Hassler mit seinen undurchsichtigen Ideen in eine stille Ecke zu stellen. »Bossolo war ein guter Mann für mich.«

»Er wird jetzt ein noch besserer sein. Er ist Heizer geworden.«

»Was ist er?« funkte Cortone völlig ratlos zurück.

»Er wird dem Olympischen Komitee einheizen, daß ihnen die Kleider vom Leibe fallen. Kaufen Sie sich in den nächsten vier Tagen die Zeitungen. Ende.«

Cortone drückte auf einen Knopf, die lange dünne Antenne surrte in ihr Gehäuse zurück, das Dach schloß sich wie zwei Lippen und rastete schmatzend in den Gummidichtungen zusammen. Dann griff Cortone zum Telefon — für seine Begriffe die größte Erfindung der Menschheitsgeschichte — und klingelte Jack Platzer aus dem Bett. Es war 8 Uhr morgens; Platzer schlief erschöpft, zusammengerollt wie ein Igel, denn er hatte die ganze Nacht Jagd auf Ted Dulcan gemacht. Er sah ihn nur einmal, als er mit einem Kongreßabgeordneten aus dem Speisesaal des Hilman-Hotels trat und schnell zu seinem Rolls-Royce lief. Platzer hatte gar nicht erst den Versuch gemacht, ihm ein Ding zu verpassen. Bertie Housman und Harvey Long schirmten Dulcan vorzüglich ab, und außerdem war der Kongreßabgeordnete immer so nahe bei ihm, daß ein sicherer Treffer ein reiner Glücksfall gewesen wäre. Und auf das Glück wollte sich Platzer lieber nicht verlassen: Dulcan mußte mit dem ersten Schuß erledigt werden, zu einem zweiten würde Platzer nicht kommen. Dazu kannte er Housman zu gut. Abdrücken und weg ... das war die einzige Taktik, die hier möglich war.

»Wir müssen nach München«, sagte Cortone mißgelaunt. »Wie geht es Ted?«

»Er aß gestern bei Hilman Fasanenbrust mit Morcheln.«

»Wie mich das freut!« Cortone warf den Hörer zurück. So alt und dämlich ist man geworden, dachte er. Da hat man die wilden dreißiger und vierziger Jahre ohne einen Kratzer überstanden — das will was heißen, wer von den alten Jungs kann das schon von sich sagen? —, man hat Al Capone überlebt, Dillinger, Lucky Luciano, die Genna-Brüder, diese ganze legendäre Mafia-Generation, und muß nun im Alter in ein solches Abenteuer stolpern, und wegen dieses Biests Lucretia Borghi. Das ärgerte Cortone am meisten, das ging ihm näher als alle andern Enttäuschungen.

Cortone zog die Schublade seines Schreibtischs auf und betrachtete die stets schußbereite, gut gepflegte und geölte automatische Pistole.

»Das Beste ist das, was man allein tut!« sagte Cortone zu sich selbst und steckte die Pistole ein. »Man müßte nur 20 Jahre jünger sein.«

MÜNCHEN

Pietro Bossolo konnte sich nicht beklagen. Die Behandlung bei der deutschen Polizei war gut. Seine Zelle war warm und sauber, zu essen gab es reichlich, er durfte sogar rauchen. Er hatte natürlich keine Ahnung von der Anordnung Beutels: »Haltet ihn bei guter Laune. Er ist mein Goldstück.«

Die Verhöre begannen noch in der Nacht. Allerdings machte man den Anfang nicht mit Bossolo. Beutels und Abels — sie hatten abgesprochen, gemeinsam eine Zange zu bilden — ließen zuerst Hans Bergmann vorführen. Auch er saß in der Polizeizelle. Beamte der Sonderkommission hatten seine Kleider aus dem verwilderten Garten geholt, er konnte endlich den Gummianzug abstreifen und sich umziehen. Auch Bossolo hatte sein Versteck angegeben, denn er sehnte sich nach seinen bequemen Schuhen und dem weichen Rollkragenpullover.

Hans Bergmann machte sich keinerlei Sorgen, als er in das Zimmer von Beutels geführt wurde. Seine Pressekarte lag längst bei den Akten — er hatte sie sofort am See überreicht, zog sie unter dem Gummianzug hervor mit einer großen Geste. Beutels hatte sie angenommen, ohne einen Blick darauf zu werfen.

»Wir kennen uns ja schon«, sagte er jetzt. »Hans Bergmann, geboren in München, wohnhaft Harlaching.«

»Bei Südfruchtgroßhändler Aloys Prutzler, jawohl.« Bergmann grinste. »Apfelsinen und Bananen sind ein Geschäft, kann ich Ihnen sagen! Wissen Sie, wie Prutzler vor dem Krieg angefangen hat? Mit einem Handkarren auf dem Viktualienmarkt.«

»Was wollten Sie im Chiemsee?« fragte Abels. Darüber, wie man ein Verhör am besten führt, war er anderer Ansicht als Beutels. Beutels machte es gemütlich, wie eine Bierrunde, und das war nach Abels' Auffassung eine große Gefahr ... Abels, der Preuße, liebte keine barocken Schnörkel, er marschierte aufs Ziel zu.

»Fotografieren, das wissen Sie doch.«

»Was fotografieren?«

»Die Übergabe von 100 000 Dollar mittels eines Motorboots.«

»Sie sind also der Schreiber der Drohbriefe?«

»Das ist doch absurd!« Bergmann merkte, daß man ihm eine weite Falle aufgebaut hatte und ihn nun hineinlockte. »Ich bin Journalist. Ich habe Kenntnis von einem Vorgang erhalten, der so ungeheuer ist, daß ...«

»Es ist ungeheuer.« Beutels griff wieder ein. Gemütlich, zigarrenrauchend (eine Brasil), vor sich ein großes Glas Bier. »Sie wissen alles?«

»Die beiden A-Bomben im Olympiastadion?«

»Eine tolle Sache, was? Wenn sie am 26. August gezündet werden ... es sind dann schätzungsweise 81 000 Menschen im Stadion, 400 Kaiser, Könige, Regenten und Ministerpräsidenten, der Bundespräsident, der Bundeskanzler, Minister ... damit ist mit einem Schlag die halbe Welt ohne Oberhäupter. Alle Spitzensportler aus 140 Nationen werden weggefegt, dazu 4000 Journalisten — Ihre Kollegen, Herr Bergmann — und 2500 Rundfunk- und Fernsehtechniker, in zwei Restaurants und 17 kleineren Gaststätten werden über 25 000 Menschen sitzen, 74 000 Quadratmeter Zeltdach aus Acrylglas werden einstürzen und die Massen unter sich begraben, die neue Parklandschaft, in die man 5000 Bäume versetzt hat, wird ein einziger Krater werden, der künstliche See wird verdunsten . . .« Beutels holte Luft. Sein Gedächtnis für Fakten und Zahlen war einfach phänomenal. »Ja, das alles ist eine tolle Sache! Ein Journalistenknüller, wie er nie mehr auf dieser Erde vorkommen wird!«

»Außerdem wird ganz Bayern unter einer radioaktiven Wolke liegen«, sagte Bergmann nüchtern. »Diese Wolke wird weitertreiben, wohin gerade der Wind weht . . . sie wird ganz Europa bedrohen.«

»Herrlich, nicht wahr?« Beutels kaute auf seiner Zigarre. Seine Hände umklammerten das Bierglas. »*Das* ist mal eine Artikelserie! Damit gewinnt man den Goldenen Füllfederhalter!«

»Ich schreibe direkt in die Maschine.«

»Wenn Sie dann noch tippen können, Bergmann!«

»Warum erzählen Sie mir das alles, Herr Rat?« fragte Bergmann. »Ich kenne die Auswirkungen dieser Explosion genau.«

»Und Ihre Kenntnis reicht nicht aus, Ihnen den Mund zu öffnen?«

»Was wollen Sie hören? Ich kann Ihnen nur sagen, daß ich mit dieser Drohung nichts zu tun habe.«

»Das ist mir klar! Mich interessiert Ihr Informant.«

»Herr Rat —« Bergmann wollte weitersprechen, aber Beutels winkte ab.

»Ich weiß, ich weiß. Pressegeheimnis! Informanten brauchen nicht genannt zu werden, wenn der Wahrheitsbeweis angetreten werden kann. Der Beweis geht am 26. August in die Luft! Mir klar. Aber, Bergmann, hier geht es nicht um eine Soraya-Geschichte oder um die Potenz von Onassis, sondern um eine unmeßbare Katastrophe! Entweder wir blasen die Olympischen Spiele ab . . . das wäre neben einem Milliardenschaden auch eine unauslöschliche Blamage für Deutschland . . . oder wir leben auf dem Vulkan und reden uns ein, daß alles nur gezielte Panikmache ist. Dann könnte es zu dieser Katastrophe kommen.«

»Sie haben eine Alternative vergessen, Herr Rat: Oder man zahlt den Preis für die Drohung: 10 Millionen Dollar. Das wäre nicht einmal der hundertste Teil des Verlustes, der eintreten würde, wenn die Olympiade ausfiele.«

»Wenn es um Geld geht, ist der Staat ein gehörloser Krüppel. Man wird *uns* verantwortlich machen, uns Versagen vorwerfen, uns an die Luft befördern. Wir, die wir — ich gestehe es — im Moment völlig machtlos sind, diese wahnsinnige Zerstörung aufzuhalten. *Sie* könnten helfen!«

»Ich? Sie überschätzen mich, wie mein Chefredakteur mich unterschätzt.«

»Ihr Informant, Bergmann.«

»Der weiß von der Drohung nur so viel, daß sie eine Drohung ist.«

»Der Fall ist Top Secret, das wissen Sie auch?«

»Natürlich. Wenn bekannt würde, daß sich zwei A-Bomben im Fundament des Olympiastadions befinden, ist am 26. August das Oberwiesenfeld leer wie ein Friedhof. Noch leerer ... sogar die Leichen fehlen.«

»Und das wollen Sie?«

»Ich nicht. Ich bin Journalist. Ich habe es mir zur Aufgabe gemacht, zu informieren. *Das hier* ist eine echte Information.«

»Sie treiben mit dem Entsetzen ein schreckliches Spiel, Bergmann.«

»Und ich wäre ein erbärmlicher Vertreter meines Berufs, wenn ich bei dieser Kenntnis schweigen würde.«

Beutels senkte etwas den Kopf. Über das Bierglas hinweg sah er Bergmann ernst an.

»Damit sind wir Gegner, Bergmann. Wissen Sie das?«

»Ja.«

»Ich lasse Sie in Schutzhaft nehmen.«

»Schutzhaft? Ich bin nicht gefährdet.«

»Sie nicht. Aber das Geheimnis dieser Drohung. Im Interesse der Allgemeinheit ziehen wir Sie aus dem Verkehr, bis wir die Bomben gefunden haben.«

»Ich protestiere!« sagte Bergmann laut. »Das ist Freiheitsberaubung im Amt! Sie überschreiten damit weit Ihre Kompetenzen.«

»Ich weiß.« Beutels erhob sich steif. »Legen Sie Beschwerde ein, soviel Sie wollen. Sie bekommen Papier und Schreibmaschine in die Zelle. Wenden Sie sich an alle: Staatsanwaltschaft, Landesregierung, Bundesregierung, Bundespräsident, Bundesverfassungsgericht. Ihre Briefe werden weitergeleitet ... wir leben ja in einem Rechtsstaat. Nur Ihre Schreiben an die Redaktion Ihrer Illustrierten nehmen wir unter Verschluß. Und alle Privatbriefe. Dafür gibt es eine Geheimhaltungsklausel im Gesetz. Sie haben den ersten Satz des Matchs verloren, Bergmann. Abführen.«

Der Polizeimeister an der Tür winkte. Bergmann machte ein paar Schritte, blieb dann aber stehen. Beutels und Abels sahen ihn erwartungsvoll an.

»Nicht was Sie denken, meine Herren«, sagte Bergmann. »Keine Information für Sie. Ich wollte Ihnen nur eine Denkaufgabe stellen: Was erwartet Sie, wenn ich wieder auf freiem Fuße bin?«

»Das wissen wir.« Beutels trank gemütlich einen tiefen Schluck. Dann verzog er die Lippen — das Bier war warm geworden. »Wir sind auf alle späteren Angriffe der Presse vorbereitet. Nur jetzt nicht, mein Herr! Nach dem 26. August können Sie sich die Finger wund schreiben.«

Bergmann hielt den Atem an. Plötzlich war ihm bewußt, daß hier mit durchaus legalen Mitteln ein ungeheures Spiel mit ihm getrieben wurde.

»Sie wollen mich bis zum 26. August unter Verschluß halten?« fragte er unsicher.

»Bis wir den Attentäter oder die Bombe gefunden haben.« Beutels nickte eifrig. »Das kann bis zum 26. August dauern. Ich bin fast sicher, daß es dieses Datum sein wird, denn wir wollen durch Sie und Ihre Jahrhundertsensation nicht die Olympischen Spiele ausfallen lassen und statt dessen eine Weltpanik erzeugen. Am 27. August, morgens um 7 Uhr, wenn München dann noch steht, können Sie Ihrem Chefredakteur die Hand schütteln.«

»Man wird mich suchen, als vermißt melden.«

»Sicher. Und wir werden diese Vermißtenanzeige sehr peinlich bearbeiten und Sie überall suchen. Außerdem ist es heute gar nicht mehr so selten, daß Menschen verschwinden.«

»In meinem Fall wird man die Suche nicht so schnell aufgeben.«

»Das habe ich einkalkuliert. Wenn die Polizei sucht, wird sie Ihre Froschmannausrüstung am Chiemsee finden. Man kann daraus allerlei Theorien über Ihr Verschwinden ableiten.«

»Meine Hochachtung.« Bergmann verbeugte sich knapp. »Warum sind Sie kein Gangster geworden, Herr Kriminalrat. Sie hätten die ganz große Begabung dafür.«

»Sie verkennen mich, Bergmann.« Beutels lachte gemütlich, bierruhig. An seiner wie ein Pfahl im Mund steckenden Zigarre glitt eine dichte Rauchwolke entlang. »Ich habe nur aus fast vierzigjähriger Erfahrung eine Kiste voll Ideen gesammelt.«

MÜNCHEN-HARLACHING

Helga Bergmann kam gegen zwölf Uhr mittags und brachte für das Mittagessen warmen Schinken und Pommes frites mit.

Es war ein aufreibender Morgen gewesen.

Die Dachwohnung von Hans war leer, als Helga sie mit dem zweiten Schlüssel aufschloß. Das Bett war ungemacht, das Frühstücksgeschirr stand noch auf dem Tisch — das war nichts Neues. Nachdenklich wurde Helga Bergmann erst, als sie an verschiedenen Anzeichen erkannte, daß es nicht das Frühstück war, was hier stand, sondern ein schnelles Abendessen. Das Bett war auch nicht wie nach einer Nacht zerwühlt, sondern Hans hatte lediglich auf ihm gelegen, oben drauf, angezogen sicherlich. Mit anderen Worten: Er war die

Nacht über nicht zu Hause gewesen und bis jetzt nicht wieder aufgetaucht.

Ein Mädchen, dachte Helga. Hans war noch nie ein Heiliger gewesen. Am Abend, wenn er zurückkam, berichtete er dann immer. Keine Einzelheiten, sondern nur eine deutliche Typologie der bevorzugten Dame. Meistens sagte Helga dann: »Keine zum Heiraten!« Und Hans Bergmann antwortete lachend: »Wie muß sie denn aussehen, die Frau Bergmann?«

»Wie ich!«

Ein Argument, das Hans sofort akzeptierte. Nur gab es Helga in dieser Idealausführung nur einmal.

An diesem Mittag räumte Helga auf, wickelte den warmen Schinken und die Pommes frites aus, aß unlustig, las die Zeitung dabei, rauchte eine Zigarette und erleichterte die Cognacflasche ihres Bruders um zwei Gläschen. Dann entdeckte sie etwas, was ihr neu war: Auf dem Bücherbord lag ein Buch: »Der Sporttaucher. Anleitungen und Ratschläge für Unterwasserjäger.«

Sie blätterte darin herum, betrachtete die Fotos und Zeichnungen und fragte sich, was Hans damit anfangen wollte. Ein Artikel über Tauchen? Das Buch war geliehen, aus dem Archiv der Illustrierten, für die Hans arbeitete. Eine Auftragsarbeit sicherlich.

Sie legte das Buch ins Regal zurück, rauchte noch eine Zigarette, stellte sich das Mädchen vor, bei dem Hans jetzt so intensiv die Zeit vergaß, schrieb dann auf einen Zettel: ›Schinken und Pommes frites liegen im Kühlschrank. Mach dir's warm‹, und legte ihn auf den Tisch.

Dann fuhr sie zurück ins Atelier.

Abends um acht war Hans noch immer nicht gekommen. Helga Bergmann, durchaus keine ängstliche Natur, bezwang eine Art Unruhe in sich. Es kann vorkommen, daß jemand rund um die Uhr liebt, aber Hans gehörte nicht zu diesen Potenzprotzen. Es wäre das erstemal gewesen, und Helga konnte sich kaum ein Mädchen vorstellen, das solche Qualitäten entwickelte, um Hans aus seinem Rhythmus zu reißen.

Um halb neun rief sie im Verlag an.

Der Ressortleiter ›Aktuelles und Serien‹ war schon gegangen, aber der Chefredakteur war noch im Haus.

»Hans Bergmann?« fragte der Chefredakteur. »Nein. Nicht hier! Hat auch keinen festen Auftrag. Was? Eine Taucherfibel? Aus unserem Archiv? Was will er denn damit? 'ne Sporttaucher-Story. Ist doch 'n alter Hut, daß nicht mal ein Hund dran pinkelt. Halt, mein Fräulein Schwester. Mir fällt da etwas ein. Hans wollte mir eine Olympiageschichte andrehen.«

»Olympia? Wieso?« fragte Helga verblüfft zurück.

»Sie sagen es, meine Beste. Wieso?! Das fragte ich auch, und Ihr

Bruder war tief beleidigt. Jeder hat nur noch Olympia im Mund, mehr als morgens Zahnpaste. Was soll ich mit Olympia? Wenn ich das Wort höre, bekomme ich Ausschlag. Gestern rief mich der Olympiapressechef Klein an: ›Ich habe Material für drei Seiten, fabelhafte Dias. Und eine fast fertige Liste der Staatsgäste. Da wimmelt es von Königen!‹ — ›Junge‹, habe ich dem Klein geantwortet, ›noch ein Wort über die Olympischen Spiele und ich schwitze Galle aus! Was ich gebrauchen kann — und das drucke ich sofort —, ist ein neuer finanzieller, personeller oder technischer Skandal. Wieviel kostet euer Zeltdach nun wirklich?‹ Bum, hat er abgehängt. — Zurück zum Tauchen. Hans hat mir nichts von einer Froschmanntätigkeit erzählt, ha-ha!«

Das sollte ein Witz sein. Der Chefredakteur lachte auch breit, und Helga Bergmann legte dankend auf.

Entgegen ihrer Art, Tatsachen zunächst hinzunehmen, weil sie eben unabänderlich sind, blieb Helga die Nacht über in der Wohnung ihres Bruders. Um halb sprach sie mit dem Hausbesitzer, dem dicken Aloys Prutzler. Er lud sie zu einem Whisky ein, erzählte Markthallenwitze und benahm sich erstaunlich anständig. Von der Köchin erhielt Helga dann den ersten Hinweis.

»Herr Bergmann ist gegen 3 Uhr gestern nachmittag weggefahren«, sagte sie. »Er trug einen Koffer bei sich und zwei gelbe Flaschen auf dem Rücken. Nanu, dachte ich. Wenn das nicht der Herr Bergmann ist, sähe das aus wie im Fernsehkrimi, wenn einer weggeht, um einen Geldschrank zu knacken. Es waren zwei Sauerstoffflaschen.«

»Vielleicht ein kleiner Nebenverdienst?« lachte Prutzler gemütvoll.

»Das war eine Taucherausrüstung.« Helga Bergmann spürte einen harten Druck im Magen und rund um das Herz. »Gestern nachmittag war das?«

»Ja. Um drei.«

»Vor genau 32 Stunden! Das ist mehr als merkwürdig.«

»Vielleicht hat er eine Seenymphe gefangen?« sagte Prutzler mit volkstümlichem Humor. »Oder so ein Ungeheuer wie das in Schottland. Im Loch Soundso.«

»Loch Ness.«

»Man kann unmöglich die Namen aller Löcher behalten«, sagte Prutzler gemütlich. »Machen Sie sich Sorgen?«

»Ja. Zum erstenmal.« Helga Bergmann trank ihren Whisky und verabschiedete sich dann von Prutzler. »Hans war nie ein großer Sportler«, sagte sie an der Tür. »Und getaucht hat er nie! Das fällt mir am meisten auf.«

Sie wartete bis zum Morgen. Um 8 Uhr — ihr Atelier und die wartenden Mannequins waren ihr jetzt gleichgültig — machte sie im Polizeipräsidium in der Ettstraße die Vermißtenanzeige.

Erstaunlicherweise führte man sie sofort zu einem Kriminalrat, der sich als Herr Beutels vorstellte und sehr höflich war.

Alles, was Bergmann betrifft, zu mir, hatte er an alle Abteilungen durchgegeben. Er hatte im Präsidium geschlafen, voller Ahnungen, daß die grandiose Drohung nun ins Rollen gekommen war.

Beutels sah Helga Bergmann freundlich, aber mit großen Augen an. In dem Moment, als sie die Tür öffnete, war es in ihm eingeschlagen.

Das ist sie, sagte er sich. Das ist das 1,75 Meter große, schlanke, blonde Mädchen, das bei der ›Süddeutschen Zeitung‹ die Anzeige ›Wir danken dem ehrlichen Finder‹ aufgegeben hat.

Die Zusammenhänge waren ihm plötzlich klar.

Der Mann, der die größte Katastrophe aller Zeiten auslösen wollte, war durch Bergmanns unplanmäßiges Wissen aus der Bahn gedrängt worden. Er mußte unvermutet in einem Augenblick tätig werden, als er noch gehofft hatte, die staatliche Trägheit gebe ihm noch viel Zeit. Zeit, in der das Grauen wachsen würde.

»Nehmen Sie Platz, Fräulein Bergmann«, sagte Beutels aufatmend. »Erzählen Sie mir, wieso Sie Ihren Bruder als vermißt betrachten . . .«

ZELLE 6

Pietro Bossolo wunderte sich, daß Beutels zu ihm hinunter in den Zellenbau kam und sich neben ihm auf die Pritsche setzte. Der Polizeioberwachtmeister schloß hinter Beutels die Tür wieder sorgfältig ab und wartete seitlich von ihr auf weitere Befehle. Bossolo grinste freundlich und zutraulich.

»Auch verdächtig?« fragte er fröhlich. »Sie habben bekommen gutte Auskunft von Pietro Bossolo?«

»Mein lieber Kalabreser.« Beutels reichte ihm eine Packung Zigaretten. Bossolo nahm eine heraus und beugte sich über das Feuerzeug, das Beutels ihm hinhielt. »Was Sie mir da erzählt haben, ist tatsächlich wahr. Sie kommen aus dem Dorf Alvarengo in Kalabrien, sind vom Arbeitsamt vermittelt worden und arbeiten seit anderthalb Jahren auf der Olympiabaustelle. Immer fleißig, immer tadellos.«

»Isch denke immer an Papa. Hat gesagt Papa: Pietro, bleib sauberer Mensch. Ich daran denke. Ich bade jeden zweiten Tag.« Bossolo grinste erneut. Auch Beutels verbreitete Humor. Er klopfte Pietro auf die Schulter.

»Kleiner Witzbold, was? Es macht fröhlich, die deutsche Polizei zu verarschen . . .«

»Deutsche Polizei kein Arsch!« erwiderte Bossolo ernst.

»Junge, das ist ein Irrtum! Aber plaudern wir nicht von internen Dingen. Zu dir, mein kleiner Gauner.«

»Nix Gauner, Herr Kommissar.«

»Du hast uns alles erzählt. Der Anruf in deiner Baracke, der Treff im Tempelchen im Englischen Garten, der an der Säule baumelnde Lautsprecher, der Schlüssel in der Plastiktüte, das Schließfach im Hauptbahnhof . . . alles stimmt. An der Säule wurden Spuren von Drähten festgestellt, im Schließfach Lack von Sauerstoffflaschen. Unsere Spurensicherungsexperten sind eine Wucht, mein Kleiner. Sie haben auch gesehen, wo der Sprecher gestanden hat. In einem Gebüsch, drei Meter vom Tempelchen entfernt. Im nassen Boden hatte sich der Abdruck seiner Schuhe gehalten. Größe 43, Gummisohlen Marke Metzeler. Linker Absatz mehr abgelaufen als der rechte. Daraus folgert man, daß der Unsichtbare links das Bein nachschleift oder hinkt. Immerhin etwas. Hinkende gibt es in München bestimmt einige tausend, wieviel in Deutschland, weiß ich nicht. Da versagt die Statistik. Ich will nur eines von dir wissen: Wohin solltest du das Geld bringen?«

»Ich weiß nicht, Härr Kommissar.«

»Pietro, werd nicht blöd!« Beutels holte aus der Gesäßtasche eine flache Flasche mit Cognac. Und auch hier bewies er, wie unnachahmlich raffiniert und psychologisch er seine ›Kunden‹ anfaßte: Es war italienischer Cognac, fernsehbekannt auch in Deutschland.

Bossolo las das Etikett, seine Augen bekamen hellen Glanz.

»Oh —«, sagte er gedehnt. »Sie libben auch dieses Cognac?«

»Ich trinke nur diesen.« Beutels schenkte in den Schraubverschluß, der gleichzeitig Becher war, ein und reichte den ersten Schluck Pietro. Der kippte den Cognac mit zurückgelegtem Kopf und atmete tief durch.

»Bene! Mille grazie . . .«

»Bitte.« Beutels nahm auch ein Hütchen voll. »Nun weiter, Sohn des Südens. Wo sollte das Geld hin?«

»Gar nicht. Ich sollte hinschwimmen und mich fangen lassen.«

»Das kannst du deiner Oma erzählen.«

»Oma ist dreiundneunzig und hörrt nix gutt . . .«

»Wenn du nicht die Wahrheit sagst, Pietro, kommst du hier nicht wieder raus.«

»Doch raus!« Bossolo grinste vergnügt. »Ich sagge Wahrheit, Sie nix andere Beweise. Muß man für Wahrheit sitzen in Deutschland?«

»Unter Umständen — ja. Darin sind wir groß! Bossolo —«

»Kommissar?«

»Ich lasse Sie morgen frei, wenn Sie mir sagen, wie und wo das Geld aus dem Boot abgeliefert werden sollte. Ich weiß, daß Sie mit der ganzen Sache nicht aktiv zu tun haben. Sie sind nur ein Bote, gekauft für diese eine Nacht. Sie wissen nicht einmal, worum es geht?«

»Nix weiß. Nur Befehl: Schwimm hin und laß dich fangen.«
»Umsonst?«

Die Gretchenfrage. Bossolo war darauf vorbereitet. Er schüttelte den Kopf. »No, Kommissar. 500 Mark. Lag bei Ausrüstung in Schließfach. Ist gutes Geschäft, nicht? 500 Mark für einmal schwimmen. Mach isch immär . . .«

»Wo ist das Geld?«

»In Baracke. In Spind. Unter Hämden.«

Beutels zweifelte nicht einen Augenblick daran, daß er dort bei einer Durchsuchung wirklich 500 Mark finden würde. Sie haben an alle Möglichkeiten des Alibis gedacht, überlegte er. Sie sind mir noch überlegen. Aber nur noch jetzt! Ich bin bereit, den Faden aufzuwickeln, den ich in die Hand bekommen habe. Und ich werde mit unorthodoxen Methoden arbeiten.

»Und du hast dir keine Gedanken darüber gemacht, warum man dich nachts in den Chiemsee schickt?«

»Nein, Kommissar. Für 500 Mark . . . schwimmen Sie da nicht?«

Bossolo blickte Beutels treuherzig an. Augen eines bettelnden Hundes, ergeben bis auf den Grund der Seele. Beutels schenkte noch ein Hütchen Cognac ein und gab es Bossolo.

»Warum haben Sie mir nicht gesagt, daß Sie vor anderthalb Jahren aus Amerika zurückkamen?« Eine Frage wie ein Schuß. Aber Bossolo war gepanzert.

»Ist das so wichtig, Kommissar?«

»Für dich nicht. Warum bist du zurück?«

»Heimweh, Kommissar.«

»Mir schießen die Tränen in die Augen.«

»Mir auch, Kommissar.« Bossolo begann zu schluchzen. Wahrhaftig, er beugte sich vor und weinte. Beutels betrachtete diese Meisterleistung mit Faszination. »Mama war so krank, Papa hatte sich in Bein gehackt . . .«

»Es ist erschütternd, Pietro. Wo hast du in Amerika gearbeitet?«

»In Boston.«

»Bei wem?«

»Auf dem Bau. Mal hier, mal da . . . in Amerika ist alles anders, Kommissar.«

»Wem sagst du das!« Beutels stand auf, klopfte gegen die Tür, von draußen rasselte der Schlüssel im Schloß. »Mach's gut, Pietro.«

»Sie wollen mich verlassen, Kommissar?«

»Du uns. Ich lasse dich morgen frei.«

»Danke, Kommissar.«

Strahlende Augen. Zufriedenheit. Triumph. Beutels nahm diese Regungen Bossolos mit nach oben in sein Dienstzimmer.

Im Keller legte sich Bossolo auf die Pritsche und hätte singen können vor Freude. Der Unbekannte hatte recht behalten: Man konnte ihm nichts nachweisen und nichts anhängen.

Aber er hatte 10 000 Dollar verdient.

»Meine Herren«, sagte wenig später Beutels zu einem Gremium der ›Sonderkommission Olympia‹, »wir wissen jetzt wesentlich mehr. Es gibt einen Unbekannten, der Befehle erteilt ... in italienischer Sprache, obgleich er, nach Ansicht Bossolos, ein Deutscher sein muß. Dieser Mann im Dunkeln hinkt oder schleift das linke Bein nach. Die verlangten 100 000 Dollar im Boot waren nur ein Test — wie im Brief angekündigt. Bossolo ist bloßes Werkzeug, Bergmann ein Journalist, der durch irgendein Loch in unserer Geheimhaltungsmauer Wind von der Sache bekommen hat. Er hat uns auch vorgegriffen und durch seine Schwester Helga die Anzeige aufgeben lassen. Dafür müßten wir ihm dankbar sein, denn sie lockerte unsere Lethargie auf. Es wird also klar: Die Drohung ist *kein Scherz!* Sie ist verdammt blutiger Ernst, in des Wortes grauenhaftester Bedeutung. Wir müssen uns damit abfinden: Im Olympiastadion liegen zwei Atombomben versteckt. So ungeheuerlich das ist, wir dürfen nicht mehr die Augen schließen und beten: Lieber Gott, laß alles nur einen Witz sein. Der liebe Gott hat Hiroshima nicht verhindert, er wird auch Münchens Vernichtung nicht aufhalten. Das können nur wir ... und die Regierungen aller an den Olympischen Spielen beteiligten Nationen. Wir müssen einfach die 10 Millionen Dollar zahlen.«

»Sagen Sie das mal dem Innenminister.«

»Das werde ich! Wer will die Verantwortung übernehmen, die Spiele unter dieser unfaßbaren Drohung stattfinden oder ausfallen zu lassen?« Beutels lehnte sich zurück. Man hatte ihn noch nie so ernst und humorlos gesehen. »Und eins weiß ich, was mich zu der Annahme, daß wir es mit einem massiven Gegner zu tun haben, berechtigt: Eine dünne Spur läuft nach Amerika. Wenn irgendwo eine private Atombombe gebaut werden kann, dann dort! Sie finden in der Anlage 5 der Akten einige Berichte aus den USA, in denen offen von diesen Möglichkeiten gesprochen wird. 350 000 Dollar kostet das private Basteln einer Plutonium-Bombe. Das ist weniger als der halbe Monatsgewinn einer kleinen Mafia-Ortsgruppe in den Vereinigten Staaten! Wer diese Zahlen kennt und eine Spur in die USA hat, der sollte die Drohung von München ernster nehmen als einen Pistolenlauf im Genick. Ist das deutlich genug, meine Herren?«

Betretenes Schweigen antwortete ihm.

OBERWIESENFELD

Am 30. April, dem letzten Sonntag des Monats, schwankte der Maurer und Bruchsteinverleger Jakob Hunnebreit zurück zu seiner Wohnbaracke auf dem Olympiabauplatz. Er war betrunken, fuhr aber aus Trotz, weil ihm der Wirt vom ›Blauen Affen‹ den Schlüssel hatte wegnehmen wollen, seinen Wagen bis zu den neuen Parkplätzen in der Nähe der Radrennbahn, diesem aufgeschnittenen Riesenei inmitten von Wegen, Park- und Gartenanlagen. Er stellte das Auto ab, schloß die Tür, rülpste, sagte laut: »Na siehste, wie ich sicher fahren kann, du dämlicher Hund!« und begann dann seinen Fußmarsch durch die Nacht zu seiner Baracke.

Die Nacht war lau, maihaft warm, durchzogen vom Duft einiger blühender Büsche, die zur allgemeinen Verwunderung tatsächlich angegangen waren, nachdem man sie im vergangenen Herbst praktisch in eine Wüste verpflanzt hatte.

Jakob Hunnebreit, 46 Jahre alt, verheiratet mit einer Frau, die er Pummelchen nannte, und Vater von drei Kindern, blieb stehen, knöpfe die Hose auf und schlug in freier Natur sein Wasser ab. Bayrisches Bier treibt ungemein.

Er stand mit etwas durchgeknickten Knien da, breitbeinig, das Bepinkeln der eigenen Schuhe vermeidend, starrte in die Gegend und war noch voll des Triumphs darüber, daß er seinen Wagen auf dem Parkplatz abgestellt hatte, ohne der Polizei aufzufallen, ohne angerempelt zu sein, ohne Schlagenlinien zu fahren, ohne alles ... einfach normal hingestellt, die Karre, genau zwischen die weißen Platzstriche.

So kann einer aus'n Ruhrpott saufen, dachte Hunnebreit. Jawoll. Wenn die Bayern schon unters Faß rollen, pissen wir noch den Mond an. Hurra! Mit Dortmunder Bier getauft – das ist das beste Weihwasser. Eins, zwei, g'suffa! Da hält unsereiner mit, ohne mit dem Schließmuskel zu zucken! Nicht mehr fahren zu können! Ich, der Jakob Hunnebreit aus Wattenscheid! Es plätschert das Bächlein so helle ...

Er sah auf seinen versiegenden Strahl, ruckte mit den Hüften, knöpfte die Hose zu und wollte seine Wanderung durch die erste Mainacht fortsetzen, als vor ihm, mitten auf dem riesigen Parkplatz für einige tausend Wagen, ein Blitz aufzuckte. Die Explosionsflamme war so grell, daß Jakob Hunnebreit die Arme vor die Augen riß ... dann wurde er von einer saugenden Faust gepackt, in die Luft gehoben und fortgeschleudert. Er schrie noch im Fluge, fiel irgendwo hin, spürte einen Schmerz, der seinen ganzen Körper überschwimmte, und verlor die Besinnung.

Auf dem neuen Parkplatz gähnte ein Trichter. Ein Staubwolke hing träge über dem Gelände, Erd- und Asphaltbrocken regneten herab. Hunnebreits Auto kippte um, die Scheiben platzten aus den Rahmen.

Im Polizeipräsidium klingelte die gefürchtete Alarmglocke. Sechs Isar-Wagen und der Notarztwagen der Feuerwehr rasten mit Sirenengeheul und Blaulicht zum Oberwiesenfeld. Als sie eintrafen, saß Jakob Hunnebreit an einem Baumstamm, nüchtern wie nach einer Woche Abstinenz, hielt sich die Rippen, hustete und sagte zum ungezählten Male:

»Verdammt, ich war's nicht. Ich habe nur gepinkelt! Ich pisse doch keinen Sprengstoff!«

Zwanzig Minuten später war Beutels da und besichtigte den Trichter. Die ›Sonderkommission Olympia‹, noch immer mit ihrem Stab auf dem Baugelände wohnend, hatte die ersten Maßnahmen geleitet. Sie wohnte nur 300 Meter von der Sprengstelle entfernt. Das ganze Gelände war unterdessen abgesperrt. Polizei und Bauarbeiter bildeten eine Kette.

»Ihr erster Eindruck?« fragte Beutels und blickte Fritz Abels und Oberstaatsanwalt Dr. Herbrecht an. Herbrecht hatte seine Bronchitis bekommen — er hatte Fieber und stand unter Tablettenwirkung. Eigentlich gehörte er ins Bett, wie jedes Jahr. »Sie haben doch Sprengstoffexperten hier.«

»Dynamit. Man hat ein Loch in die Erde gebohrt und einige Stangen Sprengstoff hineingelassen. Zündung erfolgt ganz altertümlich mit Zündschnur. Zufällig fand man sofort ein Stück der abgebrannten Schnur.« Abels schüttelte den Kopf. »Was soll das? Eine Parkplatzzertrümmerung. Das sieht nach Willkürakt aus!«

»Auf den ersten Blick!« Beutels trat vom Trichterrand zurück. »Wo ist der Mann, der die Explosion gesehen hat?«

»Auf dem Weg zum Krankenhaus. Er hat sich ein paar Rippen gebrochen. Er hat gar nichts gesehen außer dem Feuerstrahl, der aus der Erde schoß. Er war gerade fertig mit Urinieren.«

»Welch ein Glück für ihn!« Beutels steckte die Hände in seinen Mantel. »Man soll nie so durch die Gegend schweifen.« Ein Beutels-Witz, der belacht wurde. Dieses Lachen befreite, aber es machte auch Platz für andere Gedanken. Und die waren erschreckend. »Dieser Kracher war eine Visitenkarte, meine Herren. Ich bin gespannt auf die Morgenpost.«

Er ging zurück zum Wagen. Abels und Herbrecht folgten ihm. »Wir werden jeden Zentimeter des Platzes absuchen«, sagte Abels.

»Noch wichtiger ist, was für eine Erklärung Sie der Presse geben!« Beutels setzte sich in seinen Wagen. »Versuchen Sie, ihr klarzumachen, daß eine Azetylenflasche, die man auf dem Parkplatz abgestellt hatte — aus Bequemlichkeit, weil man sie morgen brauchte —, durch Selbstzündung hochgegangen ist. Ob's die Brüder von der Journaille Ihnen glauben, ist unwichtig. Wichtig ist nur, daß keiner die Wahrheit erfährt.«

Mit der Eilbriefpost traf am Morgen der erwartete Brief ein. Beutels las ihn wie einen Monolog im Staatstheater vor:

Der nächtliche Feuerzauber sollte Ihnen zeigen, daß unser Geschäft eine ehrliche Sache unter Ehrenmännern ist. Diesmal waren es nur fünf Stangen Dynamit. Sie explodierten, ohne daß es jemand verhindern konnte. Am 26. August um 15 Uhr werden es zwölf Kilogramm Plutonium sein. Das kann überhaupt nicht verhindert werden.

Um dem Grandiosen dieses Projekts Rechnung zu tragen, wollen wir den Auslösebetrag auf 30 Millionen Dollar erhöhen. Der Testfall auf dem Chiemsee und das kleine Feuerwerk gestern auf dem Parkplatz zeigen Ihnen: Wir sind immer gegenwärtig.

Beutels ließ den Brief sinken. Die Luft im Sitzungssaal war zum Stückeschneiden.

»Ein Irrer!« sagte der Präsident des Olympischen Komitees. »Mein Gott, ein Irrer!«

»Wer es auch ist: Hier muß eine Entscheidung gefällt werden.« Beutels zeigte auf das Telefon vor dem Polizeipräsidenten. »Ich bitte, Bonn anzurufen.«

Es war der 1. Mai. Morgens 10 Uhr.

Der deutsche Bundeskanzler in Bonn wurde unterrichtet.

Die Drohung wurde zu einer Staatsaffäre.

BONN

In seinem Haus auf dem Bonner Venusberg erhielt der Bundeskanzler zehn Minuten vor der Abfahrt zu seiner Mairede ein Telefongespräch von seinem Innenminister. Der Mercedes stand wartend vor der Tür, der begleitende Kriminalbeamte rauchte nach einem Blick auf seine Armbanduhr schnell noch eine Zigarette.

»Ich kann jetzt unmöglich das Programm noch umwerfen«, sagte der Bundeskanzler. »Hat es nicht Zeit bis morgen?«

»Natürlich hat es Zeit, aber wir wissen nicht, ob die Dinge in München nicht früher in Fluß kommen.«

»Was Sie mir da erzählen, ist ja unglaubhaft.« Der Bundeskanzler blickte auf seine Frau. Sie kam aus dem Salon, hob fragend die Schultern und zeigte auf die Uhr. »Nehmen Sie das ernst?«

»Ich weiß nicht, was man davon halten soll. Der Fall müßte im Kabinett eingehend besprochen werden.«

»Aber doch nicht heute, am 1. Mai!«

»Die Münchner Polizei ist der Meinung —«

»Die Polizei ist immer anderer Meinung.« Der Bundeskanzler lachte. Sein etwas heiseres Organ wurde um eine Nuance heller. »Überlegen Sie doch mal die Unmöglichkeit, der wir da auf den Leim kriechen sollen. Das Ganze ist ein Witz.«

»Und die Sprengung heute nacht?« Der Innenminister wurde unsicher. Es mag stimmen, daß Kriminalisten von Berufs wegen allen Dingen eine gefährlichere Note geben, als diese sie in Wahrheit haben. Ruhe, ganz klare Überlegenheit ist da eine bessere Verteidigung als gleich in die Vollen zu gehen. Der Bundeskanzler besaß diese Ruhe, die Kunst des Abwägens, des nüchternen Kalküls — aber ließ sich der Erpresser darauf ein? »Die Sprengung soll als Wahrheitsbeweis angesehen werden.«

»Mit dem Kabinett zu sprechen, das wissen Sie, ist heute sowieso nicht möglich. Die Herren sind an verschiedenen Orten bei Maifeiern engagiert. Vor morgen mittag kann ich eine außerordentliche Sitzung nicht zusammenrufen. Aber das werde ich veranlassen, wenn es Sie beruhigt. Ich sehe in dem von Ihnen angerissenen Fall gar keine Schwierigkeiten.«

»Es geht um 30 Millionen Dollar, Herr Bundeskanzler.«

Der Bundeskanzler lachte, jovial, was ihn so beliebt machte, ein wenig überlegen, was seine Gegner so fürchteten. »Schon allein das sollte ein Witz sein! Aber ich bin damit einverstanden, daß sich das Kabinett morgen um 16 Uhr Ihren Bericht anhört und durchdiskutiert.«

Er legte auf. Noch eine Minute bis zur Abfahrt. Der Bundeskanzler nahm seinen Mantel in Empfang und zog ihn an. Seine Frau, gewöhnt, aus seiner Mimik, aus Augen und Mundwinkeln zu lesen, reichte ihm die Hand. Er beugte sich vor und küßte sie auf die Wange.

»Etwas Schlimmes?« fragte sie.

»Etwas mit den Olympischen Spielen.«

»Und deswegen eine Sondersitzung des Kabinetts?«

»Es gibt Fragen, die man nur im Kollektiv lösen kann.«

Ein Abschiedslächeln, die Tür schwang auf. Der Bundeskanzler fuhr zu seiner Mairede.

Seine Frau blickte ihm nachdenklich nach, als er in den Wagen stieg. Als er ihr durch die Scheibe zuwinkte, hob sie ebenfalls grüßend die Hand.

Sie wußte, daß er ihr ausgewichen war. Seit Jahren zum ersten Mal . . .

Maurizio Cortone hatte die Zeitungen gelesen. Immer und immer wieder hatte er sie durchgeblättert, bis er, als kleine Notiz unter ›Vermischtes‹ die Sätze fand:

›Auf dem Olympiagelände in München explodierte eine Azetylenflasche und richtete leichten Schaden auf den neuen Parkplätzen an.‹

Drei Zeilen. Azetylenflasche. War dieser Dr. Hassler wirklich ein Irrer? Cortone faltete die Zeitungen zusammen, warf sie wütend in eine Ecke seines Arbeitszimmers und starrte mißmutig aus dem Fenster. Er war fast erlöst, als das Telefon klingelte und Ted Dulcan anrief.

»Eine saubere Arbeit, Mauri!« sagte er. »Anerkennung. Damit heizt man den Ofen so richtig an.«

»Wovon sprichst du eigentlich, du Schwachkopf?« antwortete Cortone gereizt. Er überlegte, was in den vergangenen Tagen außerhalb seiner Sportschule an Geschäften gelaufen war, und sah keine überdimensionierten Aktionen dabei. Die Verkäufe von 100 Granatwerfern nach Nahost konnten Dulcan nicht zu so enthusiastischen Lobreden anregen.

»München —«, sagte Dulcan wie ein Verschwörer. Cortone wurde rot, knirschte mit den Zähnen und hieb auf den Tisch.

»Wenn ich den Namen höre, beginnt meine Galle zu rotieren. Laß mich in Ruhe, Ted.«

»Die Explosion war gekonnt.«

»Eine Azetylenflasche! Was geht das mich an?«

»Mauri, sei kein Schmierenschauspieler.« Dulcan schien nicht beleidigt, eher belustigt. »Es waren einige Stangen Dynamit. Ein Krater wie für das Fundament eines Hochhauses! Aber so gekonnt gelegt, daß kein Menschenleben gefährdet war. Nur ein pinkelnder Arbeiter flog durch die Luft. Könnte ein Film aus den zwanziger Jahren sein!«

»Dynamit —«, sagte Cortone gedehnt. Die Zeitungsmeldung gewann plötzlich ein ganz anderes, ein ausgesprochen dramatisches Bild. Ehe der Funkverkehr mit München wieder aufgenommen wurde, vergingen noch Stunden. Bis dahin war Cortone ahnungslos bis auf die drei dämlichen Zeilen einer unwahren Meldung.

»Woher weißt du das?« fragte er. Dulcan lachte fröhlich.

»Seit vorgestern habe ich einen Mann drüben in Old Germany. Besichtigt als Tourist München. Als ehemaliger Gewichtheber gehört sein Herz ganz den Olympischen Spielen. Er kann sich auf dem Gelände nicht satt sehen an all den Schönheiten ... die du mit zwei A-Bomben in den Himmel jagen willst.«

»Gewichtheber?« Cortone ließ die Garde Dulcans vor seinem Geist Revue passieren. »Du hast Leone Sparengo hinübergeschickt?«

»Wie gut wir uns alle kennen. Mauri — wir sollten wirklich Partner werden.«

»Sofort . . . um zu sehen, wer schneller am Drücker ist.«

»Und das auf unsere alten Tage? Warum? Eine Andeutung in die Ohren des Syndikats . . .«

»Es wäre auch dein Ende, Ted. Die Welt ist nicht mehr groß genug, um sich auf ihr zu verkriechen. Steig nicht mit Gewalt in diese heiße Sache ein. Du verbrennst dich, Ted.«

»Ich will nichts erzwingen, Mauri.« Dulcans Stimme verlor ihre ölige Freundlichkeit, die Cortone so ungemein aufregte, daß ihn nur seine angedrillte Selbstbeherrschung daran hinderte, ins Telefon zu spucken.

»Ich schlage ein Geschäft vor.«

»Halt's Maul!« schrie Cortone erregt.

»Einen Tausch. 50 : 50 bei Olympia — dafür liefere ich dir dein Püppchen Lucretia frei Haus zurück.«

Einen Augenblick lang übermannte Cortone die Verblüffung. Es war weniger die Aussicht, Lucretia wiederzusehen, als die abgrundtiefe Gemeinheit dieses Vorschlags. Er hatte von Dulcan vieles erwartet, manches gehört, einiges mit ihm selbst erlebt. Das hier überstieg alles, was den Namen Ted Dulcan in bestimmten Kreisen zum Schlagwort gemacht hatte.

»Du frißt den Hering und schickst mir die abgeleckten Gräten«, sagte Cortone rauh. »Ted, ich bin geradezu moralisch verpflichtet, dich zu töten.«

»Lucretias Gräten haben noch so viel drumherum, daß du dich nachts an ihnen festhalten kannst, um nicht aus dem Bett zu fallen. Maurizio, Jugend- und Schulfreund . . . ich habe Lucretia nicht gerufen, du weißt es. Sie kam von selbst gelaufen, die Backe noch dick und rot von deiner Ohrfeige. Versuche einmal, sie zu verstehen. Sie war in Not, hilflos, geschockt . . . wo sollte sie hin?«

»Wann?« fragte Cortone knapp.

»Heute abend schon. Du und ich und sie allein im Foyer des Hotels Sheraton. Du wirst nicht so blöd sein und einen Feuerzauber in aller Öffentlichkeit veranstalten. Wir gehen gemeinsam essen, unterzeichnen den Vertrag, und dann kannst du mit Lucretia wieder in dein Himmelbettchen wandern. Einverstanden?«

»Leck mich im Arsch!« brüllte Cortone.

Er war außer sich, schmiß das Telefon hin und umklammerte seinen Kopf mit beiden Händen. Auch wenn der Schädel ihm zerspringen wollte, es blieb die eine Erkenntnis haften, der er sich beugen mußte: Ein Arrangement mit Dulcan war immer noch besser und sicherer als ein Eingreifen des Syndikats in seine großen Pläne. Das

Syndikat konnte man nicht besiegen, Ted Dulcan war da ein ungleich einfacherer Gegner.

Lucretia würde zurückkommen, wie ein Täubchen, das sich verflogen hatte. Und wie ein Täubchen sollte man sie auch behandeln: Man dreht Tauben einfach den Hals herum.

Maurizio Cortone verbrachte den Tag damit, sich durch einen Berg von Racheplänen durchzufressen.

MÜNCHEN-HARLACHING

Von Hans Bergmann war noch keine Nachricht gekommen. Helga hatte mehrmals am Tag vom Atelier aus bei der Polizei angerufen... entweder sagte man ihr, es gäbe noch keine Hinweise, oder ein Kommissar Hühlfeld, der sich als Stellvertreter von Kriminalrat Beutels ausgab, erklärte geduldig, Polizeistreifen suchten in der Umgebung die Seeufer ab. Sie wisse ja, wie viele Seen es in Münchens Nachbarschaft gäbe. Alle Landpolizeistellen seien alarmiert. Man müsse Geduld haben und warten.

»Das Mädel tut mir leid«, sagte Beutels, als Hühlfeld ihm vom letzten Telefonat berichtete. »Sie wird zusammenklappen, wenn wir ihr den Taucheranzug vorweisen und andeuten, daß ihr Bruder wahrscheinlich ertrunken ist. Eine Hundsgemeinheit ist das von uns, ich weiß, Hühlfeld — aber die öffentliche Ruhe ist wichtiger als zwei Einzelschicksale. Sie sind in die Mühle einer Top-Secret-Sache geraten, da hört tiefergehende Menschlichkeit auf. Hans Bergmann muß bis zum 27. August verschollen bleiben. Was man hinterher mit mir macht, ist mir gleichgültig. Ich hoffe nur, daß alle übergeordneten Stellen dann nicht kneifen und mich nicht köpfen aus Angst vor Rachegebrüll der Öffentlichkeit. Sie versichern zwar alle, ich habe vollen Rechtsschutz — aber nichts ist leichter, als mir einen Übergriff nachzuweisen. Wir wandeln jetzt im völligen Dunkel außerhalb der Legalität!«

Von Bonn war nur eine kurze Nachricht gekommen: Das Kabinett tagt in Sondersitzung. Und eine Indiskretion wurde auch laut, wie überhaupt das Bonner Klima ohne die grauen Informanten kaum zu ertragen war: Der Bundeskanzler hatte die Drohung von München mit einem Lachen quittiert.

»Seine Sache«, sagte Beutels nach dieser Information. »Wenn von Bonn aus nichts geschieht, flüchte ich am 25. August nach Tahiti und warte ab. Mit einem herzerfrischenden Lachen kann dann ja der Herr Bundeskanzler am 26. August in die Luft fliegen. Er wird in bester Gesellschaft sein. Links Königin Juliana, rechts der Schah von Persien, im Rücken der Herzog von Edinburgh, und Heinemann fliegt flugs voran... Es ist nicht meine Verantwortung!«

Dieser Ausspruch Beutels' machte sofort im Präsidium die Runde. Nach einer halben Stunde meldete sich der Polizeipräsident. »Beutels«, sagte er. »Ihre unwiderstehliche Begabung für Aphorismen wird Ihnen einmal einen Oberschenkelbruch einbringen, wenn Sie auf den glatten Worten ausrutschen. Bonn reagiert — fallen Sie nicht gleich um vor Staunen. Der Innenminister, vielmehr sein Staatssekretär, rief eben an. Bonn unterrichtet die befreundeten Regierungen. Und anderswo scheint man es ernster zu nehmen als am Rhein, wo man an ein Kuriosum denken mag. Zwei Reaktionen liegen vor: Sowjetrußland schickt einen Spezialisten des Innenministeriums.«

»Deutlich gesagt: KGB.«

»Ja. Und die USA bringen einen Mann aus dem CIA auf Trab. Einen ihrer besten.«

»Wie im Fernsehen! Die Elektronengehirne! Was soll das alles?«

»Sie melden sich bei Ihnen, Beutels. Drücken Sie sie väterlich an Ihre breite Brust.«

»Gott hat für das Alter Würde und Weisheit geschaffen. Zum Glück bin ich in dieser Altersstufe! Weiß man schon die Namen der beiden Wunderknaben?«

»Von dem Russen nicht. Aber der des Amerikaners steht fest. Er heißt Richard Holden.«

WASHINGTON

Harold J. Berringer — ›J.‹ bedeutete Josoa — galt in Bekanntenkreisen und sogar bei seinen Verwandten als biederer Beamter. Er arbeitete bei der obersten Bundessteuerbehörde, der letzten Instanz also, was ihm eine gewisse Aureole verschaffte, die er sorgsam pflegte. Bei seinen Freunden galt er als Geheimtip: Tauchten im Geschäftsleben irgendwelche Fragen im Zusammenhang mit Steuerzahlungen auf (und bei wem wäre das nicht der Fall?), dann konnte man Harold J. Berringer zur Seite nehmen, mit ihm in ein Restaurant, eine Snackbar oder ein Spezialitätenlokal, wie zu dem Chinesen Hi-lu-fan gehen, ihm ein gutes Essen und einen gepflegten Whisky spendieren und fragen: »Harold, alter Junge, nun gib mir mal einen Rat, ja? Der Staat ist der größte Blutsauger. Die Vampire sind dagegen süße Tierchen, und mit Frankenstein kann man Halma spielen! Ich habe da ein Geschäft unter der Hand gemacht . . . wie kann man Steuern sparen?«

Und obgleich Harold J. Berringer ein korrekter Beamter war, wußte er immer einen Ausweg. Seine Ratschläge waren hervorragend — und immer legal. Und so wuchs der Heiligenschein um seinen schon angegrauten dicken Kopf . . . Man hätte ihn im Stadtteil Rosslyn, wo er ein kleines, schönes, weißgestrichenes Haus im Kolonialstil besaß, zum ›Beamten des Jahres‹ gewählt, wenn es so etwas gegeben hätte. Überall grüßte man Berringer mit einer gewissen Ehrfurcht und war innerlich beruhigt, einen solchen Mann an verantwortungsvoller Stelle zu wissen.

Was man nicht wußte: Berringer pflegte dieses Beamten-Image mit größter Sorgfalt, ja, er hatte es bewußt aufgebaut. Seine Aufgabe in Washington bestand nämlich in keiner Weise darin, für Steuergerechtigkeit zu sorgen, sondern im Gegenteil: Er gehörte einer Truppe an, die einen schönen Batzen Steuern auffraß, ohne daß diese Zahlen in einem Haushaltsplan beim richtigen Namen genannt wurden. Berringer fuhr auch nur zum Schein zu seiner Dienststelle. Er durchquerte das Riesengebäude in aller Ruhe, mit dem lässigen Schritt des Festangestellten, bestieg in einem Hinterhof einen wartenden großen schwarzen Wagen, setzte eine Sonnenbrille auf und verließ über eine Ausfahrt auf der Rückseite des Bürohauses wieder die oberste Steuerbehörde.

Das geschah jeden Morgen. Am Abend kehrte er zurück, parkte den Wagen im Hof, bummelte durch die Halle und verließ das Haus vorn wieder als der angesehene Harold J. Berringer. Freundlich grüßend, höflich, ein Musterbild des demokratischen Staatsbürgers.

Seine Amtsgenossen hatten schon Wetten darauf abgeschlossen, daß selbst Berringers Familie — eine hübsche, blonde Frau und drei Kinder von 7, 19 und 21 Jahren — nicht wußte, was er eigentlich den ganzen Tag über trieb. Die Wette konnte niemand gewinnen, denn Fragen hätten Berringers wahres Gesicht entlarvt. Das aber wäre eine Katastrophe gewesen.

Harold J. Berringer war Abteilungsleiter im CIA. Er saß in einer Spezialabteilung des US-Geheimdienstes, wußte über Dinge Bescheid, die in so ausführlicher Form nicht einmal der Präsident der Staaten kannte, befehligte eine Truppe ausgesuchter und ausgekochter Agenten und wurde mit Aufgaben betraut, die immer ein gewisses Fingerspitzengefühl erforderten. Drei heiße Fälle hatte Berringer elegant gelöst; darunter den berühmten Fall des Atomspions, den man später gegen drei in der Sowjetunion inhaftierte amerikanische Agenten austauschen konnte . . . in aller Stille, ohne Presse und Fernsehen, freundschaftlich fast . . . Gibst du meinen Onkel, geb ich deinen Onkel.

Berringers Büro war ein großes Zimmer im Washingtoner Pentagon. Von seinem Fenster aus konnte er weit über die Arlington Farms blicken, und bei ganz klarem Wetter sah er am Horizont Rosslyn, wo er wohnte, und die Theodore-Roosevelt-Insel im Potomac-Fluß. Dieser Weitblick schien ihn stets zu inspirieren. Bei Verhandlungen und Einsatzbesprechungen stand er meist an dem großen Fenster, blickte in die Ferne und sprühte dann von Ideen. Kaum jemand hätte dann den Harold Josoa Berringer wiedererkannt, der am Abend bieder und still die Steuerbehörde verließ und Freunden Ratschläge erteilte.

Eine vollkommene Tarnung, sagten seine Freunde im Amt. Er ist das geborene Chamäleon.

An dem heutigen Tag saß Berringer allein hinter seinem fast immer leeren Schreibtisch (er haßte es, hinter Aktenbergen zu sitzen, was bewies, daß er ganz und gar nicht ein Beamtentyp war), las in einer dünnen Mappe mit ein paar Briefbögen eine Zusammenstellung von Fernschreiben und winkte dem Mann zu, der — wie vorgeschrieben — eintrat, ohne anzuklopfen.

Es ist leicht, Ric Holden zu beschreiben.

In den USA gibt es eine bestimmte Sorte Männer, die man überall sieht — im Kino, im Fernsehen, in den Illustrierten, in den Comic-Strips, auf Plakaten, in Werbeanzeigen. Groß, sportgestählt, mit fast viereckigem Kinn, breiten Schultern und schmalen Hüften, wachen Augen, blitzenden Zähnen und einem Lächeln, das Löcher in Panzerplatten schweißt und Frauen einfach zersägt. Das Haar war mittelkurz geschnitten, was etwas anderes ist als mittellang. Mittelkurz ist eine Übergangsstufe zum Crewcut, wie ihn viele GIs bevorzugen. Man erkennt den gut geformten Schädel, aber man sieht auch, daß auf ihm mittelblonde Haare wuchern, die, ließe man sie wachsen, schnell zu einem Urwald würden.

Solche Männer haben alle Chancen im Leben — sie fallen ihnen zu, als schüttelten sie Zeit ihres Lebens nur Bäume mit reifem Obst. Auch Richard Holden hatte sich um sein alltägliches Wohlbefinden nie Sorgen gemacht. Anders war das mit seinem Beruf. Nach dem Abschluß der Highschool und einem Studium der Staatswissenschaften war er zunächst Offizier geworden. Natürlich bei der Marine-Infanterie, den berühmten Ledernacken, dieser Spezialtruppe, der man nachsagt, sie habe die brutalste Ausbildung, und wer diese Ausbildung überstanden habe, den interessiere weder der Satan noch der Herrgott. Für Ric Holden und alle die Jungs, die vom Marinecorps kamen, war die Erinnerung an ihre Dienstzeit gespalten: auf der einen Seite eine Kameradschaft, die die Hölle sprengte, auf der anderen Seite ein geradezu unmenschlicher Drill, eine Schule der Härte, die das Rückgrat entfernte und es durch eine Edelstahlstange ersetzte.

Am Ende seiner Dienstzeit stand Holden vor dem Problem, was er werden sollte. Eines kam von Anfang an nicht in Frage: Offizier beim Marinecorps bleiben. Auch wenn er jetzt befehlen konnte, statt durch Schlamm und Dschungel zu kriechen, so war doch der Dienst eine immerwährende Einschränkung seiner Persönlichkeit. Freiheit aber galt Holden als das höchste Gut des Menschen.

Als er mit seinen Überlegungen bei der Frage angekommen war, ob er zum FBI oder als Werbemanager in die Wirtschaft gehen sollte

— Holden verfügte über Fantasie, einen beweglichen Geist und Zeichentalent —, lief ihm Harold J. Berringer über den Weg.

Man frage nicht, ob das Zufall oder arrangiert war. Holden lernte Berringer auf einer Party kennen, als er einen Onkel in Washington besuchte. Während die Gäste tanzten, stand Berringer mit zwei Gingläsern an der Wand, winkte Holden zu und sagte, als er ihm das Glas hinreichte:

»Ric, ich höre, Sie suchen einen Job?«

»Allerdings.« Holden trank den Gin, Berringer griff hinter sich, wo auf einem Bord eine ganze Flasche stand, goß nach und grinste freundlich.

»Ich hätte etwas für Sie.«

»Industrie?«

»Man kann's so nennen, wenn man großzügig ist. Auf jeden Fall setzen wir mehr Dollar um als manche berühmte Fabrik.«

»Das hört sich gut an, Mr. Berringer.« Holden trank den zweiten Gin. »Was ist es für'n Job? Werbung? Ich glaube, ich steuere diese Branche an. Sie hat Zukunft.«

»Es gibt eine andere, die immer Zukunft hatte, hat und haben wird. Die ein Wachstum aufzuweisen hat wie kein zweites Unternehmen. Krisenfest, mit Dollars gesegnet: Bei Krisen steht es um so fester da.«

»Waffenhandel? Kein Job für mich!« sagte Holden hart.

Berringer lächelte schief. »Wir liefern Waffen, aber wir nehmen sie auch ab. Wir sind überhaupt der vielseitigste Betrieb auf dieser Erde. Es gibt keine Branche, in die wir nicht investieren. Wie ich Sie einschätze, Ric, würden Sie sich bei uns wohl fühlen. Besuchen Sie mich mal. Aber vorerst Ihre Hand.«

»Wozu?«

»Versprechen Sie, daß Sie den Mund halten werden.«

»Bitte.« Holden drückte Berringers Hand. Dann nannte dieser ihm eine Adresse, die Holden zu einem matten Grinsen verleitete.

»Pentagon? Gar nichts für mich, Berringer. Ich will in die Freiheit.«

»Das sollen Sie ja auch, Ric! Sie werden so viel Freiheit haben, daß Sie sich eines Tages nach einem Platz am Kachelofen sehnen.«

Das war vor fünf Jahren. Ric Holden hatte Berringer im Pentagon aufgesucht, und nach einer Stunde verließ er das Gebäude mit einem der umfassendsten aber auch gefährlichsten Jobs dieser Welt.

Er wurde auf eine Reihe von Schulen geschickt, lernte alle Tricks seines Berufes und gestand nach zwei Jahren, daß die Ausbildung bei den Ledernacken ein Limonadetrinken gewesen sei gegen das, was man ihm in diesen 24 Monaten angetan hatte. Dafür kehrte Ric Holden nach Washington zurück mit den besten Zeugnissen und Beurteilungen, die in den letzten zehn Jahren ein CIA-Mann bekommen hatte. Berringer strahlte. Seine Nase für die richtigen Leute hatte ihn wieder nicht getäuscht.

Holden wurde Special-Agent. Man warf ihn mitten hinein in das große Trauma der USA: Spionageabwehr gegen die Sowjetunion. Hier begann er mit einem Paukenschlag. Er nahm einen bekannten Mann der Handelsabteilung der russischen Botschaft an einem ›toten Briefkasten‹ fest, drehte ihn um und lieferte Berringer Informationen über sowjetische Pläne für eine Sabotage in den USA im Ernstfall. Viermal war Ric Holden auch in Rußland selbst, in Leningrad, in Moskau und zuletzt in Taschkent und Samarkand. Zweimal als Exporteur, zweimal als Tourist, unter immer neuen Namen und mit verändertem Aussehen. Und wo er hinreiste, hinterließ er bei seiner Abfahrt eine kleine Agentenzelle, die Informationen lieferte und nach dem Gesetz der Zellteilung weiter über das Land wucherte.

Ric Holden, im Osteinsatz voll ausgelastet, wunderte sich, daß Berringer ihn rufen ließ. Ohne vorherige Information, gewissermaßen außerdienstlich. Wer Berringer kannte, mußte sich Fragen stellen.

»Setzen Sie sich, Ric«, sagte Berringer und las in den Fernschreiben weiter. »Gut gefrühstückt?«

»Bestens, Sir.« Holden blickte auf die elektrische Uhr auf Berringers Schreibtisch. Es war genau 10.28 Uhr.

»Kennen Sie München?«

»Nein.«

»Sie können es kennenlernen, Ric. Sie waren früher ein großer Basketballspieler, sicherlich wären Sie in die Olympiamannschaft gekommen. Das ist unmöglich geworden durch Ihren Beruf, aber wir wollen Sie entschädigen, Ric. Wir schicken Sie zu den Olympischen Spielen nach München. Was halten Sie davon?«

Holden wußte darauf keine Antwort. Aber er bemühte sich, sich in Berringers Gedanken zu versetzen, und kam zu dem Schluß, daß von russischer Seite Leute des KGB nach München kamen, und da war es nur natürlich, daß die USA als Gegengewicht Männer des CIA einschleusten. Als Trainer, Masseure, Begleiter, Reporter, Betreuer ... Möglichkeiten gab es mehr als genug.

»Das wäre eine gute Reise«, sagte er endlich. Berringer unterbrach ihn nicht beim Denken. »Aber ist für die sowjetische Aktivität nicht die Sektion Europa in Paris zuständig? Die Jungs in Paris könnten auch mal was tun und nicht dauernd auf den Weibern hängen. Überhaupt, was erwartet man von den Sowjets? Bei den Olympischen Spielen werden sie die meisten Medaillen kassieren, aber agentenmäßig ist der Job müde.«

Er nahm eine Zigarette aus dem Lederkästchen vor sich, und Berringer reichte ihm das Feuerzeug. Eine gewisse Vertrautheit bestand zwischen ihnen, eine Lässigkeit, die man nur praktizieren kann, wenn jeder vom anderen weiß, daß er ein hundertprozentiger Freund ist. Wo gibt es so etwas heute noch?

»Ric ... lesen Sie das mal!« Berringer schob die Mappe über die Tischplatte. »Ich habe sie gestern abend bekommen. Von unserer Botschaft in Bonn über das Außenministerium bis zur Zentrale. Lesen Sie es ganz ruhig. Ich trinke unterdessen einen.«

Berringer holte aus der Schublade eine flache Flasche Bourbon und ein Glas, schüttete es voll und nahm einen tiefen Schluck. Er schien eine ausgedörrte Kehle zu haben.

Holden las.

Nach dem zweiten Fernschreiben streckte er die rechte Hand aus.

»Mir auch einen, Sir.«

»Aha! Juckt's schon in der Kehle?« Berringer schob sein Glas vor, und Holden trank es leer. Dann las er weiter.

Als er fertig war, warf er die Mappe auf den Tisch zurück.

»Na?« fragte Berringer.

»Der größte Blödsinn, den ich je gelesen habe. So etwas nimmt man ernst? Sucht man Arbeit im CIA?«

Berringer schob die Mappe in eine Schublade, die er sofort wieder verschloß. Die Leere auf seinem Schreibtisch war fast bedrückend.

»Ric«, sagte er langsam. »Erinnern Sie sich an Ihre Fahrt in die Wüste von New Mexico? Die Straße Phoenix—Albuquerque—Los Alamos, in der Nähe des Rio Grande. Vor fast zwei Jahren war's. Ich lasse die Akten eben heraussuchen. Na?«

Ric Holden nickte. Er griff zum Glas, aber das war leer. Strafend blickte er Berringer an, aber der wedelte lächelnd mit den Händen.

»Erst erinnern, Ric.«

»Das sind unerlaubte Foltermethoden, Sir. New Mexico? Ich war in den letzten Jahren mindestens vierzigmal in Los Alamos. Die Kollegen vom anderen Ufer umschwirren es wie Bienen einen verklebten Korb.«

»Es geschah auf der Staatsstraße. Am hellichten Tag! Eine primitive Autofalle: Panne! Die Fahrer des Trucks hießen Harold Nimes und Silvester Paulsen. Nimes hat seit diesem Vorfall einen leichten Hirnschaden.«

»Der Überfall auf den Plutoniumtransport, Sir!«

»Aha. Es klingelt in der Kirche!« Berringer lehnte sich gemütlich zurück. »Und jetzt tauchen genau 12 Kilogramm Plutonium als zwei Bomben im Fundament des Olympiastadions von München auf. Ric, jetzt muß bei Ihnen eine Glocke schwingen, ein ganzes Glockengeläut! In Europa, in Deutschland auf jeden Fall, kann niemand an 12 Kilogramm Plutonium herankommen. Nur bei uns, weil wir sorglose Idioten sind. Damals war der Diebstahl *top secret* ... er ist es auch heute noch. Niemand weiß davon, nur ein kleiner Kreis. Außerdem ist er längst vergessen. Wiedergefunden hat man nichts von dem

Zeug ... aber in München liegt es plötzlich in Beton eingegossen. Ahnungslos hat die Botschaft uns das geschickt ... ihr geht es darum, daß wir uns einschalten, weil sonst die Olympischen Spiele abgesagt werden müssen, denn wer will die Verantwortung übernehmen, sie zu eröffnen und 150 000 Menschen, alle Staatsmänner, alle Spitzensportler in die Luft fliegen zu lassen? Schon jetzt sind die Auswirkungen dieser Drohung gar nicht mehr meßbar. So oder so ist es ein Milliardenschaden, von der Blamage ganz abgesehen, daß ein Mann oder eine kleine Organisation die ganze Welt vor Angst in die Hosen machen läßt.«

»Und warum bezahlt Deutschland nicht die lumpigen 30 Millionen Dollar? Es ist das Gastland, es muß für die Sicherheit sorgen.«

»Wer garantiert, daß nach Zahlung der 30 Millionen Dollar nicht noch weitere Forderungen kommen! Mit 12 Kilogramm spaltbarem Plutonium kann man in den Fundamenten kann man Preise nehmen, die konkurrenzlos sind. Darum geht es. Die Dollars wären sofort zur Stelle ... aber damit ist die Drohung nicht aus der Welt geschafft! Glauben Sie, auch nur ein Sportler, ein Zuschauer, ein Staatsmann betritt das Stadion, wenn er weiß, daß er auf zwei Atombomben sitzt? Und sagt man es ihnen nicht und die Dinger gehen hoch ... was dann? Es wäre die größte Katastrophe seit der Lostrennung der Erde von der Sonne. Ausgelöst mit unserem Plutonium, das eigentlich nach Los Alamos sollte. Ric ... Sie fliegen sofort nach München, melden sich bei Kriminalrat Beutels und dem Leiter der dort gebildeten Sonderkommission, Dr. Herbrecht, und bei Fritz Abels und zeigen, daß Sie mein bester Mann sind.«

»Die Blumen verwelken schon jetzt, Sir.« Holden goß sich das Glas randvoll. Als er trank, beobachtete ihn Berringer. Er kann dieses Problem aufreißen, dachte er. Wenn einer, dann nur er. Ich habe noch nie solch ein Phänomen von Mensch gesehen. Ein Computer hinter einem lächelnden Großjungengesicht. »Wo soll man da ansetzen?«

»Im Dunkeln, Ric. Die Deutschen haben einen Mann geschnappt, der als Marionette die ganze Biesterei anheizen sollte. Hochdramatisch und theatralisch: Froschmannspiel im Chiemsee. Pointe: Null! Nur ein Schaustück: Seht her, ich bin's! Denn kurz darauf ging eine Warnbombe hoch, wie Sie gelesen haben. Nur: Die Männer im Dunkeln haben einen Fehler gemacht, typisch, wenn man glaubt, perfekt zu sein: Dieser Pietro Bossolo, der armselige kleine Gauner aus Kalabrien, machte einen großen Umweg nach München. Bevor er aus Alvarengo nach Deutschland kam, lebte er in New York. Als Aufseher in der Sportschule von Maurizio Cortone ...«

»Cheerio!« Holden trank sein zweites Glas leer. »Es wird lichter Tag, Sir.«

»Irrtum. Es ist ein Nordlicht, Ric! Cortone hat New York seit vier Jahren nicht verlassen. Er war nur einmal in Acapulco.«

Das war Cortones Blitzflug nach München, um Dr. Hassler zu sprechen ... aber davon ahnte selbst der CIA nichts. Er war damals mit falschem Paß und in guter Maske — als schnurrbärtiger Mexikaner — auf Umwegen über Mexiko und Rio nach Deutschland gekommen.

»Ich werde Pietro Bossolo wie eine Zitrone behandeln. Irgendwo tropft etwas aus ihm heraus.«

»Sie fliegen also nach München, Ric?«

»Wenn Sie befehlen, Sir?«

»Ich bitte Sie darum. Übrigens — Sie werden dort Gesellschaft bekommen. Von der französischen Sureté kommt Monsieur Jean-Claude Mostelle nach München, und Rußland schickt Stepan Mironowitsch Lepkin.«

»Nein!« Ric Holdens Gesicht glänzte wie das eines beschenkten Kindes. »Stepan Mironowitsch. Wird das ein Wiedersehen! Der lebenslustige Major des KGB!«

»Habe ich Ihnen nicht schöne Überraschungen vorhergesagt, Ric?« Berringer zog das Glas zu sich hinüber. »Zum erstenmal werden Holden und Lepkin miteinander und nicht gegeneinander arbeiten.«

»Und darauf einen Bourbon!« rief Holden.

Jetzt freute er sich auf München.

MÜNCHEN-HARLACHING

Seit zwei Tagen war das ›Fotoatelier für Mode und Werbung‹, wie es von Helga Bergmann klangvoll genannt wurde, geschlossen. Seit dem Verschwinden ihres Bruders hatte sie auch ihre eigene kleine Apartmentwohnung nur noch einmal betreten, um ihre wertvolle Siamkatze bei der Nachbarin in Pflege zu geben, dann hatte sie sich in Hans Bergmanns Dachwohnung gesetzt und sich darauf eingerichtet, zu warten.

Auf was warten? Das wußte sie nicht zu erklären.

Südfruchtgroßhändler Aloys Prutzler, der Hauswirt, leistete ihr Gesellschaft, sobald er von seinem Büro in der Markthalle zurückkam. Er brachte riesige Blumensträuße mit, am zweiten Abend sogar dunkelrote Baccara-Rosen, verteilte die Blütenpracht in Kristallvasen aus seiner Luxuswohnung über das große Zimmer und versuchte, die triste Stimmung mit saftigen Witzen aufzulockern.

Treffen sich zwei Frauen auf dem Marktplatz.

»Grüß Gott«, sagte die eine. »Wie geht's?«

»Gut«, antwortete die andere. »Mein Mann handelt jetzt mit Ständern.«

»O Gott!« ruft da die erste. »Da müssen Sie ihn aber fleißig mit Eiern füttern!«

Prutzler lachte dröhnend, hieb sich auf die dicken Oberschenkel und konstatierte ein mattes Lächeln bei Helga Bergmann. Aber auch er zuckte zusammen, als plötzlich — es war immerhin gegen 22 Uhr — das Telefon läutete.

Es war nicht die Polizei, die noch immer die Seen rund um München absuchte, es war auch nicht Bergmann selbst, sondern sein Chefredakteur.

»Ich mache mir jetzt auch Sorgen«, sagte der Chefredakteur. »Hans hat sich noch nicht gemeldet. Aber ich habe bei seinen Kollegen in Erfahrung gebracht, was ihm im Kopf rumspukte. Man muß ja bei den Burschen alles herauskitzeln, wie bei 'ner Jungfer, die man ins Ohr leckt, damit sie das Höschen fallen läßt. Hans hatte wieder eine seiner blödsinnigen Ideen. ›Ich tauche für Olympia‹, hat er gesagt, als er sich die Froschmannausrüstung auslieh. Genau das wird es sein, denn er kam zu mir und wollte mir einen Olympiaartikel andrehen. Nur über meine verkohlte Leiche, habe ich gesagt. Wenn ich Olympia höre, zuckt mein Schließmuskel. Aber Hans ist weg, und nun haben wir die Mühe, ihn irgendwo herauszufischen. Helga, ich befürchte das Schlimmste.«

»Ich auch. Ich habe seine Wohnung auf den Kopf gestellt. Kein Anhaltspunkt. Nur das Taucherbuch, das Sie kennen. Mein Gott, das ist unbegreiflich. Hans war ein guter Schwimmer . . .«

»Auch ein Neger kann Sonnenbrand bekommen. Eine unbekannte Unterströmung, ein Krampf im Bein, Versagen der Sauerstoffzufuhr . . . Himmel, malen wir das nicht weiter aus! Was ich nur nicht verstehe: keine Spur! Ertrunkene tauchen auf, vor allem solche im Gummianzug. Und an irgendeinem Ufer müssen seine Zivilklamotten liegen. Er ist doch nicht mit Hose, Hemd und Schlips in den Teich gesprungen! Wenn übermorgen noch nichts gefunden ist, halte ich die Maschinen der neuen Ausgabe an und veröffentliche eine große Suchanzeige. Das wird ein journalistischer Otto! Irgend jemand muß ihn doch gesehen haben. Ein Mensch kann nicht unsichtbar durch die Gegend wandeln.«

Es war, als sei dieses Gespräch mitgehört worden, denn eine Stunde später erschien Kriminalrat Beutels mit einem ernst dreinblickenden Kripobeamten in der Harthauserstraße. Tatsache war, daß wirklich die Telefonleitung Bergmanns angezapft worden war und Tag und Nacht ein Tonband alles aufnahm, was über diese Leitung gesprochen wurde. So erfuhr Beutels, daß die Chefredaktion von Bergmanns Illustrierter nicht nur an den Seen suchte, sondern eine groß aufgemachte Publikation plante.

»Es geht nicht anders, wir müssen aus der Reserve!« sagte Beutels achselzuckend zu Fritz Abels. »Lieber Tränen und dann Ruhe, als immer auf einem zweiten Pulverfaß sitzen. Mir genügen die A-Bomben im Stadion. Eine globale Panikbombe können wir noch verhindern!«

Was Beutels jetzt im Zimmer auf die Couch legte, ließ Helga in eine mitleiderregende Starrheit verfallen und regte Aloys Prutzler, der seit drei Stunden zwischen krampfhaften Aufheiterungsversuchen und Cognac schwankte, zu dumpfen Seufzern an.

Eine Froschmannausrüstung. Ein zerrissener Atemschlauch. Der Gummianzug an der Brust zerrissen. Beweise einer Tragödie unter Wasser.

»Und ... und wo ist Hans? ...« fragte Helga nach einer Weile gefaßt. Beutels hob die Schultern.

»Den haben wir nicht.«

»Na so was!« sagte Prutzler. »Ich bin koa Taucher net, aba i weiß, daß a Toter nicht von selbst aus'm Anzug fährt ...«

»Das stimmt.« Beutels setzte sich in den Sessel hinter dem Tisch. »Das Rätsel wird größer. Wir haben den Anzug sofort von Fachleuten untersuchen lassen. Die Zerstörung sieht aus, als sei sie von einer Schiffsschraube verursacht. Möglich — aber dann müßte in dem zerfetzten Anzug noch der Körper stecken. Nichts dergleichen. Unsere Beamten fanden den Anzug im Gebüsch bei Percha am Starnberger See. Nur die Taucherausrüstung, wie sie hier liegt. Logisch gedacht: Hans Bergmann ist aus dem Wasser, nachdem er als Froschmann untauglich gemacht wurde, hat sich seine Zivilkleidung angezogen und ist *dann* verschwunden! An Land also! Nicht im See! Gibt es dafür eine Erklärung?«

»Nein —«, sagte Helga. Ihre Hände glitten über das glatte schwarze Gummi. »Was hat das alles mit der Olympiade zu tun?«

»Wieso Olympiade?« fragte Beutels scheinheilig.

»Hans wollte eine Olympiastory schreiben, sagt sein Chefredakteur.«

»Das eine muß nicht im Zusammenhang mit dem anderen stehen. Ich wüßte nicht, was auf dem Grund des Starnberger Sees olympiareif sein sollte.« Beutels freute sich über diese Redewendung. Sie riß die gespannte Atmosphäre auf. »Die Suche geht weiter, aber nun wird sie schwieriger. Seen kann man überblicken, auch in der Tiefe ... an Land zerfließt alles in die vier Himmelsrichtungen und ins Unmeßbare. Wir wissen jetzt nur eins: Ihr Bruder lebt. Er ist zumindest nicht ertrunken. Das sollte für Sie eine große Beruhigung sein. Und außerdem« — Beutels spielte mit seinem jovialen, väterlichen Lächeln, das immer beruhigend wirkte —, »bei Journalisten sind wir einiges gewöhnt. Journalist sein heißt, sich durch den Teigberg Mensch hindurchfressen ...«

Nach zwei Cognacs und vier neuen Markthallenwitzen Prutzlers verabschiedete sich Beutels. Helga brachte ihn zur Haustür. Sie

brauchte frische Luft. Alles um sie herum war zu beklemmend ...
die leere Wohnung, der zerfetzte Taucheranzug, die Gewißheit, daß
Hans lebt, das Blumenmeer und Prutzlers anstrengende Tröstertätig-
keit. Tief atmete sie die kühle Nachtluft ein. Sie durchrann die Lunge
und dann mit dem Blut reinigend ihren ganzen Körper. Der Druck
an beiden Schläfen ließ nach.

»Ich danke Ihnen, Herr Rat«, sagte sie und gab Beutels die Hand.

Einen Augenblick schien es so, als wolle Beutels aus seiner Rolle
fallen. Aber dann fing er sich, nickte und täschelte Helgas Hand.

»Keine Sorgen. Er *muß* leben. Das sagen Sie sich immer vor, und
dann denken Sie immer: Mein Bruder ist Reporter! Verrücktheit gehört zum Handwerk. Dann sieht die Welt für Sie ganz anders aus!
Gute Nacht.«

Im Wagen setzte sich Beutels hinters Steuer und fabrizierte einen
Kavaliersstart, um schnell aus dem Blick des Mädchens zu kommen.
Es war das erstemal, daß Beutels so kriminell gelogen hatte.

»Eine Meisterleistung, Herr Rat!« sagte neben ihm der Kripo-
beamte ehrfurchtsvoll.

»Was?«

»Alles. Sie glaubt uns.«

Beutels nickte. Bittere Falten gruben sich in seine Mundwinkel. Er
sah plötzlich sehr alt aus.

»Merken Sie sich eins, Schmidtbauer: Wer die deutsche Sprache
beherrscht und sie mit aller artistischen Rabulistik anwendet, dem
wird immer geglaubt. Daran sind schon Weltreiche zerbrochen! Heute
nacht schäme ich mich.«

MIDLAND BEACH

Alte Weisheiten, vor allem, wenn sie aus dem Volksmund stammen,
haben immer einen Wahrheitsgehalt. So heißt es sehr pessimistisch:
Es trifft immer die Falschen.

Bei Harvey Long war das der Fall: Er kam in die Schußlinie von
Jack Platzer. Man muß das wörtlich nehmen. Harvey Long ging im
Park der Villa seines Herrn Dulcan spazieren, als es aus einem Gebüsch — es waren Malven — »plopp« machte und Long plötzlich die
Sonne auseinanderspritzen sah. Bevor er sich wundern konnte und
für dieses Naturschauspiel eine Erklärung fand, fiel er auf den Rükken und war tot. Jack Platzer steckte seine Schalldämpferpistole weg,
rannte hinunter zum Ufer der Lower Bay und entfernte sich mit
einem leise schnurrenden, elektrisch betriebenen Boot.

Ted Dulcan verfiel nicht in den Fehler, sofort mit einem Feldzug
gegen Maurizio Cortone zu antworten. Erstens konnte er ihm nichts
nachweisen, obgleich diese präzise Schußleistung nur Platzer zuzu-

trauen war, und zweitens war es unmöglich, Cortone in seiner Burg, die er Sportschule nannte, zu stellen. Dulcan kannte das aus den guten alten Prohibitionstagen, wo jeder sich eine Burg schuf und darin unangreifbar blieb. Nur wenn man die schützenden Mauern verließ, wurde man zur Zielscheibe. So waren nacheinander alle großen Bosse gestorben, und auch Cortone, das schwor Dulcan, würde dem nicht entgehen.

Er provozierte dieses Aufweichen des Schutzes auf die raffinierteste und sicherste Art: Er schickte Lucretia Borghi zurück.

Natürlich ging sie nicht freiwillig. Sie ahnte noch nicht einmal etwas, als Dulcan ihr am Rand seines Schwimmbads — seinem Lieblingsplatz — einen Cocktail mixte, sie auf den Nacken küßte, ihre Brüste streichelte und zärtlich sagte: »Es ist undenkbar für mich geworden, daß du einmal nicht mehr bei mir sein könntest.«

»Was für Gedanken, Liebling?« antwortete Lucretia. »Du bist ein fabelhafter Mann. Ich liebe dich. Die Zeit müßte stehenbleiben.«

Wem sagst du das, dachte Dulcan. Mauri und ich sind jetzt 60 Jahre alt, eigentlich ein Grund, ruhiger zu werden. Aber was Cortone da in München angefangen hat, das reizt mich noch einmal, als wäre ich 30. Drehen wir also die Zeit zurück. Trink, Baby. Cheerio!

Er sah ungerührt zu, wie Lucretia den Cocktail schlürfte ... ein scharfes Gebräu mit Rum und Gin, das den etwas bitteren Geschmack der 20 farblosen Tropfen überdeckt, die Dulcan elegant dazwischengeschüttet hatte.

Nach fünf Minuten schlief Lucretia ein. Sie schlief so fest, daß Dulcan, als er zur Kontrolle einen Schuß neben ihr ins Freie feuerte, zusammenzuckte, weil sie völlig regungslos liegen blieb. Bertie Housman, der seit Harvey Longs Unglück immer in der Nähe war, stürzte in die Schwimmhalle, eine Maschinenpistole unter dem Arm.

»15 Tropfen hätten genügt«, sagte Dulcan. »Bertie, wenn sie nicht wieder aufwacht ...«

»Wer atmet, wacht auch wieder auf.«

»Eine verdammt einfache Formel. Und wenn der Atem aussetzt?«

»Bei 20 Tropfen wäre das unnormal.«

»Fahren wir«, sagte Dulcan.

Housman und er hoben die formvollendete Gestalt auf, nahmen sie wie eine Rolle unter den Arm und trugen sie hinaus.

»Cortone wird sie zu Tode prügeln«, sagte Housman, als er neben Dulcan in den weißlackierten Lieferwagen kletterte.

»Das glaube ich nicht.« Dulcan setzte eine moderne, sechseckige, goldumränderte Brille auf. Ein Tribut an das Alter. Mit Sechzig verschwimmt auch der Blick eines sizilianischen Helden. »Cortone wird ihr die Füße küssen, sie baden, ohrfeigen und dann ins Bett nehmen. Bei ihm verschmelzen die beiden gefährlichsten Gefühle miteinander: Liebhabersehnsucht und Vaterkomplex. Das macht ihn blind.«

Der weiße Milchwagen, der im abendlichen Verkehr hinüber nach Manhattan und weiter nach Brooklyn fuhr, fiel nicht auf.

Um 22.17 Uhr luden Dulcan und Housman die verführerische Lucretia an einem Hinterausgang der Sportschule Cortone ab. Dann rief Dulcan von einer Telefonzelle aus seinen Jugendfreund an.

»Mauri —«, sagte er freundlich, »bei dir beginnen die Orangen zu blühen! Sieh einmal vor der Tür Nr. 7 nach.«

»Von Orangen bekomme ich Sodbrennen. Danke.« Cortone drückte auf einen Knopf. Jetzt lief das Gespräch über einen Lautsprecher, und Platzer, der in einem Sessel saß und in einem Magazin blätterte, konnte mithören. »Was willst du?«

»Ich halte mein Versprechen.«

»Welches?«

»Lucretia, die Süße, ist zurückgekommen zu dir.«

Cortone zerbrach den Bleistift, den er in der Hand hielt, und starrte hinüber zu Platzer. Er nickte ihm zu, aber Platzer schien plötzlich begriffsstutzig zu sein, oder seine Beine hatten einen Krampf. Er blieb ungerührt sitzen.

»Wo ist sie?« fragte Cortone rauh. Schweiß sammelte sich auf seiner edlen Stirn. Die weißen Haare wurden klebrig.

»Vor Tür Nr. 7. Sie wartet. Obwohl sie in einen Pelzmantel gewickelt ist, könnte sie sich auf dem Betonboden erkälten. Ich besaß einmal eine hustende Geliebte. Es war ein phänomenales Erlebnis. Immer, wenn der Husten sie überfiel, schnellte ihr Unterleib vor, eine zur Raserei treibende Eigenart von ihr . . .«

»Was hast du Schwein mit Lucretia gemacht?« stöhnte Cortone.

»Ted, ich schwöre dir bei meiner Liebe zu meiner Mutter, deren Andenken ich heilig halte wie ein Madonnenbild: Finde ich Lucretia —«

»Halt!« Dulcans Stimme wurde hart. »Nicht solche Töne, Mauri. Ich verdiene sie nicht. Lucretia ist zurückgekommen, und du kannst dir denken, daß sie nicht so freiwillig gegangen ist, wie sie damals bei mir auftauchte. Ich habe dir ein Geschäft vorgeschlagen, ich benehme mich als kulanter Partner. Du hast Lucretia, ich erhalte eine Beteiligung von 50 Prozent an deinem Münchner Unternehmen. Bleib in deiner Haut, Mauri — ich weiß, wie sehr du an Lucretia hängst.«

Cortone warf den Hörer zurück. Jack Platzer, noch immer in seinem Sessel hockend, sah ihn mit treuen, aber deutlich bettelnden Hundeaugen an.

»Tür 7«, sagte Cortone.

»Das ist eine Falle! Bestimmt ist das eine Falle.«

»Sieh nach, Jack. Nimm vier Scharfschützen mit.« Er winkte ab, als Platzer noch etwas erwidern wollte. Über seiner Nasenwurzel erschien eine scharfe Falte. Es war sinnlos, weiter zu diskutieren Cortone war ein gütiger Mensch, ein großzügiger Boß, ein genialer

Unternehmer, aber er war auch von der unerbittlichen Härte jener Leute rund um den Ätna, die seit Generationen im Kampf mit dem glühenden Berg stehen und doch immer wieder auf dem zerstörten Boden ihre Häuser bauen und den Vulkan lieben, der sie mit Asche und Lava überschüttet.

Platzer erhob sich. Er gab nicht viel auf dunkle Ahnungen, aber die Schritte, die er jetzt gehen mußte, waren ihm die schwersten in seinem bisherigen Leben.

Während Cortone in seinem riesigen Büro ungeduldig wartete und mit einer erstaunlichen Elastizität im Zimmer auf und ab wanderte, die Fäuste gegeneinander schlug und eine Fülle von Versionen durchdachte, wie er Lucretia empfangen und bestrafen sollte, spielte sich im Hinterhof an Tür 7 ein kurzes, hastiges Drama ab.

Jack Platzer hatte die vier besten Pistolenschützen aus der Garde Cortones ausgesucht. Ihre Aufgabe war sonst die Bewachung der Transporte, mit denen Cortone sich seinen Ruf gefestigt hatte, alles zu liefern, was den Krieg erst schön macht. Wenn die Rebellen im Süd-Sudan Gewehrgranaten brauchten — Cortone lieferte sie. Flehten die Tupamaros in Bolivien nach Minenwerfern — Cortone erhörte ihr Flehen. Und immer begleiteten ein paar sehr wortkarge, aber um so wachsamere Männer die Transporte, lieferten die Ware nur gegen Barzahlung ab und verbreiteten Cortones Ruf, ein guter Partner von geradezu überpenibler Korrektheit zu sein.

Mit diesen vier Schützen stand Platzer hinter Tür 7 und überlegte. Die Gegend vor der Tür kannte er genau. Eine schmale Straße, hohe Häuser, Lampen an Seilen von Haus zu Haus, keine Reklamebeleuchtung, eine triste Wohngegend. Der Tür genau gegenüber lag das Haus Nr. 48. Unten ein Schuhgeschäft, darüber sechs Etagen Wohnungen. Erster Stock: der Lackierer Broddon. Zweiter Stock: der Mechaniker McLunius. Dritter Stock: die Witwe Amelia Purson, ihr verstorbener Mann war Schaffner bei der U-Bahn gewesen. Vierter Stock: der Schneider Wilmes. Fünfter Stock: zwei Brüder, Tony und Bill Patterson, beide Tänzer in einem billigen Nachtclub und beide schwul. Sechster Stock endlich: Lucius Hombard, Polsterer in der Möbelfabrik Hollord & Sons.

Die Haustür ohne nennenswerte Nische. Nirgendwo ein Schutz. Die Lampe an dem Seil über der Straße brannte genau über der Tür Nr. 7.

»Auf!« kommandierte Platzer.

Die Tür flog auf, schlug gegen die Mauer. Neben ihr, in einem Pelzmantel, einem schönen, teuren Saphirnerz, den ihr Cortone zum Geburtstag geschenkt hatte, lag Lucretia Borghi auf der Straße.

»Holt sie rein!« sagte Platzer. Er stand noch im Flur, im Schatten, in sicherer Deckung.

Als höben sie ein Paket auf, beugten sich die vier Männer über

Lucretia, nahmen sie in die Mitte und trugen sie ins Haus. Niemand störte sie. Die Stille auf der Straße war fast weihnachtlich.

Nur eine Sekunde lang beging Platzer einen Fehler, keiner weiß warum. Bevor er die Tür schloß, schaute er blitzschnell hinaus, mit einem wieseligen Rundblick. Aber das genügte.

Wie Harvey Long wunderte sich auch Platzer, daß plötzlich die Welt aus den Fugen geriet. Er hörte den leisen Knall nicht mehr, er spürte nicht einmal bewußt den Schmerz, der sich in seinen Kopf bohrte ... als die Kugel die Schädeldecke durchdrang — ein Beweis, daß der Schuß von oben kam —, zerriß sie sofort das Schmerzzentrum seines Gehirns.

Jack Platzer starb human — er spürte nichts.

Kurz darauf schlug das Telefon bei Cortone wieder an. Man brauchte nicht zu rätseln, wer anrief.

»Wir sind quitt«, sagte Dulcan in gemütlichem Plauderton. »Trittst du meinen Esel, tret' ich deinen Esel ... altes Spiel aus der Heimat. Wie geht es Lucretia?«

Cortone knirschte mit den Zähnen. »Sie schläft in meinem Bett. Wie lange hält die Betäubung an?«

»Bis morgen früh. Heute nacht kannst du sie leider nur ansehen. Mauri?«

»Ja?«

»Soll das so weitergehen mit uns?«

Cortone schwieg. Dulcan wußte, daß sein Partner in einem Meer von Racheplänen schwamm. Hatte das einen Sinn? Mit 60 Jahren noch einmal Krieg?

»Mauri«, sagte er eindringlich, »uns bleiben 10 oder 15 Jahre. Was sind 15 Jahre? Du spuckst gegen den Wind, und wenn dir der Speichel wieder im Gesicht klebt, sind die 15 Jahre um. Wir kennen uns beide zu gut. Warum wollen wir uns nicht arrangieren? ...«

»Warum hast du Lucretia nicht an mich übergeben wie vereinbart? Im Sheraton-Hotel?«

»Sie weigerte sich. Als ich das Thema nur antastete, heulte sie los. Um mein Versprechen dir gegenüber zu halten, habe ich ...«

»Wann?« fragte Cortone knapp. Dulcan unterbrach sofort seinen südländischen Redefluß. Die Frage »Wann?« ist die konkreteste Frage. Sie schafft klare Zeiten.

»Morgen zum Dinner im Hilton? Ungarischer Grill?«

»Einverstanden. Allein!«

»Natürlich allein. Wir sind doch Freunde ...«

Mit einem Laut, der wie ein Seufzer klang, beendete Cortone das Gespräch.

MOSKAU

Afanasij Alexandrowitsch Abetjew war ein Mensch, den man schnell wieder vergaß. Er trug eine randlose Brille, hinter der wasserhelle, etwas verschlafene Augen stets mit einem tieftraurigen Blick die Umgebung musterten, und wenn nicht ein ärztliches Zeugnis vorgelegen hätte, daß Afanasij kerngesund sei, hätte jeder geschworen: Der arme Mensch hat's auf der Lunge. So bleich, so eingefallen, so ausgezehrt, so still. Paßt auf, gleich fällt er um und gibt seine Seele auf. Erinnert ihr euch an den guten, armen Prokorij Stepanowitsch? Ein Kerl wie ein Baum, der senkrecht stehenblieb, wenn der Wintersturm um die Ecken heulte, und plötzlich schrumpft er zusammen, sein Kopf wird klein wie der einer Maus, seine Augen verschwinden in den Höhlen, er hustet viermal kräftig, spuckt Blut, und hin ist er! Wer hätte das gedacht. Und nun betrachtet Afanasij Alexandrowitsch Abetjew, Genossen, diesen in sich gekehrten Einsiedler von Büro 14, Sektion III. Ein bedauernswertes Brüderchen, das bestimmt seinen Husten verschluckt, damit niemand hört, wie der Tod in ihm rumort.

Sie alle irrten. Afanasij erfreute sich bester Gesundheit. Bleich war er nur, weil das Büro seine Welt war. Na, sagen wir: zu drei Viertel seine Welt. Das letzte Viertel gehörte seiner Frau Vera Antonowna und seinen sechs Kindern. Das war die größte Überraschung, daß ein Mensch wie Afanasij nicht nur die Zeit, sondern auch die Kraft fand, sechs Kinder zu zeugen, und alle stramm, gut gewachsen, gut genährt, Prachtexemplare der neuen sozialistischen Generation. Von morgens um 7 bis abends um 10 hockte Abetjew in seinem Zimmer der Sektion III, telefonierte, las dechiffrierte Telegramme und Funkmeldungen, gab neue Meldungen auf, organisierte und befahl, verschloß Geheimakten in Panzerschränke und klemmte sich jeden Tag um 11 Uhr vormittags eine rote Mappe unter den Arm und ging, seinem Vorgesetzten, dem General Pjotr Nikiforowitsch Norin, Bericht zu erstatten.

Abetjew hatte einen äußerst verantwortungsreichen Posten: Er leitete eine Abteilung für Spezialaufgaben im KGB.

Abetjew organisierte Sabotageakte in Westeuropa. Genossen, das ist eine Aufgabe, die man kaum erfassen kann.

Afanasij Alexandrowitsch war ein anerkannter Fachmann auf seinem Gebiet. So lungenkrank er aussah, so glasklar dachte sein Gehirn, und General Norin sagte einmal im vertrauten Kreis: »Wenn wir die Aufgabe hätten, Nixons Unterhose zu stehlen — Afanasij Alexandrowitsch würde sie ihm unbemerkt vom Hintern ziehen.«

»Es ist so«, sagte Abetjew an diesem Tag, an dem er das Fernschreiben der sowjetischen Botschaft aus Rolandseck am Rhein erhalten hatte, »daß der Fall verrückt ist! Aber was ist nicht verrückt auf der Welt, Genossen? Denken Sie sich: Im Fundament des Olympiastadions in München liegen zwei elektrisch fernzuzündende Atombomben. Zweimal 6 Kilogramm Plutonium. Hat man Verrückteres schon gehört? Die Deutschen glauben an den Blödsinn, die Franzosen, die Amerikaner, die Engländer, die Italiener und die Kanadier. Bisher sind diese Nationen unterrichtet worden. Höchste Geheimhaltungsstufe. Natürlich, wer zeigt gern seinen blanken Hintern? Es erhebt sich die Frage: Was tun wir, Genossen? Glauben wir auch diesen Witz, oder teilen wir mit, daß die Sowjetunion solche Drohungen als absurd ansieht?«

Eine Frage, die niemand von denen, die Abetjew um sich versammelt hatte, beantwortete. Solche Fragen sind eigentlich sinnlos ... wer wagt es, dazu eigene Gedanken zu äußern, die sich nachher doch immer als falsch erweisen, aber an einem kleben bleiben wie Wagenschmiere. Abetjew wartete deshalb auch nicht auf eine Äußerung seiner Mitarbeiter, sondern verkündete, was General Norin nach einer Blitzsitzung mit dem Innenminister beschlossen hatte.

Im gegenwärtigen Stadium kann die Bundesrepublik Deutschland nicht für die Sicherheit ihrer Olympiagäste garantieren. Die Drohung ist bekannt, es hat eine Probesprengung gegeben, es sind also Kräfte am Werk, um die Spiele zu sabotieren. Man verlangt 30 Millionen Dollar. Das wäre kein Problem, wenn alle Staaten zusammenlegen, aber das würde die Bomben auch nicht aus der Welt schaffen ... wenn es sie wirklich gibt. Genossen, wir müssen tätig werden. Ich habe mich entschlossen, ein Komitee zu gründen, das sich nur mit der Sicherheit der Olympischen Spiele befaßt. Machen Sie sich schon Gedanken darüber ... Sie hören noch von mir ...«

Man ersieht daraus, daß Afanasij Alexandrowitsch einen durchaus forschen Umgangston pflegte, und die Art, wie seine Männer aufsprangen und schnell das Zimmer 14 verließen, draußen aufatmeten und zu den Papyrossis griffen, war ein Beweis, daß Abetjew nicht die graue Maus war, als die er immer herumlief und seine Umwelt zu innigstem Bedauern anregte.

Das war am Vormittag gewesen, kurz nach der Berichterstattung bei General Norin. Zwei Stunden später, nachdem Abetjew alles Material, das man aus Deutschland herüberfunkte, geordnet und gesichtet hatte, drehte er an seinem Telefon und sagte ruhig:

»Lepkin soll kommen.«

Freunde, dieser Stepan Mironowitsch Lepkin lohnt es, ihn sich genauer anzusehen.

Er war Ukrainer, Major im Generalstab, einer der Besten der Kriegsschule in Frunse, ein Genosse, dem einmal die Karriere als Heerführer offenstand, bis jemand — keiner weiß, wer — entdeckte, daß er im Geheimdienst Großes leisten könnte. Er wurde abkommandiert, durchlief die harte Schule der KGB-Akademien in Moskau, Winnitza und Irkutsk, bestand mit Glanz alle Prüfungen. Zuletzt wurde er mit dem Fallschirm mitten in der Taiga abgesetzt, ohne Waffen, nur mit einem Beil und einem Messer: Nach zwei Monaten tauchte er wieder auf, gut genährt und fröhlich, als käme er aus der Sommerfrische, nur mit einem struppigen Bart und einer lederartigen Haut, die ihn zur Figur aus einem altrussischen Märchen machte ... Kurzum, dieser Stepan Mironowitsch war ein Teufelskerl, viel zu schade, um einmal ein Korps zu kommandieren und irgendwo in einer Garnison zu Sauerteig zu werden.

Abetjew nahm ihn in seine Abteilung, und das war ein gutes Werk.

Lepkin lernte die ganze Welt kennen. Das ist nicht übertrieben, Genossen, nicht so dahin gesagt! Wirklich die ganze Welt! Amerika, Australien, Südamerika, Europa, Afrika, was bleibt da noch übrig? Nord- und Südpol, ganz recht, aber wer die Lage genau kennt, weiß, daß von den Eskimos keine politischen Umstürze zu erwarten sind und von den Pinguinen auch nicht. Lepkin aber tauchte überall dort auf, wo politische Ideen Blasen trieben und aufplatzten. Er machte sich noch nicht einmal die Mühe, mit einer Tarnkappe zu reisen, den Mann im Dunkeln zu spielen — o nein —, er trat in aller Größe auf, elegant, ein lebenslustiger Mensch, der die Frauen mit dem gleichen Erfolg attackierte wie seine politischen Gegner. Man sagte von ihm, daß er die besten Ideen immer beim Koitieren habe. Das war nicht nachprüfbar, aber sicherlich übertrieben. Belegbar war, daß Lepkin in bisher 128 Ländern Liebschaften hinterließ, wohlgemerkt: Liebschaften und keine Skandale, und daß er in allen diesen 128 Ländern bei seinen Freundinnen immer ein offenes Haus vorfand, wenn er es benötigte.

Genossen, wer macht ihm das nach?! Selbst Abetjew, treuer Ehemann mit sechs Kindern, sah manchmal mit verstecktem Neid auf dieses elegante Brüderchen, das italienische Schuhe, englische Anzüge, deutsche Krawatten und chinesische Hemden trug. Lepkin hatte manikürte Hände, und auch die Fußnägel ließ er regelmäßig beschneiden ... in Berlin, Rom oder Paris. Wo er auftrat, wehte aus seinen Anzügen der diskrete Duft eines herben Parfums.

»Wonach stinken Sie, Stepan Mironowitsch?« hatte Abetjew einmal gefragt. Und Lepkin hatte mit Würde geantwortet:

»Es ist *Roi des fleurs*, Genosse.«

König der Blumen ... Abetjew hatte sein mageres Gesicht verzogen und war zu einem anderen Thema übergewechselt.

»Kennen Sie München?« fragte Afanasij Alexandrowitsch, als Lepkin vor seinem Schreibtisch Platz genommen hatte, dabei mit einem geradezu zierlich zu nennenden Griff die Bügelfalten seiner

Hose zurechtzupfend. Abetjew bemerkte es genau und schnaufte durch die Nase.

»Ich war dreimal dort, Genosse Oberst. Sie wissen es.«

Natürlich wußte es Abetjew, aber es war seine Art, immer zu fragen, um mit der Antwort sein eigenes Gedächtnis bestätigt zu finden.

»Genügt Ihre Ortskenntnis, um einen größeren Auftrag zu übernehmen?«

»Ich besitze ein gutes Einfühlungsvermögen. Außerdem gibt es in Deutschland Stadtpläne, die peinlich genau sind.«

»Lesen Sie diesen Bericht, Stepan Mironowitsch.«

Abetjew schob die dünne Mappe über den Tisch. Lepkin vertiefte sich in Telegramme, Fernschreiben und den Bericht, den Abetjew daraus fabriziert hatte. Selbst beim Lesen ist er wie ein Windhund, dachte Abetjew, als Lepkin nach fantastisch kurzer Zeit die Mappe wieder auf den Tisch legte. Er hat zwei Augen, philosophierte Afanasij, und mit jedem Auge liest er ein Zeile, das sind zwei Zeilen auf einmal — nur so ist's möglich.

»Was halten Sie davon, Genosse Major?« fragte er.

»Eine Gegenfrage, wenn's erlaubt ist: Ist so etwas technisch möglich?«

»Unsere Atomexperten sagen ja. Am 26. August um 15 Uhr sollen die Bomben alles, was sich auf dem Olympiafeld befindet, zerreißen, in die Luft fegen. Mir wäre das gleichgültig, wenn nicht unsere besten Sportler und Mitglieder des Zentralkomitees der Partei auch pulverisiert würden. Sie haben die Aufgabe, diese Sprengung zu verhindern.«

»Es wäre einfacher, Genosse Oberst, gar nicht nach München zu fahren und auf die Spiele zu verzichten.«

Abetjew starrte Lepkin an, als habe er durch einen Zaubertrick das Gesicht Stalins angenommen. Wie kann ein Mensch so etwas denken, durchfuhr es ihn. Nicht teilnehmen!

»Sollen wir die feigste Nation der Welt genannt werden?« sagte er erschüttert.

»Vorsicht ist keine Feigheit.«

»Wir haben alle Chancen, die meisten Medaillen zu gewinnen, und Sie reden von Rückzug, Stepan Mironowitsch!«

»Wie reagieren die anderen Staaten?«

»Die USA schicken einen Experten, Frankreich auch. Von den anderen ist noch nichts bekannt. In Deutschland arbeitet eine Sonderkommission von 150 Mann.«

»Und was haben sie erreicht?«

»Nichts!«

»Hoffen Sie auf mehr, Afanasij Alexandrowitsch?«

»Ja. Darum schicke ich Sie, Lepkin! Ich weiß nicht, wo und wie Sie in München ansetzen können. Ich weiß nur eins: Menschen haben sich diese Gemeinheit ausgedacht, und Menschen machen Fehler. Das aber ist Ihre Spezialität: Menschen an ihren Fehlern aufzuhängen! Stepan Mironowitsch, ich sage Ihnen nichts Unbekanntes, wenn ich betone, daß Ihr Auftrag der vielleicht wichtigste ist, den je ein Mensch in Rußland erhalten hat. Sorgen Sie für Frieden in München! Leben Sie wohl.«

Lepkin verließ das Zimmer 14 mit dem Gefühl, von jetzt an um sein Leben zu rennen.

MÜNCHEN

Die Sonderkommission und das Nationale Olympische Komitee tagten zum wiederholten Mal und sprachen immer wieder die Maßnahmen durch, die durch die Drohung notwendig wurden. Das Bild, das sich immer klarer abzeichnete, war trostlos.

Es gab nur eine Alternative: entweder man gab den Forderungen nach und zahlte 30 Millionen Dollar an die Erpresser ... oder die Olympischen Spiele mußten abgesagt werden. Der Präsident des Olympischen Komitees sah in der Zahlung den gangbarsten Weg. Das war auch die Ansicht aller Anwesenden, bis auf den Staatssekretär des Finanzministeriums, der logisch fragte:

»Und wir allein sollen das bezahlen?«

»Es handelt sich um 105 Millionen DM«, sagte Beutels und kaute auf einer Brasil herum. »105 Millionen für eine Olympiade, die bisher doppelt so teuer geworden ist wie geplant. Nehmen wir nur ein Beispiel: das berühmte Zeltdach!« Beutels blickte hinüber zu dem Präsidenten. Immer, wenn es um ein Beispiel geradezu artistischer Kalkulation und Preissteigerungen ging, war das Zeltdach ein Glanzstück deutscher Lobbyarbeit. »Am 13. Oktober 1967 jubelte der Herr Präsident etwas von der poetischen Lösung eines nüchternen Überdachungsproblems. Das Dach über den Wettkampfstadien sollte 18 Millionen kosten! Man atmete tief durch die Nase, aber dann sagte man sich: Für 18 Millionen bieten wir der Welt eine Sensation. Jetzt hängt das Dach mit seinen 8 300 Acrylglasplatten über dem Gelände, und was kostet es wirklich? 175 Millionen! Das ist fast das Zehnfache! Es soll hier nicht untersucht werden, wie dieser Riesenblödsinn zustande kam, wer alles sich an diesem Dach für alle Zeiten gesundgestoßen hat, welche Hand da die andere einseifte und wer wem in den Hintern kroch ... aber, verdammt« — Beutels hieb auf den riesigen Tisch —, »wenn allein das Dach 157 Millionen Mark mehr kostete als veranschlagt und die Olympiabaugesellschaft kaltlächelnd diese Summe zahlte, dann sollte man sich nicht um 105 Millionen streiten, an denen das Leben von 150 000 Menschen, ja das Schicksal

Westeuropas hängt! Meine Herren, ich betrachte diese Diskussion als so beschämend, daß ich nicht mehr teilnehme!«

Beutels erhob sich und verließ das Sitzungszimmer. Schweigen begleitete ihn. Erst als die Tür hinter ihm zuklappte, sagte der Polizeipräsident betreten:

»Ich bitte um Entschuldigung, meine Herren. Kriminalrat Beutels ist sehr temperamentvoll. Aber seinen Ausführungen schließe ich mich an. Man sollte in unserer Situation nicht mehr an Geld denken.«

Beutels war mit seinem Abgang aus der »senilen Debattierrunde«, wie er die Versammlung von Sonderkommission und Olympischem Komitee nannte, sehr zufrieden. Der Paukenschlag war notwendig gewesen. Die Zeit verrann unaufhaltsam, 150 Mann schwirrten durch die Gegend, machten sich mit ihren gelben Schutzhelmen auf dem Olympiagelände zu Clowns, suchten in den Kellerräumen des Stadions völlig sinnlos nach Plätzen, wo die Bomben hätten eingegossen sein können, und horchten fasziniert auf das ständige Ticken der Geigerzähler, die hier restlos versagten. Die Technik, bisher als kaum noch zu verbessern hochgelobt, wurde lächerlich. Das französische Betonröntgengerät kam gar nicht mehr zum Einsatz... man kann nicht 35 Meter tief in Betonpfeiler hineinleuchten.

Zahlen und arbwarten, zu dieser Lösung war Beutels gekommen. Mehr war nicht zu tun. Und den Mund halten, keine Panik aussäen, eine Panik, die Millarden kostete.

Er blieb vor seinem Zimmer stehen, las das Schild KRIMINALRAT BEUTELS und wich der Ahnung nicht mehr aus, daß dieses Schild kaum noch bis zum 26. August an der Tür kleben würde. Die letzten Tage hatten ihm zu viele Feinde beschert, er hatte so mancher heiligen Kuh deutscher Nation zwischen die Hörner gespuckt, zu vielen Stolzen in den Hintern getreten. Das vergißt man nicht, und wer die Intrigen kennt, die wie giftige Pilze unterirdisch wuchern, der kann sich ausrechnen, wann man von ihnen entkräftet und verseucht ist.

Beutels betrat sein Zimmer und sah, daß er nicht allein war. Ein jüngerer Mann, hoch gewachsen, mit breitem Lächeln, stand von einem Stuhl auf und sagte ganz unkonventionell:

»Hallo! Schön, Sie zu sehen.«

Beutels war anderer Ansicht. »Wie kommen Sie herein?« fragte er.

»Durch die Tür. Ich bin ein normaler Mensch.«

»An der Tür steht: Anmeldung Zimmer 109.«

»Ich hasse Umwege. Anmeldungen und Vorzimmer sind Leerlauf. Ich bin Ric Holden.«

»Das habe ich mir gedacht.« Beutels winkte, ging hinter seinen Tisch und setzte sich. »Sie haben die Gabe des Hellsehens?«

»Wie kommen Sie darauf, Sir?«

»Ich kann als Hilfe nur jemanden gebrauchen, der übernatürliche

Gaben mitbringt. 150 Mann stark ist die Sonderkommission — was wollen Sie als 151. Mann dabei?«

»Eine Spur aufwickeln, Sir.« Ric Holden setzte sich. Beutels warf seine Brasil fort und suchte eine Brissago. Gefahr! Aber wie kann ein Amerikaner das wissen?

»Sie haben eine Spur? Interessant. Also doch Hellseher? Oder konnten Sie vom Flugzeug aus die Bomben sehen? Es gibt ja solche Phänomene. Aus der Luft kann man U-Boote orten, man sieht die Spuren altrömischer Siedlungen, jemand hat sogar Landepisten von Astronauten entdeckt, die vor 2000 Jahren von anderen Sternen zu uns kamen! Meine Hochachtung, Mr. Holden: Wo liegen die Bomben?«

Das klang angriffslustig, aber es drückte auch eine grenzenlose Enttäuschung aus. Ric Holden steckte sich eine Zigarette an, nachdem Beutels seine Brissago entzündet hatte.

»Ich weiß nicht, wo sie liegen«, sagte er, »aber ich weiß, wo sie lagen!«

»Halleluja!« Beutels schob sein Telefon über den Tisch. »Rufen Sie an!«

»Wen?«

»Den Papst! Melden Sie ihm das unbeschreibliche Wunder!«

Ric Holden legte seine Hände über das Telefon. Er nahm Beutels diesen Spott nicht übel. Wie konnte man in Deutschland wissen, was selbst in Amerika zu den geheimsten Akten gehörte.

»Kennen Sie New Mexico?« fragte er.

»Ja. Von Karl May. Dort lebte Winnetou«, antwortete Beutels bissig.

»Dort liegt auch Los Alamos, das erste Atomforschungszentrum der USA. In Los Alamos wurden während des Krieges die ersten unterirdischen und die ersten überirdischen Versuchssprengungen unternommen. Los Alamos war das Entwicklungszentrum der Bomben von Hiroshima und Nagasaki. Heute ist Los Alamos eines von vielen Atomzentren.«

Beutels musterte Ric Holden mit plötzlich anderen Augen. Nicht, daß ihn der historische Vortrag faszinierte; was in Los Alamos damals passiert war, war ihm in der Erinnerung geblieben. Sogar ein Name blieb haften: Oppenheimer. Was Beutels wie ein elektrischer Strom durchkroch, war das bei einem Kriminalisten unbestimmbare Gefühl, vor einer Tür zu stehen, die man nur aufzustoßen brauchte, um der Lösung aller Rätsel gegenüber zu stehen.

»In Los Alamos fehlen 12 Kilogramm Plutonium ...«, sagte er mit belegter Stimme.

»Nein.« Ric Holden lächelte sein jungenhaftes Strahlen. »Auf dem Transport von Phoenix nach Los Alamos kamen auf der Straße durch die Wüste 12 Kilogramm abhanden. Man hat sie nie gefunden. Die

Sache ist *top secret*. FBI und CIA haben damals die Spur verloren. Ein genial einfaches Verbrechen, nur möglich durch die Sorglosigkeit, mit der man bei uns welterschütterndes Material durch die Gegend kutschiert. Ich will Ihnen die Sache erzählen, Sir.«

Beutels hörte still zu.

»Die Mafia?« fragte er, als Ric Holden seine Erzählung beendet hatte.

»Nein. Unsere Vertrauensmänner meldeten Fehlanzeige. Nicht das Syndikat. Um so munterer wurden wir, als wir die Nachricht Ihrer Regierung bekamen. Uns fehlen 12 Kilogramm Plutonium, in München sollen 12 Kilogramm im Fundament des Olympiastadions eingegossen sein. Ist das kein logischer Zusammenhang?«

Beutels nickte, dann zeigte er wieder auf das Telefon.

»Anrufen.«

»Den Papst?« grinste Ric Holden.

»Nein. Ihre vorgesetzte Dienststelle. Sagen Sie Ihrem Chef: Der alte dämliche Sack Beutels dankt ihm und bekennt sich geschlagen.«

Holden schob das Telefon von sich und streckte die Hand über den Tisch.

»Auf gute Zusammenarbeit, Sir?«

»Ich habe was gegen Supermänner — aber Sie möchte ich ans Herz drücken!«

Sie gaben sich die Hand und wußten, daß noch nie zwei Männer eine so schwere Aufgabe übernommen hatten wie sie.

»Wann kommt der Franzose?« fragte Holden.

»Monsieur Jean-Claude Mostelle von der Sureté arbeitet bereits seit 10 Stunden auf dem Olympiagelände. Er hat als erstes seinen gelben Helm bekommen, als Tarnung.« Beutels lachte kurz und trocken. Seine ganze Abneigung gegen diese »Organisation des Blödsinns« lag in diesem Lachen.

»Und der Russe? Mein lieber Kamerad und Gegner Stepan Mironowitsch Lepkin?«

»Ist unterwegs. Sie kennen Lepkin?«

»Und wie!« Holden rieb sich die Hände. »Wird das ein Wiedersehen. Zum erstenmal nicht auf der politischen Bühne. Zuletzt tranken wir Mokka und aßen Honiggebäck im Hotel St. Georg in Beirut. Er beriet die jordanischen Rebellen, ich die Regierung. Wir verstanden uns blendend. Fast jeden Abend trafen wir uns ungewollt in den vornehmsten Bordellen. So etwas verbindet mit tiefer Kameradschaft.« Holden beugte sich vor. »Kann ich mit der Arbeit anfangen, Sir?«

»Hier? Bei mir? Bitte! Was soll's sein?«

»Pietro Bossolo. Sie haben ihn noch eingesperrt?«

»Durch einige Tricks. Der Junge protestiert mit einer Vehemenz und Ausdauer, die erstaunlich ist. Seit gestern singt er stundenlang kalabresische Volkslieder, in denen die Madonna eine große Rolle spielt. Ein harmloser Junge, Holden. Nur ein Lockobjekt unserer Gegner.«

»Das werden wir erfahren.« Holden ließ das zweite Zauberkaninchen aus seinem Ärmel. »Pietro Bossolo war bis vor zwei Jahren noch in New York.«

»Das wissen wir«, sagte Beutels ahnungsvoll. »In Boston.«

»New York! Und er arbeitete bei Maurizio Cortone.«

»Den kenne ich nicht.«

»Ich beneide Sie.« Ric Holden erhob sich. »Nach unseren Begriffen lebt ein deutscher Polizist dauernd im Urlaub . . .«

Das war ein Satz nach Beutels Art. Er beschloß, ihn gut zu behalten und bei der nächsten Abteilungsleiterkonferenz im Präsidium zum besten zu geben.

Pietro Bossolo wurde aus dem Keller geholt.

MÜNCHEN-RIEM

Stepan Mironowitsch Lepkin landete um 22.32 Uhr mit einer Linienmaschine aus Prag. Bis Prag war er schneller geflogen . . . mit einem Düsenjäger, einer MIG der sowjetischen Luftwaffe. Es war das erstemal, daß er in einem so schnellen Vogel saß, und er kam sich abgesehen von dem Gefühl, schneller als der Schall durch die Luft zu rasen, äußerst elend vor, bewunderte die Genossen, die jeden Tag in diesen fliegenden Sarg kletterten, und lobte sein eigenes Handwerk, das wohl auch gefahrvoll war, aber immerhin auf festem Boden stattfand.

In der Halle des Flughafengebäudes in Riem empfing ihn Iwan Prokojewitsch Smelnowski, der unter dem Namen Anton Harlinger in Schwabing als freischaffender Maler lebte. Er war einer der seltenen Russen, die bayrisch sprechen konnten, und fiel nicht auf als Zugereister, wenn er in den Bierkellern seine Maß stemmte und über Politik diskutierte. Es war seine Aufgabe, die Stimmung des Volkes zu erforschen, vor allem seine Einstellung zur Sowjetunion, zur Ostpolitik der Regierung und zur Verbreitung eines stillen Revanchismus. Smelnowski-Harlinger führte Listen über seine Gespräche und errechnete — nicht anders als die Meinungsforschungs-Institute — an sogenannten ›repräsentativen Querschnitten‹ die Prozente der deutschen Stimmung aus. Eine nicht sonderlich gefährliche Aufgabe, aber eines der vielen kleinen Mosaiksteinchen, aus denen man sich im Kreml ein Deutschlandbild zusammenbaute.

»Es freut mich, Sie zu sehen, Stepan Mironowitsch«, sagte Smelnowski und nahm Lepkin den kleinen Lederkoffer ab. Ein Koffer aus Paris, feinstes Schweinsleder, eine Cardin-Création. Wie gesagt, Lepkin war ein Lebenskünstler, einer aus jener Generation, die den Großen Vaterländischen Krieg als Kind erlebt hatte, einer der seinen Vater vor Minsk verlor und der immer, wenn man ihn nach seiner Lebensart fragte, antwortete: »Es ist nicht mein Verdienst, daß ich in einer Zeit relativen Friedens aufgewachsen bin. Erwarten Sie von mir nicht das Denken meiner Väter. Ich diene meinem Volk — ich bin Russe —, aber ich denke kosmopolitisch.«

Sein Vorgesetzter Abetjew hatte es bald aufgegeben, mit Lepkin über solche Dinge zu diskutieren.

»Ich hatte schon immer den Wunsch, den großen Lepkin kennenzulernen«, sagte Smelnowski, als sie über den Parkplatz zu Smelnowskis kleinem Renault gingen. Ein Maler von der Qualität Anton Harlingers kann sich keinen Mercedes leisten, nicht mal einen Ford oder Opel. Stilechtheit aber war die Grundregel aller Agenten.

»Und sind Sie jetzt zufrieden, Iwan Prokojewitsch?«

»Ich habe Sie mir älter vorgestellt. Wo werden Sie wohnen?«

»Im Holiday Inn.« Er blickte auf seine Uhr — auch aus Paris, aus dem Juwelier-Wunderland eines Cartier — und dachte kurz nach. Seine schöne Stirn kräuselte sich dabei etwas. Er war überhaupt ein schöner Mann, dieser Lepkin. Blauäugig, blond, von kräftiger Statur, mehr ein Nordländer als ein Russe, nur die betonten Wangenknochen erinnerten an die Weite der Steppen und einen Vorfahr, der einmal auf einem kleinen, schnellen Pferd nach Westen geritten sein mußte. »Fahren wir zuerst zum Polizeipräsidium. Ich will diesen Towarischtsch Beutels begrüßen.«

So kam es, daß Beutels mitten im Verhör des wild gestikulierenden Bossolo gestört wurde durch einen Anruf des Pförtners: »Hier steht ein Russe, Herr Rat, der will zu Ihnen.«

»Lepkin ist da«, sagte Beutels zu Ric Holden.

»Jetzt werden Sie sich wundern.« Holden grinste breit. »Lepkin wirft das Rußlandbild der Deutschen völlig über den Haufen.«

ZIMMER 109

Lepkin blieb an der Tür stehen und überspielte nicht seine Überraschung, Ric Holden schon in München zu sehen. Dann streckte er beide Arme aus und kam mit einem strahlenden Lächeln auf ihn zu.

»Welch eine Freude, mein Freund! Lassen Sie sich umarmen.«

Sie küßten sich nach russischer Art dreimal rechts und links auf die Wangen, und Beutels überlegte, ob auch er dieser Gunstbezeigung teilhaftig werden würde, was ihm schon im voraus nicht behagte. Lepkin war wirklich kein Sowjetrusse im Sinne des Klischees. Soweit gab er Holden recht. Aber die Küsserei unter Männern empfand er wiederum als typisch. Gespannt war er auf die Ansichten Lepkins. Was hielt er von der Drohung? Wie stellte er sich seinen Einsatz hier vor, wo 150 Spezialisten völlig im dunkeln tappten?

Vier Wochen lang hatte man die Kleinarbeit praktiziert, die nach den Erfahrungen der Kriminalistik 90 Prozent des Erfolgs ausmacht. 5 Prozent bleiben dann übrig für Überraschungen und 5 Prozent fürs Glück. Die Kleinarbeit hatte nichts ergeben: Verhöre und Durchleuchtungen aller am Bau beschäftigten Arbeiter, Beobachtungen, ob sich auffälliges Benehmen zeigte ... es war alles sinnlos, denn noch wurde in den Kellern gearbeitet, die letzten Schönheitsarbeiten, und was man durch Zusammentragen von winzigen Fakten zu erfahren hoffte, wurde hier bei der Größe des Objekts völlig ins Absurde geführt. Bei einem Mord hat man einen Täter und meist auch ein erkennbares Motiv ... da kann man aufrollen. Selbst bei einer Entführung meldet sich der Entführer, muß also in engen Kontakt mit den Geldgebern kommen, muß in der Nähe bleiben ... hier hatte er sich zwar auch gemeldet, brieflich, und er hatte sogar eine Spur hinterlassen, einen hinkenden Fuß, deutlich aus den Abdrücken im feuchten Erdreich erkennbar ... aber das war so wenig und vor allem so abstrakt, daß Beutels ohne einer seiner sarkastischen Bemerkungen Fritz Abels aus Wiesbaden zustimmte, als der sagte: »Dieser Fall ist mit normalem Denkaufwand nicht lösbar.«

Holden und Lepkin hatten sich begrüßt. Pietro Bossolo saß mit wachen Augen auf seinem Stuhl an der Wand, und man sah ihm an, daß er neue Schwierigkeiten ahnte, die sich vor ihm zusammenbrauten.

Beutels hatte sein Versprechen wahr gemacht und ihn zunächst entlassen, in der Hoffnung, Bossolo würde die ihn bewachenden Beamten auf eine neue Spur führen. Einmal mußte er ja sein Geld für das Taucherabenteuer abholen. Das war zwar kein großer Erfolg, man erwartete, daß das Geld irgendwo niedergelegt worden war und Bossolo es nur abzuholen brauchte, aber die Höhe des Lohns allein konnte vielleicht zu Rückschlüssen führen. Von 10 000 Dollar hatte bis dahin noch keiner eine Ahnung. Hätte Beutels die Summe gewußt, wäre ihm klar gewesen, daß die Drohung — noch immer etwas scheel betrachtet und vielleicht doch als Scherz verdächtigt — das grauenhafteste Verbrechen der Menschheitsgeschichte ankündigte.

Aber Bossolo blieb brav in seiner Baracke, arbeitete wieder als Eisenflechter, kassierte auch nicht mehr die Gelder für die ›Witwen- und Waisenkasse‹ — hier hatte die Leitung des Cortone-Teams schnell reagiert — und benahm sich völlig unauffällig.

Das aber war für Beutels wiederum auffällig. »Ich koche ihn im eigenen Saft!« sagte er zu Abels. »Er ist Südländer. Wenn bei denen der Dampf im Topf zu hoch wird, knallt der Deckel weg! Das will ich abwarten. Bossolo hat eine gute Stimme . . . ich will ihn singen hören.«

Man verhaftete Bossolo von der Baustelle weg, aus dem Gerüst heraus, wo er zwischen Himmel und Erde hing und einen Drahtkorb für einen Betonguß flocht. Auf dem ganzen Weg zur Zelle schrie und bettelte er, verlangte einen Anwalt, rief die Madonna an, seine Unschuld zu bekunden, warf sich auf den Boden und weinte — es war ein Schauspiel, das Beutels mit fast dramaturgischem Interesse vor sich ablaufen ließ, bis Bossolo deutliche Ermüdungserscheinungen zeigte. Er warf sich auf seine Zellenpritsche und sprach laut mit seinem Vater im fernen Kalabrien . . . ein tränenreicher Abgesang. Beutels mußte anerkennen, daß weniger harte Naturen als er vor dieser dramatischen Kunst kapituliert hätten.

»Wo sollst du das Geld abholen?« fragte er. Bossolo blickte ihn aus feuchten Hundeaugen an. Aber er schwieg.

»Wie hoch ist die Summe?«

Bossolo schwieg.

»Auch gut, mein lyrischer Tenor. Ich habe den Haftbefehl in der Tasche. Wegen Flucht- und Verdunkelungsgefahr. Wir werden dich hier festhalten, bis du dich erinnerst.«

»Das ist gegen das Gesetz!« sagte Bossolo müde.

»Wer kann vom Gesetz reden, der selbst gegen das Gesetz verstößt? Unser Fall erlaubt ein Vorgehen außerhalb aller Legalität! Also, Pietro, mein Lockenknabe, wie ist's?«

Bossolo schwieg. Er faltete die Hände über dem Bauch, als Beutels die Zelle verließ, und begann zu beten.

»Madonna mia, erhöre mein Flehen. Gib den anderen Vernunft, erlöse mich aus ihrer Ungerechtigkeit . . .«

»Der hat einen Staatspreis verdient«, sagte Beutels später zu Fritz Abels. »So eine Intensität des Spiels findet man heute kaum noch auf einer Weltbühne.«

Jetzt verschärfte sich die Situation noch mehr — Bossolo ahnte es. Was wollten die Russen hier? Seit einer Stunde stand er im Kampf gegen Ric Holden. Der Name Maurizio Cortone war gefallen, und Bossolo hatte behauptet, nie von ihm gehört zu haben. Schon gar nicht hatte er in einer Sportschule in New York gearbeitet. Er hatte in Boston Beton gemischt, dabei blieb er.

Lepkin reichte Beutels die Hand. Schnell griff dieser zu, froh, nicht geküßt zu werden. So hervorragend, wie er Englisch sprach, schaltete Lepkin jetzt auf Deutsch um. Fast akzentfrei, ein bißchen hart, aber so sprachen auch Tausende Schlesier oder Ostpreußen oder Balten.

»Meine Regierung freut sich, Ihnen behilflich zu sein«, sagte Lepkin formvollendet. Er griff in die Rocktasche und holte einen Briefumschlag hervor. »Meine Legitimation, Herr Rat.«

Beutels nahm den Brief und legte ihn ungeöffnet weg. Eine Geste des Vertrauens, die Lepkin sofort honorierte. Er sagte:

»Die Kollegen haben sicherlich schon umfangreiches Ermittlungsmaterial gesammelt. Ich möchte darum bitten, es durchlesen zu dürfen. Aus der Ferne —«, er lächelte geradezu charmant, »Moskau ist nun mal sehr abseits —, aus der Ferne haben wir uns eine Theorie gebildet, die nur auf spärlichen Vorinformationen basiert! Wenn diese Drohung ernst ist—«

»Sie ist es«, fiel Beutels ein.

»— dann kommen als Lieferanten nur zwei Länder in Frage: China und die USA.«

»Bravo. Aber es gibt auch noch eine dritte große Atommacht«, warf Holden ein. Lepkin nickte.

»Mein Argument in Moskau. Aber uns fehlen keine 12 Kilogramm Plutonium. China können wir nicht fragen. Wie ist es bei Ihnen, Towarischtsch? Reden Sie, wir sind unter uns.«

»Uns wurden vor einiger Zeit genau 12 Kilogramm gestohlen«, sagte Holden im Plauderton. »Ich habe es Mr. Beutels vorhin gestanden. Damit ist die Richtung klar.«

Lepkin schien sehr zufrieden. Sein Blick fiel auf Bossolo, der in sich zusammenkroch wie ein Kaninchen vor einer Schlange. »Wer ist das?«

»Pietro Bossolo. Sie werden von ihm in den Akten lesen, Lepkin. Kommt aus New York über Kalabrien nach München. Betoneisenflechter bei den Olympiabauten.«

»Aus Boston komme ich!« protestierte Bossolo sofort. »Ich habe New York nie gesehen.«

»Das kommt vor.« Lepkin kam einen Schritt auf ihn zu. Sein ebenmäßiges Gesicht mit den hervorstechenden Wangenknochen war maskenhaft. »Wir hatten einmal einen Mann, der stammte aus Kassan, erinnerte sich aber nur, aus Nowgorod zu kommen. Ein schwaches Gedächtnis, Brüderchen. Wir schickten ihn in ein Sanatorium — in ein Bergwerk zum Kap Deschnew. Die Heilung war erstaunlich. Er erinnerte sich an Dinge, die gar nicht geschehen waren. Als Therapie verordneten wir 12 Stunden Steinehacken im Stollen, einen Liter Kohlsuppe und eine Stunde Gymnastik im Freien bei 45 Grad Frost. Die Gesundung war verblüffend. Er kannte in Kasan jede Straße . . .«

Bossolo sprang auf. Er war bleich geworden und zitterte am ganzen Körper. »Ich protestiere!« schrie er hell. Seine Hundeaugen flatterten vor Angst. »Wir sind hier nicht in Rußland! Das könnt ihr mit mir nicht machen! Ich berufe mich auf die Menschenrechte! Hilfe! Hilfe!«

Seine Stimme überschlug sich. Beutels wandte sich ab. Ihm lag dieser Grad des Verhörs nicht. In Deutschland hat man eine andere

Auffassung von der Behandlung auch schwerster Verbrecher. Zu human? Wer wagt das zu entscheiden? Auch die sogenannte Bestie in Menschengestalt bleibt immer ein Mensch. Er vernichtet die göttliche Schöpfung, ist aber doch ein Teil von ihr. Humanismus ist keine Gefühlsduselei, sondern die Achtung vor jeglicher Art Leben. Gehirnwäsche und seelische Zerstörung verletzten die Würde. Vielleicht bin ich ein altmodischer Spinner, dachte Beutels, aber wer 40 Jahre lang täglich mit dem Verbrechen zu tun hat, lernt automatisch den Menschen achten, so paradox das klingt.

»Warum hat dich Cortone nach München geschickt?« fragte Ric Holden kalt.

»Ich kenne diesen dämlichen Cortone nicht!« heulte Bossolo.

»Immer diese Gedächtnislücken.« Lepkin schüttelte den Kopf. »Brüderchen, geh wieder in die Zelle. Überleg es dir genau. Morgen früh setzen wir die Unterhaltung fort.« Und dann, zu Bossolos sprachloser Verwirrung, auf italienisch: »Bete zur Madonna . . . morgen früh brauchst du ihren Schutz!«

Zitternd, den Kopf gesenkt, das Herz randvoll von Angst, wurde Bossolo in den Keller zurückgeführt. Er weinte die ganze Nacht . . . Hans Bergmann hörte es in seiner Zelle, klopfte an die Tür, rief nach dem Wachhabenden, aber keiner kümmerte sich um ihn.

AUF DEM KORRIDOR

Es war ein reiner Zufall, daß Ric Holden und Helga Bergmann zusammentrafen und sich kennenlernten. Aber diese Zufälle, die Schicksal werden, haben von jeher das Leben der einzelnen und manchmal sogar die Welt verändert.

Holden hatte den ganzen Vormittag im Zimmer 110 — dem kleinen Besprechungsraum von Kriminalrat Beutels — die Akten durchstudiert, die seit dem Eingang der ersten Drohung ständig, aber spärlich gewachsen waren. Er fand nichts Neues, viele unnütze Details, viel Leerlauf, verzweifeltes Suchen nach einem Anhaltspunkt. Beutels hatte ihm die Akten gegeben und gesagt: »Wenn Sie darin eine Spur finden, war ich 40 Jahre lang als Kriminalist ein Rindvieh.«

Stepan Mironowitsch Lepkin hatte eine Ablichtung aller Schriftstücke mit ins Hotel Holiday Inn genommen. Für ihn wäre der Fall gelöst gewesen, wenn man ihn allein an Bossolo herangelassen hätte. Aber München war nicht die Ljubljanka in Moskau, das Gefängnis, in dessen Kellern bisher jeder gestanden oder sein Denken vollkommen aufgegeben hatte. Bossolo war nicht ein Mensch, der eine Gehirnwäsche sowjetischer Provenienz durchgestanden hätte; ihn hätte schon der Anblick des Vernehmungszimmers zum Sprechen ermuntert. Lepkin sah in der Humanisierung der Strafverfolgung einen groben Fehler: Wer Gesetze bricht, verliert auch selbst das Recht. Nach dieser Doktrin gab es in Rußland keine Probleme mit Verbrechern. Wenn auch manche gestanden, was sie gar nicht getan hatten, nur um dem Verhör zu entrinnen, so wogen diese Justizirrtümer doch nicht so schwer wie die Erfolge, die man durch unerbittliche Härte aufzeichnen konnte.

Lepkin sagte zu Smelnowski, der ihn auf dem Zimmer im Holiday Inn besuchte: »Die Bomben kommen aus Amerika, Genosse. Das dürfte sicher sein. Ein Maurizio Cortone ist nicht ganz unbeteiligt. Man sollte unsere Leute in New York bitten, sich um diesen Sizilianer zu kümmern. Es muß doch zu schaffen sein, daß Menschen, die eine Stimme haben, auch sprechen. Übernehmen Sie das?«

Smelnowski hatte genickt und war gegangen. Über Drähte, über deren Verbindungen nur ein kleiner Kreis Eingeweihter Bescheid wußte, lief in New York der Auftrag ein, sich um Cortone zu kümmern. Kümmern hieß in diesem Falle: keine Rücksicht! Auch nicht in einem fremden Land. Die Interessen Sowjetrußlands sind unmittelbar bedroht.

Die Gleichheit des Denkens von Lepkin und Holden wurde auch hier wieder offenbar. Auch Holden telegrafierte nach Washington zur Zentrale des CIA, daß es besser sei, Cortone sofort zu beschatten, bevor die Russen in Aktion treten konnten.

So war alles in Fluß geraten — Beutels erklärte es dem Polizeipräsidenten so: »Jetzt ist es fast eine amerikanische Angelegenheit! Nur der Katastrophenplatz ist bei uns, aber das genügt!« —, als Ric Holden aus seinem Zimmer kam und hinaus zum Olympiagelände fahren wollte. Auf dem Korridor prallte er mit einer jungen Dame zusammen, die es ebenso eilig wie er zu haben schien.

»Welch ein Temperament!« sagte Holden und hielt Helga Bergmann fest, als sie nach einem Seitenschritt an ihm vorbeirennen wollte. »Halt! Bleiben Sie stehen! Sie haben mir den Brustkorb verbogen ... mindestens.«

Er setzte sein unwiderstehliches Lächeln auf, dieses Strahlen von Augen, Fältchen und Zähnen, dem eine Frau nur mit einem Seufzen widerstehen konnte, wenn sie überhaupt aus dieser Falle von Männlichkeit entfliehen wollte. Auch Helga Bergmann blieb stehen, aber Holdens Ausstrahlung traf sie nicht. Sie war an andere Männerschönheit gewöhnt! Was täglich vor ihrer Kamera posierte, stellte ein Maximum menschlicher Natur dar. Nur hatte sich herausgestellt: Je schöner der Mann, um so schwuler.

»Gehen Sie zum Masseur und lassen Sie sich wieder richten!« sagte sie etwas schnippisch. »Rechnung an mich.«

»Dazu brauche ich Ihre Adresse.«

»Sind Sie Beamter hier? Polizist?«

»Wie man's nimmt. Ich sorge für Ordnung, nennen wir es so. Und stellen wir auch gleich fest: Sie haben mich in Unordnung gebracht.«

»Ich habe wenig Zeit, mir Ihre Wortspiele anzuhören. Ich muß zu Kriminalrat Beutels.«

»Mein Freund Beutels. Er erwartet Sie?«

»Ihr Freund? Wieso? Ich habe Sie noch nie hier gesehen.«

»Sie gehen hier aus und ein? Potentielle Mörderin? Ich werde darum bitten, mir Ihren Fall zu übertragen. Was es auch ist: Der Tote ist immer schuldig bei Ihnen! Sie haben das Recht, Männer zu zerstören.«

Helga Bergmann betrachtete den großen Mann mit dem kurzen Bürstenschnitt und dem saloppen Anzug genauer. Dann sagte sie: »Ihre Plattheiten sind übelerregend. Wenn ich einen Cognac hätte, jetzt würde ich einen nehmen.«

»Ich lade Sie ein. Der alte Beutels trinkt nur schwarzen Johannisbeersaft. Gehen wir?«

»Ja. In Zimmer 109. Ich habe andere Sorgen.«

»Ich mache Ihre Sorgen zu meinen. Kommen Sie.« Holden riß die Tür von 110 auf und zog Helga ins Zimmer. »Cognac habe ich nicht — aber ich verfüge über einen vorzüglichen Bourbon.«

»Whisky schmeckt wie ein ausgelutschter alter Lederhandschuh.«

»Dann ist er am besten.« Holden lachte. Er war unwiderstehlich, wenn er lachte, und auch Helga Bergmann spürte, wie Interesse in ihr aufkeimte. Sie setzte sich, betrachtete Holden, wie er ein Wasserglas voll mit Whisky goß und zu ihr hintrug.

»Wollen Sie mich vergiften?« fragte sie und nippte daran. »Scheußlich. Sie sind ein Assistent von Herrn Beutels?«

»Ich bin über alles unterrichtet.«

»Auch über mich?«

»Bald.« Holden strich mit seinem Blick über ihren Körper, von den Haaren bis zu den Schuhspitzen, ein Blick, der wie ein Laserstrahl in ihr wirkte. »Ich mache mir ein ganz deutliches Bild . . .«

»Ich bin Helga Bergmann.«

»Ach ja, die Helga.« Ric nahm ihr das Glas aus der Hand und trank selbst einen kräftigen Schluck. »Ich heiße Richard Holden. Freunde nennen mich Ric, ganz gute Freunde Ricky . . .«

»Wir werden über Herr Holden nicht hinauskommen.« Helga sah an seinem strahlenden Gesicht vorbei. Es irritierte sie nun doch. »Haben Sie meinen Bruder gefunden?«

»Nein«, sagte Holden ehrlich. »Nicht ein Härchen. Wo soll er sein?«

»Das sollen Sie doch feststellen.«

»Und das werden wir auch. Mein Freund Beutels hat mich erst gestern zur Unterstützung rufen lassen. Aus Washington. Erzählen Sie mir alles.«

»Sie sind Amerikaner?« fragte Helga gedehnt.

»Stört Sie das? Keine Sorge — ich bin sogar geimpft. Was ist mit Ihrem Bruder?«

Er hörte Helga Bergmann zu, ohne sie mit Fragen zu unterbrechen, obgleich während ihres Berichts eine Menge Fragen auf ihn drückten. Gleichzeitig wunderte er sich, daß Beutels einige Dinge anscheinend übersehen hatte . . . oder übersehen wollte. Warum?

»Darf ich fragen?« sagte er, als Helga alles erzählt hatte. »Zunächst: Sie sind ein tapferes Mädchen. Sie sitzen nicht herum und heulen, sondern sie jagen der Wahrheit nach.«

»Von Komplimenten habe ich nichts!« antwortete Helga bitter. Holden nickte zustimmend.

»Ihr Bruder wollte einen Olympiaartikel schreiben?«

»Ja. Der Chefredakteur sagte es. Ich weiß es nicht.«

»Er verschwand mit einem Taucheranzug, den man dann leer am Ufer des Starnberger Sees fand.«

»Ja.«

»Sie haben eine Anzeige aufgegeben, die lautete: ›Wir danken dem ehrlichen Finder‹, und wissen bis jetzt nicht, was das bedeuten sollte?«

Hier ist ein Punkt, den ich nicht verstehe. Die Anzeige war das Codewort für den Erpresser, es steht mehrmals in der Akte. Es steht auch drin, daß man in Helga Bergmann das Mädchen erkannt hat, das diese Anzeige aufgegeben hat. Aber niemand hat es ihr gesagt. Ein Ring des Schweigens ist um sie gezogen worden. Warum?

»Kennen Sie einen Pietro Bossolo?« fragte Holden weiter.

»Nein. Wer ist das?«

»Fand man die Froschmannausrüstung am Chiemsee oder Starnberger See?«

»Starnberger See.«

»Kein Irrtum?«

»Kein Irrtum!«

Merkwürdigkeit Nummer 2. Bossolo wurde im Chiemsee gestellt, und es ist nur ein logischer Sprung zu Hans Bergmann, der plötzlich auch eine Taucherausrüstung leiht und ins Wasser geht. Wußte Bergmann etwa von der Drohung? Stürzte er sich in ein journalistisches Abenteuer, das ihn mit Haut und Haaren auffraß? War er das erste Opfer? Der Traum von einer Weltsensation . . . aber der Brokken war zu groß, er konnte ihn nicht halten und wurde unter ihm zermalmt . . . Wieso kam Beutels nicht darauf?

»Ein wenig verworren alles, finden Sie nicht?« sagte Holden und trank das Glas leer. »Ich habe den Eindruck, Ihr Bruder jagte einer Information nach, die keine Information sein durfte. Damit beginnt die ganze Sache tragisch zu werden.«

»Sie . . . Sie meinen, er ist tot?« sagte Helga leise. Holden erwartete, daß sie jetzt weinen würde, aber er täuschte sich wieder in ihr. Sie wurde nur starrer, ihr Gesicht reifer und damit um vieles schöner. Sie faszinierte ihn plötzlich, und er sagte sich, daß er kaum ein Mädchen getroffen hatte, das eine solche Ausstrahlung besaß. Ein Vulkan in einer Eislandschaft.

»Mit tragisch meinte ich nicht todbringend«, berichtigte er sich. »Es gibt Menschen, die geraten durch Zufall oder wissentlich hinter eine Tür, die eigentlich verschlossen sein sollte. Meistens ist es ein Gruselkabinett, vor allem, wenn es ein politisches Hinterzimmer ist.«

»Hans hat sich nie um Politik gekümmert.«

»Aber um die Olympiade.«

»Es scheint so. Keiner weiß etwas.« Helga zeigte auf das Glas. »Noch einen Schluck.«

Holden goß ein, und diesmal trank sie einen großen Schluck von dem Bourbon. Dann sagte sie:

»Hans ironisierte die Politiker, ja, das tat er. Er entzauberte sie, die Primadonnen der Podien. Was sie sagten, war ihm gleichgültig ... nur *wie* sie es sagten, interessierte ihn. Aber die Olympiade ist doch keine Politik — sie ist Sport.«

»Das hat man im alten Griechenland so gehalten. In unserer Zeit ist alles politisch, selbst das Biertrinken. Auch hier flammen nationale und wirtschaftspolitische Interesssen auf. Wer hier im August ins Stadion einmarschiert, trägt unsichtbar die Devise auf der Brust: Siegen fürs Vaterland! Dabeisein ist alles, ist ein Werbespruch romantischer Manager. Helga —«

Sie blickte auf, und Holden zuckte zusammen, als sie antwortete: »Ja, Ric?«

»— ich finde Ihren Bruder!« Er blieb vor ihr stehen und zog sie dann an den Armen vom Stuhl hoch. Sie standen ganz nahe beieinander, ihr Atem wehte zusammen, und ihre Blicke stießen zusammen. »Gehen wir irgendwo etwas essen?«

»Ja.«

»Haben Sie Vertrauen zu mir?«

»Vielleicht ...«

»Sie sollten es haben, Helga. Wir müssen beide durch eine verdammt heiße Hölle gehen.«

Am Nachmittag suchte Holden mit einigen Fragen in petto Beutels in seinem Zimmer auf. Der »Alte«, wie er hieß, arbeitete verbissen an einem Grundrißplan des Olympiastadions. Experten hatten die Punkte eingezeichnet, wo sich zwei Bomben am besten eingießen ließen. Eigentlich war das überall.

»Ich suche einen Hans Bergmann«, sagte Holden direkt.

»Ich auch!« antwortete Beutels trocken.

»Seine Schwester war bei mir.«

»Ein nettes Mädel, nicht wahr? Holden, man hat mir nicht zuviel gesagt: Sie ziehen die Weiber an wie Honig die Fliegen.« Dann wurde er ernst und legte den Rotstift hin. »Machen Sie ihr keine Hoffnung, Holden. Wie kein zweiter kennen Sie das Metier. Bergmann bleibt bis zum 27. August verschollen.«

Ric Holden verstand.

UNGARISCHER GRILL

Man soll nicht glauben, Gangster hätten keine Kultur. Al Capone und Lucky Luciano waren Feinschmecker, die Gebrüder Genna liebten Maßanzüge und zweifarbige Schuhe, und Dillinger ließ sich die Nägel maniküren. Maurizio Cortone und Ted Dulcan hatten zweierlei gemeinsam, und das schon von Beginn ihrer Freundschaft in dem elenden Dorf Randazzo am Ätna an: Sie liebten schöne Frauen und abwechslungsreiches, scharf gewürztes Essen. Man muß zugeben: zwei angenehme Hobbys, die — wenn man sie nicht übertreibt — auch nicht belastend wirken. Gutes Essen kann man verdauen, schöne Frauen verabschieden . . . zu beidem gehört eine gewisse Ausdauer, aber daran hatte es weder Cortone noch Dulcan je gefehlt.

An diesem Abend — es war der Abend, an dem Ric Holden über die Leitung der amerikanischen Botschaft in Mehlem bei Bonn einen Bericht an seinen unauffälligen Chef Harold Josoa Berringer gab — trafen sich, wie verabredet, Cortone und Dulcan im Ungarischen Grill des Hilton-Hotels. Beide trugen ihre besten Smokings, waren allein, hatten ihr Schulterhalfter nicht umgeschnallt, wohl aber in der Rocktasche einen kleinen Revolver, spielzeughaft, aber mit großer Durchschlagskraft. Man soll niemandem trauen, auch Jugendfreunden nicht, ja gerade diesen nicht, denn sie wissen zuviel von einem, war Cortones vierte Lebensweisheit. Die drei anderen hießen: Sei immer schneller als der andere. Klugheit ist besser als Muskeln. Und: Warten können ist die Tugend der Sicheren. Mit diesen vier Grundregeln hatte er sein feudales Leben aufgebaut — sie erwiesen sich als Goldene Worte. Daß auch Dulcan so dachte, wußte er; deshalb war man sich nie in die Quere gekommen, achtete sich gegenseitig, hielt bei kritischen Situationen sogar zusammen, lieferte sich gegenseitig Alibis und grenzte die geschäftlichen Transaktionen genau gegeneinander ab. Bis Lucretia Borghi den jahrzehntelangen Frieden störte und Dulcan zum erstenmal in die Domäne Cortones einbrach.

»Er muß verrückt geworden sein!« sagte Cortone zu Bill Smith, einem schmalen, rotschopfigen, sommersprossigen Burschen aus Irland, der nach Platzers schnellem Dahinscheiden auf den Platz des Leibwächters nachgerückt war.

Cortone sah Dulcan schon an einem Ecktisch sitzen, als er das Restaurant betrat. Dulcan trug eine weiße Nelke im Knopfloch, Cortone eine rote. Er mußte lächeln über den gleichen Geschmack, und etwas wie Wehmut überkam ihn, Erinnerung an die sizilianische Heimat, wo sie beide barfuß und dreckig auf den Straßen spielten und schon mit fünf Jahren die Touristen bestahlen. Dulcan war auf Taschendiebstähle spezialisiert, Cortone — immer ein schneller Läufer — machte es brutaler: Er riß den Damen die Handtaschen vom Arm und wetzte ab. Bis sie schreien konnten, war er längst im Labyrinth der Gäßchen verschwunden. Eine Personenbeschreibung bei der Polizei nützte gar nichts: klein, schmal, schwarze Locken, dreckig, zerlumpt ... von der Sorte gab es einige hundert Kinder in der Gegend. Außerdem wurde das Spiel durchgespielt, das man später als Erwachsener auch in New York so erfolgreich praktizierte: Schnappten die Carabinieri Maurizio, so tauchte Ted (der damals noch Tino Dulcamera hieß) auf und bezeugte, daß sein Freund Maurizio bei ihm hinterm Haus gespielt habe und daher gar nicht der Täter sein konnte. Umgekehrt schwor Maurizio, daß sein Freund Tino ihm beim Besenbinden geholfen habe und daher nie und nimmer in die fremde Tasche hätte greifen können. Nach mehreren solcher Wechselspiele gaben es die Carabinieri auf, Maurizio und Tino überhaupt noch einzufangen und zu verhören. Es war vertane Zeit.

Tief in solchen Gedanken trat Cortone an den Tisch. Dulcan erhob sich. Er war ein höflicher Mensch. Sein Gesicht mit der Römernase glänzte. Er hatte sich das Warten mit drei Aperitifs verkürzt.

»Mauri, mein Freund und Nachbar!« sagte er überschwenglich. »Du siehst blendend aus! Laß dich umarmen!«

»Verzichte auf den Quatsch, Ted!« knurrte Cortone und setzte sich.

»Seit 30 Jahren hasse ich unnötige Worte. Nur eine Frage: Soll das so weitergehen?«

»Was, mein lieber Mauri?«

»Daß wir gegenseitig unsere Leute dezimieren?«

»Ich habe da konkrete Vorschläge.«

»Abgelehnt.«

»Essen wir erst.« Dulcan winkte dem in der Nähe wie auf einen Spurt wartenden Kellner. Er bestellte ein opulentes Mahl und Tokayer als Getränk.

Schweigend aßen Cortone und Dulcan ... erst bei der Nachspeise, einem Obstsalat mit ungarischem Aprikosenschnaps flambiert, nahm Cortone das Gespräch wieder auf. Er lehnte sich zurück und faltete die Serviette zusammen.

»Lucretia haßt dich.«

»Das ist ihre Marotte. Dich haßte sie angeblich auch. Sie braucht den Haß als Stimulans. Mit dem Haß im Rücken ist ihr Unterleib besonders beweglich.«

»Man sollte dich ganz auf die Schnelle umbringen, Ted.«

»Warum?« Dulcan lächelte breit. Er bestellte Champagner und begann sichtlich, das gute Essen zu verdauen. Ein satter Mensch ist friedlich wie ein Regenwurm. Nur Tyrannen werden nach dem Essen aktiv, darum sind sie auch so unangenehm. »Maurizio, lassen wir Lucretia weg. Sie bringt kein Geld, sie kostet nur welches. Wenn wir miteinander sprechen, muß ein Geschäft dabei herauskommen. Denk an Randazzo . . .«

Cortone verzog das Gesicht. Jugenderinnerungen. Schon wieder. Man kam nicht los von ihnen. Aber wo gibt es einen Italiener, der fern seiner Heimat nicht von ihr träumt? In der Erinnerung verwandelt sich selbst der Staub auf den Straßen und der Müll hinterm Haus in Wiesen und Gärten.

»Die Sache in München ist ganz allein mein Werk! Ich brauche dazu keinen Kompagnon.«

»Aber jemanden, der dir Alibis verschafft.«

»Wozu Alibis?«

»Willst du in New York bleiben, wenn die Olympischen Spiele beginnen? Willst du die 30 Millionen von jemand anderem kassieren lassen?«

Cortone schwieg. Das Problem hatte ihn von Anfang an beschäftigt. Als dieser Dr. Hassler aus München-Solln den wahnsinnigsten Vorschlag machte, der jemals als Verbrechen ausgearbeitet wurde, hatte Cortone auch die Geldübergabe angeschnitten. Und Dr. Hassler hatte geantwortet: »Überlassen Sie das mir. Haben Sie Vertrauen. Ich will keinen Cent von diesem Geld — es wird ohne Abzug Ihnen gehören. Ich brauche kein Geld mehr. Mir geht es bei diesem Projekt um andere Werte. Auch die Geldübergabe werde ich regeln. Liefern Sie nur die Atombomben.«

Cortone hatte ihm vertraut, diesem unbekannten, fernen Dr. Hassler. Merkwürdigerweise empfand er dabei keinerlei Risiken. Ein Verrückter, hatte er nur gedacht. Andere Werte als Geld . . . das gab es für Cortone nicht. Aber man kann bei den Deutschen nie auslernen — sie sind immer für eine Überraschung gut. Man nenne ein Volk zwiespältigeren Charakters als das deutsche . . . wer's kann, dem gebührt ein neuer Nobelpreis für Forschung und Entdeckung.

So hatte sich Cortone ganz auf die Grundlagen der Erpressung konzentriert, hatte das Plutonium in der Wüste gestohlen und sein Kellerlabor eröffnet, hatte die Bomben mit einer Privatjacht nach Europa gebracht und dort an Land gesetzt. An einem einsamen Küstenstrich Portugals. Von dort an hatte Dr. Hassler den Weitertransport übernommen, bis vier Betongießer aus Kalabrien die gefährlichen Stahleier in die Fundamente des Olympiastadions von München eingossen. Vorher hatte man sie in einen Blechkasten gelegt, damit die hochempfindlichen elektrischen Impulszünder nicht naß wurden. Eine bewundernswerte Organisation, auf die Cortone stolz war.

»Ein Dr. Hassler übernimmt die Geldübergabe«, sagte er jetzt.

»Ich weiß.« Dulcan hob das Sektglas und nippte daran. Der Champagner war eiskalt und sehr trocken. Ein Genuß nach dem scharfen ungarischen Essen. »Aber kennst du diesen Dr. Hassler?«

»Nur brieflich und einmal telefonisch. Gesehen habe ich ihn nie.«

»Maurizio, mein Alterchen!« Dulcan schüttelte verblüfft den Kopf. »Das wäre dir früher nie unterlaufen.«

»Bei einem solchen Projekt ist Vertrauen die Grundlage«, knurrte Cortone. »Dieser Dr. Hassler nimmt kein Geld.«

»Sagt er.«

»Hat er bewiesen!«

»Er wartet auf die 30 Millionen.«

»Um sie abzuliefern.«

»Wie?«

Cortone schob die Unterlippe vor. Dulcan trieb ihn in die Enge. Er fragte nicht direkt, wie es leichter gewesen wäre . . . er wollte, daß Cortone es selbst sagte.

»Ich fahre natürlich nach München«, sagte er böse. »Rechtzeitig.«

»Und überall, wo du auftauchst, kannst du Alibis gebrauchen. Ein gutes Alibi aber ist soviel wert wie ein halbes Leben. Oder ein halbes Geschäft. Das ist meine Rede, Mauri. Das Münchner Projekt ist für einen allein eine Nummer zu groß . . . und außerdem sind wir Jugendfreunde und —«

Cortone hob die Hand. Sofort unterbrach Dulcan seinen Redefluß.

»Ted, nicht diese schiefen Töne. Ein paar Fragen.«

»Bitte.«

»Weiß die ›Gesellschaft‹ davon?«

»Nein. Das Syndikat ist ahnungslos. Aber wie lange noch? Auch in München hat es seine Männer. Die kleinste Andeutung . . . bei *der* Summe schaltet es sich unweigerlich ein. Du weißt, was das bedeutet?«

Cortone gab darauf keine Antwort. Als Vorstand einer ›Familie‹ hatte er jahrelang alle Praktiken durchexerziert. Kein Trick war ihm unbekannt. Vor allem aber kannte er Silone Dellaporza, das ›Familienoberhaupt‹. Bei 30 Millionen Dollar, der größten Erpressung der Menschheitsgeschichte, versagten auch die italienischen Familienbande . . . sie zerrissen unter der Schwere der Geldsäcke.

»Wann willst du nach München fahren?« fragte Dulcan in die Stille hinein.

»Sobald die Deutschen bereit sind, die Summe zu zahlen.«

»In kleinen Scheinen?«

»Ja.«

Das ist ein Lastwagen voll —«, sagte Dulcan ungläubig.

»Ich weiß es.« Cortone lächelte und nickte mehrmals. Es war seine Art, seinen Gedanken noch im Hirn Beifall zuzunicken, bevor er sie aussprach. »Man muß Ideen haben, Ted. Und mir fällt eine gute ein. Du hast recht, wir sollten uns zusammentun. Wir könnten uns in München gut ergänzen. Cheerio!«

Er prostete Dulcan mit dem Sektglas zu. Dulcan erwiderte den Gruß, aber er wurde sehr nachdenklich dabei. Es geht zu glatt, empfand er. Und eine Idee von Cortone im Zusammenhang mit mir kann nie etwas Gutes sein. Seine plötzliche Fröhlichkeit ist ein Signal der Gefahr.

Dulcan beschloß, sehr vorsichtig zu werden. Er trank den eisgekühlten Champagner und empfand es als wohltuend, daß er so kalt in ihn hineinrann und einen beginnenden Hitzestau zurückdrängte.

MÜNCHEN

Die ›Sonderkommission Olympia‹ hatte sich festgebissen. Nicht an einer Spur, sondern an der Unlösbarkeit ihres Auftrages. Noch nie war eine Sonderkommission der Polizei so hilflos und allein gelassen gewesen wie jetzt die 150 Experten aus verschiedenen Dienststellen. Die Mehrzahl saß auf dem Oberwiesenfeld herum, noch immer in der Hoffnung, durch einen Zufall oder Hinweis die Bomben zu entdecken oder durch Indiskretionen eine Personenspur aufzurollen. Durch die höchste Geheimhaltungsstufe fiel die sonst so wertvolle Unterstützung der Bevölkerung und eine Belohnung weg, die man wohl in Anbetracht der Einmaligkeit der Drohung auf eine Million festgesetzt hätte. Das hatte das Innenministerium vorgeschlagen. Eine Million Belohnung, die höchste in Deutschland überhaupt, seitdem man für Beihilfe zur Verbrechensbekämpfung Kopfgeld aussetzte, würde vor allem die in Deutschland sehr stille Unterwelt mobil gemacht haben. Das große Geld war ohne ein noch größeres Risiko in Europa sowieso nicht für die Ganoven zu verdienen ... da bedeutete eine Million die geradezu einsame Spitze mühelosen Verdienstes. Aber das Innenministerim wurde auf einer Kabinettsitzung in Bonn überstimmt. Die Gefahr, daß die Olympischen Spiele bei Bekanntwerden der Tatsache, daß zwei A-Bomben im Stadion lagen, auseinanderbrechen würden, war größer als die gegenwärtige Bedrohung. Das kritische Stadium war noch nicht erreicht. Man wollte warten.

»Worauf eigentlich?« fragte Beutels in die Runde, die jeden Tag im Münchner Polizeipräsidium zusammentraf, um sich nach einer Stunde Ringdebatte (Ring deshalb, weil sich alle Sätze in den Schwanz bissen, wie Beutels es nannte, also sinnlos waren), nach Vorschlägen und Berichten wieder zu trennen. An diesen Tagesbesprechungen nahmen die leitenden Herren der Sonderkommission teil, ab und zu auch der Präsident des Nationalen Olympischen Komitees, der Bayerische Innenminister, der Bundesinnenminister und wöchentlich mindestens viermal ein neuer Experte, der einen Vortrag hielt, bis Beutels schließlich feststellte:

»Noch so weiter bis August, dann promoviere ich als Physiker!«

Von Bonn hörte man wenig. Die Bundesregierung hatte die anderen Staaten auf diplomatischem Wege benachrichtigt und ihnen zugesichert, die 30 Millionen Dollar zu zahlen. Als Gastland war man das schuldig. Aber damit war das Problem nicht aus der Welt geschafft. Schon kamen Äußerungen nach Bonn, daß man die Sportler nicht auf A-Bomben ihre Kämpfe austragen lassen könnte, ganz abgesehen davon, daß bei einer Aufklärungsschwierigkeit bis zum Beginn der Spiele — Diplomaten drücken sich immer äußerst gewählt aus — eine Zusicherung des Besuches hoher Würdenträger nicht gegeben werden könne. Übersetzt in einfaches Deutsch: Wenn die Olympischen Spiele in München begannen, bevor man die Bomben gefunden hatte, würde das Orchester Edelhagen die Olympische Hymne vor leeren Prominententribünen spielen. Keine Königin von Holland, kein König von Norwegen und Schweden, kein Schah von Persien und kein Kaiser von Äthiopien, kein Herzog von Edinburgh und keine Prinzessin Anne.

»Von dieser Blamage wird sich Deutschland nie mehr erholen!« sagte der Präsident des Olympischen Komitees in der letzten Besprechung und wirkte wie ein Greis, von dem man eine Riesenwelle am Reck erwartet. »Ein Milliardenverlust und tödliche Lächerlichkeit. Und vor allem: Das ganze Olympiafeld wird ein toter Platz sein, solange man die Bomben nicht gefunden hat! Auf Jahre hinaus, immer ... denn jeden Augenblick können die Sprengsätze hochgehen! Eine Geisterstadt mit einer ständigen Bedrohung ... Undenkbar!«

»Das ist uns allen klar.« Beutels, der nur noch Brissago-Zigarren rauchte und dessen Stimmung immer dumpfer wurde, vor allem humorlos, was äußerst gefahrvoll war, blickte hinüber zu Ric Holden. Auch der Wundermann aus Washington versagte. Bisher hatte er nur mit Bossolo gesprochen und sich um Helga Baumann gekümmert. Der Russe Lepkin ließ überhaupt nichts von sich hören ... ein Informant, den Beutels ausschickte, berichtete, der aus der Art geschlagene Sowjet säße in den Bars des Holiday Inn und amüsiere sich mit Mädchen und viel Alkohol. Der Franzose Jean-Claude Mostelle, rund und aus reiner Höflichkeit zusammengesetzt, brütete seit Tagen über den Grundrißplänen und las immer wieder die bisher vorliegenden Aussagen durch. Mittags fuhr er in die Stadt, aß in der Bonne Auberge heimatlich und mit der Würde, die nur ein Franzose am Tisch zelebrieren kann, trank einen Rosé und kehrte in sein Barackenzimmer auf dem Oberwiesenfeld zurück. »Wir müssen noch einmal Bossolo verhören«, sagte Beutels. »Er ist das einzig Konkrete, was wir bisher haben.«

»Und dieser Mann im Englischen Garten, der hinkt oder das Bein nachschleift? Das Gehirn der ganzen Sache!« Holden überflog ein Telegramm, das ihm ein Bote gebracht hatte. »In New York wird gegenwärtig Maurizio Cortone verhört. Bei ihm hat Bossolo einmal gearbeitet. Cortone unterhält eine Sportschule.«

»Das ist doch wohl absurd!« Beutels rutschte wütend in seinem Stuhl nach hinten. »Ein Sportlehrer, der Atombomben baut!«

»Ein Europäer kann sich kein Bild von den Verhältnissen in den USA machen«, sagte Holden ruhig. »Was Sie als Sportlehrer bezeichnen, ist bei uns fast ein Trust. Und auch dieser ist nur eine Tarnung für Geschäfte, die einen Umsatz bringen, wie sie bei Ihnen mittelgroße Stahlwerke verbuchen. Maurizio Cortone ist eine bekannte unbekannte Größe. Wir kennen seine Geschäfte, aber wir können sie ihm nicht nachweisen.«

»Sehen Sie, Holden, und darin unterscheidet sich nun wieder Europa von den USA!« sagte Beutels voller Gift. »Wenn ich etwas weiß, dann weise ich das auch nach. Darauf können Sie sich verlassen! Ein Mensch wie dieser Cortone würde bei mir nicht alt!«

»Ein Cortone würde auch nie nach Deutschland kommen, um geschäftlich tätig zu werden.«

»Also liegt es an Ihren Gesetzen!« Beutels war glücklich, sich Luft zu machen. Daß ausgerechnet Holden das Ventil öffnete, war dessen persönliches Pech. »Man kann demokratische Freiheit auch übertreiben. Ihre Kriminalstatistik beweist ja, daß das Fiasko von Jahr zu Jahr größer wird und —«

Es wurde ein temperamentvoller Vormittag. Auf das Mittagessen verzichtete Beutels. Statt dessen ließ er Bossolo aus der Zelle holen. Der kleine Italiener erschien mit lautstarkem Protest. Immer Volkslieder singen ermüdet, und jeder Protest zerbricht an der Zeit. Das war die Antwort von Beutels, als die Zellenwache sich beschwerte, der Italiener singe Tag und Nacht. Auch Hans Bergmann in der Nebenzelle hatte sich nach anfänglichen Protesten beruhigt. Er saß an seinem Tischchen und schrieb. Papier und einen Bleistift hatte Beutels ihm erlaubt. »Ziehen Sie vom Leder!« hatte er gesagt. »Nach dem 27. August dürfen Sie alles veröffentlichen. Trösten Sie sich mit Karl May. Auch aus ihm wurde im Gefängnis ein Volksdichter! Sie haben eine große Karriere vor sich, Bergmann.«

»Ein paar Fragen«, empfing Beutels freundlich den gestikulierenden Bossolo. »Nimm Platz, mein Römer, eine Zigarette? . . . Nein? . . . Auch gut. Protestiere weiter, es hilft dir nichts!«

»Ich wünsche meinen Konsul!« schrie Bossolo heiser.

»Ich serviere ihn dir auf einer silbernen Platte, wenn du mir sagst, was du in New York bei Maurizio Cortone getan hast.«

Bossolo verdrehte schaurig die Augen, eine Meisterleistung, mit der er schon als Kind Mitleid erregt hatte. Beutels zeigte sich wenig beeindruckt, zuckte aber zusammen, als Bossolo laut schrie:

»Ich kenne New York nicht.«

»Und Cortone?«

»Nie gehört!«

Es erschien Bossolo als das Beste, bei dieser Version zu bleiben. Im Keller des Münchner Polizeipräsidiums zu leben, war wenigstens ein Leben mit der sicheren Hoffnung, wieder herauszukommen. Von Cortone zu erzählen, war mit Sicherheit der Anfang vom Ende, die Begrenzung des Lebens auf jenen Zeitabschnitt, in dem man auf der Flucht vor Cortones Rache sein würde. Es war eine Zukunft, von der Pietro Bossolo nie geträumt hatte und mit der auch seine Familie in Kalabrien nicht einverstanden gewesen wäre.

»Es ist gut«, sagte Beutels gelangweilt. »Wir haben alles überprüft. Es stimmt. Du wirst übermorgen wieder entlassen.«

Verstört tappte Bossolo in seine Zelle zurück. Er verstand die Welt nicht mehr. Bisher hatte er die Deutschen als Inbegriff der Gründlichkeit bewundert und gefürchtet, und es war ihm auch klar gewesen, daß seine New Yorker Vergangenheit ans Licht gezogen würde ... dann hätte man gestanden, überführt, nicht freiwillig, das konnte auch ein Cortone nicht übelnehmen ... aber jetzt? Überprüft und nichts gefunden? Ins Leere gestoßen, bei einem Pietro Bossolo? Das verstand er nicht, und er saß lange grübelnd auf seiner Pritsche.

Merkwürdig — plötzlich schmeckte auch seine für übermorgen angekündigte endgültige Freiheit sauer wie abgestandener Wein.

Sie belügen mich, dachte Bossolo. Sie belügen mich alle! Ich werde auch auf meine 10 000 Dollar Belohnung verzichten. Zurück nach Kalabrien, ein Jahr verstreichen lassen, sich ausruhen, weg vom Fenster sein, in der Sonne liegen und genießen, daß man lebt. Dafür hat man genug verdient in München und genug gespart.

Er beschloß, sofort nach seiner Entlassung zum Hauptbahnhof zu fahren und den nächsten Zug nach Italien zu besteigen. Eine Dummheit macht man nur einmal. Ausnahmen darin bilden nur die Politiker.

Am Nachmittag dieses Tages erschien nach kurzem Anklopfen der Kunstmaler Anton Harlinger im Apartment des sowjetischen Handelsreisenden Lepkin.

Lepkin lag auf der Couch, rauchte eine englische Zigarette, las in dem deutschen Magazin ›Der Spiegel‹ und ließ sich von leiser Radiomusik berieseln. Er sah kurz zur Seite und zeigte auf einen Sessel am Fenster.

»Nehmen Sie Platz, Iwan Prokojewitsch.«

»Eine wichtige Neuigkeit, Stepan Mironowitsch: Bossolo wird übermorgen freigelassen.«

»Sieh an.« Lepkin richtete sich auf und warf den ›Spiegel‹ weg. »Die Tage der Ruhe sind vorbei. Ist alles vorbereitet, Genosse Smelnowski?«

»Wie gewünscht, Genosse Major.«

»Sie haben einen schalldichten Raum?«

»Ich habe einen Hobbykeller ausgebaut, in dem ich Schießübungen veranstalte. Man hört keinen Schuß außerhalb des Kellers, nicht mal eine Nagan. Eine menschliche Stimme zu hören, wäre unmöglich.«

»Bedenken Sie, Bossolo wird nicht flüstern.«

»So laut ist kein menschlicher Kehlkopf, Genosse, wie eine Nagan.«

»Ich werde mich mit Holden über alte Zeiten unterhalten.« Lepkin sprang von der Couch, drückte die Zigarette aus und trat ans Fenster. Unter ihm wälzten sich die Autoschlangen zur Stadt hinaus. Büroschluß. Trotz U-Bahn und breiten Ausfallstraßen brach jeden Nachmittag der Verkehr in München zusammen. Am Morgen bis 1/2 9 Uhr das gleiche Bild . . . eine träge, bunte Blechschlange, umgeben von Dunst und Gestank, langsam weiterkriechend, knurrend, aufschreiend, kreischend. Der Drache im Märchen lebte wirklich. Er hieß Fortschritt, Zivilisation, Wohlstand.

Für Lepkin, den Russen, war es immer faszinierend, dieses Schauspiel zu betrachten. In New York, Paris, Rom, München, London, Hamburg, Mailand, Chicago, New Orleans, Turin, Köln oder Stuttgart . . . die Riesenviper aus buntem Blech, von der der Mensch dachte, er regiere sie, während er längst von ihr gefressen war. An solchen Abenden bekam Lepkin Sehnsucht nach seiner russischen Weite, nach dem klaren Himmel und der frischen Luft, die beim Atmen noch die Lunge mit Sauerstoff aufblähte und nicht mit Giftgasen und Chemikalien. Warum eigentlich die Eile, dachte Lepkin oft, wenn er im Westen war. Unsere Politik ist falsch. Schweigen wir von der Weltrevolution, warten wir ab . . . der Westen vergiftet sich selbst. Es bleibt uns später vorbehalten, die Überlebenden aufzusammeln. Eine fast humanitäre Eroberung.

»Wann soll ich mich um Bossolo kümmern?« fragte Smelnowski, als Lepkin versonnen schwieg und die Autoschlange betrachtete.

»Das überlasse ich Ihnen, Iwan Prokojewitsch. Die Vorbedingung ist: unauffällig. Er muß plötzlich verschwunden sein.«

»Von übermorgen früh an wird immer ein Genosse das Präsidium überwachen.«

»Nehmen Sie zwei, Smelnowski. Bossolo kann auch aus dem Seitenausgang kommen.«

»Und wie erreiche ich Sie, Genosse Major?«

»Ich rufe Sie an, Iwan Prokojewitsch.« Lepkin ließ die Gardine zurückfallen und trat ins Zimmer zurück. »Ich werde mit Holden einen kleinen Schwabingbummel machen. Irgendwann wird sich die

Gelegenheit ergeben, ein Telefon aufzusuchen. Versagen Sie nicht, Smelnowski.«

Iwan Prokojewitsch schüttelte den Kopf und verließ schnell das Zimmer. Der letzte Satz bewies ihm, daß Lepkins äußeres Bild täuschte. Er war kein Sorgenkind, wie ihn Abetjew manchmal nannte, wenn Lepkin allzu dekadent von seinen westlichen Ausflügen nach Moskau zurückkam. Die Worte »Versagen Sie nicht!« waren beste Kremlvokabeln. Ein Eishauch aus meterdicken Gewölben.

An diesem Abend telefonierte Lepkin mit Holden. Er hatte Glück, Ric war auf seinem Zimmer im Sheraton-Hotel. »Ein Vorschlag, Brüderchen«, sagte Lepkin bewußt breit in bilderbuchhafter russischer Ausdrucksweise. »Gehen wir ein gutes Stück essen? Amerikanisch oder russisch, wie willst du?«

»Bayrisch!« sagte Holden und wunderte sich über diese Einladung. »Lepkin, eine Frage: Langweilen Sie sich trotz der schönen Mädchen im Holiday Inn? Warum sieht man Sie nicht mehr in der Sonderkommission? Ihr Vaterland wird böse sein.«

»Ich halte nicht viel vom Theoretischen.« Lepkin betrachtete seine Hände. Die Nägel mußten wieder manikürt werden; er nahm sich vor, diese Zeit in seinen Plan einzukalkulieren und morgen früh zwei Stunden für Friseur und Nagelpflege zu reservieren. Wenn Abetjew dies erfuhr, würde er wieder mit den Augen rollen und düster weissagen: »Stepan Mironowitsch, es wird so weit kommen, daß wir Sie umerziehen müssen. Danken Sie dem Himmel, daß Sie einen Freund in mir haben.«

Ric Holden konnte mit dieser Antwort nichts anfangen, aber sie machte ihn trotzdem vorsichtig. »Alles, was wir bisher tun konnten, ist Theorie. Oder haben die Sowjets Konkretes in der Hand?«

»Noch nicht.«

»Ihr ›noch‹ beunruhigt mich, Lepkin.«

»Unterhalten wir uns übermorgen darüber, ja? Soll ich zu Ihnen kommen oder holen Sie mich ab?«

»Ich hole Sie ab, Lepkin.« Holden machte sich eine schnelle Notiz auf dem neben dem Telefon liegenden Block. »20 Uhr?«

»Sehr gut, Brüderchen. Ich wünsche einen netten Abend.«

Holden legte langsam auf. Hinter Lepkins Freundlichkeit und seiner Einladung verbarg sich irgendeine Aktion. Man kannte sich gegenseitig zu gut, als daß ein Zusammentreffen nur aus reiner Freundschaft stattfinden konnte.

Holden überdachte noch einmal alles, was in der letzten Besprechung der Sonderkommission gesagt worden war. Automatisch blieb er bei einer Sache hängen: bei der Freilassung Bossolos.

Der kleine Italiener war das einzige Nichttheoretische an dem ganzen Fall. Er war zwar harmlos, nur ein winziges Glied in einer noch unbekannten, verdammt langen und dicken Kette, vielleicht sogar das letzte Glied, das man abkneifen konnte, ohne die Kette an sich zu gefährden, aber irdendwie schien Lepkin ein stilles und damit gefährliches Interesse an Bossolo zu haben.

»Wir kennen uns zu gut, Lepkin!« sagte Holden zufrieden und hob den Hörer wieder ab. »Zum erstenmal wird die Partie 1 : o für mich ausgehen.«

Dann führte er ein Gespräch mit dem CIA-Kollegen im Hauptquartier der US-Armee in Bayern.

Pietro Bossolo, der kleine Mann mit der Sehnsucht nach kalabrischer Sonne, geriet zwischen Mahlsteine, die ihn zermalmen sollten.

MÜNCHEN-HARLACHING

Helga Bergmann wunderte sich nicht, daß Ric Holden draußen vor der Tür stand, als es klingelte und sie öffnete. Statt Blumen — welcher Amerikaner bringt Blumen mit, wenn er nicht bereits von den Europäern verdorben ist? — hielt Ric eine Flasche Whisky hoch und lachte an ihr vorbei mit seinem breiten, jungenhaften Lächeln, von dem er wußte, daß es unwiderstehlich war. Dieses Lächeln legte sein Gesicht in kleine Falten, und es gehört zu den Rätseln der Frauen, daß sie ein fältchenreiches Männergesicht mehr goutieren als eine glatte Haut. Gepaart mit einer gewissen, alles niederwalzenden Brutalität wird so ein Wesen zum *Mann*, dem man sich ergibt wie einer Meereswelle, der man sich entgegenwirft.

Holden ging an Helga vorbei in die kleine Atelierwohnung und stellte die Flasche auf den Tisch. Er war für zwei Personen gedeckt, was Holden mit plötzlichem Mißfallen feststellte.

»Darf ich?« fragte er.

»Sie sind ja schon drin!« sagte Helga kurz angebunden.

»Ich habe mir eine Flasche Whisky gekauft —«

»Das sehe ich.«

»Lassen Sie mich die Lage erklären, Helga. Also, ich kaufte mir eine Flasche Whisky, ging auf mein Zimmer, starrte die Flasche an und hörte auf einmal, wie die Flasche zu mir sagte: Alter Junge, was ist denn los? Willst du mich allein leertrinken? Welch eine triste Aussicht. Ich schmecke besser in Gesellschaft. Denk einmal nach, wer könnte bei einem so guten Whisky mitmachen? — Sie müssen zugeben, Helga: Wenn eine Flasche so zu einem spricht, das geht an die Seele. Ich habe sie also in die Tasche gesteckt und bin hierher gekommen.«

»Warum ausgerechnet zu mir?«

»Ich wüßte in München keinen Platz, wo man eine so gute Flasche Whisky würdiger trinken könnte.«

Holden setzte sich, schlug die Beine übereinander und zeigte mit ausgestrecktem Finger auf den Tisch. In seinen Augen lag die stumme Frage. Helga nickte.

»Ja, ich erwarte Besuch.«

»Wie gut, daß man die deutsche Sprache beherrscht. Sie sprechen im Präteritum. Der Besuch kommt also nicht mehr?«

»Er ist da.«

Es war nicht leicht, Holden verstummen zu machen, aber diese nüchterne Feststellung verschlug ihm die Sprache. Er faltete stumm die Hände über den Knien und sah zu, wie Helga aus dem Kühlschrank eine Platte mit fertigen Sandwichs hervorholte und zwei Gläser aus dem Regal nahm. Als sei das alles selbstverständlich, nahm sie ihm gegenüber Platz und betrachtete Holden mit ihren kühlen, etwas hochmütigen Augen. Ein Blick, an dem so manche männliche Initiative abgeprallt war. Auch Holden, von Frauen verwöhnt und sieggewohnt, spürte etwas von der Schwere der Aufgabe, die er sich vorgenommen hatte. Es war ein seltenes, aber merkwürdig angenehmes Gefühl.

»Sie haben *mich* erwartet?« fragte er, als Helga die Flasche aufschraubte und eingoß.

»Ja.«

»Wieso?«

»Ein Mann, der wie ein Spürhund eine Spur aufnehmen will – und die Spur ist mein Bruder –, muß automatisch dort erscheinen, wo die Spur beginnt. Einem Polizeihund hält man ein Kleidungsstück des Gesuchten an die Nase und sagt: Such! Such! – Warum sollten Sie anders sein?« Sie machte eine weite, alles umfassende Armbewegung. »Sie finden alles hier, was Sie brauchen. Nun fangen Sie an.«

»Mit Trinken? Bitte.« Holden hob sein Glas. »Auf das kälteste Mädchen zwischen Nordpol und Südpol!«

»Haben Sie erwartet, daß ich Ihnen um den Hals falle?«

»Nicht so direkt. Aber ich habe auch nicht gedacht, daß man Sie mit einem Laserstrahl auftauen müßte. Wissen Sie übrigens, daß Laserstrahlen das einzige Mittel sind, um Eisberge zu durchbohren? Sekundenschnell?«

»Sie betrachten sich als Laserstrahl? Wieviel Sekunden geben Sie sich?«

»Sechzig«, sagte Holden.

»Also eine Minute?« Helga Bergmann griff nach einem Sandwich. In ihren Augen tanzte ein Funke. »Um das Brot zu essen, brauche ich mehr als sechzig Sekunden.«

»Ein kleines, armes, unschuldiges Sandwich.« Holden sprang plötzlich auf. Es geschah so unverhofft, so völlig aus dem Nichts heraus, daß Helga seine Nähe erst registrierte, als es schon zu spät war. Sie sah das belegte Brot in einem hohen Bogen zur Wand fliegen und spürte erst dann, daß er es ihr aus der Hand geschlagen hatte. Im gleichen Augenblick umfaßten sie seine Arme, rissen sie hoch, drückten sie an seine breite Brust, und wenn sie jetzt noch an Abwehr gedacht hätte, wäre es bestimmt zu spät gewesen. Sie spürte seine Lippen auf ihrem Mund, preßte selbst hastig die Lippen zusammen und hielt die Augen weit offen. Das war ihr größter Fehler, denn sie starrte genau in seinen Blick, in einen Glanz, der sie gegen ihren Willen schwach werden ließ, der alle Gegenwehr aus ihr heraussaugte wie ein riesiger Magnet.

»Zwanzig Sekunden«, hörte sie Holden auf ihren Lippen sagen. »Mädchen, wir haben noch vierzig Sekunden vor uns . . .«

Das »Mädchen« besiegte sie endgültig. Sie öffnete die Lippen und erwiderte seinen Kuß. Und sie blieben weit über sechzig Sekunden zusammen, sahen nicht mehr auf die Uhr, der Whisky wurde warm und die Sandwichs bogen sich, weil sie austrockneten. Als sie später Durst bekamen und Hunger und sich über Flasche und Tablett hermachten, waren sie nicht mehr wählerisch, sondern tranken und aßen alles so, wie es eben da war, sanken dann wieder zurück und verkrallten sich erneut ineinander.

Einmal sagte Holden: »Ich werde mich darauf spezialisieren, Eisberge zu schmelzen!«

Und sie antwortete: »Du wirst in dem Schmelzwasser ertrinken . . .«

Das Morgengrauen erlebten sie unter den träge ziehenden Rauchschwaden ihrer Zigaretten, die wolkengleich in niedriger Höhe über ihre nackten Körper schwebten. Es war eine rote Dämmerung, das Atelierfenster begann zu glühen, man hatte das Bedürfnis, die Gardinen vorzuziehen, um das Blut nicht vom Himmel in die Wohnung tropfen zu lassen. Es würde ein warmer Frühlingstag werden, einer jener Tage, an denen die Knospen aufbrechen, als sei die Sonne ein Hammer, der Panzer aufschlägt.

»Warum das alles?« fragte Helga mit einer schrecklich nüchternen Stimme.

Holden hob den Kopf. Die Frage riß ihn weg von einem romantischen Gedanken, den er seiner Seltenheit wegen genoß. Er hatte gedacht: Ich liebe sie.

»Was heißt warum?« fragte er zurück.

»Diese Nacht.«

»Helga —«

»Ich habe bisher einen Mann gehabt. Du bist der zweite. Darauf kannst du stolz sein. Der erste war mein Lehrmeister, ein kleiner, dürrer Fotograf. In der Dunkelkammer drückte er mir den Kopf in das Entwicklerbecken und ließ mir die Wahl, entweder zu versaufen oder stillzuhalten. Ich hielt still, und was er mit mir anstellte, war ekelhaft. Davon hat niemand erfahren, nicht einmal Hans. Da bist du auch der erste. Von diesem Tag an habe ich mir geschworen, mir den Mann selbst auszusuchen, der an mich herankommt. Ich habe ihn nie gefunden. Und nun bist du da . . . und alles ist so sinnlos.«

»Sinnlos? Warum?«

»Unsere Liebe ist doch eine Dummheit, nicht wahr?«

»Ich sehe es anders, Mädchen.«

»Sie hat keine Zukunft. Es ist absurd, einen Mann vom Geheimdienst zu lieben.«

»Das sagt Harold Josoa Berringer auch immer. Dabei ist er selbst verheiratet und hat drei Kinder. Ein glücklicher Familienvater.«

»Dazu muß man eine Begabung haben, Ric.«

»Es gibt überall Spätentwickler.«

»Machen wir uns nichts vor, Ric.« Sie stützte sich auf einen Ellbogen und beugte sich über ihn. Ihre schönen, festen Brüste drückten mit den Spitzen gegen seine Brusthaare. Das Morgenrot, kitschig, wenn es in dieser Phrase jemand malen würde, färbte ihre Leiber mit einem eigentümlichen Goldorangeton. »Du hast vorhin geschlafen.«

»Wirklich?« Er lachte mit einem gutturalen, zufriedenen Unterton. »Das wäre mir früher nie passiert. Ich habe aber auch noch nie einen Eisberg geschmolzen. Ist eigentlich niemand da, der meine Leistung bewundert?«

»Ich bewundere dich rückhaltlos, Ric. Du bist ein Phänomen! Der Held aller Helden. Der wiedererstandene Herakles. Aber du hast geschlafen. Genau eine Stunde.«

»Ich habe einen Wecker in der siebenundzwanzigsten Hirnwindung.«

»Und während du geschlafen hast, hatte ich Zeit, nachzudenken.«

»Das ist schlecht. Es ist immer schlecht, wenn Frauen an der Seite eines schlafenden Mannes Zeit haben zum Nachdenken. Meistens sind es zerstörerische Gedanken. Weiß der Teufel, warum.«

»Ich habe gedacht: Da liegt er nun, mein zweiter Mann. Der erste war ein Schwein, ein geiler, kleiner emsiger Bock, der sein Lehrmädchen von hinten besprang, wie es Tiere eben tun. Der zweite ist ein Kerl vom amerikanischen Geheimdienst, dessen Bett die ganze Welt ist. Warum gerate ich an solche Männer? Laufen nicht Millionen von vernünftigen Männern herum? Aber ich gerate an die Extreme. Den einen hätte ich täglich ermorden können – und einmal hätte ich es beinahe getan, mit der Papierschere, ich hatte sie schon in der Luft, um zuzustoßen –, den anderen liebe ich, Gott verdamme mich dafür, und ich weiß genau, daß man die Stunden mit ihm abzählen kann. Hinterher wird wieder nichts kommen, die große Leere, das dumme Warten auf die ›große Liebe‹, auf den berühmten Funken, der springen muß. Ich bin ein altmodisches Mädchen, Ric, das ist es vielleicht. Ich bin keine moderne Nutte, die ins Bett geht, wenn's nötig ist, wenn's unter der Haut kribbelt und man etwas haben muß. Dann stelle ich mich unter die Dusche und drehe das kalte Wasser auf. Wie der heilige Aloysius — oder war's Antonius? —, der sich mit dem nackten Hintern in einen Ameisenhaufen setzte, um die Fleischeslust zu töten. Was ist Liebe, habe ich mich oft gefragt? Ich kenne sie nicht. Im Atelier seufzen die lesbischen Weiber, wenn ich sie anfasse, und die schwulen männlichen Modelle ekeln mich an. Ab und zu taucht jemand auf, der sich sehr männlich vorkommt und dem sich nach zehn Worten die Hose beult. Was für Fatzken! Und nun bist du da, hast da neben mir gelegen und geschlafen, dein Körper roch nach Schweiß, die Haut glänzte noch, ich habe die Muskeln gezählt wie beim Anatomieunterricht und konnte dich lange ansehen, dich, den Mann, der in mir gewesen ist. Da habe ich gefroren.«

»Das ist seltsam.« Er schlang die Arme um sie und zog sie näher an sich. Ihre Brüste preßten sich flach an ihn. »Ich will dich wärmen.«

»Ich habe Angst vor deinem Weggehen, obwohl ich schon vorher wußte, daß du weggehst. Ist das nicht irrsinnig? Ich weiß von Anfang an, daß wir uns trennen, und friere trotzdem bei dem Gedanken?!« Sie legte den Kopf neben seine Wange, lag nun auf ihm wie eine Decke. »Das ist Liebe, habe ich mir gesagt. Verdammt, das ist Liebe! So wird es nie wieder sein . . .«

Sie schwiegen, und jeder ließ dem anderen Zeit, seine Gedanken zu ordnen. Es war schwierig, Ordnung in sie hineinzubekommen, ein ganzer Haufen lag da, einfach hingeschüttet, und nun mußte man sortieren und Sinn hineinbringen.

Für Holden, der wie immer unkompliziert dachte, gab es kaum Probleme. Bis Ende August blieb er in München, das war eine gute und lange Zeit. Sie reichte aus, um sich darüber klar zu werden, was man Mr. Berringer in Washington erklären wollte, wenn man wieder zurückgekommen war. Auf keinen Fall würde Berringer ohne Kampf bereit sein, seinen besten Außenagenten sang- und klanglos in einem Büro verschwinden zu lassen, damit er »Akten auffraß«, wie Berringer die Innentätigkeit beim CIA charakterisierte. An den politischen Brennpunkten der Welt erwartete man einfach Ric Holden, wie auf der anderen Seite Stepan Mironowitsch Lepkin nie fehlte. Es war wie ein sportlicher Kampf oder — von den Russen aus gesehen — wie ein Schachspiel. Die Nebenleute wechselten, aber die Spielführer blieben. Sein Rückzug hinter einen Schreibtisch würde für Berringer eine Umorganisation des Außendienstes bedeuten. Es war schon jetzt sicher, was Berringer sagen würde: »Ric, Sie haben den Verstand verloren. Sie wollen eine Herde bester Stuten verschenken, um nur noch auf einem Pferd zu reiten? Gerade Sie?! Hat Old Germany Sie schwermütig gemacht? Junge, ich bin bereit, aus der CIA-Kasse Ihnen eine Woche Las Vegas zu finanzieren, mit allem Drum und Dran, damit Sie auf andere Gedanken kommen. Aber ich habe es geahnt! Diese deutsche Romantik! Burgen, Schlösser, deutsche Mädchen im Dirndlkleid. ›Warum ist es am Rhein so schön?‹, ›In München steht ein Hofbräuhaus‹, ›Ich hab' mein Herz in Heidelberg verloren‹, ›Wo die Nordseewellen rauschen‹ . . . Ric, Sie Idiot, ich habe nicht erwartet, daß man Sie in Deutschland zu einer Ansichtspostkarte umfunktioniert!« Und Holden würde antworten: »Mr. Berringer, Sie können von mir aus einen Herzinfarkt bekommen: Ich liebe Helga. Ich will eine Familie gründen und werden wie Sie: ein Familienvater mit einem Häuschen in Rosslyn.«

Es war zu erwarten, daß Harold Josoa Berringer dann erst mit den Schwierigkeiten anfing. Aber sie waren zu überwinden.

»Du?« sagte Helga plötzlich.

Holden nickte. Er hielt sie noch immer auf sich und umfaßt.

»Ja?«

»Verstehst du was von Werbung?«

»'ne ganze Menge. Ich gebäre Slogans wie Fische Eier.«

»Wir könnten eine Werbeagentur aufmachen. Du den Text, ich die Fotos. Ich kenne eine Kompanie von Managern . . . wir hätten einen Blitzstart.« Sie wälzte sich zur Seite und streckte ihre Hand aus. In den verblassenden Rotschimmer des Sonnenaufgangs schrieb sie mit spitzen Fingern hinein: ›Ric und Helga. Werbe-Agentur‹. »Wie klingt das? Gut, nicht wahr?«

»Sehr gut.« Er küßte ihr Ohrläppchen, das ihm am nächsten war, und lächelte gutmütig. »Wir werden einen tollen Erfolg haben.«

Im stillen aber dachte er: Wie kann ich hier in München bleiben? Das ist absurd. Ich muß sie langsam daran gewöhnen, an Washington zu denken.

Als die Sonne schien, liebten sie sich wieder.

ZELLE 14

Darauf habe ich nur gewartet: Kriminalrat Beutels hat mir mitgeteilt, daß ich tot bin.

Bisher hieß es nur immer, ich sei kaltgestellt. Einfach verschwunden, um meinen Informanten aus der Reserve zu locken. Aber Gustav wird ihnen allen etwas blasen . . . er sitzt ja mitten unter ihnen und weiß genau, daß ich hier unten in Zelle 14 hocke und die jeweiligen Wachtmeister vom Dienst ihren Pensionsanspruch sauer verdienen lasse. Wenn man als Mensch mit schöpferischer Intelligenz in einer engen Zelle allein gelassen wird, soll sich niemand wundern, wenn dieses mit Ideen aufgeladene Gehirn auch Ideen ausspeit. Die Reaktionen der Beamten sind dabei der Treibstoff, der meinem Motor immer wieder Kraft gibt.

Ein beliebtes Spiel ist das Fieberspiel. Ein Außenstehender glaubt gar nicht, wie groß die Angst vor Krankheit und Ansteckung in der

Haft ist. Legt man sich hin, hält sich den Kopf und stöhnt, man habe Fieber, kann man damit rechnen, sehr schnell einem Arzt vorgeführt zu werden. Hier im Präsidium ist es immer der diensthabende Polizeiarzt.

Viermal habe ich Fieber gespielt. Viermal kam der Arzt in meine Zelle, untersuchte mich und befand, daß ich gesund sei. Da es bei den ersten drei Malen immer ein anderer Arzt und eine andere Wachmannschaft war, fiel es nicht auf . . . heute aber begann das erwartete Toben, denn Oberwachtmeister Kunzelfrey — er heißt wirklich so — hatte Dienst, und der Polizeiarzt Dr. Schwartz (mit »tz«, darauf legt er Wert) kannte mich auch schon als Simulant. Als ich klopfte und schrie: »Ich habe Fieber!«, brüllte Kunzelfrey zurück: »Ich kuriere Sie mit einem Eimer Wasser!«

»Sind wir beim Doktor Eisenbart?« schrie ich. Und Kunzelfrey, nach einem nervösen Stocken, geiferte durch die Tür:

»Beleidigen Sie nicht den Arzt, Sie! Nach der neuen Dienstvorschrift dürfen wir Bärte tragen!«

Erst da fiel mir ein, daß Dr. Schwartz einen Bart trug, so einen modernen, kleinen Kinnbart, eine ›gestutzte Ziege‹, die männlich wirken soll und doch nur die Oberschenkel der Frauen zerkratzt.

Es ging hin und her, bis Kunzelfrey die Klappe in der Tür öffnete und mich anstarrte. Ich hatte mir Wasser übers Gesicht gespritzt und wirkte nun wie in Schweiß gebadet.

»Fiebernde schwitzen!« sagte ich mit elender Stimme. »Mir läuft's bis in die Schuhe.«

Zehn Minuten später war Dr. Schwartz mit »tz« da. Natürlich stellte er eine völlig normale Temperatur und einen nur durch das Brüllen mit Kunzelfrey beschleunigten Puls fest, und auch den kalten Schweiß erkannte er als Leitungswasser. Herztätigkeit normal. Ich weiß, ich bin ein gesunder Bursche.

»Warum tun Sie das?« fragte Dr. Schwartz geduldig und packte Stethoskop und Thermometer wieder weg. Er kam mir vor wie ein ratloser Psychiater, der einen Irren beobachtet und nicht versteht, daß dieser auf dem Kopf steht, wo er nach Abschluß der Behandlung doch auf den Händen gehen müßte.

»Nur so«, sagte ich freudig. »Es macht mir Spaß.«

»Sie treiben es so weit, daß kein Arzt mehr kommt, wenn Sie wirklich erkranken. Denn dann glaubt es Ihnen auch keiner.«

»Das wäre nun wiederum ein totales Versagen der ärztlichen Versorgungspflicht gegenüber Untersuchungsgefangenen. Übrigens — kennen Sie überhaupt meinen Gefangenenstatus?«

»Sie befinden sich hier in Polizeihaft.«

»Und das soll so bleiben bis zum 27. August! Haben Sie das schon mal gehört? Fast 4 Monate, ohne Haftbefehl! Ohne richterliche Einweisung! Ohne Möglichkeit, sich bemerkbar zu machen! Keinen Anwalt! Wissen Sie, was ich bin? Ich bin von der Polizei geklaut worden! Regelrecht geklaut. Ich bin ein Kidnapping-Opfer der Polizei. Mein lieber Doktor . . . das gibt eine Reportage! So etwas hat es bis heute in der deutschen Justiz noch nicht gegeben . . .« Ich klopfte dem verdutzten Dr. Schwartz mit »tz« auf die Schulter und begleitete ihn zu meiner Zellentür. Kunzelfrey, Oberwachtmeister und zwei Zentner schwer, sah mir mit umwölkten Augen entgegen und hob die Hand wie ein Verkehrspolizist im Nachmittagsverkehr am Stachus. Halt! Stop! »Erzählen Sie das mal oben Ihren Kolleg en«, riet ich ihm. »Hier unten lebt ein dunkler Fleck der Polizei.«

Ich glaube, ich habe dem guten Dr. Schwartz mit »tz« ganz schön eingeheizt, denn eine Stunde später erschien Beutels bei mir. Jovial wie immer, eine Brasil zwischen den Zähnen, eine lange, blonde Havanna in der Hand, bereits abgeschnitten, rauchfertig. Für mich.

Vorsicht, mein Junge. Jetzt geht es an die Substanz, dachte ich. Mein Vater erzählte, im Krieg habe es immer dann Schnaps gegeben, wenn das große Sterben befohlen wurde. Vor einem Sturmangriff, einem Stoßtrupp, einer Patrouille, wenn Panzer gemeldet waren. Mit Schnaps im Magen stirbt sich's einfacher, dachte man. Erst ein wohliges Gefühl, dann verrecken . . . die Leute damals hatten Lebensart. Nicht anders macht es Beutels – sein Signal zum Verrecken ist die Zigarre.

Ich war höflich und nahm sie dankend an.

»Bergmann, Sie sind tot!« sagte er ohne Einleitung. Dabei setzte er sich auf einen Stuhl, Marke Küchenwunder, von Kunzelfrey hereingestellt mit einem zackigen »Bitte, Herr Kriminalrat!«

»Ganz wie Sie wollen«, antwortete ich gut erzogen. Man soll höheren Beamten zunächst nicht widersprechen, sondern ihnen zuhören. Je länger sie nämlich reden, um so verwundbarer werden sie.

»Sie haben es sich selbst zuzuschreiben. Ich mußte Dr. Schwartz vergattern, den Mund zu halten. Wir hatten ein Abkommen getroffen, daß Sie bis zum 27. August den Mund halten.«

Granate Nummer 1 gegen Beutels. Ich lächelte charmant, was ihn irritierte. »Es war ein einseitiges Abkommen«, sagte ich. »Sie legten mir die Lage dar, aber ich akzeptiere nicht. Ich will raus! Das Datum 27. August stammt von Ihnen, nicht von mir. *Sie* haben Angst vor einer Atombombenexplosion . . . *ich* denke nur an meinen Artikel. Soll ich Ihnen einmal vorlesen, was ich geschrieben habe?«

»Danke.« Beutels reichte mir Feuer für die Zigarre. Sie war wirklich gut – obwohl ich wenig von Zigarren verstehe, merkte ich es am Duft und am milden Rauch. Wenn Beutels nur solche Marken raucht, muß mindestens ein Viertel seines Gehalts für Zigarren draufgehen. »Ich bin im Augenblick nicht literarisch gesinnt. Zudem lese ich jeden Abend Voltaire, und die Menschenverachtung dieses alten Spötters trifft haargenau meine Stimmung. Sie kennen Voltaire?«

»Flüchtig. Er war homosexuell.«

»Alexander der Große auch.«

»Der interessiert mich hier in Zelle 14 überhaupt nicht.«

Ein saublödes Gespräch. Was wollte Beutels wirklich? Ich beäugte ihn scharf durch den Rauch meiner Zigarre. Seine Gemütlichkeit machte mich nervös. Der Trick, den höheren Beamten einfach reden zu lassen, zog hier nicht mehr. Beutels hatte die Lage fest in der Hand.

»Sie werden verlegt«, sagte Beutels plötzlich.

»Ich denke, ich bin tot?«

»Damit werden Sie tot sein. Sie kommen nach Stadelheim.«

»In einen richtigen Knast? Ohne Haftbefehl? Das schaffen selbst Sie nicht, Herr Kriminalrat.«

»Warum unterschätzt die Presse immer bloß die Polizei? Sind wir eine Versammlung der Blöden der Nation?! Mein lieber Bergmann —«

O weh. Wenn er so anfängt, war es wirklich ernst. Ich wurde wach wie ein verfolgter Wolf.

». . . hier habe ich alles, was man braucht. Er griff in die Tasche und holte einige Papiere heraus. »Haftbefehl. Einweisung durch den Untersuchungsrichter. U-Haft auf unbestimmte Dauer wegen Flucht- und Verdunkelungsgefahr. Was wollen Sie mehr?«

Ich war sprachlos, das heißt: für eine Minute stummen Staunens — aber dann legte ich los. Ich warf die wirklich herrliche Zigarre an die Wand und ballte die Fäuste.

»Sie werden keine Freude daran haben!« schrie ich. An der Türklappe erschien das dicke rote Gesicht von Kunzelfrey. Seine in Fett gebetteten Augen stierten mich böse an. »Ich schwöre Ihnen: Ich werde der unruhigste Häftling sein, den Stadelheim je beherbergt hat. Jeden Tag ist eine neue Zelleneinrichtung fällig! Ich werde mir den Kopf an der Wand blutig rennen, um in ein Krankenhaus zu kommen! Verkennen Sie nicht meine Intelligenz in Schikanen.«

»Einen Eimer Wasser, Herr Kriminalrat?« brüllte draußen vor der Tür der gute Kunzelfrey. Er hatte ihn schon neben sich stehen, ich hörte, wie sein Schuh dagegen klirrte.

»Und überhaupt —«, schrie ich, »was wirft man mir vor? Haftbefehl! Was habe ich getan? Fluchtgefahr! Heute laßt ihr alle wieder herumlaufen. Diebe, Betrüger, Einbrecher, Sexualtäter . . .«

»Wir haben für Sie etwas Besonderes gefunden, Bergmann«, sagte Beutels gemütvoll. »Da kennt der Staat keine Gnade: massive Steuerhinterziehung. Sie haben laut Anklage Schwarzgelder in die Schweiz und nach Luxemburg gebracht. Verdunkelungs- und Fluchtgefahr also gegeben. Ja, wenn Sie ein kleiner Totschläger wären, da wäre es schwer, Sie festzuhalten . . . aber Steuervergehen? Kein Pardon!«

Ich sank auf die Pritsche zurück. Beutels hatte mich geschafft.
Gegen die Steuer hatte ich keine Chancen.
Man soll nie die Intelligenz seiner Gegner unterschätzen.
Noch heute abend werde ich nach Stadelheim verlegt.
Oberwachtmeister Kunzelfrey benimmt sich, als sei Weihnachten.
Ich wette, wenn ich weg bin, sitzt er in seiner Wachstube und singt
»Stille Nacht, heilige Nacht . . .«

NEW YORK

Harold Josoa Berringer flog selbst nach New York, um sich Maurizio
Cortone anzusehen.

Seiner Frau, den Kindern und seinen Bekannten erzählte er, er
müsse zu einem Lehrgang nach New York, man plane neue Steuer-
gesetzte, alles sei sehr kompliziert, wie ja alles trotz Computer nicht
leichter, sondern immer nur verworrener würde. Früher tippte man
die Steuerbescheide auf der Rechenmaschine, und tippte man daneben, konnte man das korrigieren . . . heute hatte jeder Steuerzahler
eine Lochkarte und einen Lochstreifen, und war nur ein Loch falsch
gestanzt, wurde der Computer falsch programmiert und es kamen
die tollsten Ergebnisse heraus. Dann den Fehler zu finden, war eine
fast kriminalistische Aufgabe.

Jeder sah das ein, und man ließ Berringer mit den Wünschen und
einigen Flüchen auf den Computer ziehen.

Cortone hatte Berringer nicht erwartet — er war damit beschäftigt,
seinen Trip nach München vorzubereiten. Außerdem machte Lucretia Schwierigkeiten. Sie dampfte vor Rache und wollte Cortone über-
reden, Ted Dulcan ins Hirn zu schießen. »Ein Kretin!« schrie sie in
wohl durchdachter und dosierter Hysterie. »Ein Kretin ist er! Und
häßlich! So häßlich! Am Unterleib hat er eine große Warze!«

Cortone konnte dem nicht widersprechen — er kannte Dulcans
Unterleib nicht. Aber allein die Erwähnung dieses nur Eingeweihten
vorbehaltenen Körperteils durch Lucretia erregte ihn dermaßen, daß
er große Kraftreserven brauchte, um sich zu bremsen und nicht von
neuem auf Lucretia einzuschlagen. Auf gar keinen Fall dachte er daran, Dulcan schon jetzt zu bestrafen. Nach dem alten guten Grund-
satz handelnd, sich nie selbst die Hände zu beschmutzen, arbeitete
Cortone an einem Plan, Dulcan in Deutschland der Polizei zu opfern.

Berringer kam sofort zum Thema. Man hatte ihn in Cortones riesiges Büro geführt, und Berringer wußte, daß irgendwo einige Mikro-
phone versteckt waren und jedes Wort auf ein Tonband aufgenommen wurde. Unten in den Sportsälen lümmelten einige seiner Beamten herum, sahen dem Boxtraining zu, den Gewichthebern und
den Geräteturnern. Ein fabelhafter Betrieb, wegen des großen volks-

gesundheitlichen Nutzens von allen Behörden gefördert. Cortone betonte auch immer wieder, daß sieben Stadträte, zwei Kongreßmitglieder und sogar ein Senator zu seinen Dauerkunden zählten. Sogar der stellvertretende Polizeichef von New York machte bei ihm seine Lockerungsübungen und ließ sich massieren. Ein bis in die Tiefe gesundes und ehrliches Unternehmen.

»Sie führen doch Lohnlisten?« fragte Berringer, nachdem er einen Whisky angenommen hatte. »Ich möchte die der letzten fünf Jahre sehen.«

»Dürfen Sie das?« Cortone lächelte gemütlich. »Der CIA ist keine Steuerbehörde.«

»Wenn Sie wollen, beschaffe ich Ihnen sofort telefonisch einen Durchsuchungsbefehl. Von der Steuerbehörde. Die wird sich aber dann nur für die Lohnlisten interessieren, Cortone.«

»Stop!« Cortone hob beide Hände. »Seien wir uns einmal klar darüber, Mr. Berringer: Sie vertreten eine vor allem für das Militär zuständige Behörde. Was der CIA so alles anstellt, weiß man ja. Was habe ich, ein ehrlicher Zivilbürger, mit dem Militär zu tun? Ich bin nicht mehr wehrpflichtig, ich war nie Soldat, wegen meiner Senkfüße, ich habe einen latenten Herzfehler und zu hohen Blutdruck. Das Militär und damit der CIA geht mich also einen feuchten Dreck an. Und genau so sollte es der CIA mit mir halten. Und nun sitzen Sie hier, haben sich ausgewiesen als großes Tier aus Washington und verlangen, daß ich einen Eingriff in meine Freiheiten dulde. Das ist doch enorm, was?«

»Sind Sie US-Bürger, Cortone?«

»Seit 20 Jahren. Jawohl.«

»Nachweis?«

Cortone lachte fett. Mit dem Daumen zeigte er zur Seite. »Hängt an der Wand. Solche Dokumente rahme ich ein. Sie sind saurer zu bekommen als eine Million. Wenn Sie glauben, es sei eine Fälschung, kontrollieren Sie die Einbürgerungsnummer.«

Berringer verzichtete darauf, das eingerahmte Dokument zu lesen. Er glaubte Cortone in dieser Beziehung. Aber er schoß den nächsten Pfeil ab, und der traf ins Schwarze.

»Als guter Bürger haben Sie sich verpflichtet, Ihrem Vaterland immer und überall zu nützen. Eigentlich sollte jeder Bürger seinem Vaterland gegenüber ein Schuldgefühl mit sich herumtragen, denn was dieses Vaterland alles für ihn tut . . .«

»Ich weiß, ich weiß. Erster Weltkrieg, Schwarzer Freitag, Zweiter Weltkrieg, Kubakrise, Vietnam, Wirtschaftskrise, Dollarabwertung . . . man muß das Vaterland wirklich heiß lieben, um das zu ertragen.«

»Verlegen wir uns nicht aufs Philosophieren, Cortone. Enthalten Ihre Lohnlisten Geheimnisse?«

»Eine Gegenfrage: Enthält mein Hintern ein Geheimnis? Nein! Er sieht, bis auf kleine individuelle Unterschiede, so aus wie Ihrer! Aber trotzdem würde ich mir nie erlauben, jetzt vor Ihnen die Hose herunterzulassen!«

»Wenn es Sie anregt — ich habe diese Hemmungen nicht.« Berringer stand auf und begann, seinen Gürtel zu lösen. Cortone hob sofort beide Hände.

»Halt! Sie haben gewonnen, Mr. Berringer. Ich lasse die Listen kommen.« Er drückte auf einen Knopf an seinem Sprechapparat und bellte in irgendeinen fernen Raum hinein. »Die Lohnlisten aus den letzten fünf Jahren, alle! Schnell!«

»Danke«, sagte Berringer höflich. »Noch eine Frage.«

»Ich weiß gar nicht, warum ich mich von Ihnen so ruhig verhören lasse. Aber bitte.«

»Reisen Sie viel?«

Cortone schob die Lippen von seinen Zähnen. Schöne Zähne. Ebenmäßig. Jacketkronen. Sein Zahnarzt hatte damit ein gutes Geschäft gemacht.

»Als wenn Sie das nicht schon längst ausgeforscht hätten. Nein, ich bin ein Stubenhocker. Ich liebe New York, den Asphalt, die Straßenschluchten, den pulsierenden Verkehr und die Auspuffgase. Vielleicht ist das pervers — aber ich kann's nicht ändern. Nur einmal war ich weg . . . in Acapulco. Mit Lucretia. Wollen Sie Lucretia auch sehen? Es lohnt sich. Wenn sie vor Ihnen hergeht, werden Sie schwindelig. Sie wäre der lebende Beweis, daß sich Darwin zumindest bei der Abstammung der Frauen irrte. Mögen wir Männer vom Affen abstammen — die Frauen stammen von den Raubkatzen ab! Ich rufe sie herein, die gute Lucretia Borghi . . .«

»Haben Sie keine Angst, eines Tages vergiftet zu werden?«

»Warum?« fragte Cortone, ehrlich erstaunt.

»Lucretia Borghi, das klingt nach Lucretia Borgia. Diese Renaissancedame löste alle Probleme mit Gift. Ich würde mir einen Vorkoster leisten, Cortone. Das war damals auch Mode.«

»Ein Witzbold, was?« Cortone lachte breit. Es klopfte, ein Mann, der weniger wie ein Buchhalter als vielmehr wie ein blödgeschlagener Boxer aussah, schleppte einen Stapel Schnellhefter herein und legte sie auf den riesigen leeren Tisch. Nach einem langen Blick auf Berringer, der ihm leutselig zunickte, verließ er stumm wieder das Büro.

»Die Listen.« Cortone legte beide Hände auf den Aktenstapel. »Kann ich Ihnen dabei helfen? Welchen Namen suchen Sie?«

»Bitte.« Cortone sortierte den Stapel nach den Jahresaufschriften und schob Berringer eine Akte zu. Schon nach einem flüchtigen Durchblättern sah Berringer, daß er hier nicht fündig werden würde. Er warf den Schnellhefter auf den Stapel zurück.

»Nichts?« fragte Cortone zufrieden.

»Es fehlt ein Name.«

»Unmöglich. Wer bei mir ein Gehalt bezieht, ist in der Liste.«

»Nach meinem ersten, flüchtigen Eindruck fehlen sogar neun Namen in der Liste.«

»Diese Buchhalter!« Cortone gab sich entrüstet. »Kaum zu glauben. Ich möchte nur wissen, wie die Burschen, die in der Liste fehlen, ihr Geld bekommen haben. Irgendwo müssen sie doch verbucht sein!«

»Passen Sie mal auf, Cortone.« Berringer holte aus seiner Brusttasche einen Bogen heraus. In München hatte die Gruppe Beutels mit jener Gründlichkeit gearbeitet, für welche die deutsche Polizei berühmt war. In tagelangem Durchwühlen aller Lohnlisten und Einstellungsverträge der Olympiabaugesellschaft und der von ihr beauftragten Einzelfirmen hatte ein kleines Heer von Beamten die Namen aller ausländischen Arbeiter herausgezogen, die aus Amerika via Heimat Italien auf dem Oberwiesenfeld gelandet waren. So hatte man jetzt eine Liste von 27 Namen in der Hand, alles Italiener, die einmal versucht hatten, in den USA Fuß zu fassen, und — nach eigenen Angaben — enttäuscht nach Europa zurückgekehrt waren, um hier doch noch das große Geld zu verdienen. Die Liste umfaßte alle Abgesandten Cortones, die den schönen Betrieb der ›Witwen- und Waisenkasse‹ aufgezogen hatten und als Kassierer beschäftigt waren. Sie war fast vollständig. Es fehlten lediglich die Spezialisten, die nur vier Wochen als Touristen in Deutschland weilten und mit Hilfe ihrer amerikanischen Erfahrungen die Organisation in München im Blitztempo aufbauten. Auch war ein Teil der auf der Liste Stehenden aus München wieder abgereist, entlassen wegen der Beendigung der Olympiabauten. Deren Spuren verliefen sich in Italien, versickerten in den Hafenstädten. Beutels nahm an, daß sie längst wieder in den USA waren. Berringer gab ihm darin recht.

»Soll ich Ihnen eine Reihe vorlesen?« fragte Berringer jetzt.

Cortone winkte ab. »Ich habe ein miserables Namengedächtnis. Außerdem kommen und gehen bei uns die Jungs. Bis auf die Trainer, die Stammpersonal sind, wechseln die Hilfskräfte schnell. Verständlich. Eimertragen und Geräteputzen ist ein mieser Job.«

»Da wäre einmal der liebe, kleine, agile Pietro Bossolo . . .«, sagte Berringer gemütlich. »Vor zehn Jahren ausgewandert in die USA. Zurückgekehrt vor zwei Jahren, taucht in München auf, wird Eisenflechter, ein fleißiger Mann. Sitzt jetzt in München in einer Zelle.«

Cortone, von dieser Nachricht ehrlich überrascht, zeigte keinerlei Wirkung. Hier bewies er, daß er einer der Großen seines Gewerbes war, kalt und beherrscht im Augenblick der Gefahr.

»Kenne ich nicht«, sagte er. »Warum sitzt er?«

»Kleine Gaunerei. Aber er hat Erinnerungslücken. Er weiß nicht mehr, daß er in New York war. Er sagt immer Boston. Ein fataler Sprachfehler.«

»Sein Problem. Ich bin kein Psychiater.«

»Aber er war bei Ihnen beschäftigt. Neun Jahre lang! Und ist in keiner Lohnliste geführt. Cortone, das Steueramt wird jubeln.«

»Ich kenne keinen Pietro Bossolo.« Cortone blieb dabei. Noch wußte er nicht, was in München geschehen war. Was dieser Dr. Hassler ihm per Funk berichtet hatte, war verworren. Eine Kahnpartie auf einem bayrischen See, mit einem Sack voller Dollars, nur um die deutschen Behörden zu narren und den Ernst der Lage zu demonstrieren ... auf so einen Blödsinn konnte auch nur ein Deutscher kommen. Aber die Sache war geschehen, man mußte sie verdauen, aber man lernte daraus, daß die Entfernung New York—München zu groß für solch ein Unternehmen war und daß man unbedingt selbst in der Nähe sein mußte. Wenn Pietro Bossolo an dieser idiotischen Kahnpartie beteiligt war, hieß es schnell handeln und den Jungen aus dem Verkehr ziehen.

»Vor vier Jahren bumste Bossolo an einer Kreuzung auf der 34. Straße mit einem Taxi zusammen. Wahrscheinlich hat er's Ihnen nie erzählt.« Berringer trank genüßlich sein Glas Whisky leer. »Er wurde auf das Polizeirevier gebracht, man stellte keinen Alkohol im Blut fest, aber seinen Namen und seinen Arbeitgeber. Raten Sie mal, wer das war?«

Cortone legte die Hände über die Augen. »Ich war immer ein schlechter Rater, Mr. Berringer. Bei Preisausschreiben habe ich nie gewonnen. Wie's auch sei ... ich kenne keinen Pietro Bossolo.«

10 Minuten später verabschiedete sich Berringer fast freundschaftlich von Cortone. Die Partie stand unentschieden, aber Berringer hatte einige Punktvorteile.

Als die Tür hinter ihm zuklappte, sagte Cortone aus tiefster Seele laut:

»Scheiße!«

Die Fahrt nach Europa mußte sofort angetreten werden.

MÜNCHEN

Bossolo wurde entlassen, wie es Beutels gesagt hatte. Er konnte es kaum richtig fassen, plötzlich frei zu sein und allein auf der Ettstraße zu stehen. Die Menschen umfluteten ihn wie Wellen, spülten ihn mit sich in die Kaufingerstraße hinein, er trottete in eines der großen Bierlokale, setzte sich an den blanken Holztisch, knabberte ein Brötchen, das in einem Spankorb auf dem Tisch stand, und bestellte ein großes Bier. Vor der Entlassung hatte man ihm in der Asservatenkammer alles wiedergegeben, was man ihm bei der Verhaftung abgenommen hatte. Nun besaß er wieder 500 Mark, konnte sich ein Eisbein leisten oder ein Gulasch oder eine Terrine Linsensuppe. Auf Spaghetti verzichtete er. Ein Italiener, der außerhalb seiner Heimat Spaghetti ißt, ist ein Masochist.

Während Bossolo aß und trank und sich dem Wohlgefühl von Freiheit und gefülltem Magen hingab, setzten sich zwei unauffällige Männer in seine Nähe. Der eine ging später hinaus, zuerst zur Toilette, dann in eine Telefonzelle und rief das Holiday Inn an.

»Er ist draußen, Stepan Mironowitsch«, sagte der Mann. »Was soll nun geschehen?«

»Sprechen Sie ihn an, zeigen Sie ihm 100 Dollar und sagen Sie ihm, den Rest bekäme er gleich. Er brauche nur mitzugehen.«

»Und wenn er mißtrauisch wird?«

»Dann lassen Sie ihn gehen. Er wird zum Lager zurückkehren. Folgen Sie ihm und rufen Sie mich an, wenn er bei den Baracken angekommen ist.« Lepkin saß allein in seinem Apartment an einem Klapptisch und aß Seezunge à la Walewska. Dazu trank er einen herben Chablis, gut gekühlt und von einer Würze, die sich erst am Gaumen entfaltete. Das Telefontischchen stand neben ihm. »Was macht er gerade?«

»Er ißt ein Gulasch.«

»Haben Sie keinen unserer amerikanischen Freunde in der Nähe gesehen?«

»Nein, Stepan Mironowitsch.«

Lepkin legte das Fischbesteck, das er noch in der linken Hand hielt, hin. Er fand das merkwürdig. Es war nicht seine Art, Holden zu unterschätzen, aber jetzt enttäuschte ihn dessen Passivität. Bossolo wußte mehr, das war so sicher wie die Wolga ins Schwarze Meer fließt. Ihn zum Reden zu bringen, war ebenfalls kein Problem, wenn man die ganze Sache nicht vom humanitären, sondern vom heißen politischen Standpunkt aus betrachtete. Ein Verhör des KGB lief anders ab als ein Verhör des CIA, darüber war sich Lepkin klar. Wer etwas weiß, hat das zu sagen — das ist ein einfacher, klarer Satz. Wer ihn nicht versteht, muß mit Nachdruck an ihn erinnert werden.

»Gehen Sie sofort zurück, Malewski! Sie sind blind, zum Teufel! Es ist vollkommen unmöglich, daß Bossolo allein geblieben ist!«

Er legte auf, trank ein Glas Chablis, aß drei Bissen der vorzüglichen Seezunge, als das Telefon wieder klingelte. Er hatte es erwartet. Ein aufgeregter Malewski keuchte in die Muschel.

»Er ist weg, Stepan Mironowitsch! Sein halbes Gulasch hat er stehenlassen! Kann man das begreifen? Jemand bestellt sich solch ein gutes Gulasch und verschwindet dann . . .«

»Erledigt.« Lepkin wischte sich mit der Serviette über den fettigen Mund. Die Seezunge war in reiner Butter gebraten. »Brechen Sie die

Suche ab, Malewski. Fahren Sie heute noch nach Moskau und melden Sie sich in der Abteilung III.«

»Genosse Major —«, die Stimme Malewskis wurde weinerlich. Es war für Lepkin ekelhaft, so etwas anhören zu müssen. »Ich werde Bossolo finden, wenn Sie mir nur diesen einen Tag noch Zeit lassen.«

»Fliegen Sie nach Moskau zurück!«

»Stepan Mironowitsch —«

Lepkin legte auf. Man muß Niederlagen verkraften können, dachte er. Und man muß für sie einstehen. Ich werde Abetjew sofort berichten ... ruft er mich auch nach Moskau zurück — ich werde am Telefon nicht weinen. Mit ruhiger Hand nahm er den Hörer wieder auf und wählte die Nummer des Sheraton-Hotels.

»Mr. Holden bitte.«

Ein Knacken, dann die forsche Stimme Holdens. »Hallo?«

»Lepkin hier.«

»Ah, Kollege aus der Kälte! Was gibt's?«

»Ich gratuliere.«

»Wozu?«

»Lassen Sie mich nicht meine Niederlage wiederholen.«

»Sie sprechen in Rätseln, Lepkin. Ich rasiere mich gerade und freue mich auf den Abend mit Ihnen. Es bleibt doch dabei?«

»Natürlich.« Lepkin sah starr gegen die Wand. Das Gefühl, zusammen mit Holden ein Besiegter zu sein, war geradezu erdrückend. Er kannte Holden so gut, um zu wissen, daß dieser ihm lachend gestanden hätte, Bossolo eher im Griff zu haben. Also war seine Verwunderung echt. Wer hatte Bossolo mitgenommen? »Können wir nicht schon früher zusammenkommen?«

»Wann?«

»Sofort! Ich komme ins Sheraton. Einverstanden?«

»Natürlich.« Holden zögerte sehr überrascht. »Lepkin, eine Frage vorweg: Brennt es?«

»Ja, Holden. Es brennt.«

Fünf Minuten später wußte auch Holden, daß er ins Leere gegriffen hatte. James Norman, CIA-Mann beim Hauptquartier in Bayern, war zwar weniger erregt als sein Kollege Malewski, aber dennoch deutlich angeschlagen.

»Bossolo ist weg. Gerade aß er noch an einem gewaltigen Teller Gulasch, und plötzlich ist er nicht mehr da.«

»Ein Zaubertrick? Sitzt da und ißt und wird plötzlich Luft? Toll! Das wäre eine Nummer für uns! Wo waren Sie denn?«

Norman zögerte kurz. »Ich war drei Minuten weg. Im Keller. Ich mußte pinkeln, Sir.«

»Bravo.« Holden war weit davon entfernt, sich aufzuregen. Die neue Situation bekam jetzt Umrisse, vor allem, nachdem Lepkin ihn angerufen hatte. »Ihr Pissen kostet die Deutschen 30 Millionen Dollar oder noch mehr ... es bringt sie um die gesamten Olympischen Spiele!«

»Ich konnte es nicht in die Hose laufen lassen, Sir.«

Norman legte auf. Weitere Diskussionen um seine Blase führten doch zu nichts. Er ging zu seinem Tisch zurück, bestellte sich ein Bier und war bedrückt bei dem Gedanken, der teuerste Pinkler der Weltgeschichte zu sein.

Eine Stunde später meldete sich ein Igor Ferapontowitsch Malewski auf dem Polizeipräsidium beim 14. Kommissariat, dem politischen.

Er bat um politisches Asyl.

Beutels, den man umgehend informierte, zog Malewski sofort aus dem Verkehr und schob ihn nach Pullach ab. Der Bundesverfassungsschutz wurde benachrichtigt, ebenso der Innenminister in Bonn. Lepkin erfuhr es im Sheraton-Hotel, wo er mit Holden Whisky trank. Man rief ihn zur Telefonkabine.

Als er zurückkam, war er blaß im Gesicht.

»Immer diese politischen Umbiegungen«, sagte er und setzte sich wieder. »Wer ist der Mann im Hintergrund, Holden? Verdammt, ich glaube langsam auch an die Existenz von Atombomben im Olympiastadion.«

POLIZEIPRÄSIDIUM

»Er ist ein fleißiger Schreiber«, sagte Beutels in einer Wolke von Brissagoqualm. »Beruhigend, daß wenigstens die Post an ihm verdient. Er könnte die Briefe auch unfrei schicken. Aber nein, er klebt die Marke drauf. Peinlich genau in die rechte obere Ecke. Das beweist: Er muß ein Deutscher sein!«

Vor ihm lag der neue Drohbrief. Kürzer als die vorhergegangenen, weil kaum noch etwas zu sagen war. Der Unbekannte schrieb:

Meine Herren!

Es ist genug gespielt worden. Jede Komödie braucht Applaus und Eintrittsgeld. Kassieren wir. 30 Millionen, wie abgemacht. Setzen Sie in die ›Süddeutsche Zeitung‹ das Inserat: ›Entlaufener Pudel gefunden und gewaschen‹. Sie hören sofort von uns.

Das Komitee

»Der Mann ist ein Akademiker«, stellte Beutels zur Verblüffung der anderen Anwesenden fest. »Sein Witz ist phänomenal und literarisch durchdacht. ›Entlaufener Pudel gefunden und gewaschen‹ ... Er schreibt nicht ›geschoren‹, denn das wäre irgendwie negativ, nein, er schreibt ›gewaschen‹! In 30 Millionen sich die Hände waschen ... solche Seife ist eines Wortspiels würdig.« Er lehnte sich zurück, ließ den Blick über die illustre Gesellschaft schweifen und fixierte dann den Bundesinnenminister, der mit einem Flugzeug der Luftwaffe vor einer halben Stunde in München eingetroffen war. »Endlich etwas Konkretes! Es geht los! Das Hase-und-Igel-Spiel ist vorbei. Was sagt Bonn?«

»Nach Rücksprache mit dem Bundeskanzler und dem Kabinett haben wir beschlossen, die 30 Millionen Dollar zur Verfügung zu stellen.«

»Bravo!« sagte Beutels. Der Minister bekam einen roten Kopf.

»Das bedeutet nicht, daß die Polizei nun wieder in die Betten geht und schläft! Die Bundesregierung betrachtet das Geld nur als Leihgabe.«

»Hier wird es schon wieder gefährlich!«

»Beutels —«, sagte der Polizeipräsident mahnend. Aber es war unmöglich, Beutels an eine gewisse Scheu vor Ministern zu gewöhnen. Er hatte sie nie gekannt.

»Erklären Sie mir das«, sagte der Bonner Innenminister steif. »Sollen wir wirklich 30 Millionen verschenken?«

»Nehmen wir an, der oder die Erpresser kassieren das Geld. Das allein ist schon ein Problem, denn 30 Millionen Dollar in kleinen Scheinen sind ein ganzer Lastwagen voll. Ich bin gespannt, wie sie diese Frage lösen werden. Gelingt es ihnen aber, das Geld abzutransportieren, und wir jagen es ihnen wieder ab, wer garantiert uns, daß nicht ein zurückgebliebenes Komiteemitglied — um bei ihrem Jargon zu bleiben — die elektrische Zündung auslöst? Machen wir uns keine Illusionen: Die Organisation, gegen die wir anrennen, ist gut geführt. Wir werden immer nur Glieder aufsammeln . . . am Kopf aber sitzt der Zündhebel!«

»So gesehen, gibt es überhaupt keine Garantie. Ob mit oder ohne 30 Millionen!«

»Sehr richtig! Mit dieser Fatalität müssen wir leben!«

»Wir zahlen 30 Millionen Dollar, und die Bomben gehen doch hoch?«

»Das ist möglich.«

»Das ist unmöglich!« Der Innenminister schlug mit der flachen Hand auf den Tisch. Aber auch Ausbrüche gerechten Zorns helfen nicht viel, wenn man in einer Wüste steht und sich in einen Garten wünscht. »Ich rechne fest damit, daß die Gauner nach der Übergabe des Geldes ergriffen werden.«

»Die Zwischenträger auf jeden Fall. Aber das Gehirn?« Beutels kümmerte sich nicht um die verzweifelten Zeichen, die ihm sein Polizeipräsident gab. Auch Oberstaatsanwalt Dr. Herbrecht rang die Hände, als könne er die Lösung aus seinen Fingern wringen. »Bei unseren Verhörmethoden setzen sich die Knaben ruhig hin, lachen uns aus und sagen: ›Nun fragt mal schön, Leute!‹ Herr Minister, wir haben es mit Profis zu tun, nicht mit Gelegenheitserpressern. Die

Größenordnung dieser Drohung wirft alles über den Haufen, was wir an kriminalistischer Erfahrung bisher haben. Vor allem ist die Zeit gegen uns.«

»Mit anderen Worten« – Der Innenminister holte tief und fast seufzend Atem. Sein rundes Gesicht hatte sich geändert, es wirkte schlaff und sehr gealtert – »Solange wir nicht die Lage der A-Bomben kennen, bleibt die Bedrohung gegenwärtig.«

»Ja.«

»Sie können für die Sicherheit der Spiele nicht garantieren?«

»Wer könnte das?!«

»Die Olympischen Spiele müssen also auf zwei Atombomben stattfinden, die jederzeit gezündet werden können?«

»Ja.«

Die einfache Klarheit von Beutel's Antworten war schrecklich. Aber sie war nötig, denn Versteckspielen nutzte jetzt nichts mehr.

»Die Bomben sind ohne Angaben der Bedroher nicht zu finden?«

»Nein.«

»Das bedeutet, daß die Olympischen Spiele in München ausfallen müssen?«

»Diese Entscheidung liegt allein bei der Bundesregierung.« Beutels klappte mit einer deutlichen Resignation seine Besprechungsmappe zu. »Niemand auf dieser Erde – außer den Erpressern – kann Ihnen diese Entscheidung abnehmen. Dürfen wir die gewünschte Anzeige einsetzen lassen?«

»Ja.« Der Innenminister erhob sich. Er machte den Eindruck, als stemme er Zentnerlasten hoch. »Ich fliege sofort nach Bonn zurück. Bis auf weiteres immer noch strengste Geheimhaltung, meine Herren. Diese Panik bei Bekanntwerden der Tatsachen! Hat denn keiner von Ihnen einen vernünftigen Vorschlag?«

Er sah sich um; die Runde der stehenden Herren ergab ein Bild mitleidheischender Hilflosigkeit. Der Innenminister hob die Schultern an, als friere er.

»Und der Amerikaner?« fragte er.

»Poussiert eine deutsche Fotografin.«

»Der Russe?«

»Probiert die Cognacsorten aus, sitzt in der ›Ocean-Bar‹ und bestaunt die Haifische hinter den Bullaugen.«

»Der Franzose?«

»Ist der einzige, der rund um die Uhr arbeitet und sich mit Leerlauf intensiv beschäftigt. Er vertraut auf sein Röntgengerät und tastet Meter um Meter des Stadions ab.«

»Es ist erschütternd«, sagte der Innenminister leise. »Meine Herren, wirklich, es ist erschütternd.«

Dann ging er. Beutels nickte ihm nach und drückte die Konferenzmappe an sich. Für alle vernehmbar sagte er:

»Der Mensch wird immer wieder an der Grenze seiner Möglichkeiten stehen. Im Grunde genommen sind wir alle kleine Scheißer . . .«

Am nächsten Morgen stand in der ›Süddeutschen Zeitung‹ unter der Rubrik ›Vermischtes‹ die kleine, unauffällige Anzeige:

›Entlaufener Pudel gefunden und gewaschen.‹

Von 7 Uhr morgens an saß eine Sonderbereitschaft im Polizeipräsidium und wartete. Man erhoffte einen Anruf des Erpressers.

Seine Stimme, auf Tonband aufgenommen, durch ein amerikanisches Spezialgerät getestet und in Tonschwingungen zerlegt, die bei einem Vergleich so unbestechlich waren wie Fingerabdrücke, wäre ein wichtiger Anhaltspunkt.

Aber man täuschte sich. Niemand rief an. Auf einen Tag mehr oder weniger kam es den Erpressern nicht an.

MÜNCHEN-HARLACHING

Holden und Lepkin blieben bis gegen 11 Uhr nachts zusammen, dann brachte Holden Lepkin mit einem Taxi ins Holiday Inn zurück. Vor der Tür hielt Lepkin ihn an der Hand fest.

»Holden, ehrlich: Sie haben Bossolo nicht geklaut?«

»Nein, Sie ungläubiger Sibirier. Ehrenwort. Ich suche ihn auch. Wir haben gemeinsam einen Schnelleren als Gegner.«

»Dann streichen wir Bossolo.« Lepkin wischte sich über die Augen. »Er dürfte nach logischen Erwägungen nicht mehr leben . . .«

Vom Holiday Inn fuhr Holden hinaus nach Harlaching. Helga war noch auf; sie saß vor dem Fernseher und sah sich einen Film über gotische Kirchenbauten an.

»Interessiert dich das?« fragte Holden und setzte sich neben sie.

»Nein. Aber es lenkt ab. Gotik hat etwas Erhabenes. Die Alltäglichkeit um uns ist schmutzig. Hast du etwas Neues über Hans erfahren?«

»Nein.« Holden kramte seine Zigaretten hervor. Lügen gehörten zu seinem Handwerk, aber bei Helga hatte er das Gefühl, dumm und durchsichtig zu lügen. Bei vorsichtigen Nachfragen hatte er erfahren, daß Hans Bergmann nicht mehr im Zellentrakt des Polizeipräsidiums saß. Wohin man ihn verlegt hatte, war nicht herauszubekommen. Beutels direkt zu fragen, war sinnlos. Immerhin bewunderte Holden den Mut, mit dem Beutels zu solch unorthodoxen Maßnahmen griff. Wer die deutschen Gesetze kannte, mußte Beutels als eine Art Seiltänzer ansehen, der auf einem Seil balancierte, das überhaupt nicht vorhanden war. Holden war gespannt, wie das Spiel weitergehen würde. Helga würde keine Ruhe geben, jeden Tag rief sie im Präsidium an. Auch Bergmanns Chefredakteur witterte eine

Chance. So unbedeutend der vorhandene Bergmann in der Masse der Reporter gewesen war, um so wertvoller wurde er von Tag zu Tag, seitdem er spurlos verschwunden war.

»Der Polizei reißen wir den Arsch auf!« tönte der Chefredakteur bei seinem letzten Telefongespräch mit Helga. »Ich habe meine besten Spürhunde eingesetzt. Nächste Woche erscheint die erste Folge einer Serie über Hans: ›Der Mann, der sich in Luft auflöste‹. Gut, was? Das haut einen nackten Neger von der Mami! Sie sollen sehen, Helgalein, wie die Brüder in der Ettstraße munter werden. Radfahrer ohne Rücklicht oder Klingel aufschreiben, das können sie, aber wenn's mal einen großen Fisch zu angeln gibt, pissen sie ins Wasser und machen es trüb. Was ist denn schon getan worden? Absuchen des Ufers vom Starnberger See. Als ob ein Verschwundener Visitenkarten hinterließe. Und dann? Pusteblume! Keine Verhöre der Anlieger, kein Aufruf an die Bevölkerung. Weder Rundfunk noch Fernsehen und schon gar nicht die Presse haben ein Foto von Hans bekommen. Das holen wir jetzt alles nach! Wir werden trommeln, daß denen in der Ettstraße der Steiß juckt. Daß jemand mitten unter uns zu Luft wird, gibt's einfach nicht. Der Verlag hat sogar eine Prämie von 10 000 Mark ausgespuckt. Was sagen Sie nun? Das ist Hans uns wert.«

Helga sagte nichts. Vor zwei Wochen war Hans Bergmann nicht mal zwei Spalten eigener Reportage wert. Aber vielleicht muß das so sein in diesem rätselhaften Leben, daß nur abnorme Dinge anerkannt werden ... wer als Maler noch keinen Rubens gefälscht hat, ist nicht ›in‹, und wer als Autor noch nie im Knast gesessen oder ein Verfahren wegen Homosexualität hinter sich hat, hat wenig Chancen, einen Bestseller zu schreiben. Wer will schon das Normale? Die Mißgeburt reizt. Das Monster wird gesellschaftsfähig. Nicht der Tote ist interessant, sondern der Mörder. Es ist eine masochistische Perversion in unserem modernen Denken.

Holden legte sich auf die Couch und zog Helga zu sich. Sie gab seiner Zärtlichkeit nach und kroch neben ihn, halb über ihm liegend, eine pulsierende Wärme, die sich in seine Lenden übertrug. Im Fernsehen erklärte eine sehr akademische Stimme die Bögen gotischer Fensteranlagen.

»Du riechst nach Schnaps!« sagte Helga und rümpfte die Nase.

»Genever.«

»Wo warst du?«

»Ich habe mich mit Stepan Mironowitsch Lepkin getroffen.«

»Einem Russen?« Sie öffnete sein Hemd und ließ ihre Hand über seine behaarte Brust gleiten. »Was machst du eigentlich im alten Germany, Ric? Ich habe dich nie danach gefragt, das fällt mir jetzt ein. Ich bin ein neugieriges Mädchen. Darfst du mir's sagen?«

»Nein.«

»Der Russe ist dein Partner?«

»Mein Gegner.«

»Und mit Gegnern trinkt man bis spät in die Nacht Genever?«

»In der Politik ist alles möglich. Wäre es dir lieber, wir brächten uns gegenseitig um?«

»Um Gottes willen, nein!« Ihre Hand begann zu zittern. Er spürte es mit einem gewissen Glücksgefühl. »Ist er ein böser Russe?«

»Ein Gentleman. Ihr Deutschen mit eurem schiefen Rußlandbild. Lepkin wäre auf einem Bankett die eleganteste Gestalt. Er spricht sieben Sprachen, ist der geborene Frackträger, seine Konversation könnte einen Franzosen beschämen. Ebensogut aber schießt er auch aus der Hosentasche. Er ist, genau betrachtet, mein einziger Freund. Wir hätten beide mindestens neunmal die Chance gehabt, einander umzubringen — mal er mich, mal ich ihn ... wir haben uns immer geeinigt, sobald uns klar war, wer einem gegenüber lag.«

»Ich hasse diesen Beruf, Ric. Ich hasse ihn! Warum bist du nicht Fotograf oder Gemüsehändler oder Buchhalter in einer Elektrofirma oder sonst was?« Ihre großen Augen, aus denen die Kälte weggeschwemmt war seit jener Nacht und jenem Morgen im roten Schein des Sonnenaufgangs, sahen ihn mit einem Anflug von Angst an. »Wann fliegst du zurück nach Washington?«

»Wieso?«

»Du hast mit diesem Lepkin getrunken, also seid ihr euch einig. Deine Aufgabe ist beendet. Das ist Logik.«

»Was mich nach Deutschland getrieben hat, stellt alles auf den Kopf. Auch die Logik. Lepkin und ich arbeiten jetzt zusammen.« Er legte den Arm um ihren Nacken und streichelte ihre Haare. »Wie lange kennen wir uns?«

»Drei Tage und eine Nacht. Die zweite hat gerade begonnen.« Sie versuchte zu lächeln. »Soll ich mich schämen, daß ich dich trotzdem liebe?«

»Kennst du Texas?« fragte er unvermittelt.

»Weder Texas noch Alabama oder Arizona noch sonst was in deinem Land. Ich bin von einer gewissen Erdenschwere. Mein weitester Ausflug führte bis Mallorca. Jeder Deutsche einmal am Mittelmeer — das gehört zum Lebensstil. Wer Mallorca, Ibiza, Capri oder die Riviera nicht kennt, hat den Anschluß verpaßt. Jetzt erhole ich mich lieber im Schwarzwald oder fahre an die Nordsee. Wenn ich das im Atelier erzähle, nennen sie mich die ›perverse Helga‹. Was ist mit Texas?«

»Ein schönes, wildes, verführerisches Land.«

»Dort haben sie Kennedy erschossen, ja?«

»Mein Großvater hat dort eine Ranch. Ich glaube, 10 000 Rinder, eine verrückte Zahl, wenn man das so hört, aber wenn man bedenkt, was in Amerika an Steaks gegessen und als Cornedbeef in die Dosen ggepreßt wird, ist das Rinderhalten ein Geschäft. Ich habe keine Ahnung von Rindern, aber ich stelle mir vor, daß man das lernen kann. Und ich stelle mir weiter vor, daß es möglich wäre, dort zu leben. Ein Ranchhaus mit einer breiten, überdachten Terrasse, Korbsessel, weißt du, so richtige altmodische Korbessel wie in den Mark Twain-Filmen, aber man sitzt wundervoll darin. Die Cowboys reiten von der Arbeit zurück, in einer Staubwolke, die von der Abendsonne übergoldet wird.« Holden starrte an die Holzdecke, er schien weit weg zu sein, in jenem wilden Texas, das er bisher immer gehaßt hatte. Gehaßt hatte er vor allem die Ranch von Großvater Jim Raffael Holden, auf der er seine Schulferien verleben mußte, wo Jim Raffael Holden ihm das Reiten beibrachte, bis ihm die Haut in Fetzen hing und die Unterhose blutig am Hintern festklebte. Die verdammte Ranch, – mit ihrem Mistgeruch von 10 000 Rindern, dem Staub von 40 000 Hufen, dem Gebrüll, das Tag und Nacht sich in den Körper fraß; die gnadenlose Sonne, unter der man reiten mußte, stundenlang, tagelang, immer um diese langhörnigen Biester herum, dieses grunzende, schmatzende, wiederkäuende, brüllende, stampfende, glotzäugige, stinkende Kapital, von dem Jim Raffael Holden jeden Sommer sagte: »Wenn du ein Mann geworden bist und den stärksten Stier mit dem Lasso zu Boden wirfst, erbst du das alles. Vorher keinen Cent! Wir Holdens waren alle Männer. Männer, Junge, nicht bloß Schwanzträger! So ein paar Gramm mehr am Körper machen noch keinen Mann. Merk dir das!« Das war die Ausdrucksweise des alten Holden, und so lebte er auch. Bis heute. Mit seinen 82 Jahren ritt er noch über die Weiden, und wenn er auch keine Stiere mehr einfing, so schrie er doch herum, wenn seine Cowboys sich nach seiner Ansicht dämlich anstellten. Dieses Texas, diese Ranch . . . sie wurden plötzlich rosa überhaucht von einem unwiderstehlichen Zauber.

»Wir werden nach Texas ziehen, Mädchen . . .«, sagte Holden leise.

»Warum nicht nach China?«

»In China erbe ich keine 10 000 Rinder. Verdammt, ich liebe dich. Ich werde dich heiraten!«

»Du bist verrückt, Ric!«

Sie sprang auf und stellte die gotischen Kirchen im Fernsehen ab. Dann zog sie sich aus, ohne den geringsten Anflug von Scham, aber mit dem Wissen, wie schön ihr Körper war, wenn er im schrägen Licht kleiner Tischlampen matt wie Perlmutt schimmerte. Nackt ging sie zum Kühlschrank, holte eine Flasche Cola heraus, öffnete den Verschluß und goß ein Glas voll.

»Trink«, sagte sie, als sie wieder neben ihm auf der Couch hockte. »Ich hasse Schnapsgeruch.«

NEW YORK / MÜNCHEN / ACAPULCO

Es dauerte zwei Tage, bis Harold J. Berringer wußte, daß Maurizio Cortone nicht mehr in seiner Sportschule weilte. Als er das erfuhr, war es schon zu spät, Flugplätze und Grenzen zu sperren. Selbst ein Blitzgespräch nach Deutschland hatte nur noch informativen Wert — zu Aktionen reichte die Zeit nicht mehr.

Cortone — dessen war man sicher — war nach München geflogen. Mit falschen Pässen, verändertem Aussehen und einem Funkzündgerät im Koffer. Die Lage wurde dramatisch.

Beutels allein schien zufrieden. »Obgleich ich noch nicht glauben kann«, sagte er, »daß alles so einfach geworden sein soll — wir kennen jetzt sogar den Täter —, fühle ich mich wie in einem geheizten Schwimmbecken. Alles um mich herum friert ... ich schwimme. Da nicht anzunehmen ist, daß dieser Cortone in einer Ackerfurche übernachtet, werden wir alle Hotels in und um München nach neuen Gästen überprüfen. Nur eins können wir nicht: einen Steckbrief veröffentlichen.«

»Womit Cortone die Möglichkeit erhält, irgendwo gemütlich privat zu wohnen.« Holden legte ein paar gute Fotos von Cortone auf den Tisch. Ein edler Kopf, den mindere Gemüter ohne Bedenken sofort mit »Herr Generaldirektor« angesprochen hätten. »Gesucht wegen Bankraub.«

»Unmöglich!« Beutels starrte Holden entsetzt an. »Sie können doch keinen Menschen mit einer konstruierten Tat jagen! Oder hat Cortone Banken ausgeraubt?«

»Nein.«

»Sehen Sie. Nach deutscher Rechtsauffassung kann ich niemandem etwas anhängen, was er nicht getan hat. Und ihn suchen lassen mit dem, was er getan hat beziehungsweise zu tun beabsichtigt, ist durch die Geheimhaltungsstufe 1 ausgeschlossen.«

»Sie tun also nie etwas Ungesetzliches?«

»Nie.«

»Und Hans Bergmann?«

»Wir haben ihn keines Verbrechens beschuldigt, sondern schützen ihn im Gegenteil vor der Dummheit einer unüberlegten Tat.«

»Im Staatsinteresse, ich weiß. Cortone kann Sie Milliarden kosten, wenn durch ihn die Olympischen Spiele ausfallen. Es fragt sich, ob eine Wahrheit so teuer sein darf, wenn eine Lüge so billig ist.«

»Wir werden das gleich mit dem Ministerium durchsprechen, Holden.« Beutels betrachtete die Bilder. Maurizio Cortone war nicht im entferntesten der Typ eines Bankräubers. Man würde sich lächerlich machen mit solch einem Steckbrief. »Was halten Sie von Heiratsschwindler?« fragte Beutels.

»Auch gut. Hauptsache, man bringt sein Gesicht unter die Leute.«

»Wenn das Gesicht noch stimmt. Cortone hat einen Charakterkopf, der sich vorzüglich zur Maske eignet. Es gibt Typen, die man in alle möglichen Gesichter verwandeln kann, so gründlich, daß man den Untergrund nicht mehr wahrnimmt. Ich kannte da einen Schauspieler aus Hamburg, der zwei Strichjungen in seiner Wohnung erhängte und hinterher Wanderlieder zur Laute sang. Ein verrückter Schwuler. Wir haben ihn fast zwei Jahre lang gejagt. In immer neuen Masken trat er auf, ein Meister der Schminke. Sein Verderben war ein Herbstschnupfen. In einer Wirtschaft mußte er kräftig niesen, und dabei flog die falsche Plastilinnase in den Suppenteller. Das fiel natürlich auf.«

»Cortone wird keinen Schnupfen bekommen«, sagte Holden, von Beutels' Erinnerung nicht gerade überwältigt. »Sie lassen also den Steckbrief los? Presse, Fernsehen?«

»Ich hole mir erst Rückendeckung, Holden. Ein deutscher Beamter, der frei entscheidet, ist wie ein Wolf, der ein Lamm küßt — ein absoluter Außenseiter. In zehn Minuten wissen wir mehr. Übrigens« — Beutels, der zur Tür gegangen war, blieb stehen und sah sich nach Holden um —, »ein hübsches Mädel, diese Helga Bergmann, nicht wahr?«

»Ich werde sie heiraten.«

»Pfff!« Beutels drehte die Zigarre zwischen den Zähnen. »Holden, es täte mir in der Seele leid, den Schwager von Hans Bergmann auch aus dem Verkehr zu ziehen ... aber ich würde es unter Umständen tun!«

Das war in München. Um die gleiche Zeit lag Maurizio Cortone in Acapulco in der Sonne und sah wohlgefällig zu, wie Lucretia Borghi in einem goldenen Bikini vom Beckenrand in das tintenblaue Wasser des Hotel-Swimming-pools sprang. Ein fleischgewordener Sonnenstrahl, sinnierte Cortone, ein materialisierter Engel, der nur einen Fehler hat: Sein Charakter stammt vom Satan.

Er hatte nicht die Dummheit begangen, die sowohl Berringer als auch Holden ihm zutrauten, nämlich sofort nach Deutschland zu fliegen. Er rechnete damit, daß sein Auszug sehr schnell auffallen und daß ebenso schnell der kleine, aber wie eine Viper gefährliche Berringer aktiv werden würde. Mexico, vor allem aber das Hotel ›Imperiál‹ in Acapulco waren Cortones bestes Alibi. Die Hotelleitung würde bestätigen, daß er von Mitte Mai bis Ende August hier einen ausgedehnten Urlaub verlebt hatte, einen Gesundheitsurlaub, denn da gab es einen Dr. Miguel Anjurez, Facharzt für innere Krankheiten, der ebenfalls attestieren würde, daß Maurizio Cortone an einem mittelschweren Diabetesleiden herumlaborierte. Die Kur in Acapulco war eine reine Diätkur, unter ärztlicher Beobachtung . . . wer wollte das nachher anzweifeln, wenn er Berringer dieses vollendete Alibi auf den Tisch legte.

Auch Ted Dulcan war mitgekommen. Nachdem sie Geschäftspartner geworden waren, klebten sie zusammen wie siamesische Zwillinge. Da Bertie Housman, Dulcans schnelle Kanone, noch lebte, sah sich Cortone einem neuen Problem gegenüber. Mit Dulcan wäre er in Deutschland fertig geworden, aber Housman war ein Intellektueller, dessen Leidenschaft für Mord man nur psychiatrisch erklären konnte. Housman war ein glänzender Unterhalter, strotzte von Wissen, besuchte Opernaufführungen und lief stundenlang in einem Museum herum, wenn gerade eine neue Ausstellung eröffnet worden war; er konnte vor einem Marienbild Stephan Lochners andächtig auf einer Samtbank hocken und jede Rosenblüte mit einer wirklich verinnerlichten Wonne betrachten — fünfzehn Minuten später erschoß er einen Mann, der Dulcan damit betrügen wollte, daß er feuchtgewordene Granaten zum Kauf anbot.

Immerhin war Dulcan so klug, in einem anderen Hotel, im ›Tornado Club‹, zu wohnen. Eine Begegnung mit Lucretia hätte die Lage unnötig kompliziert, zumal da sie angedroht hatte, Dulcan bei Gelegenheit zu entmannen. Mit Cortone hatte sie sich ausgesöhnt, allerdings nicht im Bett. Das lag jedoch nicht an ihr, sondern an Cortone selbst. Sie soll hungrig werden, dachte er. Ein Verhungernder ißt auch runzlige Kartoffeln, ein Durstiger säuft aus Pfützen. Zugegeben, er war ein alternder Mann, aber auf das wenige, was er noch zustande brachte, war er besonders stolz. Des Herzens liebstes Kind mußte aber gelobt werden — und so ließ er Lucretia mit all ihrer Hormonglut im eigenen Feuer dünsten, in Erwartung jener Nacht, in der er, Cortone, als der einzige und größte Meister anerkannt würde. Acapulco schien dafür ein guter Platz zu sein. Meerwasser und Salzluft waren schon immer stimulierende Elemente.

Vor allem konnte Cortone sich jetzt Zeit lassen — mit Lucretia, mit Dulcan, mit München. In Deutschland würde man der ergebnislosen Fahndung einmal müde werden . . . er aber wurde immer munterer. Sein letztes Funkgespräch mit Dr. Hassler hatte ihn so beruhigt, daß er jetzt jeden Sonnentag am Swimming-pool oder am goldenen Meeresstrand genoß. In München lief alles nach einem genialen Plan dieses verrückten, in das Chaos verliebten Arztes: 30 Millionen Dollar lagen buchstäblich auf der Straße.

Dr. Hassler brauchte sie nur aufzusammeln.

MÜNCHEN

Die Alarmbereitschaft währte schon den dritten Tag, als endlich eine Reaktion auf die Anzeige in der ›Süddeutschen Zeitung‹ erfolgte. Es war wieder ein Brief, gestempelt vom Postamt 1. Das gleiche Papier, der gleiche Umschlag, die gleiche Maschinenschrift.

»Ein Deutschnationaler«, scherzte Beutels mit Galgenhumor. »Konservativ bis auf die Knochen.«

Sämtliche leitende Herren der Sonderkommission, der Präsident des Nationalen Olympischen Komitees und ein Beobachter aus dem Bonner Innenministerium, saßen um den Tisch, als Beutels den Brief aufschlitzte. Auf Fingerabdrücke mußte er keine Rücksicht nehmen ...außer solchen von Postbeamten und anderen unschuldigen Personen hatten alle bisherigen Untersuchungen in dieser Richtung nichts zutage gefördert.

Lepkin war der einzige, der nicht mit am Tisch saß. Er hatte aus dem Holiday Inn angerufen und sich entschuldigt. Das Frühlingswetter habe bei ihm einen Schnupfen ausgelöst. Nur Holden wußte, daß Lepkin kerngesund war und sich ganz auf die Jagd nach Bossolo konzentrierte. Seitdem für die Fahnder feststand, daß Cortone sich in München oder Umgebung aufhielt – man nahm fest an, daß er unter falschem Namen und mit verändertem Gesicht sehr selbstsicher herumspazierte, und hatte eine kleine Armee von Beamten eingesetzt, die alle Hotels, Pensionen und sogar die privaten Zimmervermieter kontrollierte –, waren Lepkin und Holden davon überzeugt, daß Pietro Bossolo früher oder später Fühlung mit seinem Chef aufnehmen würde, wenn er noch am Leben war. Das Zusammentreffen der Anzeige mit dem Verschwinden Cortones aus New York war ein weiterer Beweis dafür, daß in den nächsten Tagen das große Einkassieren beginnen sollte.

Der einzige, der wieder Bedenken äußerte, war natürlich Beutels.

»Cortone ist also hier. Ist er das Gehirn? Wer schreibt hier die Briefe? Wer hat die Organisation aufgebaut? Das ist kein Italiener oder Amerikaner ... das ist ein Deutscher. Ich habe Psychologen und Germanisten an diese Briefe gesetzt ... ihr Urteil ist fast einstimmig: ein bewußt am Rande des Primitiven gehaltener Stil mit modernen Worteinsprengseln, zum Teil auffallend lässig und schnoddrig, aber alles nur als Tarnung für eine überragende Intelligenz. Der Briefschreiber gehört der gehobenen Schicht an! Damit haben wir einen Täter, der uns gleichwertig ist. Der Stehkragentäter ist gefährlicher als der in Hemdsärmeln. Es wird zu einem Denkduell kommen ...«

Nun schien es soweit zu sein. Der Brief rief allgemeines Erstaunen hervor.

Bedächtig, als habe er eine Predigt im Kanzelstil zu wiederholen, las Beutels vor. Niemand unterbrach ihn: Ohne es auszusprechen, war man fasziniert von dem Inhalt; die Schweigsamkeit war wie ein widerwilliger, aber dröhnender Beifall.

Meine Herren!

Ihre Bereitschaft hat mich erfreut. Auch ich bin ein Gegner jeglicher Gewalt, und der Gedanke, nicht nur die Olympischen Stätten in München, sondern ganz München und darüber hinaus ganz Mitteleuropa durch eine radioaktive Wolke zu vernichten, erzeugt auch bei mir lähmendes Grauen. Erkennen Sie daraus meine tief humanitäre Gesinnung, denn ich glaube, daß für die Rettung eines ganzen Erdteils 30 Millionen Dollar ein Preis sind, der in keinem Verhältnis zum Schaden steht. Es geht mir letztlich auch nicht um dieses Geld, sondern um die Demonstration der Tatsache, daß Wohl und Wehe der Menschheit abhängig gemacht werden können von dem Willen eines einzigen Mannes. Allein um den Ernst der Lage begreifbar zu machen, werden Sie mit 30 Millionen Dollar zur Kasse gebeten, denn nichts ist für den Menschen der Jetztzeit und einen Politiker zumal überzeugender als ein Griff zum Geld. Betrachten Sie deshalb die Geldsumme nicht als das Maßgebliche meiner Drohung, sondern als Nebenwirkung. Geld ist mir völlig gleichgültig — nicht aber die tödliche Schläfrigkeit, die lähmende Sattheit, in die die Menschheit gefallen ist ...

Beutels sah von dem Blatt auf. »Nett, nicht wahr?« sagte er laut. Und da niemand antwortete, fügte er hinzu: »Ein Fanatiker, den die Überzivilisierung ankotzt. Alter über 50, ich schätze an die 60. Daß dieser Mann im Hintergrund — nennen wir ihn das ›Gehirn‹ — in unserem Alter ist, schließt eine Provokation von seiten einer revolutionären Spinnergruppe aus. Hier herrscht der eiskalte Intellekt, verbunden mit einem Reformauftrag. Oder anders gesagt: ein Verrückter mit *summa cum laude*!«

Beutels wartete auf eine Reaktion, aber seine Zuhörer saßen um den runden Tisch wie Wachsfiguren. Großäugig, etwas angebleicht ... Beutels senkte den Kopf und las weiter.

Die Übergabe des Geldes *en bloc* wäre unmöglich, was Sie sicherlich schon ausgerechnet haben. Ein Lastwagen voll Banknoten wäre eine Spitzenleistung an Idiotie. Ich schlage folgende Übergabe vor:

An jeweils 30 aufeinanderfolgenden Tagen werden je eine Million Dollar in kleinen, gebrauchten Scheinen ausgezahlt. Die Übergabe erfolgt ohne polizeiliche Kontrolle oder Überwachung ... auch Zivilpersonen werden nicht in der Nähe geduldet, da die Übergabestellen so ausgesucht sind, daß andere Personen als Überbringer und Abholer überhaupt nicht anwesend sein können. Wird die Zahlung unterbrochen oder durch irgendwelchen polizeilichen Einsatz gestört, brechen wir die Verbindung ab und zünden am 26. August um 15 Uhr, nach Entzündung des Olympischen Feuers, unser Feuerwerk mit 12 Kilogramm Plutonium.

Das gleiche gilt, wenn von Ihrer Seite die Zahlung verzögert oder abgebrochen wird in der Hoffnung, in diesen 30 Zahltagen könne man uns einkreisen oder die letzten Millionen sparen. Die Gefahr der Explosion bleibt bis zur letzten Million. Erst nach Vereinnahmung der vollen Summe garantieren wir Ihnen, daß die beiden A-Bomben nicht explodieren werden. Ohne den auslösenden Funkkontakt sind sie wertlos und harmlos wie zwei in Beton eingegossene alte Eimer.

Unsere Garantie: Unser Ehrenwort. Betrachten Sie uns als Gentlemen, denen die Bedeutung eines Ehrenwortes bekannt ist. Bei großen Geschäften wie unserem ist das Vertrauen der beste Partner.

Beachten Sie folgenden Zeitplan: Übergabe der ersten Million: am 28. Juli, morgens 1 Uhr im dritten Papierkorb Richtung München des Rastplatzes hinter der Ausfahrt Veldensteiner Forst. Frühestes Erscheinen eines Ihrer Beamten um 3 Uhr. Er wird an der Innenseite des Papierkorbes einen Zettel mit dem neuen Übergabeort finden für den 29. Juli. So wird es weitergehen bis zur letzten Übergabe am 26. August, 2 Uhr morgens. Da um 15 Uhr die Olympischen Spiele eröffnet werden, ist es ratsam, auch den letzten Geldabholer nicht zu belästigen. Wir sähen sonst das Vertrauensverhältnis gestört und uns von unserem Ehrenwort entbunden. Erst nach dem Erklingen der Olympiafanfaren geben wir der Polizei freie Hand.

»Ein großherziger Mensch!« Beutels warf den Brief auf die leere Tischplatte. »›Nach Vereinnahmung der vollen Summe‹ ... Ich sehe meine Theorie wieder bestätigt, daß dieser Mann die 50 überschritten hat, irgendwo in einer leitenden Position im Wirtschaftsleben steht und ein Biedermann ist wie Sie und ich! Das macht ihn nicht nur gefährlich, sondern weitet unsere Ermittlung ins Unermeßliche aus. Was sagt Bonn dazu?«

Der vom Innenminister zu dieser Konferenz abgestellte Ministerialrat hob etwas hilflos die Schultern. »Wir zahlen«, sagte er mit belegter Stimme. »Aber wir vertrauen auf die Polizei.«

»Gott erhalte Ihnen diesen Glauben.« Beutels lehnte sich zurück. Er holte eine Brasil aus der Innentasche und rauchte sie an. Brasil bedeutete — wir wissen es — gelindes Wohlwollen. »Herr Präsident, Ihre Meinung?«

Der Polizeipräsident von München blickte hinüber zu Oberstaatsanwalt Dr. Herbrecht, dem Leiter der Sonderkommission. Aber dieser saß genauso still da wie Oberkommissar Abels und die anderen Herren von den verschiedenen eingeschalteten Dienststellen. Lediglich Jean-Claude Mostelle von der französischen Sureté holte sich den Brief herüber und las ihn noch einmal durch. Ric Holden beschäftigte sich mit seiner Zigarette. Er dachte an seinen sowjetischen Kollegen Lepkin, der wenig von solchen Konferenzen hielt und sparsam mit Worten war, wenn es kritisch wurde. Ein völlig unrussisches Benehmen. Lepkin suchte Bossolo. Er war die einzige Spur ins Dunkel. Die frühere Verbindung zu Maurizio Cortone hielt Holden nicht für wichtig. Das Ding, das in München gedreht werden sollte, war etliche Nummern zu groß für Cortone. Daran änderte auch die Tatsache nichts, daß Cortone aus New York verschwunden war. Nur eins war sicher: Das Plutonium stammte aus dem Überfall auf Harold Nimes' Transporter in der Wüste von New Mexico. Beutels, dieser alte Fuchs, hatte recht: Die Drohung von München war im Grunde eine amerikanische Angelegenheit.

»Was tun wir nun?« fragte Beutels noch einmal.

»Wir werden allen Wünschen dieses Mannes nachgeben«, sagte der Polizeipräsident. Man hörte ihm an, daß ihm diese Worte schwer wie Steine über die Zunge rollten. »Er macht den größten Fehler überhaupt: Er gibt uns 30 Fahndungsmöglichkeiten.«

»Ich nehme an, daß er das einkalkuliert hat.« Beutels blickte hinüber zu Holden. Der Amerikaner spielte mit seiner Camelpackung. Er stellte sie hin und schnippte sie mit den Fingern wieder um. Eine Art Hinrichtung. »Was sagt der Supermann vom CIA?«

»Zahlen.«

»Ach nein?«

»Aber wir werden in den Bäumen eine elektronische Kamera mit Infrarot installieren.«

»Unser ›Hirn‹ ist kein Schwachsinniger. Er wird nie selbst kommen, sondern Boten schicken. Was haben wir von 30 Boten, die ihrerseits wieder das Geld irgendwo ablegen sollen?«

»Wissen Sie etwas Besseres?«

»Nein!« Beutels faltete die Hände über dem Bauch. »Wir müssen auf Verdacht 29 Millionen opfern, um mit der dreißigsten die Spur aufzunehmen. Das ist der einzige Weg.«

»Sehr gut.« Der Polizeipräsident atmete auf. »Und am 26. August greifen Sie zu, Beutels.«

»Theoretisch ja. Aber da kann noch etwas passieren —«

»Und was?«

»Er holt die dreißigste Million nicht mehr ab. Weil er so denkt wie wir. Auch 29 Millionen Dollar sind ein Batzen Geld, der für einen sorglosen Lebensabend reicht. Dann ist er uns durch die Lappen gegangen.«

»Das wird die Bundesregierung nie dulden!« rief der Ministerialrat aus Bonn.

»Gut denn.« Beutels sprang auf, so plötzlich, daß die neben ihm Sitzenden erschrocken zusammenzuckten. »Dann lassen Sie 150 000 Menschen in die Luft sprengen. Ohne mich, mein Herr. Ich werde mich am 26. August vielleicht irgendwo in der Südsee befinden ... jedenfalls weit weg von München ...«

SCHWABING

Wer sie die »Dicke Emma« nennen durfte, war nicht nur Stammgast, sondern auch Freund. Fremde Gäste und Laufkundschaft kannten sie nur als Frau Emma Pischke, ein Name, der verriet, daß die Urmünchnerin eigentlich aus Preußen stammte. Ihr Lokal lag in Schwabing, wo es noch dunstig, schmuddelig und romantisch war, weit ab von den Betonklötzen einer neuen Pseudokultur.

Es war eine Kneipe, weiter nichts. Aber das ›weiter nichts‹ war eben der Zauber, der jeden einlullte, der in einem der drei Gasträume der »Dicken Emma« sich an einen wackeligen Tisch setzte, den altersschwachen Stuhl zurechtrückte und ein Bier bestellte, das aus einem Zapfhahn sprudelte, der eigentlich in ein Museum gehörte.

Mit der Polizei hatte Emma Pischke wenig zu tun. Krakeeler gab es nicht bei ihr ... wer es einmal versuchte — einmal kamen drei Rocker ins Lokal und spielten die wilden Männer —, hörte nach diesem einen Mal auch gleich wieder auf damit. Emma Pischke konnte zuschlagen, wie ein Bierkutschenpferd austritt. Sie machte wenig Gebrauch davon; meistens waren genug Männer im Lokal, die mit bloßen Oberarmen wortlos für Ordnung sorgten, nur durch ihre Anwesenheit. Kam die Polizei in die Gaststuben, so nur, um routinemäßig einen Rundblick auf die braven Kunden zu werfen. Emma Pischke war dann immer an der Tür, meldete wie ein Feldwebel ihre Gäste und sagte laut: »Kein Gauner darunter, Wachtmeester. Nur vom Wirtschaftswunder vagessene Künstler.«

Es war eigentlich unbegreiflich, wie gerade Pietro Bossolo in diese Gesellschaft geriet. Er malte nicht, er dichtete nicht, er hieb nicht aus Stein Figuren, er hatte nicht einmal das Talent, abstrakt zu malen, obwohl dazu nur ein Pinsel, mehrere Farben und die Kenntnis von der Dummheit der Menschen gehören, also ein für jeden erschwingliches Kapital. Nein, Pietro Bossolo glänzte mit etwas, was seine Heimat ebenso berühmt gemacht hatte wie Caesar, Nudeln und Papagalli: Er sang.

Die »Dicke Emma« erkannte dieses Talent durch reinen Zufall. Das Schicksal wollte es, daß Bossolo sich auf einer Wanderschaft durch Schwabing gerade an dem Tag in die Wirtschaft Emma Pischkes verirrte, als diese ihren 64. Geburtstag feierte. Alle Gäste, von jeher eine große Familie, hatten Emma in ihre Mitte genommen und brachten Lobreden und Hochs auf sie aus, als Pietro erschien und schüchtern einen Campari verlangte. Er wollte auch schnell wieder gehen, denn die Erfahrung hatte ihn gelehrt, daß man in Deutschland wohl arbeiten und Geld verdienen kann, aber als Ausländer immer so etwas wie ein fauler Apfel am Stamm bleibt. Bei der »Dikken Emma« war das anders. Ohne eine abfällige Bemerkung nahm man ihn in den Kreis der Feiernden auf, reichte ihm ein Glas Sekt und übte eine Toleranz, die Bossolo fast zu Tränen rührte. Er beschloß, bei der »Dicken Emma« so etwas wie Heimat zu suchen. Ein Südländer brauchte seine Piazza, seine Mamma in irgendeiner Gestalt.. in München ersetzte die Bahnhofshalle die Piazza, aber nach einer Mamma hatten sie alle Sehnsucht, und so waren sie ständig auf der Jagd nach einer Frau, die mehr als Bettgenossin war, die auch eine mütterliche Wärme ausströmte.

»'n Italiener muß singen können!« sagte Emma Pischke, als jeder im Kreis etwas von seinem Talent dargeboten hatte. Der eine ein Gedicht, der andere ein Lied zur Laute. Der verkrachte Schauspieler Ernest Borlach deklamierte sogar den Monolog des Marc Anton von Shakespeare, sehr dramatisch, sehr kitschig, in vollendetem Schmierentheaterstil, aber der Beifall war enorm. Als Bossolo an die Reihe kam, drehte er verlegen sein Glas zwischen den Fingern. »Ich war dreimal an de Riviera ... und imma habense jejubelt, die Italiener. Die können alle singen. Los, meen schwarzer Wuschelkopp ... mach's Maul auf!«

Bossolo stellte sich auf den Tisch und sang. Was sang er? Na, was man von einem Italiener erwartet: »Santa Lucia«. Dann eine Zugabe: »Pape averi e papere«. Von dieser Minute an gehörte Bossolo fest zum Freundeskreis. Die »Dicke Emma« wischte sich eine Träne aus den Augenwinkeln. Tenorstimmen hatten sie seit jeher tief ergriffen.

»Det ist schön, wat?« sagte sie beseligt. »Junge, kannste ooch ›Wie eiskalt ist dies Händchen?‹«

Welcher Italiener kennt nicht seinen Puccini? Pietro Bossolo, froh und glücklich, diese verräucherte Heimat im fremden München gefunden zu haben, sang aus übervollem Herzen die Arie des Rudolfo. Er sang nicht wie Gigli, das verlangte auch keiner, aber er legte alle Träume in seine Naturstimme, und die Schluchzer kamen ganz von selbst, weil die Seele überfloß.

Am Ende dieses Geburtstagsabends war Bossolo so betrunken, daß Emma Pischke ihn in eines der Betten legte, die sie nur an gute Bekannte vermietete. Es waren im ganzen neun Betten. Und sie waren ein besseres Asyl, denn Emma nahm kaum eine Mark für eine Nacht, weil alle Übernachter irgendwie jenseits der menschlichen Gesellschaft standen und wie streunende Hunde waren: Maler, die ihre

Miete nicht bezahlen konnten und auf der Straße lagen, ein Schriftsteller, der sich vor seinen Gläubigern, vor allem dem Finanzamt, verstecken mußte, ein Bildhauer auf der Flucht vor einem sexbesessenen Modell und ein Musiker, dem man überall das Zimmer kündigte, sobald er zu üben begann: Er spielte Pauke. Sie alle nahm die »Dicke Emma« unter ihre breitausladenden Fittiche ... eine Glucke, die jedes frierende Küken wärmte. Ein letzter Rest aus Schwabings seliger Zeit ... und dann aus Berlin!

Es war gegen 2 Uhr nachmittags, als Bossolo bei der »Dicken Emma« an die geschlossenen Läden klopfte. Diese Zeit gilt in Schwabing noch als tiefe Nacht, vor allem, wenn man bei Emma Pischke gefeiert hat. Es dauerte auch eine Weile, bis geöffnet wurde. Wieselschnell schlüpfte Bossolo durch den Türspalt in das dämmerige, immer nach Alkohol und Gulasch riechende Lokal. Emma Pischke, zur Seite gestoßen von der aufgestemmten Tür, holte gerade tief Luft, um loszubrüllen, als sie Bossolo erkannte, den »Sänger ihrer Seele«.

»Du?« fragte sie. »Um diese Zeit?« Sie warf die Tür zu und schob den dicken Eisenriegel vor. »Pietro, du hast was ausjefressen!«

»Isch nischt – die anderen. Mamma –«, er nannte Emma seit damals nur noch Mamma, was sie immer tief ins Herz traf –, »Mamma mia, isch bitte ... laß misch hier wohnen.« Er hob beide Hände, flehend, als bettle er um sein Leben, und als Emma genau hinsah, erkannte sie in seinen Augen auch das seltsame Flackern der Todesangst.

»Wat is'n los?« fragte sie, faßte Bossolo am Kragen und zog ihn in die Gaststube. Sie hatte einen verfluchten Griff, und Bossolo kam sich vor, als würde man ihn wie ein nasses Wäschestück auf eine Leine hängen. Er plumpste auf einen Stuhl und faltete ergeben die Hände im Schoß. »Wat haste nu jemacht? Los, erzähl!«

»Isch werde verfolgt ...«, sagte Bossolo mit Angst in der Stimme.

»Von wem?«

»Geheimdienste.«

»Wie kann man nur so besoffen sein, Jungchen ...«

»Isch bin nicht betrunken, Mamma ... Sie jagen misch!«

»Biste denn'n Spion? Pietro, wennste det bist, is unsre Freundschaft perdü! Ick kann alles tolerieren, nur keenen Spion! Sojar 'n Zuhälter is 'n Mensch für mich, und wenn eener Jeldschränke knackt, dann nehm ich mirn vor und hol ihn auf den Pfad der Tugend zurück ... aba 'n Spion. Pfui Deibel! Los, wat is nun?«

Pietro Bossolo entschloß sich, alles zu erzählen, um nicht seine neue Heimat und Mamma Emma zu verlieren. Emma Pischke hörte zu, ein massiver Turm aus Fleisch in einer schmuddeligen Kittelschürze in Pantoffeln und ohne Strümpfe an den blaugeäderten Beinen. Erst als Bossolo fertig war mit seiner Beichte, atmete sie laut aus, als habe sich ein Blasebalg randvoll mit Luft gefüllt.

»Des is alles wahr?«

»Isch schwöre es bei der Madonna, Mamma. Bei meiner Mutter.«

»Und die versprochenen 10 000 Dollar? Die pusten se jetzt in de Röhre?«

»Isch weiß nicht, wie ich kommen an diesen Mann.«

»Det werden wir regeln.« Emma Pischke zeigte nach oben. »Geh rauf, Jungchen. Zimmer 4. Kannst hier wohnen. Aba vadienen mußte dir det Essen und det Bett. Spülen, kochen helfen. Wäsche waschen . . .«

»Isch tue alles, Mamma, alles. Nur weiterleben will isch . . .«

»Und daß de hier bist, hat keener jesehn?«

»Nein. Als die beiden Männer, die mir gefolgt sind, auf der Toilette waren, bin ich einfach weggelaufen. Keiner hat misch gesehen . . .«

»Dann biste hier bei Emma ooch sicher. Los, geh rauf. Leg dir hin. In zwei Stunden ruf ick dir. Dann wird jespült!« Bossolo erhob sich. Er wollte Emma Pischke die Hand küssen, aber sie gab ihm eine leichte Ohrfeige. Immerhin war sie so wuchtig, daß Bossolo gegen die Wand flog.

»Laß det!« grollte sie. »Ick bin keene Katze, die man ableckt! Pietro.«

Bossolo, schon auf der Treppe nach oben, drehte sich um. Er weinte vor Glück.

»Ja, Mamma.«

»Die 10 000 Dollar hol ick für dich! Verlaß dir drauf. Du kannst dir deene Klitsche in Kalabrien koofen . . .«

Die Angelegenheit wurde immer komplizierter und gefährlicher. Emma Pischke griff in das Geschehen ein.

STADELHEIM

Meine neue Zelle ist komfortabler als das miese Loch im Keller des Polizeipräsidiums. Man merkt sofort: Hier herrschen Dauerzustände, hier soll einem die Heimat ersetzt werden. Hier ist kein Durchgangsverkehr, sondern man ist auf langfristige Pensionsgäste eingestellt.

Ich habe Zelle 367 im Trakt VI, dritter Stock. Mein Etagenkellner heißt Sepp Mittwurz, ist Oberwachtmeister, 50 Jahre alt und leidet an zu hohem Blutdruck. Der Kalfaktor, ein Trickdieb, ist ein Schwein. Man nennt ihn hier auf der Etage nur »das Stinktier«, weil er immerzu, wo er steht, wo er geht, furzt. Er stammt aus Köln-Kalk, heißt Hännes Dulck und hat beste Beziehungen zur Gefängnisküche. Er frißt doppelte Portionen, was sein ewiges Furzen erklärt, platzt vor

Kraft fast aus der Wäsche und bietet Zigaretten und sogar Zigarren an; dafür soll man ihm in die Hose fassen und ihn in sexuelle Fantasien versetzen.

Natürlich kam Beutels mich besuchen. Ein anhänglicher Mensch. Er brachte mir zwei Sumatra-Zigarren mit, seine Marke für gute Laune, und unterhielt sich mit mir wie bei einem Bierabend.

»Was schreiben Sie jetzt?« fragte er.

»Erfahrungen eines Toten.«

»Sehr gut. Ihr Chefredakteur hat 10 000 Mark für einen Hinweis ausgesetzt, wo sein Chefreporter Hans Bergmann steckt.«

Ich war platt. »Sagten Sie Chefreporter?« fragte ich.

»Ja.«

»Und 10 000 Mark?«

»So steht's in der neuen Ausgabe. Mit Ihrem Bild. Ganzseitig. Der Mann macht Rummel und beleidigt in seinem Artikel siebzehnmal die Polizei. Ich hab's unterstrichen und gezählt. Ich bin dabei, mir etwas einfallen zu lassen, um diesem Idioten den Wind wegzusaugen.«

»Eine Leiche können Sie ihm nicht präsentieren.«

»Kaum. Daß Menschen spurlos verschwinden, ist nichts Neues. Meistens klärt so etwas der Zufall. Wir sollten einen Zufall provozieren.«

»Eine andere Idee«, sagte ich. »Helfen Sie mir, die 10 000 Mark zu verdienen, Herr Kriminalrat — 10 000 Mark sind ein Honorar, das bei unserer Firma nur in den Sand des Mars geschrieben wird. Der Verlag muß sich verdammt sicher fühlen und mich total abgeschrieben haben, wenn er diese Summe für Hinweise aussetzt. Das wäre ein Streich, wenn er das Geld zahlen müßte und ich hinterher wieder auftauchte. Der Chef überlebt das nicht. Er hat's sowieso an der Leber vom ständigen Whiskysaufen.«

»Und wie?« fragte Beutels nüchtern. Ich glaubte wirklich, er spielt mit. Sein Haß auf die Presse ist bekannt. Dort sitzen die wahren Kriminellen, soll ein Ausspruch von ihm sein. Dabei ist sein Schwiegersohn Verlagsleiter beim Verlag Baum & Co., der zwei Illustrierte herausgibt. Vielleicht darum ... ich kenne Beutels' Schwiegersohn nicht, nur vom Hörensagen.

»Über einen Mittelsmann.«

»Ihre Schwester?«

»O nein. Das wäre dämlich. Da kann jeder dran fühlen. Ich kenne einen Ofensetzer, der würde es für 500 Mark Anteil machen. Wer wird heute noch Ofensetzer im Zeitalter von Zentralheizung und Erdgas? Wenn er mich entdecken würde, einen so überzeugenden Teil von mir, daß man sagen kann: Der Bergmann ist hinüber, oder: Der Bergmann ist gekidnappt ... dann sind die 10 000 Mäuschen fällig. Und Sie haben Ihre Rache, Herr Rat.«

»Ich räche mich nie!« sagte Beutels. »Aber siebzehnmal beleidigt werden, das tut weh.«

»Was glauben Sie, was mit Ihnen passiert, wenn ich erst wieder frei bin? Am 27. August? Sie werden der erste Mensch sein, der ohne Flügel und Aufwind fliegen kann.«

»Mein Pensionierungsantrag läuft. Ich habe nur noch darum gebeten, diese verdammte Drohung zu bearbeiten. Danach ... schön ist ein Zylinderhut. Die Kriminalistik macht keinen Spaß mehr. Auch die Verbrecher sind keine solide Vorkriegsware mehr. Ich bin zu alt, um umzulernen, daß man einen Ganoven mit ›Herr‹ anredet und bei Nachweis eines festen Wohnsitzes wieder laufenläßt, obgleich man weiß, daß der Knabe sofort wieder neue Dinger dreht. Hier versagt meine Logik ... vielleicht ist es sogar falsch, logisch zu denken in unserer verrückten Zeit.« Er räusperte sich, und plötzlich hatte ich Mitleid mit dem alten Herrn, dessen Zigarrenpegel und dessen Erfolg schon Legende geworden waren. »Wir haben Kontakt zu dem Erpresser.«

»Und?«

»Er will die 30 Millionen in Häppchen von täglich einer Million. Ab 28. Juli, jede Nacht woanders.«

»Dieser Mann legt euch alle aufs Kreuz, wetten?«

»Nein. Das wäre unfair.«

»Das verstehe ich nicht.«

»Ich wette mit keinem, von dem ich weiß, daß er verliert.«

»Sind Sie so sicher?«

»Ja. Ich wundere mich selbst darüber.«

»Verraten Sie mir Ihren Plan. Bei mir sind Sie sicher, daß ich Ihnen nicht in den Rücken fallen kann. Sie haben noch knapp 8 Wochen Zeit, bis die erste Million fällig ist. Ich habe lange Stunden damit zugebracht, mich in Ihre Lage zu versetzen. Ein verteufeltes Spiel, gebe ich zu. Sie haben doch nichts als ein paar Briefe in der Hand. Nicht einmal die Sicherheit, ob wirklich die Bomben im Stadion liegen, oder daß nicht alles der größte, herrlichste, phantastischste Bluff seit Bestehen der Menschheit ist. Wie man's auch dreht ... die Angst sitzt im Nacken! Weil eben heute alles möglich ist.«

»Die Bomben existieren.«

»Ach!« Ich wurde von dieser Antwort fast umgeworfen. »Sicher?«

»Ja. Man hat vor ungefähr anderthalb Jahren in New Mexico 12 Kilogramm Plutonium von einem Transporter geklaut. Und 12 Kilogramm liegen laut Drohung im Olympiastadion.«

»Phantastisch.« Ich sagte es aus voller Seele. Beutels lutschte nachdenklich an seiner Zigarre. »Und Sie können noch eine Minute ruhig schlafen? Ich bewundere Sie, Herr Rat.«

»Ich mich auch, Bergmann. Das ist keine Ironie. Tatsächlich, ich schlafe gut, ohne Tabletten. Aber nur bis 4 Uhr. Dann wache ich auf und denke. Grinsen Sie nicht: Ich sehe die Stunde vor mir, in der ich diesen Fall zu den Akten lege und zu allen meinen Kollegen und Vorgesetzten sage: ›So, jetzt macht euren Dreck allein!‹ Wie damals der König von Sachsen, als er die Krone ablegte und auf die ganze Monarchie schiß.«

»Und wie wollen Sie den Fall lösen?«

»Mit Logik. Mit dieser aussterbenden Logik. Denken Sie mal nach, Bergmann: Da ist das ›Hirn‹, ein Deutscher, ein Akademiker, wie ich annehme, ein intellektueller Irrer, den irgendein Haß dazu treibt, die Welt in Schrecken zu versetzen. Er hat die Idee ... aber nicht das Plutonium. Das besitzt jemand anderer. Und der werkelt in den USA herum. Beide kommen zusammen, wie, das wird sich herausstellen, es kann auf eine ganz einfache Denkspielerei zurückgeführt werden. Das ›Hirn‹ gibt die Anweisung, der US-Bürger beschafft das Material. Und hier kommt die Falle, die sogenannte ›menschliche Mißtrauensschwelle: Der Deutsche verspricht 10 Millionen, dann sogar 30 Millionen, weil er weiß, daß in den USA eine Zahl immer mehr geachtet wird als ein Charakter. Eine Verwandlung menschlicher Werte, die auch bei uns rasend schnell um sich greift. Je höher die Summe, desto geringer die Skrupel. Das neue Geschäftsprinzip, das den ehrbaren Kaufmann zum Aussterben verurteilt. Der Mann in Amerika baut die Bomben, sie kommen nach Deutschland, werden irgendwo in die Fundamente eingegossen, von ein paar Arbeitern fremdländischer Provenienz, die noch nicht einmal zu wissen brauchen, was sie da in den Beton versenken. Es ist alles planmäßig verlaufen ... aber nun soll das Geld rollen. 30 Millionen Dollar. Ist der Deutsche ehrlich? Zahlt er auch? Hält er den teuflischen Vertrag? Oder kassiert er jetzt in die eigene Tasche? Was nützt hier die Versicherung, das Geld sei ihm gleichgültig. Wie kann man bei 30 Millionen Dollar gleichgültig bleiben? Für einen Amerikaner ist das gedanklich unmöglich. Freundschaften, ja sogar Verwandtschaften werden da problematisch, wo Geld in den Blutkreislauf gerät. Was wird also unser Mann in den USA machen? Bergmann, wie würden Sie handeln?«

»Ich würde nach München kommen und die Geldübergabe überwachen.« Meine Antwort kam ohne Zögern. Wer denkt nicht so? Beutels nickte zufrieden. Seine Zigarre roch gut. Eine Sumatra reifster Ernte.

»Richtig! Genau das wird eintreten. Und hier schnappe ich zu. Ganz gleich, wo der herkommt ... ob aus San Francisco, Chicago, New York, Dallas, Boston oder Detroit ... drüben mag er sich auskennen, hier in München ist er ein kriminalistischer Säugling. Setzen Sie ein Schwein in einer Elefantenherde aus ... das arme Tier wird's schwer haben. Auf jeden Fall ist es verunsichert. Das wird unser Mann aus den USA auch sein. An einem der 30 Übergabetage wird er über irgend etwas stolpern, denn ich werde Stolperdrähte ziehen, darauf können Sie sich verlassen.«

»Und dann?«

»Dann werde ich völlig undeutsch vorgehen, Bergmann! Fern von jeder Legalität! Das Leben von Hunderttausenden rechtfertigt das! Ich werde erfahren, wo die Bomben liegen und wie und von wem sie gezündet werden sollen! Und wenn ich das Mittelalter wieder aufleben lassen müßte und mit glühenden Zangen frage!«

Ich gestehe es ... mir lief es in dieser Sekunde eisig über den Rücken.

»Darf ich das später schreiben?« fragte ich leise.

»Ja«, sagte Beutels und stand von meiner Pritsche auf. »Und vergessen Sie nicht die Frage an meine Kritiker: Wie hätten *Sie* gehandelt?«

HOLIDAY INN

Mit Moskau Meinungsverschiedenheiten zu haben, ist eine verteufelte Sache. Das Problem liegt nicht darin, daß es Streit über irgendwelche Dinge gegeben hat, sondern daß Moskau immer recht hat, ganz gleich, um was es sich handelt. Man kann diskutieren, denn die freie Aussprache gehört zu den Grundrechten des Sozialismus, aber wenn man sich in Erschöpfung geredet hat, kommt todsicher als Krönung der Diskussion der Satz: »Ihre Ansicht, Genosse, ist anhörenswert — aber sie entspricht nicht unserer Auffassung.«

Lepkin erfuhr das immer wieder, wenn er mit Afanasij Alexandrowitsch Abetjew zusammenprallte. Vergeblich hatte Lepkin immer wieder versucht, Abetjew davon zu überzeugen, daß vom Schreibtisch im Haus des KGB aus die Dinge anders aussehen als draußen an der vordersten Front, an der Lepkin zu finden war. Es ist wie bei einer Schlacht: Auf der Karte kann man Divisionen verschieben und hier oder dort einsetzen, Städte erobern lassen und Ströme überqueren ... aber dann zeigt sich, daß der Gegner gar nicht so dumm ist und ebenfalls eine gute Karte besitzt, auf der er seinerseits seine Truppen bewegt. Wer da unbedingt mit dem Kopf durch die Wand will, kann sich leicht den Schädel zertrümmern.

Auch jetzt war Abetjew im fernen Moskau unzufrieden mit den Meldungen, die Lepkin über den Mittelsmann Smelnowski schickte. Bis auf Spesen hatte Lepkin nichts vorzuweisen, und das Versagen im Fall Bossolo war eine Angelegenheit, die man in Moskau überhaupt nicht begriff. Daß ein so wichtiger Mann wie dieser Italiener entkommen konnte, nur weil ein Russe unbedingt pinkeln mußte, empfand man einfach als unerhört.

Lepkin hörte sich an, was Abetjew ihm mit saurer Stimme sagte.

Sie telefonierten miteinander über einen Apparat der sowjetischen Handelsmission, und die Verständigung war so gut, daß Lepkin das asthmatische Schnaufen Abetjews hörte und das charakteristische Zungenschnalzen, wenn er erregt war. Jetzt sitzt er hinter seinem Tisch und rollt mit den Augen, dachte Lepkin. Ein häßlicher Mensch, aber seine Ideen sind anerkannt genial. Daß wir das elektronische Steuergerät von zwei amerikanischen Raketen-Typen kennen, ist sein Werk. Auch das Funk-U-Boot im Mittelmeer war ein Gedanke von ihm. Er hatte der 6. US-Flotte schon viel Kopfzerbrechen bereitet. Hier aber, in München, mußte auch Abetjew versagen. Wo man nichts sehen und nichts greifen konnte, nützten auch die schönsten Überlegungen nichts.

»Stepan Mironowitsch —«, sagte Abetjew mit einem Zungenschnalzen —, »ich bin betroffen! Wie stellen Sie sich das vor? Sollen wir unsere Sportler in einem Stadion aufmarschieren lassen, unter dem zwei A-Bomben liegen? Warum kommen Sie nicht weiter?«

»Es ist niemand da, Genosse Oberst«, antwortete Lepkin sofort, »der uns das Versteck zeigt. Das ist alles.«

»Lassen Sie die Scherze, Genosse. Deutschland zahlt also die 30 Millionen?«

»Ja. Solange müssen wir warten. Ich bin bemüht gewesen, meine Anwesenheit in München nicht publik werden zu lassen. Aus einem bestimmten Grund, Afanasij Alexandrowitsch.«

»Da bin ich aber gespannt, Stepan Mironowitsch.«

»Ric Holden ist aktiv, zu aktiv,˙ nach meinem Geschmack. Der Franzose Mostelle geht die Sache wissenschaftlich an . . . er kümmert sich mehr um die Bomben als um den Bombenleger. Sein Plan ist es, einen elektronischen Schutzmantel um das Stadion zu legen, gewissermaßen ein Strahlenkleid, das alle anderen Impulse von außen abschirmt und damit eine Fernzündung der Bomben unmöglich macht. Ich weiß nicht, ob das möglich ist, aber in Frankreich scheint man viel für diesen Plan zu empfinden. Deutsche Physiker haben am Wörthsee mit einer Erprobung dieses Strahlenmantels begonnen.«

»Das ist eine gute Nachricht.« Abetjew schien zufrieden, er schnaufte tief. »Und Ihre Meinung, Stepan Mironowitsch?«

»Ich halte nichts davon, Genosse Oberst. Zu spekulativ. Ein zu großer Unsicherheitsfaktor. Ich möchte die Männer am Impulsgeber selbst haben.«

»Aber wie, Lepkin, wie? Indem Sie in Ihrem Hotel Cognac saufen und hübschen Mädchen in die Bluse fassen?«

»Ich habe eine eigene Idee, Afanasij Alexandrowitsch.« Lepkin zündete sich eine ägyptische Zigarette an. Er bevorzugte diese Marke, sie war leicht und würzig. Der etwas süßliche Duft im Rauch paßte zu seinem französischen Parfüm. Abetjew verzog immer den Mund, als habe er Essig getrunken, wenn Lepkin diese Zigaretten auspackte.

»Ab 28. Juli findet die Geldübergabe statt. Immer eine Million pro Nacht. Von der neunten Million an werden Leute von uns das Geld in Empfang nehmen. Wir sind ja über die Zahlstellen von der deutschen Polizei informiert.« Lepkin blies einen tiefen Zug gegen die Telefonmuschel. Er war zufrieden mit seiner Idee, sie schien ihm die einzige massive Waffe gegen die Unbekannten zu sein. Wie für Holden war es auch für ihn sicher, daß vom Tag der Zahlung an nicht mehr nur die kleinen Helfer in München wirkten, sondern daß auch der Kopf des Unternehmens selbst zur Stelle war. Wo man Geld regnen läßt, will man selbst unter den goldenen Tropfen stehen. »Hören Sie noch, Genosse Oberst?«

»Natürlich, Sepan Mironowitsch. Bis jetzt sehe ich keinen Sinn in Ihrem Vorschlag.«

»Also – statt des Unbekannten nehmen unsere Leute die zehnte, elfte, zwölfte und dreizehnte Million in Empfang. Die deutsche Polizei weiß das natürlich nicht ... sie glaubt an eine normale Übergabe. Sie kann das sogar beweisen, denn alle Befehle der Unbekannten werden peinlich genau erfüllt. Aber die Millionen sind weg ... ein Dritter spielt plötzlich mit. Was glauben Sie, Afanasij Alexandrowitsch, was dann geschieht?«

»Unser Gegner wird toben!«

»Und weiter?«

»Er wird den ungebetenen Mitkassierer unschädlich machen wollen.«

»Das ist so logisch, wie der linke Daumen rechts an der Hand sitzt. Jede Erregung aber gebiert Unvorsichtigkeiten. Der Gegner muß aus dem Dunkel heraus, er muß kämpfen, um das Wertvollste kämpfen, was er kennt: sein Geld. Er kann niemanden verantwortlich machen und niemandem mehr drohen – die Deutschen erfüllen ja ihre Pflicht. Er *muß* den Mitkassierer von sich aus unschädlich machen. Das ist meine große Chance ... wir werden dem Gegner in offener Schlacht gegenüberstehen! Spätestens bei der vierzehnten verlorenen Million verliert er die Nerven. Dann kenne ich ihn.«

Lepkin streckte die Beine von sich. Iwan Prokojewitsch Smelnowski bestaunte ihn wie ein Wundertier. Auch Abetjew schien überrascht zu sein – er schwieg eine Weile, schien scharf zu denken.

»Und wenn es mißlingt?« fragte er dann.

Lepkin nickte. Das habe ich erwartet, dachte er. Für Abetjew ist nichts vollkommen. Er würde nie sagen: »Sehr gut, Genosse. Ihre Idee ist durchführbar.« Was man auch vorträgt, immer zieht er ein Haar aus der Suppe, und wenn er es vorher selbst hineinzaubern müßte. Das Gefühl, unvollkommen zu sein, ist die beste Leine, an der man einen Menschen herumführen kann wie einen Tanzbär.

»Haben Sie Vertrauen zu mir, Afanasij Alexandrowitsch?« fragte Lepkin geradezu. Smelnowski staunte mit offenem Mund, wie Lepkin mit Moskau sprechen durfte. Abetjew schien ähnliche Gefühle zu haben, denn er sagte mißmutig:

»Das ist keine Vertrauenssache, Lepkin. Das ist ein verfluchtes Vabanquespiel.«

»Habe ich Sie jemals enttäuscht, Abetjew?«

»Erwarten Sie, daß ich Ihnen jetzt die Finger küsse, Stepan Mironowitsch?«

Lepkin war klar, daß Abetjew auf diese rein rhetorische Frage keine Antwort erwartete. Er sagte deshalb:

»Das Wichtigste, Genosse Oberst, ist die Geduld. Und die haben wir gelernt. Denken Sie an eine Katze, die stundenlang starr und unbeweglich vor einem Mauseloch sitzt und wartet, bis die Maus herauskommt.«

»Das heißt« — Abetjew schnalzte wieder mit der Zunge, seine eigenen Worte regten ihn auf —, »Sie werden noch acht Wochen auf unsere Kosten deutsche Weiber beschlafen und Bartheken leersaufen?!«

»Nicht nur, Genosse Oberst.« Lepkin hielt Smelnowski sein Glas hin, und dieser schüttete sofort Cognac hinein, bis zum Rand, mit zitternden Fingern. »Ich möchte die Unkosten mildern und mir 10 000 Mark verdienen.«

Abetjew schien nach Luft zu ringen. »Sind Sie verrückt, Lepkin?« schrie er dann. »Was soll denn das nun wieder bedeuten?«

»Man sucht hier einen deutschen Journalisten. Hans Bergmann. Er verschwand in der Nacht, in der auf dem Chiemsee die Komödie mit der Geldübergabe abrollte. Seine Illustrierte hat einen Preis von 10 000 Mark ausgesetzt. Merken Sie etwas, Afanasij Alexandrowitsch?«

»Nein.«

»Es gibt da einen Zusammenhang. Ich ahne es. Journalisten sind wie Wölfe, sie wittern das Blut kilometerweit. Erlauben Sie, daß ich diesen Bergmann suche?«

»Was heißt erlauben, Lepkin? Wie ich Sie kenne, tun Sie's doch!«

»Ich möchte meine Spesen bezahlen, Genosse Oberst.«

»Wissen Sie, daß ich ein Magenleiden habe?« Abetjew schnaufte, als säße er Lepkin gegenüber. »Das macht der Umgang mit Ihnen, Stepan Mironowitsch. Wundern Sie sich nicht, wenn ich Ihnen die Rechnungen meines Arztes schicke . . .«

»Ich nehme sie an«, sagte Lepkin fröhlich und legte auf. Er konnte sich diese Großzügigkeit leisten — denn die ärztliche Betreuung von Staatsbeamten ist in der Sowjetunion kostenlos.

ACAPULCO

Wochenlang nichts tun, faulenzen im weißen Sand, im ansichtskartenblauen Meer herumplanschen und sich verwöhnen lassen wie im Schlaraffenland — das mag den meisten Menschen, die davon nur träumen können, als ein Teil der Seligkeit auf Erden vorschweben... für Maurizio Cortone wurde es zur langweiligsten Sache der Welt. Er war ein Großstadtmensch; sein Strand war der Asphalt, sein Meer waren die Häuserschluchten, seine Sonne die Neonlampen, sein Wellenrauschen das ewige Gedröhne des Verkehrs.

Auch Ted Dulcan wurde ungeduldig. Er wohnte mit seinem akademischen Revolvermann Bertie Housman in einem kleinen, zum Hotel gehörenden Bungalow, fuhr mit einem Motorboot hinaus zum Fischen, schleppte Schwertfische und andere Riesendinger an Land, verlegte sich dann auf die Haijagd, bei der Housman sein unwahrscheinliches Talent im Schießen bewies, indem er mit Explosivgeschossen die Haie genau in der Sekunde traf, in der sie mit ihrer Rückenflosse dicht unter der Wasseroberfläche dahinschnellten. Aber so schön die Frauen von Mexiko waren und so elegant man sein Geld in Acapulco ausgeben konnte — der Gedanke an München und die 30 Millionen wuchs langsam zu einem Alptraum heran.

Hinzu kam, daß Lucretia Borghi, die ihre Schönheit in immer knapperen Bikinis und immer gewagteren Posen zur Schau stellte, Cortone in den Ohren lag mit ihren Rachegesängen. »Ich bringe ihn um, diesen Hund!« sagte sie, wenn der Name Dulcan fiel. »Mauri, wenn du mich liebst... leg ihn mir zu Füßen!«

Cortone hatte wenig Lust, aus Lucretia eine Salome zu machen. Seitdem der Kontakt mit diesem Dr. Hassler in München abgerissen war, bemächtigte sich seiner eine wachsende Unruhe im Hinblick auf seine Zukunftspläne. Er brauchte Dulcan, das wurde ihm von Tag zu Tag deutlicher bewußt. 30 Millionen kassieren, das will organisiert und gekonnt sein. Noch nie war eine solche Summe gefordert und bezahlt worden. Noch nie war aber auch eine Drohung so schrecklich wie die von München. Manchmal schwindelte es Cortone selbst davor.

»Mit Ted werden wir in München abrechnen«, sagte er zu Lucretia. Manchmal war sie hochgradig hysterisch vor Rachegelüsten, zerfetzte Taschentücher, Gardinen und Tischdecken und schrie dabei Dulcans Namen — dann mußte Cortone sie mit Whisky vollpumpen, in den er vorher ein Schlafmittel mischte, das Lucretia für zehn Stunden außer Gefecht setzte. Auch Liebe half wenig... Lucretia genoß seine Nähe mit einer Gleichgültigkeit, als läge sie auf dem Untersuchungsstuhl eines Frauenarztes. Ab und zu sagte sie seufzend: »O mein

Liebling!«, aber das war bloß schlechtes Theater. Cortone ließ sich nicht täuschen, er machte sich keine Illusionen. Ich bin alt, aber reich, dachte er. Mein Geld allein ist ihre Fessel.

Berringer war in New York nicht untätig gewesen. Cortone erfuhr es von dem Boxtrainingsleiter, der ihn in Acapulco anrief, natürlich von einem neutralen Apparat aus, denn die Leitungen der Sportschule wurden überwacht. Berringer hatte unter der Anklage des Landesverrates auch den FBI eingeschaltet, der wiederum hatte einen Durchsuchungsbefehl erhalten, und eines Tages krempelten 30 FBI-Beamte, unterstützt von 4 CIA-Männern, die Sportschule um, fanden natürlich nichts, nur die grandiose Funkanlage unter dem verschiebbaren Dach erregte allgemeines Erstaunen. Berringer ließ sofort zwei Experten kommen, man fuhr den Sender aus, stellte ihn ein. Da niemand wußte, auf welcher Wellenlänge Cortone mit der unbekannten Ferne in Kontakt stand, tastete man den Äther ab, aber was man auffing, war harmlos.

»Das ist der rätselhafte Funkverkehr mit den dämlichen Zahlenkolonnen, die keiner entziffern konnte!« sagte der Chef der Funküberwachung von New York. »Jetzt haben wir ihn! Bleiben wir auf der damals erkannten Wellenlänge — vielleicht kommt etwas rein!«

Berringer versprach sich nichts davon. Und als wirklich nach drei Tagen ganz kurz, für eine halbe Minute, eine Zahlenkolonne aus dem Nichts tickte, saßen die Experten ratlos davor. Abrupt brach der Funkverkehr ab. Anscheinend hatte der Partner eine Frage gestellt, keine Antwort erhalten und gemerkt, daß etwas nicht in Ordnung war. Berringer fluchte verhalten.

»Was halten Sie davon, Gentlemen?« fragte er.

»Den Code zu finden, wird Aufgabe der Dechiffrierabteilung des CIA sein. Eines steht fest — der Gegensender steht sehr weit weg. Die Signale sind äußerst schwach. Nur mit einem solchen Riesending von Antenne sind sie überhaupt aufzufangen.«

»Könnte es sein, daß der Sender in Europa steht?« fragte Berringer.

Der Funkexperte blickte ihn verblüfft an. Da hier niemand wußte, warum der CIA sich für Cortone interessierte, und die Geheimhaltung selbst gegenüber dem FBI vollkommen war, mußte diese Frage Erstaunen erregen.

»Europa? Möglich.«

»Deutschland? München?«

»Von mir aus auch Paris oder London oder Moskau.«

»Moskau bestimmt nicht. Versuchen Sie auf der Frequenz im Klartext zu senden. Geben Sie durch: ›Alles in Ordnung. Wir kommen.‹«

»Der Mann am anderen Ende wird kein Idiot sein, Sir.«

»Ich spekuliere auf einen Überraschungseffekt.«

»Versuchen wir es.«

Der Funkspruch flog hinaus. Aber keine Antwort kam zurück. In München blickte Dr. Hassler – es war in Deutschland jetzt 2 Uhr morgens – mit einem schiefen Lächeln auf seinen Notizblock, auf den er in Stenogrammschrift alles notierte. Dann klappte er den Hebel um und löschte den Sendestrom.

»Nichts«, sagte Berringer. »War eben ein Versuch. Wir können die Anlage verlassen. Der meldet sich nicht wieder. Aber ich möchte meinen Bungalow gegen einen alten Hut verwetten, daß der Partner in München sitzt. Das Wichtigste bleibt jetzt: Wo ist Cortone? Warum hört man aus Deutschland nichts?«

Das alles erfuhr Cortone, während er eisgekühlte Honigmelonen aß und seine männliche Potenz mit englisch gebratenen Steaks regenerierte. In Mexiko erreichten ihn auch Briefe aus München von den Kasserien der ›Witwen- und Waisenkasse‹, adressiert an einen Senor Lopez y Garma, Mexiko-City, Postlagernd. Von dort holte ein Hotelbote jeden zweiten Tag die Post ab. In einem dicken Brief lagen Ausschnitte aus deutschen Zeitungen. Cortone freute sich und zeigte sie Dulcan.

»Man hält mich für einen Vollidioten«, sagte er. »Steckbriefe. In allen Zeitungen und Illustrierten. Auch im Fernsehen. Maurizio Cortone, gesucht wegen Rauschgiftschmuggels. Erstens ist das Bild sechs Jahre alt, und wer kann erwarten, daß ich so aussehe, wenn ich nach Deutschland komme? Sie werden sich totlaufen! Es ist beruhigend, daß sie annehmen, ich wäre schon in München. Bis ich wirklich komme, hat die Bevölkerung Cortone längst vergessen.«

MÜNCHEN

Die Zeit bis zum 28. Juli wurde eine Qual. Wenn man acht Wochen herumlungert, von den verschiedensten Vorgesetzten mit spitzfindigen Reden traktiert, wie in einem Raumschiff sitzend, dessen Nase zu einem anderen Stern zeigt, aber das man nicht zünden kann, werden die Nerven strapaziert, als klopfe sie jemand mit einem Hammer platt.

In Bonn hatten Innen- und Außenministerium alle Hände voll zu tun, um die Staaten, denen man die Sache mit den A-Bomben im Olympiastadion gebeichtet hatte, zu beruhigen und ihnen zu versichern, daß die XX. Olympischen Spiele so durchgeführt werden würden, wie es geplant war. Die ersten Quartiermacher und Funktionäre – Vorausabteilungen, die in den beiden Olympischen Dörfern den Einzug ihrer Athleten vorbereiteten – meldeten an ihre Regierungen, daß die Anlagen in München phantastisch seien, die Organisation und Betreuung tadellos und das berühmte Zeltdach über den

Stadien wirklich ein neues Weltwunder. Keiner ahnte, welch furchtbare Gefahr irgendwo auf diesem Platz der friedlichen Spiele vergraben lag.

»Es gibt einfach kein Zurück mehr!« sagte der Innenminister in Bonn in einer Kabinettsitzung, nachdem er über den Stand der bisherigen Ermittlungen berichtet hatte. Ein magerer Vortrag, der die ganze Schwere der Verantwortung deutlich werden ließ. »Wenn die Übergabe der 30 Millionen reibungslos erfolgt, bin ich geneigt, dem Ehrenwort dieser Verbrecher zu glauben. Es bleibt uns einfach gar nichts anderes übrig. Entweder Mut haben und die Olympischen Spiele durchführen oder Angst haben und alles abblasen. Das sind die einzigen möglichen Entscheidungen.«

»Die Spiele ausfallen zu lassen, ist völlig indiskutabel. Ich will nicht von den verlorenen Milliarden reden – wo Menschenleben auf dem Spiel stehen, gibt es keinerlei finanzielle Bedenken . . .« Der deutsche Bundeskanzler sog sichtlich nervös an seiner Zigarette. Er hatte vor einer halben Stunde mit dem amerikanischen Präsidenten telefoniert, mit dem französischen Staatspräsidenten und mit dem sowjetischen Botschafter in Rolandseck. Alle versicherten, daß sie Vertrauen zu Deutschland hätten, aber hinter diesen Worten verbarg sich die Forderung, daß Deutschland auch für die Sicherheit garantiere. »Natürlich müssen wir in erster Linie Mut haben, und wir haben diesen Mut, aber« — der Bundeskanzler senkte seine belegte Stimme, sie klang heiserer denn je —, »lassen wir uns nicht in eine Panik jagen nur deshalb, weil die Drohung so unfaßbar ist? Sollten wir uns nicht sagen: So etwas gibt es gar nicht?! Das ist ein Riesenbluff?!«

»Experten haben Gutachten darüber vorgelegt, daß die Herstellung von A-Bomben kein Problem ist, wenn man atomaren Rohstoff besitzt. Das ist das Erschreckende, Herr Bundeskanzler: eine Waschküchenwerkstatt, in der man die Vernichtung von Kontinenten basteln kann! 12 Kilogramm sollen im Olympiastadion liegen! Das ist eine klare Linie, da gibt es keine Mißverständnisse.«

»Und unsere Polizei ist machtlos?«

»Die Erpresser haben noch keine klare Position bezogen. Gegen ein gegenstandsloses Phantom kann man nicht kämpfen. Erst am 28. Juli, bei der Übergabe der ersten Million, kann es zu einem Kontakt kommen. Wir wären schon weiter, wenn wir alle Hilfskräfte mobilisieren könnten: Presse, Rundfunk, Fernsehen und — es mag makaber klingen — die Unterwelt selbst. Bei 30 Millionen Dollar würde sich die Unterwelt formieren und parallel mit uns die Jagd aufnehmen. Das alles fällt aus wegen der totalen Geheimhaltung. Der Ruf ins Leere, wie der Steckbrief gegen diesen Maurizio Cortone einer war, ist gegenwärtig unsere Situation. Traurig, aber nicht zu verschweigen.«

»Dann lassen wir also alle Vorbereitungen für die Olympischen Spiele normal weiterlaufen?«

»Selbstverständlich.« Der Innenminister legte eine lange Liste auf den runden Tisch. Die Ehrengäste mit fester Zusage. »Bisher sind gemeldet zwei Kaiser, zehn Könige . . .«

Der Bundeskanzler zerdrückte seine Zigarette. Seine Hand zitterte dabei leicht. »Wir müssen uns daran gewöhnen, an diese Drohung einfach nicht zu denken«, sagte er langsam. »Kein Mensch, auch der kaltblütigste Mörder nicht, hat die innere Kraft, ein solches Chaos zu entfesseln. Das übersteigt einfach menschliches Begriffsvermögen. Und darum glaube ich auch nicht an das – das Letzte.«

»Wir alle nicht, Herr Bundeskanzler.« Der Innenminister fuhr sich mit beiden Händen über das Gesicht. »Aber nach Ansicht der Experten handelt es sich hier um einen Irren. Einen hochintelligenten Wahnsinnigen. Das Maß der Vernunft kann man hier also nicht mehr zur Anwendung bringen . . .«

Es war offensichtlich: Wie in München wußte man auch in Bonn keinen Ausweg. Alles wartete auf den 2. Juli . . . nur Pietro Bossolo nicht.

Nach zwei Tagen ließ sich Emma Pischke noch einmal alles erzählen, was Bossolo damals in der Nacht im Englischen Garten am Monopteros erlebt hatte.

»Da sollte also diese Anzeige in der ›Süddeutschen Zeitung‹ sein«, sagte sie. »Eine Telefonnummer, die du anrufen mußt. Hast du das getan?«

»Wie konnte ich das?« Bossolo raufte sich die krausen Haare. »Sie haben mich länger festgehalten bei der Polizei, dann haben sie mich sofort wieder verhaftet, als ich kaum frei war . . . Meine 10 000 Dollar sind weg!«

»Abwarten, mein Jungchen. Jetzt drehn wir det Ding andersrum! Wie war der Text?«

»Die schwarze Dame gestern 17 Uhr in der U-Bahn bitte melden unter . . . Dann sollte die Telefonnummer kommen.«

»Blöd, merkste det nicht? Det is doch Klamotte. Aba machen's wir ooch so! Ick jebe die Annonce so auf, und die Telefonnummer is meene Nummer. Mehr als jejen den Wind blasen können wir nicht . . .«

Es schöpfte natürlich keiner Verdacht, als Emma Pischke in der Hauptstelle der ›Süddeutschen Zeitung‹ diese unverfängliche Anzeige aufgab. Die Erklärung: »Wissense, Frollein, det is 'ne Dame, die hat'n Schirm liegen lassen. 'nen wertvollen Schirm mit verjoldeter Krücke. Ick bin 'n ehrlicher Mensch und will det Ding seinem Besitzer wiederjeben!« wurde mit einem höflichen, aber völlig uninteressierten Lächeln quittiert.

Dann wartete Emma Pischke wie ein Storch auf den Frosch. Von

Emil Vetzki, einem Radiomechaniker, der nebenher Banjo spielte und zu Emmas Stammkundschaft gehörte, hatte sie sich ein Tonband installieren lassen, das mit dem Telefon verbunden war. Ab 8 Uhr morgens saß Emma Pischke neben dem Apparat, verzichtete auf das morgendliche Staubwischen, ließ Bossolo Kaffee kochen und Brote schmieren, nahm ihr Frühstück an der Theke ein und blickte immer wieder auf die Uhr.

»Wenn 'n ehrlicher Ganove is, denn meldet der sich!« sagte sie zuversichtlich. »Und wer soviel Menkenke macht, Geld in Säcken, Bootsfahrten auf'n Chiemsee, Lautsprecher im Monopteros, der is keene miese Type nich. Ick müßte mich sehr täuschen in meener Menschenkunde.«

Um 10 Uhr schlug die Telefonglocke an. Emma hob sofort ab. »Hier bin ick!« bellte sie, aber es war nur die Brauerei, die anfragte, ob sie neues Bier brauchte. Emma drückte auf die Tonbandaufnahmetaste. Aus.

»Drei Hektoliter Pils«, sagte sie. »Det andere bestelle ick morjen.«

Um 11 Uhr — Bossolo hatte begonnen, in der Küche Kartoffeln zu schälen, und begleitete diese besinnliche Arbeit mit einer schön gesungenen Canzone — klingelte es wieder. Die »Dicke Emma« hob ab und drückte den Tonbandknopf.

»Ick hier!«

»Wer sind Sie?« fragte eine gepflegte männliche Stimme. Und in diesem Augenblick wußte Emma Pischke, daß sie mit 10 000 Dollar sprach. Sie begann zu zittern, ihr Riesenbusen wogte, sie winkte mit weiten Gesten Bossolo heran, der seine Kartoffeln wegwarf und auf Zehenspitzen aus der Küche schlich.

»Wer sind Sie?« fragte Emma zurück.

»Woher kennen Sie den Text der Anzeige?« Die Männerstimme blieb ruhig überlegen. Sie hatte einen sonoren Ton, und Bossolo nickte lebhaft und warf die Arme in die Luft.

»Er ist es!« flüsterte er. »Die Stimme . . . isch erkenne sie wieder.«

»Ick bin der Ansicht, det 'n anständiger Mensch, ooch wenn er 'n Halunke is, seine Jeschäftsabreden einhält. Pietro Bossolo hat jebrummt, hat sich einsperren und verhören lassen . . . nun zahlen se man! 10 000 Dollar. Sie sehen, ick weeß allet.«

»Ich habe nie die Absicht gehabt, meine Versprechen nicht zu halten. Es war nur bis heute aussichtslos, mit Bossolo in Kontakt zu kommen. Die 10 000 Dollar liegen bereit zur Auszahlung . . .«

»Dann raus mit de Penunsen . . .«, schnaufte Emma Pischke. »Wat der arme Junge allet jelitten hat! Jeheimdienste sind hinter ihm her, wie 'ne Feldmaus muß er sich verkriechen. Und Sie sitzen im Trokkenen! Pfui Deibel!«

Der Mann schien überrascht zu sein. Seine Stimme erhielt einen helleren Klang, jene deutlich spürbare Spannung, die eine unverhoffte Situation auf einen Menschen auslöst.

»Sagten Sie Geheimdienste?«

»Ja, det sachte ick.«

»Was für Geheimdienste?«

»Amerikaner, Russen, wat weeß ick allet? Vielleicht sogar Chinesen. Pietro hat zwei von den Knaben jesehen.«

»Wo ist Bossolo?«

»Neben mir. Ick jeb ihn Ihnen.«

Bossolo ergriff mit bebender Hand den Hörer. Neben ihm drehte sich leise schnurrend das Tonband. Er schluckte mehrmals, ehe er sagte:

»Bossolo. Isch konnte nicht eher, Chef. Und isch wußte keinen Rat. Was machen wir jetzt?«

»Stimmt das mit den Geheimdiensten?«

»Ja. Zwei Mann. Keine Polizei. Was ist mit Geld?«

»Ich lege 5000 Dollar wieder in ein Schließfach im Hauptbahnhof. Den Schlüssel findest du auf der Fensterbank der Schefflerstube, und zwar auf der Bahnsteigseite. Pünktlich um 15 Uhr, heute.«

»Warum nur die Hälfte, Chef?«

»Die andere Hälfte bekommst du, wenn ich sehe, ob du auch wirklich Pietro Bossolo bist.«

»Isch werde nicht selber kommen, Chef. Wegen der Geheimdienste.«

»Das ist klug. Wen schickst du?«

Bevor Bossolo antwortete, schaltete Emma Pischke das Tonband ab. Die folgende Personenbeschreibung war keine Information für die Öffentlichkeit.

»Gut«, sagte der Mann mit der angenehmen, gebildeten Stimme. »Akzeptiert.« Emma schaltete das Tonband wieder ein. »Die Merkmale sind nicht zu übersehen. Ich rufe wieder an . . .«

Ein Knacken in der Leitung, dann ein gleichbleibendes Summen. Emma Pischke beendete die Aufnahme. »Er ist doch 'n anständiger Gauner«, sagte sie. »Nu zu uns, mein Junge. Jeder Mänätscher kriegt sein Jeld. Ick bejebe mir sojar in Jefahr. Wat zahlste freiwillig?«

»1000 Dollar, Mamma«, sagte Bossolo schnell. Auch mit 9000 Dollar kann man in Kalabrien etwas Großes anfangen. Vor allem aber kann man den Wunsch von Papa erfüllen, damit er ruhig sterben kann: ein anständiger Mensch werden . . . endlich. Wer im Staub sitzt, für den bedeutet ein Fußbad schon den Himmel der Reinlichkeit.

Pünktlich um 15 Uhr walzte Emma Pischke in die Bahnhofshalle und fand auf der Fensterbank der Schefflerstube den Schließfachschlüssel. Nr. 689. Bis zu diesem Griff nach 5000 Dollar war viel geschehen. Sie hatte sofort nach dem Telefongespräch ein Bad genommen, war dann zum Friseur gegangen und hatte sich frisieren lassen. »Det war 'n jebildeter Mann«, sagte sie zu Bossolo. »Jungchen, wo ick auftrete, hinterlasse ick eenen juten Eindruck! Wenn er mir beobachtet, soll er wissen, die Emma Pischke ist 'ne Dame . . .«

Sie hatte ihr bestes Kleid angezogen, fuhr mit der U-Bahn zum Bahnhof, stand mit zittrigen Knien auf der Rolltreppe und war erst frei von aller Angst, als sie im Fach 689 ein Paket liegen sah. Sie befühlte es, es knisterte drinnen, dann sah sie sich um, aber da war niemand, zu dem die vornehme Stimme hätte passen können. Als sei es ein Päckchen mit Wurst, stopfte sie das Geld in eine Einkaufstasche und verließ ruhig, aber schweratmend den Schließfachraum. Ein paarmal blieb sie stehen und beobachtete die Menschen durch die Fensterscheibe. Der Verkehr flutete hinter ihr vorbei, Menschen mit Koffern, Elektrokarren mit Gepäck und Paketen, ein Zeitungswagen, ein Kegelklub, der irgendwohin fuhr, um die Vereinskasse zu versaufen, ein Ehepaar, das sich zum Abschied küßte, eine Zusammenrottung von Würstchenessern an einem Stand.

Und ein unscheinbarer Mann, der auf dem linken Bein hinkte, nahe an Emma Pischke vorbeihumpelte und in der wogenden Menschenmenge verschwand.

Der Rückweg nach Schwabing verlief nicht so geradlinig wie der Hinweg. Die »Dicke Emma« fuhr zum Hauptpostamt und warf dort ein flaches Päckchen in den Briefschlitz.

»An den Herrn Polizeipräsidenten von München oder den, der die großen Dinger aufklären muß . . .«

Eine Anschrift, über die man später im Präsidium Tränen lachte.

Beutels, zu dem dieses Päckchen automatisch kam, sah mit verkniffenen Lippen auf das Tonband, das aus der Umhüllung fiel. Er widerstand der Versuchung, das Band sofort abzuspielen und berief eine Sondersitzung ein. Um 19 Uhr saßen sie alle im großen Besprechungszimmer, sogar Stepan Mironowitsch Lepkin war gekommen.

»Ich erwarte eine Sensation«, sagte Beutels, als er das Band in das Gerät einlegte. »Ich habe es noch nicht abgehört, ich will mit Ihnen zusammen den ersten Eindruck genießen. Das Band kam mit der Post. Stempel Hauptpostamt. Ein billiges Kuvert, DIN A4, zu einem Drittel umgeschlagen. Eine Handschrift, die gerade analysiert wird . . . sie wirkt wie die eines Holzhackers. Bitte Ruhe, meine Herren.« Er drückte auf den Abspielknopf und zuckte heftig zusammen, als ihm laut entgegentönte:

»Ick hier . . .«

ZIMMER 109

Emma Pischkes große Überraschung war gelungen.

Nach einstündiger Debatte über das anonyme Tonband war man sich einig, daß die wenigen Sätze das Wertvollste waren, was man in den letzten Wochen erreicht hatte. Es spielte dabei keine Rolle, daß weder Namen noch sonstige handfeste Anhaltspunkte genannt wurden: Man wußte jetzt mit Sicherheit, daß das ›Hirn‹ ein Deutscher war.

Nach der dramatischen Vorführung des Tonbands kamen Beutels, Holden und Lepkin in Beutels' Zimmer zusammen. Oberstaatsanwalt Dr. Herbrecht war sofort mit einem Hubschrauber der Bundeswehr nach Wiesbaden geflogen, um die Stimme analysieren zu lassen, Oberkommissar Abels und drei Kommissare der Münchner Polizei suchten in den Karteien nach, ob eine Frau mit stark berlinischem Dialekt schon aktenkundig sei.

»Es ist nicht anzunehmen«, sagte Beutels nachdem sich die erste Verwunderung über diese anonyme Sendung gelegt hatte, »daß Bossolo bei einer völlig unbekannten Person Unterschlupf gefunden hat. Die Italiener, die auf dem Olympiabau arbeiten, haben ihre Stammkneipen, einen fest umrissenen Bekanntenkreis, sie bewegen sich in einer Art Getto. Daraus brechen sie nur ungern aus . . . ihr Heimatgefühl ist zu ausgeprägt. Es bleibt also festzustellen: Wo gibt es eine Berlinerin in München, bei der Italiener verkehren? Auch wenn wir bisher nur in die eigenen Hosentaschen guckten . . . *das*, meine Herren, muß ich von Ihnen verlangen: Diese wuchtige Dame mit der Baßstimme muß selbst unter eineinhalb Millionen Münchnern zu finden sein!«

Jetzt, in seinem Zimmer, trank Beutels erst einmal zwei Cognacs und zeigte, daß auch er Nerven besaß (was seine Kollegen immer bestritten). Er lief unruhig zwischen Fenster und Tür hin und her und blieb dann mit einem Ruck vor Lepkin stehen.

»Ich habe Sie allein zu mir gebeten, meine Herren«, sagte er, »weil der Unbekannte jetzt weiß, daß der amerikanische und der sowjetische Geheimdienst eingeschaltet wurden. Sein diesbezügliches Interesse — Sie konnten es seiner Stimme anhören und seinen Fragen entnehmen — wird von jetzt an seine weiteren Handlungen bestimmen. Er wird sich darauf einrichten, nicht nur gegen die deutsche Polizei, sondern auch gegen Sie zu kämpfen. Bisher waren Sie unbekannte Faktoren — jetzt stehen Sie mitten im Schußfeld. Wissen Sie, was das bedeutet? Ich liefere Ihnen gleich die Antwort: Der Mann wird seine vornehme Zurückhaltung verlieren. Er wird auf die Pauke hauen!« Beutels blickte von Lepkin zu Holden. Beide vermieden es, ihn anzusehen. Ihr Schuldgefühl war offensichtlich. »Ihre Agenten, die Bossolo in die Zange nehmen sollten – denn das ist mir jetzt klar, meine Herren, Sie wollten die deutsche Polizei durch eine Eigenaktion in den Hintern treten –, Ihre Agenten haben sich wie Fernsehdetektive benommen! Bossolo hat aus ihnen Clowns gemacht. Ich will Ihnen nicht auf die Zunge treten, aber wenn ich Ihr Vorgesetzter wäre ...«

Er ließ den Satz unbeendet, und Holden nickte schmerzlich. Auch Lepkin blickte versonnen drein. Er dachte an Abetjew und war froh, weit weg von Moskau zu sein.

»Es gibt Dinge unter Männern, die Freundschaften festigen«, sagte er und hielt Beutels sein Glas hin. Beutels schenkte noch einmal ein und vergaß auch Holden nicht, der beide Hände um den Cognacschwenker gelegt hatte, als müsse er ihn wärmen.

»Ihre Dienststellen werden von mir nichts erfahren. Aber ich muß Sie bitten, daß wir enger zusammenarbeiten und uns nicht gegenseitig mit immer neuen Aktionen überraschen. Herr Lepkin, ich nehme an, Sie haben sich sehr schnell Gedanken gemacht, nachdem Sie erfuhren, daß Bossolo die Anwesenheit von Russen erkannt hat.«

Lepkin sah in sein Glas. »Ich werde mich aktiv in die Suche nach der Berliner Dame einschalten.«

»Und wie?«

»Mir genügt ein Italiener von der Baustelle.«

»Was versprechen Sie sich davon, wenn Sie Pietro Bossolo aufspüren?«

»Er weiß mehr, als er aussagte.«

»Nein! Der kleine, arme Kerl aus Kalabrien weiß gar nichts. Er ist ein Spielzeug, allerdings ein teures, 10 000 Dollar ist eine Menge Geld, daß er im Chiemsee herumschwimmt, sich gefangennehmen läßt, bei uns im Keller hockt, traurige Lieder singt und sich wundert, was man eigentlich von ihm will. Er hat einen Auftrag ausgeführt, der ihm selbst völlig blödsinnig erscheint. Aber für ein Vermögen fragt man nicht lange ... es sind schon größere Wahnsinnstaten für weniger verübt worden. Bossolo hat den Mann, den ich das ›Hirn‹ nenne, nicht gesehen, sondern nur gesprochen – das wissen wir. Er hat den Auftrag ausgeführt, dafür gebrummt und jetzt die erste Hälfte seines Lohns erhalten. Das alles ist strafrechtlich nicht einmal verfolgbar, denn jeder darf als Froschmann im Chiemsee tauchen – es ist ein öffentlicher See. Ob am Tag oder in der Nacht, das bleibt ganz dem Geschmack des Sportlers überlassen. Bossolo ist nicht die geringste strafbare Handlung nachzuweisen ... wenn er einen guten Anwalt hätte, könnte dieser uns jetzt den Hintern bis zum Zäpfchen aufreißen! Was uns Bossolo geliefert hat – vielmehr die Baßdame aus Berlin –, ist die Stimme des ›Hirns‹ und ein Einblick in seine Arbeitsmethode. Ich zweifle bei der Korrektheit des Mannes – seine Stimme beweist, er ist Preuße! – nicht daran, daß auch die zweite

Hälfte des Geldes übergeben wird. Das allein ist wichtig. Verbieten können wir nicht, daß ein Mann Geld annimmt, aber wir können uns dafür interessieren, wo und wie er es bekommt. Finden wir also Bossolo, wäre es ein ganz grober Fehler, ihn durch die Mangel zu drehen . . . den Mann im Hintergrund verscheuchen wir nur damit. Er weiß: Geheimdienste sind eingeschaltet. Die Polizei mag er als Idioten betrachten, aber den Geheimdiensten weht immer das Odeur des Bedingungslosen voraus. Ehrlich gesagt: Ich erwarte jetzt eine massive Aktion unseres Unbekannten. Mein Vorschlag: Bossolo aufspüren und in aller Stille überwachen. Ihn wie ein rohes Ei behandeln. Bis jetzt ist er der einzige Kontakt ins Dunkel, genauso dumm wie wir, aber mit offenen Händen, in die es Dollars regnet.« Beutels blieb vor Holden stehen, die Hände in den Hosentaschen. »Das weist nach Amerika, Mr. CIA.«

»10 000 Dollar für einen Schwimmversuch — die Leute haben Geld. Cortones Vermögen wird zur Zeit auf 23 Millionen geschätzt. Mit den zu erwartenden 30 Millionen, die er wahrscheinlich auf ein Nummernkonto in der Schweiz legt, wo sie für immer verschwunden sind, kann er den sorglosen Pensionär spielen.«

»Das eben fällt mir auf. Wenn einer 23 Millionen besitzt — warum begibt er sich dann auf eine so gefahrvolle Bahn? Da ist keine Logik, Holden. Cortone hat genug zum Leben . . . er braucht keine Atombomben, um Mitteleuropa zu verseuchen. Solche Geschäfte machen nur Hungrige, keine Satten.«

»Ein Typ wie Cortone ist nie satt. Außerdem interessiert ihn nur das Geld . . . die Vernichtungsidee kommt aus Deutschland, Sir! Ihr ›Hirn‹! Dieser irre Fanatiker! Ihr Land scheint prädestiniert für Weltvernichter zu sein.«

»Der ewige Hitlerkomplex!« Beutels biß eine Brasil ab. Während er sie anzündete, stand er am Fenster und blickte auf die Straße. Er sah gegenüber in die Büroräume eines großen Konfektionsgeschäfts, auf eine Reihe Schreibtische, an denen junge Mädchen eifrig auf die Tasten ihrer Schreibmaschinen hieben. In einem anderen Raum saß ein Mann und diktierte. Der Abteilungsleiter. Links neben ihm ratterten Nähmaschinen. Das Änderungsatelier. Die Schneiderinnen lachten, irgendeine schien etwas Lustiges zu erzählen. Eine Handvoll Menschen von eineinhalb Millionen, sorglos, ahnungslos, abgerundete Schicksale . . . am 26. August, um 15 Uhr, würden sie in zwei Atomwolken untergehen . . . »Gegen das, was uns erwartet, ist alles Vorhergegangene nur der Zerstörungstrieb eines Säuglings. Bleiben wir bei Ihrer Version, Holden: Cortone hat die Plutoniumbomben konstruiert.«

»Ja. Er hat die 12 Kilogramm an sich gebracht, und damit hatte er das Wichtigste. Eine Bombe zu drehen, ist eine mechanische Sache. Mit genügend Zeit ist das in einer Kellerwerkstatt zu schaffen. Elektronenfachleute – auch sie kann Cortone kaufen – konstruieren Zünder und Impulsauslöser. Die Wahnsinnseier nach Europa zu schaffen, ist keine Kunst. Sie einzugießen ein Kinderspiel bei dem Gewimmel auf dem Olympiagelände, wo Tag und Nacht ein Heer von Menschen arbeitete. Wer die Dinger in die Erde praktizierte, ist längst wieder weg aus München. Es liegt alles bereit für den 26. August.«

»Und jetzt rechnen Sie mal aus, Holden, wie viele Menschen an diesem Projekt mitgearbeitet haben. Wie viele Mitwisser! Dieses Risiko!«

»Gar kein Risiko. Bei unseren großen Bossen herrscht eine straffe Zucht. Das Aufklappen des Mundes ist immer gleichbedeutend mit dem Verschlucken einer Kugel. Jeder weiß das. Und Cortone gehört zu den großen Bossen.«

»Da haben wir's wieder!« Beutels schlug mit der Faust auf den Tisch. »Jeder kennt ihn, und er läuft als Ehrenmann herum!«

»Beweise, Sir, Beweise!« Holden holte die Cognacflasche vom Tisch und schüttete sich das Glas randvoll.

»Holden, unser Beruf ist manchmal zum Kotzen!« Beutels sah Lepkin an. Der Russe war still, hörte wortlos zu und schien sich sein Teil zu denken. »Bei Ihnen gibt es diese Probleme nicht, was?«

»Nein.«

»Was würden Sie tun?«

»Bossolo verhaften, Cortone, seine gesamte Umgebung, alle seine Bekannten, jeden, der mit ihm in Berührung gekommen ist... einen riesigen Gesangsverein würde ich singen lassen. Einer wird bestimmt das richtige Lied trällern. Ich bin ein Anhänger des Ausleseverfahrens.«

»Holden, man müßte Russe sein...«, sagte Beutels aus tiefer Brust.

»Ich bin gerne bereit, Sie zu adoptieren!« sagte Lepkin fröhlich. Dann erhob er sich aus seinem Sessel und reckte sich wie ein erwachender Hund. »Darf ich nun nach meiner Arbeitsweise weitermachen?«

»Es ist zum Wimmern.« Beutels hob beide Arme und blickte Holden hilfesuchend an. »An ihm ist alles spurlos vorbeigezogen. Er hat überhaupt nicht zugehört. Lepkin, Sie sind ein glücklicher Mensch... aber trotzdem möchte ich nicht so sein wie Sie. In einem aber haben Sie recht: Wir reden und reden und machen uns damit selbst besoffen! Ich schlage ein Gentleman's Agreement vor.«

»Bitte –«, sagte Lepkin. Man sah ihm an, daß er Beutels bedauerte.

»Wer zuerst eine heiße Spur hat, unterrichtet den anderen.«

»Wenn er dazu noch Zeit hat.« Lepkin griff nach seinem Hut. Auch Holden ging zur Tür. Beutels nickte beiden zu.

»Danke. Viel Glück.«

Er wußte, daß keiner von ihnen genug Zeit haben würde.

TUTZING

Es ist verblüffend, mit welch einfachen Mitteln man das Aussehen eines Menschen verändern kann. Eine Hornbrille, ein kleiner Schnurrbart, gebleichte Haare, dazu dunkle Augenbrauen und eine etwas gebückte Haltung beim Gehen und Stehen ... und schon ist das Originalbild verwischt, ja kaum noch erkennbar.

Maurizio Cortone entschloß sich, diese einfache, aber wirksame Veränderung mit sich vorzunehmen. Mit dem neuen Gesicht ließ er sich in Mexiko-City fotografieren, stattete mit dem neuen Paßbild einen der zahlreichen Pässe aus, die ein Mann wie er immer zur Verfügung hatte, nannte sich ab sofort Steven Olbridge, Architekt aus Birmingham, Großbritannien, legte sich eine Mustermappe mit Fotos und Grundrißentwürfen exklusiver Landhäuser und Hotelbauten zu und fand, als er in den Spiegel schaute, daß er so für München bestens gerüstet sei. Auch Lucretia Borghi, die jetzt Anne Simpson hieß, hatte sich verändert. Ihr Haar war weißblond gebleicht, und Cortone fand, daß sie jetzt noch einmal so attraktiv aussehe wie vorher in ihrer südländischen Schönheit ... zum erstenmal nach sechs Wochen raffte sich Cortone wieder auf, stand eine Liebesnacht nach altem Muster durch und war anschließend selbst verblüfft, daß diese Leidenschaft ohne Atemnot oder einen Herzanfall ausgekostet werden konnte.

»Du bist wirklich der Größte!« sagte Lucretia gegen Morgen, satt und faul wie eine mit Milch überfressene Katze. »Gegen dich ist Ted ein Schwächling.«

Es sollte ein Kompliment sein ... für Cortone war der Gedanke, daß dieses Wunderwerk der Natur auch sein Schulfreund in den Armen gehalten hatte, ein Anlaß für Wut und Haß.

Auch Dulcan verwandelte sich ... er erblondete, ließ sich einen Kinnbart wachsen und trug hochmoderne, popfarbene Twenanzüge mit schreienden Krawatten und breit gestreiften Hemden. Bertie Housman legte keinen Wert auf Umstellung ... ihn kannte keiner. Schatten sind immer gleichbleibend dunkel, und an Schatten erinnert man sich nicht.

Mit dem Schiff ›France‹ fuhren sie gemütlich hinüber nach Europa, früher, als Cortone zunächst geplant hatte. Aber er war in den letzten Tagen unruhiger geworden. Die dauernden Belästigungen durch Berringer, der zwei seiner Leute in die Sportschule gesetzt hatte, alarmierten Cortone. Wenn sich der CIA so stark engagierte, mußte in München nicht alles so ablaufen, wie dieser unbekannte Idiot Dr. Hassler ihm vorgerechnet hatte.

»Wir müssen nachsehen«, sagte Cortone so plötzlich, daß alle ihn entgeistert anstarrten. Es war beim Nachtisch am Rand des Swimming-pools ... geeister Fruchtsalat mit Maraschino. »In fünf Tagen läuft die ›France‹ aus nach Cherbourg ... ich habe gerade telegrafisch Plätze gebucht.«

Noch einmal erneuerte Cortone sein Alibi. Der Spezialist für innere Medizin Dr. Miguel Anjurez verlängerte die strenge Diätkur um weitere 8 Wochen und schrieb einen langen Bericht über die Diabeteserkrankung des Senor Cortone, die einer genauen Beobachtung bedürfe.

Dieses Gutachten hinterlegte Cortone im Tresor des Hotels ›Imperia‹ in Acapulco, dann verwandelte er sich in Steven Olbridge und flog zurück nach New York. Am Morgen kam er auf dem Idlewild-Flugplatz an, eine Stunde später war er schon an Bord der ›France‹, räkelte sich in einem Liegestuhl auf dem Promenadendeck der ersten Klasse und war voll Bewunderung dafür, wie schön das dreckige New York an einem Junitag von Bord eines Schiffes aussah.

Die Paßkontrolle hatte er mit lässigem Charme durchschritten. Als er seine Papiere aus der Aktenmappe holte – die Koffer waren schon auf dem Schiff –, stellte er sich ungeschickt an, die Planungsmappe fiel heraus und klappte auf. Der Beamte bückte sich höflich und gab sie Cortone zurück, ehe dieser etwas mühsam den Rücken krümmte.

»Ein höflicher Beamter, das ist selten!« sagte Cortone. »Herzlichen Dank. Das Rheuma, wissen Sie. Im Rücken sitzt es. Diese New Yorker Herbste mit den Windböen in den Straßen. Ich werde in Italien, in den warmen Quellen von Montecatini, heiße Bäder nehmen.«

»Sie bauen Häuser?« fragte der Paßbeamte.

»Ja. Ich soll in England und in Frankreich zwei große Hotels entwerfen. Und in Spanien eine Kirche! Stellen sie sich vor ... man holt sich aus New York einen Architekten, um in Spanien eine Kirche zu bauen! Ich habe es zuerst selbst nicht geglaubt.«

»Viel Erfolg, Sir.« Der Beamte legte die Hand grüßend an die Mütze. »Sie können aufs Schiff.«

Der Stempel knallte in den Paß, ohne daß man ihn genau betrachtete. Wer in Europa Kirchen baut, ist ein Ehrenmann. Etwas gebeugt, ein würdiger, erfolgreicher alter Herr, betrat Cortone die ›France‹. Zehn Minuten später folgte Lucretia Borghi, wieder zehn Minuten danach Ted Dulcan mit Bertie Housman.

»Das geht so einfach wie Milchtrinken!« lachte Dulcan, als sich alle auf dem Promenadendeck trafen. »Was hilft die beste Kontrolle und der größte Polizeiaufwand, wenn ein falscher Bart genügt?«

»Kein Grund zum Jubeln.« Cortone blickte auf seine Uhr. Die Lastkräne schwenkten Autos in die Laderäume, aus den Gepäckkammern trugen die Stewards Koffer und Reisetaschen zu den Kabinen. Der Strom der Europahungrigen hielt an. Die ›France‹ war ausgebucht. »Noch sind wir nicht in München.«

»Es kann nichts mehr schiefgehn, Steve ...« Dulcan benutzte schon den neuen Namen, man konnte sich nicht schnell genug daran gewöhnen. »Die Schallmauer ist durchbrochen. In Frankreich und in Deutschland hat man keine Ahnung, wie ein anständiger amerikanischer Paß aussehen muß.«

»Das ist es nicht.« Cortone faltete die Hände über dem Bauch. Gegen die Sonne hatte er eine Mütze mit einem langen grünen Schirm auf. Er sah wie ein Filmregisseur aus Hollywood aus, der erschüttert über das Untalent seines Stars sich in seinen Liegestuhl verkrochen hat. »Ich habe Ahnungen.«

»O Gott, bloß das nicht! Das kenne ich!« Dulcan fuhr sich nervös durch die gefärbten Haare. »Deine letzten Ahnungen kosteten uns 2 Millionen Dollar. Das war vor fünfzehn Jahren. Wieso hast du Ahnungen?«

»Man soll die Menschen nicht für zu blöd halten.«

»Wen zum Beispiel?«

»Die Deutschen zum Beispiel. Sie haben Bossolo erwischt. Der CIA ist alarmiert. Und dieser Dr. Hassler knallt durch die Gegend. Das alles gefällt mir nicht. Man hätte es ruhiger machen können.«

»Dann hätte es keiner geglaubt.«

»Die Welt hat keine Phantasie mehr.« Cortone zog den Mützenschirm tiefer ins Gesicht. Vor ihm lag New York, und plötzlich hatte er Heimweh nach dieser Steinwüste. »Ein kleines Päckchen mit 50 Gramm Plutonium würde vermutlich die gleiche Wirkung gehabt haben.«

»Und warum hast du es nicht mit 50 Gramm gemacht?«

»Warum?! Die besten Gedanken kommen einem immer dann, wenn es zu spät ist. Ich glaube, wir erscheinen in München im richtigen Augenblick.«

Am Nachmittag, unter einer goldenen Sonne, die über den Wolkenkratzern lag wie ein Heiligenschein, verließ die ›France‹ New York. Cortone stand an der Reling, blickte zurück, vorbei an der erhaben häßlichen Freiheitsstatue, und wiegte sich in ehrlicher Traurigkeit. Und plötzlich, als zerrisse etwas in ihm, eine Art Vorhang vor der Wahrheit, die nun unverhüllt war, wußte er, daß er diese herrliche, verhaßte, heimatliche und doch immer wieder abstoßende Stadt entweder mit 30 Millionen Dollar mehr in der Tasche oder nie mehr wiedersehen würde. Eine Alternative, die auf Cortone beinahe lähmend wirkte.

Ich bin nicht mehr der Eisenkopf von früher, dachte er. Ich bin verflucht alt geworden. Und eines werde ich mir nicht entgehen lassen, wenn ich schon im alten Europa bin: Ich werde zu meiner Kindheit zurückkehren, nach Randazzo, in das Dorf, das man in die Lavaschichten des Ätna gebaut hat. Ich werde durch die Gassen gehen und das Haus suchen, wo ich geboren bin. Rosa getüncht war es damals, als ich wegzog, um Amerika zu erobern. Und über der Tür war eine Madonna gemalt, ein Werk Feruccio Lapesis, des Anstreichers. Er kam sich immer als ein verkannter Künstler vor und war nur deshalb Kommunist, weil er behauptete, er sei ein Opfer des Staates, der keine Genies fördere, sondern sie verkommen ließe. Und dann die alte Kirche mit dem gelben Turm und den roten Ziegeldächern. Damals war Don Alfredo Priester, und der junge Cortone hatte vor ihm gekniet und sich segnen lassen, bevor er hinaus in die Welt zog. Vor 45 Jahren ...

Dulcan stieß Cortone in die Seite, als die ›France‹ die Freiheitsstatue passiert hatte. »Wach auf!« sagte er.

»Ich denke an Randazzo ...«

»Besuchen wir es auch?«

»Sicherlich.« Cortone wandte sich ab. New York im Rücken, das Meer vor sich, kam er sich wie ein Ausgestoßener vor. Er wollte diesen Gedanken verdrängen, aber er blieb haften wie Schleim. »Ich habe manchmal — nicht oft, ja sogar selten, aber dann intensiv — daran gedacht, wieder zurück in die Heimat zu ziehen. Ein Haus bei Syrakus, auf der Landspitze, weißt du, wo wir als Jungen gefischt haben und den großen Kraken herausholten. Das wäre ein Platz, Ted! Wir haben genug verdient, wir sollten uns jetzt Ruhe gönnen. Was nehmen wir denn mit? Ein Hemd ohne Taschen! Was hältst du davon?«

»Ich bin nicht zum Ausruhen geboren, Steve.«

»Hast du Hammel nicht genug Geld?«

»Ich habe nie genug.« Dulcan trat zurück an die Wand des Salons, der Fahrtwind setzte ihm sehr zu. »Mich berauscht das Geld.«

»Dummheit.«

»Ich brauche es wie andere Heroin oder LSD. Das ist eine besondere Art von Perversität. In Midland Beach habe ich eine große Holzkiste mit Dollarstücken. Randvoll. Jeden Sonntagmorgen sitze ich davor und stecke die Arme bis zu den Ellbogen in das Geld. Das ist mein, sage ich mir dann. Ganz allein mein! Und wenn ich die Kühle des Metalls auf der Haut spüre, ist das wie ein sprudelndes Thermalbad ...«

»Warst du schon mal bei einem Psychiater?« fragte Cortone. »Du hast ihn nötig.«

»Ich habe als Kind von Geld geträumt«, sagte Dulcan. »Wenn ich hungrig einschlief — manchmal hatten wir zwei Tage nichts zum Kauen —, sah ich im Traum ein riesiges Brot, dampfend und duftend, und statt Butter lagen Goldstücke darauf. Und ich habe hineingebissen und habe es verschlungen, Bissen um Bissen, Goldstück um Goldstück. Ich war so herrlich satt im Traum. Das habe ich nie vergessen. Wir waren die ärmste Familie in Randazzo.«

»Ich weiß, Ted.« Cortone setzte sich wieder in den Liegestuhl.

»Deshalb sollten wir auch nach diesen 30 Millionen von München für immer Schluß machen und nur noch satt sein . . .«

Das war vor vierzehn Tagen, bei der Abfahrt.

Von Cherbourg fuhren Cortone und seine Mitstreiter nach Paris, wo sie acht Tage im Hotel ›Georges V.‹ wohnten, einem Palast nahe den Champs Elysées. Auch das war weise Berechnung. Zwischen jede Aktion einen Riegel Zeit legen, erklärte Cortone. Wir haben die Zeit nicht im Rücken, wir schieben sie als Rammbock vor uns her. Jede Stunde mehr ist eine Verwehung der Spuren.

Das war klug gedacht, aber die Zufälle sind oft die Henker der besten Gedanken.

Auf der ›France‹ fuhr auch ein Passagier mit, der sich nicht die erste Klasse leisten konnte, aber auch in der zweiten Klasse sehr angenehm lebte und ab und zu die Schranke überstieg und unter den geldgepolsterten Reisenden promenierte. Er trug meistens einen weißen Leinenanzug, einen Strohhut und eine Sonnenbrille. Für die Fahrt nach Europa hatte er vier Jahre lang gespart, nachdem feststand, daß die Olympischen Spiele in München stattfinden würden. Acht Wochen Urlaub gönnte er sich, und für vier weitere Wochen suchte er einen Auftrag in Europa. Er fand ihn bei einem Mr. John Drike, Bierbrauer in New Jersey, der seiner Frau, einer üppigen Blondine, zum 40. Geburtstag einen Europatrip schenkte, aber gleichzeitig Angst bekam, sie könne sich bei der dort vorherrschenden Romantik in fremde Betten verirren. Für einen richtigen Amerikaner bedeutet Deutschland das Land der Ritterburgen und Heldenlieder, zwei Dinge, durch die sich ein sehnsuchtsvolles Frauenherz nur allzu leicht verwirren läßt.

Der Auftrag, Mrs. Evelyn Drike als Schutzengel ständig zu umschweben, war genau das, was Charles Pinipopoulos gesucht hatte. Sein Name verriet es: Er war Grieche. Aber im Gegensatz zu anderen Griechen, die entweder Reeder oder Fruchtexporteure wurden und Amerika mit ihrem geradezu unheimlichen Handelstalent eroberten, verlegte sich Pinipopoulos auf ein Gebiet, das in den USA eine für den europäischen Betrachter geradezu unbegreifliche Ausdehnung und Achtung erlangt hatte: Er transferierte seine Begabung, Menschen zu beobachten und dann zur Kasse zu bitten, auf den Beruf des Privatdetektivs.

Die ›Agentur Olympos‹ — wie Pinipopoulos sein Unternehmen taufte — gehörte nicht zu den Konkurrenten der Pinkertons, so groß war sie nicht, aber sie ernährte ihre Mannschaft recht gut. Neben Pini (wie ihn Freunde rufen durften) jagten noch drei Detektive durchs Land, und zwei Stenotypistinnen bearbeiteten die Akten. Mit Mord und Totschlag gab sich Pinipopoulos nicht ab — aber er war der Ansicht, daß man Geld verdienen könne, auch ohne dabei seine Haut zu riskieren. Deshalb kam er nie den großen Gangstern in die

Quere, war alles andere als ein Fernsehheld, der neunmal klüger als die Polizei und FBI die aussichtslosen Fälle mit Verve löst und in der Unterwelt einen Ruf wie Donnerhall hat, o nein, er nahm nur stille Aufträge an, Beobachtungen von ungetreuen Ehemännern, die mit ihren Sekretärinnen Hoteldoppelzimmer bewohnten oder kleine Wirtschaftsverbrechen, Bestechungen, Unterschlagungen, Versicherungsbetrügereien und — darin war er eine stille Größe und bei seinen Kunden ein Geheimtip — Beobachtungen der menschlichen Schwächen von Geschäftspartnern oder solchen, die es werden sollten.

Das ist eine wichtige Grundlage für Verhandlungen. Wenn man etwa weiß, daß Mr. Humphrey beim Anblick von roten Haaren schwach wird, wird man natürlich dafür sorgen, daß eine rothaarige Sekretärin mit kurzem Rock bei den Besprechungen am Tisch sitzt, und wenn Mr. Baldwin erst munter wird, wenn er ein Gin mit einer Maraschinokirsche getrunken hat, dann ist es selbstverständlich, daß zunächst ein kleiner Umtrunk mit Gin und Kirsche stattfindet. Alle diese Informationen lieferte Pinipopoulos. Ein gefahrloser, gut bezahlter Job.

Das Kapital von Charles Pinipopoulos waren ein gutes Auge und ein noch besseres Gedächtnis. Bei ihm tickt ein Computer unter der Hirnschale, sagte man von ihm. Was er einmal gesehen hat, das bleibt aufgespeichert in seinen grauen Gehirnzellen. Diese Naturbegabung war ihm oft selbst unheimlich, wenn er durch die Straßen New Yorks ging, Menschen anblickte und sich blitzschnell erinnern konnte, sie irgendwo gesehen zu haben . . . auf Coney Island, in einem Lokal, in der Oper, im Footballstadion, im Kino, auf dem Broadway. Wer ihm erst einmal vorgestellt wurde, war für Pini unsterblich — sein Name rutschte in eine der Gehirnzellen.

So blieb Pinipopoulos auch am vierten Tag der Überfahrt nach Europa auf dem Spieldeck ruckartig stehen, als er Ted Dulcan Pingpong schlagen sah. Trotz der gefärbten Haare schickte sein Auge Signale ins Gehirn und ließ dort in der Kartei suchen.

Wo war dieses Gesicht schon früher einmal aufgetaucht? Hatte der Mann nicht dunkle Haare? Und plötzlich wußte Pinipopoulos, daß er Ted Dulcan vor sich hatte, den Besitzer der Milchladenkette ›Latteria Italia‹. Einen der letzten großen Bosse, denen man alles zutraute, die auch alles in ihr Kerbholz schnitzten, denen man aber nie etwas nachweisen konnte.

Pinipopoulos, seinem Wahlspruch gehorchend, sich nie in Gefahr zu begeben, verließ schnell wieder das Spieldeck der ersten Klasse. Aber er blieb aus der Ferne wachsam. Wenn ein Dulcan nach Europa fährt, dann hat das keine reine Urlaubsstimmung erzeugt. Und als Pini am Abend, an der Bar des ›Atlantiksalons‹ sitzend, auch noch Bertie Housman auftauchen sah, ohne Tarnung, in voller Sorglosigkeit, aber in einem tadellosen Smoking, war ihm klar, daß man irgendwo in Europa einer sauren Zeit entgegenging.

Von Cortone und Lucretia nahm er keine Notiz — sie waren ihm noch nie, auch nicht mit normalem Aussehen, begegnet. In Verkennung der Tatsachen bedauerte er, daß sie sich Dulcan und Housman als Reisefreundschaft zugelegt hatten, aber Pinipopoulos war vorsichtig genug, sie nicht zu warnen.

Kein Auftrag, kein Geld, also auch kein Interesse. Mrs. Drike beschäftigte ihn genug. Sie flirtete mit dem ersten Zahlmeister, mit dem Schiffsarzt und dem Chefingenieur. Am fünften Tag, nach einem Bordfest, ging sie mit dem Schiffsarzt in ihre Kabine. Pinipopoulos notierte das mit Tag und Uhrzeit, schaltete dann in seiner Kabine das Tonband ein und nahm alles Gerumpel und Geseufze auf, das der unter Mrs. Drikes Bett angebrachte Minisender ausstrahlte.

Das kostet sie eine Million, dachte Pini voll ehrlichen Mitleids. Mr. Drike hatte gedroht, für jeden Liebhaber seiner Frau eine Million vom späteren Erbe abzuziehen und einer wohltätigen Stiftung zufließen zu lassen.

Trotz allem vergaß Pini den blondgefärbten Dulcan nicht. Noch dreimal begegnete er ihm, zuletzt bei der Ausschiffung in Cherbourg. Dann heftete er sich wieder an die Fersen von Evelyn Drike und absolvierte in ihrem Schatten eine Rheinfahrt und einen Besuch des Heidelberger Schlosses. Die romantische Deutschlandtour hatte begonnen. Ted Dulcan verschwand langsam wieder aus seinem Gedächtnis. Man soll nicht das Bier anderer austrinken.

Nach acht Tagen Parisaufenthalt, während deren sich Lucretia neu einkleidete und Cortone seine Vorliebe für das Parfüm ›Nuit de Paris‹ entdeckte, trafen die vier Reisenden aus USA in Tutzing am Starnberger See ein. In der Hotelpension ›Alpenrose‹ waren für Cortone und Lucretia auf die Namen Steven Olbridge und Anne Simpson Zimmer bestellt ... Ted Dulcan und Bertie Housman wohnten vier Häuser weiter in der Pension ›Lettenmayer‹.

Sie hatten richtig kalkuliert: Die Überwachung der Hotels und Pensionen, die Beutels angeordnet hatte, war längst abgelaufen. Seit Wochen bereits fluteten aus allen Ländern die Gäste nach München ... eine Überprüfung jedes einzelnen Ausländers war völlig unmöglich geworden. Außerdem besaß Cortone einen britischen Paß, eine einfache, aber von Beutels nie in Erwägung gezogene Maskerade.

»Da wären wir nun?« sagte Dulcan am zweiten Tag. Er ging mit Cortone am Seeufer spazieren. Lucretia lag auf dem Balkon ihres Zimmers in der Sonne, Housman hatte ein Boot gemietet und angelte. »Wie geht's jetzt weiter?«

»Ich werde mir diesen Dr. Hassler vorknöpfen.« Cortone strahlte wieder Zuversicht aus. Schon am ersten Tag hatte er mit seinem Vertrauensmann von der ›Witwen- und Waisenkasse‹ gesprochen und erfahren, daß Pietro Bossolo verschwunden war. Ein paar deutsche Kriminalbeamte hatten verschiedene italienische Bauarbeiter und Kollegen Bossolos verhört, aber natürlich wußte keiner, was aus ihm geworden war. Das war keine Lüge ... Bossolo erschien eines Tages nicht mehr, pflichtgemäß meldete der Abteilungsleiter das der Olympiabaugesellschaft, diese machte eine Anzeige bei der Polizei, die wiederum bei Beutels landete. Ein sinnloser Kreislauf ... aber wer wußte das außer ein paar Eingeweihten?

»Und wie willst du ihn sprechen?« Dulcan setzte sich auf eine Bank der Uferpromenade. »Keine Adresse, keine Telefonnummer, kein Kontaktmann. Willst du ihn in München durch Lautsprecherwagen ausrufen lassen?!«

»So ähnlich. Ich annonciere.«

»Und du glaubst, er meldet sich?«

»Bestimmt.«

Dulcan schüttelte den Kopf. Er war ehrlich entsetzt. »Ich hätte nie geglaubt, daß man auf so primitive Weise 30 Millionen verdienen will.«

»Das ist der ganze Trick, Ted! Jeder, der diese Summe hört, glaubt an eine riesenhafte Organisation. Wir gehen die Sache so an, wie der kleine Moritz sich eine Erpressung vorstellt. Das ist genau die Denkweise, die keinem Polizisten einfällt. Man hat aus der Kriminalität ein kompliziertes Ding gemacht ... ich führe sie zur Urmutter zurück: der lautlose Griff in die Tasche.«

Der Hotelportier von der ›Alpenrose‹, der ein wenig Englisch sprach, half dem etwas senilen Architekten Steven Olbridge bei der Abfassung einer kleinen Zeitungsanzeige. »Es ist so«, erklärte Cortone, »daß ich einem Kollegen einige böse Dinge an den Kopf geworfen habe. Die Erregung, mein Bester, die verdammte Erregung. Zu hoher Blutdruck, da dampft der Kessel schnell. Nun will ich mich öffentlich entschuldigen. Wie schreibt man so etwas?«

Und so erschien einen Tag später in der ›Süddeutschen Zeitung‹, in der ›Abendzeitung‹, in ›Bild‹ und ›tz‹ unter ›Vermischtes‹ eine jener Anzeigen, die bei den Lesern, die auch Kleinanzeigen studieren und damit mehr Freude erwerben als beim Durchlesen des politischen Teils, helles Entzücken erzeugen:

Die gegen Herrn Dr. Hassler gemachten ehrrührigen Äußerungen, er sei ein Stümper, nehme ich hiermit als unwahr und mit Bedauern zurück. Herr Dr. Hassler ist ein Ehrenmann. Er möge mich, wenn er mir verzeiht, anrufen unter Nr. ...

Es folgte die Vorwahl und die Telefonnummer der ›Alpenrose‹ in Tutzing.

»Der ruft nie an!« sagte Dulcan am nächsten Morgen. »Er ist doch hoffentlich kein Idiot!«

»Er wäre einer, wenn er schwiege . . .«, sagte Cortone zuversichtlich.

Um 1 Uhr mittags klingelte auf Cortones Zimmer das Telefon. Mit der Geste eines Siegers hob Maurizio ab. Dabei legte er den Finger auf die Lippen, weil Lucretia fragen wollte, wer das sein könnte.

»Sie sind verrückt!« sagte eine Stimme. Cortone atmete tief auf. Er erkannte die Stimme sofort wieder. Das war ein so gepflegtes Englisch, daß sich ein Amerikaner wundern mußte, was man alles aus einer Sprache machen kann. »Mich beim vollen Namen zu nennen —«

»Heißen Sie denn wirklich Dr. Hassler?« fragte Cortone süffisant.

»Natürlich nicht.«

»Dann war's auch kein Fehler. Ich bin in München.«

»In Tutzing! Im Hotel ›Alpenrose‹.«

»Gratuliere!«

»Wozu gibt es Telefonauskunftdienste? Sie kommen früh, zu früh. Die Geldübergabe — das einzige, was Sie wohl interessiert — beginnt am 28. Juli.«

»Ich muß Sie vorher sprechen, Dr. Hassler.«

»Haben Sie den Impulsgeber bei sich?«

»Ja. Natürlich. Glauben Sie, ich komme nach München, um Sepplhosen zu kaufen?«

»Haben Sie ihn geprüft?«

»Auf einem Gelände in Arizona, mitten in der Prärie, haben wir einen elektronischen Zünder damit zur Explosion gebracht. Der gleiche Zünder, wie er in den Bomben eingebaut ist.«

»Sehr gut. Sie hören noch von mir . . .«

»Halt, Doc!« Cortone klopfte gegen das Telefon. »Ich muß Sie sehen. Mir gefällt vieles nicht an der ganzen Sache.«

»Davon haben Sie keine Ahnung.«

Cortone holte tief Luft, aber er beherrschte sich. Für 30 Millionen Dollar kann man ein wenig Galleschlucken verlangen.

»Sie sind Arzt, Doc«, sagte Cortone eindringlich. »Darin mögen Sie ein Könner sein. Aber jeder sollte seinem Beruf treu bleiben und artfremde Jobs den anderen Fachleuten überlassen. Was den Umgang mit der Polizei angeht, habe ich bestimmt mehr Erfahrung. Da ist die Sache mit Bossolo.«

»Bossolo ist in Sicherheit. Ich verstehe Ihre Aufregung nicht. Sie haben hier in München keine andere Funktion, als die Hand aufzuhalten, in die ich Dollars regnen lasse. Jeden Tag eine Million. Und Sie liefern mir den elektrischen Impulsgeber.«

»Und wenn etwas schiefläuft? Ich habe fast 3 Millionen in den verdammten Plan investiert.«

»Sie werden Ihre Unkosten am 30. Juli heraushaben. Vom 30. an beginnt Ihr Nettoverdienst. Was wollen Sie mehr?«

»Sie sehen!«

»Ich bin keine Schönheit.« Dr. Hassler lachte auf. Er schien sich zu amüsieren. »Ihr größtes Problem wird es sein, die 30 Millionen Dollar wegzubringen. Es wird ein Zimmer voller Geldscheine sein. Haben Sie sich das schon überlegt?«

»Natürlich. Jeden Tag wird mein Kompagnon zwischen Tutzing und der Schweiz hin und her pendeln.«

»Sie haben einen Kompagnon, Sie Verrückter? Es war ausgemacht . . .«

»Ein Landsmann aus Sizilien, mein Jugend- und Schulfreund!«

»So ideale Freunde gibt es gar nicht, vor allem nicht in Ihren Kreisen, wo man vor einem Millionensack auch die letzte Erinnerung an Anständigkeit verliert. *Sie* machen Fehler, nicht ich!«

Cortone vermied es, dieses Thema weiter auszuspielen. Dr. Hassler hatte recht — man brauchte darüber gar nicht zu reden. Es war auch sicher, daß Dulcan New York nicht wiedersehen würde, und es bedeutete für Cortone ein reiches Arbeitspensum, erst Housman den Weg in die Erde zu zeigen und dann Dulcan hinterherzuschicken.

»Es ist für alles gesorgt«, sagte Cortone beschwichtigend. »Ihnen wird keiner in die Quere kommen! Aber welche Sicherheiten habe ich?«

»Sie liefern mir den Impulsgeber, wenn Sie die 25. Million bekommen haben.«

»Aber wieso denn?« Unter Cortones Hirnschale begann ein tausendfaches Kribbeln. Er begriff, was da Ungeheuerliches verlangt wurde, und wehrte sich gleichzeitig dagegen, es zu begreifen. »Wozu denn noch? Wenn sie zahlen . . . Doc . . . wollen Sie denn, selbst wenn sie gezahlt haben . . . O mein Gott!«

»Ja, ich will!« Die Stimme Dr. Hasslers klang plötzlich hell. Ein gläserner Ton, der einem unter die Haut fuhr und sie kräuselte.

»Es . . . es sollte doch nur eine Drohung sein . . .«, stammelte Cortone. Das Entsetzen trieb ihm den Schweiß auf die Stirn. »Nur bei Weigerung . . . Doc . . . Sie können doch nicht Hunderttausende in die Luft sprengen . . .«

»Ich kann! Ich bin jetzt sogar verpflichtet dazu. Man zwingt mich zu einer Kraftprobe. Die Geheimdienste haben sich eingeschaltet.«

Cortone ließ den Hörer fallen, als sei er glühend geworden. Das Gespräch war sowieso beendet, denn Dr. Hassler hatte aufgelegt. Mit weichen Knien ging Cortone zum Bett und ließ sich schwer darauffallen. Lucretia, die sich halb nackt auf dem Laken räkelte, stieß ihn mit den Zehenspitzen an. Sie hatte sich die Nägel lackiert und wedelte jetzt mit den Händen durch die Luft, um den Lack schneller zu trocknen. Die Sonne schien auf ihre Brüste.

»Mieten wir uns ein Segelboot, Mauri?« fragte sie.

»Mein Gott, ein Segelboot!« Cortone umfaßte mit beiden Händen seinen Kopf. »Du denkst an ein Segelboot, und die Welt geht zugrunde.«

»Bist du krank, Mauri?« Wieder der Stoß mit den Zehen. Cortone fuhr herum, schlug gegen ihre Füße und schleuderte sie weg. Sein Gesicht war verzerrt, fremd, fratzenhaft.

»Er will die Bomben zünden!« schrie er. »Begreifst du das überhaupt mit deinem Regenwurmgehirn?!«

»Laß ihn doch!« Lucretia hauchte gegen ihre roten Nägel. Wenn sie den Mund so spitzte, hatte Cortone es bisher immer eilig gehabt, aus den Hosen zu kommen. Ihn erregten diese Lippen so unmäßig. Jetzt aber hatte er die größte, ja eine fast geile Lust, mit beiden Fäusten auf sie einzuschlagen. »Wenn es ihm Spaß macht? Was regst du dich darüber auf?«

»Er ist wirklich fähig, es zu tun!«

»Na und?«

»Er ist fähig, einen Knopf zu drücken und Hunderttausende zu vernichten! Was ist das für ein Mensch?«

»Ein Idiot. Ein Satan. Ein Gottgesandter. Ein Prophet. Such dir's aus — mir ist ein Segelboot wichtiger.«

»Man sollte dich ersäufen«, sagte Cortone dumpf. »Einfach ersäufen, neben deinem verfluchten Segelboot. Weißt du, daß dieser Kerl mich jetzt in der Hand hat?«

»Ich verstehe das alles nicht, Darling.«

»Wie solltest du auch? Dein Hirn liegt zwischen den Beinen!« Cortone sprang auf. Er wollte zu Dulcan laufen, obwohl er wußte, daß Dulcan trotz seiner Intelligenz nicht anders reagieren würde als Lucretia. Ein Mensch, der jeden Sonntag in einer Kiste Dollars wühlen muß, um glücklich zu sein, lebt nicht weit von der Irrenzelle entfernt. Aber Cortone erreichte nicht mehr die Tür. Das Telefon schlug wieder an. Er blieb stehen, wie in die Dielen festgerammt, und rührte sich nicht.

»Es klingelt . . .«, sagte Lucretia lieblich und pustete wieder gegen ihre lackierten Nägel. »Das ist er wieder, paß auf!«

»Der Raubtierinstinkt der Weiber! Natürlich ist er's!«

»Hast du Angst?«

Cortone hob ab. »Ja?« sagte er knapp.

»Noch etwas, mein Lieber.« Dr. Hassler schien gut gelaunt zu sein. »Ich habe einen Risikofaktor übersehen.«

»Interessant! Welchen denn?«

»Sie, Cortone!«

»Ich heiße Steven Olbridge.«

»Ich verlange den Impulsgeber nach Übergabe der 3. Million, also dann, wenn Ihr Geschäft beginnt.«

»Und warum, zum Teufel, Doc?« schrie Cortone. Er mußte schreien, sonst wäre er zerplatzt.

»Bei dem ständigen Kassieren könnten sich moralische Bedenken bei Ihnen bilden. Sie das Geld, ich die Explosion – das war unser Geschäft. Ich will verhindern, daß Sie ausbrechen, Mr. Olbridge. Daß Sie sich die Hose vollscheißen!«

»Wie sprechen Sie mit mir?« brüllte Cortone. »Was fällt Ihnen ein? Seit zehn Minuten weiß ich, daß Sie ein Irrer sind. Einer der gefährlichsten, nein, der gefährlichste Irre überhaupt, den die Menschheit hervorgebracht hat. Gegen Sie sind Attila, Dschingis-Khan und Hitler murmelspielende Kinder!«

»Darauf bin ich stolz, Mr. Olbridge. Und Sie werden mir helfen, dieser unvergleichliche Irre zu werden.« Dr. Hassler lachte hell. Cortone zog die Schultern hoch, als wolle jemand seinen Hals umklammern. »Ich stelle mich auf Ihre Charakteristik um. Kein Geld ohne Impulsgeber. Erst das Gerät, dann die Dollars. Ich habe den großen Zerstörern etwas voraus: Ich rechne die Risiken durch. Einen schönen Tag noch, Mr. Olbridge.«

Cortone starrte Lucretia an. Sie war im Begriff, sich ganz auszuziehen, vielleicht um ihre Bitte nach einem Segelboot in einen Tausch umzufunktionieren. Es war ein Geschäft, bei dem sie sonst immer gewann. Ihr herrlicher Körper war mit keinen Schätzen aufzuwiegen.

»Wenn du Segelboot sagst, erwürge ich dich...«, sagte er heiser.

»Es kann auch ein Motorboot sein.«

»Ich bin am Ende, Lucretia. Ist dir das klar?«

»Nein. Ein Mann ist nur am Ende, wenn er sich selbst aufgibt, sagte Hemingway. Gibst du dich auf?«

Cortone setzte sich schwer in einen Sessel am Fenster. Er kam sich wie ausgeleert vor. Maßloses Staunen über die dämliche Lucretia ergriff ihn, über dieses Wesen, das bisher nur Körper war, nur Wärme, nur schwellende Form, nur offener Leib, und die jetzt, als es darauf ankam, mit ihrem Mund, der nur Dummheiten hervorbrachte, das Richtige sagte.

»Hast du überhaupt Hemingway gelesen?« fragte er entgeistert.

»Nein.«

»Aber dieser Satz –«

»Stand auf irgendeinem Kalenderblatt.«

»O Himmel!«

Cortone verbarg das Gesicht in den Händen. Aber er war stark geworden. Er war bereit, gegen diesen Wahnsinnigen, der sich Dr. Hassler nannte, zu kämpfen. Nicht um sich oder seine 30 Millionen, sondern um Vernichtung oder Rettung von vielleicht 2 Millionen ahnungsloser Menschen.

Was allerdings nicht ausschloß, daß er seinen Einsatz von 3 Millionen Dollar zurückerstattet haben wollte.

Und hier sollte Maurizio Cortones Tragödie beginnen.

MÜNCHEN

Warten, warten, warten.

Sich anhören, daß man nichts tue, daß man das Geld der Steuerzahler verfresse und verschlafe, daß es nicht zu verstehen sei, daß eine so vorzüglich durchorganisierte Polizei, verstärkt durch Experten des Bundesverfassungsschutzes, des Bundesnachrichtendienstes und des Bundeskriminalamtes, ja sogar unterstützt vom CIA und dem KGB, wie ein Blinder im Tunnel herumtappte. Beutels, daran gewöhnt, bei Erfolgen nicht beachtet, bei Mißerfolgen aber auf das Streckbrett der öffentlichen Meinung geschnallt zu werden, bewies diesmal eine auf alle anderen Nervösen ausstrahlende Souveränität.

»Das Revolutionäre dabei ist«, sagte er, »daß die deutsche Polizei nicht allein hirnlos herumläuft, sondern daß alles, was Staatsexekutive darstellt, sich auf die eigenen Stiefel pißt! Wir sind keine Hellseher, wir können nach Tatsachen ermitteln, und Tatsache ist, daß bisher noch nichts geschehen ist, bis auf ein kleines Feuerwerk und ein Loch auf den Olympiaparkplätzen. Alles andere bleibt nur Gerede und Geschreibe. Aber die Angst ist da, diese fürchterliche Angst, die uns alle im Darm juckt. Und warum ist die Angst da? Weil wir uns, dem Menschen, alles zutrauen. Weil wir ihm ohne Einschränkung zutrauen, daß er nur des Geldes oder eines unbekannten Hasses wegen Millionen auslöscht. So weit ist es mit uns gekommen, daß ein Einzelner eine ganze Welt in Atem halten kann oder außer Atem bringt! Wo ist da noch ein Pfarrer, der von der Kanzel predigt: Und Er schuf den Menschen nach Seinem Ebenbild...?! Man sollte ihn auspfeifen!«

Die einzigen, die sich nicht langweilten, waren Ric Holden und der Franzose Jean-Claude Mostelle von der Sureté.

Mostelle und eine Gruppe französischer Wissenschaftler experimentierten im Olympiastadion mit dem Strahlenmantel, der eine elektronische Zündung verhindern sollte. Die Sache klappte nicht richtig, vor allem wurde die gesamte Fernsehübertragung gestört, denn wenn schon ein unsichtbarer Schutzschild aufgebaut wurde, dann drangen zwar keinerlei Strahlen mehr in das Stadion hinein aber natürlich auch keine hinaus. Jegliche Reportage über Funk und Fernsehen war also unmöglich.

Mostelle, der von allen Eingeweihten die Drohung am ernstesten nahm, stellte den Antrag, im Hinblick auf die allgemeine Sicherheit Funk und Fernsehen ausfallen zu lassen.

»Das ist völlig unmöglich!« sagte bei einer der Sondersitzungen der Bundesinnenminister aus Bonn. »Das würde bedeuten, daß wir der Öffentlichkeit die volle Wahrheit sagen... und die Panik, die wir gerade vermeiden wollen, ist da! So lobenswert die Bemühungen unserer französischen Freunde sind ... wir müssen das gewagte Spiel zu Ende spielen.«

Am 10. Juli meldete sich auch das, was Beutels am meisten fürchtete: Die Wunderknaben — wie er sie nannte — traten auf.

Ein Pendler, ein Astrologe und — im deutschen Land immer am Tisch — eine Kartenlegerin. Während der Pendler vor Oberkommissar Abels und Oberstaatsanwalt Herbrecht sein Kügelchen aus Platin an einem Bindfaden über dem Stadtplan von München schwingen ließ und schließlich auf die Herzogspitalstraße zeigte und sagte: »Hier verbirgt sich der Täter!« — was allgemeine Heiterkeit auslöste, denn just auf diesem Fleck, wo das Kügelchen hielt, befand sich (im Stadtplan nicht gekennzeichnet, so weit sind die Kartographen noch nicht) ein Puff —, legte der Astrologe, ein Herr Fiebemann aus Nieder-Olms ein großes Horoskop vor mit vielen Himmelszeichen und Strichen und Winkeln und erklärte, der Unbekannte hieße Julius Humus und sei ein gebürtiger Stier, den jetzt gerade der Saturn kreuzte.

Beutels ließ die beiden weisen Männer sofort kassieren. Ihn machte nicht die Sicht ins Unbekannte unsicher, sondern die Tatsache, daß hier zwei völlig Fremde aufmarschierten und von einem Attentat sprachen, wo doch niemand außer einem kleinen Kreis von dessen Existenz etwas wußte.

Bei der Befragung — Beutels vermied das Wort Verhör — erklärten beide übereinstimmend, sie hätten das Schreckliche geträumt.

»Über dem Olympiagelände stand eine riesige Rauchwolke«, sagte der Astrologe. »Außerdem zeigt die Konstellation der Sterne eine Katastrophe an.«

Beutels tat etwas, was wenig Sinn und gar keinen juristischen Wert hatte, aber bei beiden Wundermännern sehr wirksam war: Er vereidigte sie zur Schweigsamkeit. »Wird ein Wort davon bekannt«, sagte er, »betrachten wir das als Landesverrat.« Dann entließ er die Warner in ihre Heimatorte.

Etwas anderes war es mit der Kartenlegerin. Sie hieß Emma-Luise Schibula, war in Smegörönömögie tief in der ungarischen Pußta geboren und konnte nachweisen, daß ihr Großvater König der Zigeuner gewesen war. Beutels schloß sich mit ihr in sein Zimmer ein, räumte seinen Schreibtisch ab und sagte fröhlich:

»Nun legen Sie mal los!«

Er sollte sich wundern.

Emma-Luise Schibula blätterte ihre Karten auf die Platte, schloß die Augen, konzentrierte sich, bog dann den Zeigefinger der rechten Hand krumm und begann leise murmelnd auf die Karten zu tippen und abzuzählen.

Beutels rauchte gemütlich eine Sumatra, Ausdruck großen Wohlgefühls. Er erinnerte sich an seine Mutter. Auch sie hatte — für den

Hausgebrauch – Karten gelegt. Da wurde beispielsweise Besuch angekündigt: ein Mann übern kurzen Weg (es war der Gasmann), eine Frau auf Umwegen (Tante Hilda kam aus Dresden zu Besuch) und ein aufregendes Ereignis (das Wasserrohr brach am Sonntagvormittag). Als Kinder hatte man über diese Gabe gestaunt, bis Beutels' wacher Gymnasiastenverstand herausfand, daß alle Weissagungen aus den Karten so allgemein gehalten waren, daß jedes Ereignis sich ordnen ließ. Von da an entzauberte er seine Mutter, legte auch einmal die Karten, sagte einen großen dunklen Mann mit traurigem Blick an... und eine Stunde später kam der Briefträger, groß, dunkel uniformiert, mit Hängeschnauzer, der seinem Gesicht unendliche Traurigkeit verlieh. Frau Beutels hatte es ihrem Ältesten nie verziehen... sie legte fortan nur noch Karten für sich selbst. Als sie weissagte, sie würde mit 51 Jahren sterben – nahm Beutels ihr die Karten weg und verbrannte sie im Stubenofen.

Nichts anderes erwartete er jetzt von der Zigeunerkönigenkelin aus Smegörönömögie. Aber er wurde enttäuscht. Emma-Luise Schibulas krummer Zeigefinger blieb auf einer Karte liegen.

»Was ist das?« fragte Beutels sofort.

»Ein großer Teich, ein Meer, ein weites Wasser...«, sagte die Schibula verklärt. Sie sprach, als sei sie in sich hineingekrochen.

»Das ist Karo-As!« sagte Beutels. »Was Sie da liegen haben, wäre für 'nen Skatspieler eine komplette Karo-Flöte. Bringt zwar wenig, aber immerhin 'ne Flöte!«

»Über den großen Teich kommt ein Mann. Ein Mann mit dunklen Absichten. Ein Mann, der töten will –«

»Moment!« Beutels wurde munter. Er beugte sich über die Karten. Die Finger der Schibula wanderten weiter. Leises Murmeln. Vier-fünf-sechs-sieben-eins-zwei-drei-vier-.

»Viele Menschen haben Angst. Viele Menschen sind in Gefahr –«

»Stop!« Beutels hielt die zählende und tippende Hand fest. »Erklären Sie mir das! Wieso sehen Sie, daß übern großen Teich ein böser Mann kommt?«

»Ich sage das nicht... die Karten sagen es!« Emma-Luise-Schibula sah mit umflortem Blick auf. »So war es vor drei Tagen, als ich die Karten ansah. Ich erschrak bis ins Herz. Eine große Katastrophe...«

»Wo?«

»Ich sehe es nicht.«

»Wieso kommen Sie gerade zu mir? Sie wohnen doch in Braunschweig.«

»Eine innere Stimme rief mir zu: Du mußt nach München fahren. Sofort. Zur Polizei.«

Beutels rauchte seine Zigarre nicht zu Ende. Mit einer Handbewegung fegte er die Karten zusammen, mischte sie und teilte sie neu aus. Er legte sie in genau die Reihen auf, wie es die Schibula getan hatte.

»Noch mal von vorn!« sagte er. »Ich habe etwas gegen innere Stimmen. Wie sieht's jetzt aus?«

Emma-Luise Schibula betrachtete die Karten, klopfte mit dem Zeigefinger die Reihen herunter und lehnte sich dann mit fahlem Gesicht zurück.

»Ein Mann mit dunklen Haaren wird Sie töten!« sagte sie stockend. »Jetzt können Sie mich ruhig einsperren – ich sage nur die Wahrheit!«

Beutels sperrte die Schibula nicht ein ... er ließ ihr im Gegenteil sogar das Geld für die Rückfahrt nach Braunschweig anweisen. Erst einen Tag später, als er die Weissagungen der drei miteinander verglich, wurde er stutzig. Ein paarmal kehrten die gleichen Worte wieder, Redewendungen, die unmöglich unter normalen Umständen in solch gleichlautender Form vorkommen konnten.

»Sofort die Personalien überprüfen!« befahl Beutels. »Kinder, da haben wir einen herrlichen Bockmist gemacht. Das hätten wir gleich tun müssen.«

Es zeigte sich, daß wieder einmal Beutels' Vernunft gewonnen hatte. Weder der Pendler aus Nürnberg noch der Astrologe aus Nieder-Olms noch die zigeunerstämmige Emma-Luise Schibula aus Braunschweig waren der örtlichen Polizei und den Meldebehörden bekannt.

»Unser ›Hirn‹ entwickelt Humor«, sagte Beutels. Er lachte dabei, aber in seinen Augen lag so viel Gift, daß keiner mitlachte. »Die Fahrkarte nach Braunschweig erstatte ich aus eigener Tasche zurück. Ich möchte wissen, was unser Unbekannter den wirklich vortrefflichen Schauspielern gezahlt hat! Und wir machen sie aktenkundig! Aber bei allem Witz ... er hat wieder einen großen Fehler begangen ...« Er blickte zu Ric Holden und nickte ihm zu. »Er hat uns einen bösen Mann übern großen Teich angekündigt. Ihre Gangsterbrut, Holden! Sie scheinen recht zu behalten: Das ist eine deutsch-amerikanische Firma, die uns da in den Himmel jubeln will!«

ETTSTRASSE

Er stand gegenüber dem Haupteingang des Polizeipräsidiums, zog ab und zu an einer Zigarette, blickte in eine Zeitung und ging auch ein paarmal hin und her ... bis zur Kaufingerstraße und zurück. Dabei schleppte er das linke Bein etwas nach, auch wenn er sich bemühte, das so unauffällig wie möglich zu machen. Meistens aber stand er herum, beobachtete die Leute, die im Präsidium ein und ausgingen, und betrachtete vor allem die Männer genau, mit denen sich Kriminalrat Beutels blicken ließ. Die beste Zeit dazu war mittags — dann ging Beutels in eines der bayerischen Lokale auf der Neuhauser Straße oder der Kaufingerstraße essen, und meistens war er nicht allein, sondern schleppte eine kleine Mannschaft mit sich fort. Das entsprach seiner Ansicht, daß er nie außer Dienst sei.

Nach vier Tagen geduldigen Herumstehens wußte der leicht hinkende Mann, wer Ric Holden und Stepan Mironowitsch Lepkin waren. Am fünften Tag war ihm die Liebe zwischen Holden und Helga Bergmann nicht mehr fremd, und noch einen Tag später stellte er mit Befriedigung fest, daß Lepkin eine Stammbar hatte und mit Vorliebe den Cognac ›Prince de Polignac‹ trank.

Es war an einem warmen Juliabend, den Holden zu einem Ausflug an den Ammersee nützen wollte, als es bei ihm im Zimmer des Sheraton-Hotels klingelte. Holden unterbrach das Krawattebinden und hob das Telefon ab.

»Ja?« sagte er.

»Ich bin der Ansicht«, sagte eine höfliche, kultivierte Stimme in bestem Oxfordenglisch, »daß der CIA andere, größere Aufgaben hat, als die hilflose deutsche Polizei zu unterstützen.«

Holden durchschlug es wie ein Blitz. Die Stimme auf dem Tonband, das ›Hirn‹, das sich mit Bossolo unterhalten hatte. Ein Irrtum war ausgeschlossen ... er hatte den Tonfall studiert, er war ihm im Ohr geblieben, und wenn diese Stimme jetzt auch englisch sprach, es blieb die fast gezierte Artikulation der einzelnen Worte, eine deutliche Freude an der Sprache.

»Wer sind Sie?« fragte Holden, nur um Zeit zu gewinnen. Er preßte den Gummisauger des Aufnahmegerätes an das Kunststoffgehäuse des Apparates und schaltete das Tonband ein. Es gab einen leisen, pfeifenden Laut. Der Mann am anderen Ende lachte leise.

»Jetzt läuft ein Band.«

»Erraten.«

»Das war nicht schwer. Aber was soll diese Spielerei? Was nützt Ihnen meine Stimme? Es gibt keine Vergleichsmöglichkeiten, weil Sie der Öffentlichkeit diese Bänder nie vorspielen dürfen. Das *top secret* ist mein bester Schutz. Ich lebe in der Angst vor einer Panik wie in einem Daunenkissen, warm und geschützt vor allen Stürmen.«

»Was wollen Sie?« Holden setzte sich auf die Tischkante. »Ich nehme nicht an, daß Sie eine Unterhaltung suchen.«

»Warum nicht? Sie heißen Richard Holden, und auf Sie setzt man die größten Hoffnungen, mich zu entdecken. Seit ich weiß, daß es Sie gibt, habe ich meine Pläne geändert.«

»Das haben wir erwartet.«

»Ich nehme an, Sie wollen sich in das Geschäft der Geldübergabe einschalten. Keine Polizei, habe ich verlangt ... nun, Sie sind keine Polizei im üblichen Sinne, und ich hätte mich nach dem 28. Juli sehr gewundert, welche andere Gruppe sich am Kassieren beteiligt und mich nervös machen will.«

Holden schwieg. Er gab innerlich zu, vor diesem Mann Hochachtung zu empfinden. Da man nicht Gedanken lesen kann, bewunderte er die logische Leistung dieses Gehirns, sich sofort in die Position des Gegners hineinzudenken. Beutels lag nicht schief mit seiner Ansicht, daß die Intelligenz dieses Gegners so groß war, daß sie schon Irrsinn war. Eine geistige Überzüchtung, die kein Maß mehr kannte.

»So still, Mr. Holden?« fragte die höfliche Stimme.

»Ich bezwinge mich, nicht Beifall zu klatschen!« sagte Holden. »Aber da wir uns jetzt schon so nett unterhalten, gestatten Sie mir eine Frage.«

»Selbstverständlich.«

»Warum wollen Sie mit zwei Plutoniumbomben ein noch nicht übersehbares und berechenbares Chaos schaffen? Was haben Ihnen die zwei Millionen Menschen getan, die Sie in den Tod schicken wollen? Auf das Geld kommt es Ihnen nicht an, ich weiß . . . es ist ein Nebenprodukt und das Honorar für Ihren Partner, der diese Wahnsinnseier anfertigte. Sie handeln aus Haß! Wen hassen Sie?«

»Um Ihnen das zu erklären, brauchte ich mehr als ein paar Minuten am Telefon.«

»Wir haben Zeit, Sir.«

»Wollen Sie Beichtvater spielen?«

»Wenn es Ihnen hilft?«

»Sie denken, ich sei krank?«

»Ja. Ein vernünftiger Mensch kann nicht zwei Atombomben zünden.«

»Was ist mit Hiroshima und Nagasaki?«

Holden starrte an die Wand. Das ist doch nicht möglich, dachte er plötzlich. So etwas gibt es nicht. Ein politischer Narr?! Mein Gott, das übertraf an Gefährlichkeit alles, was denkbar war.

»Damals war es eine Kriegsnotwendigkeit. Ein Entscheidungsschlag. Ein Ende mit Schrecken . . . aber endlich ein Ende! Ich glaube nicht, daß heute noch ein Staatsmann zu diesem Mittel greifen würde. Im übrigen wissen Sie, daß Ihre Plutoniumbomben die hundertfache Wirkung der Hiroshimabombe haben . . .«

»Das weiß ich. Ich bin aber seit 1945 nicht hundertmal, sondern tausendmal gestorben . . .«

»Soll das heißen —« Holden hielt den Atem an. »Sie . . . Sie sind Japaner?«

»Nein. Ich bin Deutscher. Wenn ich Ihnen sage: in Dortmund geboren, so können Sie das glauben, aber es stimmt nicht. Ich bin spurlos. Wollen Sie meine Geschichte hören? Sie ist lang, man könnte ein Buch daraus machen, und jede Seite wäre so furchtbar, daß niemand, der es liest, auf Jahre hinaus zum Schlafen kommen würde.

Ich will Ihnen eine Kurzfassung erzählen. Ich weiß nicht, ob Sie alles begreifen, denn es sind die Jahre, die zurückliegen, die zählen, und die muß ich Ihnen vorenthalten bei dieser Zeitraffung. Beginnen wir 1945. Ich lebte damals als junger ... na, verschweigen wir meinen Beruf ... ich lebte in Japan. In Hiroshima. Mir ging es gut, ich war ein fröhlicher Mensch, ich war verliebt, Suzuki hieß sie, ein mandeläugiges Mädchen, zierlich wie eine Porzellanpuppe, man konnte vor ihr sitzen und sie anstaunen und begriff nie, daß so etwas lebte, ein Mensch war, zu lieben verstand, mir allein gehörte. Wir wollten heiraten. Zu Weihnachten. Da warf am 6. August 1945 einer Ihrer Bomber die Atombombe ab. 240000 Menschen starben in einer explodierenden Sonne. Auch Suzuki — ich habe sie nie wiedergefunden. Ich selbst hatte ein Haus außerhalb der Stadt ... ich sah den Blitz, ich stand gelähmt vor dem Rauchpilz, und mich trafen mit der nächsten Wolke die radioaktiven Strahlen. Seitdem sterbe ich ... jeden Tag, jeden Monat, jedes Jahr ein Stückchen mehr. Sie glauben es nicht? Nach medizinischen Erfahrungen müßte ich längst tot sein! Aber ich habe in diesen Jahren eine eigene Behandlungsmethode entwickelt; ich kann den Tod nicht besiegen, ich kann ihm nur davonrennen, schneller, als er mir nachkommt, aber einmal holt er mich ein, das ist sicher.«

»Er holt uns alle ein, Sir«, sagte Holden nüchtern.

»Wissen Sie, was es bedeutet, 27 Jahre lang zu sterben? Neunzehnmal habe ich an mir Transplantationen vorgenommen.«

»Sie sind also Arzt?«

»Ich bin nichts. Ich bin ein Ding, ein Phantom, ein Monstrum, es gibt für das, was ich bin, keinen Namen. Der Mensch in mir ist am 6. August 1945 gestorben, zusammen mit Suzuki.«

»Das alles ist kein Grund, jetzt München in die Luft zu sprengen. Ausgerechnet München, das mit Hiroshima nichts, aber auch gar nichts zu tun hat. Ich könnte zur Not verstehen — wenn man überhaupt bereit ist, Ihren Gedanken zu folgen —, daß Sie Washington in die Luft jagen! Aber München?«

»Ihre Intelligenz ist begrenzt, Holden.« Der Mann, der Holden langsam unheimlich wurde, schien zu überlegen, wie er seine Rechtfertigung fortsetzen sollte. »Washington träfe die Amerikaner allein. Außerdem wäre es schwer gewesen, für ein solches Unternehmen den Partner zu finden. Ihr Amerikaner seid nämlich nationaler als wir Deutschen. Das sieht die Welt bloß nicht, und ihr wollt es überhaupt nicht wissen, weil ihr euch schämt, wie ein Küken unter den Federn der Mutter Amerika zu schlafen. Wo aber steht in jedem Amtszimmer die Fahne in der Ecke, schräg gelehnt, damit man ja die Farben sieht, wo hängen in jeder Behörde Washington, Lincoln oder der jeweilige Präsident an der Wand, wo legt man, wenn man von seinem Land spricht, sofort ostentativ und mit einem edlen Stolz die rechte Hand aufs Herz? Ein Rätsel für Dreijährige, nicht wahr, Holden? Wo gäbe es einen Amerikaner, der mit Plutonium sein eigenes Land vernichtet? Nicht einmal ein Verrückter wäre so verrückt!«

»Aber ein Deutscher ist verrückt genug, Deutschland zu vernichten! Wollen Sie das sagen?«

»Darin haben wir Übung. Unsere Geschichtsbücher sind voll davon. Bei mir ist es anders —«

»Ach, interessant.« Holden betete innerlich, daß dieses Gespräch noch recht lange dauern möge. Was er hier auf Band nahm, war in seiner einmaligen Wahnidee nicht mehr zu übertreffen. »Alle Zerstörer haben einen Rechtfertigungsgrund. Bei jedem ist es anders, aber die Wirkung ist die gleiche: Chaos!«

»München hat die tragische Rolle des unschuldigen Mitopfers übernommen. Ein Gremium und die Aktivität des Oberbürgermeisters Dr. Vogel haben da Schicksal gespielt. Mit der Wahl Münchens zur Olympiastadt wählte man auch ihren Untergang. Mir kommt es darauf an, nicht willkürlich zu vernichten, sondern mit einem Schlag alle Regierungshäupter, Minister, Militärs, kurz: die in allen Staaten gefährlichsten Männer — die Regierenden — zu treffen. Wo bekommt man sie sicherer zusammen als bei der Eröffnung der Olympischen Spiele? Vor acht Jahren in Tokio hatte ich nicht die Macht in der Hand, die ich heute besitze. Erstens war Tokio zu weit weg für mich — ich hätte dort monatelang wohnen müssen —, und zweitens will und kann ich Japan nicht mehr wiedersehen. Es ist mir unmöglich, über eine Erde zu gehen, die Suzuki aufgesaugt hat, über die vielleicht Suzukis Körper, zu Staub verglüht, vom Wind verteilt wurde. Überall, wo ich hintrete, könnte ich auf sie treten . . . wer hält das aus?! Nein, ich mußte auf einen näheren Ort warten als Sammelstelle der Großen! Welch ein Jubel in mir, als das IOC München wählte. Glauben Sie mir, ich habe vor Freude und Ergriffenheit geweint. München! Die Großen der Welt vor meiner Tür! Endlich konnte ein neues Hiroshima die treffen, die immer und immer wieder die anderen in die Hölle jagen und selbst vom Himmel sprechen! Am 26. August ist Götterdämmerung.«

»Und Sie selbst? Wo werden Sie sein, wenn die 12 Kilogramm Plutonium explodieren?«

»Im Stadion! Wo sonst? Halten Sie mich für einen Feigling? Ich werde die Zündimpulse geben, die Hände falten, an Suzuki denken und selbst ein Atom werden.«

Holden atmete ein paarmal tief durch. Er sah die Sinnlosigkeit dessen ein, mit diesem Mann über Sinn oder Unsinn seiner Tat zu verhandeln. Auch hier hatte Beutels recht behalten: Das ›Hirn‹ steht jenseits allen Fassungsvermögens.

»Warum erzählen Sie mir das alles?« fragte Holden ziemlich lahm.

»Um Ihnen zu zeigen, daß es besser ist, wenn Sie abreisen. Weder

der CIA noch der KGB hält mich auf. Ich werde auch mit Lepkin darüber sprechen.«

»Und wenn ich nein sage? Was dann?«

»Dann zwingen Sie mich, Ihr Gegner zu werden. Dann betrachte ich mich als von Ihnen persönlich angegriffen und werde zurückschlagen. Mit einer Waffe, gegen die Sie machtlos sind.«

»Die gibt es nicht!« sagte Holden. »Ich habe ebensowenig Angst wie Sie.«

»Sie werden Angst haben, Holden. Sie werden vor mir in die Knie gehen!«

»Lächerlich, Mann. Legen Sie den Hörer auf. Es ist langweilig.«

»Helga Bergmann . . .«

Durch Holden zuckte ein brennender Strahl. »Lassen Sie Helga in Ruhe!« brüllte er. »Wenn Sie Helga in Ihren Wahnsinn einbeziehen —«

»Sehen Sie, Sie werden klein. Ganz klein. Sie kriechen auf dem Bauch. Natürlich werde ich Helga einbeziehen! Geben Sie es zu, Holden — dies ist die einzige Waffe, die Sie tödlich trifft.«

»Sie Schwein!« brüllte Holden. »Sie irrer Hund! Ich schwöre Ihnen . . .«

Aber sein Partner hörte es nicht mehr. Er hatte aufgelegt. Holden hieb auf das Telefon, in einer sinnlosen Wut, die ihn durchströmte wie Feuer und für Minuten völlig außer Kontrolle brachte. Dann beruhigte er sich, stopfte das Tonband in seine Tasche und rannte aus dem Hotel.

Mit einem Taxi fuhr er zu Beutels. Zum erstenmal in seinem Leben empfand er Angst. Richtige, gemeine, bisher verachtete Angst. Angst, die auf den Darm drückte. Angst, die den Kehlkopf würgte. Angst! Angst! Angst!

ZIMMER 109

»Das ist nicht zu fassen!« sagte Beutels. Er hatte das Tonband abgehört. Nun drehte sich die Spule mit dem freien Bandende auf dem Abspielteller, und Beutels war so fasziniert von dem, was er gehört hatte, daß er erst nach einer ganzen Weile den Halteknopf drückte. Auch griff er nicht zu einer seiner Zigarren, sondern er ging zum Schreibtisch, schloß eine Tür auf, hinter der Laien Geheimdokumente vermuteten, und holte eine Flasche Cognac hervor. »Vorhin aufgenommen?«

»Vor einer halben Stunde.« Holden wischte sich den Schweiß von der Stirn. Jetzt, bei der Wiederholung, schlug ihn die volle Wucht dieser Unterhaltung mit dem ›Hirn‹ glatt zu Boden. »Das Band ist noch warm.«

»Es ist glühend heiß, und wird es bleiben!« Beutels goß ein, reichte ein Glas an Holden weiter und bot den seltenen Anblick, daß er einen Cognac, randvoll eingeschüttet, mit einem Kippzug leerte. »Das darf ich dem Präsidenten und dem Innenminister gar nicht vorspielen ... sie werden sofort erholungsbedürftig! Holden, dieser Knaller bleibt unter uns.«

»Darum bin ich sofort zu Ihnen gekommen, Sir.«

»Wir nehmen Helga Bergmann heute noch in Schutzhaft.«

»Das möchte ich nicht, Sir.«

»Eine Leibwache? Auch gut. Ich stelle einen guten Schützen ab.«

»Gar keine Polizei. Ich kann Helga allein beschützen.«

»Holden! Sie verkennen die Situation! Dieser Mann ist ein Intelligenzverbrecher! Er hat Sie zum Duell aufgefordert, und er wird kommen!«

»Darauf warte ich ja.«

»Aber er wird nicht wie Ihre Filmgangster kommen, mit Kugelspritze oder morphiumgetränkten Lappen, die man aufs Mündchen drückt. Er arbeitet mit anderen Methoden.«

»Die Methode ist mir gleichgültig! Er muß an Helga heran, das allein ist wichtig, und vor Helga stehe ich!«

»Und hinter Helga?«

Es sollte ein Witz sein, aber beide spürten körperlich die Gefahr, die sie jetzt umringte. Ein Mann, der Plutonium in die Fundamente des Olympiastadions eingießen läßt, um die wichtigsten Staatsmänner auszulöschen, wird vor dem wesentlich kleineren Problem, einen Menschen an sich zu bringen, nicht kapitulieren.

»Ich werde Helga zu mir nehmen. Sie wird keine Minute allein sein.«

»Sehr lobenswert. Das heißt, wo Sie gehen und stehen, ist Helga an Ihrer Seite?«

»Ja.«

»Überlegen Sie mal diesen Blödsinn, Holden! Mit einem Gewehr und einem Zielfernrohr kann man alle Probleme lösen. Sie schleppen eine lebende Zielscheibe mit sich herum.«

»Es geht dem Mann nicht um Helgas Tod, sondern um ihre Entführung. Er will mich zwingen — Sie haben es ja gehört —, nach Amerika zurückzufahren.«

»Er wird im Notfall auch töten.«

»Aber warum dann Helga? Es ist einfacher, mich zu erledigen.«

»Das entspricht nicht seiner Mentalität. Dieser Mann ist ein Bündel haßumschnürter Intelligenz. Sie sind ein Gegner, mit Ihnen wird er auf legale Art fertig — um bei seiner Denkweise zu bleiben. Helga aber ist eines der ›unschuldigen‹ Opfer ... so wie es seine Suzuki in Hiroshima war. Was Suzuki für ihn, kann Helga für Sie werden, Holden! *So* denkt unser ›Hirn‹!«

Holden stürzte den Cognac hinunter, goß sich wieder ein, trank, goß ein, trank wieder, bis Beutels ihm die Flasche aus den Fingern nahm.

»Ein besoffener CIA-Agent ist eine Jammergestalt, Holden. Nicht vom Menschen her — ich trinke auch gern einen, das weiß bloß keiner, und ich habe Verständnis für eine Alkoholmattscheibe —, aber auf Ihren Auftrag bezogen ist Trunkenheit fast schon Landesverrat. Oder meinen Sie nicht?«

»Ich weiß, Sir.« Holden lehnte sich an die Wand. Er suchte nach seinen Zigaretten, erinnerte sich, daß sie im Hotelzimmer neben dem Telefon liegengeblieben waren, und blickte Beutels bittend an. Beutels holte eine dünne Brasil aus der linken Brusttasche.

»Wenn das hilft. Sie ist leicht. Sie brauchen sich die Hosen nicht zuzubinden.«

»Danke, Sir.« Holden rauchte an. Die Zigarre war wirklich mild, ihr Rauch, den er tief inhalierte, brannte nicht im geringsten in der Kehle oder in der Luftröhre. Aber sie beruhigte ihn nicht. Das hätten auch zehn Zigaretten nicht getan. Die Angst um Helga war das einzige, was er noch fühlte.

»Wo ist Fräulein Bergmann jetzt?« fragte Beutels.

»In ihrem Fotoatelier.«

»Ich schicke sofort einen Beamten hin. Einen schönen Mann, der aussieht wie ein Modell. Das fällt nicht auf, wenn unser ›Hirn‹ dort Wache stehen sollte. Kriminalobermeister Dehwall, der ›schöne Siegfried‹, hat schon einen Berg Filmangebote bekommen. Ein einziges Mal hat er mitgemacht, bei einer Kriminalserie, wo er einen Zuhälter spielen mußte. Er spielte ihn aus Erfahrung so echt, daß seine Szenen wegen Jugendgefährdung herausgeschnitten wurden. Seitdem hat er einen Rochus auf alle Filmleute. Den schicken wir zu Helga, bis Sie das Mädchen an Ihre Heldenbrust drücken. Holden, ich würde sie verstecken, wenn Sie schon einer Schutzhaft durch uns nicht zustimmen. Ein Vorschlag: Stecken Sie sie in einen der Marskanäle . . . auf dem Mond ist sie nicht sicher genug, da kommt das ›Hirn‹ auch hin! Hier auf Erden sehe ich überhaupt kein Plätzchen, bis auf eine unserer Zellen.«

»Ich brauche Helga«, sagte Holden hart.

Beutels erstarrte. Plötzlich begriff er, was bisher außerhalb seines Denkens gelegen hatte, weil es einfach zu ungeheuerlich war. Er setzte sich schwer auf seinen Stuhl und legte die Hände flach auf den Schreibtisch.

»Holden! Das ist nicht wahr!« sagte er mit belegter Stimme. »Diese amerikanischen Methoden lasse ich nicht zu! Ich warne Sie! Schaffen Sie sich nicht zwei Gegner . . . einen aus der Dunkelheit und einen, der hell und wach vor Ihnen sitzt! Geben Sie es zu: Sie wollen Helga als Lockvogel benutzen.«

»Es ist die einzige Möglichkeit, dieses verfluchte Schwein aus seiner Deckung zu locken!«

»Und das nennen Sie Liebe?«

»Verdammt, ich habe Angst, ich gebe es zu!« schrie Holden. Er riß die Cognacflasche an sich und setzte sie einfach an den Mund. Nach ein paar Schlucken schien ihm wohler zu sein, er sprach ruhiger. »Aber soll ich mich darum verkriechen? Wird es besser, wenn man den Kopf in den Sand steckt? Man hört und sieht nichts mehr, aber von hinten wird man geschlachtet! Nein! Ich liege nicht auf dem Bauch wie ein Wurm, so wie er es will. Sie haben mich vorhin daran erinnert, daß ich CIA-Mann bin. Was halten Sie von einem CIA-Mann, der sich vor einer Drohung verkriecht?«

»Ich würde ihn vorsichtig nennen.«

»Aber an einen Feigling denken, nicht wahr?«

»Manchmal ist Heldentum absoluter Blödsinn, Holden.« Beutels nahm die fast leere Cognacflasche und schloß sie wieder im Schreibtisch ein. »Ich halte überhaupt das, was man landläufig Heldentum nennt, für eine Verirrung, denn dieses Heldentum hat in den Jahrhunderten mehr kaputtgemacht als aufgebaut. Wenn ich von einem höre: Er ist ein Held, bekomme ich immer den Schluckauf. Sehen Sie sich unser ›Hirn‹ an … er ist absolut kein Held, nein, er ist ein jämmerlicher Feigling, der mit seinen Tricks im Hintergrund bleibt und andere an die Front schickt. Eigentlich hätte er Politiker werden müssen. Was erreichen Sie gegen einen solchen Gegner mit Heldentum? Ein ehrenvolles Begräbnis in Washington. Wir kennen das hier zu gut, Holden. Früher hieß das bei uns: In stolzer Trauer. Seitdem habe ich etwas gegen Muskelrollen und stählernen Blick. Nein, ich würde Sie keineswegs verachten, wenn Sie Helga verstecken und selbst auch untertauchen würden.«

»Und die beiden A-Bomben?«

»Unser Problem, Holden. Dieses Tonband ist Silber, Gold und Diamanten wert. Wir wissen immer mehr: Der Mann muß Ende 50 sein. Er ist Arzt. Er lebte im Krieg in Japan. Er ist schwer krank. Er hinkt. Er hat eine Reihe von Transplantationen hinter sich. Er hat Kontakt zu amerikanischen Gangsterkreisen. Er wurde in Hiroshima strahlengeschädigt, also ist er auch dort oder in irgendeinem japanischen Krankenhaus behandelt worden. Das ist doch eine ganze Menge. Jetzt kann die Kleinarbeit beginnen, das Zusammensuchen der Mosaiksteinchen.«

»Und Sie glauben, daß Sie bis zum 26. August alle Informationen zusammenhaben?«

»Morgen früh fliegen zwei Beamte nach Tokio und weiter nach Hiroshima. Ich veranlasse das gleich. Ein Blitztelegramm geht gleich los nach Japan. Die Amtshilfe der Japaner ist immer hervorragend.«

»Angenommen, Sie haben Erfolg. Der Mann heißt Dr. . . . — na, nennen Sie mal einen gebräuchlichen deutschen Namen.«

»Schmitz, Meier, Lehmann, Schulze.«

»Dr. Schulze. Wieviel Schulzes gibt es in München?«

»Man müßte nachsehen. Auf jeden Fall nicht genug, um sie nicht alle innerhalb 24 Stunden zu überprüfen.«

»Unser Doc ist nicht darunter. Er hieß in Japan Schulze, hier in München heißt er Lehmann. Was dann?« Holden sog wieder nervös an seiner dünnen Brasil. »Nach dem Krieg wurden Namen gewechselt wie Zigaretten.«

»Vielleicht gibt es ein Bild von ihm.«

»In Hiroshima nicht. In Hiroshima gibt es aus dieser Zeit nichts mehr.«

»Das stimmt. Diese künstliche Sonne war gründlich.« Beutels blickte Holden nachdenklich an. Langsam begann er, sich in die Gedanken des Amerikaners einzulesen. Er tat es widerwillig — es war nicht seine Welt. »Wenn Helga Bergmann etwas passiert . . . wie wollen Sie das verantworten, Holden?«

»Es wird ihr kein Haar gekrümmt.«

»Sind Sie so sicher? Mann, Sie haben Angst wie wir alle!« Beutels hob den Telefonhörer ab. »Ich veranlasse jetzt die Japanreise und die Überwachung durch den ›schönen Siegfried‹. Ich rate Ihnen noch einmal, Holden: Ziehen Sie sich aus dem Geschäft zurück . . . oder liefern Sie Helga Bergmann bei uns ab. Was Sie mit *Ihrem* Leben anstellen, ist mir wurscht.«

Vom Präsidium fuhr Holden sofort zu Helgas Fotoatelier in Schwabing. Als er dort eintraf, saß Kriminalobermeister Dehwall schon im Warteraum, las in der ›Fotowelt von morgen‹, grinste Holden an und nickte ihm zu. Beutels hatte ihm ein Foto des Amerikaners mitgegeben.

»Schnelle Arbeit«, sagte Holden anerkennend. »Aber langweilig, was?«

»Das kann ich nicht sagen.« Der ›schöne Siegfried‹ lächelte wie ein Engelsköpfchen. »Ich habe bereits drei Einladungen von Schwulen gesammelt und zwei Mannequinanfragen: ›Sag mal, Hübscher, biste bi? Kannst meine Telefonnummer haben.‹ Nein, langweilig wird das nicht, eher anstrengend. Bis zum Abend stehe ich in einer Rundumverteidigung . . .«

Holden setzte sich zu Helga ins Atelier. Sie begrüßte ihn mit einem Kopfnicken und tauchte dann wieder hinter ihren Apparaten und Scheinwerfern unter. Vor einer roten Leinwand, die an Rollen von der Decke hing, posierten zwei überschlanke Mädchen in Badeanzügen. Ihr etwas dümmliches Lächeln erfror, wenn Helgas Kameras klickten. Dann veränderten sie die Position, das linke Bein vor, Kopf schräg, die Haare weich fallend, die Arme über dem Kopf.

Klick! Etwas zur Seite, Hüfte raus, die Brust stramm, Arme nach hinten, wie eine Sonnenanbeterin, lächeln, Mädchen, lächeln ... Klick.

Ein Dressman sprang in den Kreis, knappe Schwimmshorts, bunt gemustert, ein breiter Brustkorb, schmale Hüften, lange Beine, sonniges Lächeln, beste Jacketkronen, lockiges schwarzes Haar bis tief in den Nacken, ein markantes Kinn, sehr männlich, sehr wirksam ... aber der Blick, mit dem er Holden musterte und der an Rics Hose hängenblieb, war weniger männlich.

»Zwischen Laila und Margot, Bernie!« rief Helga und winkte mit beiden Händen. »Leg die Arme um sie, rechtes Bein vor, als wärst du gerade zwischen sie gelaufen. Kopf höher! Verdammt, grins nicht, du sollst lachen. Du hast zwei tolle Zähne aufgerissen!«

Die rote Leinwand veränderte sich. Jetzt erst sah Holden, daß die Farbe nur draufprojiziert war ..., das Rot verschwand, jetzt folgte eine Landschaft, Palmen und ein unwahrscheinlich blaues Meer, so greifbar nahe und plastisch bewegt, daß Holden meinte, das Meeresrauschen zu hören, füllten die Atelierwand aus. Vor diesem Hintergrund wirkten die Modelle, als seien sie der Brandung entsprungen und liefen über goldgelben Sand der Sonne entgegen.

Klick.

»Gut so! Legt euch hin. Bernie unten, die Mädchen oben drauf. Balgt euch! Bewegung, Kinder! Lebensfreude! Ihr braucht Bernie ja nicht gerade in die Hose zu greifen! So ist's gut!«

Klick.

Holden hielt geduldig aus. Drei Stunden Palmen, See, Sand ... dann Hochgebirge, saftige Almen, eine verträumte Hütte. Zum Schluß Ballsaal, große Toilette, so vornehme Eleganz, daß Holden Komplexe bekam wegen seiner Schäbigkeit. Zum Abschluß ein Walzer ... Bernie im Frack, Laila in einem Abendkleid griechischen Stils, die linke Schulter nackt, weiße, fließende Seide, mit einem goldenen Meanderfries verziert, Olympiastile.

Klick.

»Fertig«, sagte Helga Bergmann und knipste die Scheinwerfer aus. Sie kam zu Holden, beugte sich über ihn und küßte ihn auf die Stirn. »War's langweilig, Darling?«

»Keineswegs.« Holden grinste breit. »Ich hatte nur gehofft, daß du ein paar tolle Akte fotografierst.«

»Morgen! Aber nur Männer. Für das Magazin ›Mein Freund‹.«

»Danke. Das wäre langweilig. Hast du eine Zigarette?«

»Warte.«

Sie holte eine Schachtel, steckte zwei Zigaretten an und reichte eine davon Holden.

»Auch 'n Whisky?«

»Danke. Ich habe Beutels' Cognacflasche leergesoffen.«

»Ärger?« Sie setzte sich auf seinen Schoß. Ungeniert zogen Laila und Margot ihre Abendkleider aus, sprangen nackt im Atelier herum, kicherten, halfen sich gegenseitig in ihre Büstenhalter. Bernie, der männlichste Mann, den Holden bisher gesehen hatte, rannte in seinem Modellfrack hinaus. Es war klar, daß er jetzt den ›schönen Siegfried‹ bearbeitete, ihm den angebrochenen Abend zu widmen.

»Ja, Ärger«, sagte Holden. »Mach Schluß hier. Wir gehen essen.«

»Ich habe einen mörderischen Hunger, Ric.«

»Ich auch. Wohin gehen wir?«

»In ein bayrisches Lokal, und dort esse ich eine Riesenterrine Linsensuppe mit einer Superwurst. Manchmal habe ich richtig Sehnsucht nach so etwas. Ihr Amerikaner eßt ja nur Steaks und Hamburgers.«

»Und Linsensuppe mit einer Superwurst. Du wirst dich wundern, Helga. Gehen wir?«

»Nur noch die Geräte wegräumen. Zehn Minuten, Ric . . .«

Holden sah sich um. Das Atelier lag im dritten Stockwerk. Es war nicht anzunehmen, daß das ›Hirn‹ ein Fassadenkletterer war. Er ging hinaus in den Warteraum. Der ›schöne Siegfried‹ las ein Buch.

»Zum Gähnen, was?« sagte Holden.

»Aber nein, Bernie hat mich zu einer rosa Stunde eingeladen. Ihn stört es nicht, daß ich verheiratet bin und zwei Kinder habe. Ein kreuzfideler Verein, diese Schwulen.«

»Sie können nach Hause gehen und das dritte Kind zeugen«, sagte Holden. »Jetzt kümmere ich mich um Fräulein Bergmann.«

»Mein Auftrag läuft bis Mitternacht, Mr. Holden.«

»Das wird ein Problem. Wir gehen jetzt essen, dann trinken wir noch einen Cocktail und springen dann ins Bett. Wollen Sie überall dabei sein?«

»Was essen Sie?«

»Linsensuppe mit Würstchen.«

»Mein Leibgericht. Ich verfeinere sie immer noch mit einem Schuß Essig. Rate ich Ihnen auch. Und Cocktails trinke ich für mein Leben gern, vor allem auf Staatskosten.«

»Aber das mit dem Bett wird nicht klappen.«

»Leider. Immer, wenn's schön wird, müssen wir korrekt bleiben. Wenn Sie hinter der Wohnungstür sind, gebe ich Ihnen meinen Segen.«

»Ich danke dir, Heiliger Vater.«

Holden ging ins Atelier zurück. Helga war fertig mit Aufräumen, die Modelle hatten durch eine andere Tür den Raum verlassen. Jetzt, ohne Scheinwerfer, ohne Südseezauber auf der riesigen Leinwand, wirkte alles trostlos, kalt, bedrückend. Ein häßlicher Saal mit Stangen, Schienen, Geräten, dicken Kabeln auf dem Boden und an den

Wänden. Selbst die goldenen Ballsaalstühle strömten ohne Scheinwerferglanz Moder aus.

»Von heute an bin ich immer bei dir«, sagte Holden und legte den Arm um Helgas Schulter. »Von morgens bis morgens, ununterbrochen.«

»Du hast gekündigt, Ric? Du bist frei?«

»Im Gegenteil.« Er küßte sie schnell auf die sich weitenden Augen, »Sie wollen uns jagen wie Hermeline. Wir haben einen mörderisch wertvollen Pelz.«

HOLIDAY INN

An diesem Tag geschah nichts, was Holden und Helga Bergmann in Gefahr brachte. Dafür lernte Stepan Mironowitsch Lepkin eine andere Seite Deutschlands kennen, die eigentlich nicht in seinem Aufgabenbereich lag, obwohl er von seiner KGB-Tätigkeit so manches gewöhnt war.

Lepkin hatte im Speisesaal seines Hotels gegessen, war auf sein Zimmer gegangen, hatte Iwan Prokojewitsch Smelnowski telefonisch einen Bericht für Moskau durchgegeben, über den Abetjew bestimmt nicht erfreut sein würde, und überlegte nun, wie er die weitere Zeit totschlagen sollte.

Smelnowski hatte 26 Leute eingesetzt, die von Lokal zu Lokal zogen, sich mit italienischen Gastarbeitern anfreundeten und fröhliche Abende mit Gesang, Wein und Weibern verlebten. Wenn dann so ganz nebenbei die Rede auf Bossolo kam, war es immer das gleiche: Keiner hatte ihn je wiedergesehen. Er war einfach verschwunden.

Lepkin liebte keine halben Sachen. Er schickte auch zwei Männer nach Kalabrien, in Bossolos Heimatdorf, voll Hoffnung, daß der gute Sohn zu seiner Familie zurückgekehrt sei, die Taschen voller Geld, und nun der reichste Mann in der Umgebung war.

Aber auch in Alvarengo vermißte man Pietrino, wie er noch jetzt von seiner Familie zärtlich genannt wurde. Man pflegte diese Zärtlichkeit wie eine Weihkerze, denn Pietrino war der Grundstock des Wohlstandes, seine vierteljährlichen Geldsendungen waren das Fundamit der Sippe. Der alte Bossolo konnte sich Tabak und eine Pfeife leisten und jeden Sonntag zwei Liter Nostrano, drei heiratsreife Töchter wurden mit einer Aussteuer bedacht, weil der von Gott und Cortone gesegnete Pietro einen so starken Familiensinn entwickelte. Nein, in Alvarengo war Pietro nicht aufgetaucht. Im Gegenteil, die Familie war seit zwei Wochen kopfscheu geworden, der alte Bossolo fluchte, und Mamma Erminia betete neben einer dicken gestifteten Kerze am Marienaltar: Das Geld für den Monat Juni war ausgeblieben. Man schrieb jetzt den 10. Juli, der Briefträger winkte schon von weitem ab, wenn er die ganze Familie Bossolo an der Haustür stehen und warten sah, und auch eine Nachfrage bei der Post, ob die Anweisung vielleicht verlorengegangen oder geklaut worden sei, brachte keine Klarheit in das Rätsel.

»Irgendein Strolch von der Bank hat die Lire eingesackt!« schrie der alte Bossolo. »Ich fahre nach Cosenza! Was hört man nicht alles von diesen Bankleuten! Überall Unmoral! Man sollte zum Ausgleich eine Kasse überfallen, was haltet ihr davon?«

Mamma Erminia schwor auf die Mutter Gottes, verbrachte jeden Tag eine Stunde in der Kirche und war sich sicher, daß solche Fürbitte einmal Frucht tragen müßte.

Hier sprach sie auch mit einem der Männer Lepkins, der sich als Zaumzeugvertreter für Maulesel vorstellte und sich nach der Geschäftslage im Dorf erkundigte. Erminia schätzte seine Verkaufsaussichten als sehr mies ein, aber Lepkins Auge und Ohr konnte melden, daß von Pietro Bossolo in Alvarengo nicht ein Stäubchen vorhanden sei. Auch der zweite Mann, der die Grundstücksmakler in Cosenza abklapperte, weil Lepkin annahm, daß Bossolo sein Geld in Landkäufen anlegen würde, wie es ein braver Italiener tut, meldete Mißerfolg auf breiter Ebene.

Smelnowskis fröhliche Männer — Lepkin nannte sie »Unsere Hurenarmee« — lungerten auch bei der »Dicken Emma« herum, aber ihnen fehlte der Geruchssinn der Jagdhunde: Sie rochen Bossolo nicht, der zwei Etagen höher auf den zweiten Anruf von Dr. Hassler wartete und auf die restlichen 5000 Dollar.

»Ick weeß zwar nicht, welche Schweinerei da jerührt wird«, hatte Emma Pischke gesagt, als sie ihren Anteil von 1000 Dollar kassierte, »aba ick rate dir, bleib so lange hier, bis de Olympischen Spiele nur noch Historie sind. Det Jeld schließ ick ein in'n Tresor, da verfault et nich', wird nich' weniger, und wennste nach deinem Kalabrien wegziehst, bist 'n jemachter Mann. Ick jönn et dir, Pietro. Komm, sing mir noch 'n Lied aus Bella Italia.«

Man kann nicht sagen, daß Bossolo schlecht lebte, nur etwas einsam war ihm zumute. Er kam sich wie in einer Zelle vor, nur das Essen war besser. Spazierengehen durfte er nur im Hof, aber während bei den Rundläufen im Gefängnis wenigstens heller Tag war und die Sonne schien, schnappte Bossolo hier nur Nachtluft, und statt des Aufsehers stand Emma Pischke an der Mauer und hielt einen Revolver, Kaliber 9 mm, eine unwahrscheinliche Kanone, in der Hand.

»Wer über de Mauer guckt, dem knall ick eene!« sagte sie drohend. »Mit de Jeheimdienste is nich' zu spaßen. Die Brüder sind mit Pech und Schwefel jetauft.«

Stepan Mironowitsch Lepkin blies nach zwei Wochen die Aktion ›Hurenarmee‹ ab. Aus Moskau hatte Abetjew verlauten lassen, daß der KGB auf gar keinen Fall die Münchner Bordelle zu finanzieren gedenke.

»Ein Mensch ohne Weitblick, ich sag' es immer«, klagte Lepkin. »Es ist ein Wunder, daß der Apparat noch so gut läuft bei dem wenigen Öl, das im Getriebe ist.«

Als Lepkin an diesem Abend, elegant wie immer, mit einer roten Nelke im Knopfloch, das Holiday Inn verließ, um mit einem Taxi zum anderen Ende der Leopoldstraße zu fahren — des »Boulevard Fick-fick«, wie Kenner sie nannten, denn nach Einbruch der Dunkelheit begannen hier die herrlichsten Blüten zu duften, langmähnig, langbeinig, mit geöffneten Kelchen — fiel ihm seine Militärzeit und die Ausbildung zum KGB-Offizier in Winniza wieder ein, denn plötzlich knallte es kaum hörbar, und eine Kugel pfiff dicht an seiner Schläfe vorbei. Lepkin machte einen Hechtsprung hinter den Kühler des Taxi, der Chauffeur, der nichts gehört hatte, riß die Augen auf, blieb steif und abwartend sitzen und beobachtete interessiert, was dieser Besoffene noch alles anstellen würde. Es knallte noch einmal, ein Querschläger heulte über den Asphalt, und Lepkin, unbewaffnet — wer geht schon mit einer Nagan in ein Weiberbett? —, kroch noch mehr in sich zusammen. Er lag auf dem Gehsteig, ein paar Spaziergänger, die gerade um die Ecke bogen, starrten erst ihn und dann den Taxifahrer an, sagten: »Is dös a neue Form von ›Trimm dich‹? und gingen lachend weiter.

Lepkin wartete noch ein paar Sekunden, dann richtete er sich vorsichtig auf. Es fiel kein dritter Schuß, und bei einem schnellen Rundblick konnte Lepkin nicht erkennen, von wo er beschossen worden war.

Der Taxifahrer beugte sich aus dem Fenster.

»Ist's vorbei?«

»Ja —«, sagte Lepkin ratlos. »Es scheint so.«

»Habens dös öfter? I kenn an Spezialarzt, der macht dös mit Elektroschock weg. Wollens do hin?«

»Haben Sie die Schüsse nicht gehört?«

»Na.« Der Taxifahrer lächelte breit. »Schiaßen, dös kenn i. I woar Feldwebel bei die Panzergrenadiere. Hier hat koana g'schossen.«

»Zweimal.« Lepkin ging zur Hauswand. Er suchte eine Weile gebückt, hob etwas auf und ging zu dem Wagen zurück. Auf seiner Handfläche lag ein Projektil mit plattgedrückter Spitze. »Und was ist das?«

»Jo mei!« Der Taxifahrer nahm das Geschoß, rieb mit dem Daumen über die Spitze und gab es Lepkin zurück. »Pistole oder Revolver.« Unwillkürlich zog er den Kopf ein und sah sich um. Die Straße war leer bis auf ein paar parkende Autos. War aus ihnen geschossen worden? Lag der Schütze jetzt flach auf einem der Polstersitze? »Einsteigen!« Der Fahrer riß die Tür auf. »Kommens schnell. I fahr Sie zum Präsidium . . .«

»Danke.« Lepkin winkte ab, nahm das Projektil an sich und steckte es ein. Dann gab er dem Taxichauffeur einen Zehnmarkschein. »Für den Verdienstausfall. Ich gehe ins Hotel zurück.«

Mit einem Schnellstart raste das Taxi davon. Lepkin, jetzt ungeschützt, rannte mit langen Schritten zum Holiday Inn zurück. Als er den breiten Eingang erreicht hatte und durch die Glastür ging, atmete er erleichtert auf.

Nie mehr ohne Nagan, dachte er. Auch wenn das Biest schwer ist und klobig wie ein Baumstumpf . . . man kann sich auf sie verlassen. Sie schießt immer, sie versagt nie . . . man kann sie in Schlamm werfen, im Sand vergraben, einschneien lassen . . . wenn man sie in die Hand nimmt und zieht am Abzug, verrät sie einen nicht. Sie ist immer da.

Er hatte gerade sein Zimmer betreten, als das Telefon anschlug. Lepkin verfluchte sein Zurückkommen — sicherlich war das Abetjew, der wieder düstere Arien sang. Um diese Zeit hatte er dazu die beste Laune und Stimme.

Er nahm den Hörer, seufzte tief, damit Abetjew hörte, wie schwer das Leben in Deutschland war, und meldete sich.

»Lepkin.«

Eine fremde Stimme antwortete ihm. Auf Russisch, aber Lepkin hörte sofort, daß es kein Russe war. Es fehlte das angeborene Kehlige. So sprach ein Mitteleuropäer, der seinen Russischkurs mit Erfolg bendet hatte.

»Ich wollte nur einem Mißverständnis vorbeugen«, sagte die Stimme. »Ich habe absichtlich vorbeigeschossen! Es wäre einfach gewesen, Sie voll zu treffen — ich wollte es nicht. Warnen ist besser als vernichten. Durch die Nichtbeachtung dieser einfachen Formel sind schon Staaten zerbrochen. Begehen Sie nicht den gleichen Fehler, Stepan Mironowitsch. Lassen Sie sich nicht vernichten. Sie haben gesehen, wie einfach das ist. Fliegen Sie nach Moskau zurück.«

»Wer sind Sie, Towarischtsch?« fragte Lepkin. Er ahnte es, aber wie sein amerikanischer Kollege Holden wollte er das Gespräch möglichst lange ausdehnen. Nur hatte er kein Tonband zur Hand. Die technische Zentrale war bei Smelnowski. Im Holiday Inn wohnte der Privatmann Lepkin.

»In gewisser Weise ähneln Sie Ric Holden«, sagte die Stimme. »Sie wissen doch, wer ich bin!«

Es war nicht Lepkins **Art**, sich von nutzlosen Gefühlen beeinflussen zu lassen, aber in diesem Augenblick durchzog ihn eine armselige Angst. Nicht um sich selbst — sein Leben war in Fatalismus bester asiatischer Prägung eingebettet —, sondern bei dem Gedanken an Holden.

»Haben Sie meinen Freund Ric erschossen?« fragte Lepkin leise.

»Nein. Auf ihn schieße ich nicht. Mit ihm habe ich anders verhandelt. Und er versteht mich.«

»Das heißt bei richtiger Auslegung der Dialektik, daß Sie nur auf Russen schießen? Beim nächsten Mal treffen Sie mich?«

»Richtig. Ihrem Freund Holden habe ich von Japan berichtet, von Hiroshima, von Suzuki. Lassen Sie sich das mal erzählen. Das war 1945. Was vorher war, weiß er nicht . . . es ist nicht seine Welt. Aber Ihre, Lepkin! Von 1943 bis 1944 war ich in sowjetischer Gefangenschaft. In Sibirien. Im Lager III/1285, nördlich von Magadan. Dante hat in seinem grandiosen Epos die Hölle beschrieben, wie sie eine erregte menschliche Phantasie sich vorstellte. ›Wer hier eintritt, laß' alle Hoffnung fahren‹, soll über dem Eingang der Hölle gestanden haben. Ich bin durch dieses Tor gegangen . . . es stand in der eisklirrenden Taiga und hieß Nowo Tschemskij. Nach sechs Monaten bin ich geflüchtet, quer durch die Wälder, über vereiste Ströme, durch frosterstarrte Sümpfe, über schneeumheulte Bergpfade. Sieben Monate lang war ich auf der Flucht ins Leben, bis ich die Mongolei erreichte. Von dort konnte ich hinüber nach Japan. Ich war dem Krieg entronnen, der Uniform, dem deutschen Wahnsinn, der sowjetischen Menschenverachtung, der Hölle von Sibirien . . . ich konnte endlich leben. Da zerstörte die Bombe von Hiroshima auch diese heile Welt. Ich frage Sie, Stepan Mironowitsch: Hat diese Welt nicht verdient, daß man sie vernichtet?«

»Nein.« Lepkin überdachte seine Situation. Sie war verteufelt kritisch. »Sie töten Unschuldige.«

»Auch ich war unschuldig – und Suzuki auch. Und unschuldig waren die über zweitausend Kameraden, die ich im Lager IIII/1285 mit dem schönen Namen Nowo Tschemskij verrecken sah . . . zu meinen Füßen, an Entkräftung, Dystrophie, Ruhr, Typhus oder unter den riesigen Baumstämmen, die wir fällen und zum Sägewerk schleifen mußten. Zu Eisen gefrorene Stämme, an denen die Äxte abprallten, als hiebe man gegen Stahlplatten. Aber da war die Norm, die erfüllt werden mußte, diese verfluchte Norm, und wer sie nicht erreichte, dem wurde die Essensration gekürzt. Keiner erreichte die Norm . . . und da saßen wir auf den Holzpritschen, mit einer Schüssel voll Kipjatok und einer Scheibe glitschigem Brot. Sie kennen Kipjatok, Stepan Mironowitsch? Es ist heißes Wasser, weiter nichts! Damals war ich Sprecher meiner Baracke, aber niemand hörte mich an. Wo ich erschien, beim Lagerkapo, in der Schreibstube, in der Kommandantur, überall trat man mich in den Hintern und ohrfeigte man mich hinaus. Einmal verprügelten sie mich so, daß ich zehn Tage herumlag und keinen mehr erkannte. Seitdem, Genosse Lepkin, rede ich mit keinem Russen mehr, weil er mich doch nicht anhört. Können Sie das verstehen?«

»Nein!« sagte Lepkin laut.

»Natürlich. Ihr Russen versteht erst, wenn es um eure Haut geht. Darum habe ich auch gehandelt, Genosse Lepkin.«

»Damals war Krieg. Krieg ist etwas Schreckliches. Ich verabscheue ihn. Der Krieg macht die Menschen verrückt, wie Wodka, der immer, ohne Unterbrechung, in einen hineinfließt. Der Krieg tauscht das Blut aus gegen den Rausch der Vernichtung. Nicht nur bei uns, Towarischtsch, auch bei Ihnen, bei allen Völkern. Krieg ist das wirksamste Massen-Heroin ... er zerstört die Hirne! Übrigens waren Sie nicht allein in Sibirien.«

»Aber ich vergesse es nicht.«

»Deswegen wird unsere Welt immer verkrüppelt bleiben ... weil keiner vergessen kann, weil der Revanchismus wuchert wie Pilze. Sie sind ein Narr, Towarischtsch!«

»Das weiß ich. Ein heiliger Narr! Das müßte Sie freuen, Lepkin: In Rußland wurden die heiligen Narren geehrt. Man sagte früher: Aus ihnen spricht Gottes Stimme. Leugnen Sie es nicht, Stepan Mironowitsch.«

»Das ist ein alter, von uns bekämpfter Aberglaube.«

»Aber er lebt noch, Lepkin. Hören Sie in mir einen Ihrer von Gott gesandten heiligen Narren, der Ihnen prophezeit: Fliegen Sie nach Moskau zurück, oder Sie kehren nach Moskau heim in einer schmalen, engen Kiste.«

Lepkin seufzte tief. Er war weit davon entfernt, das lächerlich zu finden, aber er überbewertete es auch nicht. Holden lebte, das war die wichtigste Mitteilung. Um sein eigenes Leben hatte er keine Angst.

Er hatte kaum aufgelegt, als das Telefon wieder anschlug. Sofort hob Lepkin ab.

Es war Beutels.

»Man hat auf Sie geschossen?« rief er. »Hier ist ein Taxifahrer, der eine Anzeige gemacht hat.«

»Ja. Unser ›Hirn‹.«

»Ihr Apparat war lange besetzt. Er hat mit Ihnen gesprochen?«

»Ja. Ein interessanter Mann. Ist aus dem Lager Nowo Tschemskij ausgebrochen. Nördlich von Magadan. 1944. Über die Mongolei kam er nach Japan.«

»Er hat Ihnen von Hiroshima erzählt?«

»Nein. Da soll ich Holden fragen. Aber ich kann mir's denken. Wir haben uns weltanschaulich gestritten. Ein typischer deutscher Revanchist. Das vereiste sibirische Brett noch vor dem Kopf.«

»Und was wollen Sie jetzt tun, Lepkin?«

»Nichts. Bossolo suchen, das wissen Sie.«

»Er schießt wieder auf Sie! So wahr wie ich Beutels heiße.«

»Und ich schieße zurück, so wahr ich Lepkin heiße. Auch das weiß er. Jetzt, wo ich ihn gesprochen habe, sehe ich dem 26. August viel ruhiger entgegen. Er hat weniger Format, als wir annehmen. Er ist bereits zerfressen von seinem Selbstmitleid.«

»Lepkin, vereinfachen Sie die Situation nicht ein bißchen?«

»Möglich. Es entspricht den Tatsachen. Unser ›Hirn‹ ist paralytisch.«

»Fragen Sie in Moskau nach. Wir haben doch jetzt wieder einen wichtigen Anhaltspunkt.«

»Was denn?«

»Seine Flucht aus diesem Nowo . . . Wie heißt das Nest?«

»Nowo Tschemskij.«

». . . Tschemskij. Er muß in der Lagerliste doch mit seinem Namen als Geflüchteter verzeichnet sein. Dann kennen wir ihn endlich.«

Lepkin lachte. Es klang nicht böse oder gar spöttisch – es war nur einfach fröhlich.

»Lieber Towarischtsch Beutels, wie preußisch Sie denken! Lagerlisten mit Geflüchteten. Soll sich der Kommandant selbst ins Lager bringen? Nachdem man den Entlaufenen nicht mehr fand, hat man ihn abgebucht als tot. Das einfache Verfahren. Und nach dem Krieg sind auch diese Listen – wenn sie überhaupt korrekt geführt wurden – verbrannt worden. Wozu sie aufheben? Tote melden sich nicht wieder, und Zahlen sind immer Anlaß zu Mißdeutungen und Fragen. In Rußland geschehen noch Wunder . . . aber Sie verlangen Schöpfungen!«

»Passen Sie auf sich auf«, sagte Beutels und hängte ein.

Mehr war nicht mehr zu sagen.

TUTZING

Am 16. Juli nahm Evelyn Drike, platinblonde und vollbusige Gattin des New Yorker Bierbrauers John Drike, im Starnberger See ein Bad. An ihrer Seite hechtete ein Herr Peter Hubbertz vom Steg ins Wasser, ein gut gebauter, kräftiger junger Mann mit braunen Haaren und Hundeblick, der seit vier Tagen Evelyn in ihren Tag- und Nachtwünschen betreute. Er kostete eine Million Dollar, aber das wußte nur Charles Pinipopoulos, der Peter Hubbertz fotografierte, wie er Evelyn Drike küßte und dabei ihre Brust streichelte. Bisher hatte Evelyn Drike auf ihrem Europatrip schon neun Millionen von ihrem Erbe verlebt, was Pinipopoulos zu einem Telegramm an den Ehemann anregte. Er bat um eine kräftige Anhebung der Spesen und des Honorars, da seine Aufgabe sehr gefahrvoll, aber auch äußerst erfolgreich sei. Er kündigte Mr. Drike große Ersparnisse an. John Drike reagierte schnell, wie es einem cleveren amerikanischen Geschäftsmann zukommt, und Pinipopoulos sah sich in das Geschäft seines Lebens gestellt.

Er sprang mit elegantem Schwung hinter Peter Hubbertz in den See und schwamm etwas entfernt von dem Liebespaar herum, beneidete den Jungen, der unter Wasser Griffe klopfte, was Evelyn mit hellem Quietschen belohnte, und kraulte sogar so nahe an sie heran, daß er deutlich hörte, wie Evelyn Drike rief: »O Darling, Darling, du bist der wildeste Boy von Germany!«

Pinipopoulos rümpfte die Nase und schwamm zum Ufer zurück. Er war kein Freund billiger Operetten. Aber als er an Land kletterte, verlor er alle Sauertöpfigkeit, ließ sich sofort ins Ufergras gleiten und tat so, als werfe er sich der Julisonne zum Garkochen hin.

Hinter ihm, keine zehn Meter entfernt, lagen Ted Dulcan und Bertie Housman in Liegestühlen und genossen träge den heißen Tag. Eine Kühltasche stand neben ihnen, ein Klapptischchen mit Gläsern voll Fruchtsaft, zwei aufgeschlagene, mit den Seiten nach unten gelegte Taschenbücher, eine angerissene Packung Kekse ... ein gutes, bürgerliches, braves Picknick.

Pinipopoulos verzichtete darauf, Peter Hubbertz bei weiteren Abtastungen von Evelyn Drike zu beobachten. Dieser Fall war nun nur noch Routine, der Tatbestand des Ein-Million-Dollar-Ficks war erfüllt. Dulcan aber und seine lebende Kanone Housman bewiesen durch ihre Anwesenheit in Deutschland und dann noch in der näheren Umgebung von München, daß für sie die Olympischen Spiele nicht ein reines Sportereignis sein sollten. Selbst wenn man Dulcan unterstellte, daß er sich für den Sport zerreißen ließe und München aus Begeisterung an Wettkampfleistungen heimsuchte, mahnte allein die Gegenwart von Bertie Housman zu Nachdenklichkeit und Vorsicht. Um zu sehen, wer die Goldmedaille im Hundertmeterlauf gewinnt, nimmt man keinen Killer mit. Auch beim ›Preis der Nationen‹ ist das nicht üblich. Und beim Zehnkampf auch nicht.

Pinipopoulos betrachtete Dulcan genau. Er schlief, den Strohhut halb im Gesicht, die Hände über dem Bauch gefaltet. Housman döste vor sich hin, hob ab und zu den Kopf und blickte einem gutgewachsenen Mädchen nach. Die anderen Badegäste in der Nähe Dulcans interessierten Pinipopoulos nicht, er kannte Cortone und Lucretia nicht.

Nachdem er Dulcan zehn Minuten angestiert hatte, rollte er sich weg, bummelte zu den Umkleidekabinen, zog sich an und stieg in seinen Mietwagen.

Pinipopoulos war sich nicht klar, ob er das Richtige tat, aber er fühlte so viel Solidarität mit seinen deutschen Kollegen, daß er sich auf der Polizeistation von Tutzing nach der Adresse der Münchner Kriminalpolizei erkundigte und nach zwei Stunden — er kam in den Nachmittagsverkehr, der trotz U-Bahn München zu einem Ameisenhaufen machte — in die Ettstraße einbog. Bei der Wache neben dem Eingang stellte er sich vor, erregte ob seines Namens ein stummes

Grinsen (das war er gewöhnt) und verlangte die Mordkommission. Das war für ihn das Selbstverständliche, denn wo Bertie Housman war, hatte keine andere Abteilung eine Chance.

Der diensttuende Leiter der Mordkommission, Hauptkommissar Segebeil, begrüßte Pinipopoulos kollegial, las flüchtig die amerikanische Detektivlizenz, bot einen Stuhl und Zigaretten an und fragte routinemäßig:

»Wie können wir Ihnen helfen?«

»In München befindet sich ein amerikanischer Gangsterboß mit seiner schnellen Hand«, sagte Pinipopoulos. »Er liegt am Starnberger See, aber ich vermute, daß er dort nicht liegenbleiben wird. Wenn Ted Dulcan nach München kommt, hat er seine eigenen Olympischen Spiele vor . . .«

Segebeil wurde äußerst munter, rief: »Mann, das ist ja ein Knüller!«, faßte Pinipopoulos um die Schulter und schob ihn aus dem kleinen, nüchternen Zimmer.

So kam Pinipopoulos zu Beutels. Segebeil rief schon an der Tür: »Er hat die amerikanischen Hintermänner gesehen!« und erntete dafür von Beutels einen düsteren Blick. Der Griff nach rechts zur Brissago ließ Segebeils Euphorie zusammenfallen.

Beutels drückte Pinipopoulos die Hand, las ebenfalls die Detektivlizenz und sprach Pini auf Griechisch an. Nicht nur Pinipopoulos bekam rote Backen, auch Segebeil staunte ergriffen. Es stimmte also, was man sich im Präsidium erzählte: Der alte Beutels beherrscht mehr Sprachen, als andere Hemden im Schrank haben.

Da Segebeil hier nicht mehr mithalten konnte, verabschiedete er sich und rannte von Zimmer zu Zimmer, um die Neuigkeit zu berichten: Beutels spricht griechisch. »Ich wette, er kann auch Zulu!« sagte er. »Und ich wundere mich nicht, wenn er eines Tages einen Lama auf Tibetisch begrüßt!«

»Eine Zigarre?« fragte Beutels. Er bot seine hellen Sumatra an. Pinipopoulos bedankte sich und rauchte an. Bei der deutschen Polizei sprechen sie sogar griechisch. Das war eine Entdeckung, über die er in New York einen Artikel schreiben würde. »Wen haben Sie gesehen?«

Pini betrachtete die Aschenspitze seiner Zigarre. »Ted Dulcan und seine Kanone Bertie Housman.«

»Kenne ich nicht.«

»Aber ich. Und jeder in New York kennt sie. Dulcan besitzt die Milchladenkette ›Latteria Italia‹.«

»Ist Milchverkaufen mit Mord verbunden?« Beutels lächelte breit. »Ich werde morgen früh meinen Milchmann verhören!«

»Die Milchläden sind nur eine Tarnung. Mit ihnen verdient Ted eine Menge Geld, aber was er hinter dieser Fassade betreibt, ist

Waffenschiebung größten Stils. Und daran klebt mehr als ein Blutstropfen.«

»Das alles weiß man in New York?«

»Ja.«

»Und der Kerl läuft frei herum?«

»Beweise, Sir. Sammeln Sie mal Beweise gegen Dulcan! Um etwas zu beweisen, müssen Sie Zeugen haben, und jeder Zeuge gegen Dulcan ist automatisch Kunde in einem Sarggeschäft. Wer will da aussagen?«

»Das habe ich schon mal gehört. Zustände habt ihr in den USA! Und dieser holde Knabe liegt am Starnberger See am Ufer und sonnt sich?«

»So ist es.«

»Sehen Sie, Pinipopoulos — das ist nun unsere demokratische Schwäche. Wir können es ihm nicht verbieten, sich am Starnberger See zu sonnen. Er ist Gast unseres Landes, und solange er sich nur sonnt, seinen Leib wässert, später auf der Tribüne im Stadion sitzt und ›Hipp hipp hurra!‹ brüllt, ist er für uns ein lieber Mensch.«

»Aber er wird hier tätig werden, Sir. Housman ist bei ihm. Die Kanone.«

»Vielleicht ein olympischer Betriebsausflug?« Beutels war sich selbst unsicher. Von einem Ted Dulcan war bisher nie die Rede gewesen. »Kennen Sie einen Maurizio Cortone, Pinipopoulos?«

»Er besitzt eine berühmte Sportschule. Die größte und beste von New York.«

»Genau. Liegt der auch am Starnberger See?«

»Ich kenne Cortone nicht, nur seinen Namen. Aber Dulcan kenne ich. Er hätte alle Voraussetzungen, um die Polizei munter zu machen.«

»Wir können uns den Milchmann von New York ja mal ansehen.« Beutels blickte auf die Uhr. Um diese Zeit dürfte Holden bei Helga Bergmann sein. Seit dem Verschwinden ihres Bruders wohnte sie in dessen Dachwohnung bei dem Obstgroßhändler Aloys Prutzler in Harlaching, immer in der Hoffnung, jemand bringe einen Hinweis auf Hans Bergmann. »Warten Sie mal. Ich rufe einen Experten an.« Beutels drehte die Nummer, wartete, dann meldete sich Holden. Beutels grinste verständig.

»Mit oder ohne Hose?« fragte er.

»Mit Hose, Sir. Ich koche gerade Kaffee, und Helga bäckt einen Topfkuchen. Sie überschätzen meine Potenz. Was gibt's?«

»Hier ist ein Privatkollege von Ihnen, Holden . . .«

Pinipopoulos zuckte vom Stuhl hoch. »Ric Holden?« rief er dazwischen. »Zum Teufel, das ist gut!«

Beutels nickte. »Er scheint Sie zu kennen, Holden. Tanzt bei Ihrem Namen herum wie ein Kaffernmediziner. Charles Pinipopoulos heißt er.«

»Unbekannt«, sagte Holden. »Was will er.«

»Er kommt hier mit einem Ding, das nach seiner Ansicht die Polizei zum Arschflattern anregt. Am Starnberger See soll ein Liebchen aus New York in der Sonne liegen und den sanften Genießer spielen: Ein Ted Dulcan . . .«

»Wer?« schrie Holden. Beutels hörte es klirren.

»Was ist los, Holden?«

»Helga ist eine Tasse aus der Hand gefallen, weil ich so gebrüllt habe. Sir, wissen Sie, wer dieser Dulcan ist?!«

»Der größte Milchmann von New York, sagt Pinipopoulos.«

»Der beste Freund von Maurizio Cortone!«

»Prost!« Beutels ließ sich auf seinen Stuhl fallen. Er hatte wirklich plötzlich keine Kraft mehr in den Beinen. »Hören Sie, Holden, ich bin umgekippt.« Und zu Pinipopoulos sagte er: »Mein Lieber, ihre Beobachtung kann 100 000 Mark für Sie wert sein.«

»O Gott«, sagte Pini und umklammerte seine Zigarre. »Ich flechte an einer Glückssträhne.«

»Ich lasse sofort meine Jungs losbrausen, Holden!« rief Beutels. »Ich weiß, Sie denken jetzt dasselbe wie ich: Wo Dulcan ist, müßte auch Cortone sein! Der Aufmarsch hat begonnen!«

»Lassen Sie Ihre Polizei weg, Sir. Ich bitte Sie darum!« Holdens Stimme war von beschwörender Eindringlichkeit. »Mit Leuten wie Dulcan und Cortone hat die deutsche Polizei keine Erfahrung. Das soll keine Abwertung sein, es handelt sich hier nur um eine andere Spielart der Kriminalität. Wenn Sie auftauchen, können Sie ihnen nichts nachweisen, nur, daß sie treue und brave Touristen sind. Und dann sind sie gewarnt. Sie werden uns entgleiten. Bitte, überlassen Sie mir das, Sir. Wo hat Pinipopoulos sie gesehen?«

Beutels zögerte. Was er jetzt machte, war für einen deutschen Kriminalrat geradezu unmöglich. Er machte die Augen zu und überließ die Arbeit einem Fremden. Aber wie Holden sagte: Was konnte die deutsche Polizei einem harmlosen Olympiagast wie Dulcan nachweisen?

»In Tutzing«, sagte Beutels betont.

»DICKE EMMA«

Seit drei Wochen wartete Bossolo auf den zweiten Anruf des Unbekannten.

Er fand keine Erklärung für dessen Schweigen, wurde unruhig und fluchte mit den besten kalabresischen Schimpfworten, die sich wie eine Opernarie anhörten, aber Hölle und Teufel heraufbeschworen. Schließlich begann er zu resignieren. 4000 Dollar waren auch ein schönes Stück Geld für einmaliges nächtliches Schwimmen und einige

Tage Zellenaufenthalt. Man konnte sich davon zwar nicht das ersehnte Grundstück bei Alvarengo kaufen und eine Farm gründen, aber bei scharfer Kalkulation reichte es für die Eröffnung eines Geschäfts. Bossolo beriet sich mit Emma Pischke über seinen Plan. Er betrachtete sie jetzt als eine Art Ersatz-Mamma.

»Man könnte Werkzeuge verkaufen«, sagte er. »Bis jetzt warten sie alle, bis ein Haufen Werkzeuge fehlt, dann fährt einer nach Cosenza und kauft für alle ein. Natürlich wird er betrogen, zahlt mehr, als die Sachen wert sind — es sind alles Lumpen, die die Lage ausnutzen. Was hältst du davon? Ein Werkzeuggeschäft, daneben ein Feld mit Mais und ein paar Milchziegen. Polenta, Milch und Käse — mehr braucht man nicht zum Leben.«

»Jar nichts halte ick davon!« sagte die »Dicke Emma« mit ihrer rauhen Baßstimme. »Dieser Halunke soll zahlen! Ick setze wieder 'ne Anzeige ein.«

»Das wird er uns übelnehmen.«

»Ick nehm' ihm übel, det er uns für'n Idiotenklub hält. Er soll zahlen! Wer de Musik bestellt, muß de Töne verjolden! Det war imma so.«

»Warten wir noch eine Woche«, sagte Bossolo und ärgerte sich, überhaupt davon gesprochen zu haben. »Vielleicht er krank, Mamma.«

»Im Portemonnaie, jawoll. Aba nich mit mir! Noch drei Tage lieg ick auf de Lauer, dann knallt's!«

Es erwies sich, daß dies eine kluge Entscheidung war. Zwei Tage später rief der geheimnisvolle Unbekannte bei Emma Pischke an. Es war kurz nach dem Frühstück, die Wirtschaft war noch geschlossen, Bossolo setzte die Stühle von den Tischen auf den Boden, nachdem er die Dielen mit einem nassen Aufnehmer gewischt hatte, und verteilte die Aschenbecher. Emma räumte die Spülmaschine aus.

Da klingelte das Telefon.

»Aha!« sagte Emma. Bossolo stellte das Tonband an und begann plötzlich zu zittern. »Uff'n letzten Drücker! Ick wollte schon massiv werden, Herr Doktor.«

Dr. Hassler schien zu stutzen. Dann fragte er gedehnt: »Wieso nennen Sie mich Doktor?«

»Ick habe mir mit Pietro jeeinigt, det Se eener sind. Sind Se Doktor?«

»Nein!«

»Ooch jut. Wer bei mir so vornehm spricht, is eener. Wat sind Se denn?«

»Das geht Sie nichts an. Wo ist Bossolo?«

»Neben mir! Wat is mit de nächsten 5000 Dollar?«

»Sie liegen bereit.«

»Davon hab' ick nichts. Se liejen besser bei mir.«

»Bossolo bekommt sie. Ich halte mein Wort. Die Welt krankt daran, daß sie Versprechungen vergißt.«

»O Jott!« Emma Pischke hieb mit der Faust gegen die Holzverkleidung hinter der Theke. Es dröhnte wie ein Paukenschlag. »Bloß keene Philosophie am Morjen! Det macht mir trübsinnig! Wo is det Jeld?«

»Ich möchte Bossolo selbst sprechen.«

»Bitte —« Emma reichte Bossolo den Hörer. Sie drückte ihr Ohr neben ihm an die Membrane und hörte mit. Bossolo holte tief Luft. Meine Farm, dachte er selig. Es wird gelingen! Ich kann mir das Land kaufen und auf alles andere pfeifen. Ich hätte nie gedacht, daß es ein so angenehmes Gefühl ist, ein ehrlicher Mann zu sein.

»Ja?« sagte er etwas zaghaft.

»Cortone ist in München.«

Bossolo wurde bleich und lehnte sich an den massiven Fleischberg, der Emma Pischke hieß.

»Wer is'n det?« flüsterte sie ihm ins Ohr.

»Mein Chef in New York«, flüsterte Bossolo zurück und legte die Hand über die Sprechmuschel. Er zitterte stärker.

»Laß'n sausen, Junge!«

»Hören Sie noch, Bossolo?« fragte Dr. Hassler.

»Ja.«

»Er wohnt in Tutzing am Starnberger See. In der Hotelpension ›Alpenrose‹. Ich möchte Sie als Verbindungsmann zwischen ihm und mir in Aktion treten.«

Emma schüttelte wild den dicken Kopf. Und Bossolo sagte:

»Das geht nicht, Signore. Die Geheimdienste . . .«

»Ich werde Sie abschirmen. Ich habe mit den Leuten gesprochen. Sie wissen, daß sie nichts unternehmen können.«

»Das ist ein Bluff, Signore. Mit einem Geheimdienst kann man nicht verhandeln.«

»Es gibt Situationen, denen sich auch der CIA und der KGB beugen müssen. Ich habe eine solche Situation geschaffen. Beruhigt Sie das?«

»Nein!« antwortete Bossolo ehrlich und aus tiefster Seele.

»Sie wollen doch Geld verdienen? Viel Geld?«

»Aber ich will am Leben bleiben, Signore.«

»Cortone wird Ihnen noch einmal 10 000 Dollar geben, wenn Sie von mir kommen.«

»Das glaube ich kaum. Ich kenne Cortone besser als Sie.«

»Haben Sie mehr Vertrauen zu mir, Bossolo. Sie wissen nicht, was hier gespielt wird, und Sie brauchen es auch nicht zu wissen. Es würde Sie nur belasten. Nur soviel sei Ihnen verraten: Es ist ein Duell der Intelligenz. Dabei sind alle Vorteile auf meiner Seite. Und noch eines: Sagen Sie dem Damenbaß, sie soll das dumme Tonband ausschalten.«

»Sie Flegel!« schrie Emma Pischke ins Telefon. »Ick bin 'ne Dame!«

»Wer bezweifelt das! Tonband aus!«

Das war ein Befehl. Hart, knapp, mit kalter Stimme, der man gehorchen mußte. Bossolo drückte den Halteknopf. Dr. Hassler hörte das Knacken.

»Es ist aus, Signore«, sagte Bossolo. Seine Kehle war staubtrocken vor Erregung.

»Jetzt hören Sie gut zu, Bossolo. Ihr Versteck bei der ›Dicken Emma‹ ist Gold wert.«

»Dann zahlen Se ooch!« schrie Emma dazwischen.

»Sie fahren morgen nach Tutzing, erzählen Cortone, was Sie mit mir alles besprochen haben, lassen sich 10 000 Dollar geben und verlangen von ihm einen kleinen Kasten. Cortone weiß, was ich damit meine. Dieser Kasten wird übermorgen bei Ihnen abgeholt, und ein Kuvert mit den restlichen 5 000 Dollar schicke ich auch mit. Weiter brauchen Sie nichts zu tun. Sie haben dann Ruhe bis zum 28. Juli. Kann man leichter reich werden?«

Bossolo war der gleichen Ansicht, aber er hatte Angst. Er wollte noch etwas fragen, aber der gleichbleibende Summton bewies, daß sein Partner aufgelegt hatte. Emma Pischke nahm Bossolo den Hörer aus der Hand und warf ihn auf die Gabel.

»Is det 'n Aas!« sagte sie. »15 000 Dollar liejen eenem vor de Neese. Det is wie bei 'nem Hund, der vor'n Knochen kauert, aba dazwischen is 'ne Wand aus Feuer, und da muß er erst durch. Jemein so wat! Ick weeß nich, ob wir springen sollen, Pietro.«

»Die Geheimdienste, Mamma . . .«, sagte Bossolo sehr blaß. »Ich weiß nicht, was sie von mir wollen, aber sie jagen mich!«

»Det is doch jetzt klar, Junge. Die woll'n det wissen, wat wir jetzt wissen! Wat is'n det für'n Knabe, dieser Cortone?«

»Ein Boß, Mamma.«

»Is keen Bejriff für mir. Jefährlich?«

»Ein Tiger ist ein Kätzchen dagegen, Mamma.«

»Und du hast Angst, wat?«

»Ja.«

Emma Pischke setzte sich auf den Stuhl hinter der Theke. Hier thronte sie den ganzen Abend und die Nacht, wenn die Kneipe voller Gäste war und die Bestellbons zu ihr wanderten. Sie pikte sie auf einen langen, spitzen Spieß, gab Bier und Cola, Schnaps und Sprudelwasser aus, Gulaschsuppe (für die sie in Schwabing berühmt war) und kalte Koteletts, Frikadellen (mit wenig Brötchen drin, ebenfalls von allen Gästen gelobt) und Kartoffelsalat, Riesenbockwürste mit Currysenf oder einen deftigen Bohneneintopf mit Hammelfleisch, an dem sich ihre Künstlergäste kugelig aßen. Für 2 Mark die Portion.

Wo findet man das sonst noch? Dieser Stuhl war wirklich ihr Thron. Hier waren schon Entscheidungen gefallen, die manchem armen Kerl den Mut zum Leben wiedergegeben hatten.

Auch jetzt fiel eine Entscheidung. Emma Pischke legte die mächtigen Arme um Bossolo und zog den Italiener zu sich heran wie einen weinenden Jungen, der hingefallen war und mütterlichen Trost sucht.

»Pietro, ick sehe nich ein, warum du det Jeld sausen lassen sollst. Bist'n anständiger Kerl, nur fehljeleitet, wie de Psychologen heute sajen. Ick leite dir um auf'n richtigen Weg. Ick fahr' nach Tutzing!«

»Unmöglich, Mamma!« Bossolo starrte sie entsetzt an. Allein der Gedanke erzeugte in ihm solche Angst, daß ihm übel wurde.

»Warum nich? Wer wird 'ner alten Frau wat tun? Und de Jeheimdienste kennen mir ooch nich. Ick hab' überall 'nen Freifahrschein. Wenn ick zu diesem Cortone komme und saje: Ick bin der Bote, den Se erwarten . . . dann will ick mal den sehen, der mir rauswirft! Junge, dem knalle ick eene!«

»Mamma, das geht nicht!« rief Bossolo verzweifelt. »Du hast nie was mit einem Boß zu tun gehabt!«

»Ick hab' keene Angst, det is meen Jeheimnis! Wat heeßt hier Boß? Hat er Unterhosen an?«

»Ja . . .«, stotterte Bossolo entgeistert. »Jeder hat Unterhosen an.«

»Na also! Und uff'n Lokus macht er de Knie krumm! Alle sind gleich. Junge, ick fahr' nach Tutzing und kassiere.«

Bossolo gab es auf, gegen Emmas Plan zu reden. Es hatte doch keinen Sinn. Er stellte sich nur vor, wie Cortone reagieren würde, wenn Emma vor ihm stand, groß, wuchtig, mit Donnerstimme, Arme wie Baumstämme und Beine wie Türme, ein Felsen aus Knochen und Fleisch. Es war etwas, was Cortone noch nie begegnet war. Emma Pischke war einmalig. Vor allem eines würde Cortone maßlos verblüffen: ihre völlige Furchtlosigkeit. Er war es gewöhnt, daß alles vor ihm klein wurde, regenwurmartig, stumm ergeben.

»Wann willst du fahren, Mamma?« fragte Bossolo bedrückt.

»Wie abjemacht. Übermorjen. Und wennste det Jeld zusammen hast, hauste ab nach Kalabrien. Du wartest nich bis zum 28. Juli, vastanden? Wat ooch kommt — ick übernehme alles!«

Sie stand von ihrem Thron auf, griff nach dem Spüllappen und drehte den Wasserhahn der Thekenspüle auf.

Die morgendliche Arbeit ging weiter, als wäre nichts geschehen.

»Ich will Ihnen ein Geschenk machen, Bergmann. Da staunen Sie, was?«

Beutels war schon am frühen Morgen in der Strafanstalt erschienen, hatte sich von Oberwachtmeister Sepp Mittwurz eine Litanei von Klagen anhören müssen und die Bitte, Trakt VI, 3. Stock von dem Häftling Hans Bergmann zu befreien. Der Kalfaktor Hännes Dulck aus Köln-Kalk, genannt »Stinktier«, lief mit einem vergrößerten blauen Auge herum und stieß wilde Racheschwüre aus, wenn man den Namen Bergmann in seiner Gegenwart nannte.

Es war bei der Essensausgabe geschehen. Hännes Dulck hatte wieder, wie so oft, mit einem breiten Grinsen während des Ausschöpfens der Suppe einen dröhnenden Furz losgelassen, und Bergmann hatte ebenso schnell und trocken seine Faust auf Dulcks Auge gesetzt. Das »Stinktier« fiel mitsamt dem Suppenkessel um, kroch aus Bergmanns Reichweite und schrie um Hilfe. Oberwachtmeister Mittwurz war herbeigestürzt, hatte gebrüllt wie ein gereizter Stier, machte sofort Meldung beim Gefängnisdirektor, aber zu seinem größten Erstaunen erfolgte von dort keinerlei Reaktion. Da dämmerte es Mittwurz, daß dieser Häftling etwas Besonderes sein mußte und auf einer Sonderbehandlung bestehen konnte. Das aber war im Trakt VI nicht möglich. Hier regierte Hännes Dulck. Es war ausgeschlossen, daß die so gut eingefahrene Ordnung durch einen einzigen, wenn auch wichtigen Mann gestört wurde. Ein Gefängnis ist eine Gemeinschaft, in die man sich integrieren muß, sonst kommt es zum Chaos ... wenn dieser Bergmann eine Extrawurst war, dann gehörte er nicht in Mittwurzens Bereich, sondern in einen gehobeneren Knast, in eine sogenannte ›halboffene Anstalt‹.

Das hatte Mittwurz langatmig Kriminalrat Beutels zu erklären versucht, und Beutels versprach, mit Bergmann zu reden.

Nun saß er auf Bergmanns Pritsche und nicht, wie üblich, im Verhörzimmer, verteilte wieder seine Zigarren und war bester Laune.

»Was wollen Sie mir schenken, Herr Rat?« fragte Bergmann. »Die Freiheit? Jetzt schon? Ist Ihre Pensionierung durch?«

»O nein, mein Bester. Sie bleiben bis zum 26. August hier, wenn sich bis dahin nicht etwas tut! Und es scheint so, als ob die Dinge jetzt so schnell fließen, daß wir sie kaum noch stoppen können.«

»Sie haben den Bombenleger?«

»Wir kennen seine Clique. Die Nachricht wollte ich Ihnen zum Geschenk machen. Sie sind der einzige Außenstehende, der von der Drohung wußte. Woher, das werden Sie mir ja nie sagen.«

»Ganz recht.«

»Als Entschädigung für Ihre Haft, die mir vielleicht den Hals bricht, aber aus Gründen der öffentlichen Ruhe und Sicherheit notwendig ist, bringe ich Ihnen als einzigem und erstem Reporter die Informationen zu einer Artikelserie, die Sie schon hier in der Zelle schreiben können und mit der Sie nach Ihrer Entlassung an die Spitze der Journalisten katapultiert werden. Sie sollten mir dankbar sein. Sie verdienen an der Haft! Der Knast ist Ihr Sprungbrett zur Berühmtheit.«

»Moralisches Jucken, Herr Rat?«

»Vielleicht. Ich war im Leben immer korrekt. Sie sind mein einziger Ausrutscher in die Illegalität. Das will ich gutmachen, Bergmann. Ich will mir diese Wunde zupflastern. Und nun unterbrechen Sie mich nicht und hören Sie mir zu. Machen Sie sich Notizen . . . es wird knüppeldick kommen.«

Eine Stunde lang blieb Beutels bei Bergmann. Dann, bei einer neuen Zigarre, legte Bergmann erschöpft den Kugelschreiber hin. Eine Menge Papier war vollgeschrieben.

»Das ist der dickste Otto, der je geschrieben wurde«, sagte er angeschlagen. »Nur der Schluß fehlt noch.«

»Den liefere ich Ihnen bald frei Haus.«

»Und eine Frage ist noch offen.«

»Fragen Sie.«

»Was macht meine Schwester in dem ganzen Rummel?«

»Sie ist die Geliebte von Ric Holden«, sagte Beutels trocken.

»Donnerwetter! Bis jetzt habe ich geglaubt, sie sei an der wichtigsten Stelle zugewachsen.«

»So kann man sich irren.« Beutels stand von der Holzpritsche auf. »Sie wollen sogar heiraten.«

»Helga und ein CIA-Mann. Ich werd' verrückt. Und sie glaubt, ich sei tot?«

»Ja. Auf jeden Fall spurlos verschwunden. Ihr Chefredakteur spielt verrückt. Er bringt die ›Bergmann-Story‹. Danach müßten Sie das Nonplusultra aller Reporter sein.«

»So ein Schwein. Wenn ich wieder auftauche, trifft ihn der Schlag. Dann muß er halten, was er dem Toten versprochen hat.«

»Er wird es, Bergmann! Mit *der* Geschichte?!«

»Und mein Schwager *in spe*?«

»Er weiß, daß Sie leben. Nur wo Sie sind, weiß er nicht.«

»Ein typischer Ehemann!« Bergmann lachte laut. »Schon vor der Ehe belügt er seine Frau! Mein Schwager wird mir sehr sympathisch . . .«

»Das wär's also, Bergmann.« Beutels ging zu der dicken eisenbeschlagenen Tür. »Und da ich so fair zu Ihnen war, seien Sie es auch: Lassen Sie Mittwurz und Dulck in Ruhe. Sie müssen noch einige Zeit mit ihnen leben.«

»Versprochen, Herr Rat. Kann man mir eine Schreibmaschine in die Zelle stellen?«

»Ich werde es veranlassen. Guten Tag, Bergmann.«

Beutels öffnete die Tür. Etwas abseits, am Geländer des Treppenhauses, wartete Mittwurz mit zerknittertem Gesicht.

»Herr Rat —«, sagte Bergmann.

Beutels blieb in der Tür stehen und drehte sich um.

»Ja?«

»Ich will Ihnen auch ein Geschenk machen.« Bergmann hob grüßend die Hand. Er lächelte wie ein beschertes Kind, das nun sein Geschenk auspackt. »Wenn ich wieder draußen bin, werde ich nichts über Sie schreiben. Mir wird schon etwas einfallen, wo ich die ganze Zeit über versteckt gewesen war.«

MÜNCHEN-HARLACHING

»Hast du Mut?« fragte Ric Holden.

»Es kommt darauf an, was du Mut nennst.« Sie lächelte und rührte dabei in einer Schüssel. Ric war ein Kuchenfan wie alle Amerikaner, und Helga hatte sich damit abgefunden, ihm jeden Tag einen Kuchen zu backen. »Wenn es Mut ist, dich zu lieben und zu heiraten . . . ja, dann habe ich Mut. Bärenmut! Wolfsmut!«

»Ich brauche dich, Helga«, sagte Holden ernst. »Ich brauche dich bei meinem Auftrag hier in München.«

Sie hörte mit Teigrühren auf und sah ihn ohne eine Spur von Erstaunen an. Holden stellte fest, daß sie mehr als eine ungewöhnliche Frau war . . . sie war einmalig.

»Was soll ich tun?« fragte sie.

»Dich in einen Mann verlieben.«

»Du bist verrückt, mein Lieber.«

»In Tutzing ist ein Mann eingetroffen, der vielleicht die größte Gefahr bedeutet, mit der unsere Welt zur Zeit konfrontiert ist. Nur nachweisen kann man ihm nichts. Man kann ihn nicht einfach verhaften . . . das brächte uns noch mehr ins Unbekannte. Man kann ihn nicht beobachten, denn darauf ist er spezialisiert. Es gibt nur eine Möglichkeit, zu ihm vorzudringen: eine schöne Frau.«

»Danke«, sagte Helga.

»Wofür?«

»Daß du mich schön nennst. Ich finde mich alltäglich.«

»Du bist unbeschreiblich. Cortone wird das auch finden.«

»Cortone heißt er also?«

»Maurizio Cortone. Ein Sizilianer, vor über 40 Jahren in die USA ausgewandert. Besitzer einer Sportschule in New York. Aber seine

Millionen hat er mit Waffengeschäften gemacht. Er ist glatt wie ein Flußaal.«

»Ist er das, was man Mafia nennt?«

»Nein. Früher vielleicht — wir wissen es nicht. Er ist nie aufgefallen, er war immer ein Ehrenmann, er ist der Freund von Kongreßabgeordneten und Senatoren, Politikern und anderen großen Männern. Eine imposante Erscheinung. Ein ehernes Denkmal des Verbrechens. Jeder weiß es, und jeder bringt ihm Blumen. Aber man kann ihm nichts nachweisen.«

»Der Mann fängt an mich zu interessieren, Ric.« Sie stellte die Schüssel weg. Heute abend würde Holden keinen frischen, dampfenden und duftenden Kuchen erhalten. »Und warum soll er sich für mich interessieren?«

»Er will sich in München mit einem Mann treffen, den wir das ›Hirn‹ getauft haben. An ihn müssen wir heran.«

»Eine politische Sache, Ric?«

»Eine Sache auf Leben und Tod, Darling.«

»Dein Tod?«

»Vielleicht zwei Millionen Tote —«

»Ric!« Ihre Augen waren weit. Holden nickte. Man konnte es nicht begreifen; für ihn selbst war es lange Zeit eine Tatsache, an die er sich erst gewöhnen mußte, um sie ernst zu nehmen. »So etwas gibt es nicht.«

»So etwas badet im Starnberger See. Cortone ist nicht allein. Ted Dulcan und Bertie Housman sind bei ihm, und wenn ich mich nicht irre, auch Lucretia Borghi.«

»Lucretia Borgia? Also doch ein Witz . . .« Sie versuchte zu lächeln, aber es wurde nur eine schiefe Lippenstellung. »Ich kann plötzlich darüber nicht lachen, Ric.«

»Nicht Borgia! Lucretia ist zwar so schön wie die Renaissancegiftmischerin, aber ihr fehlen drei Fünftel von deren Gehirn. Sie ist eben nur hübsch, und deshalb heißt sie Borghi. Sie ist die Geliebte Cortones, und um sie werde ich mich kümmern.«

»Du wirst mit ihr schlafen?«

»Nein.«

»Und wenn du es mußt?« Sie kam um den Tisch herum, stellte sich vor Holden und ballte die Fäuste. »Ist es nicht so: Ein CIA-Mann muß für seinen Auftrag alles tun?! Totaler Einsatz für das Vaterland! Im Dschungel oder im Bett, immer an der vordersten Front! Welch ein herrlicher männlicher Beruf! Ric, ich hasse ihn! Hasse ihn! Hasse ihn! Jetzt ist der Augenblick gekommen, vor dem ich mich immer gefürchtet habe. Ich will dich allein oder gar nicht. Ich bin nicht so patriotisch, dich fürs Vaterland auf eine andere Frau zu heben und dir zuzurufen: ›Heil dir, Held! Stoße aus ihr die Geheimnisse heraus?‹ Mein Gott, ich habe es geahnt . . .«

Sie schlug die Hände vors Gesicht, setzte sich auf die Couch und verharrte so, als sei sie versteinert. Holden streckte die Hand aus, berührte sie, aber es war, als fasse er einen Steinblock an.

»Ich werde es nicht nötig haben, mit Lucretia zu schlafen, wenn du mit Cortone klarkommst.«

»Das ist eine gemeine Erpressung, Ric! Du verkuppelst mich also. Soll *ich mit ihm* schlafen?«

»Um Gottes willen, nein! Ich brächte ihn ohne Reue um. Du sollst dich anbieten und ihn gleichzeitig abwehren. Das bringt ihn um den Verstand . . . und genau das brauchen wir. Bisher hat Cortone alles erreicht . . . mit Geld, mit Gewalt, mit echtem Charme. Er wird auch versuchen, dich aufzutauen, und da er in Deutschland nicht seine hemdsärmelige amerikanische Art ausspielen kann, wird er sich ehrliche Mühe geben müssen. Du hast nur eine Aufgabe: immer um ihn sein. Ein Eisberg, der um ihn herumschwimmt und an dem er dauernd abrutscht.«

»Und Lucretia?«

»Sie wird vor Eifersucht explodieren.«

»In deinen Armen!«

»In meiner Begleitung.«

»Ist das nicht dasselbe?«

»Ist es dasselbe, ob man ein Glas Whisky in der Hand hält oder ob man es trinkt?«

Sie nahm die Hände vom Gesicht. Mit Erstaunen sah Holden, daß sie gar nicht geweint hatte, wie er angenommen hatte. Ihre Augen waren klar, mit jener ausstrahlenden Energie geladen, die ihn vom Beginn ihrer Bekanntschaft an gefesselt hatte.

»Seit wann weißt du, daß Cortone in Tutzing ist?«

»Seit drei Stunden. Ehrenwort.«

»Ich glaube dir. Aber du hast ihn erwartet?«

»Es war meine große Hoffnung, daß er es ist, den ich suche.« Holden griff nach Helgas Händen. Sie entzog sie ihm nicht. Das machte ihn unbeschreiblich glücklich. »Nach diesem Fall ist Schluß, ich schwöre es dir. Wir ziehen nach Texas. Berringer ist informiert.«

»Und was sagt er?«

»Wie erwartet: Er erklärt mich für verrückt. Er schlägt einen Erholungsurlaub vor mit psychiatrischer Betreuung. Er wird anders denken, wenn er dich sieht.«

»Glaubst du wirklich, daß ich mit dir nach Amerika gehe?«

»Ich habe gar nichts anderes in Erwägung gezogen. Wir gehören einfach zusammen. Die Erde kann nicht ohne die Sonne leben. Das ist ein Naturgesetz. Auch unsere Liebe ist ein Naturgesetz. Kannst du Naturgesetze ändern?«

»Ich bin eifersüchtig«, sagte sie. »Ich kann glühen vor Eifersucht. Dann habe ich keinen Verstand mehr. Das mußt du wissen, Ric.

Wenn du mit Lucretia schläfst, tue ich es auch mit Cortone! Und wenn ich hinterher vor Ekel sterbe . . . ich tu's!« Sie stand auf, zog ihre Finger aus seinen Händen, ging zurück zum Tisch und rührte wieder im Kuchenteig. »Wann?« fragte sie.

»Morgen.« Holden starrte sie an. Er war versucht, alles abzublasen, Berringer um seine Ablösung zu bitten, Beutels alles zu übertragen und wegzufahren, weit weg, in irgendeinen Winkel der Welt, wo man sie in Ruhe lassen würde, wo sie sich in eine Höhle verkriechen konnten, um allein, ganz allein für sich zu sein. Sie ist ein reines Wunder von einer Frau, dachte er. Und ich dreckiger Hund verlange, daß sie sich meinetwegen im Sumpf wälzt. Das konnte Berringer nie wiedergutmachen, auch nicht mit der ehrenvollsten Verabschiedung aus dem CIA-Dienst.

»Vergiß alles«, sagte er plötzlich. »Ich will es anders versuchen.«

Sie probierte den Kuchenteig und schüttete noch etwas Vanillezucker nach. Ric liebte den Vanillegeschmack. »Dann wird es für dich gefährlich werden, nicht wahr?«

Holden schwieg. Der andere Weg war die offene Schlacht. Man konnte es Helga nicht sagen. Aber sie begriff sein Schweigen sofort.

»Nein. Ich helfe dir«, sagte sie. »Ich habe schwarze Kleider schon immer gehaßt.«

TUTZING

Pinipopoulos war in seinem ganzen Leben noch nie so viel geschwommen wie jetzt. Evelyn Drike entwickelte eine so ungeheure Wassersehnsucht und tobte mit ihrem jugendlichen Liebhaber so intensiv im Starnberger See, daß Pini sich abends eingehend untersuchte, ob ihm keine Schwimmhäute zwischen den Zehen wuchsen. Außer Mrs. Drike hatte er auch noch Dulcan und Housman im Blick, was ihm ein nervöses Kopfzucken einbrachte, denn da beide Parteien selten auf einem Fleck zusammen waren, flog sein Kopf hin und her, um keine Einzelheiten zu verlieren. Glücklich war er, wenn alle in seinem Blickfeld im See schwammen . . . die kichernde Evelyn mit ihrem sportlichen Hengst und Dulcan, der mit Housman — welche Eintracht! — Wasserball spielte.

Im übrigen wartete Pinipopoulos auf Ric Holden. Er kannte ihn nicht von Person, sondern nur seinem Namen nach. Bei irgendeiner Ermittlung war er auf ihn gestoßen und hatte, ganz brav im Hintergrund bleibend, wie es seine Art und Lebensauffassung war, beobachtet, wie Holden in das Geschehen eingriff und einen sowjetischen Agenten aus einer Kernphysik-Forschungsanstalt herausholte. Dabei lernte er auch — und diesmal in Person — den sowjetischen

Chefspion Stepan Mironowitsch Lepkin kennen, der damals als Handelsattaché der sowjetischen Botschaft auftauchte und den entlarvten Agenten im Austauschverfahren abholte.

Hätte Pinipopoulos gewußt, daß auch Lepkin in München war, würde er von einer Sternstunde seines Lebens gesprochen haben.

Cortone war in ausgesprochen mieser Laune. Dr. Hassler hatte ihn angerufen und ihm Bossolo avisiert.

»Sie Vollidiot!« hatte Cortone gebrüllt. »Bossolo wird vom Geheimdienst gesucht! Das haben Sie selbst gesagt! Und jetzt setzen Sie ihn zu mir in Marsch?! Soviel Blödheit ist nicht zum Aushalten. Ich will *Sie* sprechen, Doc! Sofort! *Sofort!*«

Und Dr. Hassler hatte ganz ruhig und vornehm geantwortet: »Cortone, Sie mögen viel Geld haben, aber mir wäre es lieber, wenn Sie so viele denkende graue Hirnzellen hätten wie Dollars. Dort, wo Bossolo sich jetzt befindet, sucht ihn kein CIA und kein KGB, und von dort kann er ungefährlich zu Ihnen kommen. In München befinden sich bereits über 200 000 Gäste. Glauben Sie, es fällt einem Taxifahrer auf, wenn ein Italiener nach Tutzing fährt? Oder wenn er mit dem Zug reist? Wissen Sie, wie viele Züge jeden Tag nach Starnberg fahren und wie viele Menschen sie benutzen? Ihre Angst ist lächerlich.«

»Ich habe keine Angst, verdammt noch mal!« schrie Cortone. »Aber absolute Sicherheit war immer meine Stärke. 40 Jahre lang bin ich nicht aufgefallen!«

»Sie werden es auch im 41. nicht«, sagte Dr. Hassler und legte auf. Cortone war in der Stimmung, das Telefon zu zertrümmern, aber das wäre ein nutzloser Kraftaufwand gewesen. Da Cortone nie etwas Nutzloses tat, verzichtete er auf diese Abreagierung seiner Wut.

Er sprach mit Dulcan über das Problem Dr. Hassler, und Dulcan sagte ohne Zögern: »Wir sollten Bertie einschalten! Er langweilt sich sowieso. Noch eine Woche, und er hat alle halbwegs attraktiven Weiber aus der Umgebung im Bett gehabt. Was dann? Dann wird er mißmutig. Du kennst Bertie nicht, wenn er mißmutig ist. Wir sollten ihm Dr. Hassler servieren.«

»Dazu müßte ich erst wissen, wo er ist.«

»Ist das so schwer herauszufinden?«

»Wenn einer sich Dr. Hassler nur zur Tarnung nennt und in einem unbekannten Land wohnt, dann suche ihn mal, du Rindvieh!« sagte Cortone böse. »Auch Bossolo hilft uns nichts. Er kennt ihn nur stimmlich. Wie wir. Er will Bossolo als Boten benutzen. Das bedeutet, wir bekommen den Irren nie zu Gesicht.«

»Lehn Bossolo ab.«

»Dann schickt er kein Geld.«

»Er wird schicken! Er will den Elektrozünder haben. Was nützt ihm seine ganze verdammte Rache, wenn er vor zwei Bomben sitzt, die friedlich wie Marmeladeneimer sind. Ohne deinen Impulsgeber. Dieses Ding *muß* er haben, und dafür wird er auch aus seiner Höhle kriechen. Ich habe noch keinen Bären gesehen, der auf eine Honigwabe scheißt.«

Dulcan hatte recht, Cortone mußte es widerwillig zugeben. Man konnte Dulcan trotz seiner Millionen einen ordinären Flegel nennen, aber seine Überlegungen waren zwingend.

»Wenn er noch einmal anruft«, sagte Cortone, »werde ich ultimativ. Mal sehen, wie er reagiert.«

»Er wird kommen.«

»Und dann ist Bertie völlig fehl am Platz. Kennen wir die Pläne des Docs? Wissen wir, was er schon alles vorbereitet hat?«

Dulcan winkte ab. Seine Sicherheit ärgerte Cortone. Dieser größte Coup der Welt war sein Geschäft, und Dulcan benahm sich, als sei er die Nabelschnur, durch die sich alles ernährte.

»Bertie wird mit ihm reden auf seine Art, und mit wem Bertie bisher geredet hat, der hat noch immer pariert. Alles weitere ist Routine.«

Cortone zog die Schultern hoch. Tote erschütterten ihn nicht, aber er war jetzt in einem Alter, in dem man eine ruhigere Lebensführung bevorzugte. Er erinnerte sich an einen Ausspruch seines Vaters: Wenn du mit 50 noch boxen mußt, hast du umsonst gelebt.

»Es geht um 30 Millionen, Ted.«

»Daran denke ich jeden Tag beim Aufstehen, und die Sonne scheint heller.« Dulcan strich sich mit einer eleganten Bewegung über die gefärbten Haare. »Wir haben doch darin Erfahrung, Mauri.«

Wenn sie gewußt hätten, daß statt Bossolo der wandelnde Turm Emma Pischke nach Tutzing kam ...

IM STRANDBAD

Maurizio Cortone konnte man vieles nachsagen, nur eins nicht: daß er ein unhöflicher Mensch war.

Das bewies er, als vor ihm am Seeufer eine schöne, junge Dame, die ihm bereits aufgefallen war und deren herbe, etwas kühle und stolze Erscheinung ihm einige taxierende Blicke abgelockt hatte, zu stolpern begann und hingefallen wäre, wenn Cortone nicht mit einem fast jugendlichen Sprung zu Hilfe gekommen wäre. Er fing sie auf, sie lächelte ihn dankbar an und sagte:

»Diese großen Steine hier ... man kann sich die Beine brechen.«

Cortone fiel nicht auf, daß sie Englisch sprach, obwohl sie eine Deutsche war, was man an ihrer Aussprache hörte ... er hatte beim Auffangen ungewollt ihre Brust berührt, und das war ein Erlebnis. Es verdrängte alles, denn Cortone war viel zu sehr Mann, um diesen plötzlichen Kontakt nicht mit tiefer Zufriedenheit zu empfinden. Lucretia war nicht mit zum See gekommen ... sie ließ sich massieren.

»Haben Sie sich verletzt?« fragte Cortone.

»Ich weiß nicht.« Helga Bergmann schüttelte die Füße. »Es schmerzt etwas im Gelenk.«

»Ich stütze Sie. Wo darf ich Sie hinführen?«

»Ich wollte zum Bootsteg. Ein Segelboot mieten. Aber daraus wird jetzt nichts werden.«

Cortone sah eine Möglichkeit, den sonnigen, warmen Vormittag noch wärmer zu machen. Dulcan und Housman spielten wieder Wasserball, umkreist von Pinipopoulos, der nicht ahnte, daß gerade in diesem Augenblick der Angriff begonnen hatte.

»Sie bringen mich auf einen guten Gedanken«, sagte Cortone mit südländischem Schwung. »Segeln ist meine zweite Liebe. Darf ich Sie zu einer Partie einladen?«

»Ich werde kein guter Begleiter sein.« Sie blickte auf ihre Füße. »Ich glaube, das rechte Gelenk schwillt an.«

»Nichts ist besser, als die Kühle des Wassers. Wir segeln hinaus, und Sie halten den Fuß in den See.«

»Das leuchtet ein.« Helga lächelte Cortone an. Es war das Lächeln, vor dem auch Ric Holden bedingungslos kapituliert hatte. Für einen Mann wie Cortone war das wie ein Fanfarenstoß ... es mobilisierte alles in ihm, was männlich war.

Er faßte Helga Bergmann unter, fühlte sich um Jahrzehnte jünger und führte sie hinunter zum Bootssteg. Dort mietete er für zwei Stunden einen Einmaster. Cortone setzte das Segel, drehte es in den Wind, und sie glitten hinaus auf den See. Er stellte sich dabei sehr geschickt an, hatte eine jungenhafte Freude, als das Boot in flotter Fahrt über das Wasser glitt, und erst als das Ufer spielzeugklein wurde und Helga mit wehenden Haaren und vorgewölbter Brust auf der Bootswand saß, erinnerte sich Cortone wieder an Lucretia und die Notwendigkeit, ihr diesen Ausflug zu erklären. Es war anzunehmen, daß sie am Badestrand erschien, bevor er wieder zurückkam.

Im Gras liegend, beobachtete Holden aus unverfänglicher Entfernung die Abfahrt und wandte sich dann Dulcan und Housman zu, die aus dem Wasser kamen, sich abtrockneten und die Eßtasche öffneten. Ein Räuspern ließ Holden nach hinten blicken.

Beutels war da. Er kam hinter einem Busch hervor. In der Badehose sah er fremd aus, keineswegs imposant, sein Bauch hing über den Gummirand der Schwimmshorts. Sie waren blauweiß gemustert und neu gekauft. Man sah noch die Packfalten.

»Das hätte ich mir denken können«, sagte Holden. »So etwas lassen Sie sich nicht entgehen.«

»Ich war immer ein Genießer.« Beutels ließ sich neben Holden auf das Badetuch nieder. »Aber Sie sind ein verfluchter Hund, Holden.«

»Warum?«

»Diese Segelpartie von Helga Bergmann. Ich nehme an, das ist Cortone.«

»Erraten. Sie sehen, es ist ein Kinderspiel, sogar einen großen Boß hirnweich zu machen. Es gibt keinen Hund, der beim Anblick eines Knochens nicht mit dem Schwanz wedelt.«

»Werden Sie nicht pornographisch, Holden.« Beutels lachte und stützte sich auf die Ellbogen. »Wenn ich lache, so ist darin verdammt viel Bitterkeit. Sie scheinen eine merkwürdige Art von Liebe zu haben. Helga in solche Gefahr zu bringen . . .«

»Ihr kann überhaupt nichts passieren. Für Cortone ist sie nichts als eine schöne Frau. Auch mich kennt er nicht.«

»Und Dulcan und dieser Wunderschütze Housman?«

»Sitzen dort vor uns im Gras und verzehren belegte Brote.«

»Diese beiden da? Welcher ist Housman?«

»Der Lange. Ich wette, er trägt in der Tasche des Bademantels einen Revolver. Housman tut keinen Schritt ohne Waffe. Aber hier wohl nur aus Gewohnheit. Bis zum 28. Juli spielen sie die lieblichen Schäfchen.«

»Wollen Sie so lange warten, Holden?«

»Mich interessiert das ›Hirn‹. Und Sie doch auch! Cortone und seine Freunde können wir uns jeder Zeit greifen. Wer aber ist der große Zerstörer? Er ist die einzige Gefahr. Cortone spielt hier doch bloß den Botenjungen . . . der allerdings fürstlich belohnt wird.«

»Und da taucht Pinipopoulos auf!« Beutels nickte zum See. »Wie Venus, die Schaumgeborene. Jetzt sieht er uns. Ich winke ihn her. Holden, seien Sie nett zu ihm . . . er himmelt Sie an wie ein Knabe den herrlichen Winnetou.«

Sie setzten sich und winkten. Triefend lief Pinipopoulos auf sie zu, ein glückliches Grinsen auf dem Gesicht.

Er blieb vor Holden stehen, betrachtete ihn so genau, als wäre er ein Bild in der Gemäldegalerie, und sagte dann zufrieden:

»Das ist also der große Ric Holden.«

Holden streckte ihm die Hand hin. »Ohne den wachsamen Pinipopoulos tappten wir heute noch durch einen finsteren Tunnel und suchten den Ausgang. Setzen Sie sich, Kollege.«

Pini warf sich neben Beutels ins Gras. Das Wort »Kollege« aus Holdens Mund freute ihn mehr als ein Wochenhonorar von Mr. Drike.

»Sie haben Dulcan und Housman auch erkannt?« fragte er und nickte zu den friedlichen Picknickenden hin.

»Ja. Aber viel wichtiger ist Cortone.«

»Den kenne ich nicht.«

»Er segelt gerade und ist dabei, die größte und nachhaltigste Dummheit seines Lebens zu begehen.«

»Was will dieser ganze Klub hier in Deutschland? Das hängt doch mit den Olympischen Spielen zusammen, nicht wahr?«

»Sicher.« Holden ließ seine Camelpackung herumgehen ... auch Beutels nahm eine. In einer Badehose, auch wenn sie noch so modern, ist kein Platz für Zigarren. Hersteller von Badehosen sollten dieses Problem bei zukünftigen Entwürfen berücksichtigen. »Können Sie schweigen, Pinipopoulos?«

»Und wie.«

»Ich auch.«

Pini war weit davon entfernt, sich verletzt zu fühlen. Er lachte leise, inhalierte den Camelrauch und streckte sich aus. Die Sonne begann ihm die Wassertropfen von der Haut zu saugen. »Also etwas Politisches.«

»Halb politisch. Zufrieden?«

»Voll und ganz. Ich beobachte Mrs. Drike. Die üppige Blonde dort drüben, die unter Wasser ›Greif zu ... ei, was hab' ich da?‹ spielt. Ein guter Job, der dem Jahresgehalt eines Konzerndirektors entspricht. Zu höherem Ruhm fühle ich mich gar nicht berufen. Nur eins, Mr. Holden: Housmans Anwesenheit deutet darauf hin, daß die Finger krumm gemacht werden.«

»Das befürchte ich auch«, sagte Holden.

»Um Himmels willen, bloß keine Knallerei!« Beutels setzte sich kerzengerade auf. Sein Bauch quoll über den Hosenrand. »Ich habe eine tiefe Abneigung gegen Hollywood-Kriminalistik. Muß denn immer geballert werden? Holden, bei — sagen wir — 1000 Kapitalfällen in Deutschland wird vielleicht sechsmal von der Waffe Gebrauch gemacht. 994 schwere Brocken werden ganz still, für amerikanische Begriffe fast gemütlich, kassiert. Warum diese Schießerei?«

»Vielleicht hängt es mit unserem absoluten Freiheitsbewußtsein zusammen. Freiheit um jeden Preis! Der Deutsche ist gewöhnt, der Obrigkeit zu gehorchen. Also werden auch die Kriminellen im entscheidenden Augenblick brave Bürger, die diese Obrigkeit anerkennen. Reine Erziehungssache — über Jahrhunderte hinweg. Ererbte Strammstehtradition. Alles, was amtlich ist, kommt gleich nach Gott.«

»Neben Gott, Holden.« Beutels lachte väterlich. »Dem Himmel sei Dank, daß es so ist. Stellen Sie sich vor, unsere an Beamtenruhe gewöhnten Polizisten würden mit amerikanischen Methoden konfrontiert ... dieses plötzliche Chaos! Mir genügt unser jetziger Fall vollauf. Ich möchte so was nicht noch einmal in die Finger bekommen.«

Sie blickten über den See. Weit draußen, jetzt nur noch ein weißer, langsam gleitender Fleck, zog Cortones Boot über das glitzernde Wasser. Es war kaum Wind. Bayerisches Sommerwetter. Ein blauer Himmel mit Schäfchenwolken. Ganz fern, nur angedeutet, wie im Unendlichen schwimmend, glänzte die steile Wand der Alpen.

»Ein Sauföhn!« sagte Beutels. »Ich muß einen Cognac trinken. Wer kommt mit?«

»Ich.« Pinipopoulos erhob sich. Holden blieb liegen. »Ich halte solange Wache«, sagte er.

»Aber in meiner Abwesenheit keine Knallerei!«

»Ich schieße doch nicht auf Menschen, die mit sichtbarem Genuß essen.«

»Das kann sich schnell ändern«, sagte Pinipopoulos.

»Aber nicht heute.« Holden ließ sich zurückfallen. »Wir werden uns noch einige Tage ruhig sonnen können.«

HOTEL ›ALPENROSE‹

Wo Emma Pischke auftauchte, mußte sie auffallen. Das war kein Wunder, denn selten sah man eine so imposante Frauengestalt wie sie.

Holden und Beutels blickten darum auch hoch, als der menschliche Berg über die Terrasse der ›Alpenrose‹ walzte und mit Donnerstimme nach einem Mr. Steven Olbridge fragte.

»O Schreck!« sagte Beutels leise. »Die ›Dicke Emma‹. Was will denn die hier?«

»Kennen Sie diesen Wolkenkratzer?«

»Wer kennt sie nicht in München?« Plötzlich zuckte Beutels zusammen, als habe ihn jemand gestochen, und legte seine Hand auf Holdens Arm. »Holden, die Baßstimme aus Berlin! Das Tonband! Ich hatte ein Brett vorm Kopf! Das ist sie! Bossolo ist bei der ›Dicken Emma‹ untergekrochen. Alle Kontakte laufen über sie. Himmelarschundzwirn . . . an alles hätte ich gedacht, nur nicht daran!«

»Und Cortone nennt sich hier Steven Olbridge. Ich weiß es seit heute morgen. Cortone hat sich Helga in aller Form als Steven vorgestellt.«

»Damit hätten wir das Netz geknüpft, in dem der Goldfisch zappelt«, sagte Beutels mit fetter Zufriedenheit. »Cortone-Bossolo-Emma . . . und mittendrin schwimmt unser ›Hirn‹. Ich habe das Gefühl, daß die XX. Olympischen Spiele in München ohne Atombomben eröffnet werden.« Er stand auf, als Emma Pischke im Hoteleingang verschwand. Der Kellner, der sie führte, zwei Köpfe kleiner als sie, wirkte wie die Beute, die ein Riesenbär mit sich schleppt. »Ich rufe meine Schäfchen zusammen.«

»Keine übereilten Handlungen, Sir!«

»Bin ich eine alte Jungfer, die einen Deflorator sucht? Ich lasse die Kneipe der ›Dicken Emma‹ überwachen. Weder sie noch Bossolo rühre ich an.«

»Und kein Wort zu Lepkin.«

»Warum nicht?«

»Stepan Mironowitsch hat seine eigenen Methoden. Es könnte sein, daß Bossolo nach einem Gespräch mit ihm nicht mehr als Zeuge zu gebrauchen ist.«

»Sie kennen Lepkin besser als ich. Also gut, es bleibt unter uns. Wo ist überhaupt Ihre verdammt mutige Braut?«

»Ich nehme an bei Cortone.«

»Und diese Lucretia?«

»Beim Friseur.« Holden grinste breit. »Ich treffe mich nachher mit ihr im Strandcafé.«

»Holden!« Beutels blieb am Tisch stehen. Diese Amerikaner, dachte er. Ihre Methoden sind ungefähr, als ob man ein Reibeisen zum Rasieren gebraucht. Aber sie kommen weiter damit, und sie haben sogar Freude dabei. »Wann haben Sie sich an das Weibchen geschlichen?«

»Gestern abend. Cortone hatte einen Mordskrach mit ihr. Ich war zur Stelle, als sie aus dem Hotel stürzte, um irgendeine Dummheit zu begehen. Die Dummheit war ich.«

»Und geradenwegs ins Bett, was?«

»Nein! Ich benahm mich als Gentleman. Nur ein Kuß war drin.«

»Das reichte?«

»Sie sind eben noch nicht von mir geküßt worden, Sir.«

»Das fehlte noch!« Beutels glänzte wie poliert. »Was sagt Helga dazu?«

»Sie hat mein Ehrenwort, daß Lucretia für mich nur bis zum Gürtel existiert.«

»Es kommt darauf an, von wo aus Sie messen! Glauben Sie, daß Sie mehr sagt als ›Oh, my darling‹!?«

»Bestimmt, Sie kocht wie Lava. Sie nennt sich hier Anne Simpson.«

Beutels drohte mit dem Zeigefinger und eilte dann ins Haus, um seine Leute zusammenzurufen. Er sah noch, wie Cortone die teppichbelegte Treppe herunterkam und mit deutlichem Erschrecken Emma Pischke betrachtete. Er winkte, sie gingen in ein Nebenzimmer, das als Leseraum bezeichnet war und jetzt, bei dem herrlichen Sonnenwetter, verwaist lag. Ein paar Zeitungen und Illustrierte, auf mehrere Tische verteilt, demonstrierten die Berechtigung des Namens ›Lesezimmer‹.

Cortone winkte zu einem Stuhl, und Emma Pischke setzte sich vorsichtig. Sie mißtraute allen Möbeln, die nicht in ihrem Lokal oder in ihrer Wohnung standen. Moderne Möbel sind so leicht gebaut — man hat den Eindruck, die Möbelfabrikanten haben noch nie dicke Menschen gesehen.

»Sprechen Sie Deutsch?« begann Emma die Unterhaltung.

Cortone, von dieser Erscheinung noch immer überwältigt, sagte knapp: »No!«

»Dann will ick vasuchen, mir in Englisch auszudrücken. Bei mir verkehren ooch englische Künstler, von denen hab ick wat aufjeschnappt. Also denn —« Emma Pischke schaltete auf Englisch um: »10 000 Dollar!«

Dollar sprach sie fließend aus . . . die 10 000 malte sie mit dem dicken Finger auf die Tischdecke. Cortone sah ihr fasziniert zu.

»No!« sagte er wieder.

»Für Bossolo!«

»Wo ist Bossolo?«

»Bei mir! Ich soll Kasten holen!« Emma zimmerte mit den Händen einen riesigen Kasten in die Luft, und Cortone verstand sie sofort. Er war durch Dr. Hassler informiert und schüttelte wieder den Kopf.

»Er soll selbst kommen!«

»Ick soll abholen.«

»No! Keine Dollar, kein Gerät, nichts. Ich will ihn selbst sehen.«

»Det is ne schöne Scheiße!« sagte Emma. Mit Englisch kam sie hier nicht weiter. Der vornehme ältere Herr war ein sturer Hund. »Ick sach es ihm! Aba ick sach Ihnen ooch wat: Mir jeht nischt an, wat hier jespielt wird, aber mir jeht det Jeld wat an! Und det kriege ick. Sonst ruf' ick meene Freunde, die Polente an . . . det is keene Erpressung, Mister, sondern ne jeschäftliche Transaktion! Vastanden?«

Cortone nickte. Man hätte mit ihm auch chinesisch sprechen können, er würde es ebensowenig begriffen haben wie Emmas Darstellung. Er wußte nur, daß die Unterredung beendet war und daß Dr. Hassler jetzt aus seiner Reserve hervorkommen mußte.

Er drehte sich um und ging. In der Tür zum Schreibzimmer stand Helga Bergmann, sehr schön, in kurzen, knappen Shorts und einem engen weißen Pulli. Ein Anblick, der zum blauen Himmel und dem sonnenvergoldeten Wasser paßte. Cortone war es bei soviel Naturschönheit gleichgültig, ob sie die Unterhaltung mit angehört hatte oder ob sie gerade erst gekommen war. Er ließ Emma Pischke sitzen, ging mit großen Schritten auf Helga zu, küßte ihr die Hand und sagte: »Befehlen Sie über mich, Göttin!«

Es war nicht zu leugnen: Trotz 40 Jahren Amerika war Cortone Sizilianer geblieben. Vor weiblicher Schönheit wurde er geradezu religiös.

Emma wartete, bis Cortone gegangen war. Dann schlug sie auf den Tisch, verhalten allerdings, denn die Tischbeine sahen nicht sehr stabil aus, und sagte dröhnend: »Ick werd' dir helfen, Händchen küssen! Bei mir hat noch jeder Jauner de Hosen runterjelassen!«

»Unser ›Hirn‹ nennt sich Dr. Hassler«, sagte zwei Stunden später Holden mit großer Zufriedenheit zu Beutels. Faul lagen sie wieder am Ufer, vor sich Dulcan und Housman, denen die Langeweile aus den Badehosen tropfte, im Wasser der eifrige Pinipopoulos, der

Evelyn Drike umschwamm und sich merkte, was sie quiekend von sich gab. Er war ein korrekter Geschäftsmann; für seinen Lohn wollte er gute Arbeit liefern.

»Der Name ist natürlich falsch.« Beutels gähnte. »Immerhin ist er standesbewußter Akademiker, der auch bei einem Falschnamen nicht auf seinen akademischen Grad verzichtet. Holden, der Name hilft uns wenig.«

»Warten Sie's ab, Sir. Ihre ›Dicke Emma‹ hat von Cortone den Auftrag bekommen, diesen Dr. Hassler nach Tutzing zu bringen.«

»Worauf er sich nie einlassen wird!«

»Es geht um den Zündimpuls, den Cortone offensichtlich mitgebracht hat.«

»Zum Teufel! Ich greife zu!« Beutels schnellte hoch. Es war erstaunlich, wieviel Elastizität in seiner Wohlbeleibtheit ruhte. »Wenn wir den Impulsgeber haben, ist alles gelaufen! Wir sparen 30 Millionen, die Angst ist vorbei, die größte Drohung der Kriminalgeschichte wird zu einem Windei . . . Wir brauchen bloß das kleine Kästchen.«

»Und Dr. Hassler?«

»Wird zu einem Nebenprodukt.«

»Wie wollen Sie an den Zünder herankommen?«

»Ich verhafte Cortone einfach.«

»Mit welcher Begründung?«

»Mit gar keiner! Verdammt, wenn's sein muß, hänge ich ihm Erregung öffentlichen Ärgernisses an. Ich behaupte, seine Badehose sei unanständig. Bei so einem Unterbau sei sie zu knapp. Ich brauche nur eine Viertelstunde — dann habe ich das Zimmer durchsucht. Später gebe ich seinem Protest nach.«

»Und Sie behaupten, unsere Methoden seien hemdsärmelig!« Holden hielt Beutels am Bein fest. »Bleiben Sie, Sir. Wenn Sie Ihren spontanen Gedanken folgen, garantiere ich Ihnen eine Schießerei bester Chicago-Manier. Dann wird nämlich Housman munter. Ich wette, daß keiner Ihrer Jungs so schießt wie er.«

Beutels ließ sich wieder auf das Badetuch fallen. Er seufzte. »Hättet ihr doch nie euren Wilden Westen gehabt«, sagte er. »Davon kommt ihr einfach nicht los.«

OLYMPIA

Der heilige Tempelhain war abgesperrt.

Ein Militärkordon umzog die Ruinenfelder, nur die Zeitungsleute, Bildreporter und Kameramänner von Film, Fernsehen und Wochenschauen hockten zwischen den Säulenresten und stellten ihre Apparate ein.

Eine weihevolle Stille lag über der antiken Stätte, als griechische

Schauspielerinnen in langen, wallenden, weißen Gewändern, wie sie vor 2 500 Jahren hier an der Westküste des Peloponnes getragen wurden, langsam und würdig wie antike Priesterinnen in die Mitte des heiligen Hains schritten. Nur das leise Surren der Kameras und das Klicken der Fotoverschlüsse war zu hören. Hinter der Absperrung ballten sich die Zuschauer, schwitzten in offenen Hemden, unter Sonnenschirmen oder mit Taschentüchern auf dem Kopf. Der Präsident des griechischen Nationalen Olympischen Komitees blickte auf seine Uhr. Auf die Minute genau ... die Mittagssonne brannte unbarmherzig, die weißen Steinreste blendeten, die Luft stand flimmernd über den Ruinen, das gleißende Licht, hundertfach reflektiert, bohrte sich in die Netzhäute.

In der Mitte des heiligen Hains kniete ein junger, schwarzlockiger Läufer, eine noch jungfräuliche Fackel in der Hand. Vor ihm auf einem Steinaltar, wie zum Opfer bereit, lag, noch zugedeckt, der große Brennspiegel, mit dem die Sonne, die Zeus der Erde schenkte, das Feuer entfachen sollte. Das Feuer, für dessen Diebstahl Prometheus einst von dem Gott bestraft worden war, jenes Feuer, das Fortschritt bedeutete, aber auch Vernichtung war, wurde jetzt zum Symbol der Reinheit, des Friedens, der Brüderlichkeit aller Völker.

Prometheus hatte gesiegt. Die Welt war eine Einheit, sobald die Flamme von Olympia zu leuchten begann.

Unter den feierlichen Klängen einer sphärenhaften Musik umwandelten die wallenden Priesterinnen den Altar, hoben dann den riesigen Brennspiegel hoch, drehten ihn zur Sonne und fingen die Strahlen ein, die Leben bedeuteten.

Die konzentrierte Hitze, in dem geschliffenen Glas zu einem einzigen Strahl verschmolzen, traf die bronzene Schale mit dem Brennmaterial. Ein dünner, weißer Rauch quoll hoch, stieg kerzengerade auf, von keinem Wind gestört, nur von der Sonne, die ihn geboren hatte, angezogen ... dann züngelte die Flamme hoch, das Geschenk der Götter, des Lebens reinigende Glut.

Der schwarzgelockte Läufer hielt seine Fackel in die Flamme. Sie nahm das Feuer auf, brannte ... hochgereckt, des Prometheus' Beute dem Himmel und der Welt und allen brüderlichen Menschen anbietend, stand der Läufer da, sein vom Schweiß überströmtes Gesicht glänzte in fast himmlischer Verklärung, langsam drehte er sich, allen das Wunder zeigend, die Zeugung aus der himmlischen Hitze, die Kameras surrten, Jubel brandete auf, Händeklatschen, ein Wall von Armen flog empor zum Gruß ...

Dann setzte sich der Läufer in Bewegung. Mit erhobenem Arm verließ er, geschmeidig im Schritt, den heiligen Hain, durch eine Gasse von Jubel und Verzückung, die Fackel mit dem lodernden Feuer über seinen Locken.

Der erste Läufer war unterwegs. Die erste Olympische Fackel der

XX. Olympischen Spiele verließ die Ruinen, um durch acht Länder getragen zu werden, von 5100 Läufern, von denen jeder 1000 Meter laufen würde, um dann das Feuer weiterzugeben.

Durch Griechenland und die Türkei, durch Bulgarien, Rumänien, Jugoslawien, Ungarn und Österreich, über Patras, Delphi und Athen, Thessaloniki, Alexandropolis und Sofia, Bukarest, Temesvar und Belgrad, Novi Sad, Subotica, Szeged und Budapest, Györ, Wien, Linz und Salzburg, um dort, nach Freilassing zu, die deutsche Grenze zu überschreiten.

Eine gasgespeiste Fackel würde dann die Flamme aufnehmen, 75 Zentimeter lang, 750 Gramm schwer, aus Stahl gedreht von derselben Firma Krupp in Essen, die einmal die Kanonen lieferte, die die ganze Welt erschütterten. Jetzt lohte das Feuer der Brüderlichkeit von ihrem Stahl, die Flamme des Friedens, von Hand zu Hand gereicht, die Völker verbindend für ganze 16 Tage.

16 Tage Brüderlichkeit durch eine Flamme.

16 Tage Reinheit.

Danach würden Stahl und Feuer wieder der Grundstoff für Kanonen und Granaten sein.

Was für eine Welt!

Verfiel Prometheus einem schrecklichen Irrtum, als er vom Olymp das Feuer für die Menschen stahl? Wurde er bestraft, weil Zeus die Menschen besser kannte?

Der erste Läufer mit der ersten Fackel erreichte den Rand des Ruinenfeldes von Olympia. Das weite Land lag vor ihm, flimmernd im Sonnenglast.

Es war der 20. Juli.

In Tutzing putzte Bertie Housman seinen Revolver mit geradezu mütterlicher Zärtlichkeit.

TUTZING

Dr. Hassler war natürlich nicht gekommen. Er rief Cortone an, mit veränderter Stimme, wie Cortone verblüfft feststellte, einer Stimme, die so widerlich preußisch klang, wie ein Amerikaner sich einen Preußen vorstellt und wie er auch immer von Sternheim im Film gespielt wurde. Mit Bürstenhaarschnitt und Monokel. Cortone empfand einen Ekel gegen diese Typen, und Dr. Hassler tat alles, diesen jetzt zu verstärken.

»Sie brechen also unsere Abmachungen?« schnarrte er.

»Ich will nur, daß wir uns persönlich zusammensetzen.«

»Ihre Neugier kostet Sie 30 Millionen, nein 33 Millionen, die Entwicklungskosten eingeschlossen.«

»Und Sie können Ihre Staatsmänner nicht in den Himmel jagen,

Doc! Ihr sogenanntes Lebenswerk ist Scheiße geworden!« Cortone tat es gut, einmal wieder in alter Manier zu reden. »Wie Sie's auch drehen — wir sind immer quitt!«

»Irrtum! Ich kann Sie der Polizei melden.«

»Als was? Ich bin ein friedlicher Olympiatourist. Den Impulsgeber verschwinden zu lassen, ist eine Sache für Kleinkinder. Was will man mir anhängen? Aber Sie —«

»Mich kennt keiner. Ich bin ein Schatten in der Masse.«

»Wieder 1 : 1, Doc!« Cortone wurde fröhlich. »Sie müssen schwindelfrei sein ... Sie drehen sich immer im Kreis.«

»So kommen wir nicht weiter, Cortone.«

»Ich heiße Olbridge.«

»Zum Teufel, ja! Was wollen Sie denn? Sie geben mir die Zündanlage, ich verschaffe Ihnen 30 Millionen Dollar. Dem armen Teufel Bossolo geben Sie 10 000 Dollar ... vielleicht das erste und einzige gute Werk, das Sie in Ihrem Leben tun.«

»Irrtum, Doc. Ich habe in New York ein Kinderheim gestiftet, eine Kirchenglocke, die Einrichtung für einen Betsaal und einen Spielplatz für spastisch gelähmte Kinder. Eine Stiftung für alte Sportler trägt meinen Namen: Das ›Cortone Sportlerheim‹. Was haben Sie aufzuweisen?«

»Am 26. August 400 tote Staatsmänner und die Befreiung der Welt von ihren politischen Parasiten.«

»Wenn *ich* will!«

»Olbridge, es ist alles vorbereitet. In 6 Tagen wird die erste Million übergeben. Der einzige, der daran verdient, sind Sie! Ist Ihnen mein Gesicht 30 Millionen wert?«

»Ja!« sagte Cortone laut. Er bewunderte sich selbst. »Ich will Sie sehen.«

Dr. Hassler legte ohne Entgegnung auf.

Im gleichen Augenblick wurde die Tür aufgerissen. Lucretia stürzte ins Zimmer, ergriff die nächste herumstehende Vase und schleuderte sie Cortone an den Kopf. Nur durch schnelles Bücken — mein Reaktionsvermögen ist noch gut, durchfuhr es ihn — entging er dem Treffer.

»Du Schuft!« schrie sie. »Du Miststück! Soll ich dich umbringen oder die deutsche Ziege oder euch beide? Wo warst du heute nacht?«

»In München«, sagte Cortone. Er sah keinen Anlaß, die Wahrheit zu verschweigen. »In einer Reihe von Bars. Es wäre langweilig gewesen, wenn Helga nicht dabei gewesen wäre.«

»Du dicker, aufgeblasener Molch!« Sie ballte die Fäuste, sah sich um, aber es war nichts in der Nähe, was sich zum Werfen eignete. »Glaubst du, ich lasse mir das gefallen? Ich habe meine Jugend geopfert, ich habe die schönsten Jahre meines Lebens damit verbracht, dich zu ertragen, ich habe —«

»O Gott, stell das Tonband ab!« Cortone winkte lässig ab. Damals, als Lucretia zu Dulcan überwechselte, nach der Ohrfeige, die berechtigt war vom Standpunkt des Liebhabers und auch des Vaters aus — und beides hatte Cortone in sich vereinigt —, damals hatte sie die gleichen Worte geschrien. Nur war die Situation damals anders. Dulcan war froh, sie in seine Arme zu schließen, schon um seinem Jugendfreund Cortone ein Geweih zu verpassen — ein Fluchtweg, der Lucretia nicht mehr blieb, denn ihr Haß auf Dulcan war mindestens ebenso groß wie jetzt ihre Eifersucht auf Helga Bergmann. Es war für Cortone deshalb auch leicht zu sagen: »Wenn du nervös bist, kannst du zurück nach New York fliegen.«

»So? Kann ich das?«

»Ja. Ich gebe dir einen Scheck über 100 000 Dollar mit.«

»Ein Trinkgeld.«

»So hoch ist noch kein Unterleib dotiert worden.«

»Du erbärmliches Schwein! Was hat sie denn an sich, daß du so verrückt bist nach der deutschen Nutte?!«

»Noch ein solches Wort, und du bekommst wieder eine Ohrfeige!«

»Schlag nur! Schlag zu! Hier — hier —« Sie kam näher und hielt ihm ihre Backe hin. Ihre schwarzen Augen waren poliert von Gift und Haß. Sie zitterte, und ihr Mund war offen wie bei einem Fisch, den eine große Welle an Land geworfen hat. »Riecht sie besser? Ist ihre Haut glatter? Womit sprüht sie sich ein, diese deutsche Nutte ... Nutte ... Nutte ...«

Cortone schlug trocken zu. Gezielt, kräftig, ohne Reue, ohne sich groß zu bewegen, aufrecht stehend, mit verschlossenem Gesicht. Links, rechts, links ... es klatschte, wie wenn ein nasses Handtuch gegen eine Mauer schlägt. Lucretias Kopf pendelte hin und her, als säße er auf einer Spirale. Ihr Mund blieb in maßlosem Erstaunen geöffnet, aus Haß wurde Entsetzen in ihren Augen, aus Gift eine schreckliche Leere.

»Zufrieden?« sagte Cortone lässig. Ihm tat die Handfläche weh. Lucretias Gesicht war rot und schwoll zusehends an.

»Ja«, sagte sie ruhig und klar. »Vollkommen zufrieden! Und jetzt gehe ich und erzähle alles ...«

Bevor Cortone zugreifen konnte, war sie weggeschlüpft, rannte aus dem Zimmer, die Treppe hinunter ... es war fast, als könne sie fliegen, und Cortone, der hinter ihr herraste, hatte das Gefühl, ihre Füße berührten gar nicht mehr den Boden.

Sie war natürlich schneller als er, erreichte die untere Diele, bevor er noch die Treppen nehmen konnte, und schoß — anders konnte man es nicht nennen — durch die Hotelhalle hinaus auf die Straße. Das alles machte keinerlei Aufsehen, die meisten Gäste ruhten nach dem Mittagessen oder lagen am Strand, nur ein schläfriger Portier hinter der Rezeptionstheke starrte ihr nach und wunderte sich nicht. Wer seit 30 Jahren Hoteldienst macht, hat sich abgewöhnt, Launen der Gäste überzubewerten. Außerdem war es heiß, mindestens 30 Grad im Schatten. Das macht müde, vor allem, wenn man allein hinter einer Theke sitzt.

Cortone stoppte seinen Lauf und blieb oben an der Treppe stehen. Dann ging er zurück in sein Zimmer und rief Dulcan in der Pension Lettenmayer an. Cortone hatte Glück . . . Dulcan kam gerade aus der Dusche, er hatte kalt gebraust und das Sonnenöl abgewaschen. Housman im Zimmer nebenan stand noch unter dem kalten Strahl.

»Ted«, sagte Cortone. »Lucretia spielt verrückt. Sie ist auf und davon und will reden.«

»Wann?«

»Vor einer Minute.«

»Es war ein Fehler von dir, Mauri. In unserem Alter sollte man schöne Frauen wie Grapefruit genießen . . . auslöffeln und die Schale wegwerfen! Ich werde Berties Langeweile aufheitern.«

»Um Gottes willen, Ted — wir sind in Deutschland!«

»Auch hier sterben Menschen! Bertie wird es diskret machen.«

»Ted!« Cortone brüllte los, aber Dulcan hörte es nicht mehr. Er hatte den Telefonhörer hingelegt, ließ Cortones Stimme schnarrend in den Raum fliegen und ging hinüber zu Housman. Bertie Housman würde die Sache schon ins reine bringen. Diskret, versteht sich.

Holdens Plan erfüllte sich Punkt für Punkt. Man sollte alle Kriminalisten Psychologie studieren lassen.

UFERPROMENADE

Ric Holden saß am See auf einer Bank, abseits des Badestrandes und des Rundkurses von geharkten Wegen, auf denen die Kurgäste spazierengingen und die Befriedigung genossen, sich zu erholen. Helga hatte ihm mitgeteilt, daß Lucretia sie und Cortone beim Mittagessen im Waldrestaurant ›Seeschwalbe‹ überrascht hatte und beim Vorbeigehen an ihrem Tisch undamenhaft und unfein in Helgas Teller gespuckt hatte. Cortone hatte nur Helga zuliebe keinen Krach geschlagen, sondern war mit hochrotem Kopf und erstarrt wie Lots Weib sitzen geblieben. Nachher hatte er sich entschuldigt und erklärt, die feurige junge Dame habe er mit nach Europa genommen, um sie Spezialisten vorzuführen. Sie leide manchmal unter plötzlich ausbrechenden Wahnvorstellungen und benehme sich dann absonderlich. So wie jetzt.

»Vorzüglich, Darling!« hatte Holden gesagt. »Dann wird es heute noch zum Bruch kommen.«

Daß diese Ansicht stimmte, erkannte Holden, als er Lucretia auf sich zulaufen sah. Ihr Haar wehte wie eine weißblonde Fahne hinter ihr her, sie ruderte mit den Armen, als sei sie eine der Läuferinnen auf den Olympiabahnen, und als sie Holden auf der Bank bemerkte, warf sie die Hände hoch in die Luft und rief etwas, was Holden nicht verstand.

Er sprang auf, wartete, bis sie auf ein paar Meter vor ihm war, breitete dann die Arme aus und sagte mit seinem unwiderstehlichen Charme:

»Komm her, mein Schmetterling!«

Er sah sofort, daß sie mißhandelt worden war. Ihr Gesicht war geschwollen, auf der sonst so samtigen Haut zeichneten sich deutlich Cortones Finger als Striemen ab.

»Himmel noch mal!« sagte er mit glaubwürdigem Entsetzen. »Bist du hingefallen? Dein Gesicht —«

»Liebst du mich?« Lucretia hing an seinem Hals. Ihre Augen sprühten Flammen, und es war faszinierend zu sehen, wie trotzdem dicke Tränen durch dieses Feuer tropften. »Ich muß wissen, ob du mich liebst . . . Hörst du, ich muß es wissen . . .«

»Du bist eine herrliche Frau«, sagte Holden. Er log dabei nicht, Lucretia war wirklich eine ungewöhnliche Schönheit, aber er legte sich mit dieser Feststellung auch nicht in seiner Liebe fest. Lucretia deutete es anders . . . sie schmiegte sich an ihn, atmete tief durch und wischte mit diesem langen Seufzer Cortone für immer aus ihrer Seele.

»Sie . . . sie wollen das Olympiastadion in die Luft sprengen!« sagte sie. »Alle Menschen und vielleicht ganz München dazu.«

»Wer?« Holden sagte es leichthin, als glaube er so einen Blödsinn nicht. Er brauchte Gewißheit, daß Cortone wirklich den Impulsgeber bei sich führte.

»Cortone, Dulcan, Housman, Dr. Hassler . . .«

»Wer sind diese Leute?«

»Himmel noch mal, Liebling, frag nicht so lange. Laß uns zur Polizei fahren! 30 Millionen wollen sie erpressen und dann trotzdem die Bomben zünden.«

»Das gibt's doch gar nicht.« Holden lachte gemütlich. »Darling, du hast geträumt. Wach auf.«

»Ric, um Gottes willen, ich flehe dich an . . . unter dem Olympiastadion liegen zwei Atombomben. Plutonium . . .«

»Das gibt's nun wirklich nicht.«

»Ich habe die Bomben gesehen. Ich war täglich dabei, wenn Cortone die Werkstatt besuchte. Sie haben über ein Jahr daran gearbeitet, in einer alten Fabrik in New York. Zwei Bomben. Die eine liegt im nördlichen Fundament, in der großen Stahlsäule, die das Dach trägt, die andere unter der —«

Holden hielt den Atem an. Gott im Himmel segnet diese Stunde, dachte er. Sie rettet die Welt . . .

Er blickte über Lucretias Kopf hinweg ins Land, und dieser Blick war von Gott nicht gesegnet. Er sah für den Bruchteil einer Sekunde einen Kopf hinter einen Busch wegtauchen, und noch bevor er sich mit Lucretia im Arm mit einem wilden Schwung zu Boden warf, wußte er, daß er Bertie Housman gesehen hatte.

Im Fallen hörte er das abscheuliche, trockene »Plopp«. Wie wenn man einen Korken aus der Flasche zieht.

Schalldämpfer, dachte er. Schalldämpfer. Schalldämpfer. Er spürte den Einschlag in Lucretias Rücken, der Ruck drang bis zu ihm, ihre Augen weiteten sich zu einem sprachlosen und dann erlöschenden Erstaunen, ihr Mund, der den Platz der zweiten Bombe verraten wollte, blieb offen, das Wort hing unhörbar an ihren Lippen... dann rollte Holden mit der Toten eine kleine Böschung hinab zum See.

Fast unmittelbar nach dem ersten gedämpften Schuß ertönte ein zweiter in normaler Lautstärke. Der krachende, peitschende Laut eines schweren Revolvers, fast wie ein Donnergrollen, sich in Schallwellen in der Weite verlierend. Holden blieb steif liegen. Er war unbewaffnet und verfluchte seinen Leichtsinn. Dieser zweite Schuß war ihm rätselhaft. Es war ein Klang, wie ihn auf der ganzen Welt nur eine einzige Waffe erzeugen kann.

Am oberen Rand der Böschung erschien eine schlanke Gestalt in einem eleganten hellgrauen Sommeranzug. Englischer Schnitt, unterkühlte, raffinierte Eleganz. Sie setzte sich auf die Bank und schlug die Beine übereinander, nicht ohne vorher die Bügelfalte geradegezupft zu haben.

»Ich war zwei Sekunden zu spät«, sagte die Gestalt. »Entschuldigen Sie. Ist sie tot?«

»Natürlich.« Holden kroch unter Lucretias schlaffem Körper hervor. Auf ihrem schönen Rücken breitete sich ein häßlicher roter Fleck aus. »Wie kommen Sie hierher, Lepkin?«

»Ich hätte mehr Kameradschaft unter Kollegen erwartet, Genosse«, sagte Lepkin. »Alles mußte ich mir selbst zusammensuchen, und dann immer noch im Hintergrund bleiben. Ich bin vorhin wirklich überrascht worden. Darum fehlten mir auch die zwei Sekunden. Sind Sie verletzt, Brüderchen?«

»Nein. Und Housman?«

»Wir sollten uns nicht mit der Vergangenheit aufhalten, Genosse.« Stepan Mironowitsch half Holden den Hang hinauf, klopfte ihm den Anzug ab und reichte ihm seinen Taschenkamm. »Sie wissen, wo die Bomben liegen?«

»Eine.«

»Die andere finden wir auch. Vertrauen Sie mir *ein* Mal und lassen Sie *mich* mit Cortone sprechen.«

Holden nickte stumm.

Lucretias Leiche wurde ohne großes Aufsehen abtransportiert.

Beutels, der natürlich in kürzester Zeit zur Stelle war und zunächst seine Verwunderung unterdrückte, Lepkin am Starnberger See zu sehen, beorderte einen Krankenwagen ans Ufer und ließ Lucretia, mit einer weißen Decke zugedeckt, durch die gaffende Menge tragen, die sich schnell versammelt hatte. Obgleich nach den Transportverordnungen ein Krankenwagen nur Kranke und keine Tote befördern darf, hatte Beutels eine Ausnahme erreicht.

»Ein Sonnenstich«, sagte Beutels, der sich wie ein Arzt benahm, zu den Leuten auf der Promenade. »Fiel plötzlich um. Das gibt sich. Keine ernste Angelegenheit.«

Da Lucretia auf dem Rücken lag und man den häßlichen Einschuß und den großen Blutfleck nicht sah, da sie außerdem mit einem so seligen Gesicht dalag, als schlafe sie wirklich, von der Glut der Sonne gefällt, glaubte jeder an diesen sommerlichen Unfall, bedauerte die schöne Frau, sagte etwas über die Unvernunft zu langen Sonnenbadens und nahm dann die Erholungspromenade wieder auf.

Der Abtransport Housmans wurde in aller Stille vorgenommen. Zwei Sonnenstiche auf einmal — das wäre zuviel gewesen, das hätte man beim besten Willen niemandem einreden können. Beutels entschied, daß Housman im dichten Gebüsch liegen bleiben sollte bis zur Dunkelheit, und postierte einen jungen Polizisten als Wache daneben. Da Polizisten in Deutschland zum Alltagsbild gehören, erzeugte auch das keinerlei Interesse.

»Ein sauberer Schuß«, sagte Beutels, nachdem er Housman betrachtet hatte. »Genau in die linke Schläfe. Und mit einem so dicken Kaliber. Sie haben eine ruhige Hand, Genosse.«

Lepkin lächelte schwach. »Wir haben einen guten Schießstand«, sagte er bescheiden.

»Und wieso schleichen Sie in Tutzing herum?«

»Es ist unsere Spezialität, immer an der richtigen Stelle zu sein.«

»Sie sind über alles im Bild?«

»Nein. Ich habe mir die Informationen selbst beschafft.« Es klang darin ein leiser Vorwurf mit, Beutels vernahm ihn deutlich.

»Ich dachte, Sie seien mit Bossolo beschäftigt, Lepkin.«

»Bei der Suche nach ihm stieß ich auf Tutzing.« Er blickte auf den Fleck, auf dem Lucretia gelegen hatte. Die Grasspitzen waren rot gefärbt, aber nur ein geübtes Auge bemerkte das. »Zwei Sekunden zu spät . . . ich mache mir und Ihnen einen Vorwurf, Towarischtsch.«

»Wer konnte mit so etwas rechnen! Am hellen Tage!«

»Für Housman spielt die Tageszeit keine Rolle.« Holden zog seine

Jacke aus, es war wirklich so heiß, daß eine zarte Frau umfallen konnte. Nur war Lucretia nie zart gewesen. »Kümmern wir uns jetzt um Dulcan und Cortone, meine Herren. Und eine von den Bomben haben wir.«

Beutels fuhr herum, er war gerade dabei, verträumt über den See zu blicken, Ein herrliches Bild. Ein Schwingen und Gleiten lautloser Segel auf azurblauem Wasser.

»Was sagen Sie da?!« schrie er. »Und da stehen wir hier herum wie Rentenempfänger?!«

»Noch haben wir Zeit, Sir. Niemand weiß, daß uns der Platz bekannt ist. Außerdem kommen wir nicht an das Ei heran – es liegt sieben Meter tief in einem der Fundamente der riesigen Zeltdachstützen.«

»Das ist eine verfluchte Scheiße!« sagte Beutels. »Sofort zu Cortone! Er weiß ja nicht, was hier passiert ist. Jetzt kassiere ich den Impulsgeber.«

»Überlassen Sie ihn mir«, sagte Lepkin ruhig. »Bitte. Die Überzeugungskraft meiner Unterhaltung ist erwiesen. Kümmern Sie sich um das Stadion. Mit Cortone verhandle ich allein.«

»Lepkin –« Beutels holte tief Luft. Er wollte etwas sagen von Humanität und Menschenrecht, die auch ein Verbrecher beanspruchen kann, aber dann dachte er an die beiden Plutoniumbomben, an das unvorstellbare Chaos, das sie auslösen konnten, und er nickte, wie Minuten vorher auch Holden genickt hatte. »Viel Erfolg«, sagte er nur noch.

Sie kamen zu spät.

Cortone war aus dem Hotel ›Alpenrose‹ verschwunden. Wie der schläfrige Portier sagte, mit einem kleinen Handkoffer. Der Portier hatte gedacht, er ginge wieder ins Strandbad. In der Pension Lettenmayer vermißte man Ted Dulcan ... Beutels, der nach Vorzeigen seiner Kriminalmarke sofort die Zimmer von Housman und Dulcan durchsuchte, fand alles in den Schränken eingeräumt. Aloys Lettenmayer konnte sich erinnern, seinen so stillen und angenehmen Gast vor fünf Minuten auf der Straße gesehen zu haben. Ganz ruhig, die Hände in den Taschen, den Tag genießend, ein Bummler, der viel Zeit hat.

»Das sind unsere Spezialisten«, sagte Holden ernst. »Hinter der Hausecke wird er äußerst schnell geworden sein. Für einen Dulcan sind fünf Minuten ein großer Vorsprung.«

Es zeigte sich, daß er recht hatte. Cortones Leihwagen war vom Parkplatz geholt worden. Die große Jagd begann.

»So, und jetzt sollen die amerikanischen und sowjetischen Kollegen sehen, daß wir Deutschen keine Pflaumenmännchen sind!« sagte Beutels. »Jetzt drücke ich aufs Knöpfchen und lasse die größte Fahndung anlaufen, die Bayern je erlebt hat.«

Er hob Lettenmayers Telefon ab und rief im Präsidium an. »Aktion eins!« sagte er knapp. »Wenn ich innerhalb von 12 Stunden nicht Dulcan und Cortone vor mir sitzen habe, erlebt die deutsche Polizei die größte Säuberungswelle ihrer Geschichte.«

Das war zwar eine leere Drohung, denn wenn ein deutscher Beamter erst einmal Beamter ist, so bleibt er das auf Lebenszeit, auch Unfähigkeit ist kein Grund, ihn zu benachteiligen, für solche Fälle gibt es stille Abseitsposten, wo man immer noch das Gefühl der Unabkömmlichkeit pflegen kann . . . aber wenn Beutels solche Tiraden von sich gab, wirkte das wie das Hineinblasen von Pfeffer in den Darm.

Alle verfügbaren Polizeiwagen wurden in den Einsatz geworfen. Die Landpolizei rief alle Patrouillenfahrzeuge zurück. Die Straßen wurden abgesperrt, rund um den Starnberger See legte sich ein Ring schwer bewaffneter Polizisten. Nach einer halben Stunde war die Abriegelung vollkommen. Selbst harmlose Radfahrer und durch die Wälder wandernde Liebespaare wurden kontrolliert. Dabei stellte sich heraus, daß auch an heißen Tagen mehr Pärchen in den Büschen und im Gras liegen, als man gemeinhin annimmt. Für einen Statistiker wäre das Liebesbedürfnis der Deutschen hochinteressant gewesen.

Und trotzdem war es zu spät. Für Cortone und Dulcan genügte der kleine Vorsprung, um auch in einem für sie fremden Land unterzutauchen. Eine Streife fand den Leihwagen auf einem Seitenweg an der Straße nach Weilheim. Beutels, der seine Befehlszentrale äußerst diskret im Direktionszimmer des Hotels ›Alpenrose‹ aufgeschlagen hatte, hieb auf den Tisch und suchte nach einer Brissago. Oberkommissar Abels, der gerade aus München eingetroffen war, um genaueres über die Lage der ersten Bombe, die man nun kannte, zu erfahren, dankte Gott, daß er vom Bundeskriminalamt kam und nicht Beutels unterstellt war.

»Das Gebiet ausdehnen!« brüllte Beutels ins Telefon. »Alles einbeziehen im Umkreis von 100 Kilometern! Höchste Alarmbereitschaft für alle Dienststellen, selbst die Einmannlöcher in den Dörfern! Ich habe eine Generalvollmacht des Bayerischen Innenministers und des Bundesinnenministers! Es ist zum Mäusemelken! Ich erwarte, daß ein einziges Mal das Sandmännchen nicht Gast in den Dienststellen ist! Verstanden?!«

»Sie haben sich getrennt«, sagte Holden und goß sich Whisky ein. »Und zwar in verschiedene Richtungen. Brüderchen Lepkin?«

»Ich weiß, Genosse.« Lepkin zog seinen modern gemusterten Schlips höher. Auch in der Mittagshitze verlor er nicht die kühle englische Eleganz. »Ich werde Cortone suchen.«

»Und ich Dulcan.«

»Wo?« fragte Beutels entgeistert. »Ich habe 2000 Beamte im Einsatz, und Sie sagen so einfach daher: Wir suchen ihn! Entweder sind Sie Hellseher, oder ich bin blöd! Wofür wollen wir uns entscheiden?«

»Für diese dicke Frau mit der Donnerstimme.«

»Die ›Dicke Emma‹?! Himmel noch mal, die habe ich vergessen! Das Gummiband zwischen Dr. Hassler und Cortone.« Er griff zum Telefon. Zehn Minuten später saßen zwei Beamte in Zivil in Emma Pischkes Küche, hatten eine Schürze umgebunden und schälten Kartoffeln. Bossolo, etwas fahler als sonst — wenn Italiener erbleichen, muß man schon genau hinsehen, um das festzustellen —, putzte Gemüse. Die »Dicke Emma« lief herum und verkündete mit Baßstimme ihr maßloses Erstaunen.

»Det de Polente bei mir Kartoffeln schält, det jehört unter Jarantie in meene Memoiren! Nee so wat! Aba dünn, meine Herren! Dünn! Der Zentner kostet 19 Mark! Och an de Kartoffeln kann ick mir verschwenden!« Sie wienerte den Herd, schrieb dann mit der Hand ihre berühmte ›Speisekarte‹: ›Heute habe ich Wirsing mit Mettwurst und Linsensuppe mit Bockwurst. Sonst wie immer‹, und kümmerte sich dann um die Gäste, die ahnungslos in der Wirtschaft saßen, Bier tranken, mit Bildern bezahlten oder eine Gitarre als Pfand für einen Eintopf zurückließen.

»Und wenn der Kerl kommt?« fragte sie. »Keene Knallerei, Jungs. Laßt mir mit 'n sprechen. Ick seh ihn mir an, tippe ihn gegens Kinn, und dann könnt ihr 'n uffsammeln. Klar?«

»Alles klar, Emma«, sagte Kriminalhauptwachtmeister Schwartze und griff in den Kartoffeleimer. »Aber vertu' dich nicht, der Kerl ist gefährlich.«

Cortone tauchte nicht auf. Auch Dulcan blieb verschwunden. Als es dämmerte, saß Beutels im Direktionszimmer des Hotels ›Alpenrose‹, trank Tee mit Cognac — trotz der heißen Schwüle —, starrte einem hungrigen Panther gleich in die Gegend und wunderte sich, daß niemand wagte, ihn anzusprechen. Auf dem Olympiagelände wurde unter dem Vorwand, daß man es überprüfen müsse, das Fundament des großen Stützmastes abgesperrt. Bauexperten, der Chef der Olympiabaugesellschaft, vier Architekten, der Polizeipräsident, der Präsident des Nationalen Olympischen Komitees und zwei Feuerwerker, die sich fragten, was sie hier sollten, denn sie konnten sich weder sieben Meter tief in den Beton fressen noch hatten sie eine Ahnung, wie man einen elektronischen Atombombenzünder entschärft — sie alle umstanden den riesigen Zeltmast. Keiner leugnete es: Man war ratlos.

Das Dach hing an der stählernen Stütze, die statischen Berechnungen waren so präzise, daß ohne eine umfangreiche Unterfangung der 8300 Acrylglasplatten das Fundament nicht aufzugraben war. Zahlen wurden genannt, die nur Fachleute verstanden: 440 Meter Randkabel, 35 Meter tiefe Grundung des Mastes, pro Fundament 1600

Kubikmeter Beton, Eigengewicht der Säule 3600 Tonnen, Höhe 80 Meter. Die Statik hatte ein Computer berechnet, eine Rechnung mit über 10 000 Unbekannten. Er schaffte völlig neue Denkvorgänge, die bisher noch kein menschliches Hirn bewältigt hatte. Nun hing das Wunderzeltdach über dem Gelände, ein Weltwunder, wenn man so wollte, grandioser als die klassischen Weltwunder, die uns heute wie Sozialbauten anmuten. Was war der Koloß von Rhodos, was die Hängenden Gärten der Semiramis, was die Pyramiden von Gizeh gegen dieses Dach aus Stahl und Glas? Sollte man es einreißen, vier Wochen vor Eröffnung der Olympischen Spiele? Selbst ein Herunterlassen des Daches mit nachfolgendem Ausbau der Stahlsäule, unter der die Plutoniumbombe lag, war zeitlich nicht mehr zu schaffen.

»Dieses Problem löst *kein* Computer!« sagte der Bayerische Innenminister, der auch zum Stadion gerufen wurde. »Was sagen die Experten?«

»Wenn wir die Bombe suchen, muß das gesamte Fundament aufgerissen werden.« Der Chef der Olympiabaugesellschaft ließ keinen Zweifel, was das bedeutete. »Diese Säule hier ist einer der Hauptträger des Daches. An ihr laufen die großen Bündel der Spannseile zusammen. Mit anderen Worten: Das Dach muß weg, wenn wir die Säule ausbauen.«

»Das ist das Ende der Olympischen Spiele!« sagte der Präsident des Nationalen Olympischen Komitees. »Sagen wir es ganz klar.«

»Ja!«

»Zwei Milliarden umsonst, und die Blamage in der ganzen Welt!«

»Verflucht — wir zahlen diese 30 Millionen dem Erpresser!«

»Das nützt nichts mehr.« Der Polizeipräsident sagte es ganz leise. »Wir wissen jetzt, daß dieses Geld nur ein Nebenfaktor ist! Er würde die Bomben trotzdem zünden! Er ist ein Irrer! Alles liegt jetzt in der Hand dieses Amerikaners Cortone. Er hat den Impulsgeber bei sich. An einem kleinen Kasten, den man an eine Lichtleitung anschließt oder an eine kleine Batterie, hängt das Schicksal der Stadt München, vielleicht sogar Mitteleuropas. Das ist unvorstellbar... aber der Mensch muß sich daran gewöhnen, das Unvorstellbare als tägliche Realität zu akzeptieren. Der Mensch selbst hat den Begriff des Unmöglichen abgeschafft. Es ist alles möglich! Wir haben die Schöpfungsgeschichte überrundet! Das ist die Lage.«

»Mit anderen Worten: Jetzt kommt es auf unsere Polizei an.« Der Bayerische Innenminister starrte den Polizeipräsidenten an. »Das Schicksal Münchens heißt Beutels.«

»Immer die Polizei!« Der Polizeipräsident verzog das Gesicht, als habe er heftige Gallenschmerzen. »Auch wir sind nur Menschen.«

»Ich gebe Ihnen alle Vollmachten! Auch für alles, was außerhalb der Legalität liegt. Ein solcher Fall rechtfertigt alles.«

»Danke, Herr Minister.« Der Polizeipräsident verbeugte sich etwas ironisch. Ihm blieb nichts anderes übrig. »Das ändert nichts an der Tatsache: Wir müssen mit zwei Atombomben leben!« Er zeigte mit ausgestrecktem Arm auf das Fundament der 80 Meter langen und 3600 Tonnen schweren Stahlsäule. »Da liegt sie drunter, und wir kommen nicht an sie heran. Wenn das kein Beweis der für unsere Zeit so charakteristischen Ohnmacht ist!«

Man schwieg, blickte auf die Säule und spürte die eigene schreckliche Winzigkeit. Eine alles, was Menschen bedeutete, aufweichende Angst, die sich an einen einzigen Mann klammerte: Beutels.

Diese Hoffnung der Verzweifelten hockte bis tief in die Nacht am Telefon der ›Alpenrose‹ und ließ sich die Meldungen durchgeben. Dann fuhr er zum Präsidium, wo an der großen Gebietskarte ›Umgebung München‹ die Fähnchen gesetzt waren wie bei einem Generalstabsplanspiel und die Standorte der Suchwagen verfolgt wurden. Die Funktelefone plärrten.

»Na?« fragte Beutels. Er wußte die Antwort im voraus, er wollte nur etwas sagen, nicht stumm untergehen.

»Nichts, Herr Kriminalrat.«

»Suchhunde?«

»Alle verfügbaren sind im Einsatz. Die Hubschrauber sind zurückgezogen, keine Sicht mehr.«

Beutels setzte sich in eine Ecke auf einen Stuhl. Hier bleibe ich, dachte er. Hier bleibe ich hocken, bis ich umfalle.

»Starken Kaffe, Butterbrote, Cognac und einen großen Aschenbecher her!« rief er. »Wer müde wird, kommt zu mir — ich trete ihn in den Hintern! Und geben Sie an alle Beamte durch: Wenn jemand fragt, was los ist, vor allem die Pressefritzen, soll man sagen: Großfahndung nach der Baader-Meinhof-Gruppe! Das glaubt jeder, das gehört zum Alltag. An alle Dienststellen, sofort! Zum Teufel, wo bleibt der Kaffee?!«

Zwei Tage und zwei Nächte hielt Beutels aus. Seine Beamten wechselten zweimal — er blieb in der Zentrale, rauchte, trank Kaffee und Cognac, aß Brote oder Gulasch mit Nudeln aus der Polizeikantine, telefonierte mit Ministern und Präsidenten, berichtete dem Bundespräsidenten über eine Sonderleitung vom Stand der Dinge, sprach mit dem Bundeskanzler und sagte ehrlich: »Deutschland ist kein Urwald, da haben Sie recht, Herr Bundeskanzler. Aber gerade weil es eine Kulturlandschaft ist, können sich zwei Menschen unsichtbar eingliedern. Im Urwald würde ich sie finden!«

Dann legte er auf, ohne die Antwort des Bundeskanzlers abzuwarten.

Am dritten Tag klappte Beutels zusammen. Er fiel vom Stuhl, lautlos, die Zigarre zwischen den Lippen. Drei Beamte trugen ihn auf eine Couch, deckten ihn zu, benachrichtigten den Polizeiarzt, aber bevor dieser eintraf, schnarchte Beutels schon. Es war ein so gesundes Schnarchen, daß der Arzt seine herzkräftigenden Spritzen wieder einpackte.

In Tutzing wurden alle Sachen von Cortone und Dulcan beschlagnahmt. Housman lag im gerichtsmedizinischen Institut, direkt neben seinem schönen Opfer Lucretia Borghi. Als Beutels am vierten Tag, nach einem Schlaf, der ihn in ein taumeliges Wachsein entließ, nach Holden und Lepkin fragte, hieß es, auch diese seien verschwunden. Am Abend zuvor, ganz plötzlich. Der Portier in der ›Alpenrose‹ meinte, sie seien sehr aufgeregt gewesen.

Beutels sprang wie elektrisiert auf. Ein Lepkin, der seine asiatische Ruhe verlor, war wie eine Posaune von Jericho . . . irgendwo mußten jetzt Mauern einstürzen . . .

STAFFELSEE

Von allen diesen dramatischen Vorgängen erlebte Pinipopoulos nichts. Die Bierbrauersgattin Evelyn Drike beschäftigte ihn mit solcher Vehemenz, daß er die letzten Tage nur noch auf der Landstraße verbrachte.

Sie machte eine Rundfahrt durch Oberbayern. Ein neuer Flirt hatte sie dazu angeregt, ein Student mit Bart und langen Haaren, der Fritz Ewaldt hieß, Soziologie studierte und seinen Kampf gegen das Establishment damit finanzierte, daß er reiche, lüsterne Damen bewegte, ihnen verträumte Plätzchen zeigte und sie »mein süßes Schweinchen« nannte, was entgegen aller Wahrscheinlichkeit als höchste Zärtlichkeit bewertet wurde. Mit ihm landete Evelyn am Staffelsee, wo sie in einer kleinen Bauernpension abstiegen. Fritz Ewaldt schien hier Stammgast zu sein, man begrüßte ihn wie einen Freund, verlangte allerdings Vorkasse (das verdammte Establishment!), sagte: »Dös is a guats Vogerl!«, was Evelyn Drike natürlich nicht verstand, und überließ die beiden ihrer Zärtlichkeit. Pinipopoulos notierte: Wieder eine Million fort vom Erbe! Es war zum Heulen, wie ein Unterleib sich selbst verarmte.

Evelyn, dem Wasser ebenso intensiv zugetan wie der Liebe, schon weil sie im Badeanzug eine zum Angreifen herausfordernde Figur abgab, ließ es sich nicht nehmen, im Staffelsee zu planschen. Pinipopoulos stieg seufzend ebenfalls ins Naß, ohne in die Gefahr zu kommen, bemerkt zu werden, denn Mrs. Drike hatte keinen Blick für ihre Mitschwimmer außer dem einen, der ihre neckischen Wasserspiele mitmachte. Fritz Ewaldt war darin Meister, konnte tauchen wie ein Pinguin und schien in der Tiefe allerlei Fertigkeiten zu entwickeln, denn Evelyns Quietschen durchhallte die reine Bergluft rund um den See.

Am zweiten Tag warf der Zufall Pinipopoulos auf den Rücken. Er saß unter einem Sonnenschirm, las in der Athener Volkszeitung, warf ab und zu einen Blick auf Evelyn und Fritz, die Federball spielten, als um eine Biegung des Sees ein Ruderboot herumkam und langsam am Ufer der Bauernpension vorbeiglitt. Ein einzelner Mann saß in dem Kahn, stemmte sich in die Riemen und hinterließ das Bild eines sehr um seine Linie bedachten Sportlers. In wettkampfträchtigem Rhythmus tauchten die Ruderblätter ins Wasser.

Der Sportsmann war Ted Dulcan.

Pinipopoulos warf die Zeitung weg, rollte sich zur Seite und lief ins Haus. Er hatte Glück. Ric Holden war noch in der ›Alpenrose‹ und hielt in Cortones Zimmer Wache. Er wartete auf einen Anruf von Dr. Hassler. Als er Pinipopoulos hörte, war er fast beleidigt.

»Pini, legen Sie auf!« rief er. »Sie blockieren 30 Millionen! Wo sind Sie denn?«

»Am Staffelsee. Und wissen Sie, wer gerade vor meiner Nase vorbeiruderte? Übrigens im klassischem Stil?«

»Präsident Nixon?«

»Ted Dulcan.«

»Pini! Keine dämlichen Witze!«

»Ist denn Ted noch in Tutzing?«

»Nein! Ich ja, Sie wissen ja nicht, was geschehen ist. Housman ist tot. Lucretia ist tot.«

»Freude, schöner Götterfunken! Und Dulcan rudert hier Regatta.«

»Ich komme sofort. Wo sind Sie genau?«

»Bei Murnau. Pension ›Seeschwalbe‹. Ich sehe Dulcan hier vom Fenster aus. Der Junge ist trotz seines Alters erstaunlich fit! Der Kahn ist grünrot lackiert. Unten grün, oben rot. Gar nicht zu übersehen. Hat Dulcan Lucretia und Housman umgelegt?«

»Später, Pini! Bleiben Sie bei Dulcan!«

»Dafür werde ich nicht bezahlt. Ich muß Mrs. Drikes erotische Artistik überwachen.«

»Pini! Man wird Ihnen 100 000 Mark zahlen, wenn Sie uns entscheidend helfen.«

»Ist das sicher?«

»Ich schwöre es Ihnen! Los, raus . . . bei Dulcan bleiben! Wandern Sie am Ufer neben ihm her. Ich komme sofort!«

Pinipopoulos war viel zu sehr Grieche, um eine Summe von 100 000 Mark mit Verachtung zu strafen. Er warf den Hörer hin, rannte aus dem Haus, drückte einen Strohhut auf seinen Kopf und sah Dulcan, wie er vom Ufer wegruderte, der Mitte des Sees zu. Es war anzunehmen, daß er die andere Seite zu erreichen suchte, und da Pinipopoulos zwar viel gelernt hatte, aber nicht, mittels Armbewegungen zu fliegen, raste er zurück, lieh sich von Bauer und Pensionswirt Franz Hubmüller ein Auto, in dem es nach Mist roch, und fuhr um den Staffelsee herum. Für Holden hinterließ er, daß er auf die Seite gefahren sei, wo die Ach in den See mündet.

Dulcan ruderte wirklich über den See. Aber er ließ sich Zeit, zog sogar die Riemen ein, ließ sich treiben, ruderte dann weiter, kräftesparend, in dem Bewußtsein, daß seine Spur verwischt war. Den Kahn hatte er gemietet, wie es ein braver Kurgast tut, und er hatte mit einer von der deutschen Polizei nicht einkalkulierten Kaltblütigkeit die Leihgebühr bezahlt, während zwei Dorfgendarmen daneben standen und in ihren Uniformen schwitzten. Auch die beiden Streifenwagen auf der Hauptstraße störten ihn nicht. Er trug eine Sonnenbrille, kaufte sich ein Eis am Stiel und kletterte lutschend und schmatzend ins Boot. Da der Kahnverleih blühte und noch 14 andere Boote vom Steg ablegten, war an Dulcans Sicherheit nicht zu zweifeln.

Mit heulendem Motor erreichte eine halbe Stunde später Holden den Platz, wo Pinipopoulos auf ihn wartete. Die Uferstraße war an dieser Stelle ausgesprochen einsam, nur zwei Campingzelte standen auf einer Weide und machten einen verlassenen Eindruck. Sie waren aber nicht verlassen, sondern nur weltentrückt.

»Zwei Liebespaare«, sagte Pinipopoulos. »Manchmal wackelt die Stange.«

»Pini!«

»Die Zeltstange, Holden.« Er zeigte auf den See. Ein Kahn glitt langsam näher. »Da, sehen Sie — das ist Dulcan.«

»Sind Sie sicher?«

»Holden, das ist mein Kapital: Wen ich einmal gesehen habe, der ist in meinem Hirn wie in einem Archiv. Ich brauche keine Kartei wie der FBI. Wenn das nicht Dulcan ist, erlaube ich Ihnen, mir den Hals umzudrehen.«

»Wir werden es sehen.« Holden begann sich auszuziehen. Unter seinem Anzug trug er eine Badehose. Er schnallte einen Gürtel um, an dem ein Messer in einer Scheide und ein mittelgroßer, undurchsichtiger Plastiksack hingen. Es sah aus, als wolle Holden im Staffelsee nach Perlen tauchen. Pinipopoulos hatte diese Idee.

»Hier gibt es keine Austern!« sagte er fröhlich.

»Aber mehr als eine Perle, Pini. Ich hole das Vermögen für Sie! Üben Sie schon das Krummachen der Finger.«

»Keine Sorge. Für alle Beträge über 100 Dollar habe ich immer einen Sack bei mir.« Er hielt Holden am Arm fest, als dieser zum See ging. »Was haben Sie vor?«

»Ach ja. Eine Bitte, Pinipopoulos . . . fahren Sie wieder weg.«

»Warum?«

»Ich nehme an, Sie sind ein Mensch mit zarter Seele.«

»Wie man's nimmt. Beim Ave Maria weine ich immer.«

»Dann werden Sie hier bald in einem Tränensee ersaufen! Was gleich dort in dem Kahn geschieht, sollte man eigentlich nur bei völliger Dunkelheit inszenieren.«

»Ist es möglich, daß Sie Hilfe brauchen, Holden?«

»Sie, Pini? Der Mann der Gewaltlosigkeit.«

»Sie werden lachen — ich habe eine Pistole in der Tasche. Schließlich besitze ich die amerikanische Staatsbürgerschaft und ein Detektivpatent. Geschossen habe ich noch nie, aber ich nehme an, daß man in der Verlängerung von Kimme und Korn treffen muß. Ist's so?«

Holden lachte, aber es klang etwas gepreßt Dulcan war näher gekommen, aber noch nicht zu erkennen. Er ruderte wieder mit fast sportlichem Ehrgeiz. Sein Plan war klar . . . über den See und weiter in die Berge. Und er dachte völlig logisch: Wasser verwischt Spuren. An alles wird man denken, nur nicht daran, daß ein Gehetzter gemütlich auf einem See in einem Kahn rudert.

»Viel Glück!« sagte Pinipopoulos mit plötzlich trockener Kehle. Er begleitete Holden bis ans Wasser. »Ich möchte einmal in meinem Leben mutig sein . . . nur, um zu wissen, wie es ist, ein Idiot zu sein! Denn was Sie da vorhaben, ist Idiotie.«

»Ich stimme Ihnen zu, Pini. Aber Sie werden mich verstehen, wenn ich Ihnen verrate, daß wir gegen Idioten kämpfen.«

Er glitt in den See, tauchte sofort weg und schwamm in langen Zügen eine Strecke unter Wasser, bis er auftauchte und sich umsah. Dulcan ruderte wie eine Maschine, er konnte Holdens Kopf nicht sehen, denn er saß ja mit dem Rücken gegen das ersehnte Ufer. Pinipopoulos hatte sich vom Strand entfernt und lag bäuchlings im Gras, die Pistole neben sich. Daß er noch nie geschossen hatte, stimmte nicht . . . jede Woche übte er zweimal, schoß winzige Punkte aus Papierscheiben heraus und bat seinen Gott bei jedem Schuß darum, daß der Ernstfall nie eintreten möge.

Holden befand sich vielleicht in der Mitte zwischen Ufer und Boot, als ein dritter Wagen auf der Straße hielt. Pinipopoulos machte sich ganz flach, wie eine Schildkröte, die im hohen Gras verschwinden will.

»Man könnte trübsinnig werden!« sagte Stepan Mironowitsch Lepkin und kam langsam die abfallende Wiese herunter. »Man kann nicht an alles denken! An eine Badehose habe ich nicht gedacht.« Er legte seine Nagan auf die Erde, und Pinipopoulos bestaunte das mächtige, schwarze Ding, das er sich in der gepflegten Hand des Russen gar nicht vorstellen konnte. »Wer ist das? Cortone oder Dulcan?«

»Dulcan. Wer hat Sie hierher geschickt?«

»Das ist eine umständliche Geschichte«, sagte Lepkin. »Sie fängt damit an, daß wir Freunde sind, während wir eigentlich Feinde sein sollten. Und dann ist da noch ein Ehrgeiz wie bei einem Stabhoch-springer, der den anderen um einen Zentimeter übertreffen will.«

»Das verstehe ich nicht.«

»Wer kann das verstehen?« Lepkin legte die Hand über die Augen und blickte über den See. »Was will Holden?«

»Ich soll wegucken, sagt er.«

»Man muß auf ihn aufpassen wie auf einen jungen Hund. Darf ich Sie um einen Gefallen bitten, Genosse?«

Pinipopoulos war zu überrascht, um zu reagieren. Lepkin zog sich blitzschnell aus. Er war der erste nackte Russe, den Pini sah. Darum nickte er nur.

»Passen Sie auf meine Kleider auf.« Dann ging er zum See und watete ins Wasser, die Nagan in der Hand.

»Die wird doch naß!« rief Pinipopoulos und streckte die Hand aus. »Geben Sie sie mir. Sie versagt doch . . .«

»Eine Nagan versagt nie!« erwiderte Lepkin stolz und tauchte mit der Geschmeidigkeit einer Robbe unter.

Nur noch sieben Meter war Holden von Dulcans Boot entfernt.

IM BOOT

Dulcan zuckte zusammen, als sich neben ihm an der Bordwand zwei Hände festkrallten und ein Kopf auftauchte. Das Gesicht grinste ihn an, freundlich, ja geradezu vertraulich, und Dulcan, der nach dem ersten Schreck zunächst versucht war, mit dem Ruder zuzuschlagen, stellte seine sportliche Leistung ein und legte die Riemen längs. In hartem Deutsch fragte er:

»Wie gätts? Schwimmän schönn?! Zu weit in See, was? Müde?«

Holden nickte stumm, zog sich mit einem Ruck hoch und fiel ins Boot. Aber mit der Gewandtheit einer Katze stand er gleich darauf vor Dulcan, und als dieser den Gürtel mit dem Messer erkannte, war es schon zu spät. Ein Hieb zwischen die Augen warf ihn von der Ruderbank. Es krachte dumpf, als sein Kopf gegen die Bordwand schlug.

»Guten Tag, Dulcan!« sagte Holden völlig ruhig. »Jetzt, nachdem wir uns miteinander bekannt gemacht haben, wollen wir uns über alles unterhalten. Stehen Sie auf.«

»Sie verwechseln mich, Sir!« Dulcan richtete sich auf. Er versuchte dabei, mit der Hand in die Nähe seiner linken Achselhöhle zu kommen, aber ein Tritt Holdens gegen seinen Arm ließ ihn aufstöhnen und wieder zusammensinken. Holden beugte sich vor, nahm Dulcan den Revolver weg und warf ihn ins Wasser. »Wo ist Cortone?« fragte er dabei.

»Es ist wirklich ein Irrtum!« knirschte Dulcan. »Ich kenne keinen

Cortone, und ich kenne auch Sie nicht. Ich bin Olympiagast und ich werde —«

»Nein, das werden Sie nicht, Dulcan. Sie werden keine 30 Millionen Dollar kassieren, und Cortone wird auch nicht den Impulsgeber an einen Dr. Hassler übergeben, damit er das Olympiastadion in die Luft sprengt. Sie sehen, wir verstehen uns mit jedem Wort besser, und wenn ich Ihnen sage, daß ich Ric Holden vom CIA bin, sollten Sie jetzt ganz vernünftig mit mir reden. Es ist Ihre einzige Chance, Dulcan, eine weitere haben Sie nicht. Die Größe eures Objektes rechtfertigt jede Maßnahme. Alles, Dulcan! Bis zum Rückgriff ins finstere Mittelalter. Sie wissen, was ich meine?«

Dulcan schwieg verbissen. Er suchte einen Ausweg. Nur aus der Verzweiflung des Verlorenen heraus war es ihm möglich, daß er vorschnellte, eines der Ruder ergriff und es gegen Holden schleuderte. Aber der Angriff war zu langsam, das Ruder zu schwer und unhandlich. Holden trat gegen die Holzstange, und die Hebelwirkung riß Dulcan wieder um, weil er nicht rechtzeitig losließ.

»Das sollten Sie nie tun, Dulcan«, sagte Holden leidenschaftslos. »Das beleidigt die Logik. Ein Mensch muß wissen, wann er verloren hat. Dann ist es vernünftiger, er hofft auf das Verständnis des Siegers, denn auch der Sieger kann einmal der Besiegte sein. Im Leben herrscht das Wechselspiel, das macht es so interessant.«

»Du glatter, heuchlerischer Hund!« stöhnte Dulcan. Sein Arm brannte höllisch, die Prellung, die er sich an der Bordkante zugezogen hatte, schwoll an.

»Ihre Konversation wird klarer, Dulcan. So spricht es sich leichter. Sparen wir uns Floskeln – sie sind ja unter uns nicht üblich. Also noch einmal: Wo ist Cortone?«

»In Acapulco.«

»Ach nein! Er fliegt schneller als der Schall?«

»Fragen Sie nach!«

»Als Bertie die schöne Lucretia erschoß, stand er noch am Fenster seines Zimmers in der »Alpenrose‹.«

»Und Sie haben Bertie erledigt!«

»Nein. Das war ein Russe. Denken Sie mal, Dulcan. Sogar die Sowjets haben Sie gegen sich.« Er unterstrich diese Bemerkung dadurch, daß er Dulcan wieder die Faust zwischen die Augen setzte. Dulcan stöhnte auf und starrte ins Wasser. Holden erriet seine Gedanken.

»Nein, Ted, nicht in den See. Ich kann vorzüglich schwimmen, habe ein Messer bei mir – mit diesem Messer habe ich bei den Bahamas gegen einen Hai gekämpft, und raten Sie mal, wer gewonnen hat. Und außerdem: Schauen Sie sich mal um, kommt da ein nackter Mann durch das Wasser geschossen. Darf ich vorstellen: Stepan Mironowitsch Lepkin aus Moskau.«

»Cortone ist weg und bringt den Zünder zu Dr. Hassler. Jawohl ... ihr kommt zu spät, ihr feinen Pinkels! Das Stadion fliegt in die Luft! Auf die Minute genau! Am 26. August, um 15 Uhr! Und niemand, niemand kann diesen Dr. Hassler aufhalten! Das wißt ihr alle! Mit mir könnt ihr machen, was ihr wollt, mir ging es nur um das Geld, ich bin nur ein stiller Teilhaber von Cortone ... aber der große Knall kommt, und München wird es nicht mehr geben!« Dulcan blickte zurück zu dem herankraulenden Lepkin. »Holden, halten Sie den Russen zurück!« Panische Angst schwang in seiner Stimme. »Mit Ihnen arrangiere ich mich ... aber diese russische Bestie ...«

»Dulcan, Sie haben von Lepkin ein völlig falsches Bild. Er ist ein Mensch mit Gemüt. Er singt traurige Lieder, und wenn er an die Wolga denkt, werden seine Augen feucht. Ein Mensch mit ewigem Heimweh nach dem weiten russischen Himmel. Und plötzlich hart wie ein Peitschenschlag: »Wo ist Cortone?«

»Ich weiß es nicht.«

»Sie Idiot!« Holden schlug wieder zu. Dreimal genügte, dann war Dulcan so schwach, daß er willenlos auf der Ruderbank lag. Während Lepkin wie ein weißer Fisch durchs Wasser schnellte, hakte Holden den Plastikbeutel vom Gürtel, riß den Reißverschluß auf und entnahm dem Beutel eine mit einer wasserhellen Flüssigkeit gefüllte Spritze. Unter Mißachtung aller septischen Vorsicht stieß er Dulcan die lange, dünne Nadel in die Armvene, nachdem er noch einmal einen wuchtigen Schlag gegen Dulcans Kinn abgefeuert hatte. Dulcan brach zusammen und nahm den Einstich kaum wahr, nur seine Nerven zuckten kurz im natürlichen Abwehrreflex zusammen.

Holden wartete. Über Dulcans Gesicht rann plötzlich dicker Schweiß, die Hautfarbe veränderte sich rapide, sie wurde gelblich, die Gesichtsmuskeln erschlafften, es war, als falle das Fleisch von den Schädelknochen. Mit halboffenen Augen, denen man nicht mehr ansah, ob sie die Welt erkannten oder tief nach innen blickten, warf Dulcan den Kopf nach hinten und atmete schneller, immer schneller, bis nur noch ein hektisches Keuchen aus seiner Kehle drang. Holden beugte sich über ihn und riß seinen Kopf an den Haaren nach vorn. Was er hier tat, widersprach aller Menschlichkeit, gehörte zum Ekelhaftesten, was man mit einem Menschen anstellen konnte ... aber sind zwei Plutoniumbomben und die Aussicht auf Millionen von Toten nicht noch ekelhafter, noch unmenschlicher?

»Wo ist Cortone?« fragte Holden langsam, jedes Wort betonend, suggestiv und sich damit in Dulcans Bewußtsein hineinbohrend. »Wo ist Cortone?«

»In einer Holzhütte.« Dulcans Stimme war ein schwebendes Stammeln.

»Wo steht diese Hütte?«

»In einem Moor.«

»In welchem Moor?«

»Ich kenne den Namen nicht.«

»Hier in der Nähe des Sees?«

»Ja.«

»Wo ist Holden?« fragte Holden zur Kontrolle.

»In meinem Boot.«

»Wo ist Cortone?« Zweite Kontrolle.

»In einer Holzhütte im Moor –«

Holden ließ die Haare los. Dulcan fiel nach hinten über die Bank, mit ausgebreiteten Armen, als wolle er die Sonne anbeten. Sein gelbliches Gesicht war schweißüberströmt, sein Atem agte, die Finger krampften sich zusammen, als verbrenne sein Herz.

Klatschend ließ sich Lepkin ins Boot fallen. Er wirkte etwas absonderlich in seiner Nachtheit und mit der Nagan in der Hand.

»Gott segne deinen Einzug, Brüderchen«, sagte Holden fröhlich. »Sie sehen auch nackt verteufelt gut aus, Lepkin. Nur die böse Narbe an der Schulter . . .«

»Sie stammt von Ihnen, Holden. 1968 in Kuba. Sie erinnern sich.«

»Genau. Ich wußte gar nicht, daß ich Sie erwischt habe, Lepkin. Tut mir ehrlich leid.«

»Und die Narbe an Ihrem Knie, Holden?«

»1965 von Ihnen. Am Amur.«

»Stimmt. Sie konnten sich in die Mongolei retten! Tut mir auch leid, Holden. Unser unruhiger Beruf.«

»Ich gebe nach dem 26. August auf.«

»Das dürfen Sie mir nicht antun, Ric.«

»Ich werde Farmer in Texas.«

»Unmöglich! Wenn ich wieder in Ihrem Land erscheine, werden Sie wieder Amerika verteidigen.«

»Ich glaube nicht, Lepkin. Ich will heiraten, Kinder kriegen, ein normaler Bürger werden.«

»Das glaube ich nicht.« Lepkin beugte sich über Dulcan. Er war ohnmächtig geworden, aber sein Atem ging ruhiger, sein Herz verarbeitete das teuflische Serum. Lepkin zeigte auf die auf dem Bootsboden liegende Spritze. »Gehirnwäsche?«

»Ja.«

»Und da wackeln Sie drohend mit dem Zeigefinger, wenn ich an meine Methoden denke? Wo ist nun dieser Cortone?«

»In irgendeinem Sumpf hier in der Umgebung. Kennen Sie hier einen Sumpf?«

»Ja. Das Ramsacher Moor.«

Holden staunte. »Ihr Russen kümmert euch wohl zuerst immer um das Land, was?«

»Ja, natürlich.« Lepkin setzte sich. »Die Erde ist die Mutter aller Dinge – sie muß man kennen und lieben. Wie sagen die Kosaken am Kuban? ›Wer ein Grasbüschel oder eine Birke liebt, redet mit Gott.‹ Rudern wir?«

»Ja.« Holden setzte sich neben Lepkin auf die Ruderbank. Jeder nahm einen Riemen, hakte ihn in den eisernen Haken und tauchte ihn ins Wasser. »Lepkin, merken Sie was?«

»Was, Brüderchen.«

»Wir müssen jetzt, um ans Ufer zu kommen, im gleichen Takt rudern. Russen und Amerikaner im selben Rhythmus.«

Lepkin und Holden zogen die Ruder durch, das Boot glitt über den fast unbewegten See. Vor ihnen lag Dulcan und röchelte leise. »Welch eine Idee . . .«, sagte Lepkin tiefsinnig. »Man müßte alle Politiker in ein Ruderboot setzen, mitten im Ozean. Wenn sie die Küste erreicht haben, sind sie alle Brüder. Daß darauf noch keiner gekommen ist.«

Mit kräftigen Schlägen trieben sie das Boot durch das Wasser. Ein nackter Russe und ein halbnackter Amerikaner, und mit jedem Ruderschlag wurde ihre Freundschaft enger.

RAMSACHER MOOR

Dulcan, unfähig sich zu rühren, wurde von Pinipopoulos nach München gefahren und bei Beutels abgeliefert. Das war eine Stunde, nachdem Beutels erfahren hatte, daß Lepkin und Holden aus Tutzing fast fluchtartig verschwunden waren. Nun meldeten sie sich, indem sie Dulcan wie ein Geschenk übergeben ließen. Er trug um den Hals an einem Bindfaden einen kleinen Zettel, auf dem mit Bleistift stand: Ramsacher Moor.

»Wie bei der Kinderlandverschickung«, sagte Beutels trocken. »Da band man den Kindern auch einen Laufzettel um den Hals. Ramsacher Moor. Drei Hubschrauber hin! Himmel noch mal, was haben die beiden bloß mit dem guten Dulcan angestellt.« Er betrachtete den Ohnmächtigen, roch an seinem Atem und krauste die Nase. Ein bitterer Medizingeruch wehte ihm entgegen. Dann entdeckte er den Einstich in der Armvene — er war blau unterlaufen. »CIA, du hast es gut«, sagte Beutels aus voller Seele. »O Gott, wenn ich so etwas vorgeschlagen hätte! Unser Humanismus erzieht zum Kannibalismus. Es ist doch merkwürdig, daß wir Deutschen das Falsche immer einhundertfünfzigprozentig tun!«

Er ließ Dulcan ins Krankenhaus bringen, postierte einen Polizisten neben das Bett und einen vor die Zimmertür und wartete auf die nächste Überraschung. Die Großfahndung blies er sofort ab. Für die Presse gab er eine amtliche Mitteilung heraus: Die Hinweise auf die Baader-Meinhof-Gruppe haben sich als falsch erwiesen. Er ertrug es mannhaft, daß die gesamte Presse über ihn lachte und Glossen schrieb. Er opferte sich mit einer Lässigkeit, die selbst der Polizeipräsident bewunderte.

»Alles für Olympia«, sagte Beutels sarkastisch. »Bei der Eröffnung marschiere ich als 127. Nation ein.«

Nach drei Stunden wußte Beutels, und auch Holden und Lepkin wußten es, daß das Problem noch nicht gelöst war. Wohl fand man im Ramsacher Moor einige Holzhütten, aber in keiner von ihnen hielt sich Cortone versteckt. Nicht die geringste Spur wies auf ihn hin. Holden fluchte, stieg in einen der Polizeihubschrauber und flog nach München zurück. Lepkin blieb im Moor. Es war eine Landschaft, in der er sich wohl fühlte, sie spülte Erinnerungen an die Heimat hoch. Außerdem wurde er das Gefühl nicht los, an der richtigen Stelle zu warten. Er ließ sich für eine Woche Verpflegung bringen, richtete sich in einer der Holzhütten ein und genoß die Tage und Nächte der Ruhe, den Vogelgesang und den herrlichen weiten Himmel. Vor allem hatte er Ruhe vor Abetjew in Moskau. Nachdem er über Smelnowski die Sache mit Dulcan berichtet hatte, verlangte Abetjew Einzelheiten, einen Bericht, Antwort auf Fragen. Als ob das jetzt wichtig war ... aber Abetjew war, trotz seines Ranges als Oberst, so sehr Beamter geworden, daß ihn das Gewissen quälte, wenn er am Tag nicht eine genügende Anzahl von Papieren vollschreiben konnte. Das Anlegen neuer Akten war fast ein Geschlechtsakt für ihn – sagte Lepkin.

Aber Cortone tauchte nicht auf.

Noch einmal verhörte Holden im Krankenhaus den armen Dulcan, der beim Anblick Holdens konvulsivisch zu zucken begann. Trotz Protests von seiten Beutels' und vor allem der Ärzte injizierte Holden erneut sein Wahrheitsserum.

»Ich werfe Sie alle aus dem Zimmer, wenn Sie mich stören!« rief Holden empört, als man drohte, einige starke Pfleger zu holen. »Lassen Sie Ihre Kanaken nur kommen! Sir« – er wandte sich an Beutels –, »will die Polizei die Ermittlungen der Polizei verhindern?!«

»Holden, man kann mich jetzt im Arsch lecken!« sagte Beutels deutlich. »Ich bin die drei heiligen Affen in einer Person. Ich höre, sehe und spreche nicht! Wenn Sie Dulcan umbringen ... Ihre Sache, er ist Amerikaner, verantworten Sie das drüben beim CIA!«

Er verließ das Krankenzimmer und winkte seine Polizisten zurück.

Aber auch die zweite Injektion erbrachte keine Sensation. Dulcan, am Ende allen inneren Widerstands, nur noch eine Hülle, in der eine Platte ablief, sagte dumpf:

»In einer Hütte ... in einem Moor ... in einer Hütte ... in einem Moor ... in einer Hütte ...«

»Wir müssen warten.« Holden gab damit zu, daß er ebenfalls am Ende war. »Irgendwann taucht er auf. Sein Einsatz war zu groß, als daß er einfach verschwinden könnte.«

»Und wir fliegen alle in die Luft.«

»Wäre das nicht eine Erlösung, Sir?«

Beutels sah Holden eine Weile sprachlos an, dann nickte er, wischte sich über die Augen und sagte leise:

»Und ich habe immer davon geträumt, nach der Pensionierung faul in meinem Gärtchen in der Sonne zu liegen.«

MÜNCHEN

Der 28. Juli kam ... und mit ihm hätte die erste Geldübergabe, die Übergabe der ersten Million, kommen sollen.

Das Geld lag bereit, aber dieser unbekannte Dr. Hassler meldete sich nicht. Beutels empfand das als alarmierend.

»Wenn ihn das Geld nicht mehr interessiert, hat er den Impulsgeber. Da sitzen wir mit unseren 30 Millionen Dollar, fertig zur Himmelfahrt.«

Von jetzt an jagten sich die Konferenzen. Es ging nur noch um die Frage: Sollen die Olympischen Spiele stattfinden oder soll man sie absagen? Soll man der Welt mitteilen: Zwei Atombomben liegen unter dem Stadion. Die Lage der einen kennen wir, aber die zweite genügt auch! Außerdem ist auch an die bekannte Bombe nicht heranzukommen! Das hatte der Computer mittlerweile berechnet: Das gesamte Zelt müßte abgebaut werden.

»Wir haben als Gastland die Sorgfaltspflicht für alle Gäste übernommen!« sagte der Bundesinnenminister. »Mein Gott, ich weiß jetzt auch nicht mehr, was man tun soll! Warum ist die Polizei so lahmärschig?«

»Die Polizei!« Beutels erhob sich beleidigt. »Was hat Ihre Sonderkommission vom Bundeskriminalamt bisher getan? Gelbe Kunststoffhelme getragen und die Bauarbeiter belästigt! Herr Minister, es ist jetzt Sache der Bundesregierung, die letzte Entscheidung zu fällen! Die Polizei ist am Ende! Ob das nun ein Armutszeugnis ist, ist mir wurscht! Wir haben die Grenze unserer Möglichkeiten erreicht. Von mir aus nennen Sie diese sehr eng ... bitte, machen Sie es besser, Herr Minister. Wir lernen gern von Ihnen!«

Er verließ die Konferenz und hörte noch, wie der Polizeipräsident sich für ihn entschuldigte. »Er ist mit den Nerven fertig, Herr Minister«, sagte er. »Tag und Nacht auf den Beinen und das seit Wochen ... wer hält das ohne Schaden aus?«

Mit einem mißbilligenden Schnaufen warf Beutels die Tür hinter sich zu.

Der 29. Juli.

Der 1. August.

Der 10. August.

Nichts. Nichts. Nichts.

München füllte sich wie ein Wassersack, platzte fast, die Zusammenballung der Menschen war fast bedrohlich. Aber die Organisation lief lautlos und perfekt, es war erstaunlich, ja geradezu unheimlich, was die Stadt an Menschen schlucken konnte, ohne sich zu erbrechen.

Die Ehrengäste waren nun vollzählig eingetroffen.

400 Könige, Ministerpräsidenten, Minister, Staatschefs, kirchliche Würdenträger. Ein Heer von Diplomaten. Die Gewinner von Eröffnungskarten aus der Olympialotterie. Sämtliche Athleten waren in den Olympischen Dörfern eingetroffen. Die Bauarbeiten waren termingerecht abgeschlossen. Die ersten Überblicke lagen vor, von Computern errechnet:

400 Architekten hatten geplant und gezeichnet, 130 Baufirmen mit 6500 Arbeitern hatten 3 Millionen Kubikmeter Erde bewegt, 450 000 Kubikmeter Beton vergossen, 45 000 Tonnen Baustahl verbraucht, 20 000 Raummeter Holz verzimmert, 4000 große Bäume waren gepflanzt, 180 000 Sträucher und Büsche in die Erde gesetzt worden. In dem künstlichen See schwammen Tausende von Goldfischen und japanischen Zierfischen. Fast zwei Milliarden Mark waren ausgegeben worden für eines der schönsten Sportgelände der Welt. 2000 Millionen. In Nullen las es sich so: 2 000 000 000 Mark.

»Und alles fliegt in die Luft«, sagte Beutels. »Einen Trost habe ich allerdings ... zwei Milliarden Mark, das ist weniger als der jährliche Kirchensteuerumsatz in Deutschland. So etwas beruhigt. Gottes Liebe ist doch noch teurer.«

Es war ein galliger, ja blutiger Humor.

Mittlerweile war der 23. August herangekommen!

In Bonn beruhigte man sich damit, daß nach dem Ausschalten von Ted Dulcan die Gangsterorganisation anscheinend zusammengebrochen war. Dulcan selbst saß in einem nicht genannten Zuchthaus. Seine Verhöre durch Holden ergaben nie etwas Neues, ja, er verstand selbst nicht, warum Cortone noch nicht aufgetaucht war. Lepkin saß noch immer im Ramsacher Moor in seiner Holzhütte.

»Das macht ihm keiner nach«, sagte Holden voll Bewunderung. »Soviel Vertrauen in eine Idee ... das kann nur ein Russe haben.«

Die Fackelträger mit der Olympischen Flamme hatten längst Deutschland erreicht, sie liefen über Garmisch-Partenkirchen, Oberammergau, Murnau, Schlehdorf, Bad Tölz, Rottach-Egern, Tegernsee, Gmund nach Holzkirchen. Hier flackerte jetzt die Flamme in den Kruppschen Stahlfackeln, gasgespeist, gegen Wind und Regen geschützt, von einer Polizeieskorte umringt, damit niemand das geheiligte Feuer ausblies.

Als die Fackelträger durch Murnau kamen, verließ sogar Lepkin seine Hütte im Moor und stellte sich an die Chaussee. Er schob die

Unterlippe vor, beteiligte sich nicht an dem Klatschen der Menge, sondern blickte versonnen dem Symbol der Brüderlichkeit und des Friedens nach.

Noch ein paar Tage, dachte er. Dann wird auf dem Oberwiesenfeld die große Flamme auflodern. Und Minuten später kann Mitteleuropa untergehen durch lächerliche 12 Kilogramm Plutonium.

Was ist denn diese Welt noch wert?

Voll tiefer Traurigkeit — nur ein Russe kann so abgrundtief traurig sein — fuhr er zurück in das Ramsacher Moor. Vorher rief er noch Holden an.

»Besuchen Sie mich mal, Brüderchen. So um den 26. August herum . . .«

»Da werde ich im Stadion sein, Lepkin.«

»Dann komme ich auch.«

»Seien Sie nicht blöd, Lepkin. Fliegen Sie zurück nach Moskau.«

»Warum fliegen Sie nicht zurück nach Washington?«

»Wollen Sie darauf wirklich eine Antwort?«

»Sie wollen doch auch eine von mir.«

Man war sich wieder einmal einig, und das nicht nur darum, weil man einmal gemeinsam nackt zum Ufer des Staffelsees gerudert war.

25. August.

Die Fackel hatte München erreicht. Der Läufer trug sie gerade über die Theatinerstraße, dem Odeonsplatz entgegen, als Holden Lepkin im Moor besuchte. Da Lepkin nichts mehr hatte von sich hören lassen, war anzunehmen, daß er klüger war als Holden. Abetjew in Moskau hätte auch niemals zugelassen, daß sein bester Mann in einer Atomwolke weggeblasen würde.

Die Hütte lag in der Sonne, einsam, windschief, trostlos. Und Holden, der seinen Wagen auf einem kleinen Weg geparkt hatte und zu Fuß weitergegangen war, blieb stehen, von einem unerklärlichen Gefühl festgehalten, und rief:

»Lepkin! Ich bin's!«

Keine Antwort. Holden griff in die Tasche, zog seine Pistole hervor, entsicherte sie und näherte sich in einem Bogen der Hütte. Plötzlich überflutete ihn Angst. Nicht Angst vor einer möglichen Auseinandersetzung, sondern Angst um Lepkin, Angst, zu spät zu kommen, Angst, zu sorglos gewesen zu sein, Angst vor der Wahrheit, daß auch er versagt hatte.

In 24 Stunden würden die Olympischen Spiele eröffnet werden. Die deutsche Bundesregierung spielte Vabanque . . . sie ließ alles planmäßig abrollen, so, als habe es überhaupt keine Drohung gegeben. Und sie bewies selber Mut . . . der Bundespräsident würde die Spiele freigeben, der Bundeskanzler und alle Minister würden auf der Ehrentribüne sitzen, neben den Kaisern und Königen, Prinzen und Staatschefs, dem päpstlichen Nuntius und den Kardinälen,

Bischöfen und Aristokraten. 81 000 Menschen hielten sich zu dieser Stunde allein im weiten Rund des Stadions auf, 150 000 Menschen insgesamt bevölkerten das Olympiagelände ... und sie alle, diese fröhlichen, erwartungsvollen, glücklichen, stolzen Menschen waren einem fürchterlichen Tod durch 12 Kilogramm Plutonium nahe. Nur wenige kannten die Wahrheit, und die sie kannten, würden dasitzen mit einem gefrorenen Lächeln, etwas steifer als sonst, die Todesahnung im Nacken, die fürchterliche Angst im Herzen, würden dasitzen und warten ... warten ... warten ...

Die schrecklichste Hinrichtung aller Zeiten.

Holden wagte es, ungedeckt über das freie Feld zur Hütte zu rennen. Niemand beschoß ihn, aber als er die Tür aufstieß, wußte er, daß er zu spät und doch rechtzeitig genug gekommen war.

Lepkin lag auf dem Boden in einer Blutlache. Er war bei Besinnung, sah Holden aus geweiteten Augen und mit halboffenem Mund an und sagte mit einer grauenhaften Deutlichkeit:

»Er kam vor zwei Stunden. Und diesmal war ich eine Sekunde zu spät. Er sah verkommen aus, sicher hat er die ganze Zeit im Wald gehaust. Aber er schoß sofort.«

»Lepkin! Wo hat es Sie erwischt.« Holden wollte niederknien und Lepkin untersuchen, aber Stepan Mironowitsch hob mit großer Kraftanstrengung die Hand.

»Ich verblute nicht, Holden, er hat zwei Stunden Vorsprung. Aber ich habe ihn noch getroffen. In die Schulter. Ich habe den Einschlag gesehen. Nur eine Sekunde zu spät. Ich werde nie wieder laufen können.«

»Lepkin, mein Gott ...«

»Genau in die Wirbelsäule. Ich bin von der Brust abwärts taub. Das ist herrlich ... keinerlei Schmerzen, nur eine verdammte Kälte. Als ob der Kopf im Bratofen und der Leib im Eis läge. Ein tolles Gefühl. Suchen Sie Cortone. Er muß eine Blutspur hinterlassen haben. Er hatte nur einen Revolver bei sich ... keine Tasche, keinen Kasten. O Mutter von Kasan, wenn er den Zünder abgeliefert hat! Suchen Sie ihn! Die können die Spiele noch verhindern, wenn er —«

Lepkin schluckte. Er war so tapfer, seine Angst nicht zu zeigen. Schmerzen empfand er wirklich nicht, aber er spürte, wie die Kälte höher kroch, wie sie bald sein Herz erreichen würde. Das ist besser, als für immer gelähmt zu sein, dachte er. In einem Rollstuhl sitzen, ein Krüppel, der vielleicht 100 Jahre alt wird, soll so ein Stepan Mironowitsch Lepkin leben?! Natürlich, es gibt Tausende, die in einem Rollstuhl sitzen und das Leben weitergenießen können, aber sie heißen nicht Lepkin, und sie haben nicht etwas von einem Wolf in sich wie ich.

Er begann zu frieren, glaubte zu zittern, aber sein Körper lag reglos, wie versteinert. Holden zögerte. Es war ein Kampf in ihm, wie er ihn nie wieder erleben wollte. Dann siegte die Sorge um das Leben von Millionen über seine freundschaftlichen Gefühle für einen einzelnen.

»Lepkin«, sagte er heiser. »Ich schwöre Ihnen bei Gott, den ich nie anerkannt habe, und wenn ich ihn ab und zu nannte, war's nur eine Redensart — aber jetzt rufe ich ihn, und wenn es ihn gibt, dann hört er mich: Sie haben mehr als ein Denkmal verdient. Wenn es Gott gibt, dann muß er Sie retten, damit die Menschheit Ihnen danken kann. Lepkin, versuchen Sie zu leben, bis ich wiederkomme.«

»Ich will mein möglichstes tun, Holden.« Lepkin lächelte verzerrt. Die Kälte in ihm war härter als der sibirische Winter. Sie fiel aus der Unendlichkeit. »Viel Glück! Und denken Sie daran: Nie eine Sekunde zu spät —«

Holden rannte hinaus.

In seinen Augen standen die blanken Tränen.

RAMSACHER MOOR

Wie ein Wolf strich Holden durch das einsame Gelände. Wie ein Wolf dachte und fühlte er auch. Er verstand plötzlich, was man mit »Blutdurst« meinte und was, wenn man sagt: »Ein Mensch wird zur Bestie«. Wenn er an Cortone dachte, war er bereit, alles Menschliche von sich abzustreifen.

Die Blutspur, von der Lepkin gesprochen hatte, fand er wirklich. Aber sie endete auf einem Weg. Stoffetzen bewiesen, daß sich Cortone hier mit seinem Hemd verbunden hatte. Dann war er weitergelaufen, sicherlich in den Wald hinein, der 200 Meter weiter begann.

Holden machte kehrt, lief über die Straße zurück zu einem abseits gelegenen Gehöft und scheuchte den Bauern auf mit der Mitteilung, er müsse sofort einen Krankenwagen holen, in der Hütte im Moor liege ein Sterbender. Ehe der Bauer »Jo mei, wer seid's denn ihr, he?« brüllen konnte, war Holden schon wieder aus dem Haus.

Der Wald! Dichtes Unterholz, ein prächtiges Versteck. Ein Schießstand für einen Scharfschützen wie Cortone. Holden nahm die Spur dort auf, wo die Hemdfetzen lagen. Langsam, mit äußerster Vorsicht, tauchte er im Wald unter. Das war Cortones großer Vorteil — er brauchte nicht zu schleichen, er hatte zwei Stunden Vorsprung: Wenn er kräftig genug war, wenn Lepkins Kugel ihn nur im Fleisch getroffen hatte, konnte es ihm gelingen, für ein paar Stunden noch in Freiheit zu leben. Mehr brauchte er ja nicht ... nur eine Nacht und einen halben Tag. Um 15 Uhr am 26. August — also morgen — konnte München untergehen, wenn der Zünder an Dr. Hassler abgeliefert worden war. Das allein zu erfahren war wichtig ... was hinterher kam, verblaßte völlig.

Holden blieb stehen und überlegte. Wohin läuft ein Mensch, der Zeit gewinnen will? Zur Straße. Um mitgenommen zu werden. Vielleicht auch, um sich mit dem Revolver ein Auto zu verschaffen. Für Cortone war jetzt eilige Flucht die einzige Rettung. Weg von Lepkin, weg von Holden, weg von München.

Holden atmete tief durch und rannte weiter.

MÜNCHEN

Lepkin lebte noch, als Beutels mit dem Hubschrauber in Murnau landete. In dem kleinen Krankenhaus wagte man nicht, diesen komplizierten Schuß zu operieren ... man hatte Lepkin an einige Tropfflaschen angeschlossen, die ihn kräftigten, und gab ihm Bluttransfusionen.

»Nicht mehr transportfähig«, sagte der Chefarzt, als Beutels ihn fragend ansah.

»Überlebenschancen?«

»Vielleicht. Aber es wäre besser ...«

Beutels nickte und ging ins Krankenzimmer. Aus dem Gewirr von Schläuchen blickte ihm Lepkin mit einer erschütternden Fröhlichkeit entgegen. Seine Schmerzunempfindlichkeit, empfand Beutels, war geradezu teuflisch.

»Sie kommen, sobald es möglich ist, in die Universitätsklinik«, sagte Beutels und gab Lepkin die Hand. Sie war eiskalt, wie erstarrt. »Nur eine Frage: Wo ist Holden?«

»Hinterher.«

»Ich lasse sofort das Gebiet absperren!«

»Nein. Nicht! Das hat keinen Sinn. Cortone denkt, ich sei tot. Er fühlt sich sicher. Er weiß ja nicht, daß Holden unterwegs ist. Wenn er auf die Sperren stößt, weiß er, daß nur ein Durchbruch hilft. Er wird rücksichtslos schießen.« Lepkin bettelte mit den unnatürlich vergrößerten Augen. »Lassen Sie Holden allein arbeiten, Towarischtsch ...«

Beutels atmete tief durch, nickte, strick Lepkin, wie ein Vater seinem kranken Sohn, über die Haare und verließ schnell das Zimmer.

RAMSACHER MOOR

Die Nacht überraschte Holden viel zu früh. Er hatte Cortones Spur gefunden, blutige Hemdteile, die so aussahen, als habe Cortone sie in die Wunde gestopft. Natürlich, die Nagan, dachte Holden. Sie reißt Löcher, in die man pfundweise den Verbandsmull stopfen kann.

Er lief weiter, nur seinem Gefühl folgend, bis es keinen Sinn mehr hatte. An einer Lichtung hielt er an, kletterte auf einen Hochsitz und hockte sich auf das schmale Sitzbrett. Er dachte an Lepkin, ob er schon tot sei oder ob er überleben könne, und er schwor sich, Lepkin zu sich zu nehmen nach Texas auf die Farm. Dort könnte er durch die Prärie rollen, er wollte ihm einen Wagen kaufen, mit dem er herumfahren konnte, er würde wie ein Bruder in der Familie leben, mit den Kindern spielen, ihnen sibirische Märchen erzählen und schwermütige Lieder aus der Taiga vorsingen. Lepkin hatte eine gute Stimme, und er würde glücklich sein, denn auch für ihn ging das Leben weiter. Holden war sicher, daß Moskau und Abetjew nichts dagegen hatten, daß Lepkin mit ihm nach Texas kam ... was wollte man beim KGB mit einem gelähmten Agenten? Und Geheimnisse ausplaudern? So gut sollten sie Lepkin kennen, daß bei aller Freundschaft zu Holden die Liebe zu Rußland sein größtes Glück und sein unverletzlicher Stolz war.

Holden schlief ein. Sein Kopf sank nach vorn. Die Stirn lag an der Verschalung des Hochsitzes. Er wachte auf, als eine Krähe ihn umflatterte.

Der 26. August. Schon 8 Uhr.

In 7 Stunden war die Stunde Null.

Nur noch 7 Stunden.

Mein Gott, ich glaube an Dich! Hilf mir!

MÜNCHEN

Beutels hatte nicht geschlafen. Er saß neben dem Telefon wie eine Hebamme neben einer Kreißenden — aber das Kind kam nicht. Um 9 Uhr rief der Polizeipräsident an. Der Bundespräsident, der Bundeskanzler und einige Minister waren unterwegs nach München. Der Außenminister war schon seit einem Tag in der Stadt und begrüßte die Ehrengäste, gab ein Essen, repräsentierte den Staat vor den Königen und Regierungschefs. Noch nie hatte München einen solchen Glanz erlebt.

»Nichts, Beutels?« fragte er.

»Nichts, Herr Präsident.«

»Um 14 Uhr beginnt die Auffahrt der Ehrengäste.«

»Ich weiß. Ich werde da sein.«

»Ich denke, Beutels ...«

»Herr Präsident« — Beutels setzte sich gerade auf seinem Stuhl —, »ja, ich habe einmal geäußert, daß ich am 26. August weit weg sein werde, vielleicht in der Südsee, um das nicht zu erleben! Bin ich weg? Nein, ich werde um 15 Uhr mitten im Stadion sitzen und auf der Atomwolke die Spitze übernehmen.«

»Sehr heldenhaft. Aber ob das unbedingt ein Ansporn — zum Beispiel für den belgischen König — ist, Ihnen zu folgen? Ich bezweifle das.«

»Ich auch. Aber auch dem König der Belgier ist nicht zu helfen. Er wird an der Seite von Prinzessin Anne und dem Herzog von Edinburgh, umringt von Kardinal Döpfner und Pompidou und dem japanischen Kronprinzen, zerstäubt über München fliegen.«

»Beutels, machen Sie mich nicht verrückt!«

»Das wäre das allerkleinste Übel, Herr Präsident.«

Beutels legte auf. Er blickte auf die Uhr, trank seinen Kaffee aus und ging hinüber zur Befehlszentrale der Schutzpolizei. Der Polizeioberrat, der den Einsatz leitete, war nervös und hatte flackernde Augen.

»Alles klar?« fragte Beutels.

»Mein Gott, was nennen Sie klar?«

»Das ist eine gute Frage. Leider wird Sie Ihnen keiner mehr beantworten können . . .«

RAMSACHER MOOR

Holden hatte den Boden noch nicht erreicht, als er den Schuß hörte. Die Kugel pfiff an ihm vorbei und schlug hinter ihm in den Baum. Er ließ sich von der Leiter fallen, rollte über den Boden und ging hinter dem Baum in Deckung. Gegenüber, nur durch die Lichtung von ihm getrennt, mußte Cortone liegen.

Wir haben nur wenige Meter voneinander entfernt übernachtet, dachte er. Welch ein grausamer Humor.

»Cortone!« rief Holden aus seiner Deckung heraus. »Lassen Sie uns vernünftig miteinander reden. Sie interessieren mich nicht, Sie haben nicht nur die 30 Millionen, sondern auch die Konstruktionskosten für die Bomben verloren. Ich weiß, wie hart das einen Mann wie Sie trifft. Ich vergesse, daß es Sie gibt, wenn Sie mir sagen, ob Sie den Impulsgeber an Dr. Hassler gegeben haben. Nur diese eine Antwort, Cortone. Hören Sie.«

Cortone schoß wieder, in die Richtung der Stimme. Er schoß vorzüglich, man erkannte seine Lehrzeit bei der Mafia.

»Wollen Sie Millionen Menschen sterben lassen, Sie Narr?« schrie Holden. »Was haben Sie davon?«

»Nichts! Warum haben Sie eingegriffen? Was bedeuten 30 Millionen bei diesem Projekt?« Cortones Stimme war schwächer, als Holden sie kannte. Er hat viel Blut verloren, dachte er zufrieden. Lepkins Nagan hat ihn schrumpfen lassen. Hätte ich genügend Zeit, brauchte ich nur zu warten, bis er zusammenfällt. Aber die Zeit läuft uns davon . . . sie läuft wie der Fackelträger mit der Olympischen Flamme.

Wo ist die Flamme jetzt? Noch in ihrem Nachtquartier im Maximilianeum? Oder schon auf dem Weg über die Maximilianstraße zum Odeonsplatz? »Jetzt soll alles hochgehen, alles!« schrie Cortone. »Ich war immer ein Liebhaber von Feuerwerken!«

Holden war sich im Zweifel darüber, ob das ein Zugeständnis war, daß Cortone den Impulsgeber wirklich an Dr. Hassler weitergegeben hatte. Wie und wo konnte er Dr. Hassler getroffen haben?

Es gab kein Zurück mehr. Holden dachte an Lepkin, an den fast kindlich flehenden Blick des Sterbenden. Dann sprang er auf und jagte im Zickzack über die Lichtung.

Cortone schoß zweimal. Beim zweiten Schuß tauchte er selbst auf, um besser zielen zu können. Aus vollem Lauf heraus hob Holden die Pistole und feuerte.

Cortone machte einen kleinen Sprung nach rückwärts und schrie auf. Er lag vor einem Busch, als Holden ihn erreichte, und starrte seinen Gegner haßerfüllt an. Auch sein zweiter Arm war unbrauchbar geworden ... neben Lepkins Schuß in die linke Schulter blutete jetzt ein Einschuß in der rechten. Cortones Revolver lag vor seinen Füßen, ihn aufzuheben reichte seine Kraft nicht mehr.

»Endspurt, Cortone«, sagte Holden. »Wo ist der Impulsgeber?«

Cortone schwieg. Langsam hob Holden seine Waffe.

»Ich werde Sie stückweise abschießen«, sagte er mit einer Ruhe, wie sie nur eine Grausamkeit jenseits allen Gefühls gebären kann. Und Holden war in diesem Augenblick kalt. Wie Lepkin fühlte er in sich die Kälte immer höher steigen, den Eisatem einer Welt, die noch keinen Namen hat. Denn das, was Holden jetzt empfand, hatte keinen Platz, weder im Paradies noch in der Hölle.

»Das werden Sie nicht tun«, sagte Cortone rauh.

Holden drückte ab. Die Kugel fuhr Cortone durch den rechten Fuß. Er brüllte auf, da die Schmerzen ihn fast zerrissen.

»Wo ist der Impulsgeber?« fragte Holden.

Cortone schwieg.

Ruhig zielte Holden und drückte ab.

Der linke Fuß.

Cortones Gebrüll wurde unmenschlich.

MÜNCHEN

Der Fackelträger hatte den Spiridon-Louis-Ring erreicht.

Die Menschen am Straßenrand jubelten und klatschten. Nur noch Minuten, und der letzte Läufer würde die Flamme übernehmen und sie hineintragen in das riesige Rund des Stadions.

81 000 Menschen warteten im Stadion. 150 000 auf dem Gelände des Oberwiesenfelds. Fast eine Milliarde Menschen saßen an den

Fernsehschirmen. Sie sahen die Sportler aus 126 Nationen aufmarschieren, die Kaiser und Könige auf der Ehrentribüne, den deutschen Bundeskanzler, den deutschen Bundespräsidenten, die wehenden, im Wind knatternden Fahnen.

Beutels stand in dem breiten Eingang, durch den gleich der Schlußläufer mit der Fackel kommen würde. Neben ihm stand Oberkommissar Abels, bleich, zitternd. Er blickte auf die Uhr, auf den leise tickenden Sekundenzeiger.

Auf dem Olympiagelände befanden sich 3000 Polizisten. 24 000 Helfer standen bereit, 3000 Ärzte, ebensoviele Sanitäter. Vor den Blicken der Gäste verborgen, warteten in Seitenstraßen und Hinterhöfen 400 Krankenwagen, die Bundeswehr hatte ihre Sanitätsautos und alle Lastwagen alarmiert, sie vollgestopft mit Tragen. Alle Krankenhäuser im Umkreis von 100 Kilometern waren in Bereitschaft, Säle, Turnhallen, Gaststätten, Schulen waren vorsorglich beschlagnahmt ... es war eine Aktion gewesen, so blitzschnell, daß selbst die Zeitungsleute nichts mehr an ihre Redaktionen melden konnten. Auf einem provisorischen Flugplatz warteten 200 Hubschrauber. Lastwagen mit Blutplasma, Blutkonserven, Blutersatz und Infusionsflaschen fuhren um das Stadion auf. Die Garnisonen der Bundeswehr und der amerikanischen Armee waren in einem Zustand wie vor einem Kriegseinsatz.

Noch wenige Minuten.

Noch 7 Minuten.

Abels zeigte Beutels seine Uhr. Seine Hand zitterte dabei so stark, daß Beutels keine Ziffer mehr erkennen konnte.

»Was nützt das alles?« sagte Beutels langsam. »Dieses ganze Heer von Helfern fliegt einfach mit in die Luft. Jede Bombe die fünfzigfache Stärke von Hiroshima. Das ist gar nicht mehr mit Menschenhirn zu ermessen. Wo ist der Läufer?«

»Kurz vor dem Stadion!« rief ein Polizist, der über Sprechfunk mit den Begleitwagen in Verbindung stand.

»Dann — leben Sie wohl, Abels.« Beutels drückte dem Mann aus Wiesbaden die Hand. »Wenn's einen Himmel gibt, grüßen Sie mir Petrus. Ich sehe ihn nie ... ich habe auf Erden zuviel Mist gemacht!«

»Wo wollen Sie denn hin?« stotterte Abels.

»An die Säule, unter der die uns bekannte Bombe liegt. Ich habe dem Polizeipräsidenten versprochen, an der Spitze zu fliegen. Das beruhigt ihn zwar nicht, aber für mich ist es eine Notwendigkeit, mit gutem Beispiel voranzugehen.«

Er wandte sich ab und ging. Vornübergebeugt, zum erstenmal ohne Zigarre, mit hängenden Schultern. Abels bekämpfte einen Krampf in seiner Kehle und blickte auf die Uhr. Noch 4 Minuten ...

RAMSACHER MOOR

Cortone war nach dem dritten Schuß, der ins rechte Knie ging, ohnmächtig geworden. Außerdem hatte er keine Stimme mehr ... wenn er schreien wollte, kam nur noch ein Röcheln aus seinem Mund.

Holden sah ein, daß er den Wettlauf mit der Zeit verlor. Es spielte jetzt auch keine Rolle mehr ... hatte Dr. Hassler den Impulsgeber, war alles verloren. Holden wehrte sich gegen jeden Gedanken an die Größe dieser Katastrophe ... er sah nur Cortone, dieses jämmerliche, zusammengeschossene Stückchen Mensch, das dies alles mit seinen Millionen ermöglicht hatte. Diesen Menschen, den Geldgier zum vernichtenden Gott werden ließ, wie andererseits Haß und Rache einen Dr. Hassler zum zerstörerischen Dämon machten.

Holden riß Zweige von dem Busch und begann, Cortones Gesicht zu peitschen. Es dauerte lange, bis der erwachte zu blicklosem Stieren. Mit dem Bewußtsein kam der Schmerz zurück ... Cortone wimmerte wie ein junger Hund.

»Wo ist der Impulsgeber?« fragte Holden hart.

Cortone öffnete die Lippen, sie sprangen auseinander wie eine aufplatzende Wunde. »Wasser ...«, stammelte er. »Wasser ...«

»Wo ist er?«

»Nein.«

Holden schoß. Das linke Knie. Cortone, zu schwach, um zu schreien, begann, sich vor Grauen zu erbrechen. Holden beugte sich über ihn und zog ihn wie damals Dulcan an den Haaren zu sich heran.

»Hören Sie, Cortone«, sagte er ganz langsam. »Ich mache es wahr: Ich schieße Sie Stück für Stück zusammen. Als nächstes ist Ihre linke Hand dran. Verstehen Sie mich?«

Er ließ den Kopf los, und Cortone nickte.

»Wo ist der Impulsgeber?«

»Ich ... ich habe gar keinen ...«

Holden war es, als schlage ihm jemand mit einem Knüppel in die Kniekehlen. Er wußte, daß jetzt, in dieser Lage, Cortone nicht mehr log. Er fiel auf die Knie und stützte den vornübersinkenden Oberkörper Cortones.

»Und die Bomben?« schrie er ihm ins Ohr.

»Es gibt sie nicht —«

»Cortone —«

»Ich habe Dr. Hassler belogen, alle habe ich belogen. Aber die Drohung allein genügte. Es wäre so schön gewesen, ein risikoloses Geschäft. Die Bomben waren ein Mißerfolg ... nach einem Jahr gab ich es auf . . . Wir bekamen die Kontrolle der kritischen Werte nicht in den Griff . . .«

»Und die 12 Kilogramm Plutonium?«

»Liegen in New Jersey in einem Bleibehälter. In einem Keller. Ich schwöre es Ihnen: Es . . . es gibt gar keine Bombe. Alles Bluff . . . O Himmel!«

Er schrie plötzlich wieder auf, hell wie ein Fanfarenstoß, fiel mit dem Gesicht gegen Holden und spuckte Blut.

Holden war es, als sei er selbst nur ein Haufen Müll, alle Kraft war aus ihm gewichen, er fühlte sich ausgeblasen wie ein Ei, dem jetzt die Schale zerreißt . . . mit Cortone an der Brust fiel er nach hinten ins Gras, ohne Gedanken und ohne Willen, nur das Blut, das aus Cortones Mund über sein Gesicht lief, spürte er.

MÜNCHEN

Der letzte Läufer hatte das Stadion erreicht. Unter dem Jubel von 81 000 Menschen loderte das Olympische Feuer auf. Olympias Sonne hatte München erreicht.

Hinter dem Mikrofon stand der deutsche Bundespräsident.

Schmal, elegant, weit entfernt von Heroismus, eher ein Vater, der über eine reiche Kinderzahl blickt.

Seine Stimme war klar, und die Welt hörte es:

»Hiermit eröffne ich die XX. Olympischen Spiele zu München.«

Am riesigen Stahlmast stieg die Fahne mit den fünf Ringen empor.

»Ich rufe die Jugend der Welt — — —«

An dem 80 Meter hohen Dachträger stand Beutels, die Uhr in der Hand, und wartete. Es war 10 Minuten nach 15 Uhr, und er lebte immer noch. Da wandte er sich ab, holte aus der Brusttasche eine lange, helle Sumatra, biß die Spitze ab und zündete sie an. Am Aufgang zu der Ehrentribüne stieß er auf einen bleichen, aber strahlenden Polizeipräsidenten.

»Na, Beutels«, rief er. »Wer hat recht behalten?! Wo ist Ihr Weltuntergang?«

»Man kann sich auf nichts mehr verlassen«, sagte Beutels. »Nur meine Sumatra ist mir treu.«

Im Krankenhaus von Murnau starrte Stepan Mironowitsch Lepkin auf die Schwester, die an seinem Bett saß und alle Infusionen überwachte. Dem Sonnenstand nach, dachte Lepkin, müßte es jetzt gleich soweit sein. Die Explosionen würden auch Murnau erschüttern.

»Wie spät ist es, Schwesterchen?« fragte er.

»Gleich halb vier . . .«

»Halb vier?« Lepkin sah sie erstaunt an. »Schon halb vier? Mutter von Kasan, er hat es geschafft.« Er lächelte so völlig unirdisch, daß die junge Schwester auf die Alarmklingel drückte.

Als der Chefarzt ins Zimmer stürzte, war Lepkin ohnmächtig, aber er lächelte noch immer wie ein Kind, das beim Anhören eines herrlichen Märchens eingeschlafen ist.

In München senkten sich die Fahnen von 126 Nationen. Der Olympische Eid wurde gesprochen. Es war der Augenblick, in dem alle Menschen Brüder wurden, geeint durch eine Idee ... die nur den einen Nachteil hatte, daß ihre Macht nicht länger als 16 Tage währte.

Aber 16 Tage Frieden in der Welt ... ist das nicht schon ein Geschenk?

Die Olympische Hymne klang auf. 81 000 Menschen erhoben sich von ihren Plätzen und verspürten einen Hauch von der Größe des Ereignisses: Völker reichten sich die Hände, um sie zu schütteln, und nicht, um sie sich abzuhacken.

Bei der allgemeinen Feierlichkeit fiel es nicht auf, daß ein Mann von Block V, Reihe 23, das Stadion verließ und langsam hinunter zum künstlichen See ging.

Er hinkte leicht, schleifte das linke Bein nach.

Und er weinte hinter seiner großen, dunklen Sonnenbrille.

In der Reihe TIPP DES MONATS liegen auch als
Heyne -Taschenbücher vor:

Ausgewählte Belletristik bei C. Bertelsmann

Pearl Abraham
Abschied von Amerika
Roman. 352 Seiten

Shauna Singh Baldwin
Das geteilte Haus
Roman. 608 Seiten

E. W. Heine
Der Flug des Feuervogels
Roman. 416 Seiten

Stefan Heym
Die Architekten
Roman. 384 Seiten

Christian Jacq
Stein des Lichts
Die weise Frau
Roman. 448 Seiten

Patrick Redmond
Das Wunschspiel
Roman. 416 Seiten

Manuel Vicent
Der Gesang der Wellen
Roman. 256 Seiten

Friederike Costa

Turbulent und sympathisch!
Herzerfrischend-freche
Frauenromane der
erfolgreichen Autorin.

**Besser immer einen
als einen immer**
01/10796

Der Zaubermann
01/10987

Lügen, lästern, lieben!
01/13252

01/10987

HEYNE-TASCHENBÜCHER

HEYNE
BÜCHER

Utta Danella

Große Romane der beliebten
deutschen Bestseller-Autorin.

Eine Auswahl:

Die Jungfrau im Lavendel
01/670

Das verpaßte Schiff
01/6845

Der schwarze Spiegel
01/6940

Regina auf den Stufen
01/8201

Das Hotel im Park
01/8284

Der blaue Vogel
01/9098

Jacobs Frauen
01/9389

Niemandsland
01/9701

Die Unbesiegte
01/9884

Ein Bild von einem Mann
01/10342

Wolkentanz
01/10419

Die andere Eva
01/13012

01/10419

HEYNE-TASCHENBÜCHER